Berthold Petzinna

Agenturen der Politik

Deutsche Verlage im 20. Jahrhundert

D1641966

www. hauswedell.de

ISBN 978-3-7762-2203-6

Printed in Germany © 2022 Dr. Ernst Hauswedell oHG Verlag, Stuttgart

Satz: Textservice Zink, Schwarzach
Druck und Broschur: primustype Hurler GmbH, Notzingen

Leipziger Arbeiten zur Verlagsgeschichte

Herausgegeben von Prof. Dr. Siegfried Lokatis
Universität Leipzig
Institut für KMW/Buchwissenschaft

ISSN 2512–4315, Vol. 5

Inhalt

Vorwort

Genau besehen entstand die erste Anregung zu den hier versammelten Untersuchungen an einem sonnigen Herbsttag des Jahres 1969 in der Essener Innenstadt. Wir, eine Gruppe fünfzehnjähriger Schüler, gingen in der Nähe des Grillo-Theaters an einer kleinen Zeitschriften- und Buchhandlung vorbei, als ich in einem Drehständer ein auffällig gestaltetes und formatiertes Buch sah, auf dessen Cover »Kursbuch« und »Cuba« stand. Gekauft habe ich es wegen des Themas, doch ich bemerkte es wegen des Designs. Programmentwicklung und Buchästhetik waren um 1970 herum eine Spielwiese für neue Initiativen – etwa das weithin sichtbare, leuchtende Gelb des MÄRZ-Verlags. Die minimalistisch gestylte edition suhrkamp, bereits 1963 lanciert, war ein Wegbegleiter in der Schule und ein Leuchtturm der theoretischen Orientierung außerhalb. All dies machte mich schon damals auf das Verhältnis von Alltagsästhetik, Marktkalkül und politisch-kulturellem Engagement aufmerksam.

Diese lange lediglich nebenbei mitlaufende Thematik rückte durch den entsprechenden Forschungsschwerpunkt der Leipziger Buchwissenschaft stärker in den Vordergrund. Dazu trug auch die – infolge der wachsenden Bedeutung der anders strukturierten Internet-Kommunikation – schärfere Perspektivierung der klassischen Medien und ihrer Funktionsweisen bei.

Die aktuelle Diskussion über die Entwicklungstendenzen der Internet-Kommunikation dreht sich zumeist um die Folgen einer schwer einzuhegenden, kaum zu regulierenden Nutzung dieses wenig hierarchischen Mediums. Durch Selbstverpflichtungen von Anbietern und/oder neue gesetzliche Regelungen wird versucht, der Anfälligkeit des Netzes für unerwünschte Kommunikationsformen wie Verleumdungen, Mobbing und anonymisierte Drohungen, Beschimpfungen und (vermeintliche) Desinformation Herr zu werden. Letztlich gelten diese Anstrengungen dem Ziel, eine Instanz neu zu etablieren, die in der Kommunikationsforschung als »gate keeper«-Funktion bekannt ist. Der gate keeper entscheidet über den Zugang von Personen bzw. Inhalten zum jeweiligen Medium und mithin über die konkrete Ausformung der – auch politischen und kulturellen – Öffentlichkeit: eine Rolle, die in den Medien Ressortleitern oder Chefredakteuren zukommt. Sie prägen das Profil eines Mediums, im Printjournalismus etwa die sogenannte »Blattlinie«. Dabei wirken ein relevantes wirtschaftliches, allgemeinpolitisches oder auch weltanschauliches, womöglich religiös geprägtes Bedingungsgefüge auf die Umsetzung dieser Orientierungen ein.

Ähnlich lagen die Dinge im politisch-kulturell ambitionierten deutschen Verlagswesen. In den hier versammelten Beiträgen wird anhand einer politisch und kulturell breit gelagerten Auswahl solchen Profilen nachgegangen. Die betriebswirtschaftliche Seite des Verlagsgeschäfts wird dabei nur soweit berücksichtigt, wie sie für die inhaltliche Entwicklung der Unternehmen von Belang war. Andere Faktoren stehen im Vordergrund. Wenngleich sich die Untersuchungszeiträume in den einzelnen Beiträgen zum Teil überlappen, wurde eine ungefähre chronologische Reihung gewählt, da sie politisch-kulturelle Entwicklungsdynamiken und -richtungen hervortreten lässt.

Den Auftakt bilden zwei Erhebungen zu Parteiverlagen der NSDAP, die jeweils auf Gauebene gegründet wurden und mit dem Kriegsende 1945 verschwanden. An ihnen zeigt sich die regionale Differenzierung des parteiamtlichen Propagandaapparates. Örtliche Besonderheiten von Entwicklung und Ausgestaltung werden ebenso deutlich wie Einflüsse von innerparteilichen Lagerungen, Verbindungen und auch persönlichen Eigenheiten, die das Angebotsbild mitprägten. Gleichwohl ist das NS-Profil in Kernbereichen deutlich.

Der nachfolgende Beitrag, in dessen Zentrum der Paulus-Verlag aus Recklinghausen steht, hat ebenfalls einen parteipolitischen Bezugsrahmen. Die ersten Keime des der katholischen Zentrumspartei, später der CDU verbundenen Unternehmens reichen dabei bis ins Kaiserreich zurück. Neben der dadurch gegebenen zusätzlichen religiösen Orientierung tritt hier auch die Generationenfolge als mit profilierendes Moment deutlich hervor. Stärker als im Fall der nationalsozialistischen Gauverlage zeigt sich zudem das Gewicht der regionalen Verwurzelung auch als Verankerung in einem typischen Sozialmilieu und dessen Belangen.

Während die nationalsozialistischen Verlagsunternehmen 1945 endeten und die Paulus-Gruppe die Zäsur des Kriegsendes überwölbte, handelt es sich bei den anschließenden Initiativen um Neugründungen unter den veränderten Rahmenbedingungen der Besatzungszeit bzw. der jungen Bundesrepublik Deutschland. Ein erster Blick gilt keinem Einzelunternehmen, sondern einem Lager, und geht der Frage nach, wie die durch die Militärregierungen der westlichen Besatzungsmächte vom Markt verdrängten nationalsozialistischen bzw. politisch anderweitig rechtsaußen positionierten Protagonisten versuchten, sich wieder öffentliche Geltung zu verschaffen. Durch das Moratorium des Lizenzsystems der Besatzungszeit leicht zeitverzögert traten in den frühen 1950er Jahren entsprechende »Start-ups« hervor. Hier gilt das Augenmerk einerseits der personellen, organisatorischen und thematischen Verklammerung mit der Zeit vor 1945, andererseits der Frage, ob bzw. wie sich die grundstürzend veränderten politischen und zunehmend auch kulturellen Rahmenbedingungen auf die Szene auswirkten. Die politische Profilverschiebung und Versuche einer intellektuell-literarischen Anpassung an gesellschaftliche Liberalisierungstrends stehen hier im Fokus.

Manchen Berührungspunkt mit dieser Strömung weist die Entwicklung der Wochenzeitung »Christ und Welt« auf. Religiös – diesmal im protestantischen Spektrum – verankert, war das Blatt 1948 noch unter der Besatzung gegründet worden und profilierte sich nationalkonservativ. Die Zeitung mit personellen Verbindungen in das Auswärtige Amt der Ära Ribbentrop, die SS, aber auch in die Widerstandsgruppierung des »Kreisauer Kreises«, stand in einem schillernden Ruf. In der Regie des Verlagsimperiums von Georg von Holtzbrinck durchlief das Blatt bis zu seinem Aufgehen im »Rheinischen Merkur« 1980 einen intern spannungsvollen Anpassungsprozess, der ein weiteres Licht auf die politisch-kulturelle Entwicklung der frühen Bundesrepublik wirft.

Standen bislang – mit allenfalls der halben Ausnahme des Paulus-Verlags – Unternehmen im Vordergrund, die einer gesellschaftlichen Liberalisierung programmatisch entgegenstanden, so treten nunmehr jene bundesdeutschen Verlage in den Blick, die diese gesellschaftliche

Grundtendenz der frühen Bundesrepublik mit verkörperten. Insbesondere der 1950 gegründete Suhrkamp-Verlag gilt weithin als eine Art literarisches Flaggschiff und aktiver Betreiber dieser Entwicklung. Nach einer Skizze der Start- und Rahmenbedingungen des anfangs noch kleinen Betriebs, der zunächst deutlich vom Erlebnishorizont seines Gründers Peter Suhrkamp geprägt war, gilt ein Hauptinteresse seiner Neupositionierung und Expansion im dynamischen Jahrzehnt der »60er«. Hier tritt nun die zuvor bereits verschiedentlich bemerkte generationelle Prägung von Akteuren besonders deutlich hervor. Dabei zeigt sich einerseits die verstärkende Verschränkung literarischer, theoretischer und politischer Avantgardemuster mit einer überwölbenden Ästhetisierung des öffentlichen Raumes und der sich wandelnden und ausgreifenden Konsumsphäre. Andererseits wird deutlich, wie die marktorientierte und hierarchische Unternehmensverfassung innere Widersprüche generierte und Grenzen setzte. Ein längerer Seitenblick gilt anschließend der Spiegelung dieses bundesdeutschen Unternehmens, seiner politischen Rolle und seines Umfelds in den Augen des Ministeriums für Staatssicherheit der DDR. Gerade in den liberalen bis linken Politikangeboten führender Westverlage witterte das MfS eine größere Gefährdung des eigenen Geltungsanspruchs als in konservativen oder reaktionären Produktionen. Ähnlich reserviert verhielt sich die offizielle DDR-Kulturpolitik oftmals gegenüber avantgardistischen Strömungen im künstlerisch-literarischen Bereich, die dem Realismusgebot des realsozialistischen ästhetischen Kanons zu widersprechen schienen. Wie es dennoch durch gwieftes Argumentieren der Gutachter im Druckgenehmigungsverfahren und in späteren Jahren des anderen deutschen Staates zunehmend gelang, Titel der westlichen Moderne »durchzubekommen«, ist Gegenstand eines weiteren Seitenblicks nach Osten.

Auch dem Luchterhand-Verlag galt das Interesse des östlichen Nachrichtendienstes. Der in der Besatzungszeit nach Neuwied umgezogene Berliner Verlag profilierte sich – wie der Paulus-Verlag mit dem Wochenblatt »Echo der Zeit« – in den 50er Jahren durch ein Periodikum. »Texte und Zeichen«, herausgegeben von Alfred Andersch, war ein intellektuelles Signal, dem weitere Programmbereiche im belletristischen, lyrischen und wissenschaftlichen Bereich folgten. Ähnlich wie bei Suhrkamp zeigte die Profilierung im linken Theoriefeld eine generationelle Handschrift durch das leitende Lektorat. Und wiederum ähnlich Suhrkamp sind bei diesem Schwenk wie auch bei seiner Korrektur Markterwartungen neben politischem Engagement erkennbar.

Die Entwicklung einer »Neuen Linken« fand im religiösen Bereich und dem zugeordneten Verlagswesen eine weitere Stütze. Der im Milieu des westdeutschen Nachkriegsprotestantismus entstandene Wuppertaler Peter Hammer Verlag setzte dabei zwei Programmschwerpunkte. Die historische Aufarbeitung der NS-Zeit und die Aneignung historischer Tradition durch »Geschichte von unten« profitierten zudem von den Verbindungen in das sozialliberale politische Lager der Jahre um 1970. Die breitflächige Entkolonialisierung ließ überdies die neuen Staaten insbesondere Afrikas und die revolutionären Bewegungen im lateinamerikanischen Raum als eigenständiges politisches Subjekt – als »Dritte Welt« – in den Horizont politischer Hoffnungen der westeuropäischen Linken rücken. Dem galt ein innovativer Engagement- und Programmbereich der Wuppertaler. Auch hier zeigt sich jedoch: dem Abklingen der Politisierungswelle folgte eine Programmanpassung.

Einer solchen Programmanpassung bei Suhrkamp verdankte der gleichfalls in Frankfurt am Main ansässige Syndikat Verlag seine Existenz. Das Unternehmen verstand sich nicht nur als traditionswahrende Suhrkamp-Ausgründung, sondern als in Verfassung und Tätigkeitsfeld über den üblichen Rahmen verlegerischen Handelns hinausreichendes politisches Projekt – ein Anspruch, den zeitgenössisch auch andere Verlage erhoben. Im Programmprofil wird eine innere Dynamik linker Theoriebildung erkennbar, die sich bereits in der breiten Resonanz außereuropäischer Themenfelder bei Peter Hammer vorbereitet hatte – die »europäische Provinz« lieferte mit ihrem Wissenschafts- und Rationalitätskonzept nicht weiter den selbstverständlichen Bezugs- und Werterahmen. Die aktuelle Relativismusproblematik im Spektrum linker Politikentwürfe kündigt sich hier an.

Berlin, im Januar 2022   Berthold Petzinna

Thomas Gepp / Berthold Petzinna

Die Essener Verlagsanstalt

Verlegerische Politikbegleitung im Dritten Reich

Der am 23. Mai 1898 in Frohnhausen – bald darauf als Stadtteil zu Essen eingemeindet – geborene Josef Terboven, später NSDAP-Gauleiter in seiner Heimatstadt und von 1940 bis Kriegsende Reichskommissar für das besetzte Norwegen, war »bestens vernetzt im NS-Herrschaftssystem. Er besaß ausgezeichnete Kontakte zu Hitler und Göring, aber auch zu anderen Nationalsozialisten in Führungspositionen. Terboven gehörte zweifelsohne zur Parteielite und zu den wichtigsten Personen des NS-Systems ...«[1]

Insgesamt ist wenig über ihn bekannt, die Quellenlage dürftig. Nach der Unterprima an einer Essener Oberrealschule 1915 als Kriegsfreiwilliger eingerückt, kehrte der katholische Gastwirtssohn im Dezember 1918 als Leutnant der Reserve und mit dem Eisernen Kreuz zweiter und erster Klasse ausgezeichnet aus dem Krieg zurück.

Wie bei manch anderem aus der Kriegsgeneration misslang ihm der Einstieg in eine bürgerliche Laufbahn. Ein Studium der Rechts- und Staatswissenschaften brach er 1921 ab, eine anschließende Banklehre in Essen konnte er zwar 1925 abschließen, fiel aber daraufhin einem Personalabbau zum Opfer und wurde entlassen. Der junge Terboven fand keine andere Anstellung. Auch der von ihm gegründete Zeitungs- und Buchvertrieb wurde ein Misserfolg, er konnte die Rechnungen des nationalsozialistischen Eher-Verlags nicht begleichen.

Erfolgreicher verlief seine Parteikarriere in der Ruhrgebietsmetropole, 1925 erreichte er die Führung der dortigen SA, sein Biograph resümiert:

1   Klaus Wisotzky: Josef Terboven (1898–1945). Die Karriere eines Nationalsozialisten, in: Das Heute hat Geschichte. Forschungen zur Geschichte Düsseldorfs, des Rheinlands und darüber hinaus. Festschrift für Clemens von Looz-Corswarem zum 65. Geburtstag, hrsg. von Benedikt Mauer. Essen 2012, S. 252.

»Terboven war permanent im Einsatz für die NSDAP.«[2] Bereits vor der offiziellen Gründung des Gaues Essen war Terboven ein entscheidender Mann der Essener NSDAP. Generell verbanden die Gauleiter der Partei ihre Prestige- und Machtambitionen mit der Etablierung eigener Presseorgane[3], und auch Josef Terboven machte hierbei keine Ausnahme. Er dürfte aber auch aus Eigeninteresse an der Gründung einer neuen Parteizeitung als möglicher Einkommensquelle interessiert gewesen sein.

Terbovens Zeitung *Die Neue Front* erschien erstmals am 6. Juli 1928, den Leitartikel der Erstausgabe hatte Joseph Goebbels beigesteuert. Das Blatt existierte mit geringer Auflage bis 1930 als scharf agitatorische, um Faktengenauigkeit wenig bekümmerte, dabei äußerlich bescheidene Wochenzeitung weiter.[4] Die Parteipresse galt in der NSDAP offiziell als »Artillerie der Propaganda«.[5]

Schließlich wurde das Wochenblatt auf Initiative Terbovens von der Essener *National-Zeitung* abgelöst.[6] Die neue Zeitung war anfangs kaum lebensfähig, gerettet wurde sie wohl durch eine Finanzspritze Ernst Brandis', des Vorsitzenden des Bergbau-Vereins. Die wackelige monetäre Grundlage bestimmte weiterhin die Situation, aus der Binnenperspektive des Blatts heißt es dazu: »Der Gerichtsvollzieher und ein Heer von unruhigen Gläubigern waren die täglichen Gäste, die wörtlich genommen, das Wartezimmer von morgens früh bis abends spät füllten.«[7] Hitlers Kanzlerschaft rettete die Lage, wenngleich sich die finanzielle Misere erst Ende 1936 entspannte. Positiv schlug zu Buche, dass Terboven als Vertrauensmann Hermann Görings galt und die *National Zeitung* als

---

2   Wisotzky: Terboven, S. 258.

3   Peter Hüttenberger: Die Gauleiter. Studie zum Wandel des Machtgefüges in der NSDAP. Stuttgart 1969, S. 61.

4   Wilfried Böhnke: Die NSDAP im Ruhrgebiet, Bonn – Bad Godesberg 1974, liefert ein Kurzporträt auf S. 165f. Die Zeitung soll »in ihrem Stil und in der Form ihrer Berichte eher einem Flugblatt« geglichen haben, ebenda, S. 166.

5   F. H. Woweries: Unsere nationalsozialistische Presse. Ihr Weg von der Opposition zum Mittel der Volks- und Staatsführung, in: Der Schulungsbrief, III. Jg. 1936, S. 107, zitiert nach Böhnke: Die NSDAP im Ruhrgebiet, S. 163.

6   Ein Kurzporträt bei Wilfried Böhnke: Die NSDAP im Ruhrgebiet, Bonn – Bad Godesberg 1974, S. 167f.

7   Entwicklungsgeschichte der Zeitung (Typoskript), Barch, NS 26/1066, Bl. 14f.

dessen Sprachrohr.[8] Chefredakteur der zuerst am 15. Dezember 1930 erschienenen Zeitung wurde Graf Eberhard von Schwerin, die Gründung einer Druckerei in der Herkulesstraße 5 am Rande der Essener Innenstadt ergänzte das Unternehmen.[9]

Terboven wurde als Geschäftsführer der Zeitung infolge seiner 1933 wachsenden Inanspruchnahme in Parteiangelegenheiten von dem Wirtschaftsredakteur Wolfgang Müller-Clemm abgelöst. Seit dem 1. März 1932 Parteigenosse der NSDAP, war Müller-Clemm »zusammen mit Terboven politisch aufgestiegen«.[10] Schriftstellerisch war er bereits – mit positiver Resonanz in seiner Partei – hervorgetreten und publizierte weiter. Der neue Geschäftsführer war überdies als »politische(r) Kommissar der Gauleitung«[11] bei der Essener National-Bank installiert worden, wo er zunächst eine wichtige Rolle spielte und auch späterhin im Hintergrund nicht ohne Einfluss war.[12] Müller-Clemm veranlasste den Rückkauf von in Privatbesitz befindlichen Teilen des Stammkapitals, »damit die Nationalzeitung voll und ganz in den Besitz der Partei übergehen konnte.«[13] Die Auflage wuchs von 14.287 Exemplaren Ende 1931 auf 183.050 im Dezember 1933, bzw. auf 155.485 im Oktober 1937. Es folgten die Arrondierung des Unternehmens durch Zukäufe von Grundstücken, Technik und weiteren Unternehmensteilen. Zunächst wurden die Bauten Herkulesstraße 7 und 9 zu dem Sitz der Druckerei in Nr. 5 hinzu erworben, es folgten noch die Nummern 1 und 3, so dass ein zusammenhängender Komplex als Sitz der NS-Propagandazentrale nahe dem

---

8   Wisotzky: Terboven, S. 263. Siehe zu den zeitgenössischen Mutmaßungen über Görings Verhältnis zu der Zeitung Alfred Kube: Pour le mérite und Hakenkreuz. Hermann Göring im Dritten Reich. München 1986, S. 64.

9   Siehe zu Eberhard von Schwerin die knappe Skizze in Peter M. Quadflieg: Gerhard Graf von Schwerin (1899–1980). Wehrmachtgeneral, Kanzlerberater, Lobbyist. Paderborn 2016, S. 32.

10   Joachim Scholtyseck: Die Geschichte der National-Bank 1921–2011. Stuttgart 2011, S. 131, dort auch die übrigen Angaben.

11   Scholtyseck: National-Bank, S. 132.

12   Scholtyseck: National-Bank, S. 174. Der Autor bemerkt allgemein: »Der Einfluss Müller-Clemms blieb indessen selbst noch nach dessen Rückzug spürbar, weil er in der Region als eine Art ›Graue Eminenz‹ und Wirtschaftsgröße enge Verbindungen zur NSDAP hielt ...«

13   Entwicklungsgeschichte der Zeitung (Typoskript), Barch, NS 26/1066, Bl. 17.

Essener Zentrum entstand. Auch eine Buchbinderei war Teil des Unternehmensbereichs.

Auswärtige Aktivitäten förderten dieses Wachstum. So wurde im Oktober 1933 für den niederrheinischen Teil des Vertriebsgebietes der Zeitung eine eigene Gesellschaft gegründet. Diese Tochter des Essener Unternehmens wurde zwei Jahre darauf nach Essen verlegt und in »Essener Verlagsanstalt G.m.b.H.« umbenannt.[14] Müller-Clemm verfügte als Geschäftsführer des Mutterunternehmens im März 1936 eine Satzungsänderung für diese Tochter:»Gegenstand des Unternehmens ist nunmehr der Betrieb einer Verlagsbuchhandlung, der Druck und Vertrieb von Büchern, Zeitschriften und Zeitungen, sowie sonstiger Druckerzeugnisse, sowie der Betrieb einer Buchbinderei und aller in vorstehenden Geschäftsbetrieben anfallenden Hilfs- und Nebengeschäfte.«[15] Der Beginn der Buchproduktion hatte bereits im Vorjahr eingesetzt.[16] Der Buchverlag blieb mit der Zeitung personell verklammert, neben Müller-Clemm gehörte zeitweilig auch Eberhard von Schwerin als Prokurist zur Leitungsebene.

Der Verlag umriss zum Auftakt die Schwerpunkte und Ziele seiner Tätigkeit:

> Im ersten Kreise unserer Verlagsarbeit steht die nationalsozialistische deutsche Aufgabe nach außen: historisch-politisches Schrifttum, das in die allgemeinen und geschichtlichen Grundlagen unserer politischen und wirtschaftlichen Gegenwart einführt, das dem Ausland gegenüber den neuen deutschen Standpunkt ebenso verbindlich wie bestimmt klarmacht und uns umgekehrt bedeutende Beiträge des Auslandes zum europäischen und internationalen Gespräch in Übersetzungen zur Kenntnis bringt.

---

14 Entwicklungsgeschichte der Zeitung (Typoskript), Barch, NS 26/1066, Bl. 18. Siehe zu den Details und der weiteren finanziellen Entwicklung auch Landesarchiv NRW, Abt. Rheinland, HRB 2650.

15 Nr. 81 des Notariats-Registers für 1936 (Rechtsanwalt Heinrich Klems zu Essen), 20. 3. 1936, in: Landesarchiv NRW, Abt. Rheinland, HRB 2650.

16 Im Folgenden soll kein Komplettporträt des Verlagsprogramms gegeben, sondern anhand von Schwerpunkten der Produktion ein Profil gewonnen werden.

Im anderen Kreise stehen mehr nach innen gerichtete Werke, welche dem neu erwachten Sinn für das deutsche völkische und geistige Erbe durch lebendige Darbietung seiner schriftlichen und bildlichen Quellen gesunde Nahrung geben.

Im dritten Kreise schließlich wird der geschichtliche und gegenwärtige Stoff, den das nahe Rheinland und Westfalen in mannigfacher Weise bietet, durch die bodenständige Forschung so zur Darstellung gebracht, daß seine Bedeutung für die Heimat und das große Deutschland sichtbar wird.[17]

Mit der Verlagsnummer Eins erschien denn auch ein Werk, das den hier formulierten Anspruch, die Außenpolitik des nationalsozialistischen Deutschland unterstützend zu begleiten, eröffnete.[18] Der Autor Fernand de Brinon war ein politisch aktiver französischer Journalist, der sich aus seiner Analyse der französischen Sicherheitsinteressen für eine Verständigung mit Deutschland einsetzte, die er persönlich zu fördern hoffte. Hierzu unterhielt de Brinon Kontakte in die NS-Führung.[19] In seinem Vorwort hoffte der NS-Jurist Friedrich Grimm auf die Achtung der Frontkämpfer beider Länder als Basis für eine Verständigung und befand: »Langsam beginnt sich in Frankreich die Erkenntnis Bahn zu brechen, daß man im Irrtum war, eine Verständigung nur mit dem ›anderen Deutschland‹, dem schwachen Deutschland zu suchen, das zu jeder

---

17 Zum Geleit, in: Essener Almanach. Erste Ausgabe 1936, S. 6. Der Almanach begleitete und bewarb die Verlagsproduktion. Im Essener Bücherfreund, einem zweiten der Kundenwerbung und Selbsterklärung gewidmeten Periodikum heißt es im Folgejahr: »Politik und Geschichte stehen im Mittelpunkt unserer Verlagstätigkeit ... Wir treiben Geschichte als Ahnenforschung und als Selbsterkenntnis um der Kraft und Schönheit unseres gegenwärtigen Lebens willen – und Politik, um uns unserer großen Ahnen würdig zu erweisen.« Weiter wird erläutert: »So umrahmen romanhafte, biographische und allgemeingeschichtliche Werke das Kerngebiet der Essener Verlagsanstalt: die hohe Politik.« (Ebd., S. 1 f) Eine weitere, systematischere Aufschlüsselung des Verlagsprogramms findet sich in Essener Almanach. Vierte Ausgabe 1939, S. 5ff.: »Zum Geleit«.
18 Fernand de Brinon: Frankreich – Deutschland 1918–1934. Vorwort Prof. Dr. Grimm (Essen 1935).
19 Siehe zu de Brinon Corinna Franz: Fernand de Brinon und die deutsch-französischen Beziehungen 1918–1945. Bonn 2000. Franz urteilt: »De Brinon gehörte zu jenen, die meinten, einer guten Sache zu dienen und dabei doch dem Bösen den Weg bereiteten« (ebd., S. 366).

Konzession bereit war.«[20] Weitere Frankreich gewidmete Titel des Verlages galten ebenfalls der jüngsten Vergangenheit im Verhältnis beider Länder und beleuchteten diese aus einer deutschnationalen Perspektive. In seinem Werk *Die große Politik Delcassés. Frankreichs Kampf um die Vorherrschaft in Europa* porträtiert Ernst Eduard Berger den titelgebenden französischen Außenminister als dämonischen Meister seines Fachs. Bereits auf dem Titelblatt wird der mögliche Leser entsprechend eingestimmt: »Delcassé ist ein Besessener, der alles der Revanche-Idee unterordnet ... ohne an die höheren Interessen Europas ... zu denken.«[21]

Besser weg kam ein anderer, in Deutschland bekannter französischer Politiker, der ebenfalls ein konfrontatives Profil aufwies – Léon Gambetta.[22] Das aus einer Dissertation bei Emil Dovifat entstandene informierte und abwägende Buch verweist neben einigen NS-typischen Denkfiguren auch auf gewinnende Züge seines Helden und schließt:

> Daß die Gesetze der Volksführung in den einzelnen Nationalstaaten Europas verschieden sind, und bleiben werden, schließt nicht aus, daß übernationale Gemeinsamkeiten vorhanden sind. Die auf Trennung angelegten politischen und publizistischen Untersuchungen müssen, bei harter Herausarbeitung der Verschiedenheiten, doch auf eine Synthese abzielen, die nur in einem europäischen Gemeinschafts- und Schicksalsgefühl zu suchen ist.[23]

Wiederum einen anderen Charakter hat das Buch der jungen Essenerin Irene Mertens. Es handelt sich um einen persönlichen Erlebnisbericht, der reich mit gut ausgewählten, zumeist von der Verfasserin erstellten Fotografien versehen, authentisch berichtend gehalten ist, dabei genau und lebendig beobachtend die Stadt Paris erschließt. Der Band erzielte mehrere Auflagen, der Waschzettel informiert: »Das Buch könnte man

---

20　Fernand de Brinon: Frankreich – Deutschland 1918–1934, S. VI.
21　Ernst Eduard Berger: Die große Politik Delcassés. Frankreichs Kampf um die Vorherrschaft in Europa. Essen 1939, Auslassungen im Original.
22　Kurt Lothar Tank: Gambetta. Ein politischer Kämpfer gegen Despotismus und Anarchie. Essen 1937.
23　Tank: Gambetta, S. 177.

einen Führer zum Wesen der Stadt nennen, leitend zu jenem Lebensgefühl, das ihre Herrlichkeiten wie die Alltäglichkeiten ins Leben rief und
fortbestehen läßt.«[24]

Die in den Friedensjahren Frankreich gewidmeten Publikationen des
Verlages weisen Züge auf, die auch für weite Teile des übrigen Programms gelten: man war um Seriosität bemüht, plumpe Agitation wurde
tunlichst vermieden. Themen, Aufmachung und Darstellung blieben an-
schlussfähig für die Erwartungshaltungen und Denkgewohnheiten einer
bürgerlichen, traditionell national orientierten Zielgruppe.

Dies galt zumal für die zentralen auf Großbritannien bezogenen Titel
des Verlagsprogramms, da das britische Empire besonders in den mittleren 30er Jahren bezüglich der Revision des Vertrages von Versailles als
wichtigster diplomatischer Mitspieler und machtpolitische Größe erster
Ordnung galt.[25] Den prominentesten Platz in diesem Segment des Verlagsangebots nahm 1938 mit *England blickt auf Deutschland. Um die
deutsch-englische Verständigung* eine Bekenntnisschrift des Marquess of
Londonderry ein. Londonderry war, ebenso wie de Brinon, in der Führungsgruppe der NSDAP zu Gast und vernetzt. Neben Ribbentrop war
er, 1931 bis 1935 britischer Luftfahrtminister, gut bekannt mit Hermann
Göring, den er in dessen Landsitz Carinhall besucht hatte. Londonderry,
der den Vertrag von Versailles ablehnte, forderte bestimmt im Geist des
»Appeasement«: »Die Zeit ist gekommen, um die diplomatische Atmosphäre von Verdächtigungen und Vergeltungsmaßnahmen zu reinigen
und dem Dritten Reich die Hand wahrer Freundschaft hinzuhalten.«[26]
Doch ließ der Verlag auch kritische Positionen des Autors gegenüber
deutscher Politik nicht unter den Tisch fallen, so auch diese ambivalenten Einlassungen:

---

24   Irene Mertens: Eine Deutsche erlebt Paris. Mit 105 Abbildungen. Essen 1938.
25   Vgl. Marie Luise Recker: Die Außenpolitik des Dritten Reiches (= Enzyklopädie
     deutscher Geschichte, Bd. 8). München 1990, S. 10ff.
26   Londonderry: England, S. 18f. Siehe zum politischen Profil des Autors Ian Kershaw:
     Hitlers Freunde in England. Lord Londonderry und der Weg in den Krieg. München
     2005.

Ein großer Teil der antisemitischen Propaganda, die heute in Deutschland getrieben wird, ist äußerst roher und gewalttätiger Natur. Die Äußerungen von Männern wie Julius Streicher zum Beipiel in dem notorischen Wochenblatt ›Der Stürmer‹ beleidigen unsere gefühlsmäßig verfeinerte Einstellung; und Menschen, wie ich selbst, denen die Sache der englischdeutschen Freundschaft am Herzen liegt, können sie nur bedauern. Andererseits dürfen wir den deutschen Standpunkt nicht übersehen. Wir müssen uns erinnern, daß die Juden, als die Nationalsozialisten an die Macht kamen, eine sehr große Zahl von Stellungen innehatten, die weit größer war als der Prozentsatz der Juden an der Gesamtbevölkerung ausmacht.[27]

Ähnlich nunciert, dabei akademischer im Anspruch waren zwei weitere deutsche Ausgaben britischer Bücher. George Macaulay Trevelyans Biographie über Sir Edward Grey, den britischen Außenminister zu Kriegsbeginn 1914, berührte nicht nur den Ersten Weltkrieg, sondern auch das Thema der Kriegsschuld, und mithin ebenfalls indirekt den Vertrag von Versailles. Die Einleitung aus der Feder des Münchner Historikers Karl Alexander von Müller lobte Greys Charakter als »offen und gerade«.[28] In Müllers sehr stark mit Trevelyan sympathisierender und Grey trotz kritischer Anmerkungen wertschätzender Einführung entsteht eine tragische Zeichnung des Politikers unter Anleuchtung von Stärken und Grenzen der Persönlichkeit. Kritik an der wilhelminischen Politik wird ebenso geübt wie an vermeintlichen britischen Voreingenommenheiten und Fehlwahrnehmungen. Insgesamt: Mehr als nur ein halber Heldengesang durch den Münchner NS-Historiker. Trevelyans Buch traf denn auch in Deutschland auf Widerstände, die den Verlag nicht an der Publikation hinderten.[29]

27 Londonderry: England, S. 196f.
28 Karl Alexander von Müller: Einleitung, in: George Macaulay Trevelyan: Sir Edward Grey. Sein Leben und Werk. Eine Grundlegung englischer Politik. Essen 1938, S. XVI.
29 Siehe dazu Matthias Berg: Karl Alexander von Müller. Historiker für den Nationalsozialismus. Göttingen 2014, S. 306f. zum fraglichen Vorwort: »Der Verlag habe ihn, so Müller an Herbert Steiner, darum gebeten, da ›das Buch in einigen Teilen die Vorkriegspolitik Greys verteidigt und deshalb bei uns schon von einigen Seiten angegriffen worden war.‹ Doch auch Trevelyan habe sich seine Zustimmung zur deutschen Einleitung ausdrücklich vorbehalten, nun ›höre ich eben zu meiner großen Freude,

Gleichfalls politisch kalkuliert war eine zweite 1938 erschienene Publikation zur Leitungsebene britischer Politik: Sir Austen Chamberlain: *Englische Politik. Erinnerungen aus 50 Jahren.* Das Geleitwort schrieb der Halbbruder des Autors, Neville Chamberlain. Der britische Premierminister und Exponent der Appeasement-Politik widmete sich persönlichen Zügen des Autors und resümierte: »Wenn ich dadurch ihre Teilnahme für diesen so liebenswürdigen und ritterlichen Ehrenmann gewinnen kann, werde ich damit auch seinem Andenken einen Dienst erweisen und vielleicht einen kleinen Beitrag zu dem zwischen den beiden großen Nationen bereits bestehenden guten Einvernehmen geleistet haben.«[30]

Ebenfalls eine Stoßrichtung gegen Versailles, darauf verwies der Verlag gleich im Waschzettel, wies ein informiertes, subjektiv-essayistisch gehaltenes Landesporträt eines anglikanischen Geistlichen im 1939er Verlagsprogramm auf: »Den von Frankreich ›nicht nur Deutschland, sondern auch seinen eigenen Verbündeten aufgezwungenen Frieden‹ von 1919 betrachtet der Verfasser als einen Europa heute noch ständig bedrohenden Fluch.«[31]

Eine deutlich werbende und die aktuelle Politik des Reiches flankierende Ausrichtung kennzeichnete auch die Polen gewidmeten Teile des Verlagsprogramms. Eine Neuausrichtung der deutschen Polenpolitik 1933, die im Januar des Folgejahres zum Abschluss eines Nichtangriffs-

---

daß er von Verlag zu Verlag antworten ließ that he likes this introduction very much indeed – ich glaube deshalb, daß wir bei der gegenwärtigen politischen Lage auf eine freundliche Aufnahme und Wirkung dieser Übertragung auch in England rechnen dürfen ...‹« Noch in wenigstens einem weiteren Fall publizierten die Essener ein Buch, das aufgrund anscheinend politischer Vorbehalte anderswo auf Widerstand traf: Hermann von Mangoldts »Rechtsstaatsgedanke und Regierungsformen in den Vereinigten Staaten von Amerika« (Essen 1938). Ausschlaggebend für den Druck soll die Fürsprache eines Wirtschaftverbandes gewesen sein. Vgl. Angelo O. Rohlfs: Hermann von Mangoldt (1895–1953). Das Leben des Staatsrechtlers vom Kaiserreich bis zur Bonner Republik. Berlin 1997, S. 44.

30   Geleitwort Neville Chamberlain in: Sir Austen Chamberlain: Englische Politik. Erinnerungen aus 50 Jahren. Einzige deutsche Ausgabe mit persönlicher Ermächtigung des Verfassers herausgegeben und übersetzt von Fritz Pick. Essen 1938, S. 12.

31   William R. Inge: England. Essen 1939.

pakts führte und von deutscher Seite die Perspektive einer antisowjetischen Ausrichtung aufwies, wurde mit Engagement von Hermann Göring getragen, der mehrfach Polen besuchte und persönliche Kontakte unterhielt.[32] Im Januar 1935 wurde Göring von Marschall Josef Pilsudski, dem autokratischen Beherrscher Polens, an dessen Begräbnis bald darauf er auch offiziell teilnahm, zu einer langen Audienz empfangen. Es deutet auf die Nähe Görings zu den Essenern, dass die mehrbändige deutsche Ausgabe der Erinnerungen und Dokumente Pilsudskis dort erschien. Göring übernahm das Geleitwort und rühmte den Verstorbenen: »Der Marschall Pilsudski war ein Mann. Ich habe ihn persönlich kennengelernt und wurde von der Macht seiner Persönlichkeit tief beeindruckt. In selbstloser und äußerster Hingabe hat Marschall Pilsudski für sein Vaterland gearbeitet.«[33] Zu den polnischen Kontakten Görings gehörte auch der Außenminister Jozef Beck. 1939 erfolgte die Publikation seiner *Beiträge zur europäischen Politik – Reden Erklärungen Interviews 1932–1939* in der Essener Verlagsanstalt. In einem Vorwort heißt es noch: »Endlich ist für die Politik und das Auftreten des Ministers Beck besonders bezeichnend die Achtung der Individualität anderer Staaten und Völker.«[34]

Mit Ausdauer und besonderem Engagement widmete sich der Verlag dem Achsenpartner Italien. Dass das Italien-Jahrbuch des Kölner Petrarca-Hauses dort erschien, verdankte sich dem Entgegenkommen des Essener Unternehmens.[35] Das bereits 1931 eingerichtete Institut wurde je zur Hälfte vom italienischen Staat und der Stadt Köln unterhalten. Auch nach 1933 wurde das Petrarca-Haus keine reine Agentur der italienischen (Kultur-) Propaganda und betrieb weiterhin Forschung, die

---

32 Vgl. Kube: Pour le mérite, S. 104ff.

33 Hermann Göring: Männer machen Geschichte!, in: Josef Pilsudski: Erinnerungen und Dokumente, Bd. 1: Meine ersten Kämpfe. Essen 1935, S. V. Das Buch trug die Verlagsnummer 2.

34 Ungezeichnetes Vorwort, in: Jozef Beck: Beiträge zur europäischen Politik – Reden Erklärungen Interviews 1932–1939. Essen 1939, S. XIII.

35 Wolfgang Schieder: Mythos Mussolini. Deutsche in Audienz beim Duce. München 2013, S. 158, Anm. 303, Tätigkeitsbericht Petrarca-Haus von 1941: »Die Veröffentlichung des Italien-Jahrbuchs wird durch das großzügige Entgegenkommen der Essener Verlagsanstalt in Essen ermöglicht.«

zahlreichen Gastredner waren keineswegs allesamt NS-konform. Ähnlich profiliert war auch das Jahrbuch, das sich somit gut in die zumeist auf eine seriöse Anmutung bedachte Verlagslinie einfügte: »Zwar wird einerseits in diesem ›Italien-Jahrbuch‹ stets die unverbrüchliche ›Achsentreue‹ Italiens beteuert, andererseits ist der Ton im großen und ganzen nicht von jener schrillen ›Achsen-Rhetorik‹ dominiert, wie sie nach 1936 üblich war, wechseln seriöse wissenschaftliche und andere Kulturbeiträge mit politischer Propaganda ab, die allerdings mehr auf Sympathiewerbung für Italien und den Faschismus denn für die ›Achse‹ Rom – Berlin abzielte.«[36] Das Kölner Haus, das als die führende italienische Kultureinrichtung in Deutschland galt, erweckte daher in Teilen der NS-Nomenklatura auch Argwohn bis Ablehnung.[37]

Mit Giuseppe Bottais Traktat *Von der römischen zur faschistischen Korporation* (Essen 1942) brachten die Essener eine der »schillerndsten und interessantesten Figuren in der Führungsspitze des italienischen Faschismus«[38] als Autor in ihr Programm, der ebenfalls im NS-System reserviert betrachtet wurde. Ganz dem Selbstverständnis des faschistischen Italien folgend und überdies als Anregung »an die bevorstehende nationalsozialistische Kolonialpolitik« adressiert, geriet die Darstellung der italienischen Kolonialpolitik durch Herbert Müller-Jena.[39] Das umfangreiche, aufwendig und solide gestaltete, mit Karten und Statistiken versehene Werk hat Handbuchcharakter und folgt der überhöhenden Anbindung des faschistischen Italien an das antike Rom. Gleichfalls den Charakter eines Handbuches hat die von Leopold Reck (als Bearbeiter) vorgelegte, durch das Erscheinungsjahr 1944 deutlich überholte Tour d'Horizon »Aufbau des italienischen Imperiums«. Die, wie der Verlag

---

36 Andrea Hoffend: Das Deutsch-Italienische Kulturinstitut Petrarca-Haus zu Köln (1931–1944): Propagandazentrale oder seriöse Lehr- und Forschungsstätte, in: Geschichte in Köln. Zeitschrift für Stadt- und Regionalgeschichte, Bd. 37 (1995), H. I, S. 90.

37 Hoffend: Kulturinstitut, S. 93.

38 Hoffend: Kulturinstitut, S. 91.

39 Herbert Müller-Jena: Die Kolonialpolitik des faschistischen Italien (= Veröffentlichungen des Deutschen Instituts für Außenpolitische Forschung, Bd. 4, hrsg. von Prof. Dr. Fritz Berber). Essen 1939, S. 4.

stolz verkündete, »Einzige deutsche autorisierte Ausgabe« von Benito Mussolinis sehr persönlich gehaltenem Buch über seinen bei einem Flugzeugabsturz ums Leben gekommenen Sohn *Ich rede mit Bruno* (Essen 1942), dürfte Müller-Clemm persönlich eingeworben haben. Inzwischen an der deutschen Botschaft in Rom tätig, hat der Verleger anscheinend durch die Präsentation des Buches von Müller-Jena das Vertrauen des »Duce« gewonnen und die Rechte zugesprochen bekommen.[40] Ein Geleitwort Hermann Görings gab eine zusätzliche politische Note. Einem engen Vertrauten und politischem Vorbild Görings galt Giuseppe Fanciullis *Marschall Balbo* (Essen 1943).[41] Fanciullis Übersetzer Werner von der Schulenburg, den mit dem italienischen Faschismus ein kompliziertes Verhältnis verband, war ebenfalls im Autorenkreis der Essener Verlagsanstalt vertreten.[42] Als weiterer Übersetzer trat mit Karl Eugen Gass ein Schüler von Ernst Robert Curtius auf, der ein Opfer des Krieges werden sollte.[43]

War das Verlagsprogramm in den auf Frankreich, Polen und Großbritannien zumindest in den Vorkriegsjahren und hinsichtlich Italiens durchgängig – über den Sturz Mussolinis hinaus – von der deutschen Politik parallel laufenden Zuwendungen getragen, so galt für die Sowjetunion das Gegenteil. Man setzte dabei stark auf Emigrantenliteratur. Die Brüder Boris und Iwan Solonewitsch sowie dessen Frau Tamara setzten die Akzente. Der Rezensent der Fachzeitschrift *Osteuropa* rühmte ihre Schriften als die »vielleicht … schärfste geistige Waffe, die in den letzten Jahren zur Bekämpfung des Bolschewismus aus dem Russentum selbst geschmiedet wurde.«[44] Die Bücher haben die Form von Erfahrungsberichten und legen Wert auf die Anmutung der Authentizität. In diesem

---

40   Schieder: Mythos Mussolini, S. 159. Müller-Clemm war bereits 1938 zu einer ersten Audienz bei Mussolini empfangen worden, ebda, S. 158.

41   Siehe zum Verhältnis Görings zu Balbo Kube: Pour le mérite, S. 46 und 49f.

42   Werner von der Schulenburg: Stechinelle (Essen 1942). Schieder, Mythos Mussolini, urteilt: »Schulenburg war für Mussolini, weil er gegen Hitler war.« (S. 147).

43   Karl Eugen Gass: Das Antlitz Italiens. Essen 1943. Gass ist 1944 gefallen.

44   Erich Boehme in »Osteuropa« 13/1937/38, zitiert nach Matthias Heeke: Reisen zu den Sowjets. Der ausländische Tourismus in Rußland 1921–1941. Münster 2003, S. 484.

Sinne heißt es in einem persönlich biographischen Vorwort, »der Autor hoffe auf Aufnahme des Buches nicht als ›antisowjetische Agitation‹, sondern als ›Ermahnung‹ dafür, was aus den Völkern Europas und der ganzen Welt werden kann, wenn die kommunistische Internationale den Sieg davonträgt.«[45] Ähnlich objektivierend heißt es im Vorwort des Verlags zu einem Buch Boris Solonewitschs: »Da der Verfasser dieses Buches in den ersten Jahren der russischen Revolution stellvertretender Bundesführer war, hat er in seinem Werk hauptsächlich das Schicksal des russischen Pfadfindertums geschildert.«[46] Während die Brüder Solonewitsch keine antisemitische Färbung in ihre Darstellung der bolschewistischen Revolution einbrachten, verhielt es sich bei Tamara anders.[47] In einem mit Stereotypen gesättigten Rundumschlag bediente sie, ebenfalls in der Form des Erfahrungsberichts einer Insiderin, die diesbezüglichen Erwartungen.[48] Die Schriften der Solonewitschs fanden auch Resonanz in der NS-Führungsriege.[49]

Antisemitische Töne schlug auch ein weiterer exilrussischer Autor an. General Pjotr Nikolajewitsch Krasnow, General der Zarenarmee und auf der gegenrevolutionären Seite im russischen Bürgerkrieg leitend beteiligt, lässt über seine Beweggründe bei der Abfassung des Romans *Katharina die Große* (Essen 1937) wissen:

Die Kaiserin war die erste, die kraftvoll dem Streben der Juden nach Macht, nach Reichtum, nach der Finanzgewalt und jeder Steigerung ihres

---

45 Iwan Solonewitsch: Die Verlorenen. Eine Chronik namenlosen Leidens, Bd. 1. Essen 1937, S. 3. Der im Folgejahr erschienene zweite Band erreicht noch im Erscheinungsjahr die vierte Auflage mit dem 30. Tsd.

46 Boris Solonewitsch: Lebendiger Staub. Rußlands Jugend im Kampf gegen die GPU. Essen 1938, unpaginiert.

47 Vgl. Karl Schlögel: Russische Emigration in Deutschland 1918–1941: Leben im europäischen Bürgerkrieg. Berlin 1995, S. 115.

48 Vgl. Tamara Solonewitsch: Hinter den Kulissen der Sowjetpropaganda. Erlebnisse einer Sowjetdolmetscherin. Essen 1937, S. 59ff.

49 So notierte Goebbels zu Boris Solonewitschs *Die Verlorenen*: »Ich lese ein erschreckendes Buch über Rußland. Führer will es auch lesen. Diese russischen Bestien sind alle krank.« Tagebucheintrag 1. 7. 1937, in: Elke Fröhlich (Hrsg.): Die Tagebücher von Joseph Goebbels. Sämtliche Fragmente. Teil I, Bd. 3. München 1987, S. 192.

Einflusses in Rußland ein Zaumzeug anlegte, indem sie für die Juden ein-
schränkende Gesetze schuf, worauf das gesamte Weltjudentum in glühen-
den Haß gegen sie entbrannte (Aldanoff, jüdisch-amerikanische
Presse).[50]

Im gleichen Sinn wertete er in einem populär verkitschten Roman auch
die bolschewistische Bewegung.[51]

Zeugt die Ausrichtung und Auswahl zentraler Teile des Verlagsprogramms bereits von einer deutlichen Parallelführung der Verlagslinie zu
wesentlichen Bestrebungen der deutschen Außenpolitik, so wird diese
Profilbildung in den Publikationen zu den USA auch institutionell greif-
bar. Die Brücke zum Auswärtigen Amt unter Ribbentrop bildete das
Deutsche Institut für Außenpolitische Forschungen mit vielen seiner
Veröffentlichungen, das von Friedrich Berber geleitet wurde. Berber
konnte bereits auf Erfahrungen an der Berliner Deutschen Hochschule
für Politik und auch in Hamburg zurückblicken, wo er bei seinen Studenten den Spitznamen »Klein-Ribbentrop« erworben haben soll.[52] Der
Porträtist seines Wirkens im NS-System urteilt über diesen Vertrauten
des Reichsaußenministers:

Man tut sich darum schwer, in Berbers Schriften etwas anderes als den
konsequent durchgeführten Versuch einer an die außenpolitischen Ziele
des NS-Staates eng angelehnten Macht-Doktrin zu sehen ... Allerdings
zeigt das Persönlichkeitsbild Berbers zwiespältige Züge, in denen sich ein
hohes Maß an Opportunismus mit Anzeichen eines gebrochenen Verhältnisses zum NS-Staat in seiner Spätphase, wenn auch nicht zur politischen Macht als solcher, verbindet. Als ausgeprägten Opportunisten ha-

---

50 P. N. Krassnoff: »Warum ich den Roman ›Katharina die Große‹ schrieb«, in: Essener
    Almanach, Zweite Ausgabe Essen 1937, S. 63.

51 Vgl. ders.: Nach Hause. Essen 1939, S. 7. Krassnoff wurde wegen seiner Beteiligung
    am Krieg gegen die Sowjetunion 1947 in Moskau erschossen.

52 Hermann Weber: Rechtswissenschaft im Dienste der NS-Propaganda. Das Institut
    für Auswärtige Politik und die deutsche Völkerrechtsdoktrin in den Jahren 1933–
    1945, in: Klaus Jürgen Gantzel (Hrsg.): Wissenschaftliche Verantwortung und politi-
    sche Macht. Berlin 1986, S. 387, Fußn. 3. Weber gibt ein detailliertes Bild des Insti-
    tuts und seiner Veröffentlichungen.

ben Berber seine früheren Mitarbeiter und andere, die ihn kannten, eingeschätzt.[53]

Die Essener waren nicht der Hausverlag des Instituts, zahlreiche Veröffentlichungen wurden anderswo untergebracht. Die neben sonstigen Institutsproduktionen in Essen erschienene Reihe der *Veröffentlichungen des Deutschen Instituts für Außenpolitische Forschung* erreichte 15 Titel. Auch hier ist wiederum das Bemühen um Seriosität und wissenschaftsübliches Erscheinungsbild im Apparat der Fußnoten und der Quellenverzeichnisse leitend. Ebenfalls in Essen erschien die Reihe *Probleme amerikanischer Außenpolitik,* die 12 Nummern erreichte.

Die deutlicher propagandistisch konturierte Reihe orientierte sich thematisch vornehmlich auf die auch aus einer politisch linken Perspektive als Schwerpunkte des US-Imperialismus betrachteten Politikfelder. In diesem Sinne sieht Helmut Rumpf den »Schatten der nördlichen Union über den südlichen Republiken« Lateinamerikas immer länger werden.[54] Walter Rudolf perspektivierte den aktuellen Pazifikkrieg in dieser Optik des angelsächsischen Imperialismus und resümierte zur *Open-door*-Politik:

> Das Friedenslosungswort von einst deckte von nun an die imperialistischen Vorherrschaftspläne der angelsächsischen Mächte im ostasiatischen Raume. Wie den Europakrieg, so haben die USA auch den zweiten Weltkrieg mit ihrer maßlosen Selbsteinschätzung und ihren gaukelnden Allerweltsverheißungen entfesselt ... Japan hat mit dem Schwerte sein Lebensrecht verteidigt ...[55]

Einen starken antisemitischen Akzent setzt hingegen Otto Schäfer, der im Resümee seiner Überschau zum »Imperium Americanum« zu den USA urteilt:

---

53   Weber: Rechtswissenschaft, S. 378.
54   Helmut Rumpf: Die zweite Eroberung Ibero-Amerikas (= Probleme amerikanischer Außenpolitik, Heft 8) Essen 1942, S. 8.
55   Walter Rudolf: Die amerikanische Politik der Offenen Tür in Ostasien (= Probleme amerikanischer Außenpolitik Heft 12) Essen 1943, S. 131.

Es ist das Antlitz eines Landes und Volkes, das Hunderttausende India-
ner hinmordete, um Platz für sich selbst zu schaffen, das den anderen
Staaten mit Lug und Trug, Gewalt und Krieg ihren Besitz raubte, das
Länder besetzte und Völker unterjochte, um sie ins Elend zu stürzen
und ihre Arbeitskraft auszubeuten, das alle Versprechen und Verträge
brach, die der Ausdehnung seiner Macht und seinem Belieben im Wege
standen. Es ist das Antlitz des egoistischen materialistischen Angelsach-
sen, das davon überzeugt ist, daß Gott ihm die Herrschaft dieser Erde
vorbehalten hat, und der darum ungestraft tun und lassen kann, was er
will! ... Hinter dem Kraken aber erscheint bereits die Fratze des ewigen
Juden, der auch in ihm nichts anderes sieht als den Wegbereiter seiner
uralten und nie aufgegebenen Weltherrschaftspläne. Freilich, es gab
und es gibt auch ein anderes Denken und Wollen, es gibt auch andere
geistige Strömungen in diesem Lande und Volke. Da ist die echte Mon-
roedoktrin, da ist der Isolationismus der Menschen des Mississippibe-
ckens und der Pazifismus der aufrichtig Frommen, da ist unendlich viel
Bruderschaft anderen Menschen und Völkern gegenüber und sehr viel
Wohltun. Aber was haben sie alle im Laufe der Jahrhunderte ausgerichtet? ... Diese Strömungen und Gedanken sind nie mehr gewesen als der
Schleier und die Verbrämung der wahren amtlichen Machtpolitik der
Vereinigten Staaten.[56]

Den Bogen zu den NS-Europakonzeptionen schlug vor dem Hintergrund der kritisch gesehenen Großraumkonzeption Carl Schmitts
Friedrich Berber in seinem Porträt der USA als interventionistischer
imperialistischer Macht: »Europa wird nach diesem Kriege geeinigt
sein – oder es wird nicht mehr sein, zum mindesten nicht mehr als Europa im echten Sinn, als das, was den Klang und Namen Europas ausmacht. Diese Tendenz zur europäischen Einigung aber ist es gerade,
die von der Rooseveltschen Politik aufs schärfste bekämpft wird.«[57]

---

56 Otto Schäfer: Imperium Americanum. Die Ausbreitung des Machtbereichs der Ver-
    eingten Staaten (= Probleme amerikanischer Außenpolitik, Heft 11) Essen 1944,
    S. 191f.
57 Friedrich Berber: Der Mythos der Monroe-Doktrin. (= Probleme amerikanischer
    Außenpolitik, Heft 6) Essen 1942, S. 25. Eine Bezugnahme auf Schmitt findet sich
    auch in Friedrich Berber: Die amerikanische Neutralität im Kriege 1939–1941 (=
    Veröffentlichungen des Deutschen Instituts für Außenpolitische Forschung, Bd. XV).

Ähnlich konturiert wie das Bild der USA war seit 1939 auch die Zeichnung Großbritanniens in der NS-Propaganda, die von den Kriegspublikationen der Essener Verlagsanstalt mitvollzogen wurde. Die Inselmacht galt als Zentrum einer plutokratischen Staatengruppe. Diese Charakteristik war teils implizit, teils ausdrücklich antisemitisch aufgeladen, so in der Wendung von der »verjudete(n) Plutokratie« Englands, das sich weit von Europa entfernt habe.[58] In einer Reihe von Publikationen zielte der Verlag nunmehr, nachdem noch 1939 ein essayistisches und stilistisch gekonntes, mit ironischer Distanz gestaltetes Porträt des »typischen« Engländers erschienen war,[59] auf die Demontage dieses Bildes. Dabei hält sich der Tenor durch, eine Schrift zur politischen Führungsgruppe Englands mündet in die Formel: »So kann am Schluß dieser Studie wohl mit Recht gesagt werden, daß auf Englands Politik eine Adelsoligarchie entscheidenden Einfluß hat, eine Adelsoligarchie aber, die weitgehend plutokratische Züge aufweist.«[60] Ein begleitender Schwerpunkt lag auf der Charakteristik der britischen Propaganda.[61]

Wie eine Synthese vieler Züge dieser Produktionen des Berber-Instituts wirkt die Schrift eines Hamburger Ordinarius, der bereits zuvor dem NS-Hochschulsystem das Stichwort der »Idee der politischen Universität« zugeliefert hatte. Der Historiker Adolf Rein legte mit *Europa und das Reich* eine politisch programmatisch intendierte historische Gesamtdeutung vor, die völkische Sichtweisen mit traditionellen außenpolitischen Betrachtungen kombinierte. Die zunächst aus einem deutsch-konservativen Führungsanspruch heraus formulierte Kritik an französischer und britischer politischer und kultureller Praxis weitete sich zu einem Rund-

---

58   Carl Düssel: Europa und die Achse – Die kontinentaleuropäische Frage als Kehrseite britischer Politik. Essen 1942, S. 88.

59   Percy Wyndham Lewis: Der mysteriöse John Bull. Ein Tugendspiegel des Engländers. Essen 1939. Der Avantgardist Wyndham Lewis war zeitweilig ein Bewunderer Hitlers.

60   Heinrich von zur Mühlen: Entstehung und Sippengefüge der britischen Oligarchie (= Veröffentlichungen des deutschen Instituts für außenpolitische Forschung, Bd. XIII) Essen 1941, S. 56.

61   Etwa Heinrich Dietz: Agitation und Massenhysterie in England. Propagandamethoden historisch gesehen (= Veröffentlichungen des Deutschen Instituts für außenpolitische Forschung, Bd. X) Essen 1941.

umschlag im Horizont eines nationalsozialistischen Europakonzepts: »Europa kämpft, um wieder zu sich selbst zu kommen, gegen seine Feinde der Zersetzung, die ihre Hauptmachtzusammenballungen im britisch-nordamerikanisch-atlantisch-ozeanischen Bereich und im russisch-asiatischen Bolschewismus haben.«[62]

Der mitlaufende antisemitische Akzent war auch in nicht direkt im außenpolitischen Horizont angesiedelten Verlagsproduktionen vertreten. Bereits 1938 verlegten die Essener mit Peter-Heinz Seraphims *Das Judentum im osteuropäischen Raum* einen mehr als 700seitigen Wälzer, dessen erste Auflage bewusst preiswert auf den Markt gebracht wurde und als »zeitgenössisches antisemitisches Standardwerk« gilt.[63] Das mit wissenschaftlichem Apparat ausgestattete Buch, das dennoch in seiner Anlage einer literarischen Dramatisierungsstrategie folgte,[64] verband so die zwei Ziele der Verlagslinie – politische Richtungsweisung bei gewahrtem bürgerlichen Anspruch. Seraphims Darstellung erlangte den Status eines Handbuchs und »sollte zum Vademecum vieler NS-Praktiker im Osten werden.«[65] Mit Seraphim während des Krieges durch eine antisemitische Zeitschrift in Berührung war Klaus Schickert, ein weiterer Autor des Verlages im Feld der sog. »Judenforschung«.[66] Schickert

---

62 Adolf Rein: Europa und das Reich (= Veröffentlichungen des deutschen Instituts für Außenpolitische Forschung, Bd. XVI, Essen 1943), S. 85. Siehe zu Rein u. a. Arnt Goede: Adolf Rein und die »Idee der politischen Universität« (Berlin 2008), zu »Europa und das Reich« ebda. S. 168f.

63 Hans Christian Petersen: Bevölkerungsökonomie – Ostforschung – Politik. Eine biographische Studie zu Peter-Heinz Seraphim (1902–1979). Osnabrück 2006, S. 123 bzw. 135.

64 Götz Aly/Susanne Heim: Vordenker der Vernichtung. Auschwitz und die deutschen Pläne für eine neue europäische Ordnung. Frankfurt/M. 1993, S. 99.

65 Saul Friedländer: Das Dritte Reich und die Juden. 1. Band. Die Jahre der Verfolgung 1933–1939. München 1998, S. 205.

66 Siehe zu diesem im NS-Wissenschaftssystem neu lancierten Zweig an der Nahtstelle von Forschung und Politik die Publikationen von Dirk Rupnow, besonders die Überschau zum Thema in: Handbuch der völkischen Wissenschaften. Akteure, Netzwerke, Forschungsprogramme, Teilband 1, hrsg. von Michael Fahlbusch, Ingo Haar und Alexander Pinwinkler, unter Mitarbeit von David Hamann. Berlin/Boston 2017, S. 1043ff. Rupnow urteilt: »Tatsächlich waren in der NS-Judenforschung von Anfang an Propaganda, Politik und Wissenschaft kaum unterscheidbar ineinander verwoben.« (ebd., S. 1050). Darin entsprach sie ganz dem Profil der Essener Verlagsanstalt.

war ein Schüler des den Essenern verbundenen Münchner Historikers Karl Alexander von Müller. Seine Dissertation, die Müller als »eximium opus« bewertete,[67] erschien 1937 unter dem Titel *Die Judenfrage in Ungarn. Jüdische Assimilation und antisemitische Bewegung im 19. und 20. Jahrhundert.* Das Buch bildete den Auftakt einer Reihe des Goebbels-Ministeriums. Weitere Titel dieses Genres finden sich im Programm, so z. B. Konrad Krause *Die jüdische Namenwelt* (Essen 1943), wo es heißt: »Es wäre zweifellos eine große Erleichterung bei der Judenabwehr, wenn uns nicht nur das Aussehen der Juden warnte, sondern wenn auch ihr Name sie zuverlässig kennzeichnete.«[68]

Gleichfalls in einem rassischen Bezugsrahmen standen die Publikationen zur Ethnologie und/oder der Kolonialpolitik. In diesem Bereich hatten die Essener ebenfalls ein umfangreiches und gediegenes Standardwerk ins Programm genommen. Die von Hermann Baumann, Richard Thurnwald und Diedrich Westermann, dreier namhafter Experten nicht nur der NS-Zeit, herausgegebene *Völkerkunde von Afrika* trug im Untertitel den politisch orientierenden Zusatz »mit besonderer Berücksichtigung der kolonialen Aufgabe« (Essen 1940). Der Krieg führte in Deutschland zu einem »Boom des staatlichen Interesses an Afrika und afrikawissenschaftlicher Expertise«, und Westermann rückte zu einer »Schlüsselfigur im System der NS-Kolonialforschung auf«.[69] Das mit Zeichnungen reich illustrierte Werk des Trios wurde von weiteren themenverwandten Publikationen des bedeutenden Afrikanisten Westermann begleitet.[70] Umliegende Titel signalisierten gängige, teils sentimentale, teils kolonialromantische Ausflüge in den Nachbarkonti-

---

67 Berg: Karl Alexander von Müller, S. 267. Berg bemerkt dort: »Als späterer Leiter des Frankfurter ›Instituts zur Erforschung der Judenfrage‹ ... zählte Schickert zu den einflussreichsten ›Judenforschern‹.«

68 Zitiert nach Timo Klemm: »Dem Namen nach zu urteilen ...«. Antisemitische Namenpolemik und Namenpolitik als Mittel nationalsozialistischer Feindbildmalerei, online: https://www.grin.com/document/76515, S. 7.

69 Stefan Esselborn: Die Afrikaexperten. Das Internationale Afrikainstitut und die europäische Afrikanistik 1926–1976. Göttingen 2018, S. 234 bzw. 236.

70 Diedrich Westermann: Der Afrikaner heute und morgen (Essen u. a. 1937), sowie ders.: Afrikaner erzählen ihr Leben. Elf Selbstdarstellungen afrikanischer Eingeborener aller Bildungsgrade und Berufe und aus allen Teilen Afrikas. Essen 1938.

nent, auf dem das Augenmerk nationalsozialistischer Kolonialvorstellungen ruhten. So etwa Georg Strack: *Im Reiche der Krokodile und Reiher. Erinnerungen an unsere Kolonie Togo* (Essen 1941), oder Eugen Hobein: *Ungeschminktes Afrika. Ernste und heitere Erlebnisse als Diamantensucher und Kaffeepflanzer* (Essen 1938).

Den ethnologischen Titeln benachbart ist die Schrift des Volkskundlers Josef Dünninger *Volkswelt und geschichtliche Welt. Gesetz und Wege des deutschen Volkstums* (1937). Dem Volkstumsparadigma verpflichtet war auch der gelegentliche Verlagsautor Max Hildebert Boehm, nach einer langen und umtriebigen Laufbahn in den entsprechenden Milieus und Organisationen der Weimarer Republik seit 1933 auf einem Lehrstuhl an der Universität Jena.[71] »Volkstum« als Forschungsrahmen bestimmte auch weitere Publikationen im Verlagsprogramm, etwa in den Reihen zu *Volkslehre und Nationalitätenrecht*.

In einem am »Volkstum« orientierten literarischen Horizont richtete sich überdies das begleitende belletristische Programm der Essener aus, von dem es hieß, dass es »nicht Kopf und Herz zur Stellungnahme, sondern Herz und Gemüt zunächst zum Mitschwingen und zu innerer Beteiligung erwecken möchte«.[72] Daher ist die Belletristik oft den politischen Themenbereichen des Verlages zugeordnet (wie etwa P. N. Krassnoff). Ein Beispiel für das auf »Mitschwingen« gerichtete Kalkül liefern die Überlegungen zu einer Romanpublikation von Percy Wyndham Lewis, die einer Anregung aus dem Propagandaministerium folgend ins Programm aufgenommen wurde. In einer Auskunft gegenüber der Reichsschrifttumskammer wird erläutert: »Das Buch lässt in jedem Augenblick die didaktische Absicht erkennen, durch seine Charaktere die Haltlosigkeit und Skrupellosigkeit der englischen Salonkommunisten zu zeigen, den politischen Hinter-

---

71 Max Hildebert Boehm: Deutschösterreichs Wanderschaft und Heimkehr. Essen 1939. Siehe zu Boehm die ausführliche Biographie von Ulrich Prehn: Max Hildebert Boehm. Radikales Ordnungsdenken vom Ersten Weltkrieg bis in die Bundesrepublik. Göttingen 2013.

72 Hermann Curth: Aufgaben der Schönen Literatur, in: Essener Almanach. Fünfte Ausgabe 1941, S. 38.

grund und die Fragwürdigkeit der Leute darzulegen, die für die Einmischung Englands in der spanischen Frage verantwortlich sind, deren politisches Handeln kaum mehr als eine Betätigung eines bourgeoisen Spieltriebes ist.«[73]

Neben dem schillernden Multitalent Wilhelm Vershofen – mit mehreren Titeln im Verlag vertreten – verdeutlichen zwei Autoren das Bemühen, im Publikationsprofil auch in diesem Segment einerseits eine deutliche politische Richtung zu weisen, andererseits jedoch eine propagandistische Engführung zu vermeiden. Mit Friedrich Franz von Unruh war ebenfalls mit mehreren Titeln ein Autor im Programm, der einerseits eine dem Nationalsozialismus gegenüber scharf kritische Vergangenheit aufwies und nicht ohne Reibung mit der Literaturpolitik des NS-Staates blieb, andererseits jedoch sich das einmal etablierte System als Etappe zu seiner überspannten Vision einer vermeintlichen deutschen Weltsendung zurechtlegte und sich in den Betrieb einfügte.[74] Unter dem Pseudonym Franz Grau versuchten die Essener – wenn auch erfolglos –, einen krassen Außenseiter wieder ins Spiel zu bringen: Paul Gurk. Auf Veranlassung von Julius Bab 1921 mit dem Kleist-Preis ausgezeichnet, verfolgte Gurk in seinem Werk eine kulturkritisch-antirationale Linie, die dem NS-Kulturbetrieb kompatibel war und bereits in der Weimarer Republik im nationalkonservativen Lager positive Resonanz fand. Zudem hatte Gurk bereits vor 1933 Sympathien für den Nationalsozialismus geäußert. Das Verbot seines Romans *Tresoreinbruch* bedeutete für ihn dann einen schweren Rückschlag. Drei Romane Gurks erschienen als Trilogie *Wendezeiten* in den ersten Kriegsjahren in der Essener Verlagsanstalt, doch die Initiative verpuffte.[75]

Während der Krieg sich zunächst vornehmlich auf das Programm des Verlags auswirkte und allein zu in Deutschland kooperierenden Drucke-

---

73 Essener Verlagsanstalt an Reichsschrifttumskammer, 5. 1. 1937, Barch, R/56/V 594.

74 Siehe hierzu Sarah Reuß: Friedrich Franz von Unruh. (1893–1986). Eine biographische Skizze, in: Friedrich Franz von Unruh: Werke V. Weltanschauliche Schriften, Teilband I. Freiburg/Br. 2007, S. CVIIff.

75 Siehe hierzu Elisabeth Emter: Paul Gurk (1880–1953). Ein vergessener Dichter aus Frankfurt an der Oder. Frankfurt/Oder 1995.

reien als weiteres für die Essener tätiges Unternehmen im besetzten Ausland ein belgischer Auftragnehmer hinzutrat, markierte das Jahr 1943 einen kriegsbedingten Einschnitt. Der Verlagsort Essen, der mit den Krupp-Werken als Rüstungsziel erster Ordnung galt und überdies mit der Formel »Waffenschmiede des Reiches« für sich warb, war seit dem Mai 1940 aus der Luft angegriffen worden.[76] In den ersten Jahren hielten sich der angerichtete Schaden und die Personenverluste in Grenzen, doch mit der am fünften März 1943 durch einen Angriff auf Essen eröffneten »Battle of the Ruhr« begann die allmähliche Zerstörung der Ruhrgebietsmetropole. Auch der Firmensitz der Essener Verlagsanstalt am Rande der Innenstadt wurde ein Opfer der Angriffe dieses Jahres. Das Unternehmen verlegte daraufhin seine Tätigkeit nach Erfurt-Hochheim in die Drei-Quellen Str. 29 – mithin in eine Region, die zumindest 1943 als vergleichsweise deutlich weniger luftgefährdet gelten konnte. Das blieb nicht so, in der Schlussphase des Krieges nahmen die Angriffe zu und wurden intensiver, bis schließlich US-Truppen am 12. April 1945 die Stadt besetzten, die ihrerseits im Juli von der Roten Armee als Besatzungmacht abgelöst wurden.

Der Verlag geriet nunmehr in den Strudel der völligen Niederlage. Josef Terboven, im April 1940 als Reichskommissar für die besetzten norwegischen Gebiete bestellt, nahm sich bei Kriegsende das Leben. Von Dönitz als Nachfolger Hitlers aus dieser Stellung entlassen, sprengte sich der Initiator der Essener Verlagsanstalt in seinem Bunker in Norwegen in die Luft.[77] Das Unternehmen wurde auf der Basis des alliierten Kontrollratsgesetzes Nr. 2 beschlagnahmt. Im März 1947 wurde Dietrich Oppenberg, 1946 der Gründer der Neuen Ruhr Zeitung in Essen, durch die Besatzungsmacht zum Treuhänder berufen.[78] Viel zu tun blieb nicht mehr, der Treuhänder konnte lediglich abschließend feststellen, die

---

76 Siehe hierzu ausführlich Norbert Krüger: Die Luftangriffe auf Essen 1940–1945. Eine Dokumentation, in: Essener Beiträge. Beiträge zur Geschichte von Stadt und Stift Essen 113 (2001), S. 159–328.

77 Wisotzky: Terboven, S. 268.

78 Oppenberg an Amtsgericht Essen, 13. April 1950, in: Landesarchiv NRW, Abt. Rheinland, HRB 2650.

Tochtergesellschaft der früheren National-Zeitung sei »im Jahre 1943 nach Erfurt verlagert worden und dort infolge der Besetzung durch die Russen untergegangen. Alle Nachforschungen nach Bestand und Vermögen blieben erfolglos; ich besitze keinerlei Unterlagen.«[79] In der Folge erlosch die amtliche Existenz der Essener Verlagsanstalt.

Das galt nicht für Mitarbeiter und Autoren. Von den letzteren ist Heinz Bongartz einem größeren Publikum als populärer und produktiver Schreiber bekannt geworden, allerdings unter seinem Pseudonym als Jürgen Thorwald. Bongartz, der auch in der Essener National-Zeitung tätig war, hatte 1939 ein nobel gestaltetes Propaganda-Buch über die *Luftmacht Deutschland* im Verlag publiziert.[80] Zu dem offiziösen Werk, das u. a. auf Interviews mit Führungspersonal der Luftwaffe wie Erhard Milch und Ernst Udet fußte, hatte der dem Verlag gewogene Hermann Göring ein Geleitwort beigesteuert. Die letzte Adresse der Essener Verlagsanstalt widerlegte allerdings Görings Gelöbnis, man werde den Vorsprung in der Luftrüstung »zum Schutz für Volk und Vaterland« für alle Zeiten sichern.[81] Bongartz war nach 1945 u. a. bei der Wochenzeitung *Christ und Welt* tätig, wo seine Artikel zum chaotischen Kriegsende eine Lesart vorgaben, die er durch die daraus entwickelten und vielfach aufgelegten Bücher – nunmehr als Jürgen Thorwald – *Es begann an der Weichsel* und *Das Ende an der Elbe* weithin in Geltung setzte.

Gleichfalls im Verlag tätig – 1936 bis 1939 auch als Lektor – war Michael Freund. Der Schüler Karl Alexander von Müllers publizierte dort in Kooperation mit einem Mitarbeiter des Auswärtigen Amtes die mehrbändige *Weltgeschichte der Gegenwart in Dokumenten*.[82] Freund wurde allerdings auf Betreiben der Partei als politisch zweifelhaft entlassen, seine wissen-

---

79 Oppenberg an Industrie- und Handelskammer Essen, 15. Juli 1952, in: Landesarchiv NRW, Abt. Rheinland, HRB 2650.

80 In den Jahren 1941/44 folgte ebenfalls in der Essener Verlagsanstalt das zweibändige *Seemacht Deutschland*.

81 Heinz Bongartz: Luftmacht Deutschland. Luftwaffe – Industrie – Luftfahrt. Essen 1939, S. VII.

82 Vgl. Werner Frauendienst: Das Buch im Dienste der Außenpolitik, in: Essener Almanach. Vierte Ausgabe 1939, S. 42ff.

schaftliche Laufbahn zunächst ausgebremst.[83] Er wurde dennoch in der Bundesrepublik Professor für Wissenschaft und Geschichte der Politik an der Universität Kiel und trat auch journalistisch hervor. Ähnlich bunt verliefen die Lebensläufe manch anderer, wie z. B. des Kapellmeisters der AA-Propaganda, Friedrich (Fritz) Berber, der seine akademische Karriere an der Universität München krönte, oder auch Diedrich Westermann und Josef Dünninger – die aber hier nicht allesamt nachverfolgt werden können.

Wolfgang Müller-Clemm gehörte zwar noch bis 1948 zum Aufsichtsrat des Essener Baukonzerns Hochtief AG, hatte seinen Wohnsitz aber fortan in München. Dort war er wieder journalistisch tätig und beteiligte sich an der Neugründung der Deutschen Akademie für Sprache und Dichtung und der Gründung des »Goethe-Instituts e. V. zur Fortbildung ausländischer Deutschlehrer«. Auch im Verlagswesen tauchte er als Geschäftsführer und Gesellschafter des Verlags Eduard Pohl & Co. GmbH wieder auf. In seinem letzten Buch *In der Abendsonne. Ein Wohnstiftler plaudert aus* (Stuttgart 1971) verliert er über seine Tätigkeit im Dritten Reich kein Wort.[84]

---

83 Vgl. Birte Meinschien: Michael Freund: Wissenschaft und Politik (1945–1965), Frankfurt/M. 2012; S. 39ff.

84 Vgl. Scholtyseck: National-Bank, S. 238f. Als weitere Führungskraft der Essener Verlagsanstalt betätigte sich auch Richard Brodführer nach 1945 in der Buchbranche. Er baute den Karl Alber Verlag, in dem 1946 Eugen Kogons *Der SS-Staat* erschienen war, zum geisteswissenschaftlichen Verlag aus.

Berthold Petzinna

Der Gauverlag NS-Schlesien (1930–1945)

Presse-Krake und Buchmarkt-Amateure

Der Gauverlag NS-Schlesien[1] verdankte seine Existenz und sein Wachstum einer Initiative Helmuth Brückners und seiner Hartnäckigkeit. Brückner war gebürtiger Schlesier. Er wurde als Sohn eines Volksschullehrers am 5. Mai 1896 in Peilau im Kreis Reichenbach geboren.[2] Seine Hinwendung zur NSDAP wird vor dem Hintergrund seiner persönlichen Entwicklung verständlich.

Bereits als Schüler eines Realgymnasiums soll Brückner sich im völkischen Sinne engagiert und einem einschlägigen Jugendbund vorgestanden haben.[3] Ein ehemaliger Mitschüler erinnert sich an diese frühe Zeit: »Das Undeutsche am Deutschen war es vor allem, was häufig zur Debatte stand, und dem der Kampf angesagt wurde. Zeitschriften völkischer Richtung waren es, die gierig gelesen und eifrig besprochen wurden.«[4] Bei Kriegsbeginn 1914 meldete sich der Achtzehnjährige freiwillig zum schlesischen Feldartillerieregiment 42 in Schweidnitz und kam im November 1914 an der russischen Front erstmals zum Einsatz. Zum Unteroffizier befördert, wurde er mit dem Eisernen Kreuz 2. Klasse

---

1   Das Unternehmen begegnet auch als Gauverlag Niederschlesien. Dieser Name verdankt sich einer Umorganisation der NSDAP in Schlesien auf Gauebene, die Verlage sind identisch.

2   An Literatur zu Brückner ist vor allem zu nennen: Helmut Neubach: Helmuth Brückner. Gauleiter von Schlesien 1925–1934. In: Jahrbuch der Schlesischen Friedrich-Wilhelms-Universität 38/39 (1997/98), S. 783–798; Wolfram Rothe: Von Hitler verbannt, unter Stalin umgekommen. Helmuth Brückner – vom Gauleiter zum Gulag-Häftling. In: Zeitgeschichte regional. Mitteilungen aus Mecklenburg-Vorpommern 12 (2008), H. 1, S. 46–53, sowie zeitgenössisch als bewundernder NS-Perspektive Paul-Willi Jakubaschk: Helmuth Brückner. Sein Kampf und Sieg um Schlesien. Hirschberg 1933. Jakubaschk schrieb aus persönlicher Nähe zu Brückner.

3   Jakubaschk: Helmuth Brückner (Anm. 2), S. 133.

4   Der Verfassername ist in der Quelle als »F.« abgekürzt und konnte nicht ermittelt werden. Zit. nach ebd., S. 156.

ausgezeichnet. Ende 1915 erfolgte – nunmehr beim Feldartillerieregiment 88 – seine Beförderung zum Leutnant. Im Zuge der deutschen Großoffensive vom Frühjahr 1918 wurde Brückner am 25. März schwer verwundet. Das Kriegsende erlebte er – inzwischen Träger des Eisernen Kreuzes auch der 1. Klasse – in einem Breslauer Offizierslazarett. An den schlesischen Grenzkämpfen 1921 nahm Brückner, hierfür wiederum ausgezeichnet, in einer Stabsstellung teil.

War seine militärische Laufbahn erfolgreich verlaufen, so verlief sein Studium der Geschichte, Philosophie und Geographie (plus zwei Semester in Volkswirtschaftslehre) 1924 im Sande. Brückner verließ die Breslauer Universität, wo er einem studentischen Korps angehört hatte, ohne Abschluss. Ein Ausgang, der so untypisch für eine desorientierte bürgerliche Kriegsjugend in einer ungeliebten Republik von Weimar nicht war. Politik und Journalismus sollten Brückners nächste zehn Lebensjahre prägen.

In jenem Jahr trat der Studienabbrecher ohne bürgerliche Existenz sowohl politisch als auch journalistisch hervor. Im von ihm neu geschaffenen *Völkischen Wochenblatt* firmierte er zunächst als Schriftleiter, später als Herausgeber. Das Blatt war kein kommerzieller Erfolg und Brückner in seinem politischen Milieu nicht unumstritten. In einem Bericht an die »Großdeutsche Volksgemeinschaft« in München – eine Stellvertreterorganisation für die noch verbotene NSDAP – heißt es hierzu: »Wie bereits anderweitig erwähnt, ist die Zeitung finanziell erledigt, es schweben augenblicklich zwischen dem Besitzer und mir Verkaufsverhandlungen. Brückner wird auch von den Deutschsozialen abgelehnt.«[5]

Brückner versuchte zum 1. April 1925 ein Relaunch des Blattes in verändertem Rhythmus; beabsichtigt war nunmehr ein zweimaliges Erscheinen pro Woche. Das machte einen anderen Titel erforderlich, die Zeitung hieß fortan *Schlesischer Beobachter*. Der Herausgeber beschwor seine Leserschaft:

---

5   F. C. Flechner an Großdeutsche Volksgemeinschaft e. V. München, 18.2.1925. Bundesarchiv Berlin (im Folgenden: BArch), NS 26/2361 (Hauptarchiv der NSDAP).

Eine stattliche Gemeinde völkischer Männer und Frauen sammeln wir bereits um uns. Mehr, viel mehr noch müssen es werden. Völkische Dinge können nicht oft und mutig genug im Zeitalter unserer inneren und deshalb auch äußeren Schwäche hinausgerufen werden. Das Gespenst des jüdischen Vampyrs reckt sich immer höher; und immer trotziger bricht sich der Wille zur völkischen Zukunft ihm gegenüber Bahn.[6]

Doch es wurden jedenfalls nicht hinreichend mehr – auch dieser Neustart konnte die finanzielle Misere nicht beheben. Die Pleite drohte. Um den politischen Schaden zu vermeiden, den ein Konkurs des ersten exklusiv nationalsozialistischen Blattes in Schlesien bedeutet hätte, verfiel man auf einen Trick. Das Kalkül, durch einen bewusst beleidigenden Artikel ein Verbot seitens der preußischen Regierung zu provozieren, ging auf: »Nach Ablauf der Verbotsfrist von 3 Monaten wurde das Nichterscheinen des Beobachters nicht mehr als sehr tragisch empfunden, umso weniger, als wir in der Zwischenzeit eine Lösung mit Kopfblättern gefunden hatten.«[7]

Neben seinen publizistischen Bemühungen war Brückner auch direkt politisch tätig. Seit 1924 gehörte er für die »Nationalsozialistische Freiheitspartei« der Breslauer Stadtverordnetenversammlung an.[8] Aus dieser Position heraus schaltete sich Brückner in den Neuaufbau der NSDAP ein, die Adolf Hitler im Februar 1925 in Angriff nahm.

Es gelang Helmuth Brückner immerhin binnen weniger Wochen, einen Teil des völkischen Milieus in Schlesien für den organisatorischen Neuansatz zu gewinnen. Dennoch waren bereits in dieser Startphase seiner politischen Karriere Gegner und Widerstände vorhanden, wozu sein autoritärer Führungsstil beitrug.[9] Die Gründung der schlesischen NSDAP fand bereits am 15. März 1925 in Breslau statt.[10] Das Amt des Gauleiters der schlesischen Partei, die mit 57 Grün-

---

6   Zit. nach Jakubaschk: Helmuth Brückner (Anm. 2), S. 81.
7   Ebd., S. 86.
8   Neubach: Helmuth Brückner (Anm. 2), S. 784.
9   Ebd., S. 785f.
10   Siehe hierzu Helmut Neubach: Die Gründung der NSDAP in Breslau am 15. März 1925. Bemerkungen zu einem Brief des Gauleiters Helmuth Brückner an Adolf Hitler. In ders.: Parteien und Politiker in Schlesien. Dortmund 1988, S. 202–209.

dungsmitgliedern startete, scheint Brückner bei dieser Gelegenheit einfach usurpiert zu haben.[11]

Nachdem die frisch gegründete Partei in der Reichspräsidentenwahl des Frühjahrs Gelegenheit gehabt hatte, in der Öffentlichkeit zu erscheinen, fand der erste Gautag der schlesischen NSDAP am 5. Juli 1925 in Breslau statt. Der *Schlesische Beobachter* berichtete über das Ereignis und hob hervor:

> Eine besondere Erörterung fand die Pressefrage. Zusammengefaßt ist zu sagen, daß jeder Nationalsozialist in Schlesien verpflichtet ist, für den ›Völkischen Beobachter‹ in München (Herausgeber Adolf Hitler), für die ›Deutsche Wochenschau‹ in Berlin (Organ Ludendorffs) und den ›Schlesischen Beobachter‹ in Breslau (Herausgeber Helmuth Brückner) tatkräftig zu werben und nach Möglichkeit selbst oder mit anderen zusammen zu beziehen.[12]

Der deutliche Schwerpunkt, den Brückner auf die Pressearbeit legte, mag tatsächlich auch dem Umstand geschuldet gewesen sein, dass er in seiner journalistischen Arbeit die wichtigste persönliche Einnahmequelle sah.[13] Andererseits blieb sein Engagement auch darüber hinaus intensiv und konstant, sodass auch das Urteil des nahestehenden Jakubaschk einleuchtet: »Es hat nur wenige Führer gegeben, die rechtzeitig die Macht einer eigenen Presse erkannten. Zu diesen ganz wenigen Führern gehörte Helmuth Brückner.«[14]

Doch zunächst blieb die Resonanz auf die NSDAP auch in Schlesien gering. Bei der Reichstagswahl vom Mai 1928 erzielte die Hitlerpartei dort deutlich schlechtere Ergebnisse, als es dem Reichsdurchschnitt entsprach. Das änderte sich mit der Reichstagswahl 1930. In Breslau stieg der Stimmanteil der Partei von 1 auf 24,2 Prozent. Damit wurde der Stimmenzuwachs im Reich deutlich übertroffen – im deutschen Durchschnitt stieg der Stimmanteil der NSDAP um das Siebenfache.[15]

---

11 Neubach: Helmuth Brückner (Anm. 2), S. 785.
12 Zit. nach Jakubaschk: Helmuth Brückner (Anm. 2), S. 67.
13 So die Vermutung von Neubach: Helmuth Brückner (Anm. 2), S. 787.
14 Jakubaschk: Helmuth Brückner (Anm. 2), S. 79.
15 Diese Angaben nach Helmut Neubach: Aufstieg und Herrschaft der NSDAP in Schlesien. In ders.: Parteien und Politiker (Anm. 10), S. 210–216, hier S. 210f.

In diesem Umfeld einer wachsenden Resonanz der Parteiagitation erfolgte ein weiterer Anlauf auf dem Gebiet des nationalsozialistischen Pressewesens, einem, wie es offiziös hieß, der »wichtigsten Kampfmittel« der schlesischen Partei. Brückner, der seinen journalistischen Ehrgeiz nicht verloren hatte, gründete die eingeschlafene Parteizeitung ein weiteres Mal. Am 1. März 1930 erschien die erste Ausgabe in Schweidnitz im dortigen »Lützow-Verlag«. Die Gründung des zunächst wöchentlich erscheinenden Blattes war schwierig, die erforderliche Anschubfinanzierung konnte nur durch Darlehen von Parteimitgliedern aufgebracht werden. Dennoch war von Beginn an daran gedacht, das Blatt auf tägliches Erscheinen in Breslau umzustellen, was mit dem 15. November 1930 unter dem neuen Titel *Schlesische Tageszeitung* auch geschah.[16] In der schlesischen Metropole gründete Brückner den »Zentral-Verlag«; sein Sachwalter als Verlagsleiter wurde Dr. Fritz Rudolph.[17] Dies war die Keimzelle des Gauverlags NS-Schlesien, den Rudolph bis zum Ende leiten sollte.

Der unverheiratete Dr. jur. und rer. pol. Fritz Rudolph war 1892 in Bayern geboren worden. Der NSDAP trat er am 1. April 1921 bei, als die Partei erst wenige Tausend Mitglieder hatte. Rudolph, der der Münchener NSDAP-Ortsgruppe angehörte, galt somit als ein »Alter Kämpfer«.[18] Er soll überdies »Blutordensträger« gewesen sein. Auch in der ersten Zeit seiner Breslauer Tätigkeit gehörte Rudolph weiterhin der bayerischen Parteiorganisation an.[19]

Weitere Informationen zum politischen und persönlichen Profil Rudolphs sind spärlich. Neben seiner Rolle als Verlagsleiter war er zumin-

---

16 Ernst Kothe: Die nationalsozialistische Bewegung in Schlesien. In Friedrich Heiß (Hg.): Das Schlesienbuch. Ein Zeugnis ostdeutschen Schicksals. Berlin 1938, S. 299–305, hier S. 303f. Dazu BArch NS 26/2307 (Hauptarchiv der NSDAP. Die statistische und geschichtliche Entwicklung der Presse), Bl. 292: »Da der Charakter dieser Wochenzeitung am 15. November 1930 durch die ›Schlesische Tageszeitung‹ übernommen wurde, wurde auch der ›Schlesische Beobachter‹ umgestellt und erschien in neuer Aufmachung als ›Schlesische Sonntagspost‹«.

17 Jakubaschk: Helmuth Brückner (Anm. 2), S. 86.

18 Die Angaben nach BArch, BDC Ortskartei 3200 S 0062.

19 Die Ummeldung nach Schlesien erfolgte erst im Juni 1931. Vgl. BArch, BDC Ortskartei 3200 S 0062.

dest anfangs noch in verschiedenen NS-Blättern journalistisch tätig. Dabei geriet er auch ins Visier der Strafverfolgungsbehörden bis hinauf zum Oberreichsanwalt. Den Ermittlungsakten zufolge war Rudolph 1931 bei mehreren NS-Zeitungen als Redakteur bzw. Chef vom Dienst präsent.[20] In diesem Fall weist Rudolph ein verglichen mit seinen Mitangeklagten niedrigeres Profil auf. Als allgemeine Charakteristik heißt es:

> Die Beschuldigten Busch, Goebel und Dr. Rudolph sind noch im ›Gauverlag – N. S. – Schlesien‹ als Schriftleiter tätig. Die von ihnen verfassten Artikel zeichnen sich durch ihre Schärfe und Angriffe gegen den Staat und dessen Vertreter sowie auch gegen Privatpersonen aus, die nicht nationalsozialistisch eingestellt sind. Ohne Zweifel versuchen sie hierdurch die Leserschaft und breiten Massen in ihrem Sinne zu beeinflussen. Als Versammlungsredner sind sie hier nicht bekannt geworden. Sonstige Vorgänge gegen Rudolph, die auf einen gewaltsamen Sturz der Regierung hindeuten könnten, sind hier nicht bekannt.[21]

Zugleich hielt die Akte die weiteren Verfahren gegen den nicht vorbestraften Rudolph fest – allesamt aus dem Jahr 1931. Es handelte sich um fünf Verfahrensgegenstände, die als berufstypisch für NS-Journalisten gelten können – Beleidigung sowie Verstöße gegen das Republikschutz- und das Pressegesetz.[22] In einem Fall wurde Rudolph wegen eines Verstoßes gegen das Reichspressegesetz zu einer Geldstrafe von 100 Reichsmark verurteilt.[23]

Bereits im Krieg zeichnet ein Angestellter des Verlags ein sympathisches Portrait seines Chefs:

> Ich wurde zum Verlagsleiter bestellt. Er war, wie ich gehört hatte, ein ›Blutordensträger‹ […]. Aber er war alles andere als ein politischer Fana-

---

20 BArch, R 3003 12J 6/31, Bd. I, Bl. 17, 44. In dieser Quelle erscheint der Schlesische Beobachter überdies als im Lützow-Verlag erschienen (Bl. 17).

21 Der Polizeipräsident, Landeskriminalpolizeistelle, Breslau, 5.12.1931, an den Herrn Oberreichsanwalt in Leipzig, ebd., Bl. 69f.

22 Ebd., Bl. 73.

23 Ebd., Bl. 86.

tiker, er war nicht besessen von Machtgefühl, – er war ein verständiger Mann, der das Unheil um sich herum sah; er sagte von sich, er behalte diesen Posten nur, damit kein Scharfmacher ihm nachfolgen könne. Und tatsächlich waltete er mit milder Hand.[24]

Rudolphs Karriere als altes Parteimitglied hielt sich auch nach dem Januar 1933 in Grenzen. Im Zuge der Gleichschaltung des Pressewesens, die auch den Verein deutscher Zeitungsverleger erfasste, trat er neben anderen in Erscheinung. Während einer Umbesetzung des Vorstandes im Juni jenes Jahres gelangte auch Fritz Rudolph mit sechs weiteren nationalsozialistischen Verlagsleitern in das nunmehr auf Parteilinie gebrachte Gremium.[25] 1934 wurden auf der Grundlage einer geänderten Satzung Landesverbände des Vereins gebildet; in diesem Zuge übernahm Rudolph die Leitung des schlesischen Landesverbandes.[26] Die Rolle des schlesischen Verlegers als stellvertretender Beisitzer am Pressegerichtshof beschränkte sich anscheinend auf das Jahr 1934.[27]

Während von 1926 bis zur Neugründung des *Schlesischen Beobachters* im Gau Schlesien kein NSDAP-Organ erschien, brachte Brückner seinen Verlag nunmehr bald auf Expansionskurs. Dabei mögen Prestige und Machtgedanken seitens des Gauleiters eine Rolle gespielt haben.[28] Jedenfalls stieß Brückners offensive Pressearbeit in der schlesischen Partei auf erhebliche Widerstände. Offenbar hielten auch enge Mitarbeiter Brückners Pläne für wirtschaftlich untragbar. Der wandte sich mit einem Aufruf an die Parteibasis.[29] Er setzte sich durch, und es folgte 1932 eine Serie

---

24 Steinberg an Jan Philipp Reemtsma, 8 6.1991. Anhaltische Landesbücherei Dessau, Nachlass Werner Steinberg, ALW 2.1/225, S. 14.
25 Oron Hale: Presse in der Zwangsjacke 1933–1945. Düsseldorf 1965, S. 87.
26 Thomas Daubenbüchel: Verleger zwischen Widerstand und Anpassung. Organisation und Rolle des Vereins Deutscher Zeitungs-Verleger von 1928–1935 (Phil. Diss. Bochum 1998), S. 32f.
27 Ebd., S. 183.
28 So die generelle Annahme bei Peter Hüttenberger: Die Gauleiter. Studie zum Wandel des Machtgefüges in der NSDAP. Stuttgart 1969, S. 61.
29 Siehe hierzu Jakubaschk: Helmuth Brückner (Anm. 2), S. 94.

von Neugründungen auf lokaler Ebene in der Provinz durch den Gauverlag: die *Grenzwacht* in Glogau, die *Mitteldeutsche Gebirgszeitung* in Waldenburg, die *Oberlausitzer Tagespost* in Görlitz und die *Deutsche Ostfront* in Gleiwitz.[30]

Die Auflagen der ersten Gründungen entwickelten sich noch in den späten Jahren der Weimarer Republik bescheiden positiv – im Einklang mit dem Wachstum der Partei. Das Zentralorgan des Gaus, die *Schlesische Tageszeitung*, steigerte seine Auflage von 1930 5.000 über 1931 10.300 auf schließlich 18.000 Exemplare 1932.[31] Die *Schlesische Sonntagspost*, Nachfolgerin des *Schlesischen Beobachters*, soll im Jahr 1932 angeblich 60.000 wöchentliche Exemplare erreicht haben.[32] Doch trotz dieser der nach den Reichstagswahlen 1930 besseren Kassenlage der Partei geschuldeten Aufwärtsentwicklung blieb die Position der gesamten NSDAP-Gaupresse prekär.[33] Die NS-Darstellung resümiert diese Misere mit den erwartbaren Schuldzuschreibungen:

> Wie aus dieser Aufstellung ersichtlich, entwickelte sich die NS.Presse bis zur Machtübernahme im Jahre 1933 nur langsam, Schikanen, Terror, Verbote seitens der Systemregierung, gemeinste Hetze und bewusste falsche Lügen ehrvergesssener Schriftleiter und Reporter machten der nationalsozialistischen Presse das Leben sauer.[34]

In der Folge der Machtübernahme durch die Nationalsozialisten beschleunigte sich das Wachstum des Verlags deutlich. Dabei profitierte die gesamte NSDAP-Presse von der Zerschlagung der KPD- und SPD-Zeitungen. Im Sommer 1933 wurde der Besitz der sog. »marxistischen« Presse den jeweiligen Gauverlagen übertragen, was die finanzielle Sanie-

---

30 BArch, NS 26/2307, Bl. 25. Mitunter sind die Angaben zu Gründung und Auflagenhöhe einzelner Zeitungen in den Quellen widersprüchlich.
31 Ebd.
32 Gauverlag NS-Schlesien an NSDAP-Hauptarchiv, 9.3.1936. BArch, NS 26/1171 (Auflagenübersicht deutscher Zeitungen). Davon abweichende, deutlich niedrigere Zahlen finden sich in BArch NS 26/2307, Bl. 36.
33 Hüttenberger: Die Gauleiter (Anm. 28), S. 65.
34 BArch NS 26/2307, Bl. 10.

rung der stark belasteten Gaupresse.[35] Allein 120 SPD-Druckereien gingen 1933 an die NS-Presse; in Breslau gelangten so Druckerei- und Verlagsbetrieb der sozialdemokratischen *Volkszeitung* in NS-Besitz.[36] In einer internen nationalsozialistischen Darstellung wird das am Beispiel der *Niederschlesischen Tageszeitung* offen ausgesprochen: »So ging es weiter bis zur Machtübernahme, dann aber setzte der Aufschwung ein. Am 1. Juli 1933 wurde die ehemalige marxistische Druckerei der ›Volkszeitung‹ übernommen.«[37]

Das Jahr 1933 legte den Grundstein für die kontinuierliche Expansion des Zeitungsimperiums des Gauverlags NS-Schlesien. Der Kampf um die lokale Vorherrschaft hielt gelegentlich über Jahre an. Zu der 1932 gegründeten *Grenzwacht* in Glogau heißt es:

> Vom ersten Tag der Gründung an hat die ›Grenzwacht‹ in der ausgesprochen katholischen Gegend einen äusserst schweren Stand gehabt […]. Der grösste Konkurrent der ›Grenzwacht‹ war die in Glatz erschienene Tageszeitung ›Der Gebirgsbote‹, der endlich nach dreijährigem Kampfe von der ›Grenzwacht‹ übernommen wurde.[38]

1934 rivalisierte die NS-Presse intensiv mit bürgerlichen Blättern.[39] In jenem Jahr geriet Helmuth Brückner in den Sog der Röhm-Affäre. Im Zuge NS-interner Machtkämpfe verlor er nicht nur sein Amt, er wurde gleichsam zur Unperson – aus der Partei ausgeschlossen und für Schlesien mit einem Aufenthaltsverbot belegt.[40]

Dass der prägende Gauleiter Helmuth Brückner sein Amt verlor, beeinflusste den Verlag nicht erkennbar. In einer Festschrift des Unternehmens wird die Entwicklung 1940 rekapituliert:

---

35 Verlag Archiv und Kartei Berlin: Presse in Fesseln: Eine Schilderung des NS-Pressetrusts. Gemeinschaftsarbeit des Verlages auf Grund authentischen Materials. Berlin 1947, S. 48.

36 Hale: Presse in der Zwangsjacke (Anm. 25), S. 69 bzw. 76.

37 BArch NS 26/2307, Bl. 300.

38 BArch NS 26/2307, Bl. 298.

39 Hale: Presse in der Zwangsjacke (Anm. 25), S. 109f.

40 Siehe zu Brückners Los die Darstellung bei Neubach: Helmuth Brückner (Anm. 2), S. 793–798, sowie Rothe, Von Hitler verbannt (Anm. 2).

In der Reihenfolge ihrer Gründung bzw. Übernahme entstanden so folgende Zeitungen:

Niederschlesische Tageszeitung	in Liegnitz
Beobachter im Iser- und Riesengebirge	in Hirschberg
Nordschlesische Tageszeitung	in Glogau
Der Oberschlesische Wanderer	in Gleiwitz
Mittelschlesische Gebirgszeitung	in Waldenburg
Grenzwacht	in Glatz
Oberlausitzer Tagespost	in Görlitz
OS-Tageszeitung	in Oppeln
Grünberger Wochenblatt	in Grünberg
Schlesische Landespost	in Neisse/Neustadt
Ostdeutsche Morgenpost	in Beuthen
Katowitzer Zeitung	in Kattowitz

Diese weitläufige Organisation wurde in der Rechtsform einer GmbH, mit dem Sitz in Breslau, zusammengefaßt, wo sich auch die Gesamtverwaltung befindet. Darüber hinaus wurden im Hauptverlage in Breslau Einrichtungen geschaffen, nach deren Richtlinien die journalistische und verlegerische Arbeit der Zweigverlage erfolgt, laufend dirigiert und überprüft wird.[41]

Der Verlag hatte die Dimensionen eines Großbetriebs erreicht: insgesamt 8.000 Mitarbeiter standen in seinen Diensten, unter diesen allein 15 Verlagsdirektoren, 17 Chefredakteure und 126 Redakteure. Im Verlagsbesitz befanden sich 24 Grundstücke im Wert von 2,3 Millionen Reichsmark, der Maschinenpark repräsentierte 4 Millionen Reichsmark.[42] Die *Katowitzer Zeitung* ist nur ein Beispiel dafür, wie sich nach dem vorläufigen Ende des Krieges in Polen im Herbst 1939 das Geschäftsfeld des Verlages überdies in die nunmehr besetzten Ostgebiete erweiterte.

---

41 Großdeutschlands größter Gauverlag. Zum 10jährigen Bestehen der Schlesischen Tageszeitung am 15. November 1940. Breslau 1940, S. 7.
42 Ebd., S. 8.

Der Gauverlag NS-Schlesien rühmte sich in seiner Jubelschrift, nächst dem Eher-Verlag das größte Publikationshaus der NSDAP zu sein.[43] Mit Eher in München war der Breslauer Verlag seit 1934 über eine Holding verbunden, die als zentrale Klammer unter Oberaufsicht der Münchner die NS-Presse organisierte. Als Steuerungsinstanz fungierte eine Berliner Stelle, die von dem Eher-Manager Rolf Rienhardt geleitet wurde. Die gleichfalls von Rienhardt geführte, neu gebildete »Standarte GmbH« fungierte als Transmissionsriemen zur Anleitung von Geschäftspolitik und Finanzgebaren der Gauverlage.[44]

Als offizielles Gauorgan bildete die *Schlesische Tageszeitung* das auflagenstärkste Flaggschiff des Verlags. In den Jahren 1931 und 1932 war sie bei neun Gelegenheiten zwischen zehn Tagen und sechs Wochen verboten.[45] Das Blatt war späterhin auch außerhalb des Gaus und selbst außerhalb Deutschlands in Ost- und Südosteuropa vertreten. Mit einer Auflage von über 100.000 Exemplaren im ersten Halbjahr 1939 reklamierte der Verlag, mit ihr die größte Zeitung Ostdeutschlands herauszugeben.[46] Seinem Charakter als NSDAP-Zentralorgan des Gaus gemäß oblag dem Blatt auch die entsprechende Agitation der Bevölkerung, so z. B. bei der propagandistischen Vorbereitung des Boykotts jüdischer Geschäfte am 1. April 1933.[47]

Die übrigen Zeitungen des Gauverlags hatten ein deutlich lokales Profil. Zur Steigerung ihrer Auflagen trug erheblich bei, dass die örtlichen Gauverlags-Zeitungen vielfach ihre angestammte Konkurrenz in der einen oder anderen Weise beseitigen konnten. So heißt es z. B. zum *Oberschlesischen Wanderer* aus Gleiwitz: »Zur Ausweitung des Leserkreises trug bei, daß einige andere Zeitungen in den Oberschlesischen Wande-

---

43   Ebd., S. 119.
44   Vgl. Hale: Presse in der Zwangsjacke (Anm. 25), S. 36, 100–107; siehe auch Thomas Tavernaro: Der Verlag Hitlers und der NSDAP. Die Franz Eher Nachfolger GmbH. Wien 2004.
45   BArch NS 26/2307, Bl. 296.
46   Großdeutschlands größter Gauverlag (Anm. 41), S. 20.
47   Vgl. Ramona Bräu: »Arisierung« in Breslau. Die »Entjudung« einer deutschen Großstadt und deren Entdeckung im polnischen Erinnerungsdiskurs (Magisterarbeit: Universität Jena 2006), S. 29.

rer [...] übergingen.«[48] Späterhin wurden auch die Abonnenten der *Oberschlesischen Volksstimme*, die im November 1939 eingestellt wurde, durch den gefräßigen *Wanderer* geschluckt. Das Ausmaß dieser Übernahmefeldzüge führt die Karriere der *OS-Tageszeitung* aus Oppeln vor Augen. Von dieser einzigen großen Tageszeitung im Regierungsbezirk Oppeln heißt es:

> Die Zusammenlegung der früheren Oberschlesischen Tageszeitung mit den Oppelner Nachrichten, dem Volksboten für die Kreise Kreuzburg, Rosenberg und Guttentag, den Kreuzburger Nachrichten, dem Pitschener Wochenblatt, dem Oppelner Stadtblatt und der Falkenberger Kreiszeitung zu einer repräsentativen Zeitung hat sich vorteilhaft ausgewirkt [...]. Seit 1936, dem Gründungsjahr der OS-Tageszeitung, stieg die Druckauflage von 16000 auf über 40000 Exemplare.[49]

Im Herbst 1939 erfolgte auch in diesem Fall die Ausweitung des Verbreitungsgebiets über die alte Reichsgrenze hinaus nach Osten.

Die Stellung als Quasi-Monopolist brachte auch weitere ökonomische Vorteile. Insbesondere die starke Stellung vieler Blätter am Werbemarkt ist hier zu nennen. Von dem letztgenannten Beispiel wird herausgestrichen: »Die OS-Tageszeitung ist in ihrem Verbreitungsgebiet der Werbeträger. Sie allein vermittelt den Verkehr zwischen Käufer und Verkäufer. Aus diesem Grunde ist der Anzeigenumfang seit der Gründung im Monatsdurchschnitt von 48 auf 83 Seiten gestiegen.«[50] Ein ähnliches Bild ergibt sich andernorts. Die *Nordschlesische Tageszeitung* in Glogau erhöhte den Umfang ihrer Anzeigenseiten von 500 im Jahr 1935 auf 822 im Jahr 1939. Der Grund: »Durch den Wegfall der Niederschlesischen Boberzeitung, des Niederschlesischen Anzeigers und des Freystädter Wochenblattes ist die No-Ta in diesen Gebieten der einzige Werbemittler.«[51] Das Breslauer Flaggschiff *Schlesische Tageszeitung* vereinigte 1939 immerhin

---

48   Großdeutschlands größter Gauverlag (Anm. 41), S. 28.
49   Ebd., S. 54.
50   Ebd.
51   Ebd., S. 72 bzw. 70.

60% der dortigen Familienanzeigen auf sich.[52] Der Verlag bezifferte die Gesamtauflage seiner Zeitungen für den April 1938 auf zusammen 298.275 Exemplare.[53] Insgesamt konnte man seitens der Partei und des Verlags mit der Entwicklung der Pressesparte im ersten Jahrzehnt des Gauverlags NS-Schlesien zufrieden sein.[54]

Desinteressiert blieb der Verlag die längste Zeit seines Bestehens gegenüber der Buchsparte, sodass sogar eine frühe Triumphpublikation über »Kampf und Sieg der schlesischen SA« im Breslauer Korn-Verlag erscheinen musste.[55] In der Jubiläums-Werbeschrift heißt es zur schließlich doch erfolgten Erweiterung des Angebots um Buchpublikationen:

Die jüngste Schöpfung des Gauverlages ist sein Buch- und Zeitschriftenverlag. Obwohl im schlesischen Parteiverlag schon bald nach der Gründung dann und wann ein Buch, eine Broschüre oder eine Zeitschrift verlegt wurde, so spielten doch diese Verlagserscheinungen im Gesamtverlag immer nur eine sekundäre Rolle. Seit einem Jahr aber wird diesem Verlagszweig größte Aufmerksamkeit geschenkt. Die weitestgehende Konzentration aller Mittel und Kräfte auf diesen Sektor bewirkte schöne Anfangserfolge und läßt erkennen, daß auch dieses Unternehmen des Verlages einst groß und erfolgreich sein wird. Schon im ersten Jahr seines Bestehens erschienen bzw. erscheinen im Buchverlag sechs Bücher. Die Auflagen, die bis an die 100000 Grenze steigen, zeigen am deutlichsten den Erfolg dieser ersten Bücher. Neben der kulturellen Zeitschrift ›Schlesien‹, die immer wieder höchste Anerkennung in den großen und größten deutschen Reichszeitungen findet, erscheinen weitere Zeitschriften die der Wirtschaft, Heimat oder Unterhaltung dienen. Standardwerke zur Förderung der politischen und wirtschaftlichen Beziehungen zwischen

---

52 Ebd., S. 20.

53 Gauverlag NS-Schlesien an NSDAP Hauptarchiv, 1.6.1938. BArch NS 26/1171.

54 Weitere Angaben/Zahlen zur Presseproduktion des Verlags finden sich in Peter Stein: Die NS-Gaupresse 1925–1933. Forschungsbericht – Quellenkritik – neue Bestandsaufnahme. München u. a. 1987 (Dortmunder Beiträge zur Zeitungsforschung 42), sowie archivarisch vornehmlich in BArch NS 26/2307.

55 Vgl. Vom Kampf und Sieg der schlesischen SA. Ein Ehrenbuch herausgegeben von der SA-Gruppe Schlesien. Bearbeitet von SA Sturmhauptführer Klaus Gundelach u. a. Breslau 1933.

Deutschland und den Südoststaaten erschienen und werden in einer ständigen Folge ihre Aufgaben erfüllen. Die große Illustrierte ›Schlesische Sonntagspost‹ fand in Schlesien und über die Grenzen hinaus viele begeisterte Leser. Sie steht heute auflagenmäßig an der Spitze aller im Verlag erscheinenden Zeitungen und Zeitschriften.[56]

Ein Hauptbeteiligter beleuchtet die Gründe dieser »größte[n] Aufmerksamkeit« aus anderer Perspektive. Mit Werner Steinberg sollte ein noch junger Mann das literarische Profil des Gauverlags prägen, der eine für ein NSDAP-Unternehmen untypische Vergangenheit aufwies.[57] Steinberg war gebürtiger Schlesier des Jahrgangs 1913 aus Neurode im Eulengebirge, wo sein Vater eine Spedition betrieb. Nach dem Tod des Vaters im Jahr 1921 zog er mit seiner Mutter nach Breslau. Die Inflation ließ die Familie verarmen, man lebte in bescheidensten Verhältnissen. Im Anschluss an eine Mittelschule konservativ-patriarchalischer pädagogischer Ausrichtung wechselte Steinberg bis zum Abitur 1933 an die Breslauer »Aufbauschule«. Die von dem sozialdemokratisch geprägten preußischen Staat geschaffene Einrichtung diente der Begabtenförderung – insbesondere aus ärmeren Schichten stammende Schüler sollten zum Abitur geführt werden. Der dort herrschende andere Geist blieb nicht ohne Einfluss auf den Heranwachsenden:

Die Lehrer dort waren uns Freunde, wir lernten, unsere Gedanken frei zu äussern, wir lernten Streitgespräche, wir lernten Schülerselbstverwaltung zu praktizieren, und wir kamen mit sozialdemokratischen Gedanken in Berührung, viele der Volksschüler stammten aus sozialdemokratischen, kommunistischen oder gewerkschaftlichen Elternhäusern. Dort wurde ich in vier Jahren geprägt, dort wurde meine literarische Begabung geför-

---

56   Großdeutschlands größter Gauverlag (Anm. 41), S. 108.
57   Siehe zu Steinbergs Lebensweg vor allem das autobiographische Typoskript »Der Esel war sein Wappentier« in Steinbergs Nachlass in der Anhaltischen Landesbücherei Dessau (ALW 1.1./15) sowie die dort ebenfalls verwahrten längeren Schreiben Steinbergs an Jan Philipp Reemtsma v. 30.7.1990 und 8.6.1991. Einen Überblick verschafft auch eine auf Nachlassunterlagen gegründete biographische Collage: Biographische Stationen eines Grenzgängers. Der Schriftsteller Werner Steinberg. Hg. v. Jan-Christoph Hauschild. Darmstadt 1993.

dert, dort wurde ich zum Kommunisten (was meiner Mutter überhaupt nicht behagte).[58]

Steinberg trat noch vor dem Abitur dem Sozialistischen Schülerbund und der KPD 1932 bei. In der SPD-Zeitung *Volkswacht* erschienen erste Gedichte, als Theaterkritiker publizierte er in der kurzlebigen Zeitschrift *Die Trompete*. Im Jahr darauf war er als Funktionär an der Marxistischen Arbeiterschule (MASCH) in der Breslauer Wallstraße und als Wahlagitator für seine Partei tätig.[59] Nach dem Abitur immatrikulierte er sich zunächst an der Hochschule für Lehrerbildung in Elbing, doch von dem sich etablierenden »Dritten Reich« abgestoßen, entschloss er sich im Sommer 1933, »dass ich in die Sowjetunion emigrieren würde [...] wie viele Intellektuelle, sah ich das Heil der Welt in jenem Lande.«[60] Der gemeinsam mit Freunden unternommene Emigrationsversuch scheiterte jedoch. 1934 wechselte Steinberg an die Hochschule für Lehrerbildung in Hirschberg im Riesengebirge. Im leicht erreichbaren Breslau gehörte er mit Bekannten zu einer Widerstandsgruppe, die bald etwa 60 Angehörige umfasst haben soll:

> Die Organisation hielt sich streng an illegale Bedingungen, es wurden Gruppen von 3 bis 5 Mann gebildet, die untereinander nur durch ihnen fremde Kuriere verbunden waren, von denen sie Material und Anweisungen erhielten. Das wichtigste Material war eine Zeitschrift Der rote Funken, die mit meiner Maschine auf Matrizen geschrieben und in der Wohnung der Mutter meiner Freundin abgezogen wurde. Dazu kamen Flugblätter und Klebezettel. Diese illegalen Schriften wurden nachts verbreitet – in Betriebe geworfen, in Briefkästen gesteckt, die Klebezettel an Laternenpfähle und Haustüren geklebt.[61]

Die Gruppe flog durch einen Spitzel auf, und der Hausdurchsuchung bei Steinberg am 20. November 1934 folgten Verhaftung, Prozess vor dem

---

58 Steinberg an Reemtsma, 30.7.1990. Anhaltische Landesbücherei Dessau, Nachlass Werner Steinberg, ALW 2.1/188.
59 Vgl. Hauschild: Biographische Stationen (Anm. 57), S. 13.
60 Steinberg an Reemtsma, 30.7.1990. Anhaltische Landesbücherei Dessau, Nachlass Werner Steinberg, ALW 2.1/188.
61 Ebd.

Oberlandesgericht Breslau wegen »Vorbereitung zum Hochverrat« und Verurteilung zu drei Jahren Jugendgefängnis. In der Haft fand Steinberg in dem Gefängnislehrer Dr. Konrad Léonnard einen Mentor. Während der Haftzeit weiterhin literarisch tätig, kam Steinberg hinter Gefängnismauern auch mit der praktischen Seite des Buchgeschäfts in Kontakt – in der dortigen Buchbinderei heftete er Buchblöcke.[62] Es war auch Léonnard, der Steinberg nach dessen Entlassung zunächst eine Stelle im Versand der *Schlesischen Zeitung* verschaffte und ihn schließlich an den Gauverlag vermittelte.[63]

Léonnard hatte den Verlagsleiter Fritz Rudolph gesellschaftlich kennen und menschlich schätzen gelernt.[64] Zunächst hatte Steinberg lediglich die im Verlag angesiedelte Zeitschrift des Reichstreuhänders der Arbeit sowie deren Sonderdrucke bzw. Nachauflagen redaktionell und kaufmännisch zu betreuen.[65] Zwar wurde sein Aufnahmeantrag von der Reichsschrifttumskammer fürs Erste abgelehnt, doch gelingt seiner Mutter ein Arrangement, das es ihm erlaubt, dennoch zu publizieren – ein erster Roman wird vom Lektor Otto Heinrich Fleischer für den Korn-Verlag angenommen.

Seinen Aufstieg im Gauverlag verdankte Steinberg – der NSDAP-Mitglied geworden war[66] – der Umgestaltung der literarischen Zeitschrift *Schlesische Monatshefte*.[67] Die *Monatshefte* wurden ab 1933 schrittweise nationalsozialistisch gleichgeschaltet. Das Jahr 1934 bildete dabei den entscheidenden Einschnitt, von dem ab die Zeitschrift durch die Partei dominiert wurde. Der Chefredakteur Karl-Heinz Kreusel, selbst Partei-

---

62 Ebd.

63 Vgl. Hauschild: Biographische Stationen (Anm. 57), S. 19, 23.

64 Steinberg: Der Esel war sein Wappentier (Anm. 57). Anhaltische Landesbücherei Dessau, Nachlass Werner Steinberg ALW 1.1./15, S. 80. Danach auch die weiteren Angaben.

65 Der Reichstreuhänder der Arbeit hatte die Arbeitsbedingungen und Tarife zu beaufsichtigen bzw. neu festzusetzen. Er war ein Instrument der NS-Sozialpolitik.

66 Vgl. Wojciech Kunicki: Germanistik in Breslau 1918–1945. Dresden 2002 (Silesica 2), S. 54, Anm. 123.

67 Siehe hierzu außer Steinberg: Der Esel war sein Wappentier (Anm. 57), auch Wojciech Kunicki: »... auf dem Weg in dieses Reich«. NS-Kulturpolitik und Literatur in Schlesien 1933 bis 1945. Leipzig 2006, S. 87ff.

mitglied, hatte beste Beziehungen zur Parteileitung der Provinz und verfolgte das Projekt, die Zeitschrift repräsentativ aufzumachen. Dabei lehnte er sich an das Profilierungsbedürfnis des Schlesischen Landeshauptmanns Adamczyk an. Im April 1939 erschien die erste Nummer der Zeitschrift *Schlesien*, in der neben den *Schlesischen Monatsheften* auch *Schlesien. Volk und Raum* sowie *Schlesische Heimat* aufgegangen waren, im Gauverlag, der mit dieser Publikation neues Terrain betrat und eine Zeitschriftenabteilung einrichtete.

Steinberg fand im Chefredakteur der neuen Zeitschrift, wiederum Kreusel, einen Förderer, der ihn und die Zeitschrift des *Treuhänders der Arbeit* in die neue Abteilung holte. Diese unterstand dem Hauptwerbeleiter des Verlags, »einem smarten jungen Mann, aus dem Werbeteam des Reemtsma-Konzerns herübergewechselt.« Es sei dessen Idee gewesen, der neuen Zeitschriftenabteilung einen Buchverlag anzugliedern.[68] Als Lektor verpflichtete er den Kulturredakteur der Hirschberger Filiale des Gauverlags. Die Folgen dieses Missgriffs, dem er seinen Aufstieg verdankte, schildert Steinberg so:

> Dieser Lektor, nach Breslau versetzt, erscheint mit hochfliegenden ehrgeizigen Plänen. Um sein Programm aufzufüllen, verschmäht er jedoch auch die Bruderschaft mit Heinz Bröker, dem Kulturredakteur der ›Schlesischen Tageszeitung‹, einem blatternarbigen Intriganten, nicht und sichert ihm zu, seine billigen Machwerke von Romanen herauszubringen. Von vornherein will er Eindruck machen, die Bedeutung seiner Arbeit unterstreichen. Ihm genügen die bescheidenen Räumlichkeiten der Zeitschriftenredaktion nicht, er läßt sich die ganze Etage eines nahen Wohnhauses zusprechen. Das Unternehmen ist ebenso kühn wie grotesk: Niemand besitzt Kenntnisse der Buchproduktion, sogar die Druckerei bedruckt unbekümmert das Papier entgegen der Laufrichtung, so dass sämtliche ersten Auflagen im Rücken auseinanderreissen. Doch der Lektor wird eingezogen, Ratlosigkeit herrscht in der Verlagsleitung. Dr. Ru-

---

68 Steinberg: Der Esel war sein Wappentier (Anm. 57), S. 91. An anderer Stelle heißt es abweichend: »Kreusel spielte auf Zukunft: Er redete dem Leiter des Gauverlags ein, dass zu der Zeitschriftenabteilung auch ein Buchverlag gehören müsste.« Steinberg an Jan Philipp Reemtsma, 8.6.1991. Anhaltische Landesbücherei Dessau, Nachlass Werner Steinberg, ALW 2.1./225.

dolph läßt Steinberg zu sich rufen und fragt ihn: ›Sie schreiben doch selbst Bücher, da können Sie doch auch Manuskripte beurteilen?‹[69]

Als Mitarbeiter fand Steinberg den Lehrer Friedrich Grieger, der auch als Autor und Herausgeber in Erscheinung trat.

Der Ausrichtung des Gesamtverlages entsprechend sah auch die neue Buchsparte ihr Arbeitsfeld vornehmlich in schlesischen Themen und Autoren. Auch hierzu hatte Steinbergs Mentor Léonnard ihm nach seiner Haftentlassung einen Weg geebnet – er vermittelte seinem literarisch ambitionierten Zögling einen Kontakt zu der alteingesessenen Breslauer literarischen Gesellschaft »Der Osten«.

Der Schriftstellerkreis konnte auf eine Geschichte zurückblicken, die im Jahr 1859 mit der Gründung als »Verein Breslauer Dichterschule« begann.[70] Die Vereinigung widmete sich neben allgemeiner »Pflege der Dichtkunst« insbesondere der Förderung des literarischen Nachwuchses.[71] Gegenüber einer Arbeitsgemeinschaft der Reichsschrifttumskammer zeichnete der Vorsitzende, Waldemar von Grumbkow, ein Portrait ihrer Tätigkeit:

> Seit nunmehr 75 Jahren ist es das Bestreben und die Aufgabe der ›Literarischen Gesellschaft der Osten (vorm. Breslauer Dichterschule)‹ einen Vereinigungspunkt und gegenseitige geistige Förderung zu bieten für (ju)nge dichterische Talente. In der Tat haben fast alle bekannteren deutschen Dichter von Detlev von Liliencron bis zu Hermann Stehr mit unserer Gesellschaft in Beziehungen gestanden. Letzterer unterhält noch heute ebenso wie Gerhart Hauptmann sehr nahe und herzliche Beziehungen zu unserem ›Osten‹. Unsere Arbeit leisten wir in der Weise, daß wir zweimal im Monat zusammenkommen, das eine Mal im engeren Kreise

---

69 Steinberg: Der Esel war sein Wappentier (Anm. 57), S. 91f.

70 Siehe zu dem Kreis vor allem Kunicki: »… auf dem Weg« (Anm. 67), S. 76ff.; Steinberg: Der Esel war sein Wappentier (Anm. 57); Egon H. Rakette: Im Zwiespalt dieser Zeit. Unter Literaten und Präsidenten. Erlebnisse – Erfahrungen – Ansichten aus fünfundsiebzig Jahren. Heidenheim a. d. Brenz 1985, S. 89ff. Eine Gesamtwertung Rakettes findet sich bei Kunicki: »… auf dem Weg« (Anm. 67), S. 279f.

71 BArch R 56 V/121 (Reichsschrifttumskammer), Bl. 297: Literarische Gesellschaft der Osten. Satzungen.

einer Arbeitsgemeinschaft, das andere Mal mit Gästen, und Dichtungen, die bei diesen Sitzungen von jungen Autoren vorgelesen werden, einer ernsten und eingehenden, möglichst produktiven Kritik unterziehen. Wertvolle Schöpfungen werden gelegentlich in unseren Vereinsmitteilungen veröffentlicht. Ab und zu wird auch der eine oder andere Autor an einem öffentlichen Dichterabend in Anwesenheit der Presse herausgestellt. Auch mit Gedenk- oder Jubelfeiern für prominente Mitglieder treten wir gelegentlich an die Öffentlichkeit. Das Wesentliche unserer Arbeit liegt jedoch in der Erziehung unserer jungen Autoren zur Selbstkritik.[72]

Der »Osten« stellte somit ein Reservoir von jungen Autoren dar, die auf Publikationsmöglichkeiten hofften.

Zu Beginn des »Dritten Reiches« geriet »Der Osten« in Turbulenzen. Gegenüber 1932 war die Tätigkeit des Kreises im Folgejahr bereits stark rückläufig, schließlich kam es 1934 – die Vereinigung zählte 32 Breslauer und acht auswärtige Mitglieder – zu ernsten Schwierigkeiten. Den Zündfunken bildete die Ehrung Hermann Stehrs durch den »Osten« im November, deren Akzentsetzung von NS-offiziellen Sichtweisen abwich. In der Folge kam es zur offenen Konfrontation mit der Partei, die Grumbkow im Gaublatt *Schlesische Tageszeitung* massiv angriff: »Sie läuten eine falsche Glocke, doch die Glocke der *Zukunft* läuten *wir*.«[73] Der »Osten« blieb weiter unter dem Druck der Partei, Grumbkow wurde im Januar 1935 durch einen Nachfolger ersetzt, der auch einen Arierparagraphen in die Satzung der Gesellschaft aufnahm. Offiziell erlosch der Kreis im Jahr 1936.

Doch es gab ein gleichsam inoffizielles Nachleben. Wenngleich inzwischen als »Schlesische Gesellschaft für Schrifttum« firmierend, wurde die Runde, an die Léonnard Steinberg mit einer Kunstprobe vermittelte, nach wie vor »Der Osten« genannt.[74] Dort begegnete der aufstrebende Schriftsteller einigen seiner späteren Autoren im Gauverlag:

---

72 Waldemar von Grumbkow an Heinz Dähnhardt (Arbeitsgemeinschaft der Literarischen Gesellschaften und Vortragsveranstalter in der Reichsschrifttumskammer), 8.3.1934. Ebd., Bl. 302. Zu Grumbkow siehe Kunicki: »... auf dem Weg« (Anm. 67), S. 344–347.

73 Zit. nach Kunicki: »... auf dem Weg« (Anm. 67), S. 79.

74 Siehe zur Schlesischen Gesellschaft für Schrifttum ebd., S. 82ff.

Die Mitglieder kommen monatlich einmal in der Hinterstube einer Gastwirtschaft zusammen. Es ist ein Treffpunkt junger Literaten und ihrer Freunde, Arrivierte nehmen daran nicht teil. Dort lernt Steinberg den blondhaarigen, schwärmerisch-jünglingshaften Wolfgang Schwarz kennen und Hanns Gottschalk, den Katholiken mit dem Hang zu dörflichen Mythen, und Martin Svoboda, schweigsam und hart, vor kurzem aus den Vereinigten Staaten zurückgekehrt. Sie alle sind freie Mitarbeiter des Breslauer Senders, der seinen literarischen Ruf seinem früheren Intendanten, dem Dichter Friedrich Bischoff verdankt, jetzt von den Nazis nach einer üblen Skandal-Affäre aus seinem geliebten Schlesien verbannt.[75]

Um das Profil der Buchsparte nicht nur thematisch durch den Bezug auf Schlesien, sondern auch persönlich hervortreten zu lassen, bemühte sich Steinberg gleich zu Beginn seiner neuen Tätigkeit, einen zugkräftigen Namen für das Buchprogramm zu gewinnen. Er dachte dabei an Arnold Ulitz, den er bereits flüchtig kannte und der ein nicht nur auf die Provinz Schlesien beschränktes Renommee hatte.

Der aus einer schlesischen Handwerkerfamilie stammende Ulitz hatte bereits vor Abschluss seines Studiums der Neuphilologie an der Breslauer Universität literarisch debütiert – er gab zusammen mit Arnold Zweig und Rudolf Clemens in Kattowitz eine Zeitschrift heraus.[76] Im Breslauer Schuldienst tätig, begann Ulitz noch vor seinem Militärdienst im Ersten Weltkrieg in überregionalen Zeitschriften expressionistische Lyrik zu veröffentlichen. In diesem Stil publizierte er während der Kriegsjahre und in den ersten Nachkriegsjahren weiter; 1920 trat er mit seinem Erstlingsroman hervor, 1924 erschien ein letzter Gedichtband. Ulitz publizierte fortan erzählerische Texte, der expressionistische Frühstil war verflogen.

Politisch blieb Ulitz in der Weimarer Republik ein Mann der gemäßigten bürgerlichen Linken, ohne dabei größeres Engagement zu entfal-

---

75   Steinberg: Der Esel war sein Wappentier (Anm. 57), S. 75.
76   Diese biographischen Angaben nach Robert Rduch: Unbehaustheit und Heimat. Das literarische Werk von Arnold Ulitz. Frankfurt/M. 2009 (Danziger Beiträge zur Germanistik 27), S. 11ff.

ten.[77] Dem Machtanspruch des Nationalsozialismus begegnete er zumindest anfangs und in den ersten Jahren nach 1933 distanziert bis resistent. Mit dem Ende des Schuljahres 1932/33 schied er auf eigenen Wunsch aus dem Schuldienst aus. Vorangegangen war eine Begebenheit, die rückblickend ein ehemaliger Schüler schildert:

> Am 1. Mai 1933 waren wir in der Turnhalle der Schule zu einer Feierstunde versammelt. Zum Abschluß wurde das Horst-Wessel-Lied mit erhobener Hand gesungen. Die Lehrer Ulitz und Berresheim standen schweigend mit gesenktem Blick, sie verweigerten auch den sogenannten ›Deutschen Gruß‹.[78]

Wirtschaftlich hatte Ulitz, dessen Werke nicht den Beifall der neuen Herren fanden, Probleme. Literarisch wich er zunächst aus – historische Romane boten eine Möglichkeit, sich politischen Forderungen zu entziehen. Nach 1938 änderte Ulitz seine Linie und arrangierte sich mit den bestehenden Verhältnissen. Nunmehr traten Heimatthemen und am Nationalen orientierte Positionen in den Vordergrund. Er schrieb Romane, »deren propagandistische Aufgabe darin bestand, die Verbundenheit der Schlesier mit dem Dritten Reich und dessen nationalsozialistischer Politik während des Krieges zu stärken«.[79] Zusammenfassend urteilt sein Interpret Rduch:

---

77 Rduch spricht von einem »republikanischen Habitus des Dichters«, der sich auch in seiner PEN-Mitgliedschaft gezeigt habe, und urteilt: »Zwar blieb die politische Aktivität von Ulitz meistens nur auf kritische Bemerkungen in seinen Texten eingeschränkt, sie war aber prägnant genug, dass man ihn als linksliberalen Autor klassifizieren kann.« Ebd., S. 12.

78 Bericht Albert Zappel, zit. nach ebd., S. 211, Anm. 5.

79 Rduch: Unbehaustheit und Heimat (Anm. 76), S. 14. Ein wohlgesonnener Autor schreibt in einer vom »Bund der Vertriebenen« herausgegebenen Schrift: »Es war das Jahr 1933 gekommen, und Ulitz wußte, daß er mit seinem bisherigen Schaffen kaum die Sympathie des neuen Staates erringen würde. Er quittierte aus politischen Gründen den Schuldienst, in dem er zwanzig Jahre in Breslau tätig gewesen war, um freier Schriftsteller zu werden. Obwohl kein offizielles Schreibverbot gegen ihn verhängt war, spürte Ulitz mit seiner Familie doch schmerzhaft den Einfluß der neuen Machthaber – er wurde von den Verlagen stillschweigend über längere Zeit boykottiert. Dennoch stand er nicht in einer unentwegten Kontroverse zum Dritten Reich, was sich daran erkennen läßt, daß er nach dem Polenfeldzug den Krieg für ge/recht-

In seinem Schaffen aus der Zeit 1933–1945 verfolgte Ulitz zwei verschiedene Schreibstrategien. Einerseits versuchte er seine dichterische und ethische Autonomie zu bewahren, indem er sich historischen Stoffen widmete, die ihm weiterhin die Möglichkeit boten, Lebensgeschichten unbehauster Individuen in derer Zerrissenheit zwischen unstillbarem Erkenntnisdrang und vergeblichem Streben nach existenzieller Geborgenheit darzustellen. Andererseits näherte er sich allmählich der schlesischen Heimatthematik, die wegen der Nachfrage der nationalsozialistischen Propaganda bessere Publikationsmöglichkeiten in Aussicht stellte. Sein literarisches Lavieren im Dritten Reich bestätigt die These, dass er keinesfalls zu den überzeugten Anhängern des Nationalsozialismus gehörte, bei denen der Beginn eines evolutionären Weges zu dieser Ideologie schon im Expressionismus geortet werden kann. Ulitz' schriftstellerische Tätigkeit in der Nazizeit veranschaulicht aber auch zugleich, dass er seit 1939 nicht mehr imstande war, in seinem Schaffen das humanistische Rückgrat aufrechtzuerhalten, weil er sich als Schriftsteller der nationalsozialistischen Propaganda zu stark verschrieb. Dass er sich dieser Gefahr bewusst war, bezeugt vornehmlich sein historischer Roman *Der Gaukler von London*.[80]

Mag es auch tatsächlich für Steinberg von besonderem Reiz gewesen sein, einen Autor mit politisch heikler Vergangenheit und literarischer Profilierung ins Programm zu nehmen, so ließ das schließlich sich abzeichnende Einschwenken des Autors auf eine systemloyale Linie das Risiko doch begrenzen. Dass Ulitz mit Kriegsbeginn aus einer Mischung von an der Oberschlesienfrage entzündeten landsmannschaftlichen und allgemein-patriotischen Motiven heraus einen Hitler bejubelnden und den Krieg gegen Polen befürwortenden Text in der Zeitschrift *Schlesien* veröffentlicht hatte, dürfte Steinberg überdies be-

---

fertigt hielt – um so mehr als ihm die unglückliche Grenzziehung in Oberschlesien wie ein Stachel im Fleisch vorkommen mußte – und daß er in den Folgejahren seine Arbeiten im Gauverlag Schlesien in Breslau veröffentlichen konnte, wobei es fernliegt, ihn einer nationalsozialistischen Haltung zu bezichtigen.« Oskar Pusch: Arnold Ulitz – sein Schaffen als Dichter und seine Persönlichkeit. Hg. v. Bund der Vertriebenen. Bonn 1981, S. 4f.

80 Rduch: Unbehaustheit und Heimat (Anm. 76), S. 212. Kunicki bezeichnet Ulitz – wie auch Werner Steinberg – als »bürgerlich gemäßigte[n]« Nationalsozialisten; ders.: »… auf dem Weg« (Anm. 67), S. 278.

kannt gewesen sein.[81] Die dennoch von Ulitz gehegten Bedenken, der befürchtete, sich durch eine Buchpublikation ausgerechnet im Gauverlag zu stark zu exponieren, konnte er entkräften. So erschien 1941 ein erster Band, ein weiterer, auch er gegen anfängliche politische Bedenken des Verfassers, folgte im Jahr darauf.[82] Beide Publikationen blieben seitens der Partei unbeanstandet. Mit Ulitz hatte Steinberg ein literarisches Aushängeschild gewonnen, das einerseits gut in die schlesische Profilierung des Gesamtverlags passte, andererseits einen interessanten, leicht abweichenden politischen Akzent setzte.

Deutlich jünger als Ulitz war Hanns Gottschalk, eine weitere Akquisition Steinbergs, der ihn im Kreis des »Ostens« kennengelernt hatte. Der 1909 im oberschlesischen Lenschütz Geborene hatte in Wien und Breslau Geisteswissenschaften, u. a. Geschichte und Volkskunde, studiert und ebenfalls bereits als Student literarisch debütiert. 1937 war von ihm im Münchner Zentralverlag der NSDAP, bei Eher, der Gedichtband *Schicht und Schacht. Eine Haldensinfonie* erschienen.[83] In dem schmalen Band versammelte Gottschalk Verse, die das heroisierende, stoische und schicksalhaft aufgeladene Bild des Arbeiters im Nationalsozialismus am Beispiel des oberschlesischen Industrierreviers entfalteten.[84]

Seit Jugend und Jahren

Hinein in die Förderschale,
Hinunter zur wechselnden Schicht!
Ob heute zum letzten Male?
Wir fragen und wissen es nicht.
Wir fahren nur, fahren
Seit Jugend und Jahren
Hinab zu des Dunkels Portale.

---

81 Siehe die Zitate daraus in Arno Lubos: Geschichte der Literatur Schlesiens: Bd. II. München 1967, S. 377.
82 Vgl. Stenberg: Der Esel war sein Wappentier (Anm. 57), S. 94f.
83 Vgl. Kunicki: Germanistik in Breslau (Anm. 66), S. 187. Bei Kunicki irrtümlich, aber treffend, »Heldensinfonie«. Dort auch weitere Angaben.
84 Hanns Gottschalk: Schicht und Schacht. Eine Haldensinfonie. München 1937 (Reihe: Kameraden).

Ob heute zum letzten Male?
Die Frage erstickt in der Pflicht.[85]

In einem Gutachten des Verlags wurde ihm neben Wolfgang Schwarz – auch einem Mitglied des »Ostens« – bescheinigt, der begabteste junge schlesische Dichter zu sein.[86]

Gottschalk war also nicht unbekannt – er wurde seitens der Schiller-stiftung der Reichsschrifttumskammer gefördert; sein Doktorvater, der Breslauer Germanist Paul Merker, urteilte über ihn anlässlich seiner Promotion 1938: »Der Verfasser der vorliegenden Arbeit hat sich als Ly-riker bereits einen geachteten Namen erworben und im vergangenen Jahr den Dichterpreis der schlesischen Jugend erhalten.«[87] Wenngleich Gottschalk in der philologisch-sachlich gehaltenen Arbeit zum Thema »Strachwitz und die Entwicklung der heldischen Ballade« Hans-Fried-rich Blunck, dem ehemaligen Präsidenten der Reichsschrifttumskam-mer und Korrespondenzpartner des Autors, hohe Anerkennung zollte,[88] war er in der Optik der Breslauer Gestapo nicht ohne Beden-ken:»Er muß als stark kirchlich gebunden bezeichnet werden, (allsonn-täglicher Kirchgang, Umgang vorwiegend mit katholischen Theologen, Marienverherrlichung in seinen Gedichten.) Von Mitstudenten wird er als welt- und wirklichkeitsfremd geschildert.«[89] Dennoch wurde ihm auch für die Zukunft Verlässlichkeit im Sinne des NS-Staates attestiert. Gottschalk war seit Mai 1937 NSDAP-Mitglied. Gleichwohl verhielt sich die Studentenführung der Breslauer Universität gegenüber Gott-schalks Antrag auf Erlassung der Promotionsgebühren ablehnend: »Wir gestehen einem Dichter gern Zeiten der Selbstbesinnung zu. Wir halten aber niemanden für förderungswürdig, der als Rufer unserer Zeit auf-

---

85 Ebd., S. 10.
86 Vgl. Kunicki: Germanistik in Breslau (Anm. 66), S. 188, Fußn. 257.
87 Zit. nach ebd., S. 187.
88 Vgl. Hanns Gottschalk: Strachwitz und die Entwicklung der heldischen Ballade. Würzburg-Aumühle 1940, S. 86ff.
89 Zit. nach Kunicki: Germanistik in Breslau (Anm. 66), S. 187, dort auch die nachste-henden Angaben.

tritt, ohne die elementarsten Gemeinschaftsbedingungen über die Formation aufzunehmen.«[90]

Steinberg möchte den Entschluss, 1940 einen Roman von Gottschalk im Gauverlag zu veröffentlichen, rückblickend als riskant gewertet wissen und rechtfertigt ihn mit dessen Mitgliedschaft im »Osten«, denn »um die dort versammelten jungen Autoren zu fördern, scheut Steinberg vor Wagnissen nicht zurück.«[91] Bei dem Roman handelt es sich um *Der Fremde im Dorf.* Die düstere Handlung entfaltet sich in einem archaischen ländlichen Rahmen.[92] Kunicki erblickt in dem Roman ein figuriertes Lehrstück über die nationalsozialistische Ideologie und Politik und urteilt:

> Kein anderer Roman rechnet so rücksichtslos mit dem Christentum ab und beschwört eine neue Gemeinschaft auf der theologischen Grundlage der reinrassigen völkischen Utopie herauf wie dieses Buch. Der christliche Gott wird depotenziert und im Akt einer paranoiden Kommunion unter die Menschen desselben Blutes gebracht. Mit der neuen Gottheit und dem Vorbild der reinen Mutter setzt der ›slawisch verseuchte Osten‹ den Prozess seiner Deutschwerdung fort.[93]

Steinberg setzte andere Akzente. Er betont den Kontrast der bedrückenden Schilderung der Dorfbewohner zu den Stereotypen des nationalsozialistisch idealisierten Bauerntums.[94] Tatsächlich traf das Buch Gottschalks parteiintern auf Kritik, die sich zwar auf das allgemeine Verlagsprogramm richtete, dabei jedoch einen Brennpunkt in *Der Fremde im Dorf* fand.[95] Der Roman erreichte bereits im Erscheinungsjahr eine Auflage von 25.000 Exemplaren. Auch weitere Bücher Gottschalks erzielten im Gauverlag beträchtliche Auflagen.

---

90 Gutachten der Studentenführung der Universität Breslau. Gau Schlesien betreffs Gesuch um Befreiung von der Promotionsgebühr des cand. phil. Hanns Gottschalk, abgedruckt bei Kunicki: Germanistik in Breslau (Anm. 66), S. 287.
91 Steinberg: Der Esel war sein Wappentier (Anm. 57), S. 95.
92 Siehe zu dem Buch Kunicki: »… auf dem Weg« (Anm. 67), S. 567ff.
93 Ebd., S. 569.
94 Steinberg: Der Esel war sein Wappentier (Anm. 57), S. 95.
95 Ebd., S. 100.

Ein weiterer Autor, den Steinberg aus dem »Osten« an den Gauverlag heranführte, war Wolfgang Schwarz, ein Freund und Kommilitone Gottschalks.[96] Schwarz (Jahrgang 1916) war bereits in jungen Jahren in der Hitlerjugend engagiert und arbeitete an der NS-Gaupresse mit. 1934 erschien sein Lyrikband *Es spann die Nacht* im völkischen Breslauer Verlag Walter Uttikal. Mit seinen thematisch der Partei und Parteiritualen gewidmeten Gedichten zielte Schwarz auf eine Vermittlung dieser Momente mit den Erwartungen der jungen Generation. Kunicki betont, dass der homoerotisch veranlagte Schwarz in seinen überhöhenden und ästhetisierenden Neigungen auch ein persönliches Anliegen mit der Hinwendung zu Hitler verband:

> Durch die Widmung des ›Werkes‹ an den Führer wird die Kluft zwischen Wort und Tat überbrückt, der Dichter reiht sich somit als das ›wirkende‹ Subjekt in das neue Leben ein, das er verkündet. Für Schwarz persönlich war das ein existentielles Anliegen: Es war der Nachweis eigener Brauchbarkeit im nationalsozialistischen Staat bei Vermeidung eines direkten Engagements in den Niederungen der politischen Arbeit.[97]

Dass die literarische Entwicklung, die Wolfgang Schwarz in den 1930er Jahren nahm, von der Schreibweise ausgesprochener Parteiliteraten abwich, unterstreicht Kunicki an anderer Stelle, indem er ihn in Absetzung von diesen als ausgeprägten Verfechter der faschistischen Literatur im Sinne Armin Mohlers kennzeichnet – was »Kälte, Plötzlichkeit, Ästhetisierung des Gestus« einschließe, auch habe die Prägung durch bündische und konservativ-revolutionäre Vorstellungen eine Rolle gespielt.[98] Mithin wäre Schwarz innerhalb des Spektrums nationalsozialistisch affiner Haltungen eher auf einer elitär-männerbündischen Außenseiterposition zu verorten, Anlehnungen an das Profil Ernst Jüngers liegen hier bereits nahe.[99]

---

96   Die folgenden Angaben nach Kunicki: »... auf dem Weg« (Anm. 67), S. 186ff.
97   Ebd., S. 190.
98   Kunicki: Germanistik in Breslau (Anm. 66), S. 136, dort auch weitere Angaben zu Schwarz.
99   Vgl. hierzu die Untersuchungen Karl Heinz Bohrers, insbesondere: Plötzlichkeit. Zum Augenblick des ästhetischen Scheins. Frankfurt/M. 1981.

Diese Nähe bemerkt Kunicki in der Dissertation von Schwarz zum »Mythos des Jünglingshaften« in der neueren deutschen Literatur.[100] Entsprechend ist diese in die Form einer Dissertation gekleidete Bearbeitung der politisch-ästhetischen Neigungen des Verfassers politisch wie wissenschaftlich randständig, was auch im Gutachten seines wie Gottschalks Doktorvater anklingt.[101] Schwarz, der sein Thema unter der bezeichnenden Anrufung Stefan Georges auch aus seinem »Gefühl für den jugendlichen Aufbruch der Zeit« herleitet, sieht seine Untersuchung einem »neuen Idealismus« verpflichtet.[102] Der Gestus dieses Idealismus verdankt sich Positionen Ernst Jüngers, in denen gleichsam eine Modernisierung romantischer Weltbezüge versucht wurde.[103] Abschließend bringt Schwarz seine Anliegen auf die Formel einer großen Wandlung des deutschen Volkes hin zu einer »starken, Sittlichkeit setzenden und den aufbauenden Mächten verpflichteten Kultur, der die Zukunft gehört.«[104] Wie sein Freund Gottschalk stieß auch Schwarz auf Argwohn in der Studentenführung, erreichte jedoch schließlich die Befreiung von den Promotionsgebühren.

Wolfgang Schwarz, der während Steinbergs Inhaftierung zu seinen Unterstützern gehört hatte,[105] attestierte diesem eine geschickte Führung des Lektorats im Gauverlag. Zugleich wertete er die politisch leicht schillernde Profilierung einiger Publikationen des Verlages im Sinne einer gut versteckten Doppelbödigkeit: »Es gelang ihm, dort einige Bücher herauszubringen, die zwar nicht direkt subversiv waren, aber an denen die braunen Machthaber, hätten sie sie genau gelesen, keine Freude gehabt hätten.«[106]

---

100 Wolfgang Schwarz: Der Mythos des Jünglingshaften in der deutschen Dichtung vom Ausgang des Naturalismus bis in unsere Zeit. Breslau 1940.
101 Vgl. Kunicki: Germanistik in Breslau (Anm. 66), S. 138.
102 Schwarz: Der Mythos (Anm. 100), S. 11 bzw. 14.
103 Siehe z. B. ebd., S. 173. Siehe zum Kontext Berthold Petzinna: Im Spiegelkabinett. Zum Bild der Romantik im Umkreis der »Konservativen Revolution«. In: Hartwig Schultz (Hg.): »Die echte Politik muß Erfinderin sein«. Beiträge eines Wiepersdorfer Kolloquiums zu Bettina von Arnim. Berlin 1999, S. 249–275, hier S. 249ff.
104 Schwarz: Der Mythos (Anm. 100), S. 178.
105 Vgl. Wolfgang Schwarz: Abland. Erinnerungen II. Neustadt/Weinstraße 1995, S. 185.
106 Ebd., S. 190.

Auch Gottschalks Buch *Der Fremde im Dorf* will er in dieser Weise gewichtet sehen.[107] Zu den zumindest riskanten, wenn nicht widerständigen Aktivitäten des Verlags unter seiner Ägide zählt Steinberg auch den Fall des Autors Hans Nowak. Nowak, 1897 im schlesischen Groß-Wartenberg geboren, wurde im Ersten Weltkrieg schwer verwundet und geriet in russische Kriegsgefangenschaft. Er hatte wie Ulitz bereits einen Namen. 1937 war von ihm im Korn-Verlag der Roman *Zink wird Gold* erschienen, der bereits zuvor durch Publikationen in der *Berliner Illustrierten Zeitung* vorbereitet worden war.[108] Korns Lektor Fleischer lancierte die Publikation sorgfältig in den Medien. Aufsehen erreichte das Buch nach schleppendem Beginn auch in Fachkreisen der deutschen Industrie. Die Wirkung der auf Quellenstudium fußenden, in der Entwicklung der oberschlesischen Industrie angesiedelten Geschichte wird auf ihren dokumentarischen Einschlag zurückgeführt.[109] Nowak, der sich von Vereinnahmungen durch propagandistische Aufträge fern hielt, hatte jedoch ein politisches Problem: »Meine Frau, Dr. Edith Nowak, geb. Rischkowski, ist Volljüdin; durch Berufsverbot von 1933 konnte sie 12 Jahre lang ihre Tätigkeit als Kunsthistorikerin und kunstgewerbliche Zeichnerin nicht ausüben.«[110] Daher auch durfte Hans Nowak nur mit einer Sondergenehmigung publizieren.[111]

---

107 Ebd., S. 192, wo es heißt: »Darin offenbarten sich zweifelsohne Ur-Mächte, die nicht aus der deutschen Periode Schlesiens stammen. Das war denn auch der eigentliche Grund dafür, warum die Leute von der Nazipartei, die so ganz auf das Germanische und Deutsche, als einzige Wurzeln Schlesiens, konzentriert waren, diesen ›Fremden im Dorf‹ so bösartig verfolgten. Zum Glück war Hanns Gottschalk im Krieg als das Buch erschien und somit den Fängen der Gestapo entrückt. Hanns Gottschalk gab in seinem Roman ›Der Fremde im Dorf‹ den schlesischen Menschen den slawischen Anteil ihrer Seele zurück, und bereitwillig nahmen sie diesen ihren slawischen Anteil an.«

108 Siehe zu diesem Komplex Kunicki: »... auf dem Weg« (Anm. 67), S. 150ff.

109 Vgl. Lubos: Geschichte der Literatur (Anm. 81), S. 221. Lubos gibt an, dass das Buch in Georg Zivier einen Ko-Autor gehabt habe, ausführlicher dazu ebd., S. 221ff.

110 So Nowak in einem Nachkriegsschreiben. Zit. nach Kunicki: »... auf dem Weg« (Anm. 67), S. 150, Fußn. 537.

111 Vgl. Kunicki: »... auf dem Weg« (Anm. 67), S. 175.

Steinberg ordnet seine Initiative, Nowak als Autor im Gauverlag zu publizieren – anders als Kunicki[112] –, in den Kontext von dessen prekärer Lage ein. In seiner unveröffentlichten Autobiographie heißt es dazu recht ausführlich:

> Menschen zu helfen, ist eine Devise Steinbergs, und so hört er aufmerksam an, was ihm Friedrich Grieger eines Tages vertrauensvoll mitteilt: Hans Nowak, Autor erfolgreicher, in Oberschlesien angesiedelter Romane, ist Halbjude; der schwerversehrte Mann wird gejagt, er und seine Frau mussten aus Berlin flüchten, finden da und dort eine kurze Unterkunft bei Freunden. Aber Nowak ist jetzt ein armer Mann, er benötigt Geld, um seine Flucht fortsetzen zu können. Er, der sich vorsichtshalber nicht blicken lässt und mit allen Verhandlungen Grieger betraut, schlägt ein schmales Buch mit der Hauptgestalt des Eckenstehers Nante von Karl von Holtei vor. Holtei ist Schlesier, Steinberg ist sich der Druckgenehmigung sicher und bittet Grieger um die Personalangaben Nowaks für die Antragstellung. Als er den Zettel erhält, erschrickt er doch, ohne es Grieger merken zu lassen, weil er Nowak nicht beunruhigen will: Als Halbjude hat Nowak eine Sondernummer bei der Schrifttumskammer. Setzte Steinberg die in seinen Antrag ein, würde nicht nur die Genehmigung nicht erteilt, sondern er selbst würde sofort entlassen werden. Eine falsche Nummer anzugeben, würde, falls sich das bei einer Nachprüfung herausstellte, zweifellos noch schlimmere Folgen haben. Den Plan fallenzulassen, erwägt Steinberg keine Sekunde – es wäre ihm unerträglich, Nowak dem sicheren Verderben auszuliefern. Er entschließt sich, auf die Nachlässigkeit der Bürokratie zu bauen: Er beantwortet die Frage nach der Mitgliedschaft überhaupt nicht. Mögen die es übersehen, mögen sie denken, es handle sich nur um eine nicht beachtenswerte Nachlässigkeit – er hofft es! Das Glück ist mit ihm. Die Druckgenehmigung wird erteilt, der ›Eckensteher‹ erscheint in einer Auflage von hunderttausend Exemplaren, Nowak ist gerettet. Nie in seinem Leben wird ihm Steinberg begegnen.[113]

---

112 Vgl. ebd., S. 147.

113 Steinberg: Der Esel war sein Wappentier (Anm. 57), S. 97f. Siehe auch die nahezu identische Darstellung dieser Episode in Steinberg an Reemtsma, 8.6.1991. Anhaltische Landesbücherei Dessau, Nachlass Werner Steinberg, ALW 2.1/225, S. 15.

Nowaks Buch erschien 1943 in einer Höhe von 1.000 Exemplaren, im Jahr darauf folgte eine Feldpostausgabe.

Ebenfalls aus dem »Osten« rekrutiert und mit dem Jahrgang 1904 noch relativ jung bei Jahren war der Gauverlagsautor Wilm von Elbwart, mit vollem Namen Wilm von Elbwart, Edler von Goliczek. Nach dem Studium der Germanistik und Kunstgeschichte arbeitete er als Journalist und als Rundfunkkommentator in Breslau. Von Elbwart, der ein begeisterter Bergsteiger war, veröffentlichte der Verlag zunächst den Roman *Ein Mensch, ein Berg, Gewalten*.[114] Das Buch hatte 1944 eine Auflage von 25.000 Exemplaren erklommen. In jenem Jahr erschien mit *Stadt im Sommerwind* ein zweiter Roman dieses Autors im Verlag. 1943 leitete Elbwart das Verkehrs- und Nachrichtenamt in Litzmannstadt, wie das besetzte und umbenannte Łódź offiziell hieß.

Mit Martin Svoboda ergänzte eine weitere Bekanntschaft Steinbergs aus der Gesellschaft »Der Osten« den Autorenstamm des Verlags. Sein Gegenstand war der Krieg. Auf eine tatsächliche Begebenheit aus der deutschen Invasion Dänemarks geht das Thema des schmalen Bandes *Handstreich auf Kopenhagen* zurück.[115] Die Handlung ist in der Kriegsmarine angesiedelt, jedoch durchgängig ideologisch gerahmt:

> April 1940! Das junge neue Reich hatte die Feuerprobe bestanden. In aller Welt waren Verdächtigungen, Zweifel am Gefüge des Reiches erstickt. Verweht vom glücklichen Sturm des Polenfeldzuges. Dem jungen Riesen knackt es in den Knochen vor Tatendrang. Wann, wann endlich geht es weiter? Wann bricht die zweite Welle um das deutsche Recht in Europa los?[116]

---

114 Steinberg: Der Esel war sein Wappentier (Anm. 57), S. 96. Eine Kurzbiographie Elbwarts findet sich in: Wilhelm Kosch u. a. (Ed.): Deutsches Literaturlexikon. Das 20. Jahrhundert. Zürich, München 2005, S. 387. Elbwart verwendete auch das Pseudonym Wolf von Etzsch.

115 Martin Svoboda: Handstreich auf Kopenhagen. Breslau 1944 (Feldpostausgabe, 1. bis 20. Tausend).

116 Ebd., S. 6.

Der von »nordischen« Bezügen grundierte Text ist von einer Atmosphäre der »Kameradschaft«[117] durchzogen, dabei aber durchgängig aus einer patriarchalischen Kommandantenperspektive gestaltet. Die zu den Dänen beschworene idyllisierende Nähe gerät dabei gelegentlich peinlich: »Die dänischen Mädel sind blitzsauber und voller Bewunderung für die deutschen Soldaten.«[118]

Ebenfalls aus dem Jahr 1944 stammt Svobodas umfangreicherer Roman *Der Kommandeur wartet.*[119] Das Buch ist literarisch elaborierter als das Feldpostbändchen. In Ich-Form gehalten, herrscht in dem oft reflexionsbetonten Text durchweg ein am eigenen Erleben orientierter, um Authentizität bemühter Stil. In dem programmatischer Sachlichkeit verpflichteten Duktus ist eine Orientierung an Ernst Jüngers *Gärten und Straßen* und womöglich auch Ludwig Renns *Krieg* zu ahnen. Dennoch geht es auch hier nicht ohne ideologische Zurüstung ab. Aus einem Lazarett wird berichtet: »Ich holte mir Bücher aus der Bibliothek. Mit Absicht entlieh ich mir des Juden Döblin ›Berlin Alexanderplatz‹, das irgendwie da hineingeraten war. Stil und Inhalt fand ich fast unverständlich. Dumm und banal. Man sollte solche Bücher in Abständen lesen.«[120] Mit der auf Hitler bezogenen Gläubigkeit des Verfassers als Parteimitglied korrespondiert die gelegentliche Einbeziehung des NS-DAP-Parteilebens in die Darstellung. Zum Auftakt des Barbarossa-Unternehmens heißt es zu ersten Gefangenen aus der asiatischen Sowjetunion dem Untermenschenschema verpflichtet: »Und diese Züge: Stumpf, brutal, tierisch.«[121]

Mit dem Beginn des Krieges 1939 schlug für die neue Buchsparte des Gauverlags auch sonst die Stunde der Propaganda. Mit Heinz Bröker trat hier alsbald jener Redakteur der *Schlesischen Tageszeitung* hervor, den

---

117 Siehe zu diesem zentralen Vorstellungskomplex Thomas Kühne: Kameradschaft. Die Soldaten des nationalsozialistischen Krieges und das 20. Jahrhundert. Göttingen 2006 (Kritische Studien zur Geschichtswissenschaft 173).

118 Svoboda: Handstreich (Anm. 115), S. 49.

119 Martin Svoboda: Der Kommandeur wartet. Breslau 1944 (1. bis 10. Tausend).

120 Ebd., S. 73.

121 Ebd., S. 141. Auszüge aus Rezensionen zu »Der Kommandeur wartet« finden sich in Svoboda: Handstreich (Anm. 115), S. 62f.

Steinberg rückblickend als Intriganten mit schlechten Romanen kennzeichnete und der in der Zeitung die Kunstthemen betreute. Der bildungsbürgerliche Anspruch, inklusive Xenophon-Zitat, durchzieht auch Brökers illustriertes Buch über den Krieg in Polen 1939.[122] Um einen schwungvollen Stil bemüht, wählt der Autor von Beginn an einen scharf propagandistischen, sowohl antipolnischen wie auch antibritischen Ton. Die Charakterisierung des polnischen Gegners ist dabei auf Untermenschenhetze abgestellt. Ob vom »von deutscher Erde schmarotzenden« polnischen Staat oder vom »kulturell und wirtschaftlich unterwertige[n] Volk« die Rede geht,[123] die Charakteristiken werden einzig überboten von dem Judentum geltenden Wendungen. So in einer Straßenszene mit Flüchtlingen: »Aus frech schielenden Augen zielt der Zorn der Juden nach uns, die sich meistens Leiterwagen ergattert haben und nun [...] wie ein schmutziges Gewässer zurückfließen.«[124] Oder in Impressionen aus einem »Ghetto« in Krakau: »Halbwüchsige Judenschicksen streifen uns mit geilen Blicken, verbrecherisches Pack sieht uns mit verschlossener, mühsam versteckter Wut nach.«[125] Angesichts der mit dem Inventar der Untermenschen- und massiver Deutschtumspropaganda aus offenkundigem Hass vollgestopften Schrift erstaunt der Suizid des Verfassers nach Kriegsende nicht weiter.[126]

Ebenfalls in propagandistischer Absicht trat Bröker – der auch sonst dem Gauverlag verbunden war[127] – in der ersten Kriegsphase als Herausgeber einer Lyrik-Anthologie in Erscheinung, die 1940 bereits eine Auflage von 13.000 Exemplaren erreichte.[128] Das Buch verdankte sich einem Preisausschreiben der *Schlesischen Tageszeitung* und versammelte die mit Preisen ausgezeichneten Einsendungen. Die Sammlung wird eröffnet von

---

122 Heinz Bröker: Mit Mann und Ross und Wagen ... In Polen während des Feldzuges. Breslau 1939.

123 Ebd., S. 7f.

124 Ebd., S. 27.

125 Ebd., S. 30.

126 Vgl. Kunicki: »... auf dem Weg« (Anm. 67), S. 279.

127 So mit dem ebenfalls propagandistischen Roman »Alarm über Tage« (35. Tausend 1943) und »Die tapferen Tage« (1944).

128 Heinz Bröker: Sturm und Wacht. Gedichte aus der Kriegszeit. Breslau 1940.

Hanns Gottschalk mit einem Gedicht im Fanfarenton unter dem plakativen Titel *Deutschland*. Die erste und die letzte Strophe sind identisch:

> Aufflammte der große Befehl
> Und zu Land, in der Luft, auf dem Meere hallt's:
> Unser Leben für dich jetzt Deutschland.[129]

Die in dem Band vereinten Beiträge sind im Niveau stark schwankend. Es handelt sich um eine bunte Mischung von Patriotischem, Pathetischem, Beschaulichem, Parteilyrik, Landser-Reimereien und an Jugendbewegungsmotivik angelehnten liedhaften Texten, die zum Teil auch vertont waren. Mitunter zeigt sich ein deutlich morbider Einschlag, der jedoch weder neuartig noch spezifisch nationalsozialistisch ist. Unter den Autoren findet sich auch der völkische Barde Leonhard Hora. Er war seit den 1920er Jahren auf diese Art aktiv und häufig zunächst in der völkischen und dann in der NS-Presse vertreten. Hora, der zum engeren Umkreis des gestürzten Gauleiters Helmuth Brückner gehört hatte, war auch für den Rundfunk tätig.[130] Ein weiterer Beiträger, Waldemar Glaser, war ein bekannter Verfasser von Partei-Schrifttum wie *Ein Trupp SA* (1932) oder *Schar 6 – HJ in Kampf und Spionage* (1935).[131] Ebenfalls mit einem Gedicht – *Der Feldpostbrief* – in dem Band vertreten ist Werner Steinberg. Anders als der Tenor der allermeisten Texte des Bandes, liefert er ein intimes Stück kurzer Lyrik, ohne einen propagandistischen Akzent.

Auch sonst war Steinberg als Autor in ›seinem‹ Verlag präsent. 1942 erschien die Novelle *Die Vollendung*, der umfängliche Roman *Musik in der Nacht* erreichte im Jahr darauf bereits das 50. Tausend, 1944 folgte die Novelle *Die Korallenschnur; Marion Meinard*, eine weitere Novelle, brachte der Verlag im selben Jahr in einer Feldpostausgabe. Auch seinen

---

129 Ebd., S. 5.
130 Vgl. Lubos: Geschichte der Literatur (Anm. 81), S. 509; ausführlich zu Hora bei Kunicki: »… auf dem Weg« (Anm. 67), S. 259ff., der Hora als »Außenseiter« sieht.
131 Siehe zu ihm die zahlreichen Erwähnungen bei Kunicki: »… auf dem Weg« (Anm. 67).

alten Förderer aus der Haftzeit und Kontaktvermittler Dr. Léonnard vergaß Steinberg nicht und nahm ein Buch mit einem schlesischen Thema ins Programm.[132] Steinbergs Mitarbeiter Friedrich Grieger war ebenfalls Verlagsautor.[133]

Das übrige Verlagsprogramm war bunt gemischt. Von politischer Relevanz waren zunächst zwei illustrierte Publikationen zu Deutschland und den verbündeten Staaten Ungarn und Rumänien – eine Themenwahl, in der die Südostorientierung des Presseverlags wiederbegegnet.[134] Ein Sammelband eines überzeugten Hitler-Verehrers, der schlesischen Lokalgröße Hans Christoph Kaergel, gehört ebenfalls in diesen Rahmen.[135] Ansonsten bilden Reiseberichte, humoristische Romane, ein Kriegsroman, eine Festschrift[136] und Überlegungen Heinz Abels über »[d]ie Industrie und Handelskammern im nationalsozialistischen Staate« (2. Auflage 1941) ein Konglomerat ohne – sieht man vom Lokalbezug ab – erkennbare Programmpolitik.

Neben der Autorengruppe aus dem »Osten« waren auch andere schlesische Autoren im Gauverlag präsent. Gleichfalls zu einem Verkaufserfolg entwickelte sich der Roman einer bereits älteren Außenseiterin aus Breslau. Irma Buntzel, Jahrgang 1887, hatte in ihrer Heimatstadt Breslau studiert und arbeitete als Lehrerin. In dem Roman mit dem Titel *Als ich aufsah, war ich allein* geht es um die Dichterin Annette von Droste-Hülshoff. Das Buch erreichte 1943 eine Auflage von 15.000 Exemplaren, im Jahr darauf folgte eine gekürzte Feldpostausgabe, während die reguläre Ausgabe auf 40.000 anschwoll. Buntzels *Schattenspiele*, die ebenfalls als Feldpostausgabe erschienen, erreichten 1943 eine Auflage von 20.000 Exemplaren.

---

132 Konrad Léonnard: Graf Rede. Breslau 1941. (16.–20. Tausend).

133 Friedrich Grieger (Hg.): Das abenteuerliche Leben des schlesischen Ritters Hans von Schweinichen. Breslau 1944.

134 Gauverlag NS-Schlesien (Hg.): Deutschland – Ungarn. Breslau 1942; Josef Wagner (Hg.): Deutschland – Rumänien. Breslau o. J.

135 Hans Christoph Kaergel: Ewiges Schlesien. Aufsätze, Bekenntnisse und Tagebuchblätter. Breslau 1944.

136 Hans Tintelnot (Hg.): Kunstgeschichtliche Studien. Dagobert Frey zum 23. April 1943 von seinen Kollegen, Mitarbeitern und Schülern. Breslau 1943.

Der »Schlesien-Verlag« – ein »Ableger« des Gauverlags[137] – verdankte seine Existenz von Ehrgeiz befeuerten Rivalitäten innerhalb des Stammhauses.[138] Karl-Heinz Kreusel, Steinbergs Förderer im Verlag und Chefredakteur der Zeitschrift *Schlesien*, sah sich um seine beruflichen Hoffnungen gebracht. Er blieb in seiner Chefredakteursposition blockiert und um einen weitergehenden Einfluss auf das Unternehmen gebracht. Es gelang ihm jedoch, den schlesischen Landeshauptmann Adamczyk für seine ambitionierten Pläne zu gewinnen, indem er ihm den Gedanken nahebrachte, ebenfalls über einen Verlag zu verfügen. Der daraus entspringende »Schlesien-Verlag« hatte seine Räumlichkeiten im Landeshaus.

Als Grundlage des Verlages dienten seit längerer Zeit unter dem Patronat der Verwaltung erscheinende Zeitschriften, die modernisiert und zusammengefasst wurden. Das Programm war bunt gemischt und ebenfalls recht konturlos, hatte dabei jedoch gleichfalls einen deutlichen regionalen Schwerpunkt in der Provinz. Eine Festschrift zu Gerhart Hauptmanns 80. Geburtstag blieb nicht die einzige Publikation zu dem schlesischen Großschriftsteller.[139] Mit mehreren weiteren Büchern bewegte man sich im wissenschaftlich-bildungsbürgerlichen Bereich. Hans-Wilhelm Büchsels Untersuchung über die Frühgeschichte des oberschlesischen Bergbaus und der dortigen Industrie wurde durch ein Handbuch zur oberschlesischen Landeskunde ergänzt.[140] Dass ein weiteres Handbuch, diesmal für Pilzsammler, in diese Programmsparte gehört, wird durch den Verfassernamen zumindest nahegelegt.[141]

Die Jahrbücher des Breslauer Osteuropa-Instituts gehören jedenfalls in diese Kategorie. Der Schlesien-Verlag hatte die Jahrbücher 1940, 1941

137 Kunicki: »… auf dem Weg« (Anm. 67), S. 278.
138 Diese Darstellung nach Steinberg: Der Esel war sein Wappentier (Anm. 57), S. 98f.
139 Schlesien-Verlag (Hg.): Gerhart Hauptmann zum 80. Geburtstag am 15. November 1942. Breslau 1942; Felix A. Voigt: Gerhart Hauptmann der Schlesier. Breslau 1942.
140 Hans-Wilhelm Büchsel: Rechts- und Sozialgeschichte des oberschlesischen Berg- und Hüttenwesens 1740–1806. Breslau 1941; Alfons Perlick (Hg.): Landeskunde des oberschlesischen Industriegebiets. Ein heimatwissenschaftliches Handbuch. Breslau 1943.
141 Prof. Dr. Gustav Dittrich: Schlesischer Pilzführer. Wanderungen an Fundstelen rund um Breslau. Bestimmungstabellen für 80 Pilzarten. Breslau 1942.

und 1942 im Programm. Die Breslauer Einrichtung war das größte interdisziplinäre Osteuropa-Institut in Deutschland und hatte bewegte Zeiten hinter sich.[142] Nach 1933 wurde das Institut stärker auf Volksgeschichte, Minderheitenprobleme und interethnische Beziehungen ausgerichtet, geriet jedoch bereits 1933 in politisch verursachte Turbulenzen. Die der Sowjetunion geltenden Aktivitäten weckten in Berlin Argwohn, noch 1933 wurde das Institut von der Gestapo für zehn Tage geschlossen. Nach recht chaotischen Jahren wurde die Einrichtung vom Herbst 1937 an unter neuer Leitung und auf Direktive des Reichsministeriums des Innern auf einen nationalpolitischen, antipolnisch orientierten Kurs gebracht. Seit dem Frühjahr 1939 beteiligte es sich an einer antipolnischen Propagandakampagne. Mit dem Jahr 1940 wieder stärker wirtschaftlich ausgerichtet, gingen die Arbeiten am Institut stark zurück, da wissenschaftliches Personal zur Wehrmacht einberufen worden war. Die Verbindung mit dem Schlesien-Verlag fällt in diese späte Phase.

Deutlicher noch politisch akzentuiert als die Jahrbücher waren andere Publikationen. Thematisch der Institutsausrichtung benachbart, wenn auch anderen Genres war ein Erinnerungsbuch Robert Kurpiuns.[143] Der Autor war seit 1909 schriftstellerisch tätig, dabei allein für die oberschlesische Regionalliteratur bedeutsam, dort allerdings einflussreich und viel gelesen. Kurpiun stand bereits vor 1914 »mit beiden Füßen im nationalpolitischen Kleinkrieg der Grenzregion.«[144] Sein po-

---

142 Vgl. zum Folgenden Hans-Jürgen Bömelburg: Das Osteuropa-Institut in Breslau 1930–1940. Wissenschaft, Propaganda und nationale Feindbilder in der Arbeit eines interdisziplinären Zentrums der Osteuropaforschung in Deutschland. In: Michael Garleff (Hg.): Zwischen Konfrontation und Kompromiss. Oldenburger Symposium »Interethnische Beziehungen in Ostmitteleuropa als historiographisches Problem der 1930/1940er Jahre«. München 1995. Eine knappe Skizze des Instituts findet sich auch in Hans-Christian Petersen: Bevölkerungsökonomie – Ostforschung – Politik. Eine biographische Studie zu Peter-Heinz Seraphim (1902–1979). Osnabrück 2007, S. 82ff.

143 Robert Kurpiun: Am Abgrund. Das Jahr 1919 in einer oberschlesischen Grenzstadt. Nach Tagebuchblättern. Breslau 1943. Vgl. hierzu Joachim J. Scholz: Die oberschlesische Grenzlandliteratur des Robert Kurpiun. In: Ders. (Hg.): Breslau und die oberschlesische Provinz. Literarische Studien zum Umfeld einer Beziehung. Berlin 1995, einige Erwähnungen und Lebenslauf auch bei Kunicki: »... auf dem Weg« (Anm. 67).

144 Scholz: Die oberschlesische Grenzlandliteratur (Anm. 143), S. 75.

litisches Selbstverständnis, das auf einem Bekenntnis zum sog. »Grenz-
landkampf« gründete, wies dem Schriftsteller eine leitende Position in
diesem Szenario zu. Seine auf die Auseinandersetzungen in Oberschlesien in den Jahren nach 1918 bezogenen Bücher gelten als kompromiss-
los.[145] Aus dem Milieu des Volkstumskampfs entstammte auch der Verlagsautor Rudolf Fitzek. Er verfasste ein Drama zu dieser Thematik:
Volk an der Grenze.[146] In einem politischen Kontext steht auch das Buch
von Andreas Pampuch: *Heimkehr der Bessarabien-Deutschen* (1941).
Der Autor leitete die niederschlesische Kulturabteilung der Provinzver-
waltung, mithin fungierte der Schlesien-Verlag hier als eine Art Hausverlag. Gleichfalls politisch eindeutig ausgewiesen war der Autor Hans
Christoph Kaergel, der mit Adolf Hitler mystisch inspirierte Erlösungs-
hoffnungen verband und ab 1942 die Landeskulturkammer Niederschlesien leitete. Von ihm erschien in jenem Jahr *Himmelreich der Hei-
materde. Schlesische Geschichten*.[147]

Für Hans Niekrawietz galt das nicht in diesem Maße. Er erschien zumindest in früheren Produktionen als problematisch; späterhin als jemand, der sich arrangiert hat.[148] Wie dieser in den lokalen schlesischen
Rahmen gehört der Schriftsteller Paul Habraschka; selbst proletarischer
Herkunft ist sein Buch *Front vor den Kohlen* im Bergarbeitermilieu angesiedelt.[149] Eine Reihe weiterer Titel des Verlags teilen den direkten Bezug
auf Schlesien. Stefan Sturms *Verliebte Oderfahrt* erschien 1940 in der
Kleinen Feldpostreihe, Hermann Uthenwoldts *Wehrhafte schlesische*

---

145 Scholz, ebd., S. 88, wertet sie als »Zeugnisse uneinsichtigen Hasses«.

146 Von ihm 1942 im Programm: »Brücken ins böhmische Land«. Siehe zu ihm auch den
     eigenhändigen Lebenslauf, abgedruckt bei Kunicki: »... auf dem Weg« (Anm. 67),
     S. 748ff.

147 In der Reihe »Schlesische Dichter sprechen zur Front«, in der auch Walter Stanjetz:
     »Der grausame Berg« erschien. Vgl. zu Kaergel Jürgen Hillesheim: Lexikon national-
     sozialistischer Dichter. Biographien. Analysen. Bibliographien. Würzburg 1993, 281f.,
     und die umfangreichen Ausführungen Kunickis: »... auf dem Weg« (Anm. 67).

148 Siehe zu seiner – auch politischen – Entwicklung Kunicki: »... auf dem Weg«
     (Anm. 67), S. 303ff., sowie die Skizze bei Lubos: Geschichte der Literatur (Anm. 81),
     S. 244ff. Von Niekrawietz erschienen 1942 im Verlag »Oder Lieder« sowie »Unter
     Schlesiens Himmel«, zwei Gedichtbände.

149 Paul Habraschka: Die Front vor den Kohlen. Erzählungen eines Bergmanns. Breslau
     1944.

Stadt folgte 1941 als Schlesienbändchen 15. In jenem Jahr auch brachte der Verlag Günther Grundmanns *Große Soldaten in Schlesien*, Gerhart Pohls *Schlesische Geschichten* schlossen sich 1942 an. Als Exot erscheint in diesem Umfeld das italienische Multitalent Vittorio Beonio-Brocchieri. Von ihm erschien der literarische Niederschlag zweier Stationen seines vielseitigen Lebens.[150]

Im Jahr 1944, immerhin eine ganze Weile nach dem Erscheinen von Wolfgang Schwarz' Anthologie 1942, bedachte die Zeitschrift *Weltliteratur* das Werk mit einer Rezension. Schwarz war dem 1942 Noch-Achsenpartner Italien gewogen. Ganz im Geist seiner Dissertation pries er in der Einleitung die enge Verbindung von Kunst und Politik in Italien, nicht ohne den italienischen Soldaten, »die heute für diese ihre Heimat diesseits und jenseits des Mittelmeeres ihr Leben hinzuopfern bereit sind«, seine Reverenz zu erweisen: »Ich aber schuf dieses Buch als Begeisterter und nicht als Kategorisierender; und den Begeisterungsfähigen auch lege ich es in die Hand.«[151] Otto A. Reichenauer, der Rezensent der *Weltliteratur* – in der zugleich ein Werbeinserat des Gauverlags abgedruckt wurde –, war nicht begeistert. Er monierte fehlende Sachkenntnis bei Schwarz, eine verzerrte Darstellung Boccacios und resümierte:

> Gedanken von Leonardo da Vinci, Worte aus den Reden Mussolinis, Balbo, Graziani gehören nicht zur italienischen Dichtung; man kann mit diesen Namen lediglich Aktualität vortäuschen [...]. Auch stilistisch ist viel auszusetzen: Die Einleitung ist stellenweise unverständlich, verstiegen, hölzern. Die Übersetzungen [...] sind sprachlich schlecht, mitunter auch grammatisch falsch.[152]

---

150 Vittorio Beonio-Brocchieri: Flug über Russland. Eine Reise durch den sowjetischen Alltag. Breslau 1942; Ders.: Flug durch die Jahrhunderte. Breslau 1943.

151 Wolfgang Schwarz: Italienische Dichtung von Dante bis Mussolini. Eine Anthologie. Breslau 1942, S. 59f.

152 Weltliteratur 1944, H. 3–4, S. 43. Schriftleiter der »Weltliteratur« war Hans Ernst Schneider. Nach 1945 mutierte er zu Hans Schwerte, als der er Professor für Neuere Deutsche Literatur an der RWTH in Aachen wurde.

Steinberg ordnete diesen Totalverriss durch eine der SS nahestehende Zeitschrift in den Kontext des Berliner Argwohns gegenüber seiner Programmpolitik ein und sah Gefahr heraufziehen.[153]

Die sich hier womöglich anbahnenden Schwierigkeiten innerhalb des Systems der nationalsozialistischen Literatursteuerung sollten sich jedoch nicht mehr realisieren. Das Ende des Gauverlags kam dem zuvor.

Ein erster sowjetischer Luftangriff auf das bereits zuvor zur Festung erklärte Breslau im Oktober 1944 lieferte dazu den ersten Vorgeschmack, später wurden Schanzarbeiten angeordnet. Dennoch hielt sich die Störung des zivilen Lebens zunächst in Grenzen, Werner Steinberg erinnert sich:

> Noch aber verläuft das Leben in Breslau einigermaßen geordnet. Das ändert sich erst Mitte Januar 1945, als bei eisigem, stürmischem Wetter die ersten Flüchtlingstrecks, die ersten desertierenden Soldaten sich in die Stadt ergiessen und den Einwohnern das Schicksal vor Augen führen, das sie erwartet.[154]

Vor diesem Hintergrund wurde die Lage in der Stadt immer chaotischer. Am 20. Januar 1945 war Artilleriefeuer zu hören; unter dem Druck der Partei erging ein Evakuierungsbefehl an Frauen, Kinder, Alte und Kranke.[155] Das journalistische Flaggschiff des Gauverlags half mit, Druck aufzubauen – so Steinbergs Mitarbeiter Friedrich Grieger:

> Auch die Zeitung – es erscheint nur noch das Parteiorgan, die Schlesische Tageszeitung, und wird in jeder beliebigen Menge gratis abgegeben – bemüht sich durch eifrige Kolportierung von Gerüchten über russische Greueltaten in Rackwitz, in Glauche, in Krappitz, die Evakuierung schmackhaft zu machen.[156]

---

153 Steinberg: Der Esel war sein Wappentier (Anm. 57), S. 100.
154 Ebd., S. 102f.
155 Dies und die übrigen Angaben zur Evakuierung nach Ian Kershaw: Das Ende. Kampf bis in den Untergang. NS-Deutschland 1944/45. München 2011, S. 264f.
156 Friedrich Grieger: Wie Breslau fiel. Metzingen 1948, S. 12.

Die verlief katastrophal. Fehlende Transportmittel lösten einen Ansturm auf die wenigen bereitstehenden Eisenbahnzüge aus. Dabei sollen Kinder zu Tode getrampelt und Wartesäle zu Leichenhallen umfunktioniert worden sein. Zahlreiche Einwohner der Stadt – die Rede ist von rund 100.000, in der Mehrzahl Frauen – machten sich zu Fuß auf den Weg. Was sich anschloss, war ein Schreckensmarsch durch klirrende Kälte, bei dem tote Säuglinge im Straßengraben zurückgelassen werden mussten. Wer nicht mehr weiter konnte, drehte um und saß in der Falle, als Breslau Mitte Februar von der Roten Armee eingeschlossen wurde.

Steinberg war es gelungen, seine Frau und die Kinder in einem Treck zu platzieren, der in Richtung auf das Riesengebirge aufbrach. Er selbst war in seiner Bewegungsfreiheit eingeschränkt; als Volkssturmpflichtiger durfte er Schlesien nicht verlassen. Doch nun trat auch der Verlag seine letzte Reise an:

> Ob der sinnlose Beschluss, den Gauverlag Schlesien zu ›evakuieren‹, ernst gemeint ist oder ob ihm das Motto ›Rette sich, wer kann‹ zugrunde liegt, ist nicht feststellbar. Jedenfalls finden sich in einem Tresor der Verlagsleitung Blankoformulare mit diesem Befehl; eine Sekretärin verteilt sie großzügig. Steinberg sichert sich einen ganzen Stoss und gibt die Blätter nicht nur an die Mitarbeiter des Buchverlags [...]. Der endgültige Auszug aus der Stadt wird für einen Februartag verabredet ...[157]

Organisation und Durchführung der anschließenden Flucht scheinen auch auf eher informelle Weise bei Steinberg gelegen zu haben. Auch sie geriet anders als vorab geplant. Der Flughafen und die Ausfallstraße erwiesen sich als gesperrt, doch es standen immerhin Lastkraftwagen zur Verfügung. Schubweise gingen die Verlagsangestellten auf die Reise; um Platz auf den LKWs zu schaffen und mitgeschleppte Besitztümer über Bord gehen zu lassen, musste der Organisator mehrfach rabiat werden. Erstes Ziel der Absetzbewegung war Liegnitz, von dort aus ging es in Etappen bis zu einer Scheune in Hennersdorf bei Görlitz. Aus Henners-

---

157 Steinberg: Der Esel war sein Wappentier (Anm. 57), S. 103.

dorf schreibt Steinberg Anfang Februar 1945 an seinen Autor Hans Nowak über den Stand der Dinge:

> Unsere ganze Abteilung Buchverlag sitzt z. Z. in Hennersdorf, und ich be-
> mühe mich, die abgerissenen Fäden wieder in die Hand zu bekommen.
> Die Auflagen unserer Bücher sind natürlich zum großen Teil verlorenge-
> gangen, und auch ihr *Nante,* Feldpostausgabe, liegt in Breslau fest.[158]

Es sollte ihm nicht gelingen, die Kontrolle zurückzugewinnen. Während
er selbst daran gehindert war, Görlitz in westlicher Richtung zu verlassen, verliert sich dort die Spur des Gauverlags: »Von Görlitz aus beginnt
der Treck abzubröckeln und sich aufzulösen [...]. Die Verlagsangestellten zerstreuen sich zu Bekannten.«[159]

Doch es gab ein Nachspiel. Nach Kriegsende verschlug es Steinberg
ins württembergische Reutlingen, wo er zunächst auf Initiative der
französischen Besatzungsmacht kurzzeitig Mitherausgeber des *Schwä-
bischen Tageblatts* wurde. Danach trat er mit der Jugendzeitschrift *Die
Zukunft* hervor:

> Gedruckt wurde die Zukunft in Metzingen, einem kleinen Ort, acht Kilo-
> meter von Reutlingen entfernt. Dorthin verlegte ich auch den Verlagssitz.
> Ich holte mir als Geschäftsführer den Schulkameraden Tulatz aus Bayern,
> der dreiundeinhalb Jahre im Zuchthaus gesessen hatte, – ein penibler, ge-
> lernter Bankkaufmann, ausserdem als Mitarbeiterinnen drei frühere An-
> gestellte des Gauverlags – so entstand eine kleine schlesische Exklave im
> ›schwäbischen Grossraum‹.[160]

Im Verlag der *Zukunft* ist 1948 auch Friedrich Griegers Buch über den
Fall Breslaus erschienen.

---

158 Werner Steinberg an Hans Nowak, 6.2.1945. Zit. nach Kunicki: »... auf dem Weg«
     (Anm. 67), S. 147 (Fußn. 527).
159 Steinberg: Der Esel war sein Wappentier (Anm. 57), S. 105.
160 Werner Steinberg an Jan Philipp Reemtsma, 8.6.1991. Anhaltische Landesbücherei
     Dessau, Nachlass Werner Steinberg, ALW 2.1./225, S. 18.

Steinberg hielt es nicht in der Provinz. Nach einer Odyssee durch verschiedene Orte und Tätigkeiten entschied er sich im Zuge einer persönlichen Krise und wachsender politischer Entfremdung während der Jahre des eskalierenden Kalten Krieges zur Übersiedlung in die DDR. Nach dem 20. Parteitag der KPdSU, auf dem 1956 mit dem Stalinismus gebrochen wurde, traf er am Rande der Frühjahrsmesse in Leipzig mit Gerd Noglik, dem Cheflektor des Mitteldeutschen Verlages, zusammen.[161] Ein Umzug nach Leipzig schloss sich Ende des Jahres an. In der Folge wurde Steinberg ein in der DDR bekannter Schriftsteller, der zahlreiche Publikationen nicht nur im Hallenser Mitteldeutschen Verlag vorweisen konnte.

Auch anderen Schlesiern aus dem Umkreis des Gauverlags gelang eine Fortsetzung ihrer schriftstellerischen Tätigkeit nach dem Umbruch 1945. Dabei war wie in Steinbergs Fall der Auftakt in der neuen Umgebung generell schwer. Die Ostflüchtlinge stießen in den Ankunftsregionen des deutschen Westens oft auf massive Abwehr.[162] Mitunter gelang dennoch früh ein Neueinstieg. So erschien Irma Buntzels Roman um Annette von Droste-Hülshoff 1949 erneut bei Merk in Konstanz, bereits im Jahr zuvor hatte sie sich um einen Preis der Stadt Düsseldorf beworben.

Mit der flächendeckenden Etablierung von Vertriebenenverbänden und -organisationen in den frühen 1950er Jahren entstand überdies auch ein kulturelles Milieu, das Anknüpfungspunkte bot. Verstreute Vereinigungen von Schriftstellern und Künstlern entstanden recht bald, auch Verlage – zum Teil Neugründungen –, Zeitungen und Zirkulare traten hinzu.[163] Wolfgang Schwarz und Hanns Gottschalk publizierten weiter. Von Gottschalk erschien bereits 1946 ein erster Nachkriegsroman, der thematisch an *Der Fremde im Dorf* angelehnt war, den Schauplatz jedoch nach Österreich, wohin es den Autor verschlagen hatte, ver-

---

161 Siehe hierzu ebd., S. 29ff.
162 Siehe hierzu Andreas Kossert: Kalte Heimat. Die Geschichte der deutschen Vertriebenen nach 1945. Bonn 2008, insbesondere S. 47ff., 71ff.
163 Ein gedrängter Überblick mit einer Aufführung der einschlägigen Verlage findet sich bei Lubos: Geschichte der Literatur (Anm. 81). Bd. III. München 1974, S. 466ff.

legte.[164] Auch atmosphärisch bewirkte die Zäsur des Jahres 1945 in Hanns Gottschalks Texten keinen Bruch. Der auch weiterhin sehr produktive und mehrfach ausgezeichnete Autor – sein Zufluchtsland Österreich verlieh ihm den Titel eines Professors ehrenhalber – war auch als Herausgeber – u. a. des *Volkskalenders für Schlesier* – tätig und organisatorisch aktiv, so im Rahmen der Künstlergilde Esslingen. Diese wurde 1948 als Selbsthilfeorganisation gegründet und existiert als Künstlerforum nach wie vor. Gottschalk engagierte sich in der »Fachgruppe Schrifttum« der Gilde. In seinem Nachruf heißt es: »Sein durch die Vertreibung der Menschen entzaubertes SCHLESIEN stand ihm ein Leben lang vor Augen und sein Schicksal machte ihn besorgt.«[165]

Der Künstlergilde und ihrer »Fachgruppe Schrifttum« gehörte auch Wolfgang Schwarz an. Auch er publizierte nach seiner Heimkehr aus sowjetischer Kriegsgefangenschaft rege und war im Verbänderahmen ausnehmend aktiv.[166] Schwarz war während des Krieges Befehlshaber einer Kosakeneinheit gewesen, die auf Seiten der Wehrmacht kämpfte. Dies und Russland im Allgemeinen bildete ein zentrales Thema seiner Nachkriegsveröffentlichungen.[167] Auf Ausgleich bedacht war Schwarz in der Anlage seines Buches über Oberschlesien in den Jahren 1945/46.[168] Albrecht Müller – linker Sozialdemokrat und Betreiber des Online-Portals »NachDenkSeiten« – schreibt dort anlässlich seines Todes: »Er ist nach Rückkehr aus langer Kriegsgefangenschaft ein unerbittlicher Freund der Verständigung und der Suche nach friedlichen Lösungen gewesen, besonders zwischen Russen und Deutschen.«[169]

---

164 Vgl. ebd., S. 307. Dort auch auf den folgenden Seiten Notizen zu Gottschalks weiteren Publikationen.

165 Schlesische Nachrichten 3/2002, S. 11. Online verfügbar unter http://www.oberschlesien-aktuell.de/presse/presse/schlesien/020201/Seite11.htm.

166 Vgl. die Kurzbiographie unter http://kulturportal-west-ost.eu/biographies/schwarz-wolfgang-2/.

167 Siehe zu Schwarz Lubos: Geschichte der Literatur (Anm. 81). Bd. III München 1974, S. 371 ff.

168 Wolfgang Schwarz: Die Flucht und Vertreibung. Oberschlesien 1945/46. Bad Nauheim 1965.

169 http://www.nachdenkseiten.de/?p=12145.

Thomas Gepp / Berthold Petzinna

Unternehmensgruppe Bitter – Paulus-Verlag

Katholisches Verlagswesen im Ruhrgebiet

Im preußisch – und mithin protestantisch – dominierten deutschen Kaiserreich war der katholische Bevölkerungsteil eine vielfach beargwöhnte Minderheit. Auch Teile der nationalen Minoritäten in den »Reichslanden« Elsass-Lothringen und die preußischen Polen waren überwiegend katholisch, weshalb die konfessionelle Frage auch von daher einen hohen politischen Stellenwert zugewiesen bekam. Seine politische Repräsentanz fand der Katholizismus in der Zentrumspartei.

Da die katholische Bevölkerung in sich sozial uneinheitlich war – Adel, Bauernschaft, Bürgertum und in zunehmendem Maße Arbeiterschaft waren vertreten –, gestaltete die Zentrumspartei ihr Programm möglichst integrativ und dabei spannungsvoll. Das Zentrum konstituierte sich so als konfessionelle Milieupartei. Neben der eigenen Presse, einem katholischen Verlagswesen[1] traten parteinahe Zusammenschlüsse, die eine katholische Lebenswelt strukturierten und auf Dauer stellen sollten. Außer dem 1890 gegründeten und bald mitgliederstarken »Volksverein für das katholische Deutschland« trat mit den Windthorst-Bünden 1895 eine weitere Vorfeldorganisation der Partei speziell für die männliche Jugend hinzu. Auch in der Arbeiterschaft war der politische Katholizismus mit eigenen Organisationen präsent.[2] Neben einer le-

---

1   Vgl. Gangolf Hübinger/Helen Müller: Politische, konfessionelle und weltanschauliche Verlage im Kaiserreich, in: Georg Müller (Hrsg.): Geschichte des deutschen Buchhandels im 19. und 20. Jahrhundert. Das Kaiserreich 1870 – 1918, Teil 1, Frankfurt am Main 2001, S. 370ff. Siehe zur hier interessierenden Situation in der Weimarer Republik Olaf Blaschke/Wiebke Wiede: Konfessionelle Verlage, in: Ernst Fischer/Stephan Füssel (Hrsg.): Geschichte des deutschen Buchhandels im 19. und 20. Jahrhundert. Die Weimarer Republik 1918 – 1933, Teil 2, Frankfurt am Main 2012, S. 139ff.

2   Siehe z. B. Michaela Bachem-Rehm: Die katholischen Arbeitervereine im Ruhrgebiet 1870–1914. Katholisches Arbeitermilieu zwischen Tradition und Emanzipation, Stuttgart 2004.

bensweltlichen Verankerung des politischen Katholizismus eröffneten sich im Feld dieser Organisationen auch Kanäle einer milieuinternen Aufstiegsmobilität. Nach dem Auslaufen von Bismarcks antikatholischem »Kulturkampf« änderte sich die defensive Politik der Partei zunehmend und näherte sich dem Status quo des Kaiserreichs an. Als Vertreter einer Partei der Mitte rückten die anfangs distanzierten Zentrumspolitiker in eine in der Tat zentrale Rolle. Der liberale Politiker Friedrich Naumann resümierte 1905: »Es kann mit dem Zentrum nach rechts hin gearbeitet werden, auch mit dem Zentrum nach links hin, auch mit dem Zentrum und der liberalen Mitte. Niemals aber kann eine große Angelegenheit ohne das Zentrum durchgeführt werden ... Auf diesem Wege entscheidet das Zentrum, die Partei der Mitte, über die deutsche Politik.«[3]

Die frühen Jahre Wilhelm Bitters sind in vielem bezeichnend für dieses Milieu des politischen Katholizismus und seine Entwicklung. Wilhelm Bitters Vater starb früh, sein Sohn Georg Bitter erzählt später in einem Interview: »Sein Vater war Hammerführer bei den Kölner Humboldt-Deutz-Motorenwerken. Er hatte dort viele Jahrzehnte gearbeitet und wurde ein Opfer der Arbeit am Arbeitsplatz. Der Mutter wurde diese Nachricht nach Hause mitgeteilt. In der Markenbude wurde ihr die Todesnachricht durch den Pförtner übermittelt. Die Mutter hatte aber Glück, dass gerade der Prokurist, Personalchef, im Hause war. Es war ein Schulkamerad von ihr, und dieser hinwiederum kam herunter und drückte ihr das Beileid des Kommerzienrates aus und reichte ihr ein Drei-Mark-Stück in Gold. Mit diesem Drei-Mark-Stück in Gold war die soziale Frage für die damaligen Verhältnisse erledigt. Die Familie konnte davon gerade den Sarg kaufen und die Beerdigung bezahlen. Dann stand die kinderreiche Familie mit ihrem Schicksal allein.«[4] Als ältestes Kind stand der 1886 geborene Wilhelm nun in der Verantwortung für seine jüngeren Geschwister und den Unterhalt der Familie. Bitter wurde Post-

---

3   Zitiert nach: Volker Ullrich: Die nervöse Großmacht 1871 – 1918. Aufstieg und Untergang des deutschen Kaiserreichs, Frankfurt am Main 1997, S. 172.
4   Typoskript WDR-Radio: Aus dem Ruhrgebiet. Porträt eines Verlegers. Dr. Georg Bitter (Fritz-Hüser-Institut Dortmund, 502–86).

bote in Köln. Seit dem 16. Lebensjahr besuchte er Kurse des Katholischen Arbeitervereins, mit 18 war er Stellvertretender Vorsitzender des Windthorst-Bundes in Köln-Kalk.[5] Politische und volkswirtschaftliche Kurse des Volksvereins besuchte er ebenfalls, zu seinen Dozenten gehörten u. a. führende Vertreter des sozialpolitisch profilierten Flügels der Zentrumspartei – August Pieper, Franz Hitze, Adam Stegerwald, Heinrich Imbusch. Karl Trimborn und Heinrich Brauns lernte Bitter ebenfalls kennen.[6] Letzterem verdankte er seinen Einstieg in den politischen Betrieb. Er wurde Sekretär des Volksvereins im damals zum Deutschen Reich gehörenden lothringischen Metz.

Es war wiederum Brauns, der Wilhelm Bitters weiterem Lebensweg die entscheidende Richtung gab. In Westfalen galt der Wahlkreis Borken/Recklinghausen in der Zentrumspartei als gefährdet. Offenbar hatte Bitters politisches und organisatorisches Geschick Brauns hinreichend beeindruckt, um ihn, den jungen Nachwuchspolitiker, als Geschäftsführer des dortigen Zentrums zu lancieren. Bitters Tätigkeit entfaltete sich in einer hoch dynamischen Region.[7] Die sich zum Ende des Jahrhunderts beschleunigende Industrialisierung bescherte durch Zuwanderung steigende Bevölkerungszahlen. Zwar war der Katholizismus weiterhin dominant, doch bewirkte das starke Wachstum des polnischen Bevölkerungsteils auch eine Gefahr für die politische Rolle des Zentrums. Von 1897 bis 1912 stieg die Zahl der Katholiken im Dekanat Recklinghausen von 57.372 auf 134.000, die Recklinghäuser Ortsgruppe des Volksvereins

---

5   Siehe zu diesen biographischen Angaben Wilhelm Bitter: Wie ich zum Volksverein kam; Stadtarchiv Recklinghausen, Bestand Bitter 18. Siehe überdies zur Biographie die Skizze von Jörg Dieter Gauger: Wilhelm Bitter (1886–1964). Vorsitzender der kommunalpolitischen Vereinigung, in: Günter Buchstab/Brigitte Kaff/Hans-Otto Kleinmann (Hrsg.): Christliche Demokraten gegen Hitler. Aus Verfolgung und Widerstand zur Union, Freiburg i. Br. u. a. 2004.

6   Vgl. Wilhelm Bitter: Wie ich zum Volksverein kam; Stadtarchiv Recklinghausen, Bestand Bitter 18, S. 9f.

7   Die folgenden Angaben nach Stefan Goch: Politische Lager und Milieus in Recklinghausen bis 1933, und Georg Möllers: Milieubildung und politischer Katholizismus sozialer Prägung: Die Entwicklung des sich formierenden Katholizismus im Zeitalter der Massenzuwanderung, beide in: Klaus Bresser/Christoph Thüer (Hrsg.): Recklinghausen im Industriezeitalter, Recklinghausen 2000.

wuchs von 5145 im Jahr 1905 auf 8623 vier Jahre darauf.[8] Die Geschlossenheit des (deutschen) katholischen Milieus war für die Mitglieder weithin lebensbestimmend. Auch sozialräumlich zeigte sich eine entsprechende Differenzierung – der Stadtkern als Ort des alten Bürgertums war deutlich separiert von den südlich gelegenen Arbeitersiedlungen, die ihrerseits ethnische Trennungen aufgewiesen haben dürften. Die Stadt galt als »Hochburg des Sozialkatholizismus«.[9] Die 1874 gegründete *Recklinghäuser Volkszeitung* gab sich 1903 den Untertitel »Centrums-Organ für den Stadt- und Landkreis Recklinghausen«.

Wilhelm Bitter erinnerte sich an erste Erfahrungen im Recklinghäuser Kommunalwahlkampf: »Der Wahlvorstand bestand fast ausschließlich aus Steigern und Zechenbeamten, so daß also die öffentliche Wahl, die damals in der Übung war, kontrolliert vom Arbeitgeber, alles andere, nur keine freie Wahl war. Das Schlimmste aber war, daß die Zechenherren diese Abhängigkeit der Bergleute auch noch bestraften mit schlechten Arbeitsbedingungen, minderem Schicht- und Gedingelohn usw. Dagegen hatte ich anzukämpfen, und so kam es, daß ich bei den Zechen und ihren Beamten sehr bald eine schlechte Note hatte.«[10] Andererseits fand der neue Geschäftsführer Rückhalt in der Honoratiorenschaft der Partei sowie bei Vertretern von Handwerk, Landwirtschaft und Mittelstand, zu denen noch die gesuchte und erwiderte Nähe zu den Christlichen Gewerkschaften hinzutrat, die Bitter unterstützten. Darauf aufbauend gelang die Organisationsarbeit: »Es wurde mir von daher nicht allzu schwer, in allen Gemeinden gut geführte Organisationen des Zentrums zu gründen und diese zu stützen auf ein Heer von vielen ehrenamtlichen Mitarbeitern und Helfern.«[11] Dies bedeutete Basisarbeit zu Fuß und mit dem Fahrrad.[12]

---

8   Möllers: Milieubildung (wie Anm. 7), S. 372 bzw. 384.
9   Möllers: Milieubildung (wie Anm. 7), S. 393.
10   Bitter: Wie ich zum Volksverein kam (wie Anm. 5), S. 13.
11   Bitter: Wie ich zum Volksverein kam (wie Anm. 5), S. 14.
12   Franz Lorenz: Wilhelm Bitter (Nachruf), in: Echo der Zeit 14. 6. 1964; Stadtarchiv Recklinghausen, Bestand Bitter 18.

Der Kriegsbeginn 1914 unterbrach auch für Wilhelm Bitter die politische Aufbauarbeit, gleich vielen anderen wurde er zur preußischen Armee eingezogen. Im Fronteinsatz verwundet und verschüttet, wurde er nach einem Lazarettaufenthalt 1916 aus dem Militärdienst entlassen. Nunmehr wieder Zivilist, versuchte der katholische Patriot durch Werbung für Kriegsanleihen weiterhin die deutsche Kriegsanstrengung zu unterstützen. Das Kriegsende und die revolutionären Umbrüche der Jahre 1918 bis 1920 erlebte Bitter wiederum in Recklinghausen. Sein früh verstorbener Vater, so Bitter rückblickend, sei »alles andere als ein Sozialist« gewesen.[13] Der Sohn folgte dieser Leitlinie auch in den turbulenten Jahren der frühen Weimarer Republik. In der Novemberrevolution 1918 war er im Sinne einer Einhegung und Beruhigung der Situation tätig.[14]

In einem detaillierten Erinnerungstext schildert er diese Bemühungen, durch Mitarbeit im Rahmen des Soldatenrats einer christlichen Gegenbewegung Raum zu eröffnen. In diesem Sinne erfolgten auch im Frühjahr 1920 seine gegen die in Reaktion auf den Kapp-Putsch entstandene »Rote Ruhr Armee« gerichteten Aktivitäten.[15] Dieses Engagement ließ ihn die Bekanntschaft der Generale von Watter und Ritter von Epp machen. Auch in den Reihen der eigenen Partei stieg sein Ansehen: es ist nicht auszuschließen, dass seine Tätigkeit in der Kapp-Krise dazu beigetragen hat, ihm den Weg in die Verlegerlaufbahn zu eröffnen.[16]

Mit der Gründung der »Vestischen Druck- und Verlags AG« (Vesdruvag) verbanden die Initiatoren der zum Oktober 1922 ins Leben gerufenen Firma eine politische Absicht. Ein Ziel bestand darin, mit der Übernahme

---

13 Wilhelm Bitter: Wie ich zum Volksverein kam (wie Anm. 5), S. 2.

14 Siehe hierzu kritisch aus linker Perspektive Hermann Bogdal: Rote Fahnen im Vest. Band I: Novembertage 1918 in Recklinghausen, Essen 1984, S. 9ff.

15 Siehe das Typoskript: Wilhelm Bitter: Nachtrag: Die Novemberrevolution 1918; Stadtarchiv Recklinghausen, Bestand Bitter 18. Der Text ist bezeichnenderweise nicht frei von konterrevolutionären Stereotypen. Bitter findet ein weiteres Mal Erwähnung bei Hermann Bogdal: Rote Fahnen im Vest. Band II: Die Niederschlagung des Kapp-Putsches, Essen 1984, S. 27, 32.

16 So die Vermutung in dem Typoskript: Aufbaujahre voller Schwierigkeiten; o. V. o. D., Stadtarchiv Recklinghausen, Bestand Bitter 18.

der *Recklinghäuser Volkszeitung* der Zentrumspartei ein Hausorgan zu verschaffen, das verlässlich war. Die Neugründung löste das Essener Unternehmen Fredebeul & Koenen ab.[17] Die Startbedingungen waren mehr als bescheiden – ein seinerzeitiger Lehrling erinnert sich an »die räumlichen und personellen Dinge, die auch für die damaligen Verhältnisse katastrophal waren.«[18] Auch die technische Ausrüstung der Druckerei entsprach nicht mehr dem Standard und musste modernisiert werden.

Den ersten Vorstand der Vesdruvag bildeten außer Wilhelm Bitter der Gastwirt Hermann Bresser aus Recklinghausen sowie der Bottroper Verleger Wilhelm Postberg. Neben Postberg arbeitete die Vesdruvag auch mit den katholischen Verlagen in Gladbeck und Buer zusammen, um die Nachteile auszugleichen, die sich aus der amtlichen Bevorzugung von Konkurrenten beim Abdruck von Verlautbarungen ergaben. Die Kooperation führte zwar zur Einrichtung eines Materndienstes für gemeinsame Zeitungsteile, jedoch nicht zu einem gemeinsamen Druckhaus.

Nachdem sich das Unternehmen trotz der Turbulenzen der belgisch-französischen Besetzung des Ruhrgebiets halbwegs etabliert hatte, umriss Wilhelm Bitter das Selbstverständnis des Hauses, in dem der zurückliegende »Kulturkampf« nach wie vor präsent war: »Daß wir eine, soweit Menschenkraft reicht, bleibende Stätte katholischer Kultur schaffen wollten, verstand sich für die Gründer des Unternehmens von selbst. Es wurde aber auch Wert darauf gelegt, das Ganze auf einen möglichst breiten sozialen Boden zu stellen. Der Gedanke des kleinen Aktionärs aus allen Bevölkerungsschichten fand gute Aufnahme in landwirtschaftlichen und Arbeitnehmer-Kreisen, im gewerblichen Mittelstand und in der Geistlichkeit.«[19] Der Kreis der Anteilseigner erweiterte sich so um 97

---

17 Siehe hierzu das Typoskript zur Unternehmensgeschichte von Wilhelm Bitter, datiert Januar 1949; Stadtarchiv Recklinghausen, Bestand Bitter 7; siehe auch das Typoskript »Aufbaujahre voller Schwierigkeiten«, Stadtarchiv Recklinghausen, Bestand Bitter 18 (o. V. o. D.).

18 Beitrag zur Geschichte des Hauses; o. V., 6. 7. 1956, Stadtarchiv Recklinghausen, Bestand Bitter 651.

19 Wilhelm Bitter: Weg und Ziel der Vesdruvag, in: Recklinghäuser Volks-Zeitung, 26. 4. 1924; dort auch weitere Details zu Vorgeschichte und Gründung des Unternehmens.

Teilhaber. Der Mitarbeiterstamm, so konnte Bitter nicht ohne Stolz mitteilen, war auf 78 Personen angewachsen. Der selbstgegebene Auftrag wurde im Pathos der Zeit formuliert:»Festigung in den weltanschaulichen Grundfragen, Bildung und Stärkung des nationalen Willens und Wollens, Erhaltung und Pflege unserer kulturellen Güter, Zusammenarbeit mit allen, die mit uns das deutsche Volk in Ruhe und Frieden wieder einer besseren Zukunft entgegenführen wollen, das sind die Aufgabengebiete, die sich die katholische Presse, die sich die Schriftleitung der Vesdruvag-Blätter gezogen hat.«[20]

Neben dem Pressewesen – weitere Zeitungsneugründungen bzw. Übernahmen traten hinzu, ab 1924 wurde ein Wochenblatt für die Diözese Münster gedruckt – war die Firma auch im sonstigen Druckereibereich tätig. So wurde u. a. Notgeld für Unternehmen und Kommunen gedruckt. Im Buchdruck und Handel beschränkte sich die Vesdruvag zunächst auf den direkt religiösen Bereich, wobei das Geschäft auch Kunstobjekte einschloss. Im Buchhandel etablierte man sich mit der neugegründeten Paulus-Buchhandlung in der Recklinghäuser Innenstadt. Es war Wilhelm Bitter ein Anliegen, in der Stadt eine dezidiert katholische Buchhandlung einzurichten.[21]

Die finanzielle Lage des Unternehmens blieb – trotz des Rückhalts bei einem Bankenkonsortium während der Inflationszeit – zunächst prekär, der Zeitungsbetrieb trug sich erst 1930 selbst. Zwar konsolidierte sich die Lage in der Stabilisierungsphase der Republik, doch führte »das Abenteuer« der Übernahme der Lüdinghäuser Zeitung zu hohen Verlusten und existenziellen Schwierigkeiten, die jedoch gemeistert werden konnten.[22] Gut vernetzt war die Vesdruvag im Zentrumsmilieu, Verbindungen bestanden u. a. zum Münsteraner Reichstagsmitglied ten Hompel und zum Dortmunder Landtagsmitglied Cremer. Mit Heinrich Im-

---

20 Albert Frese: Die Kulturaufgaben der Vesdruvag-Presse, in: Recklinghäuser Volks-Zeitung, 26. 4. 1924.
21 Vgl. Typoskript Aufbaujahre voller Schwierigkeit; o. V. o. D., Stadtarchiv Recklinghausen, Bestand Bitter 18, S. 4.
22 Typoskript Aufbaujahre voller Schwierigkeit; o. V. o. D., Stadtarchiv Recklinghausen, Bestand Bitter 18, S. 5.

busch war ein führender Vertreter der Christlichen Gewerkschaften am Unternehmen präsent.

Zum Ende des Jahrzehnts wuchsen in der Unternehmensführung Spannungen. Die Differenzen betrafen die Absichten, die Wilhelm Postberg mit der weiteren Ausgestaltung des Verhältnisses seines Bottroper Stammhauses zur Vesdruvag verband. Die Kontroverse führte zur Übernahme der alleinigen Unternehmensführung durch Bitter. In den Folgejahren konsolidierte sich die Firma durch den sukzessiven Aufkauf der Anteile als Familienunternehmen. Hilfreich war die auch finanzielle Unterstützung durch Bitters Schwiegervater, der ab 1933 bis zu seinem Tod vier Jahre darauf auch dem Aufsichtsrat angehörte. Im Dezember 1929 war die Bitter Verlag K. G. gegründet worden – eine erste Erweiterung des Familienbetriebs, der späterhin manch andere folgen sollten. Diesem familiären Erfolg stand ein wachsender Druck durch die nationalsozialistische Partei gegenüber, der zu einer Einbuße an Anzeigen und Lesern führte: »Die Geschäftsleute wurden durch die NSDAP verängstigt. Sie stellten das Inserieren in weitem Masse ein. Die Abonnenten wurden unter Druck gesetzt. Sie wählten das sogenannte kleinere Übel und gingen mit vielen Tausend zur Recklinghäuser Zeitung über.«[23] Zielten diese NS-Pressionen noch indirekt auf die Position des Zentrumsorgans, so sollten direkte Aktionen gegen Zeitung und Verlag folgen.

Die Attacken wurden 1933 fortgesetzt. Das örtliche NS-Organ erklärte die *Recklinghäuser Volkszeitung*, nachdem Wilhelm Bitter einen im Gefolge der antijüdischen Boykottaktion vom ersten April 1933 durch das Warenhaus Althoff entlassenen jüdischen Angestellten in seinem Unternehmen angestellt hatte, zum »Judeneldorado«.[24] Wenngleich

---

23 Typoskript zur Unternehmensgeschichte; Wilhelm Bitter, Januar 1949, Stadtarchiv Recklinghausen, Bestand Bitter 7.

24 Zitiert nach Helmut Geck/Georg Möllers/Jürgen Pohl: Wo du gehst und stehst … Stätten der Herrschaft, der Verfolgung und des Widerstandes in Recklinghausen 1933 bis 1945, Recklinghausen 2002, S. 60. Siehe zu Wilhelm Bitter im Dritten Reich auch Jörg-Dieter Gauger: Wilhelm Bitter (1886–1964). Vorsitzender der Kommunalpolitischen Vereinigung, in: Günter Buchstab/Brigitte Kaff/Hans-Otto Kleinmann (Hrsg.): Christliche Demokraten gegen Hitler. Aus Verfolgung und Widerstand zur Union, Freiburg i. Br. u. a. 2004.

die Kampagne der NSDAP gegen das Unternehmen Bitters nur einen halben Erfolg für die Betreiber darstellte, denn die vergraulten Abonnenten wechselten zur bürgerlich-konservativen Konkurrenz und nicht zur NS-Presse, so schuf sie doch die Voraussetzung für eine weitere, ebenfalls bereits aus dem Besitz der Macht erfolgende Attacke. Die durch den Abonnentenschwund verursachten wirtschaftlichen Probleme seines Blattes nötigten Bitter nämlich, mit dem Einverständnis seiner Belegschaft Teile der Lohngelder als Kredit im Betrieb einzubehalten: »Das nützte die Deutsche Arbeitsfront geschickt aus, um einen wüsten Feldzug gegen den Unterzeichneten zu inszenieren mit dem Rufe ›Kampf diesem asozialen Unternehmer‹. Nicht weniger als fünf Artikel in mehrspaltiger Aufmachung erschienen in der *National-Zeitung*. Die Wirkung war meine Verhaftung im März 1934. Zweck dieser ganzen Kampagne war die offensichtlich beabsichtigte Konfiskation der Vestischen Druckerei und Verlags A.G.«[25] Diese Verhaftung sollte nicht die letzte bleiben. Als in der Weimarer Zeit auch in politischen Ämtern exponierter Vertreter des politischen Katholizismus, der überdies seinen Redakteuren gegenüber kein Hehl daraus gemacht hatte, dass er nicht an einen Seitenwechsel dachte oder daran, sein Unternehmen auf NS-Kurs zu bringen, blieb Bitter im Fokus der Überwacher. Eine Folge dieser ersten Angriffe war, dass man ihn bei der Reichspressekammer anschwärzte, und damit auf der Lenkungsebene der NS-Pressepolitik.

In den Folgejahren zeigten die ökonomisch gezielten Pressionen der neuen Machthaber Wirkung. Bei den Einnahmen aus Abonnements ergab sich ein Rückgang von 210.000 Reichsmark im Jahr 1930 auf verbliebene 96.000 vier Jahre darauf. Die Einnahmeausfälle im Anzeigengeschäft waren anteilig noch gravierender, von 137.000 Reichsmark 1930 verblieb nur ein Restbetrag von 37.000 Reichsmark 1935.[26] Im Jahr darauf geriet die *Recklinghäuser Volkszeitung* in den Sog der Expansionsstrategie, die der ehrgeizige Manager des Münchner NS-Parteiverlages

---

25 Wilhelm Bitter: Ein Beitrag zur Pressegeschichte in Recklinghausen Stadt und Land, 12. 10. 1949; Stadtarchiv Recklinghausen, Bestand Bitter 6.

26 Wilhelm Bitter an das Verwaltungsamt für innere Restitution, 27. 3. 1958; Stadtarchiv Recklinghausen, Bestand Bitter 651, S. 3.

Eher, Rolf Rienhardt, zum Aufbau eines nationalsozialistischen Medien-
konzerns verfolgte. Die neuen Verordnungen der Reichspressekammer
untersagten schließlich die Führung von Zeitungen durch Gesellschaften wie Bitters Firma. Das Blatt ging an die Vera, ein Unternehmen, das
Rienhardt als Instrument seiner Konzentrationspolitik diente. Den politischen Hintergrund dieser Kampagne stellte die Reichspressekammer
in einem Schreiben an Wilhelm Bitter klar: »Die ›Recklinghäuser Volkszeitung‹ hat bis zu den Märzwahlen 1933 und über diesen Zeitpunkt hinaus bis zur Auflösung der Parteien uneingeschränkt und ausschliesslich
die Interessen der Zentrumspartei vertreten. Sie hat in dieser Grundhaltung bis zu den Märzwahlen 1933 den Nationalsozialismus in einer besonders gehässigen Weise bekämpft und auch nach diesem Zeitpunkt
eine klare ablehnende Haltung gegen die nationalsozialistische Bewegung eingenommen.« Weiterhin heißt es: »Die jahrelange gehässige Bekämpfung des Nationalsozialismus bis zu den Märzwahlen 1933, die
klare Ablehnung nach diesem Zeitpunkt sowie die Nichterfüllung der
von mir gekennzeichneten Standesgesetze der Zeitungsverleger im nationalsozialistischen Staat lassen erkennen, dass von einer aus innerer
Überzeugung getragenen Änderung der Grundhaltung nicht gesprochen werden kann.«[27] Eine Rückpachtung der Verlagsrechte hielt nur bis
Juli 1940. Eine weitere Einbuße stellte das Verbot der Zeitung *Unser Kir-
chenblatt* dar. Das in der vergleichsweise hohen Auflage von 80.000 Exemplaren vertriebene Blatt »bildete zusammen mit der ›Recklinghäuser
Volkszeitung‹ das Rückgrat des gesamten Unternehmens, das durch die
Wegnahme der beiden Objekte an den Rand des Ruins gebracht worden
war,«[28] resümierte Bitter. Auch der Druckereibetrieb war ein Ziel der
ökonomischen Strangulierungsversuche der Machthaber, man bemühte
sich, ihm möglichst viele Druckaufträge zu entziehen.

---

27 Der Präsident der Reichspressekammer an Wilhelm Bitter, 5. 3. 1936, zitiert nach:
    Wilhelm Bitter an das Verwaltungsamt für innere Restitution, 27. 3. 1958, Stadtar-
    chiv Recklinghausen, Bestand Bitter 651, S. 2f.
28 Wilhelm Bitter an das Verwaltungsamt für innere Restitution, 27. 3. 1958; Stadt-
    archiv Recklinghausen, Bestand Bitter 651, S. 5.

Dem doppelten Druck direkter wirtschaftlicher Pressionen und auf dem Verordnungswege eingeschränkter Geschäftsmöglichkeiten begegnete der Verleger durch einen organisatorischen Umbau und die Ausweitung bzw. Verschiebung der Produktpalette. Durch eine Verordnung der Reichsschrifttumskammer vom März 1939 verlor die Vesdruvag die Geschäftsfelder des Buchverlags sowie des Buch- und Kunsthandels. Auf diese neue Lage reagierte Wilhelm Bitter mit einer weiteren Ausgründung, dem Paulus-Verlag. Der Verleger trat nicht selbst in dem Unternehmen in Erscheinung, persönlich haftende Gesellschafterin wurde seine Ehefrau Käthe, der Sohn Hermann trat als Kommanditist hinzu. Die neue Verordnung machte es erforderlich, die Neugründung als weltanschaulich katholisches Unternehmen zu kennzeichnen. Die Realisierung dieser Umgruppierung der Geschäftszweige gelang auch durch die persönlichen Verbindungen einer Angestellten zur Reichsschrifttumskammer. Die leitenden Überlegungen »gingen dahin, bei der Reichsschrifttumskammer in Leipzig zu erreichen, daß die Bitter & Co. KG. als Verlag für gesamtdeutsches Schrifttum anerkannt und genehmigt werde und daß die von der Vesdruvag bislang betriebenen Verlags- und Buchhandelsgeschäfte von einem von uns beabsichtigten neuen Verlag übernommen werden durften. Das im Haus verlegte *Paulusblatt* gab den Anstoß, für den neuen Verlag die Firmierung ›Paulusverlag für katholisches Schrifttum‹ zu wählen und vorzuschlagen.«[29] Der neue Paulus-Verlag nahm im November 1939 seine Tätigkeit auf.

Das Unternehmen konnte dabei an die Initiative der Vesdruvag anknüpfen, die in den 1930er Jahren begonnen hatte, ihr Buch- bzw. Broschürenprogramm auszubauen. Mit der Ausweitung dieses Geschäftsfelds wollte man die auf dem Pressesektor anfallenden Probleme möglichst kompensieren. Das Angebot wurde von kirchlichen und kirchennahen Themen beherrscht. Da gab es Augustin Hessings *Unser Dorffriedhof* (1938, 16 S.), Josef Piepers *Wie erziehe ich meine Kinder im christlichen Glauben?* (1938, 16 S.) oder Kaspar Heblers *Ein Dank an unsere*

---

29   Else (?) Hausherr: Typoskript zu Gründung Paulus-Verlag, 1. 7. 1959; Stadtarchiv Recklinghausen, Bestand Bitter 5.

Väter: 1848–1849 (1936, 48 S.). Neben dem Münsteraner Bischof Clemens August Graf von Galen (mehrfach, z. B. 1937: *Fest steht das Kreuz*, 22 S.) ist zumindest noch ein weiterer Autor in widerständigen Aktivitäten auffällig geworden. Egidius Schneider war in der Zentrale des Volksvereins für das katholische Deutschland in Mönchengladbach mit Fragen der Landwirtschaft befasst, zu der er auch mit mehreren Titeln im Vesdruvag-Programm vertreten war. 1940 zur Wehrmacht eingezogen, war er im Amt Ausland/Abwehr, dem Wehrmacht-Geheimdienst des Admirals Canaris, tätig. Insbesondere Canaris enger Mitarbeiter Hans Oster war ein stark im Widerstand engagierter Offizier, doch stand er im Amt nicht allein. Oster wurde wie sein Chef Canaris kurz vor Kriegsende im KZ Flossenbürg hingerichtet. Egidius Schneider wurde nach dem Attentat vom Juli 1944 verhaftet, er überlebte jedoch den Krieg.

Auch der Paulus-Verlag war in widerständige Aktivitäten involviert. Dabei schloss er zu Beginn direkt an das Programm der Vesdruvag an. Josef Piepers Erziehungsratgeber erlebte gleichsam eine »schwarze« erweiterte Nachauflage. Gemeinsam mit Heinrich-Georg Raskop vom Katholischen Bildungswerk Dortmund erschien die auf 36 Seiten angewachsene Broschüre *Wie erziehe ich meine Kinder in christlichem Glauben?* in den Jahren 1940 bis 1943 in der hohen Auflage von angeblich etwa 2,5 Millionen Exemplaren. Auch andere Broschüren sollen eine siebenstellige Auflagenhöhe erreicht haben. Eine gleichfalls verdeckt produzierte, gegen Alfred Rosenbergs *Mythus des XX. Jahrhunderts* gerichtete Schrift brachte es demgegenüber auf 10.000 Exemplare. Für die Produktion dieser Untergrundpublikationen nutzte der Verlag Druckereien in Holland (Hilversum), der zerschlagenen Tschechoslowakei (Jernier) und dem Elsass (Colmar). Für den Transport der Schriften nach Deutschland war mit ihrem Fuhrpark die Wehrmacht behilflich.[30]

---

30 Vgl. Hannes Schmidt: Autoren von Pütt und Hochofen. Besuch beim Paulus-Verlag in Recklinghausen, in: Neue Ruhr-Zeitung (NRZ), 22. 1. 1965 (Fritz Hüser-Institut Dortmund 502–33); Gedanken und Erinnerungen zum Tage der Vollendung des 70. Lebensjahres von Frau Käthe Bitter, geb. Häbler. Überreicht vom Paulus Verlag Recklinghausen; Stadtarchiv Recklinghausen, Bestand Bitter 12, S. 8, Unternehmensgeschichtliches Typoskript, o. D. o. V.; Stadtarchiv Recklinghausen, Bestand Bitter 18.

Die Schriften wurden schließlich über die Seelsorgestellen der Ordinariate unter Umgehung des Buchhandels verdeckt vertrieben. An der Verteilung der Schwarzdrucke war auch Wilhelm Bitter persönlich mit seinem Auto beteiligt.[31]

Gleichfalls in diesen Rahmen gehören die Jugendbücher, deren Publikation eine große Tradition des Hauses auch nach 1945 begründen sollte. Sie entsprang ebenfalls der katholischen Resistenz gegenüber dem Nationalsozialismus. Nachdem das »Jugendhaus Düsseldorf« der katholischen Jungmännervereine und der Jungfrauenkongregation im Februar 1939 von der Gestapo endgültig geschlossen worden war, fand rund ein Dutzend jüngerer Mitarbeiter der Düsseldorfer Einrichtung im Verlag eine Zuflucht.[32] In den Kontext dieser Publikationen gehört auch die bei Bitter & Co. verlegte Zeitschrift *Deutscher Kulturwart*, die vom Verlag Albert Heine in Cottbus übernommen wurde. Die Monatspublikation, vorherrschend, doch nicht exklusiv national-bildungsbürgerlichen Gepräges, die sich an eine jugendliche Zielgruppe richtete, musste von den NS-Organen bedrängt, mit der Oktobernummer 1941 das Erscheinen einstellen. Eine Reihe zum Teil auch protestantischer Autoren von Ruf, wie etwa Werner Bergengruen, Walter von Molo, Manfred Hausmann und Wilhelm Vershofen prägten unter der Federführung von Georg Thurmayr und Herbert A. Stützer das Blatt.[33] Im Abgesang der letzten Ausgabe betonte man mit deutlich kritischer Spitze gegenüber völkischen Verengungen die übernationale Bindung an »die großen allgemeinen Werte«, wie sie »allen Kulturen gemeinsam« seien.[34]

---

31 Es muss offen bleiben, wie sich diese Schwarzdrucke angesichts der Probleme der Papierbeschaffung realisieren ließen.

32 Vgl. Wilhelm Bitter: Typoskript zur Firmengeschichte, Januar 1949; Stadtarchiv Recklinghausen, Bestand Bitter 18. Bitter wurde auch hierfür nach 1945 mit einer katholischen Auszeichnung geehrt, vgl. Katholischer Nachrichtendienst Nr. 102, 1. 5. 1954; Stadtarchiv Recklinghausen, Bestand Bitter 8.

33 Bei den Genannten handelt es sich um national ausgerichtete Autoren konservativen Zuschnitts mit gelegentlich changierendem Verhältnis zum Nationalsozialismus, die auch nach 1945 noch Resonanz fanden.

34 Herbert A. Stützer: Der deutsche Kulturwart, in: Der deutsche Kulturwart, Oktober 1941, S. 1.

Direkte Konfrontationen mit der nationalsozialistischen Literatur-
kontrolle ergaben sich aus zwei weiteren Verlagsprodukten. Im Januar
1940 wurde Klaus Frankens Jugendbuch *Speerflug* – angeblich wegen
unerlaubter Reproduktionen – beschlagnahmt, im Monat darauf landete
es auf der Liste des schädlichen und unerwünschten Schrifttums.[35] Der
Verlag wehrte sich, im Tonfall ganz auf die Kriegslage abgestimmt: »Unsere Verlagsarbeit aber gilt der seelischen Stärkung deutscher Menschen
auf dem religiösen Sektor in der Heimat und an der Front.«[36] Im selben
Jahr traf es auch das der Jugendseelsorge gewidmete Werk *Christofer* von
Klemens Tilmann und Ludwig Wolker.[37] Die allgemeine Lage des Unternehmens resümierend heißt es: »Unsere Verlage wurden zunehmend die
Zielscheibe der HJ. Es verging kein Feiertag, (Ostern, Pfingsten, Weihnachten) ohne dass wir in der Woche zuvor von Buch- und Broschüren-
verboten überschüttet wurden. Es kam zu Einstampfungen der Schriften, von Jugendkalendern, zum Vernichten des Satztextes, zu
Durchsuchungen der Buchhandlung nach unserem Schrifttum und zur
Verhaftung Jugendlicher, u. a. mehr.«[38] Auch persönlich und familiär
war der Verleger betroffen. Während er die Mitgliedschaft in Reichs-
presse- und Schrifttumskammer verlor, musste sein Sohn Georg das hei-
mische Gymnasium aus politischen Gründen verlassen und das Abitur
auswärts erwerben.

Dennoch tätigte das Stammunternehmen Vesdruvag auch noch reguläre Geschäfte, u. a. den Druck der von der Kreisleitung der NSDAP
herausgegebenen *Vestischen Feldpost*, eines »Heimatbrief(s) aus Recklinghausen Stadt und Land«. Inzwischen erreichten die direkten
Kriegseinwirkungen allerdings auch Westfalen:

---

35 Vgl. die Korrespondenz im Stadtarchiv Recklinghausen, Bestand Bitter 5.
36 Paulus-Verlag an die Geheime Staatspolizei Düsseldorf; Stadtarchiv Recklinghausen,
Bestand Bitter 5, 21. 5. 1940.
37 Beide Autoren sind der katholischen Jugendbewegung zuzurechnen. Tilmann erhielt
durch die Reichsschrifttumskammer Publikationsverbot, Wolker war Mitbegründer
des Bundes der deutschen katholischen Jugend und wurde 1936 vorübergehend inhaftiert.
38 Typoskript zur Unternehmensgeschichte, o. V. o. D.; Stadtarchiv Recklinghausen,
Bestand Bitter 18.

In den letzten 14 Tagen sind wir mit zwei Ausnahmen allnächtlich im Keller gewesen. Unser bestausgebauter Luftschutzkeller beherbergt nachts so etwa 60–70 Menschen. Kampstrasse und Löhrgasse sind ständige Gäste. Wir sind hier im wesentlichen Überfluggebiet, so daß man, abgesehen von der Schlafstörung, die Dinge im wesentlichen ruhig über sich ergehen lässt.[39]

Auch personell machte sich der Kriegsdruck bemerkbar. Von 65 Beschäftigten wurden 50 eingezogen. Luftkriegsschäden hielten sich jedoch weiterhin in Grenzen, es gab keine direkten Bombentreffer, Glasschäden und abgedeckte Dächer ließen sich wieder herrichten. Dennoch litt die Buchproduktion gegen Kriegsende empfindlich durch den Entzug des erforderlichen Papiers. Am Ostersonntag 1945 rückten schließlich US-Truppen in Recklinghausen ein.

Den Amerikanern war daran gelegen, die zentralen Positionen in der kommunalen Verwaltung im besetzten Gebiet durch zuverlässig antinazistische Einheimische zu besetzen. Zu diesem Zweck führten sie Namenslisten mit geeigneten Deutschen mit sich, auch Wilhelm Bitters Name stand auf einer solchen Liste. Das ihm angetragene Amt des Oberbürgermeisters lehnte er jedoch ab, um sich der Konsolidierung seiner durch die nationalsozialistischen Bedrängungen angeschlagenen Unternehmen zu widmen.[40]

Die frühe Erlaubnis zur Wiederaufnahme der Unternehmenstätigkeit durch die Besatzungsmacht waren ebenso hilfreich wie die Druckaufträge der alliierten Streitkräfte und der deutschen Verwaltung. Die Vesdruvag übernahm den Druck der alliierten Frontzeitungen (»Nur in einem Fall vergaßen sie die Zahlung.«) und eines Mitteilungsblattes. Die Lebensmittelkarten für zwölf Stadt- und Landkreise des Ruhrgebiets waren ein weiterer größerer öffentlicher Auftrag. Schließlich wurden auch der Paulus- und der Bitter-Verlag durch die

---

39 Wilhelm Bitter an Hermann Bitter, o. D.; Stadtarchiv Recklinghausen, Bestand Bitter 5.

40 Vgl. Andreas Witt: Die Anfänge der CDU in Recklinghausen und die Bedeutung der Stadt als Tagungsort der CDU in der britischen Zone, in: Vestische Zeitschrift 99 (2002), S. 403f.

Militärregierung lizenziert. Die Auslastung des Druckbetriebes war zufriedenstellend.[41]

Wilhelm Bitters Reserviertheit gegenüber den frühen Avancen der US-Besatzungsmacht bedeuteten keinen Verzicht auf politische Tätigkeit. Um den Wiederaufbau des Unternehmens zu unterstützen, holte er 1946 seinen Sohn Heinz, der bereits 1932 im Zuge seiner Ausbildung im Unternehmen beschäftigt war, wieder in den Betrieb. Auf Bitten des Vaters brach er sein Studium ab. Heinz Bitter rückte 1948 zum Prokuristen bei der Vesdruvag auf. Vom Jahrgang 1915, hatte er als ältester Sohn 1932–36 eine kaufmännische und technische Lehre als Schriftsetzer absolviert sowie die Höhere Handelsschule besucht. Reichsarbeitsdienst, Wehrmacht und Kriegsgefangenschaft schlossen sich an, gefolgt von der Aufnahme eines wirtschafts- und sozialwissenschaftlichen Studiums in Köln.[42]

In jenen Jahren gelang dem Vater die Anknüpfung an seine politischen Funktionen während der Weimarer Republik. Als entscheidend erwies sich, dass er in der Frage einer Orientierung auf den Neuaufbau der Zentrumspartei oder die Alternative einer überkonfessionellen Neugründung auf das richtige Pferd gesetzt hatte. Das verstand sich nicht von selbst, denn die Vertreter der Zentrumsoption waren im nördlichen Ruhrgebiet stark präsent, auch die katholische Bevölkerung Recklinghausens war in dieser Frage gespalten. Wilhelm Bitter suchte Kontakte zu Exponenten des Protestantismus, für ihn persönlich auch ein Schritt über bisherige Milieugrenzen hinaus, dem er gleichwohl mental zumindest gelegentlich verhaftet blieb.[43] In der Formierungsphase der CDU gehörte er zu den wichtigsten Unterstützern des neuen politischen Projekts auf lokaler und regionaler Ebene, wobei er eine Wurzel in der antinatio-

---

41 Typoskript zur Unternehmensgeschichte, o. V. o. D.; Stadtarchiv Recklinghausen, Bestand Bitter 18.
42 Siehe zu Heinz Bitters Werdegang die Lebensläufe im Stadtarchiv Recklinghausen, Bestand Bitter 19.
43 Vgl. Witt, Anfänge der CDU (wie Anm. 40), S. 411ff. Die Zentrumsprägung hat wohl in Bitters Taktieren in einer Personalfrage, die das Proporzverhältnis von Katholiken zu Protestanten in der jungen CDU berührte, eine Rolle gespielt, vgl. ebd. S. 460ff.

nalsozialistischen Position von Christen beider Konfessionen zu finden hoffte. Bei der Parteigründung in Recklinghausen im Januar 1946 wurde Bitter Vorsitzender, im Juli jenes Jahres fiel ihm nun doch auch das Amt des Oberbürgermeisters zu.[44] Als ebenso wichtig wie die Ämter waren für ihn die Kontakte, die er nicht zuletzt dadurch knüpfen konnte, dass das nicht so stark wie andere Städte des Reviers von Luftkriegsschäden betroffene Recklinghausen häufiger Schauplatz von Parteitreffen war. Bereits 1945 fanden Parteiversammlungen in Räumen der Bitter-Unternehmen statt. Anlässlich des ersten Landesparteitags der CDU von Westfalen-Lippe war Konrad Adenauer Logiergast bei der Familie Bitter in deren Wohnung im Verlagsgebäude in der Löhrhofstraße. Tagungsort des Parteivorstands war die Vesdruvag, ebenfalls in der Löhrhofstraße.[45] Wilhelm Bitter, der zum Initiatorenkreis der Recklinghäuser Ruhrfestspiele gehörte, beherbergte auch den Gewerkschafter Hans Böckler bei sich.[46]

Direkt in den verlegerischen Bereich hinüber reichte ein überlokales politisches Engagement Wilhelm Bitters – die Übernahme des Vorsitzes in der Kommunalpolitischen Vereinigung der CDU führte auch zur Gründung des Kommunal-Verlages, in dem die *Kommunalpolitischen Blätter* erschienen.[47] Auch das Jahrbuch der CDU/CSU erschien dort, es diente als Organisationshandbuch, kombiniert mit allgemeinpolitischen Beiträgen aus der Feder von Parteivertretern. Bereits früh wiederbelebt wurde die Tradition der kirchlichen Presse durch das Recklinghäuser Druckhaus. Die Initiative ging bereits 1945 vom Bischof von Münster aus. Zunächst von einem Verleger-Triumvirat betreut, war doch der Paulus-Verlag federführend. Recklinghausen war auch der Druckort des Blattes, Redaktionsort war jedoch Münster. Die erste Ausgabe von *Kirche und Leben* erschien am 17. März 1946. Die Militärregierung hatte Papier für eine Auflage von 100.000 Exemplaren bei acht Seiten Umfang zuge-

---

44 Siehe zu den Details von Wilhelm Bitters politischen Ämtern dieser Zeit den Aufsatz von Witt, Anfänge der CDU (wie Anm. 40).
45 Vgl. Witt, Anfänge der CDU (wie Anm. 40), S. 445.
46 Vgl. Witt, Anfänge der CDU (wie Anm. 40), S. 439.
47 Vgl. hierzu Witt, Anfänge der CDU (wie Anm. 40), S. 443.

sagt, stattdessen wurde jedoch eine nur vierseitige Zeitung in der doppelten Auflagenhöhe gedruckt. Der Beginn verlief stockend, 1946 erschienen 20 Ausgaben, 1947 zwei mehr, ab Oktober 1948 wechselte man zum wöchentlichen Erscheinen und erhöhte den Umfang auf acht Seiten. Vom ersten Januar 1951 an wurde auch das Anzeigen- und Vertriebswesen von Recklinghausen aus betreut, das damit endgültig zum zentralen Herstellungsort des Periodikums aufrückte.[48]

Auch in die Verlagssparte der Tagespresse kehrte Wilhelm Bitter zurück. Eine Initiative Bitters, gemeinsam mit der *Recklinghäuser Zeitung* ein gemeinsames Produkt auf christlicher Basis zu entwickeln, scheiterte allerdings.[49]

Wenn auch die Entwicklung der Bitter-Unternehmen in den Besatzungsjahren als gelungener Neustart anzusehen ist, blieb doch der branchentypische Einschnitt der Währungsreform auch hier nicht aus. Der Rückschau ist die Enttäuschung anzumerken: »Was wir nach dem Krieg zunächst an neuer Verlagsproduktion mit beschränktesten Mitteln aufgestellt hatten, wurde restlos ein Opfer des Tages X, also beim Währungsschnitt im Juni 1948. In der britisch besetzten Zone gab es nur ein minderes Papier zur Herstellung von Büchern. Es war in Wirklichkeit ein qualifiziertes Zeitungsdruckpapier. Obwohl unsere Buchproduktion dem Inhalt und der graphischen Gestaltung nach als gut und brauchbar angesprochen werden mußte, war der Geschmack des Publikums mit der Mark-Stabilisierung über Nacht völlig verändert. Wir mußten unseren gesamten Lagerbestand an Büchern und Broschüren praktisch einstampfen; sie waren unverkäuflich geworden.«[50]

---

48 Siehe hierzu die Broschüre: Gedanken und Erinnerungen zum Tage der Vollendung des 70. Lebensjahres von Frau Käthe Bitter, geb. Häbler, Überreicht vom Paulus Verlag Recklinghausen; Stadtarchiv Recklinghausen, Bestand Bitter 12; Wilhelm Gertz (?): Verleger Heinz Bitter – 70 Jahre; Stadtarchiv Recklinghausen, Bestand Bitter 19; Rede zu Weihnachten 1970 an den Bischof von Münster, o. V.; Stadtarchiv Recklinghausen, Bestand Bitter 25.

49 Vgl. Wilhelm Bitter: Ein Beitrag zur Pressegeschichte in Recklinghausen Stadt und Land, 12. 10. 1949; Stadtarchiv Recklinghausen, Bestand Bitter 6.

50 Gedanken und Erinnerungen zum Tage der Vollendung des 70. Lebensjahres von Frau Käthe Bitter, geb. Häbler. Überreicht vom Paulus Verlag; Recklinghausen Stadtarchiv Recklinghausen, Bestand Bitter 12, S. 13.

Im Frühjahr 1949 beschäftigten die drei Unternehmen Vesdruvag, Bitter & Co. und Paulus-Verlag 170 Mitarbeiter. Intern bestand eine auf Geschäftssparten ausgerichtete Arbeitsteilung. Dennoch sind die Unternehmen nicht allein durch die Betreiberfamilie, sondern auch personell und organisatorisch miteinander verzahnt. So wurde die Hauptkasse für die drei Firmen zentral geführt, auch waren einige Mitarbeiter anteilig bei zwei Unternehmen beschäftigt, ebenso existierte eine Liste ständiger Verrechnungsposten zwischen den Firmen. Mit der Marktaufnahme der Buchverlage, die eigene Vertreter in Nord- und Süddeutschland unterhielten, war man zufrieden. Druckaufträge aus der Industrie, u. a. den Chemischen Werken Hüls, von Karstadt und aus der in den Nachkriegsjahren zentralen Bergbauindustrie, lasteten die Kapazitäten mit aus. Man setzte stark auf die weitere Zunahme der Bevölkerung und den Ausbau der schulischen Einrichtungen und des Behördenapparats.[51]

Die 1950er Jahre standen ganz im Zeichen eines weiteren Ausbaus der Unternehmen und auch ihrer Expansion über Recklinghausen hinaus. Nach der Währungsreform wurden Investitionen – auch mit Fremdkapital – in die Technik und die Baulichkeiten vorgenommen, was den Zukauf von Grundstücken einschloss.[52] Für andere Verlage übernahm man den Druck von Zeitschriften, so *Die Gaststätte* und *Der Schlesier*. 1955 wurde in Gelsenkirchen eine Druckerei übernommen, ein weiteres solches Unternehmen folgte, ebenfalls in Gelsenkirchen. Auch außerhalb des Ruhrgebiets wurde man aktiv – in Hamburg wurde eine Buchhandlung hinzugekauft, mit Kiel wurde eine weitere Küstenstadt Standort des Buchhandels der Bitter-Gruppe. Weitere Investitionen flossen in die Errichtung von Wohnhäusern für Mitarbeiter. Übergeordnetes Unternehmensziel sah man dabei als die »Durchdringung der Gesellschaft mit

---

51 Vgl. Organisation und Stand der kaufmännischen Betriebe der Vesdruvag, Bitter & Co. und des Paulus-Verlages per 1. September 1945; Stadtarchiv Recklinghausen, Bestand Bitter 5 sowie VESDRUVAG. Vestische Druckerei und Verlags A. G., Recklinghausen, o. V., 15. 3. 1949; Stadtarchiv Recklinghausen, Bestand Bitter 6, S. 1.

52 Siehe hierzu das Typoskript »Die Entwicklung des Betriebes nach dem Währungsschnitt«, o. D. o. V, wohl Wilhelm Bitter Anfang der 1960er Jahre; Stadtarchiv Recklinghausen, Bestand Bitter 6.

den Gütern christlicher Wahrheit«.[53] Dabei war die Arbeit mit verteilten Zuständigkeiten unter den Schwesterunternehmen weiterhin tragend: »Während die W. Bitter Druckerei- und Verlag GmbH, von dem Verlag der Vestischen Neuesten Zeitung abgesehen, auf den technischen Druckereibetrieb ausgerichtet ist, obliegt der Schwesterfirma Paulus Verlag K. Bitter KG. die geistige Betreuung des von unserem Hause herausgegebenen Schrifttums«, heißt es in einem Rückblick.[54]

Im Auftakt der 50er Jahre tat das Unternehmen auch öffentlich sichtbar einen weiteren Schritt zum selbstbewussten Familienbetrieb, zugleich streifte man die Hinterlassenschaft der Schikanen des NS-Regimes ab:

> Wir haben uns entschlossen, die Veränderung der Rechtsform unseres Unternehmens gleichzeitig zu benutzen, um die Gesellschaft der Vesdruvag ihres anonymen Charakters zu entkleiden. Dementsprechend firmieren wir in der Zukunft:
> Vesdruvag – Vestische Druckerei und Verlagsanstalt W. Bitter G.m.b.H.
> Selbstverständlich übernimmt die neue Firma die Aktiven und Passiven der bisherigen Aktiengesellschaft.
> Die Reichspressekammer hat uns seinerzeit gezwungen, für die Abteilung Buchverlag unserer Aktiengesellschaft eine eigene Firma, den Bitter-Verlag W. Bitter K.G., zu gründen. Diese Teilung unseres Unternehmens ist durch die Entwicklung überholt und wenig sinnvoll geworden. Wir haben uns deshalb entschlossen, die Tätigkeit des Bitter-Verlages wie früher an die Mutterfirma zurückzuüberführen und den Bitter-Verlag als solchen zu liquidieren.[55]

Die verlegerische Tätigkeit der Bitter-Unternehmungen gliederte sich in sechs Bereiche. Voran stand, wie bei einem konfessionsbezogenen Betrieb

---

53   Typoskript »Die Entwicklung des Betriebes nach dem Währungsschnitt«, o. D. o. V,
      wohl Wilhelm Bitter Anfang der 1960er Jahre; Stadtarchiv Recklinghausen, Bestand
      Bitter 6, S. 1.
54   Typoskript »Die Entwicklung des Betriebes nach dem Währungsschnitt«, o. D. o. V,
      wohl Wilhelm Bitter Anfang der 1960er Jahre; Stadtarchiv Recklinghausen, Bestand
      Bitter 6, S. 4.
55   Schreiben »An unsere Geschäftsfreunde«, o. V. o. D., wohl 1951; Stadtarchiv Recklinghausen, Bestand Bitter 6, S. 1.

naheliegend, die Sparte »Glaube und Leben« (gegliedert in Theologie und Glaube, Christus und das menschliche Leben sowie Kleinschriften). Der allgemeine Bereich »Politik und Zeitgeschichte« schloss sich an. Es folgten »Die pädagogische Provinz« (mit den Gruppen »Wissenschaftliche und allgemeine Pädagogik« nebst »Der einzelne und die Familie«) sowie »Das Kunstbuch«. Allgemeineren Charakter hatten »Für Nächte und Tage« (mit »Das lyrische Wort, »Die Story« und »Romane«), »Kinder- und Jugendbücher« (unterteilt in religiöse Bücher und Schriften, Kinderbücher, »Für Mädchen und Jungen erzählt«, Mädchen- und Jungenbücher, »Fahrt – Lager – Gruppenleben« sowie Kalender). Einen letzten Bereich bildeten Publikationen zu Spiel, Unterhaltung und Liedersammlungen. Zum Ende des Jahrzehnts resümierte man: »Im Rahmen dieser Verlagssystematik erschienen seit Gründung bis Herbst 1959 298 Buchtitel mit einer verbreiteten Auflage von 1.743.000 Exemplaren. An Kleinschriften aller Art einschließlich Gebetszetteln erschienen 243 mit einer Auflage von 5.390.000 Exemplaren. Dazu kommt eine Kunst- und Spruchkartenproduktion von 40 verschiedenen Motiven mit einer verbreiteten Auflage von 1.500.000 Stück … Von 1949 bis 1959 konnten 49 Lizenzen des eigenverlegerischen Schaffens in nachfolgende Länder vergeben werden: USA, England, Spanien, Portugal, Schweden, Finnland, Türkei, Griechenland, Japan, Jugoslawien, Italien, Holland, Frankreich und Belgien.«[56] 46 Angestellte waren im Paulus-Verlag und den beiden Buchhandlungen in Recklinghausen und Hamburg beschäftigt.

Überblickt man das Verlagsprogramm in den »langen« 1950er Jahren, so ergibt sich zunächst ein geschlossen katholisches Erscheinungsbild. Dies verhinderte nicht, dass auch protestantische Autoren zum Druck kamen. Dabei war man bestrebt, ein möglichst breites Spektrum an Lebensbereichen abzudecken. Die Jugendbuchproduktion knüpfte an die vorangegangene Profilbildung in den Jahren des »Dritten Reiches« an. Ferdinand Oertel publizierte 1960 mit *Jugend im Feuerofen* ei-

---

56 Broschüre »Gedanken und Erinnerungen zum Tage der Vollendung des 70. Lebens-
    jahres von Frau Käthe Bitter geb. Häbler«, überreicht vom Paulus Verlag Reckling-
    hausen; Stadtarchiv Recklinghausen, Bestand Bitter 12, S. 18f.

nen fiktionalisierten Rückblick auf die Bedrängung der katholischen Jugend im Nationalsozialismus. Ebenfalls in dieser Traditionslinie war die auf die katholische Jugend bezogene Organisationsliteratur.[57] An die ältere Klientel wandte sich ein Eheratgeber, der versprach nach »bestem Wissen und Gewissen« mitzuteilen, »was alle wissen sollten, die unmittelbar vor bzw. in der Ehe stehen.«[58] In den künstlerischen und allgemein kulturellen Bereich zielten aus katholischer Perspektive andere Publikationen. Der Kunsthistoriker und Münsteraner Feuilletonjournalist Anton Henze publizierte unmittelbar nach dem kalendarischen Ende des Jahrzehnts sein *Der Dom zu Münster* bei Paulus (1960). Vorangegangen waren dort 1957 seine *Westfälische Kunstgeschichte, Neue kirchliche Kunst* (1958), *Ronchamp. Le Corbusiers 1. Kirchenbau* (1956) und *Kirchliche Kunst der Gegenwart* aus dem Jahr 1954. Wiederum 1960 machten sich unter der Herausgeberschaft von Heinz Linnerz unter anderem Alfred Andersch, Heinrich Böll, Walter Jens und Werner Bergengruen Gedanken zur Frage *Gibt es heute christliche Dichtung?* In den Bereich des damals stark rezipierten französischen Katholizismus führten andere Autoren. Herausgegeben und eingeleitet von Helene Kuhlmann erschien Léon Bloys *Die Stimme, die in der Wüste ruft* 1951. Der Exzentriker und Bohemien gilt als ein »erzkatholischer Fanatiker, ein Bürgerschreck und Polemiker, der fast sein ganzes – selbstverständlich in Armut und Elend verbrachtes – Leben hindurch leidenschaftlich für eine Rückkehr zum Urchristentum kämpfte.«[59] Der Anhänger des *Renouveau Catholique* war in Deutschland ein literarischer Geheimtipp für Leser wie Carl Schmitt und Ernst Jünger, aber auch Heinrich Böll. Der Verlagsprospekt lässt wissen: »Gegenüber der Nivellierung und Begriffsverwirrung unserer Tage bedarf es klarer und eindeutiger Ent-

---

57 Vgl. Die Runde der Treuen. Werkstoff für Schulung und Bildung katholischen Jungführertums. Herausgegeben von Dr. Alois Brems in Zusammenarbeit mit Ottilie Mosshamer und Hanns Schmidramsl, Recklinghausen 1951. Brems war in der Jugendarbeit tätig, später wurde er Bischof von Eichstätt.

58 Verlagsprospekt Paulus-Verlag »Neue Bücher und Neuausgaben«, o. V. o. D, ca. 1952; Stadtarchiv Recklinghausen, Bestand Bitter 9 zu Otto Graf: Vom ehelichen Umgang, Recklinghausen 1951.

59 Clemens Setz: Jeder tote Preuße ist ein Happy End, in: Die Zeit 24/2011.

scheidungen im Sinne Léon Bloys.«[60] Ideologisch in manchem benach-
bart war der Autor Georges Duhamel, im Paulus-Verlag vertreten mit
Die Passagiere der Hoffnung. Erzählung aus dem Atomzeitalter (1955).
Gleichfalls dem *Renouveau Catholique* nahe stand Paul Claudel, dessen
Ich liebe das Wort 1955 bei Paulus erschien. Ebenfalls die kulturkritische
Tönung wies der Essayband *Vorsignale. Fußnoten in Futura* (1961) des
deutschen Autors Erich Kock auf.[61]

Einen direkteren politischen Charakter hatten andere Titel des Verlagsprogramms. Alberto Galters *Rotbuch der verfolgten Kirche* war eine
Auftragspublikation der »Kommission für die verfolgte Kirche« und bot
1957 einen katholisch-offiziösen Überblick über die Lage der Kirche
vom Ostblock bis hin zu China, Korea und Vietnam. Einem eminent
deutschen Thema widmete sich Edgar Alexander in *Adenauer und das
neue Deutschland* 1956. Der emigrierte katholische Publizist Edgar Alexander Emmerich wollte darin bereits in jenem Jahr die Leistungen seines Helden aufzeigen »unter dessen staatsmännischer Führung das neue
Deutschland seine imponierende Gestalt gewonnen hat.«[62]

Einen deutlichen verlegerischen Akzent setzte das Unternehmen mit
seinem Engagement für das Werk Friedrich Wilhelm Foersters. Der Autor, bereits in der Weimarer Republik ein bei der politischen Rechten
verhasster Mann, fand sich denn auch neben u. a. Heinrich Mann und
Kurt Tucholsky auf der ersten Ausbürgerungsliste der NS-Regierung
wieder. Auch wurden seine Werke bei der Bücherverbrennung gegenüber der Berliner Universität in die Flammen geworfen. Die Initiatoren
kommentierten in einem »Feuerspruch«: »Gegen Gesinnungslumperei
und politischen Verrat – für Hingabe an Volk und Staat – Friedrich Wilhelm Foerster.«[63] Der Geschmähte sah sich politisch christlichen

---

60 Verlagsprospekt »Neue Bücher und Neuausgaben« Paulus-Verlag, o. V. o. D, ca.
    1952; Stadtarchiv Recklinghausen, Bestand Bitter 9.

61 Mit einem kurzem Vorwort von Heinrich Böll. Kock war in den 1960er Jahren per-
    sönlicher Sekretär von Böll.

62 Edgar Alexander: Adenauer und das neue Deutschland, Recklinghausen 1956, S. 8.

63 Zitiert nach Maria Hoscheck: Friedrich Wilhelm Foerster (1869–1966). Mit beson-
    derer Berücksichtigung seiner Beziehungen zu Österreich, Frankfurt am Main u. a.
    2002, S. 150.

Grundsätzen verpflichtet und war katholischen Positionen nahe, ohne je dieser Kirche anzugehören. Den Hass der politischen Rechten hatte er sich bereits durch seine pazifistisch-kritische Position gegenüber der Politik des Kaiserreichs zugezogen, die ihn schon in den 20er Jahren Deutschland verlassen ließ. Endstation des Exils wurde New York, wo er in Armut lebte. Eine 1951 in Köln gegründete Friedrich-Wilhelm-Foerster-Gesellschaft war bemüht, durch Neuauflagen seiner Bücher daran etwas zu ändern. Der Paulus-Verlag nahm mehrere Titel in sein Programm auf und auch inhaltlichen Anteil an der Verbreitung von Foersters Gedankengut:

> Foersters Gedanken und Bestrebungen wurden in der Vorkriegszeit durch den Einfluß häretisch-nationalistischer Kreise dem deutschen Volke verfälscht, er selber wurde diffamiert, seine Bücher wurden 1933 verboten. Ein Schrifttum, das allein im deutschen Sprachgebiet in einer Auflage von über 500.000 Exemplaren kursierte und das in alle Weltsprachen übersetzt worden war, wurde bisher der jungen Generation vorenthalten. Die Neuauflage dieses Buches soll nicht nur eine Ehrenrettung für den Verfasser bedeuten, sondern entspringt auch einem dringenden Bedürfnis, da das Buch in seiner Art einmalig ist. [64]

In den 50er Jahren erschienen bei Paulus an Neuauflagen *Christus und das menschliche Leben* in zwei Auflagen 1951 und 1953, *Sexualethik und Sexualpädagogik. Eine neue Begründung alter Wahrheiten* (1952), *Schule und Charakter. Moralpädagogische Probleme des Schullebens* (1953) sowie *Politische Ethik* (1956).[65]

Mit Georg Bitter nahm ein anderer Sohn Wilhelm Bitters persönlichen Anteil an Foersters Werk.[66] Nach dem gezwungenermaßen auswärts, in

---

64 Werbetext zu Friedrich Wilhelm Foerster: Christus und das menschliche Leben, in: Verlagsprospekt »Neue Bücher und Neuausgaben« Paulus-Verlag, o. V. o. D, ca. 1952; Stadtarchiv Recklinghausen, Bestand Bitter 9.

65 Vgl. Pascal Max: Pädagogische und politische Kritik im Lebensweg Friedrich Wilhelm Foersters, Stuttgart 1999, S. 226.

66 Vgl. Nicolaus Ehlen, in: Friedrich Wilhelm Foerster das Gewissen einer Generation, hrsg. von der Friedrich-Wilhelm-Foerster-Gesellschaft e. V. Sitz Bonn, Recklinghausen 1953, S. 41.

Bingen, abgelegten Abitur hatte er nach einer schweren Kriegsverwundung seit 1942 in Freiburg im Breisgau zunächst ein Medizinstudium begonnen, bevor er zur Zeitungswissenschaft und Philosophie wechselte.[67] Das Studium schloss er mit einer Dissertation ab, die 1951 unter dem Titel *Zur Typologie des deutschen Zeitungswesens in der Bundesrepublik Deutschland* erschien. Politisch ordnet sich der Autor dabei einer zeittypischen Ausformung des deutschen Konservativismus, seiner Orientierung auf ein werthaft verstandenes »Abendland« ein, wenn er über die Presse der CDU schreibt: »In der Aufzeichnung dieser Ziele liegt ihre publizistische Mitentscheidung um das Abendland, nämlich in der Frage, ob am Ungeist, der über uns hinweggegangen ist, das Abendland zerbrechen soll, oder ob es im christlichen Geiste wiedererstehen wird.«[68] Gleichwohl beurteilte er die überparteiliche Presse als durchschnittlich niveauvoller als die Parteiblätter.[69] Von 1950 an leitete Georg Bitter den Paulus-Verlag.

Trotz seiner auswärtigen Jahre blieb er dem Ruhrgebiet verbunden: »Ich bin natürlich ein Kind des Ruhrgebietes und bin sehr bewußt und wachen Sinnes durch das Ruhrgebiet gegangen, und muß auch sagen, unser Vater hat uns stets gelehrt, ein offenes Auge für die Probleme im Ruhrgebiet zu haben, und dafür, wie man diese Probleme ansprechen muß. Er selbst hat ja eine harte Jugend gehabt.« Als Resümee der väterlichen Armutserlebnisse folgert der Verleger: »Diese Erzählung des Vaters hat sicherlich auch einen tiefen, nachhaltigen Eindruck in mir hinterlassen, und im persönlichen Bereich liegt sicherlich auch eine Wurzel, daß ich mit großem Verständnis und Einfühlungsvermögen dieser Literatur gegenüberstehe. Ich muß auch ehrlich sagen, ich fühle mich dieser Lite-

---

67 Siehe zur Biographie den Nachruf im Börsenblatt des deutschen Buchhandels, online unter https://www.boersenblatt.net/artikel-gestorben.501609.html (eingesehen am 22. 10. 2016).

68 Georg Bitter: Zur Typologie des deutschen Zeitungswesens in der Bundesrepublik Deutschland, München 1951, S. 39. Siehe zum Kontext die Studie von Axel Schildt: Zwischen Abendland und Amerika: Studien zur westdeutschen Ideenlandschaft der 50er Jahre, München 1999.

69 Georg Bitter: Zur Typologie des deutschen Zeitungswesens in der Bundesrepublik Deutschland, S. 64.

ratur verpflichtet; denn ich meine, es ist auch heute nötig, vielleicht sogar gerade heute nötig, in die Erinnerung zurückzurufen: Die Freiheit des Menschen ist durch bestimmte industrielle Entwicklungen manchmal doch sehr hart bedroht.«[70]

Der Standort der Bitter-Unternehmen im nördlichen Ruhrgebiet schlug sich bereits frühzeitig auch außerhalb der journalistischen Produktion im Programm nieder, das bereits ab den zwanziger Jahren Buchpublikationen mit lokalem Bezug aufweist. Nach 1945 knüpfte man an diesen Strang an, mit Wilhelm Brepohls *Der Aufbau des Ruhrvolkes im Zuge der Ost-West-Wanderung* erschien ein Klassiker dieses umstrittenen Pioniers der Ruhrgebietsforschung und Erfinders des Begriffs »Ruhrvolk« im Rahmen einer Reihe bei Bitter & Co.[71] Als Kontinuitätslinie zu Wilhelm Bitters Jugend im Kaiserreich mag man Helmut J. Schorrs Biographie *Adam Stegerwald. Gewerkschafter und Politiker der ersten deutschen Republik. Ein Beitrag zur Geschichte der christlich-sozialen Bewegung in Deutschland* ansehen, die 1966 im Kommunalverlag erschien. Das sozialkatholische Profil des Paulus-Verlags in den 1960er Jahren, das auch in der örtlichen Christdemokratie zur Geltung kam, sprach sich gleichfalls im Programm aus. 1967 veröffentlichte der Paulus-Verlag Heinz Buddes *Handbuch der christlich-sozialen Bewegung*. Der Autor, ein Bochumer des Jahrgangs 1925, gehörte in der CDU zur innerparteilichen Gruppe der Sozialpolitiker um Hans Katzer, 1965 bis 1969 Bundesminister für Arbeit und Sozialordnung. Budde, ein Mitgründer der jungen Union in der britischen Besatzungszone, trat 1963 in den Hauptvorstand der Christlich-Demo-

---

70 Westdeutscher Rundfunk, Hauptabteilung Politik, Landesredaktion: Aus dem Ruhrgebiet. Porträt eines Verlegers. Dr. Georg Bitter; Fritz Hüser Institut Dortmund, 502–86, Sendetermin: 22. 6. 1965.

71 Wilhelm Brepohl: Der Aufbau des Ruhrvolkes im Zuge der Ost-West-Wanderung. Beiträge zur deutschen Sozialgeschichte des 19. und 20. Jahrhunderts (= Soziale Forschung und Praxis, 7), Recklinghausen 1948. Zu Brepohls politisch wie wissenschaftlich schillernder Laufbahn – NSDAP-Beitritt am 1. Mai 1933 – siehe Stefan Goch: Wilhelm Brepohl, in: Handbuch der völkischen Wissenschaften. Herausgegeben von Ingo Haar und Michael Fahlbusch, München 2008, S. 81–85.

kratischen Arbeitnehmerschaft ein und war von 1965 bis 1969 Mitglied des Bundestags.[72]

Diese sowohl regionale als auch sozialpolitische Profilierung dürfte dazu beigetragen haben, dass sich der Dortmunder Bibliotheksdirektor Fritz Hüser an einen journalistischen Mitarbeiter des Verlags wandte, um eine positive Besprechung einer von ihm betreuten Anthologie von Arbeiterdichtern anzuregen:

> Lieber Herr Baukloh! Mit gleicher Post sende ich Ihnen die bereits schon erwähnte Anthologie ›Wir tragen ein Licht durch die Nacht‹, die für die IG-Bergbau zusammengestellt und mit einem Autorenanhang versehen wurde. Vielleicht können Sie diese Sammlung – die erste dieser Art nach 1933 – in den verschiedenen Zeitungen und Zeitschriften besprechen? … Ich hoffe, daß Sie den Wert dieser Anthologie richtig erkennen und entsprechend würdigen.[73]

Der Kontakt zwischen Hüser und dem Verlag blieb erhalten und intensivierte sich, nachdem Hüser 1961 zum Mentor einer als »Gruppe 61« in die Literaturgeschichte eingegangenen Runde von noch unbekannten Autoren wurde. Die zumeist als Arbeiter und Angestellte im Ruhrgebiet tätigen Gruppenmitglieder waren unter Hüsers Patronat bemüht, die Arbeitswelt in der bundesdeutschen Literatur als Themenfeld zu etablieren.[74] Der Paulus-Verlag wurde der Geburtshelfer dieses Unterfangens. Friedhelm Baukloh, der alsbald auch im Lektorat für die Betreuung der neuen Autorenklientel von zentraler Bedeutung wurde, verweist auf die engagierte Rolle des Verlegers. Der junge Georg Bitter nämlich steuerte »einen Krach mit dem vormaligen Familienanwalt Josef Hermann Dufhues riskierend, auch den Buchverlag alsbald in ein

---

72   Ebenfalls bei Paulus erschien 1966 Josef Weis: Wirtschaftspolitische Leitsätze. Eine Dokumentation. Oswald von Nell-Breuning steuerte ein Vorwort bei. Der Jesuit Nell-Breuning war ein führender und einflussreicher Vertreter der katholischen Soziallehre mit engen Gewerkschaftskontakten.
73   Fritz Hüser an Friedhelm Baukloh, 2. 8. 1960; Fritz Hüser Institut Dortmund, Hue 260.
74   Siehe zur Gruppe 61 etwa Ute Gerhard/Hanneliese Palm (Hrsg.): Schreibarbeiten an den Rändern der Literatur. Die Dortmunder Gruppe 61, Essen 2012.

Fahrwasser, das gekennzeichnet ist durch eine sechsbändige Sozialkunde der katholischen Arbeiterbewegung, die u. a. erläutert, die Klassengesellschaft in Westdeutschland habe nur neue Formen entwickelt, bestehe aber substanziell fort. Forderung deshalb: Mitbestimmung der Arbeitnehmer in allen Großbetrieben und eine neue Unternehmensverfassung, die der ›Gleichberechtigung von Kapital und Arbeit‹ entsprechen soll. In der Ära von Papst Johannes XXIII. ruhte auf der Initiative des progressiven Dr. Bitter auch sichtlich der Segen der Bischöfe, und so fochten ihn Prozeßandrohungen aus Industriekreisen wenig an.«[75] Insbesondere ein Roman des Bergmanns Max von der Grün entfachte eine auch auf juristischem Weg verfolgte Kampagne aus Kreisen der Industrie.[76]

Naturgemäß stellten die Texte literarisch wenig bis gar nicht vorgebildeter Autoren das Lektorat vor besondere Anforderungen. So wurde das Erstlingswerk von der Grüns *Männer in zweifacher Nacht*, das 1962 bei Paulus erschien, mehrfach überarbeitet und gestrafft, ehe aus dem Lektorat grünes Licht kam: »Aber ich denke doch, daß der Roman sich jetzt lesen läßt.«[77] Vor der zweiten Auflage wurde der Text ein weiteres Mal im Team mit dem Verfasser stilkritisch überarbeitet.[78] Wenngleich das Lektorat bei Max von der Grüns zweitem Roman *Irrlicht und Feuer* bei diesem Autor einen deutlichen Zugewinn an literarischer Gestaltung vermerkte, blieb die häufig stark verbesserungsbedürftige Textgestalt der Manuskripte anderer Mitglieder der Gruppe 61 ein häufiges Thema der Korrespondenz mit Hüser, der solche Klagen nicht rundheraus zurückweisen mochte. Der Verlag bestand auf literarischen Standards:

---

75 Friedhelm Baukloh: Der Dortmunder Weg: Suche nach dem Ich in der Arbeitswelt, in: Der Monat, 17. Jg. H. 206, November 1965, S. 62f. Dufhues war Vorsitzender der westfälischen CDU, zu Baukloh siehe Thomas Gepp/Berthold Petzinna: Friedhelm Baukloh. Dramaturg, Journalist, Lektor. Eine Annäherung, in: Patricia F. Blume, Thomas Keiderling, Klaus G. Saur (Hrsg.): Buch Macht Geschichte. Beiträge zur Verlags- und Medienforschung. Festschrift für Siegfried Lokatis zum 60. Geburtstag, Berlin/Boston 2016, S. 69–85.

76 Vgl. Gepp/Petzinna: Baukloh, ebd. S. 76f.

77 Heinz Zumfeld (Paulus-Verlag) an Fritz Hüser; Fritz Hüser Institut Dortmund, Hue 1529, 22. 7. 1962.

78 Heinz Zumfeld (Paulus-Verlag) an Fritz Hüser; Fritz Hüser Institut Dortmund, Hue 1529, 14. 1. 1964.

Ich schreibe diese Zeilen wohl etwas aus einem Ärger, der sich daher erklärt, daß ich gerade in den letzten zwei Tagen ausschließlich mit eingesandten Manuskripten aus der Arbeitswelt beschäftigt war … Auf die Dauer kommt man sich tatsächlich vor wie ein Hilfsschullehrer, wenn man all diese Versuche ansehen muß. Gewiß sind sie vom Thema und vom Engagement her rührend, aber wir dürfen uns nicht davon abbringen lassen, daß in erster Linie literarische Maßstäbe zu gelten haben.[79]

Diesen Erschwernissen stand für den Paulus-Verlag ein deutlicher Gewinn an Reputation und Öffentlichkeitswirkung gegenüber. Aus Hamburg konnte Friedhelm Baukloh aus dortigen Gesprächen berichten, »wie interessant für alle möglichen Leute unser Verlag plötzlich geworden ist, weil er nur noch Bücher herausbringt, die man von ihm gerade nicht erwartet.«[80] Auch das Fernsehen wurde aufmerksam, zufrieden konnte der Verlag feststellen, dass eine Sendung des ZDF zum »Tag der Arbeit« 1964 zu spürbarer Zunahme bei Bestellungen für Bücher aus den Reihen der »Gruppe 61« geführt hatte. Unterdessen hielt der Gegenwind aus der Industrie an: »Die Feststellung von Max von der Grün, daß unsere Demokratie vor den Betriebstoren endet, ist epochal. Sie müßte höchstens noch um manche unserer Behörden und Schulen erweitert werden.«[81] Ein engagierter Helfer in der Durchsetzung der neuen Literatur der Arbeitswelt war für Verlag und Autoren Walther Schmieding. Der gebürtige Schlesier arbeitete nach dem Studium als Journalist in Recklinghausen, ehe er zum Feuilleton der Dortmunder Ruhr-Nachrichten wechselte. Die Zeitung brachte einen Vorabdruck des Erstlingswerkes von Max von der Grün. Schmieding wechselte 1963 zum ZDF, wo er ab den mittleren 60er Jahren das Kulturmagazin »aspekte« betreute und zu hohem Ansehen führte.

---

79   Heinz Zumfeld (Paulus-Verlag) an Fritz Hüser; Fritz Hüser Institut Dortmund, Hue 1529, 16. 11. 1964.

80   Friedhelm Baukloh an Heinz Blievernicht; Fritz Hüser Institut Dortmund, 200–533/2, 6. 11. 1964.

81   Heinz Zumfeld (Paulus-Verlag) an Fritz Hüser; Fritz Hüser Institut Dortmund, Hue 1529, 13. 5. 1964.

Auch in der DDR wurde man auf die Publikationen aus der »Gruppe 61«, insbesondere auf von der Grün, aufmerksam. Obwohl die Dortmunder sich deutlich von den Produktionen im Zeichen des dortigen »Bitterfelder Weges« absetzen, fügten sich die Texte aus dem Ruhrgebiet dem literarischen Rahmen der DDR gut ein.[82] Der Deutschlandsender bemerkte zu von der Grüns Auftaktwerken:»Hier sind mit seltener Eindringlichkeit die Erscheinungen im kapitalistischen Arbeitsprozeß künstlerisch gestaltet, die Karl Marx einst in wissenschaftlicher Abstraktion Entfremdung nannte ...«[83] Ähnliche Töne schlug auch Kurt Batt in der Zeitschrift des DDR-Schriftstellerverbandes *Neue deutsche Literatur* an, doch fanden sich auch dort kritische Worte zum literarischen Wert der Texte.[84] Obwohl auch die Gutachten des Aufbau-Verlags mitunter kritisch über die Qualität der Dortmunder Produktionen urteilten, publizierte dieser führende DDR-Verlag nicht nur Max von der Grün. 1967 erschien eine Anthologie mit Arbeiten der Gruppe, deren Herausgeberin zuvor auch an Tagungen der Dortmunder teilgenommen hatte.[85]

Die Kontakte zur DDR erstreckten sich früh auch auf das Fernsehen. Der Drehbuchautor Gerhard Bengsch war bereits vor der Ostpublikation von *Irrlicht und Feuer* auf den Roman aufmerksam geworden, zu einem ersten Besuch bei dem Autor kam es bereits 1964. Daraus entstand das Projekt der ersten Verfilmung eines bundesdeutschen Gegenwartsromans durch das DDR-Fernsehen. Dem Verleger Georg Bitter war nicht ganz wohl bei diesem Pilotprojekt im Kalten Krieg, wie der DDR-Kameramann Horst E. Brandt schreibt:

---

82   Vgl. Julia Frohn: Literaturaustausch im geteilten Deutschland 1945–1972, Berlin 2014, S. 115f. In diesem Sinne auch ein Schreiben des Mitteldeutschen Verlags an Fritz Hüser vom 15. 10. 1966, das der Anbahnung eines Kontaktes dienen sollte; Fritz Hüser Institut Dortmund, Hue 1344.

83   Sendemanuskript Deutschlandsender Literaturjournal, 4. 5. 1964; Fritz Hüser Institut Dortmund, Grü 606, S. 3.

84   Vgl. Kurt Batt: Irrlichter und Vorzeichen. Junge westdeutsche Erzähler 1963, in: Neue Deutsche Literatur, 12. Jg. Heft 11 November 1964, S. 5–28.

85   Seilfahrt. Eine Anthologie der Arbeit der »Dortmunder Gruppe 61«, Berlin 1967; Jahresberichte 1963–1965; Staatsbibliothek Berlin, Archiv des Aufbau-Verlags 3196, Bl. 25; vgl. die Gutachten zu Arbeiten von der Grüns in der Staatsbibliothek Berlin, Archiv des Aufbauverlags 3168.

Mit einem inneren Schmunzeln erinnere ich mich an die Einladung zum Tee im Haus des Gastgebers. Nach dem üblichen Austausch von Nettigkeiten drehte sich das Gespräch immer mehr um die Sorge des Verlegers, wir könnten aus dem Roman ein Agitationsstück machen, das gegen die Bundesrepublik gerichtet ist. Seine Zustimmung zur Verfilmung schwankte zwischen seiner CDU-nahen Haltung und der Sorge um die Reputation des Paulus-Verlages. Nicht zu vergessen seine persönliche Entdeckerfreude und Eitelkeit, zu den Ersten zu gehören, die nach dem Mauerbau eine kulturelle deutsch-deutsche Beziehung förderten.[86]

Der (Ost-) Deutsche Fernsehfunk (DFF) erwarb die Verfilmungsrechte vom Verlag 1964. Wenngleich sich die Befürchtungen des Verlegers, einen Propagandafilm ermöglicht zu haben, nicht bewahrheiteten und das Filmteam mit Rücksicht auf den Verlag krasse Agitation vermied, blieb doch die Perspektive auf das Gezeigte deutlich. Der vom DFF erhoffte Reputationsgewinn durch die Verfilmung des Bergarbeiterromans aus dem Ruhrrevier wurde erreicht, auch in der Bundesrepublik stieß die Erstausstrahlung 1966 auf positive Resonanz.[87] Die *Welt* urteilte in einer differenzierten Kritik u. a.: »Redliches Bemühen wird etwa darin erkennbar, daß der Film eine ganze Reihe vom Autor billig offerierter Chancen und Möglichkeiten zu Agitation und Propaganda außer acht läßt. Indessen lassen sich auch genug Abweichungen vom Original in entgegengesetzter Richtung feststellen.«[88] Die vom Stuttgarter Sender unter der Federführung von Günter Gaus gewagte Ausstrahlung des Zweiteilers in der ARD bildete ein weiteres Politikum. Auch im Westfernsehen war die Teilnahme des Publikums und die anschließende Presseresonanz rege. Die Programmpolitik des Verlages hatte auf diese

---

86 Horst E. Brandt: Halbnah – nah, total. Erinnerungen, hrsg. mit Unterstützung der DEFA-Stiftung, Berlin 2003, S. 124.

87 Thomas Beutelschmidt: Von West nach Ost – von Ost nach West: Irrlicht und Feuer. Zur Entstehung und Rezeptionsgeschichte eines DDR-Fernsehfilms nach einem westdeutschen Roman – und seiner Ausstrahlung in der Bundesrepublik, in: Henning Wrage (Hrsg.): Alltag. Zur Dramaturgie des Normalen im DDR-Fernsehen, Leipzig 2006, S. 47–117.

88 Eo Plunien: Das Zechensterben einbezogen. Max von der Grüns Roman »Irrlicht und Feuer« als Defa-Film, in: Die Welt, 26. 11. 1966.

vermittelte Weise dazu beigetragen, die innerdeutsche Medienlandschaft in beide Richtungen ein wenig zu öffnen.[89]

Eine weitere Großproduktion des DFF war direkter noch auf den Paulus-Verleger Georg Bitter zurückzuführen – der Fernsehfilm-Fünfteiler *Krupp und Krause.* Er basierte auf dem Roman gleichen Titels von Karl Heinrich Helms, erschienen bei Paulus 1965. Mit dem Buch setzte der Verlag seine »Bemühungen im Rahmen eines zeitkritischen Engagements fort«.[90] Auch auf dieses Buch war Gerhard Bengsch aufmerksam geworden, diesmal durch den Verleger darauf gebracht: »Die entscheidende Anregung liegt etwa vier Jahre zurück. Ich war dabei, den Fernsehfilm IRRLICHT UND FEUER vorzubereiten, als mir der westdeutsche Verleger dieses Buches von Max von der Grün den noch im Druck befindlichen Roman »Krupp und Krause« empfahl.«[91] Die Handlung des Romans bildete lediglich den Auftakt zu einer diesmal deutlicher propagandistisch eingedrehten Fernsehsaga, die sich über mehr als fünf Jahrzehnte erstreckt. Auch hierbei war die Publikumsresonanz groß, eine Westaustrahlung blieb allerdings diesmal aus.

Diese unbestreitbaren Erfolge des Verlagsengagements bedeuteten nicht, dass die Beziehungen mit der »Gruppe 61« und ihren Autoren durchweg harmonisch gewesen wären. Die Reihe *Neue Industriedichtung,* in der Autoren wie Günter Westerhoff, Bruno Gluchowski, Willy Bartock, Artur Granitzki u. a. erschienen, war kein großer Markterfolg. Georg Bitter bemühte sich für eine Fortsetzung immerhin erfolgreich um Zuschüsse aus dem Düsseldorfer Kultusministerium. Dennoch musste er Hüser melden:

Ich bin natürlich nicht in der Lage, den Autoren und dem Herausgeber von vornherein ein Honorar zuzusagen. Der Druckkostenzuschuß vom

---

89   Siehe zur Westaustrahlung von »Irrlicht und Feuer« Beutelschmidt: Von West nach Ost (wie Anm. 87), S. 90ff.

90   Typoskript: Zu »Krupp und Krause«. Rede vor Journalisten; Fritz Hüser Institut Dortmund, 508–251.

91   Fernsehdienst 30. 12. 1968 – 5. 1. 1969 zu »Krupp und Krause«; Deutsches Rundfunk Archiv, Potsdam, Presseordner zu »Krupp und Krause«.

Ministerium, der mit 30% gewährt werden soll, kann ja nur ein Unkostenbeitrag sein. Wir müssen uns klar darüber sein, daß die Reihe sich schwer verkaufen lassen wird … Man sollte die Sache unter dem Aspekt sehen, daß die Damen und Herren, die hier zur Veröffentlichung kommen, die Hefte als Propaganda für sich und die Dortmunder Gruppe 61 betrachten.

Die Randbemerkung Hüsers war ein schlichtes »Ja!«.[92] Verschnupft reagierte Georg Bitter auch auf die Publikation einer Anthologie der Gruppe im ungleich bekannteren Luchterhand Verlag 1966; insbesondere in der Werbung für den neuen Sammelband sah der Recklinghäuser Verleger die Pilotfunktion seines Verlages unterschlagen. Hüser rechtfertigte den neuen Publikationsort unter Verweis auf die Öffentlichkeitswirkung: »Sicher hat Ihr Verlag die ersten Publikationen von Autoren unserer Gruppe herausgebracht und das wird wohl auch kein Kenner bestreiten – Sie selbst werden aber einsehen, daß die Wirkung Ihres Verlages von der Gesamtstruktur her in die literarische Öffentlichkeit hinein gering ist.«[93] Als die Krise und Spaltung der Dortmunder im Zuge der Turbulenzen um »1968« eine neue Konstellation schuf, hatten die Folgen dieses politischen Wirbelwinds auch Georg Bitter auf einen neuen Weg gewiesen. Den Anlass bildete das Ende einer Wochenzeitung, der er stark verbunden gewesen war.

Das Blatt verdankte sich nicht zuletzt dem Engagement Wilhelm Bitters, der im Juni 1964 verstorben war. Es fügte sich seinem nach langem sozialem Aufstieg im Rahmen des katholischen Sozialmilieus ausgeprägt honoratiorenhaften Selbstverständnis als weltanschaulich verpflichteter

---

92   Georg Bitter an Fritz Hüser; Fritz Hüser Institut Dortmund, Hüser 1521, 8. 4. 1965. Einige Jahre später vermeldete Hüser: »Im übrigen stelle ich fest, daß nach den Autoren und ihren Gedichtbänden seit mehreren Jahren überhaupt nicht mehr gefragt wird. Einzelne Autoren haben ja ihren Weg gemacht und brauchen keine Hilfe und Anregung mehr.« Fritz Hüser an Georg Bitter; Fritz Hüser Institut Dortmund, Hüser 1520, 29. 6. 1970.
93   Fritz Hüser an Georg Bitter; Fritz Hüser Institut Dortmund, Hüser 1520, 12. 5. 1966. Es handelte sich um die Anthologie »Aus der Welt der Arbeit. Almanach der Gruppe 61 und ihrer Gäste«. Herausgegeben von Fritz Hüser und Max von der Grün in Zusammenarbeit mit Wolfgang Promies, Neuwied/Berlin 1966.

und politisch ambitionierter Unternehmer ein. Der Chefredakteur der
Zeitung ruft ihm nach: »Es gehörte ein harter und fester Wille dazu, in
einer Zeit, die mit dem Pluralismus in der Gesellschaft eine Relativierung der Werte verband, sich zur katholischen Apostolatsaufgabe im
Schrifttum zu bekennen.«[94] Die Bemerkung verweist auf die in den
1960er Jahren zunehmend turbulente Lage des bundesdeutschen Katholizismus, der sich den vielfachen Liberalisierungsschüben des Jahrzehnts, denen sich innerkirchlich das II. Vatikanische Konzil beigesellte,
ebenso ausgesetzt sah wie die übrige, von Adenauers Kanzlerzeit geprägte Wiederaufbaugesellschaft.[95] Diese Tendenzen sollten auch das Familienunternehmen Wilhelm Bitters aufsprengen.

Die Wochenzeitung *Echo der Zeit* (EdZ), der Georg Bitter sich so stark
verpflichtet fühlte, wurde bereits 1952 gegründet – aufgrund einer Kombination von Umständen. Wilhelm Bitter reagierte dabei auf die an ihn
herangetragene Möglichkeit, ein weiteres katholisches Blatt zu übernehmen, woran er jedoch durch vertragliche Bindungen gehindert war. Verhandlungen mit dem Bistum Münster führten stattdessen im April 1952
zur Gründung der »Echo der Zeit G.m.b.H.«[96] mit Sitz in der Bischofs-
stadt. Die Gesellschaft fungierte als Eigentümerin des Wochenblatts, der
Paulus-Verlag erhielt das Recht, die EdZ in seinem Namen und auf seine
Rechnung zu verlegen, herzustellen und zu vertreiben. Wesentliche Bereiche blieben jedoch dem Einfluss des Verlags entzogen. Die Eigentümerin behielt sich die Kontrolle über die Blattlinie vor: »Der Verleger ist
verpflichtet, diese Grundsätze zu beachten.« Ebenso gab es ein weitrei-

---

94 Franz Lorenz: Wilhelm Bitter, in: Echo der Zeit, 14. 6. 1964.

95 Vgl. z. B. Karl Gabriel: Zwischen Aufbruch und Absturz in die Moderne. Die katho-
    lische Kirche in den 60er Jahren, in: Axel Schildt/Detlef Siegfried/Karl Christian
    Lammers (Hrsg.): Dynamische Zeiten. Die 60er Jahre in den beiden deutschen Ge-
    sellschaften, Hamburg 2000, wo es zur Mitte des Jahrzehnts heißt: »Die bis dahin au-
    ßerordentlich hohe Integrationskraft der Kirche verlor plötzlich an Wirksamkeit.
    Darauf deuten alle verfügbaren Daten hin.« (S. 537). Für das Gesamtjahrzehnt lautet
    ein Resümee: »Die im Kulturkampf geschmiedete Einheit von Volksreligion und
    kirchlicher Religion, die sich bis in die 60er Jahre hinein erhalten hatte, löste sich auf.
    Hier ist das Zentrum der Veränderungen im Katholizismus zu suchen.« (S. 539).

96 Schreiben (wohl Wilhelm Bitter) an Rechtsanwalt Lensdorf; Stadtarchiv Reckling-
    hausen, Bestand Bitter 23, 2. 12. 1955.

chendes Mitbestimmungsrecht in Personalangelegenheiten.[97] Die Zeitung war mithin im Konfliktfall klar über die GmbH durch die beteiligten katholischen Bistümer dominiert. Rechtsanwalt Dr. Lensdorf resümierte die rechtliche Lage gegenüber Georg Bitter in einer sehr negativen Bewertung: »Der Vertrag verlagert das wirtschaftliche Risiko des Unternehmens ausschließlich auf den Verleger, räumt ihm aber kein Mitspracherecht bei der Gestaltung des Verlagsobjekts ein.«[98] Eine nachfolgende, auf die Ungleichgewichte reagierende Vereinbarung der Vertragsparteien berührte die inhaltliche Dominanz der Eigentümerin nicht.[99]

Gedacht war das ambitionierte Wochenblatt als katholische »Führungszeitung«. Drei Jahre nach der Gründung war man mit dem erreichten Publikum nicht recht zufrieden, Enttäuschung herrrschte vor allem über die Gruppe der Akademiker in der Leserschaft. Aus einer Erhebung ergab sich ein Anteil von »nur« 35%. Offenbar hatte man ein noch exklusiveres, an Honoratioren und Multiplikatoren des katholischen Milieus adressiertes Blatt angestrebt.[100] Auch kommerziell war EdZ kein Grund zur Freude. Nach einem Auflagengipfel von 25.408 Exemplaren im Mai 1954 ging es nicht mehr weiter, insbesondere bei Frauen und Arbeitern verzeichnete man zahlreiche Abbestellungen, insgesamt lag die Auflage bei gut 23.000 Exemplaren. Die Zeitung war seit ihrer Gründung ein Zuschussgeschäft: »Da der Paulus-Verlag lt. obiger Aufstellung bis zum 31. März 1955 bereits einen Betrag von 102.726,35 DM eingesetzt hat, wird es kaum möglich sein, dass der zu erwartende Verlust weiterhin von ihm getragen werden kann.«[101] Die Einstellung des Blatts rückte ein erstes Mal in den Horizont der Überlegungen. Die finanzielle Lage von EdZ blieb prekär und Gegenstand von

---

97   Rechtsanwalt Dr. Lensdorf: Betrifft: Besprechung am 22. 10. 1955. Zum Vertrag vom 1. April 1952; Stadtarchiv Recklinghausen, Bestand Bitter 23.
98   Rechtsanwalt Lensdorf an Georg Bitter; Stadtarchiv Recklinghausen, Bestand Bitter 23, 28. 11. 1955, s. a. Lensdorf an Georg Bitter, 12. 10. 1955, ebd.
99   Vgl. das Dokument vom 10. 4. 1956; Stadtarchiv Recklinghausen, Bestand Bitter 23.
100   Bericht über die Entwicklung von ECHO DER ZEIT, o.V.; Stadtarchiv Recklinghausen, Bestand Bitter 23, 5. 7. 1955.
101   Bericht über die Entwicklung von ECHO DER ZEIT, o. V.; Stadtarchiv Recklinghausen, Bestand Bitter 23, 5. 7. 1955, S. 6.

Auseinandersetzung zwischen dem Verlag und der Geschäftsführung der Eigentümerin, die noch 1967 für die 60er Jahre jährliche Zuschüsse durch die tragenden Diözesen in Höhe von gut 340.000 Mark anführte.[102]

Die Elitenorientierung von EdZ prägte auch das Themenspektrum und den Duktus. Einfluss auf breitere Schichten der Bevölkerung war allenfalls indirekt möglich. Das Blatt verstand sich als ein Forum zur Diskussion gesellschaftspolitischer Themen und Positionen und pflegte einen intellektuellen Stil: »Zur Unterstützung dieses Selbstanspruchs fuhr das Blatt eine spezielle Strategie: Die Redaktion des EdZ bestand aus parteiideologisch nicht festgelegten Redakteuren, die gleichzeitig für andere sich liberal positionierende Organe oder etwa für das Radio tätig waren und die Unionsparteien genauso kritisch betrachteten wie die SPD.«[103] Für den am Blatt tätigen Journalisten und Lektor Friedhelm Baukloh handelte es sich bei der Zeitung um den Versuch, »ein von Bischöfen subventioniertes Blatt, etwas links von der Mitte, parteipolitisch ungebunden, der katholischen Soziallehre und dem ökumenischen Dialog verpflichtet, im Gespräch zu halten«.[104] Die offene Grundhaltung der Zeitung, von deren Autoren einige auch Bücher bei Paulus publizierten, bewährte sich auch in der turbulenten zweiten Hälfte der 60er Jahre. Dabei blieb das Autorenspektrum weitgespannt. Der konservativ profilierte Bernt von Heiseler war öfter Autor, aus den Reihen der Bundes-CDU kamen etwa Werner Marx und Rainer Barzel zu Wort. Aber auch Vertreter der (noch) verbotenen KPD konnten sich in Interviews äußern. Mit Gerda Zorn widmete sich eine engagierte Gegnerin des neurechten Spektrums der Aufarbeitung von Verfolgung und Widerstand im »Dritten Reich«. Mit Josef Reding war ein weit über den Paulus-Verlag und

---

102 EdZ-Geschäftsführung (Meyer-Schwickerath) an Paulus-Verlag; Stadtarchiv Recklinghausen, Bestand Bitter 23, 17. 7. 1967.

103 Florian Bock: Der Fall »Publik«. Katholische Presse in der Bundesrepublik Deutschland um 1968, Paderborn 2015, S. 110.

104 Friedhelm Baukloh: Für und wider das Bistumsblatt. Das Dilemma der katholischen Kirchenpresse, in: Norbert Greinacher/Heinz Theo Risse (Hrsg.): Bilanz des deutschen Katholizismus, Mainz 1966, S. 242.

die literarische Produktion hinaus tätiger Dortmunder Intellektueller in dem Wochenblatt vertreten, der auch Kontakte in die Bürgerrechtsbewegung in den USA geknüpft hatte. Auch sonst fanden die politisch-kulturellen Aufbrüche jener Jahre ihren Niederschlag. Die Festivals auf der Burg Waldeck im Hunsrück, die Pflanzstätte des neuen deutschen politischen Chansons, wurden gewürdigt. Dessen Exponent Franz Josef Degenhardt kam in einem Interview zur Geltung.[105] Positiv besprochen wurden Walter Benjamin und Theodor W. Adornos *Negative Dialektik* in dem umfänglichen und vielfältigen Rezensionsteil der Zeitung, in der auch das Theater starken Widerhall fand. Andererseits war mit Heinz Vielain ein politischer Journalist prominent vertreten, der einen scharf konservativen, gegen die anlaufende Entspannungs- und neue Ostpolitik gerichteten Kurs verfolgte.

Das Aus kam für EdZ durch die kirchlichen Pläne, die katholische Presse in der Bundesrepublik neu aufzustellen. Man plante eine neues Organ und war bestrebt, mögliche Konkurrenz im eigenen Blätterwald zu verhindern. Eine mit den Vorbereitungen befasste Sonderkommission beabsichtigte, die Periodika *Allgemeine Sonntagszeitung* aus Würzburg mit einer Auflagenhöhe von 15000 Exemplaren, *Das Wort* aus Hildesheim (etwa 10.000 Exemplare) und auch EdZ (bei immer noch rund 20.000 Exemplaren) in dem neuen publizistischen Flaggschiff aufgehen zu lassen. Das traf natürlich bei den Betroffenen in Recklinghausen nicht auf Begeisterung. Widerstand formierte sich aus der Redaktion, wo Chefredakteur Franz Lorenz den drohenden Verlust der erschriebenen Meinungsmacht zu bedenken gab, und fand auswärtige Unterstützung. Der Zeitungswissenschaftler Emil Dovifat unterstützte den Erhalt von EdZ ebenso, wie Rainer Barzel, ZDF-Intendant Karl Holzamer, Franz Josef Strauß und der Mitbegründer der *Frankfurter Hefte* und prominente linkskatholische Intellektuelle Walter Dirks. Georg Bitter, der eine erhebliche Arbeitslast bei EdZ getragen

---

105 Ralf Ulrich Kaiser: Protest-Songs in der Idylle, in: EdZ 24/1967, S. 15; Wolf Scheller: »… und wer gern singt, der singt«. Ein Gespräch mit Franz Josef Degenhardt, in: EdZ 5/1968, S. 15.

hatte, griff ebenfalls mit Verweis auf die überlegene protestantische Presse- und Öffentlichkeitsarbeit und die Bedeutung des Standorts Ruhrgebiet vehement in den Kampf um den Erhalt der Zeitung ein, der auch in der Kirchenhierarchie bei Kardinal Lorenz Jaeger Unterstützung fand.[106] Die Anstrengungen blieben vergeblich, mit der Nummer 38 vom 22. September 1968 stellte *Echo der Zeit* sein Erscheinen ein.

Die vorangegangenen Turbulenzen um Erhalt bzw. Abwicklung der Zeitung hatten erhebliche Folgen für die Bitter-Unternehmungen und insbesondere für den Verleger Georg Bitter. Die Vorgänge, die zu dessen Trennung vom Paulus-Verlag führten und das Jahr 1968 nicht nur politisch sondern auch familiär zum Epochenjahr machten, sind nicht vollends zu überblicken. Das *Handelsblatt* meldete am 15. 8. 1968: »Hinter den Kulissen sind offenbar heftige Machtkämpfe ausgetragen worden. Von Seiten des Episkopats hatte man starken Druck auf den Verleger Bitter ausgeübt, der neben dem ›Echo der Zeit‹ noch weitere kirchliche Verlagsobjekte herausbringt.«[107] Die Auseinandersetzung führte zu Verselbständigung des Verlagsbetriebs von Georg Bitter. Sein Bruder Heinz klärte die Belegschaft auf:

> Die Gesellschafter der beiden Firmen Bitter und Paulus haben sich dahingehend verständigt, die Betriebsabteilung Buchverlag aus dem Paulus Verlag mit Aktiven und Passiven heraus zu lösen und in einem Sonder-Auseinandersetzungsvertrag meinem Bruder Georg zu übertragen. Wie Sie vielleicht wissen, hat mein Bruder Georg, zusammen mit seiner Frau, den Georg Bitter Verlag KG. gegründet und führt ihn unter diesem Namen ab 1. 7. d. Js. ... Lassen Sie mich Ihnen nur soviel dazu sagen, dass die Vereinbarungen zwischen den Gesellschaftern und der Geschäftsführung der Firmen W. Bitter und des Paulus Verlages mit meinem Bruder Georg korrekt und harmonisch abgestimmt und abgeklärt worden sind. Sagen möchte ich Ihnen allerdings dazu, dass es meines ganzen persönlichen Einsatzes bedurft hat, um die bei Echo der Zeit in Münster und im Generalvikariat Münster um Kirche und Leben aufgetretenen Schwierigkeiten aus dem Wege zu räumen und die Firmen in ihrer Weiterexistenz zu sichern ... Ich

---

106 Vgl. Bock: Der Fall »Publik« (wie Anm. 103), S. 106ff.
107 Zitiert nach Stadtarchiv Recklinghausen, Bestand Bitter 23.

habe zu der heutigen Zusammenkunft auch die Damen und Herren des Kommunal-Verlages hinzu gebeten. Das Druck- und Verlagshaus W. Bitter hat am Kommunal-Verlag eine Mehrheitsbeteiligung und wird auch von daher in der Zukunft stärker als bisher und massgeblich seinen Einfluss für eine noch bessere wirtschaftliche Gesundung mit durchzusetzen haben.[108]

Neben dem Ausscheiden Georg Bitters bei Paulus änderte sich in den politisch und kulturell stürmischen späten 60er Jahren auch anderes im Unternehmensbereich Bitter. Der Gelsenkirchener Ableger Paulus Verlag K. Bitter KG. Gelsenkirchen wurde zum Jahresende 1967 gelöscht, ihre Aktiva und Passiva in das Recklinghäuser Unternehmen überführt. Für den Mai des Folgejahres beschloss man, die Kieler Dependance, eine Buchhandlung, einzustellen.

Die Gesamtheit dieser Vorgänge bedeutete die Auflösung der Unternehmensgruppe Bitter und die Verselbständigung ihrer Teile. Zumindest indirekt ist dieser Vorgang vor dem Hintergrund der kirchlichen Reaktion auf die Umformung und den teilweisen Zerfall des katholischen Milieus seit den mittleren 60er Jahren zu sehen. Zugleich bedeuteten diese Vorkommnisse auch eine familiäre Krisensituation. Jenseits der familiären Klammer arbeiteten die Nachfolgeunternehmen in eigenständiger Regie bis zum Ende weiter.

Zum Auftakt seiner nunmehr verselbständigten Verlegertätigkeit wandte sich – wie sein Bruder Heinz – auch Georg Bitter an die Mitarbeiter:

Ich wende mich heute mit einer persönlichen Erklärung an Sie. Mit Wirkung vom 1. 7. 1968 habe ich die Buchproduktion des Paulus Verlages K. Bitter K.G. Recklinghausen in den inzwischen gegründeten Georg Bitter Verlag K.G. Recklinghausen übernommen. Unter dem neuen Verlagsnamen möchte ich die alte Tradition fortführen, vor allem aber auch neuen geistigen Entwicklungen im Rahmen unserer zukünftigen Produktion Raum geben.[109]

---

108 Heinz Bitter: Rede an Mitarbeiter 23. 9. 1968; Stadtarchiv Recklinghausen, Bestand Bitter 23.
109 Rundschreiben Georg Bitter an die Mitarbeiter, 15. 8. 1968; Stadtarchiv Recklinghausen, Bestand Bitter 22.

In der Praxis bedeutete dies die verstärkte Profilierung des Unternehmens im Bereich Kinder- und Jugendbuch, wobei man ja an eine bestehende Traditionslinie anknüpfen konnte. Zugleich wurde die Identifikation des Verlages mit dem katholischen Milieu ausgedünnt. Georg Bitters leitender Mitarbeiter und Lektor Hans-Joachim Gelberg erinnert sich an die Zeit des Neuanfangs in dieser Beleuchtung:

> Für Kinderbücher war ich ja eigentlich eingestellt worden, und das war eine sehr schöne Angelegenheit, darüber könnte ich viel erzählen. Mein erstes Buch, das ich für den Verlag machte, war aber ein Ehebuch für katholische Eheleute mit dem Titel ›Vollendung ehelicher Liebe‹. Das Buch war ein Seller. Der Verleger des Paulus-Verlages, Dr. Georg Bitter, benannte seinen Verlag um (sehr auf mein Zuraten hin, weil Kinderbücher und Literatur unter dem Namen Paulus-Verlag schwer zu etablieren waren; sie bekamen sofort den Stempel ›katholische Kinderliteratur‹), und er nannte sich dann Georg Bitter-Verlag. Unter diesem Namen ist der Verlag bekannt geworden. Ich war dort fünf Jahre als Lektor. Die Anfänge neuer Kinderliteratur verbinden sich mit dem Namen Georg Bitter-Verlag.[110]

Diese Einschätzung wird gestützt durch eine Reihe von Preisen – allein der deutsche Jugendbuchpreis ging bis 1971 vier Mal an Bitter-Titel. In den Folgejahren wurden die Produktionen des Verlags auch auf internationaler Ebene ausgezeichnet.[111] Zum Jahresende 1970 befanden sich rund einhundert Titel in der laufenden Produktion. Gelberg arbeitete u. a. mit Günter Wallraff, Josef Guggenmos und Peter Härtling zusammen, dessen erstes Kinderbuch er betreute. Ein zehn Jahre nach der Verlagsgründung vom Lektorat zusammengestelltes Heft mit Portraits von Autoren und Illustratoren führt 57 Personen auf.[112] Unter der breit aufge-

---

110 https://www.ph-heidelberg.de/fileadmin/user_upload/deutsch/...06.../gelberg. (eingesehen am 19. 12. 2016).

111 Vgl. Georg Bitter Verlag in neuen Räumen. Bilanz des Verlages immer erfolgreicher, in: Westdeutsche Allgemeine Zeitung (WAZ), 7. 1. 1972; Stadtarchiv Recklinghausen, Bestand Bitter 28.

112 Vgl. Wer sie sind, wie sie aussehen, was sie schreiben, malen oder zeichnen. Die Autoren und Grafiker des Georg Bitter Verlages. Zusammengestellt vom Lektorat des Georg Bitter Verlages im Sommer 1978.

stellten Autorenschaft finden sich Klassiker und allgemein bekannte Namen: Lewis Carroll, Frederik Hetman, Janosch, Wolfdietrich Schnurre, John Ronald Tolkien. Tolkiens Buch über den »kleinen Hobbit« war bereits bei Paulus als deutsche Erstausgabe erschienen.[113]

Auch darüber hinaus wies der Verlag ein breites internationales Profil auf. Neben dem Niederländer Jaap ter Haar war Ota Hofmann aus der Tschechoslowakei mit *Pan Tau* und *Die Flucht* vertreten. Gleichfalls Tscheche und überdies politischer Dissident war Ivan Klima, Autor von *Kristinka und die Pferde*. Aus den USA sind Vera und Bill Cleaver sowie aus der Sowjetunion Jewgeni Tscharuschin zu erwähnen. Der Dortmunder Wolfgang Körner gehörte wie auch Josef Reding zugleich der Gruppe 61 an. Mehrfach bemühte sich Georg Bitter auch bei seinem alten Autor Max von der Grün um ein Jugendbuch aus seiner Feder: »Schon früher sprach ich die Bitte aus, wenn Sie mal wieder ein Jugendbuch unter der Feder haben, dann denken Sie mal an Ihren ›alten Verleger‹. Es muß ja nicht alles bei Luchterhand erscheinen.«[114] Der Appell blieb ohne Erfolg.

Von allgemeinem, auch politischem Belang sind spätere Verlagspublikationen zweier Autorinnen. Heidi Hassenmüller veröffentlichte 1989 mit *Gute Nacht Zuckerpüppchen* ein Buch, das den sexuellen Missbrauch an einem Mädchen thematisiert. Vorangegangen war eine Publikation als Serie im *Stern*. Das auf eigenen Erfahrungen der Autorin basierende Buch erhielt im Erscheinungsjahr den Jugendbuchpreis »Buxtehuder Bulle« und fand große Resonanz in mit dem Missbrauchsthema befassten Kreisen. Bis 1996 erschienen acht Bücher Hassenmüllers bei Georg Bitter. Karin Jäckel griff in dem 1992 erschienenen *Sag keinem wer dein Vater ist* das als Teil der Zölibatsproblematik weiter schwelende Thema der verschwiegenen Kinder katholischer Geistlicher auf. Der Verleger selbst wirkte auch über organisatorische Initiativen indirekt in den öffentlichen Raum. Er war Gründungsmitglied und lange Sprecher bei dtv

---

113 Vgl. http://ardapedia.herr-der-ringe-film.de/index.php/Georg_Bitter_Verlag. (ein-gesehen am 19. 12. 2016).

114 Georg Bitter an Max v. d. Grün, 10. 12. 1985; Fritz Hüser Institut Dortmund, Grü 1469.

junior und Vorstandsmitglied der Arbeitsgemeinschaft von Jugend-
buchverlagen.[115] Sein eigenes Haus allerdings wurde 1997 insolvent. Georg Bitter verstarb im Februar 2012.

Auch Heinz Bitter führte seine Unternehmungen, zu denen auch der
Paulus-Verlag weiterhin gehörte, zunächst erfolgreich weiter. 1969
wurde die Zusammenarbeit mit dem Verlag der *Ruhr-Nachrichten* neu
geordnet, im Folgejahr erfolgte der Abschluss eines Druckvertrages über
zehn Jahre für die *Kommunalpolitischen Blätter*.[116] 1972 umfasste das
Unternehmen 167 Mitarbeiter, davon 21 im Paulus-Verlag in Recklinghausen und befand sich in einer Arbeitsgemeinschaft mit den Verlagen
Massing in Emmerich und Regensberg in Münster. Die zuvor beteiligten
Verlage Post und Postberg in Gelsenkirchen bzw. Bottrop waren 1959 bei
Gründung des Essener Ruhrbistums ausgeschieden.[117] Anlässlich seines
65. Geburtstages im Mai 1980 widmete die *Deutsche Tagespost* Heinz Bitter ein Portrait und hob hervor:

> 170 Mitarbeiterinnen und Mitarbeiter finden in dem 1974 erstellten Neu-
> bau des technischen Betriebes im Industriegelände an der Siemensstraße
> umweltfreundliche und moderne Arbeitsplätze. Die Umstellung der
> Technik vom Blei- auf den Fotosatz wurde in den vergangenen Jahren
> vollzogen. ›Kirche und Leben‹, die auflagenstärkste Bistumszeitung in der
> Bundesrepublik, im Druck- und Verlagshaus W. Bitter hergestellt, wird
> durch ihn als geschäftsführenden Verleger mit persönlichem Einsatz be-
> treut ... Seit 1974 leitet er den Vorstand der Konpress Anzeigen eG, Reck-
> linghausen, einen Zusammenschluss der katholischen und evangelischen
> Kirchenpresse in der Bundesrepublik Deutschland.[118]

---

115 Vgl. den Nachruf des Börsenblatts für den deutschen Buchhandel: https://www.bo-
ersenblatt.net/artikel-gestorben.501609.html, sowie von BuchMarkt: http://www.
buchmarkt.de/menschen/gestorben/dr-georg-bitter/. (eingesehen am 18. 12. 2016).
116 Vgl. Rundschreiben Heinz Bitter an Mitarbeiter, 12. 9. 1969; Stadtarchiv Recklinghausen, Bestand Bitter 25; Chronik Januar 1970; Stadtarchiv Recklinghausen, Bestand Bitter 25.
117 Notiz an Heinz Bitter, 14. 9. 1972; Stadtarchiv Recklinghausen, Bestand Bitter 29;
Arbeitsgemeinschaft katholische Presse 3.–5. Oktober 1972; Stadtarchiv Recklinghausen, Bestand Bitter 28.
118 Das Porträt. Der Verleger Heinz Bitter, in: Deutsche Tagespost, 21. 5. 1980; Stadtarchiv Recklinghausen, Bestand Bitter 41.

Die anschließende Auflistung von Engagements, Ehrenämtern und Auszeichnungen ergibt auch hier ein typisches Honoratiorenprofil. Dennoch hatte der Niedergang des Betriebes bereits eingesetzt, seit Mitte der 70er Jahre begann der Erfolg nachzulassen, und die Insolvenz des inzwischen verkauften Unternehmens erfolgte im Sommer 2005. Heinz Bitter war bereits 1992 verstorben.[119]

Überblickt man die Entwicklung der Unternehmen der Familie Bitter insgesamt, so ist der überragende Einfluss des katholischen Sozialmilieus evident. Es war der geschlossene Raum des politischen Katholizismus, der Wilhelm Bitters berufliche Etablierung und seinen sozialen Aufstieg ermöglichte. Als entscheidend und quasi als Ersatz für eine Ausbildung oder Studium erwiesen sich der Windthorst-Bund und der Volksverein für das katholische Deutschland mit ihren Bildungs- und Laufbahnchancen. Gefährdete Wahlinteressen der Partei wiesen ihm den Weg in das expandierende rheinisch-westfälische Industriegebiet. Der Einstieg in das Verlagsgeschäft war als Aspekt der Parteiarbeit angelegt. Wie bei Milieuverlagen generell, trug das in diesem Fall katholische Milieu den Verlag, limitierte ihn jedoch auch. Hinzu trat die hierarchische Struktur des Katholizismus, die das Unternehmen ein Stück weit außen gesteuert agieren ließ. Sein Selbstverständnis als Agentur einer religiösen Weltanschauung mit verpflichtendem Charakter warf in dieser Konstellation zwar keine grundsätzlichen Probleme auf, erwies sich jedoch im konkreten historischen Umfeld der 1960er Jahre mit ihren Liberalisierungs- und Säkularisierungstendenzen als Konstruktionsproblem. Die Abhängigkeit von autoritativen Entscheidungen der Amtskirche, die ihrerseits von der Erosion ihrer öffentlichen Geltung bedrängt wurde, ließen das familiäre Netzwerk der Bitter-Unternehmen reißen. Die anschließende Entwicklung der getrennten Unternehmen der beiden Brüder Heinz und Georg Bitter stellt vor eine neue Quellensituation und würde einen weiteren eigenständigen Ansatz erfordern.

---

119 Vgl. Christoph Hagebeucker: 50 Jahre Druck- und Verlagshaus Wilhelm Bitter, in: Vestischer Kalender 79/2008.

Die »Vesdruvag-Familie« bei Vollendung des ersten Jahrzehnts der Firma
Recklinghausen, am 2. Oktober 1932

Übergabe des Buches von Alberto Galter »Das Rotbuch der verfolgten Kirche« an Papst
Pius XII. in Rom. V.l.n.r. Frau und Herr Gauthier (Freiburg/Schweiz), der Generalsekretär
der Kommission für die verfolgte Kirche und Gattin, Verleger W. Bitter und Gattin (Vestische Neueste Zeitung), Dr. Georg Bitter und Prälat Dr. Kindermann aus Königstein (1958)

Innenminister HJ Dufhues mit Gattin und Verleger Wilhelm Bitter

Vor dem Rathaus in Recklinghausen, Innenminister H.-J. Dufhues mit Gattin und Verleger Wilhelm Bitter, 14. Juni 1959

Erweiterungsbau der Druckerei am Löhrhof mit Betriebsfahrzeugen, Juli 1965

Bildnachweis: Stadtarchiv Recklinghausen, Bestand Bitter.
Wir danken Herrn Diplom-Archivar Winter für die Reproduktion der Fotos.

Thomas Gepp / Berthold Petzinna

Rechte Verlage in der frühen Bundesrepublik

Subkulturelle Netzwerkbildung nach der »Stunde Null«
und versuchte Neujustierung im Schatten von »68«

Den Vormarsch der alliierten Verbände in Deutschland 1945 konnte
man auch daran mitverfolgen, wie im nationalsozialistischen Mediensystem sukzessive gleichsam »das Licht ausging«. Nacheinander ver-
stummten die Rundfunkstationen und stellten die Zeitungen ihr Erscheinen ein. Auch die Produktion der Buchverlage lief aus. Insofern
kann für den Mediensektor auf dieser Ebene durchaus von einer »Stunde
Null« gesprochen werden.

Der Neustart verlief nach einer Übergangsphase in der Regie der jeweiligen regionalen Besatzungsmacht. Regularien und praktische Umsetzung wichen dabei voneinander ab, doch blieb zumindest das Ziel der
Unterbindung weiterer NS- und militaristisch-nationalistischer Medien-
inhalte gemeinsam. Lizenzierungssysteme, die nationalsozialistisch belastete Antragsteller aussondern sollten, und inhaltliche Kontrollen
durch die Militärregierungen waren die Instrumente eines gesteuerten
Neuaufbaus deutscher Medienunternehmen.

Rasch wurde auch der erst kurz zurückliegende Krieg zum literarischen Thema. Ein früher Bestseller war Theodor Pliviers Roman »Stalingrad«. Der 1945 im neu gegründeten Aufbau Verlag erschienene Roman erreichte bald eine hohe Auflage, die West-Lizenz bei Rowohlt kam
1947 auf 100.000 Exemplare.[1] Das Thema stieß auf sehr großes Publi-
kumsinteresse und konnte die Etablierung von Anbietern auf dem Me-
dienmarkt fördern. Davon profitierte etwa die Wochenzeitung »Christ
und Welt« aus Stuttgart. Die von Jürgen Thorwald verfasste Serie zur
Schlussphase des Krieges ließ die Verkaufszahlen des Blattes empor-

---

1 Siehe zu dem Buch Michael Kumpfmüller: Die Schlacht von Stalingrad. Metamorpho-
   sen eines deutschen Mythos (Paderborn 1995), S. 89ff.

schnellen. Die kontrollierende Instanz der Besatzungsmacht USA sah diese Profilierung mit Argwohn und mahnte Vorsicht an.[2] Gleichfalls auf große Bedenken und Widerstände war bereits zuvor Carl Zuckmayers Stück »Des Teufels General« gestoßen. Man sah durch die Dominanz des opulent uniformierten militärischen Milieus eine Einladung an das Publikum, sich an militaristischem Glanz zu erbauen, und mithin eine direkte Gefährdung besatzungspolitischer Ziele.[3]

Der Fall Jürgen Thorwald verdeutlicht ein weiteres Mal, dass die personellen Kontinuitäten im Medienbereich auch in der Besatzungszeit ausgeprägter waren, als dies lange Zeit angenommen wurde.[4] Desgleichen war die mit den Jahren zurückgehende Zensurtätigkeit der Medienkontrollbehörde der US-Verbände »Information Control Division« mit der Inkaufnahme nationalistischer Strömungen verbunden.[5] Es handelte sich dabei nur um ein Moment im Rahmen einer breiteren Verschiebung der politischen Mentalität der Westdeutschen in den ersten Nachkriegsjahren und der frühen Bundesrepublik. Rund die Hälfte der Befragten stand dem Mehrparteiensystem zu Beginn des neuen Staates reserviert gegenüber. Hier zeigte sich eine aus der Spätphase der Weimarer Republik herrührende Skepsis gegenüber der Tauglichkeit parlamentarischer Systeme, sei es generell, sei es bezogen auf die deutschen Eigentümlichkeiten. Jungkonservative Vorstellungen waren in

---

2 Siehe dazu Berthold Petzinna: Die Zeitung »Christ und Welt«. Ein Engagement Georg von Holtzbrincks, in: Eyk Henze/Patricia F. Zeckert (Hg.): Flachware 3 – Fußnoten der Leipziger Buchwissenschaft (Leipzig 2013).

3 In seinen Memoiren skizziert Zuckmayer die Vorgänge um die Züricher Premiere des Stücks und die verspäteten deutschen Aufführungen. Er resümiert: »Teils befürchtete man eine ›rückschrittliche‹ politische Wirkung, das Aufkommen einer ›Generals- und Offizierslegende‹, teils Widerspruch, Unruhen, Krawall. Es passte nicht in das sogenannte ›Umerziehungsprogramm‹ ...« Ders.: »Als wär's ein Stück von mir« (Frankfurt/M. 1982), S. 473.

4 So bereits Nora Möding und Alexander von Plato: Nachkriegspublizisten: Eine erfahrungsgeschichtliche Untersuchung, in: Peter Alheid/Erika M. Hoerning (Hg.): Biographisches Wissen. Beiträge zu einer Theorie lebensgeschichtlicher Erfahrung (Frankfurt/M./New York 1989), S. 62.

5 Ulrich M. Bausch: Die Kulturpolitik der US-amerikanischen Information Control Division in Württemberg-Baden 1945–1949. Zwischen militärischem Funktionalismus und schwäbischem Obrigkeitsdenken (Stuttgart 1992), S. 191.

Umlauf.[6] Mit der »Sozialistischen Reichspartei« (SRP) erzielte eine Gruppierung begrenzte Erfolge, die direkt an die NSDAP anschloss.[7]

Eine verbreitete Ablehnung der Entnazifizierungspraxis erstreckte sich auch auf die Kriegsverbrecherprozesse. Hier hatte sich das Meinungsbild in vier Jahren komplett gedreht. Aus 70% Befürwortern der Prozesse 1946 waren 1950 ebenso viele ablehnende Stimmen geworden.[8] Sehr viel prägender und langlebiger sollte sich die Verfestigung eines Bildes von der Wehrmacht auswirken. Während im Zeitraum um die Kapitulation herum noch keine festgefügte Vorstellung davon existierte, wie die Wehrmacht anzusehen und zu beurteilen sei, setzten doch schon Versuche ein, ein solches Bild zu verankern. Insbesondere der letzte Wehrmachtbericht, der dieser zwar den Totenschein ausstellte, zugleich jedoch die Bausteine einer mythisierenden Legendenbildung zulieferte, formte Umrisse des späteren Konzepts von der »sauberen« Wehrmacht. Es sollte für Jahrzehnte dominant bleiben.[9] Dieser Tenor gab der Politik ein Thema vor: Die »Wiederherstellung der ›Ehre‹ des deutschen Soldaten« war seit der Gründung der Bundesrepublik ein Anliegen.[10]

Hier eröffnete sich eine große Schnittmenge mit einem zentralen Schwerpunkt der Publikationspolitik von Verlagsunternehmen am rechten Rand des politischen Spektrums. Es ist bezeichnend, dass gleich die ersten Publikationen des einschlägigen Druffel-Verlags eine vergangenheitspolitische Orientierung aufwiesen. Das am Starnberger See angesie-

---

6 Siehe den Überblick bei Hans Mommsen: Der lange Schatten der untergehenden Republik. Zur Kontinuität politischer Denkhaltungen von der späten Weimarer zur frühen Bundesrepublik, in ders.: Von Weimar nach Auschwitz. Zur Geschichte Deutschlands in der Weltkriegsepoche (München 2001).

7 Vgl. Edgar Wolfrum: Die geglückte Demokratie. Geschichte der Bundesrepublik Deutschland von ihren Anfängen bis zur Gegenwart (Bonn 2007), S. 65. Die SRP traf das erste Parteiverbot in der Bundesrepublik.

8 Ulrich Herbert: Rückkehr in die Bürgerlichkeit? NS-Eliten in der Bundesrepublik, in: Bernd Weisbrod (Hg.): Rechtsradikalismus in der politischen Kultur der Nachkriegszeit. Die verzögerte Normalisierung in Niedersachsen (Hannover 1995), S. 165.

9 Siehe Wolfram Wette: Die Wehrmacht. Feindbilder – Vernichtungskrieg – Legenden (Darmstadt 2002), S. 203ff.

10 Bert-Oliver Manig: Die Politik der Ehre. Die Rehabilitierung der Berufssoldaten in der frühen Bundesrepublik (Göttingen 2004 = Veröffentlichungen des Zeitgeschichtlichen Arbeitskreises Niedersachsen, Band 22), S. 31.

delte Unternehmen eröffnete sein Programm mit der erkennbaren Absicht, Kontinuitäten zu stiften, und zwar unter Nutzung bekannter Namen. Mit Ilse Hess' Briefsammlung wurde der Fall des zu lebenslanger Haft verurteilten Ex-Hitler-Stellvertreters platziert, der hingerichtete ehemalige Außenminister v. Ribbentrop war mit »Erinnerungen und letzte Aufzeichnungen« präsent.[11] Wurde hier neben der justiziellen die politische Seite der Vergangenheitsthematik betont, so dienten andere Titel der militärischen Traditionsstiftung. Auch hier wurden zugkräftige Namen, gleichsam »Markenartikel« der NS-Propagandamedien, in Anschlag gebracht. Sowohl Hans-Ulrich Rudel als auch Walter Nowotny waren dem Publikum als hochdekorierte und militärisch äußerst erfolgreiche Flieger der Luftwaffe bekannt.[12]

Dieser Themen- und Autorenmix schließt sich – betrachtet man ihn insgesamt und in der Situation der mittleren 50er Jahre – zu einem stimmigen Profil und Angebot zusammen. Die Konzentration auf Erinnerungsschriften bzw. – im Fall Hess – andere Ego-Dokumente schuf eine Anmutung von Authentizität und persönlicher Nähe. Die kulturell tradierte Forderung, stets auch »den anderen Teil« anzuhören, konnte umso wirksamer geltend gemacht werden, als man den Autoren einen Opfer-Status zuschreiben konnte: Ribbentrop und Nowotny waren tot – der Jagdflieger war im November 1944 abgeschossen worden, – Hess in Haft und Rudel exiliert. Dem auf diese Weise vorgetragenen Versuch, eine »Gegenerzählung« zum von den Besatzungsmächten verfolgten Kurs der Vergangenheitsbetrachtung und -wertung zu etablieren, arbeitete zu, dass die deutsche Geschichtswissenschaft zu dem entscheidenden Zeitraum durch Quellenmangel – die Archive befanden sich noch in Verwaltung der Siegermächte –

---

11 Joachim von Ribbentrop: Zwischen London und Moskau. Erinnerungen und letzte Aufzeichnungen. Aus dem Nachlass herausgegeben von Annelies von Ribbentrop, Druffel Verlag (Leonie am Starnberger See 1953).

12 In Wien sorgt das Grab von Nowotny immer noch für Kontroversen und Zusammenstöße, s. Markus Sulzbacher: Neonazis: Aufmarsch am Zentralfriedhof und Drohungen gegen jüdische Aktivisten, in: Der Standard, 15.11.2021, online unter: Neonazis: Aufmarsch am Zentralfriedhof und Drohungen gegen jüdische Aktivisten – Watchblog – derStandard.at › Inland.

enge Grenzen gezogen waren.[13] Dabei war das Interesse des Publikums vorhanden. Ökonomisch gesprochen: einer großen Nachfrage stand ein engeres Angebot gegenüber.

Mit den zu Beginn der 1950er Jahre in den Vordergrund tretenden Verbänden von Ex-Soldaten, Heimkehrern und ehemaligen Angehörigen der Waffen-SS – deren »Hilfsgemeinschaft auf Gegenseitigkeit« (HIAG) formierte sich 1951 – hatten sich Resonanzräume gebildet, die buchhändlerisch auch als Zielgruppen anzusehen waren. Das galt auch für die politischen Parteien, die in den Ex-Soldaten ein großes, nicht zu ignorierendes Wählerpotenzial sehen mussten. Daher unterhielten denn auch Vertreter von CDU und SPD Kontakte in diese Milieus, wobei sie um die HIAG keinen Bogen machten. Dabei ging es aus politischer Perspektive zunächst nicht um eine innere Läuterung dieser Kreise, sondern um die Akzeptanz der neuen Spielregeln und historischen Wertungen im öffentlichen Raum.[14] Diese Zielsetzung berührte allerdings Punkte, die massive Konflikte freisetzen konnten. Als ein Angelpunkt erwies sich die Stellungnahme zum Geschehen am 20. Juli 1944.

Die Würdigung des Attentats und des Umsturzversuchs war deshalb so brisant, weil sie geeignet war, den Rechtfertigungsdruck umzukehren. Lag die Last der Legitimierung zuvor bei den als »eidbrüchig« stigmatisierten Angehörigen der Gruppe um Stauffenberg, so leitete die öffentliche Anerkennung des Aufstands als patriotische Tat, womöglich gar Pflicht, zu der Verschiebung dieses Drucks. Nunmehr war die Verweigerung der Teilnahme oder gar Unterdrückung des »Walküre«-Unternehmens begründungsbedürftig. Auch daher rührte die Vehemenz, mit der Otto Ernst Remer, als Wehrmachtoffizier am 20. Juli 1944 Zentralfigur in der Niederwerfung des Berliner Zentrums der Bewegung und nunmehr SRP-Agitator, dessen Protagonisten angriff.

---

13   So war das Buch von Hermann Mau: Deutsche Geschichte der jüngsten Vergangenheit (Erstausgabe 1953 bei der Reichszentrale für Heimatdienst) deshalb im Hinblick auf Quellen auf Zeitungsauswertung und Dokumente des Nürnberger Hauptkriegsverbrecherprozesses beschränkt.

14   Siehe Jörg Echternkamp: Soldaten im Nachkrieg. Historische Deutungskonflikte und westdeutsche Demokratisierung 1945–1955 (München 2014), S. 353f.

Der später durch den von ihm initiierten ersten Auschwitz-Prozess in Frankfurt am Main bekannt gewordene Staatsanwalt Fritz Bauer nutzte eine Privatklage gegen Remer, der Träger des 20. Juli als »Landesverräter« bezeichnet hatte, um ein Verfahren gegen ihn zu eröffnen, das mit einer Verurteilung des Ex-Offiziers endete. Dieser »normative() Akt, der entscheidende Grundlagen für die Verankerung des 20. Juli 1944 im Geschichtsbewußtsein der Bundesrepublik schuf«,[15] wurde von Bundespräsident Theodor Heuss anlässlich des zehnten Jahrestages der Ereignisse noch verstärkt. In den Publikationen der rechten Szeneverlage fand das Lager der Kritiker dieser Entwicklung und der Hitlertreuen einen Rückhalt, so etwa bei Rudel.[16]

Neben den ideologischen und Selbstbildfragen beeinflussten mitunter auch ökonomische und Statusanliegen Profil und Programm von rechten Verlagen. Dieser Motivstrang ist beim Plesse-Verlag deutlich erkennbar. Das Unternehmen war von den 50er Jahren an eng mit der HIAG liiert, der es um die soziale, auch versorgungsrechtliche Lage ehemaliger Waffen-SS-Angehöriger und um das öffentliche Ansehen dieser gegen Kriegsende umfangreichen Sonderformation zu tun war. Verlagsgründer Karl Waldemar Schütz hatte selbst dieser Truppe angehört. Der Versuch, das Bild der Waffen-SS aufzuhübschen, das durch Kriegsverbrechen, von denen das Massaker im französischen Oradour-sur-Glane eines der bekanntesten ist, massiv belastet war, trug durch weite Bereiche des Buchprogramms. In der Autorenschaft waren ranghohe und bekannte Ex-Kommandeure aus ihren Reihen präsent.

Der ehemalige SS-General Felix Steiner versuchte sich an einer derartigen Schönheitsoperation, indem er ihre Angehörigen zu Soldaten neuen Typs erklärte und mit scheelem Seitenblick auf die Wehrmacht feststellte: »Einstmals waren sie bewährte und hochgeschätzte Kampfgefährten. Heute hat man versucht, sie zu soldatischen Parias zu machen

---

15 Norbert Frei: Vergangenheitspolitik. Die Anfänge der Bundesrepublik und die NS-Vergangenheit (München 2003), S. 348.
16 So implizit im Vorwort zu Hans-Ulrich Rudel: Trotzdem (Verlag K. W. Schütz, 3. Auflage 1976). Der einschlägige Verleger Helmut Sündermann spricht despektierlich vom »Juli-Putsch«, ders.: Deutsche Notizen 1945/1965 (Druffel Verlag 1965), S. 67.

... So ist dieses Buch ein Akt zeitlich und geschichtlich bedingter Notwehr. Es will sich bemühen, der Gegenwart und Zukunft das treffende Bild der ehemaligen Waffen-SS zu vermitteln.«[17] Steiners Betonung des Neuartigen der Waffen-SS war allerdings nicht der Hauptstrang der Rehabilitationsbemühungen. Der schlug sich nieder im Titel des Buches eines anderen SS-Generals: »Soldaten wie andere auch«.[18] Angleichung an die Wehrmacht war das Ziel – die Rede ging von der Waffen-SS als »viertem Wehrmachtteil« neben Heer, Luftwaffe und Kriegsmarine –, eine Annäherung, die von Vertretern des Bildes einer NS-fernen, in legitimer soldatischer Wertetradition stehenden Wehrmacht als Bedrohung betrachtet und zurückgewiesen werden konnte.[19]

Deutlicher noch als bei Plesse ist die Orientierung an ökonomischen Interessen und Statusfragen beim Grabert-Verlag – sie standen an dessen Ursprung. Sein Gründer Herbert Grabert hatte 1945 seine Stellung als Hochschullehrer verloren und wurde 1945/46 für 17 Monate interniert; er erfuhr somit eine massive »soziale Deklassierung«.[20] In der Folge orientierte sich der milieuvertriebene Akademiker auf seine Leidensgenossen: 1950 erfolgte die Gründung des »Verbandes der nichtamtierenden (amtsverdrängten) Hochschullehrer«. 1953 erschien erstmals ein »Mitteilungsblatt für den 131er Hochschullehrer«, der späteren »Deutschen Hochschullehrer-Zeitung«. In jenem Jahr gründete Grabert auch den nach ihm benannten Verlag.

An Herbert Graberts Fall zeigt sich überdies, in welchen langen, über den Nationalsozialismus zurückreichenden Traditionslinien manche

---

17 Felix Steiner: Die Armee der Geächteten (1963), zitiert nach Heinz Brüdigam: Der Schoß ist fruchtbar noch ... Neonazistische, militaristische, nationalistische Literatur und Publizistik in der Bundesrepublik (Frankfurt/Main 1965), S. 134.

18 Paul Hausser: Soldaten wie andere auch – Der Weg der Waffen-SS (Munin-Verlag, Osnabrück 1966).

19 Siehe etwa Walter F. Kleffel: Mißglückte Legitimation. Ein Buch über die Waffen-SS, in: DIE ZEIT 26/1953 (25. 6. 1953), S. 6. Der Autor weist Haussers Buch »Waffen-SS im Einsatz« (Plesse 1953) als »bedrohliche Frechheit« zurück.

20 Martin Finkenberger: »Verfolgt« und »Entrechtet«: Vom Interessenvertreter amtsenthobener Hochschullehrer zum rechtsextremen Geschichtsrevisionisten, in: Martin Finkenberger/Horst Junginger (Hg.): Im Dienste der Lügen. Herbert Grabert (1901–1978) und seine Verlage (Alibri Verlag, Aschaffenburg 2004), S. 70.

frühe Exponenten dieses publizistischen Lagers standen. Sie reichen zurück in eine Orientierungskrise des deutschen Bürgertums im Zeitraum des sog. »Wilhelminismus«. Der Modernisierungsschub, den das Kaiserreich in dem Vierteljahrhundert vor Kriegsbeginn 1914 durchlief, hatte die bürgerliche Honoratiorengesellschaft zerbröseln lassen. Die wachsende Verstädterung und soziale Mobilität verunsicherte den Geltungsanspruch bürgerlicher Statuserwartungen und insbesondere das bildungsbürgerliche Milieu, das sich als Deutungselite verstand und nunmehr unter Konkurrenzdruck geriet. Daher lag es gerade in diesem Segment des deutschen Bürgertums nahe, die beschleunigte gesellschaftliche Entwicklung als Kulturkrise zu begreifen. In der Folge entwickelte sich eine vielgestaltige und schillernde bürgerliche Reformszene mit teils prononciert antibourgeoisem Habitus, wie er in der Jugendbewegung gepflegt wurde. Als verbindender Grundzug ergibt sich »das Eintreten für eine grundlegende Kulturreform, die Kritik an der liberalen und aufklärerischen Tradition und das Bestreben, Gesinnungsgemeinschaften zu bilden, welche sich teils einen avantgardistisch-sektiererischen Charakter zulegten, teils als kulturelle Sammlungsbewegung die innere Erneuerung der Gesellschaft anstrebten, wobei in zunehmendem Maße völkische Auffassungen in den Vordergrund traten.«[21] Die intellektuelle Entwicklung des jungen Herbert Grabert fügt sich diesem Bild und der politischen Zuspitzung dieses Amalgams in den Jahren der Weimarer Republik ein.

Dieser Strömung nahe Züge weist auch das verlegerische Engagement von Kurt Vowinckel in den 1920er Jahren auf. Der 1923 gegründete Vowinckel-Verlag vertrieb die »Zeitschrift für Geopolitik«, zu deren Herausgebern der Spiritus Rector dieser Denkschule, Karl Haushofer, gehörte. Über Haushofer, der in München gut vernetzt war und zahlreiche Kontakte unterhielt, so auch zu Rudolf Hess, und über die zeitweilige verlegerische Betreuung des Wochenblatts »Das Gewissen« gehörte das

---

21 Hans Mommsen: Die Auflösung des Bürgertums seit dem späten 19. Jahrhundert, in: Jürgen Kocka (Hg.): Bürger und Bürgerlichkeit im 19. Jahrhundert (Göttingen 1987), S. 298.

Unternehmen in den Umkreis der »Ring«-Bewegung. Das Blatt war das Organ des »Juni-Klubs«, der Zentrale des frühen »Ring«-Kreises. Der von meist journalistisch tätigen Rechtsintellektuellen dominierte Berliner Klub hatte sich aus einer antiwilhelminischen, stark kulturell-ästhetisch orientierten Strömung der bürgerlichen Reformbewegung und der deutschen Kriegspropaganda im Ersten Weltkrieg entwickelt und dabei ein deutliches politisches Profil gewonnen. In antiparlamentarisch-ständestaatlicher Ausrichtung erhoffte man sich ein führungsstarkes neues Reich jenseits der Beschränkungen des Versailler Vertrages. Arthur Moeller van den Bruck – ein Initiator des 1919 gegründeten Klubs – brachte 1923 eine Programmschrift unter dem Titel »Das Dritte Reich« auf den Markt. In Variation eines von dem bürgerlichen Reformator Ferdinand Avenarius entwickelten Modells hoffte man, gestützt auf publizistische und persönliche Einflussnahme eine Vernetzung von interessierten Sympathisierenden in loser Form aufzubauen. Lesekreise, lokale Zirkel und über von Klubmitgliedern dominierte Dachverbände indirekt erreichbare Vereine und Verbindungen konstituierten ein mentales und politisches Milieu. Eine politische Hochschule vervollständigte das Instrumentarium.[22]

Eine ähnliche Netzwerkstruktur prägte und trug auch die rechte Verlagsszene in der frühen Bundesrepublik, in der das Modell des Juni-Klubs in rechtsorientierten Kreisen noch präsent war.[23] Parallelgründungen von Verlagen, wie etwa durch K. W. Schütz in Göttingen, waren eine Möglichkeit, die Verbindung mit mitgliederstarken Verbänden – wie zwischen Plesse und der HIAG – eine andere. Buchvertriebsorganisationen bildeten ebenfalls dauerhafte Strukturen. Hinzu traten personelle Kontakte oder Verflechtungen, wie z. B. in der Frage der Kriegsverbrecher bzw. –

---

22 Siehe zum Ring bzw. Juni-Klub z. B. Berthold Petzinna: Erziehung zum deutschen Lebensstil. Ursprung und Entwicklung des jungkonservativen »Ring«-Kreises 1918–1933 (Berlin 2000); Volker Weiß: Moderne Antimoderne. Arthur Moeller van den Bruck und der Wandel des Konservatismus (Paderborn u. a. 2012).

23 Kurt P. Tauber bemerkt zur »Deutschen Union«: »Specifically, the DU recalled the famous June Club of the post-World War I period.« Ders.: Beyond Eagle and Swastika. German Nationalism Since 1945 (Middletown, Connecticut 1967), S. 124.

wie das genehmere Wort lautete – der »Kriegsverurteilten«.[24] Brücken bildeten auch Autoren, die in mehreren einschlägigen Verlagen publizierten, so etwa der ehemalige Panzergeneral Heinz Guderian – ein weiterer bekannter Name in der Autorenriege.[25]

Einen Sonderfall im mehrfacher Hinsicht stellte Hans Grimm dar. Der Schriftsteller, der im Ersten Weltkrieg propagandistisch tätig war, Moeller van den Bruck gut kannte und zum Juni-Klub-Kreis gehörte, war insbesondere durch seinen großen Romanerfolg »Volk ohne Raum« gleichsam eine »etablierte Marke.« Er veröffentlichte zunächst bei Plesse eine »skurrile() Deutung der Vorgänge im Dritten Reich«,[26] ehe er seinen eigenen Klosterhaus-Verlag gründete. Das Unternehmen residierte an Grimms Wohnsitz, einem Anwesen in Lippoldsberg an der Weser. Die von ihm seit 1934 in strikt national orientierter Halbdistanz zum NS-Kulturbetrieb dort ausgerichteten »Lippoldsberger Dichtertage« ließ Grimm nach der Einstellung 1939 im Jahr 1949 wieder aufleben.[27] Sie stellten für längere Zeit einen gesellschaftlichen Höhepunkt im Netzwerk der rechten Verlags-, Autoren- und Kulturszene dar.

Das auf Anregung des Verlegers Leonhard Schlüter (Plesse) wieder etablierte Treffen, das in seiner Ausgestaltung an ein Festival einer deutschvölkischen Alternativkultur heranreichte, fand zu Hochzeiten eine erhebliche Publikumsresonanz. Die antimoderne kulturkritische Ausrichtung des Treffens sprach sich in der Bemerkung eines Teilnehmers zum altdeutschen Ambiente des Tagungsortes aus: »Hier fühlen wir uns wohl, wohler als unter den freischwebenden Konstruktionen aus Glas und Stahl …«[28]

---

24 Siehe zu diesem Komplex etwa die Studie von Felix Bohr: Die Kriegsverbrecherlobby. Bundesdeutsche Hilfe für im Ausland inhaftierte NS-Täter (bpb, Bonn 2019).

25 Guderian veröffentlichte bei Plesse und bei Vowinckel. Einen Überblick zu dieser Verlagsszene findet sich bei Brüdigam: Der Schoß ist fruchtbar noch, bei Manfred Jenke: Verschwörung von rechts? (S. 342ff.) und bei Tauber: Beyond Eagle and Swastika, S. 624ff.

26 So Christian Lewalter: Demagoge Hans Grimm, in: DIE ZEIT 29/1950 (20. 7. 1950), S. 9.

27 Siehe hierzu und zum Folgenden Annette Gümbel: Hans Grimm und die Lippoldsberger Dichtertage, in: Hessisches Jahrbuch für Landesgeschichte 49/1999.

28 Zitiert nach Uwe Nettelbeck: Sie graben und graben in der Muttererde. Der Lippoldsberger Dichtertag 1963, in: DIE ZEIT 29/1963 (19. 7. 1963), S. 9.

Bis zu Hans Grimms Tod 1959 schwankte die Teilnehmerzahl zwischen 1000 und 2000 älteren und jüngeren Interessenten, wobei mit dem Ende der 60er Jahre eine Überalterung der Versammlung einsetzte. Zunächst bildeten Heimat- und Kriegsliteratur Schwerpunkte der Lesungen, später traten die Themenbereiche Rückgewinnung der ehemaligen Ostgebiete und eine aus rechter Perspektive betrachtete Ökologie hinzu. Das bereits seit dem Kaiserreich etablierte Thema des »Auslanddeutschtums« blieb ebenfalls präsent. Zunehmend wuchs dem Treffen der Charakter einer Werbeveranstaltung des korrespondierenden Verlagsspektrums zu. Zu Gast war teils eher politisch, teils eher literarisch profilierte Szeneprominenz wie u. a. Erwin Guido Kolbenheyer, Hans-Ulrich Rudel, Wilhelm Pleyer, Will Vesper, Erich Kern, Adolf von Thadden, Arthur Ehrhardt (»Nation und Europa«).

Eine zusätzliche Bedeutung im Netzwerk kam den Dichtertagen durch die Teilnahme von Organisationen wie dem »Verband der Internierten und Entnazifizierungsgeschädigten«, des »Bundes heimattreuer Jugend«, des »Bundes nationaler Studenten« sowie des »Deutschen Kulturwerks Europäischen Geistes« zu. Dabei markierte das enge Verhältnis zur »Gesellschaft für freie Publizistik« (GfP) eine neue Qualität.

Die Entstehung der neuen überwölbenden Dachorganisation GfP fiel in eine Schwellenzeit in der Entwicklung der »alten« Bundesrepublik. Die CDU Konrad Adenauers hatte die kleineren rechtsorientierten bürgerlichen Parteien aufgesogen und regierte seit 1957 mit absoluter Mehrheit. Auch die Gesamtdeutsche Volkspartei, die den außenpolitischen Kurs Adenauers ablehnte, verschwand in jenem Jahr. Auf ihrem Godesberger Parteitag 1959 zog die SPD aus ihren wiederholten Wahlniederlagen die Konsequenz, sich auf den Boden der nun einmal gegebenen Tatsachen zu stellen und die sozialen, wirtschaftlichen und außenpolitischen Grundentscheidungen der Adenauer-Regierungen zu akzeptieren. Damit entstand ein Parteiensystem, das die nächsten zwanzig Jahre prägen sollte. Auch im kulturellen Bereich entwickelten sich eigenständige Formen und Themen. Romane von Günter Grass (»Die Blechtrommel«) und Heinrich Böll (»Billard um halb zehn«) setzten Standards, Bernhard Wickis Film »Die Brücke« thematisierte den Krieg in neuer Weise. Das

»Provisorium« Bundesrepublik gewann eigene Konturen und auf der Woge einer großen Wohlstandssteigerung auch im Alltag wachsende Akzeptanz. Zugleich wurde das Dritte Reich auch juristisch wieder Thema. 1958 bereits hatte sich der sog. »Ulmer Einsatzgruppenprozess« das Problem der Aufarbeitung der NS-Verbrechen gesetzt, die »Zentrale Stelle der Landesjustizverwaltungen« nahm als Ermittlungsinstanz in jenem Bereich ebenfalls 1958 ihre Arbeit auf. Zudem war die verlegerische Position durch den Ausschluss von Plesse und Druffel von der Buchmesse in Frankfurt/Main weiter marginalisiert worden.[29]

Vor diesem von den Initiatoren als unheilvolle Entwicklung gewerteten Hintergrund vollzog sich die Gründung der GfP 1960, im Jahr nach Hans Grimms Tod. Seine Tochter und Nachfolgerin Holle Grimm gehörte zur Gründungsgruppe, aus der Helmut Sündermann hervorstach. Der Druffel-Verleger, vormalige NS-Journalist und höhere Parteifunktionär musste 1945 einen Karriereeinbruch hinnehmen. Im Entnazifizierungsverfahren mit einem zehnjährigen Berufsverbot belegt – das er bei der Verlagsgründung durch seine als Strohfrau vorgeschickte Schwiegermutter umging –, schuf er mit der GfP unter der Assistenz anderer ehemaliger NS-Vertreter einen dauerhaften Austausch- und Arbeitszusammenhang. Damit ging das neue Forum über die bislang etablierten Kooperationen und Treffen der Szene klar hinaus.

Darin zeigen sich, wenn auch weniger ausgeprägt, Parallelen zu dem durch den Juni-Klub gebildeten Resonanzraum. Zwar fehlte die gesellschaftliche und politische Steuerungszentrale, wie sie der Klub in der Berliner Motzstraße in den frühen 1920er Jahren darstellte, und auch eine aus dem Juni-Klub gegründete, personell beherrschte und gesteuerte politische Hochschule wie das damalige »Politische Kolleg« entstand nicht, doch in einigen Bereichen sind die Entsprechungen deutlich. In beiden Fällen bestand eine Kernfunktion der Gründungen in der strömungsübergreifenden

---

29 Der Versuch Druffels, eine Teilnahme an der Messe 1958 gerichtlich zu erzwingen, scheiterte vor dem Frankfurter Landgericht, vgl. »Messe ohne Druffel«, FAZ, 21.7.1958, online unter Niklas Krawinkel auf Twitter: »Es ist gar nicht so schwer Nazis von der Buchmesse auszuschließen, @Book_Fair. Ihr habt es 1958 mit dem Druffel-Verlag schon mal getan. FAZ, 21.7.1958 https://t.co/jmcQZwKEzF«/Twitter.

Sammlung eines verstreuten »nationalen« Lagers, dem eine Binnendifferenzierungen und Reibungen überbrückende Begegnungs- und Austauschstätte eröffnet werden sollte. Im publizistischen Bereich verfolgte man das Ziel, in einem Arbeitszusammenhang die Aktivitäten des eigenen Lagers zu koordinieren und möglichst deren Reichweite zu erhöhen.[30] Das im »Juni-Klub« zudem verfolgte Ziel, die Publikationen der Mitglieder in einem einzigen Verlag zu konzentrieren, wurde allerdings verfehlt.

Die Differenzen zwischen beiden Formationen erklären sich zu einem guten Teil aus den Unterschieden der Ausgangslagen nach 1918 und 1945. Nach dem Waffenstillstand und bis zur Unterzeichnung des Vertrages von Versailles – dem von Ernst Troeltsch so benannten »Traumland der Waffenstillstandsperiode« – schien vieles möglich. Auch nach dem Juni 1919 blieb das Deutsche Reich, wenn auch mit Beschränkungen eingehegt und geographisch verkleinert, eine Großmacht, nur im Rheinland zunächst auf Jahre von alliierten Truppen besetzt. Die Staatsform der parlamentarischen Republik blieb umstritten – monarchische Restaurationshoffnungen, ständestaatliche Konzepte von rechts, im Juni-Klub vor allem durch Heinz Brauweiler vertreten, und linke, sowjetorientierte Hoffnungen blieben virulent. Außenpolitische Handlungsmöglichkeiten und Optionen, spektakulär etwa die Rapallo-Politik Rathenaus, öffneten sich bereits 1919 auf dem Feld des Minderheitenschutzes, ein möglicher Hebel der Geltendmachung deutscher Ansprüche in Ostmitteleuropa. Hier kam es auch zu einer Nähe zwischen dem Juni-Klub-Kreis und der Politik des Reiches. Neben diesen Kontakten bestanden auch Querverbindungen zwischen der Kerngruppe des Klubs und kapitalkräftigen Kreisen der Industrie, etwa über Alfred Hugenberg, die Unternehmungen der Klubbetreiber zunächst finanziell trugen.[31] Zwar bestand die Selbstbeschreibung des Klubs auf seiner oppositionellen Außenseiterposition, doch diese »Außenseiter« waren jedenfalls nicht gesellschaftlich und politisch marginalisiert.

---

30 Vgl. Berthold Petzinna: Erziehung zum deutschen Lebensstil. Ursprung und Entwicklung des jungkonservativen »Ring-Kreises« 1918–1933 (Berlin 2000), S. 122f.
31 Petzinna: Erziehung, S. 147.

Mit dem Mai 1945 entstand eine ganz andere Situation. Nunmehr wurde das gesamte Reichsgebiet von den alliierten Streitkräften kontrolliert und in Besatzungszonen aufgeteilt. Deutsche Politik auf Reichsebene existierte nicht mehr, lokaler Neubeginn stand unter der Aufsicht der Besatzungsmächte, die eine Politik der Entnazifizierung und Entmilitarisierung verfolgten. Neben diesen Kontrollmechanismen und dem Ausfall des Mediensystems machte auch das schwer beeinträchtigte Verkehrs- und Kommunikationsnetz überörtliche oder gar überregionale Kontakte und Vernetzungen äußerst schwierig. Eine Neuauflage des Juni-Klub-Modells war somit strukturell unmöglich. Hinzu traten durch die anhebende Blockkonfrontation zusätzlich eingeschränkte politische Optionen. Durch die Neubildung westdeutscher Staatlichkeit entlang einem durch Lagerzugehörigkeit vorgegebenen politischen Ordnungsmodell wurden Systemalternativen an den Rand gedrängt und zunehmend exotisiert. Somit entfielen in der ersten Nachkriegszeit Manövrierräume, die nach 1918 eine Milieubildung mit vielfältiger öffentlicher Resonanz und Kontakten in etablierte Bereiche von Politik und Wirtschaft ermöglicht hatten.

Neben diesen geänderten Rahmenbedingungen wirkte eine Reihe konkreter politischer Entwicklungen in die Richtung einer Verschiebung der publizistischen Schwerpunkte im rechtsoppositionellen Lager. Die massiven Vorwürfe gegen die deutsche Kriegführung – insbesondere die Kriegsverbrecherfrage – und die durch die Nürnberger Prozesse aufgeworfene Thematik des insgesamt verbrecherischen Charakters der nationalsozialistischen Herrschaft warfen das Problem der Delegitimierung von Traditionsbezügen im rechten Lager auf. Der Stellenwert von Rechtfertigungs- und Entlastungsdiskursen erhöhte sich daher. Zudem nahmen die Bevölkerungsverschiebungen nach 1945 den Themen des Auslanddeutschtums ihren politischen Rang, wozu die Westorientierung der Bundespolitik der Regierungen Konrad Adenauers ebenfalls beitrug. Auf Staatsstruktur und Verfassung bezogene Konzepte – ein nach 1918 vielstimmig bespieltes Themenfeld[32] – traten gleichfalls zurück und verblassten zu dominanten Losungen, Parolen und in Allgemeinplätzen verpackten Suggestionen.

Diese Veränderungen führten insgesamt zu einer gegenüber der Zeit der Weimarer Republik deutlich geänderten sozialen Position dieses rechtsoppositionellen Lagers in der frühen Bundesrepublik. Waren persönliche Kontakte zwischen Rechts- und Linksintellektuellen in den 20er und frühen 30er Jahren nicht ungewöhnlich – etwa zwischen Ernst Jünger und Bertolt Brecht, Friedrich Hielscher und Alfred Kantorowicz etc.[33] –, so zerriss nun dieses Band. Begegnungsstätten wie die legendären Feste im Verlag Ernst Rowohlts fanden keine Nachfolger. An die Stelle eines politisch-intellektuellen Raumes, der in der Metropole Berlin sein Zentrum hatte, trat eine in der Provinz zerstreute, nur gelegentlich versammelte Szene mit dem Gepräge einer Subkultur.[34]

Die subkulturellen Züge der Szene speisten sich auch aus dem verbindenden antimodernen Kulturkonzept, das den direkt politischen Verlautbarungen und Aktivitäten vorgelagert war. Traditionslinien führen zurück in die wilhelminismuskritische Gebildetenopppositions- und Reformbewegung in den letzten beiden Friedensjahrzehnten des Kaiserreichs. Der im Zuge der Verstädterung raumgreifende lebensweltliche Technisierungsschub, die Entfaltung literarischer und künstlerischer Avantgardegruppen sowie die mit der Arbeiterbewegung und der technischen Intelligenz etablierten Träger konkurrierender kultureller Leitbilder wirkten als verunsichernde Statusirritationen. Diese bei Herbert Grabert biographisch fassbare Kontinuität ist in der Inszenierung der Lippoldsberger Dichtertage tragend. Sie bescherte der Szene ein hohes Maß an innerer Kohärenz und Stabilität, schränkte jedoch zugleich ihre Reichweite und Anschlussfähigkeit ein.[35]

---

32 Siehe u. a. die – allerdings aus NS-Perspektive erfolgte – Inventarisierung bei Justus Beyer: Die Ständeideologien der Systemzeit und ihre Überwindung (Darmstadt 1941).

33 Zu den Kontakten Jüngers mit Brecht siehe die von Heiner Müller berichtete Episode aus einem Besuch bei Jünger 1988, in: Heiner Müller: Krieg ohne Schlacht. Leben in zwei Diktaturen (Köln 1994), S. 278.

34 Auf den subkulturellen Charakter dieses Milieus verweisen bereits Peter Dudek/ Hans-Gerd Jaschke: Entstehung und Entwicklung des Rechtsextremismus in der Bundesrepublik. Zur Tradition einer besonderen politischen Kultur Bd. I (Opladen 1984), S. 167.

35 Dudek und Jaschke verweisen auf die Folgeeffekte von subkulturellen Strukturen auf die Beteiligten, s. ebd., S. 173ff.

Eine zeitgenössische Fernsehreportage vermittelt einen Einblick in diese Gesellungsform.[36] Treffend zitiert der Off-Kommentar eingangs nicht ohne Ironie die Wendung »heimliches Deutschland« zur Charakterisierung des Milieus – ein Anspruch, der aus dem Kreis um Stefan George herrührt und die Szene an die Kulturkritik der Jahrhundertwende rückbindet. Das Bildmaterial stützt diese Kennzeichnung: an die Jugendbewegung anklingende Kleidung mit ländlichem Akzent, ein herrschender bürgerlicher Habitus bei mitunter ausgestellter lokaler bzw. landsmannschaftlicher Gruppenzugehörigkeit, gelegentlich sind Uniformanteile bei jüngeren Teilnehmern zu sehen. Dem korrespondiert eine Neigung zum Pathos bei den Vortragenden, die ihre Bildungstradition plakativ hervorkehren. Der Betrachter erlebt eine zeremoniöse Inszenierung mit klarer hierarchisierender Rollenzuweisung – ein Refugium der Enttäuschten mit widerständiger Selbstbeschreibung. Dass ein Traditionsbezug auf Gebildetenreform- und Jugendbewegung auch andere Bearbeitungsformen des sozialen Modernisierungsprozesses der 1960er Jahre eröffnete, zeigt ein Blick auf ein etwa gleichzeitiges Festival auf der Burg Waldeck im Hunsrück.[37]

Die ARD-Aufnahmen in Lippoldsberg sind 1966 nach der Gründung der neuen Rechtspartei NPD (1964) entstanden. Die verbreiteten Bekenntnisse im Publikum zur Parteizugehörigkeit signalisierten die mit dem Neuansatz verknüpfte Hoffnung, die entfallene parlamentarische Präsenz womöglich dauerhaft zurückgewinnen zu können. Zudem war mit Adolf von Thadden ein Szene-Insider Mitinitiator der Partei, der über Leonhard Schlüter Kontakte ins rechte Verlagsmilieu hatte.

Auch im literarischen Programm keimte neue Hoffnung. Das 1961 von Herbert Grabert verlegte Buch »Der erzwungene Krieg« von David Hoggan schlug hohe Wellen bis in den Bundestag hinein.[38] In dem um-

---

36 Vgl. die Reportage der ARD zu Lippoldsberg unter Panorama: Rechtes Publikum: Lippoldsberger Dichtertage | ARD Mediathek.

37 Eine Dokumentation zum Festival auf der Waldeck 1966 findet sich unter Degenhardt TV: Waldeck Festival 1966 – YouTube (eingesehen 4.12.2021).

38 Bundesinnenminister Höcherl bezeichnete Hoggans Buch als »unerhörte Geschichtsklitterung«, zitiert nach »Einfach Schön«, in: DER SPIEGEL, 12.5.1964, online unter Einfach schön – DER SPIEGEL.

fangreichen Traktat versuchte der US-Amerikaner, das Deutsche Reich von der Auslösung des Krieges 1939 zu entlasten, indem er die britische Politik der gezielten Herbeiführung der den Krieg auslösenden Konstellation bezichtigte. Hoggan war als US-Amerikaner für die Entschuldungsstrategen der Szene von besonderem Wert, weil er als Vertreter einer ehedem gegnerischen Großmacht die Möglichkeit eröffnete, ihm eine besondere Glaubwürdigkeit und Neutralität des Urteils zuzuschreiben. Die bundesdeutsche Geschichtswissenschaft zerpflückte die akrobatisch verdrehten Interpretationen Hoggans, doch das stoppte nicht seinen Erfolg. Das Buch provozierte heftige Reaktionen auch außerhalb der Fachwissenschaft, so in dem expandierenden neuen Leitmedium Fernsehen. Das führende politische Magazin »Panorama«, das in der ARD neue Maßstäbe setzte, nahm sich ausführlich Hoggans und des ihn tragenden Netzwerkes mit der GfP im Zentrum an.[39] Anlass für die Berichterstattung war eine Deutschlandreise des Autors, der zwei Auszeichnungen entgegennehmen wollte. Der von der GfP gestiftete Ulrich-von-Hutten-Preis annoncierte den Anspruch auf eine eigenständige Wertsetzung und einen eigenen, exklusiven Rahmen von Ehrungen – die Geste einer symbolischen Unabhängigkeitserklärung. Auch hierin zeigt sich ein typisch subkulturelles Profil.

Die NPD als Hoffnungsträger, eine parlamentarische Repräsentanz der äußersten Rechten zurückzugewinnen, schien zunächst erfolgversprechend zu sein. 1966 und 1967 gelang ihr der Einzug in eine Reihe von Landtagen; die von Waldemar Schütz verlegte Parteizeitung »Deutsche Stimme« erzielte 1966 immerhin eine Auflage von 45.000 Exemplaren. Die Erbin der alten Rechtsparteien wurde allerdings auch durch die als schwere Krise wahrgenommene Rezession jener Jahre emporgetragen. Bei der Bundespräsidentenwahl 1969, in der Gustav Heinemann (SPD) gegen Gerhard Schröder von der CDU antrat, hätten ihre Vertreter in der Bundesversammlung beinahe den Ausschlag für Schröder gegeben, der deren Unterstützung wohl ak-

---

39 Online einzusehen unter: Video: David Hoggan und sein Buch … – Panorama – ARD | Das Erste.

zeptiert hätte.[40] Diese Rangerhöhung markierte jedoch den Zenit ihrer Bedeutung, das knappe Scheitern bei der Bundestagswahl im September läutete die krisenhafte Entwicklung der Partei und ihre wachsende Marginalisierung ein.

Der kurze Aufstieg wie der lange Abschwung der Partei vollzogen sich im Sog eines gegenläufigen gesellschaftlichen Trends der Liberalisierung und einer Renaissance »linker« Themen auch im Mediensystem seit den frühen 60er Jahren, die einen Generationswechsel in Leitungspositionen der Redaktionen in Gang setzten.[41] Die Ende 1966 gebildete Große Koalition aus CDU/CSU und SPD auf Bundesebene stärkte nicht nur ein für die NPD günstiges Umfeld, sie beförderte auch eine linksoppositionelle Außerparlamentarische Opposition, die von Studenten geprägt war und neomarxistische und psychoanalytische Ansätze neu etablierte. Im Gleichklang mit dem Ausbau des Bildungssystems wurde hierdurch ein breiter Intellektualisierungsschub ausgelöst. Die Neu- bzw. Wiederzulassung der DKP (ehedem KPD) komplettierte die Erweiterung des öffentlich-politischen Raumes der Bundesrepublik.

Bereits in diesem Jahr 1968, das in der Bundesrepublik wie in Frankreich den Kulminationspunkt der Jugendrebellion markierte, hatte sich in der rechtsintellektuellen Szene ein gegen die aktuell dominante Linke gerichtetes Projekt formiert. Dabei kam es zu einer Berührung deutscher und französischer Ansätze, die über die Person Armin Mohlers vermittelt wurde. Der ehemalige Sekretär Ernst Jüngers hatte als Journalist in Frankreich gearbeitet und dort bereits im Jahr des Pariser Mai an der Gründung einer neuen und intellektuell ambitionierten Gruppierung mitgewirkt – dem »Groupement de Recherche et d'Etudes pour la Civilisation Européenne«, das sich plakativ GRECE abkürzte.[42] Die als viel-

---

40   So die Sicht von Sven Felix Kellerhoff: Als die NPD beinahe die Bundespräsidenten-
      wahl entschieden hätte, in: DIE WELT (14. 2. 2020), online unter Präsidentenwahl
      1969: Als die NPD beinahe die Wahl entschieden hätte – WELT.
41   Siehe hierzu besonders Christina von Hodenberg: Konsens und Krise. Eine Ge-
      schichte der westdeutschen Medienöffentlichkeit 1945–1973 (Göttingen 2006).
42   Siehe hierzu u. a. Reinhard Opitz: Faschismus und Neofaschismus. 2. Neofaschismus
      in der Bundesrepublik (Köln 1988), S. 85ff.

fältige und vernetzte Denkfabrik für rechte Theoriebildung angelegte, um Alain de Benoist gruppierte Sammlung strahlte auch in die deutsche Szene aus. Dort stand die 1970 ebenfalls im Windschatten der 68er Bewegung gegründete Zeitschrift »Criticón« im Zeichen einer Gegenintellektualisierung des rechten Lagers, in der Mohler wie auch de Benoist prominente Autoren waren.

Mit der Rezeption französischer Anregungen schloss sich ein Kreis: Bereits zu Beginn des Jahrhunderts war mit Maurice Barrès ein französischer Rechtsintellektueller Inspirator für deutsche Autoren, insbesondere Ernst Jünger, geworden.[43] Durch das 1980 gegründete Thule-Seminar trat eine französisch geprägte Einrichtung hervor, die an GRECE gemahnt und auch personell über z. B. Armin Mohler und Alain de Benoist mit dem »Groupement« verbunden war. Die alten Verbindungen wurden jedoch nicht gekappt – so warb Criticón für den Grabert-Verlag, in dem sich auch das Thule-Seminar literarisch vorstellte.[44] Ab den 1970er Jahren vollzog sich zudem eine begrenzte Neuaufstellung der Rechtsintellektuellen und ihrer Verlagsszene, die von einem Generationswechsel begleitet wurde. Eine von beiden Seiten betriebene Annäherung konservativer und weiter rechts stehender Autoren schuf eine Grauzone der Verschleifungen, die subkulturelle Geschlossenheit wurde zumindest optisch verwischt.

Die verstärkte Resonanz von Autoren aus dem rechtsintellektuellen Spektrum erfolgte jedoch auch im linksliberalen bis linken Milieu. Dazu verhalf teils eine Kontextverschiebung der Autorenprofile, teils eine thematische Nähe zu aktuellen politischen Strömungen und Stimmungsla-

---

43 Vgl. Ernst Jünger: Politische Publizistik 1919 bis 1933. Herausgegeben, kommentiert und mit einem Nachwort von Sven Olaf Berggoetz (Stuttgart 2001), S. 717. Jüngers intellektueller und literarischer Stil war insgesamt durch eine französische Tradition geprägt, siehe hierzu die Bemerkungen von Iris Radisch in der ARTE-Dokumentation von Falko Korth: »In den Gräben der Geschichte.« Der Schriftsteller Ernst Jünger, online unter In den Gräben der Geschichte | Der Schriftsteller Ernst Jünger | ARTE-Doku 2019 – YouTube, Min. 22.30, eingesehen am 16.12.2021.

44 Astrid Lange: Was die Rechten lesen. Fünfzig rechtsextreme Zeitschriften. Ziel, Inhalte, Taktik (München 1993), S. 63; Pierre Krebs (Hg.): Das unvergängliche Erbe. Alternativen zum Prinzip der Gleichheit (Grabert Verlag, Tübingen 1981).

gen. Ernst Jüngers frühe Schriften aus der Weimarer Republik erfuhren eine Neubeleuchtung aus der Perspektive ihrer Stellung im Feld der europäischen Avantgardeästhetik seit der Décadence.[45] Zudem ergaben sich politische Konstellationen, die zuvor schwer vorstellbar waren, etwa zu Ernst Jünger vor dem Hintergrund des »Deutschen Herbstes« 1977.[46] Ähnliches widerfuhr Carl Schmitt. Seine »Theorie des Partisanen« war im Zusammenhang der Entkolonialisierungskämpfe und weltrevolutionärer Visionen im Horizont des Kalten Krieges ein aktuelles Buch für manche linke Intellektuelle. Schmitts Parlamentarismuskritik aus den 20er Jahren und seine dezidiert antiliberale Position ergaben ebenfalls Berührungspunkte zu linker politischer Systemkritik.[47] Auch Schmitts antisemitische Haltung konnte den Religionswissenschaftler Jacob Taubes nicht hindern, ihm seine »Ehrfurcht« zu bezeugen, »obwohl ich als bewußter Jude zu denen gehöre, die von ihm als ›Feind‹ markiert wurden.« Taubes liefert in Bezug auf Schmitt überdies einen Hinweis auf einen übergreifenden Trend, der die Rezeption des selbst in fachwissenschaftlichen Publikationen nie langweiligen Juristen und Ernst Jüngers mit getragen hat, wenn er anmerkt, von Schmitt zu reden heiße auch »vom Stilisten Carl Schmitt sprechen.«[48] Die Aufwertung des Ästhetischen nach der Enttäuschung revolutionärer Naherwartung öffnete auch solche Horizonte.

---

45   Siehe Karl Heinz Bohrer: Die Ästhetik des Schreckens. Die pessimistische Romantik und Ernst Jüngers Frühwerk (Hanser Verlag, München – Wien 1978).

46   Siehe hierzu Michael Rutschky: Erfahrungshunger. Ein Essay über die siebziger Jahre (Fischer TB, Frankfurt/M. 1982), S. 145ff.

47   Siehe zu Schmitt im Kontext der Neuen Linken die Skizze bei Paul Noack: Carl Schmitt. Eine Biographie (Ullstein/Propyläen, Berlin – Frankfurt/M. 1993), S. 290ff.

48   Jacob Taubes: Ad Carl Schmitt. Gegenstrebige Fügung (Merve Verlag, Berlin 1987), S. 7 bzw. 15.

Berthold Petzinna

Die Zeitung »Christ und Welt«

Ein Engagement Georg von Holtzbrincks

Anfänge: 1946–1951
Im Geist der »Konservativen Revolution«

Im Frühjahr und Sommer 1945 wurde das organisatorische Leben in Deutschland nahezu durchweg von den Besatzungsmächten bestimmt. Die Kirchen hatten sich jedoch einen vergleichsweise hohen Grad an Autonomie bewahren können. Bereits 1945 trat die evangelische Kirche mit einer Neugründung hervor, die sich der Nothilfe im zu Teilen zerstörten, desorganisierten und durch umherziehende Flüchtlinge, Ausgebombte und Heimatlose geprägten Reichsgebiet widmen sollte. Ihre Zentrale richtete die neue Organisation in Stuttgart ein. In den Folgejahren entfaltete dieses »Evangelische Hilfswerk« eine Vielzahl von Initiativen, die von der Notversorgung bis zum Wohnungsbau reichten.[1] Das Hilfswerk beschränkte sich jedoch nicht auf karitative Maßnahmen im engeren Sinne, sein Handeln hatte darüber hinaus bereits während der Besatzungszeit einen zumindest mitlaufenden politischen Charakter.[2] Das war angesichts des Vorlebens seines Leiters, Eugen Gerstenmaier, auch nicht verwunderlich.

Der 1906 geborene Gerstenmaier war Theologe. Nicht allein fachlich wurde der junge Schwabe stark von dem Rostocker Professor Friedrich Brunstäd beeinflusst. Noch im hohen Alter bezeichnete er seinen akademischen Lehrer als einen »geistigen Vater«, der ihm eine »intellektuelle

---

1   Siehe zu den Einzelheiten Johannes Michael Wischnath: Kirche in Aktion. Das Evangelische Hilfswerk 1945–1957 und sein Verhältnis zu Kirche und Innerer Mission (Göttingen 1986).
2   Klaus Mehnert: Am Rande der Politik, in: Hermann Kunst (Hg.): Für Freiheit und Recht. Eugen Gerstenmaier zum 60. Geburtstag, S. 133; Daniela Gniss: Der Politiker Eugen Gerstenmaier 1906–1986. Eine Biographie (Düsseldorf 2005), S. 189.

und habituelle Form« gegeben habe.[3] Dies geht weit über eine wissenschaftliche Nachfolge hinaus. Der in der rechtskonservativen Deutschnationalen Volkspartei aktive Brunstäd war auch politisch ein Wegweiser, der einen erneuerten Konservativismus anstrebte. Er war langjähriger Leiter der Evangelisch-Sozialen Schule im Spandauer Johannesstift – dort lehrte zeitweilig auch das ähnlich orientierte Politische Kolleg, das vom Berliner Juni-Klub gesteuert wurde.

Der 1919 gegründete Klub verfolgte als Zentrum des jungkonservativen Ring-Kreises ebenfalls das Ziel, den deutschen Konservativismus zu erneuern. In diesem Kreis verkehrten zahlreiche auch journalistisch produktive Intellektuelle, wie der Volkstumstheoretiker Max Hildebert Boehm, der Feuilletonredakteur Paul Fechter oder der in den Reihen des mit dem Klub verflochtenen Deutschen Schutzbundes für das Grenz- und Auslanddeutschtum aktive Hermann Ullmann. Arthur Moeller van den Bruck, die Zentralfigur der Gruppe, beeinflusste auch den späteren prominenten NSDAP-Abweichler Otto Strasser. Der zu Beginn der Stabilisierungsphase der Weimarer Republik 1924 aufgelöste Klub fand eine politisch abweichend konturierte Nachfolgeorganisation im Deutschen Herrenklub, der jedoch wie sein Vorgänger auf eine antiparlamentarische Umformung der Republik gerichtet blieb und in der Spätphase Weimars eine nicht unwichtige Rolle spielte.[4] Auch Brunstäd orientierte sich politisch um und unterstützte den Krisenkanzler Heinrich Brüning.[5]

Sein politisches Credo formulierte der protestantische Theologieprofessor als umfassende Krisentherapie:

---

3   Zitiert nach Daniela Gniss: Der Politiker Eugen Gerstenmaier (Düsseldorf 2005), S. 40 (Anm. 8).

4   Siehe zu diesem Komplex Berthold Petzinna: Erziehung zum deutschen Lebensstil. Ursprung und Entwicklung des jungkonservativen »Ring«-Kreises 1918–1933 (Berlin 2000), Hans-Joachim Schwierskott: Arthur Moeller van den Bruck und der revolutionäre Nationalismus in der Weimarer Republik (Göttingen u. a. 1962), sowie Manfred Schoeps: Der deutsche Herrenklub. Ein Beitrag zur Geschichte des Jungkonservativismus in der Weimarer Republik (Phil. Diss. Erlangen-Nürnberg 1974).

5   Eugen Gerstenmaier: Streit und Friede hat seine Zeit. Ein Lebensbericht (Frankfurt/M., Berlin, Wien 1981), S. 44.

Wir haben nicht mehr die undifferenzierte Einheit der jungen Kultur, wir leiden unter der Zerrissenheit und Zerbrochenheit der Aufklärung und ihres Kulturverfalls, wir suchen den lebendigen und gegliederten Zusammenhang, in dem sich aus Eigengestaltigkeit der Glieder ein Ganzes bildet. Wir nennen eine solche Ganzheit in Kunst und Leben Stil, auf theoretischem Gebiet System, auf ethischem Gebiete Gemeinschaft. Aufklärerische Kultur ist stillos, systemlos, gemeinschaftslos. Wir suchen, Stil, System, Gemeinschaft und finden sie (in) den Gemeinschaftskräften, die aus religiöser Erweckung gestaltungskräftig erwachsen.[6]

Die Brunstäd kennzeichnende Verbindung von nationalkonservativer Haltung und idealistisch-kulturkritischem Denken hatte auf seinen Schüler abgefärbt, dessen spätere politische Vorstellungen auch darüber hinaus Einflüsse aus dem konservativ-revolutionären Ideenfeld der letzten Jahre der Weimarer Republik aufweisen, vermittelt etwa durch Max Hildebert Boehm.[7] Kollisionen mit den Machthabern des »Dritten Reiches« waren nach 1933 die Folge. Gerstenmaier, der in der Auslandsarbeit der evangelischen Kirche tätig war, wurde nach Kriegsbeginn zum Auswärtigen Amt dienstverpflichtet.

Dort gewann der den Nationalsozialismus zunehmend umfassender ablehnende Theologe Kontakt zu Mitgliedern des Kreisauer Kreises, einer intellektuellen Widerstandsgruppe um Helmuth James von Moltke, die deutlich von neokonservativen Kritik- und Programmelementen der 20er und 30er Jahre beeinflusst war.[8] Die Kreisauer, im Kern eine

---

6   Zitiert nach Helga Grebing (Hg.): Geschichte der sozialen Ideen in Deutschland. So-
     zialismus – Katholische Soziallehre – Protestantische Sozialethik. Ein Handbuch (Es-
     sen 2000), S. 999.

7   Hans Mommsen: Alternativen zu Hitler. Studien zur Geschichte des deutschen Wi-
     derstandes (München 2000), S. 78. Nach 1945 verfasste Boehm denn auch eine
     Denkschrift für Gerstenmaier, vgl. Boehm an Oberpfarrer Berg, 15. 1. 1949, Archiv
     des Diakonischen Werkes der EKD (im Folgenden: ADW), ZB 442B.

8   Die Literatur zum Kreisauer Kreis und einzelnen Angehörigen ist umfangreich, hier
     sei nur verwiesen auf den Klassiker Ger van Roon: Neuordnung im Widerstand. Der
     Kreisauer Kreis innerhalb der deutschen Widerstandsbewegung (München 1967),
     außerdem Mommsen: Alternativen zu Hitler, und Karl Heinz Roth/Angelika Ebbing-
     haus: Rote Kapellen – Kreisauer Kreise – Schwarze Kapellen. Neue Sichtweisen auf
     den Widerstand gegen die NS-Diktatur 1938–1945 (Hamburg 2004).

Gruppe politischer Intellektueller aus einem ungewöhnlich breiten programmatischen Spektrum, sahen ihre Aufgabe primär in der Entwicklung eines kohärenten Alternativkonzepts zum NS-System für die Zeit nach dessen erwartetem Zusammenbruch. Verfassungspolitisch wollte man eine Rückkehr zum parlamentarischen System der Weimarer Republik vermeiden. In der Außenpolitik war eine europäische Integration beabsichtigt, die von Moltke bis zu einer Auflösung der Nationalstaaten radikalisiert wurde. Eine Konsequenz, zu der Gerstenmaier nicht bereit war, der den deutschen Nationalstaat nicht preisgeben mochte und auch stark föderalistisch geprägten Konzepten des Kreises nicht beistimmen wollte.[9] Am 20. Juli 1944 war Gerstenmaier als einziger Zivilist im Hauptquartier der militärischen Verschwörer im Berliner Bendlerblock zugegen, wo er auch nach dem misslungenen Staatsstreich verhaftet wurde. Vom Volksgerichtshof zu sieben Jahren Zuchthaus verurteilt, wurde Gerstenmaier im April 1945 von US-Truppen aus der Haftanstalt in Bayreuth befreit.

Gerstenmaiers doppelte Verbindungen in den Widerstand gegen Hitler und das Auswärtige Amt des »Dritten Reiches« beeinflussten auch die Personalpolitik, die er von der Stuttgarter Zentrale des Hilfswerks aus betrieb. Alte Bekannte aus Kreisen des Widerstands oder deren Familienangehörige zog er zur Mitarbeit im Hilfswerk heran.[10] Einer von ihnen war Paul Collmer. Der 1907 geborene Collmer war früh von der Jugendbewegung beeinflusst worden, in der »Freideutschen Kameradschaft« engagierte er sich gemeinsam mit dem preußisch orientierten jüdischen Konservativen Hans Joachim Schoeps, einem alten Bekannten Gerstenmaiers. In der studentischen Selbstverwaltung in Tübingen aktiv, wechselte Collmer 1933 aus politischen Gründen nach Frankfurt am Main, wo er zum Dr. rer. pol. promoviert wurde. Collmer, der mit dem Kreisauer Kreis in offenbar engerer Verbindung war[11] und auch mit Gerstenmaier in Kontakt stand, wurde im Januar 1943 verhaftet und bis

---

9   Mommsen: Alternativen zu Hitler, S. 101; Gniss, Gerstenmaier, S. 137.
10   Gniss, Gerstenmaier, S. 175.
11   Vgl. Collmer an Zehrer, 12. 5. 1948, ADW, EVW 2.

kurz vor Kriegende im KZ Dachau inhaftiert.[12] Beim Hilfswerk war er
ein Vertrauter Eugen Gerstenmaiers.

Doch auch aus den Reihen des ehemaligen Auswärtigen Amtes fanden einige nunmehr stellungslose Ex-Diplomaten Zuflucht in Eugen
Gerstenmaiers Apparat. Für manche ein Umweg, der sie nach einer politischen Karenzzeit in den frühen Jahren der Bundesrepublik wieder in
den Auswärtigen Dienst zurückführte.[13] Eine Verbindung, in der Kritiker eine Traditionslinie sehen konnten: »Das Evangelische Hilfswerk
wirkte in den ersten Jahren nach 1945 geradezu wie ein Nachfolgeinsti-
tut des früheren Auswärtigen Amtes.«[14] Gerstenmaier kennzeichnete die
Praxis des Hilfswerks rückblickend mit der Wendung, sie seien kein
»Entnazifizierungsbüro« gewesen.[15]

Einer dieser Ex-Diplomaten war der 1905 geborene Jurist Dr. Georg
Federer, der beim Hilfswerk für die Auslandsarbeit zuständig war. 1935
in das Auswärtige Amt eingetreten, war er an der Londoner Botschaft
und den Gesandtschaften in Riga und Bern tätig. Federer stand dem NS-
System allerdings oppositionell gegenüber. Anfang 1945 war er Hans-
Bernd Gisevius – der nach dem fehlgeschlagenen Attentatsversuch vom
20. Juli 1944 in Deutschland hatte untertauchen müssen – dabei behilflich, in die Schweiz zu entkommen. 1952 gelang Gerstenmaiers Mann
für Auslandsbeziehungen die Rückkehr in den Auswärtigen Dienst.[16] Er
blieb jedoch seinem alten Chef und dessen publizistischen Ambitionen
verbunden.

---

12 Diese Angaben nach Paul Collmer: Aus meinem Leben, in: Zum Gedenken an Paul
    Collmer 2. März 1907 – 18. April 1979 (Stuttgart 1979).
13 Hans Jürgen Döscher: Verschworene Gesellschaft. Das Auswärtige Amt unter Ade-
    nauer zwischen Neubeginn und Kontinuität (Berlin 1995), S. 47, 211, 305.
14 Wolfgang zu Putlitz, zitiert nach: Johannes Degen: Diakonie und Restauration. Kritik
    am sozialen Protestantismus in der BRD (Neuwied und Darmstadt 1975), S. 50.
15 Eugen Gerstenmaier: Streit und Friede hat seine Zeit. Ein Lebensbericht (Frankfurt/
    M. u. a. 1981), S. 258.
16 Siehe zu Federers Laufbahn Munzinger-Archiv (Biographien), zu seiner Rolle wäh-
    rend des »Dritten Reiches« Klemens von Klemperer: German Resistance Against
    Hitler. The Search for Allies Abroad (Oxford 1992), S. 68 (Fußn. 52), 299 (Fußn. 16),
    Peter Hoffmann: Widerstand – Staatsstreich – Attentat. Der Kampf der Opposition
    gegen Hitler (München 1985), S. 52, sowie ders.: Claus Schenck Graf von Stauffen-
    berg und seine Brüder (Stuttgart 1992), S. 472.

Als Element des politischen Selbstverständnisses des Hilfswerks muss auch der Plan der Gründung eines eigenen Verlages gesehen werden.[17] Erste Überlegungen, einen Zentralverlag des Hilfswerks zu gründen, hatte Gerstenmaier bereits 1946 angestellt und gegenüber der US-Besatzungsmacht außer mit wirtschaftlichen Gründen auch im Sinne einer christlichen »reeducation« des deutschen Volkes vertreten.[18] Seitens der Evangelischen Kirche versprach man sich von dem Unternehmen eine Überwindung der Zersplitterung im kirchlichen Pressewesen und die Möglichkeit, eigene Positionen wirksamer an die Öffentlichkeit vermitteln zu können. Aus der Kirchenkanzlei verlautete, dass »wir in der Kirche bezüglich unserer Presseveröffentlichungen völlig ins Hintertreffen geraten sind; sowohl im Verhältnis zur Tagespresse, als auch zu der katholischen Presse.«[19] Eine alliierte Lizenz konnte problemlos erreicht werden, und das Evangelische Verlagswerk GmbH wurde am 16. September 1947 gegründet. Als Gesellschafter trugen Hans Asmussen als Leiter der Kanzlei der Evangelischen Kirche in Deutschland, Eugen Gerstenmaier für das Evangelische Hilfswerk, Landesbischof Lilje für den Verlag »Der Sonntag« in Hannover und Pfarrer Eberhard Müller für die Herausgebergemeinschaft »Die Stimme« das Unternehmen. Stuttgarter Geschäftsführer wurde Paul Collmer. Unternehmenszweck, so wurde angegeben, sei

> die Förderung, der Verlag, die Herausgabe und der Vertrieb von christlichem Schrifttum jeder Art, wie Zeitungen, Zeitschriften, Korrespondenzen, Büchern, Broschüren und sonstigen Druckwerken, sowie die Vertretung christlichen Gedankenguts auf den Gebieten des Rundfunks, des Films und des Ausstellungswesens.[20]

Tatsächlich dachte man konkreter. Der Verlag war primär gegründet worden, um von der Militärregierung die Lizenz für die späteren Zei-

---

17   Gniss, Gerstenmaier, S. 195.
18   Gerstenmaier an Mc Carthy, 27. 6. 1946, ADW, ZB 232.
19   Siegel an Bischof Theophil Wurm, zitiert nach Gniss: Gerstenmaier, S. 196 (Anm. 36).
20   Notarielle Beurkundung, M. Thurner (Stuttgart), 16. 9. 1947, ADW, ZB 232.

tungen »Christ und Welt« (CuW)[21] und »Sonntagsblatt« zu erhalten.[22]

Erste Vorüberlegungen für eine Zeitung aus den Reihen des Hilfswerks reichen in den Sommer 1946 zurück.[23] Neben einem besinnlich gehaltenen Sonntagsblatt wurde eine Halbmonatszeitung unter dem Titel »Kirche und Welt« konzipiert. Vor dem Hintergrund der Konkurrenzsituation zur katholischen Presse sollte sie die breiteste protestantische Öffentlichkeit erreichen. Aus einer dominierenden kirchlichen Perspektive wurde ein weites Themenspektrum ins Auge gefasst und dem Blatt, an dem professionelle Journalisten mitarbeiten sollten, eine allgemein orientierende Rolle zugewiesen, um »aus der grundsätzlichen Geltung des Protestantismus sein Wort zu der Situation der Zeit und der geistesgeschichtlichen Problematik (zu) sagen, in der wir stehen.« Mit selbstkritischem Zungenschlag gegenüber der Rolle kirchlicher Kreise im »Dritten Reich« wurde die politisch erzieherische Absicht betont, grundsätzlich hieß es:

> Die Fragen des öffentlichen Lebens sind unter dem Gesichtspunkt zu behandeln, dass es eine grundsätzliche Eigengesetzlichkeit des Politischen nicht gibt. Erkenntnis der Lage des deutschen Volkes als Gericht Gottes und Mahnung zur Umkehr infolge des geübten und provozierten Ungehorsams gegen Gottes Gebote und der Menschen Ordnung. Ueberwindung von Schuld durch Vergebung.

Die politischen Konturen der geplanten Neugründung schärfte eine konkretere Vorgabe: »Von aktueller Bedeutung ist die fragwürdige Ablösung des Unrechts der NS-Zeit durch neues Unrecht und neue Ungerechtigkeit, wie die Ausweisung der Deutschen aus den Ostgebieten, die

---

21 »Christ und Welt« wurde späterhin in »Deutsche Zeitung. Christ und Welt« umbenannt. Zur Vermeidung von Verwirrung wird hier das Kürzel »CuW« durchgängig verwendet.

22 Lektor Pfarrer Walter Schmidt für das Evangelische Verlagswerk Stuttgart, in: Zum Gedenken an Paul Collmer, S. 26f.

23 Siehe zum folgenden Aktenvermerk Collmer an Gerstenmaier, 24. 6. 1946, ADW, ZB 232.

Behandlung und Weiterfesthaltung der Kriegsgefangenen und der Schematismus der politischen Säuberung.«

Im Winter 1947 wurden organisatorische Arbeiten in Angriff genommen, mit denen Friedrich Vorwerk betraut wurde.[24] Der spätere »Christ und Welt«-Mitarbeiter Armin Mohler bemerkte zu ihm:

> Friedrich Vorwerk war ein schweigsamer Mann, der auch über die kleinste Bewegung im Spannungsfeld zwischen Publizistik und Politik informiert war. Wo ein neuer Schachzug auf diesem Gebiet geplant wurde, war er bei den vorbereitenden Sitzungen dabei, bei der öffentlichen Gründung aber blieb er in den Kulissen.[25]

Der 1893 geborene Vorwerk konnte auf einen windungsreichen, doch eindeutig konservativ geprägten Lebenslauf zurückblicken.[26] Nach einem Laufbahnbeginn in der Eisenbahnverwaltung arbeitete Vorwerk als Philosophiestudent im Lektorat des Jenaer Eugen Diederichs Verlags und der Redaktion von dessen Hauszeitschrift »Die Tat«. Weitere journalistische Tätigkeiten schlossen sich an, so als Redakteur der Wochenzeitschrift »Roland von Berlin«, die von Franz Blei herausgegeben wurde, einem Freund des Staatsrechtlers Carl Schmitt. 1931 schied Vorwerk aus der Leitung der Zeitschrift »Der Ring«, dem Organ des Berliner Juni-Klub-Nachfolgers Herrenklub, aus und wechselte zur Hanseatischen Verlagsanstalt als Leiter des Berliner Büros und dortiger Vertreter der Zeitschrift »Deutsches Volkstum« von Wilhelm Stapel. Mit Friedrich Vorwerk betrat ein intimer Kenner der rechtsintellektuellen Netzwerke der Weimarer Republik die Bühne.

Als möglichen Chefredakteur der nunmehr als Wochenblatt konzipierten Zeitung fasste Vorwerk Rüdiger Robert Beer ins Auge, einen ehedem jungkonservativen Publizisten, der der Volkskonservativen Vereinigung, einer von den Vorstellungen des verflossenen Juni-Klubs

---

24 Aktenvermerk, 24. 2. 1947, ADW, ZB 232.
25 Carl Schmitt – Briefwechsel mit einem seiner Schüler. Hg. von Armin Mohler in Zusammenarbeit mit Irmgard Huhn und Piet Tommissen (Berlin 1995), S. 77.
26 Vgl. den Lebenslauf Vorwerks in ADW, EVW 9.

geprägten Sammlung,[27] angehört hatte.[28] Beer, der auch als Gutachter auftrat, bescheinigte dem Unternehmen gute Marktchancen.[29]

Zum politischen und journalistischen Profil der Wochenzeitung machte Beer ausführliche Vorschläge. Sie könne nicht

›neutral‹ gemacht werden, sondern muss einen Standpunkt haben. Welches hat dieser <u>Standpunkt</u> im vorliegenden Falle zu sein? Als bloßes Objekt der grossen Mächte hat das deutsche Volk weder Anlass noch Möglichkeit zu einer politischen Option. Eine geistige Entscheidung hat es zu treffen. Verzicht auf die Fortsetzung unserer Ueberlieferung würde Resignation zu Gunsten undurchschaubarer Zukunftsmöglichkeiten bedeuten ... <u>Abendländisch</u>, <u>christlich</u>, <u>modern</u> – das Christliche im Mittelpunkt und nach beiden Seiten ausstrahlend – so etwa wird hier die Grundhaltung für die gedachte publizistische Arbeit gesehen ... Noch ist das Wort nicht gesprochen, das das deutsche Volk politisch auf einen neuen Weg führen kann. Es kann nicht aus alten Formeln und nicht aus der blossen Negation heraus gefunden werden ... Das deutsche Volk, besonders seine Jugend, ist heute in besten Teilen zu sehr erheblichen <u>Verzichten am überlieferten Souveränitätsbegriff</u> bereit. Es wird aber dieses Opfer guten Willens nur bringen, wenn ihm nicht zugemutet wird, auch die bedeutenden Teile seiner Geschichte zu verleugnen ... Die Belebung der Einzelstaaten in der Zeit der Vermischung der Stämme, im Zeitalter des modernen Verkehrs und im Zeichen der wachsenden Wirtschaftsräume wird auch ohne nationale Aspirationen alten Stils als atavistisch und unrationell empfunden ... In diesem Sinne besteht eine hohe Bereitschaft, über die zerbrochene deutsche Souveränität hinweg zu europäischen und selbst globalen Lösungen beizutragen. Sie kann angesprochen werden. Die Auseinandersetzung mit der <u>Neugestaltung der Gesellschafts- und Wirtschaftsformen</u> wird im katholischen Volksteil mit sehr viel mehr Mut und Entschiedenheit betrieben als im protestantischen ... Die gedachte Zeitung soll einen <u>weiten Kreis</u> ansprechen. Sie kann nicht

---

27 Vgl. hierzu Petzinna, Erziehung, S. 242ff., dort auch weitere Literatur.
28 Vorwerk an Beer, 11. 3. 1947, ADW, ZB 232, zu Beer vgl. Armin Mohler: Die konservative Revolution in Deutschland. Ein Handbuch (Darmstadt 1989), S. 439. Einen Einblick in Beers Gedankenwelt vermittelt sein Aufsatz Rückschau nach dreißig Jahren, in: Wilhelm Vernekohl (Hg.): Heinrich Brüning. Ein deutscher Staatsmann im Urteil der Zeit (Münster 1961).
29 Vgl. Rüdiger Robert Beer: Zum Plan einer Wochenzeitung, 10. 5. 1947, ADW, EVW 1.

wie die Mehrzahl der heute erscheinenden Zeitschriften für die immer gleich wahrhaft ›hauchdünne Oberschicht‹ geschrieben werden, nicht nur für die Ritter der Tafelrunde Artus', sondern für das geistige Fussvolk. Nicht nur Privatdozenten sollen sie lesen, sondern der durchschnittliche Lehrer, Pfarrer, Arzt, gebildete Kaufmann und denkende Angestellte, aus der Arbeiterschaft jedenfalls der mit wachem Sinn in seinen Gewerkschaften und Genossenschaften Stehende ... Das Feuilleton steht auf dem Hintergrund einer bewussten Kulturpolitik ... Soll die Zeitung einen klaren Charakter und eine erkennbare Linie erhalten, so muss sie zu einem ausschlaggebenden Teile <u>von der Redaktion und einem ihr eng verbundenen Mitarbeiterkreise geschrieben</u> werden ... Die geforderte Mischung zwischen Stellungnahme und Nachricht sollte durch das ganze Blatt gehen.[30]

Die Bereitschaft, politisch den Horizont des souveränen Nationalstaats unter konservativem Vorzeichen zu überschreiten, zugleich jedoch an dem Anspruch auf als spezifisch deutsch verstandene Traditionen und politisch-gesellschaftliche Ordnungsmuster festzuhalten, wie er sich in der Ablehnung der »alten Formeln« und der »blossen Negation« zu erkennen gibt, stellte das Zeitungsprojekt vor einen Spagat. Die anvisierte heterogene Zielgruppe machte die Aufgabe nicht leichter. Hier war ein von einer exklusiven Gruppe getragenes politisches Richtungsblatt konzipiert, das an die Muster politisch-intellektueller Blätter der Weimarer Republik gemahnte.

In diesen Monaten unternahm Vorwerk mehrere Reisen, um die geschäftlichen, kirchlichen und personellen Grundlagen des geplanten Verlags und der Zeitungsgründung anzubahnen.[31] Im Zuge dieser Reisen nahm die spätere Zeitung »Christ und Welt« politisch und personell Gestalt an. In Kiel konferierte Vorwerk mit dem ersten schleswig-holsteinischen Ministerpräsidenten Theodor Steltzer. Dieser, ein ehemaliges Mitglied des Berliner Juni-Klubs, der Keimzelle des jungkonservativen Ring-Kreises, und spätere Angehörige des Kreisauer Kreises, plante

---

30 Ebenda, siehe dort auch zum Folgenden. Hervorhebungen im Original.
31 Siehe zum Folgenden die Berichte über drei dokumentierte Reisen Vorwerks in ADW, ZB 232.

eine Zeitschrift mit dem Titel »Humanitas«. Zu seinen Helfern gehörten Ernst Forsthoff, Hans Schomerus, Paul Gerhardt und Gerhard Günther.

Der Jurist Ernst Forsthoff[32] entstammte dem Umkreis Carl Schmitts, hatte an der Zeitschrift »Der Ring« mitgearbeitet und war während des »Dritten Reiches« Ordinarius an verschiedenen Universitäten gewesen, jedoch 1946 unter Berufung auf Publikationen aus der NS-Zeit aus seinem Amt entlassen worden. Forsthoff folgte dem Angebot Steltzers, als dessen persönlicher Referent nach Kiel zu gehen.[33]

Forsthoffs Freund Hans Schomerus war protestantischer Pfarrer, ehemaliges Freikorpsmitglied, Mitarbeiter an Wilhelm Stapels Zeitschrift »Deutsches Volkstum«, Autor der Hanseatischen Verlagsanstalt und ehedem Domprediger in Braunschweig. Der 1902 geborene Schomerus vertrat auch theologisch einen soldatisch-nationalen Standpunkt, der deutlich von Autoren der »Konservativen Revolution« wie Oswald Spengler, Ernst Jünger, Arthur Moeller van den Bruck und Carl Schmitt beeinflusst war.[34] Er war ein Initiator des 1937 gegründeten »Wittenberger Bundes«, der sich um eine Überbrückung der politischen und theologischen Gegensätze innerhalb des deutschen Protestantismus bemühte, und leitete seit 1938 als Direktor das Wittenberger Predigerseminar. Schomerus gehörte – wie auch Carl Schmitt – zum Freundeskreis von Wilhelm Ahlmann, der sich nach dem 20. Juli 1944 das Leben nahm.[35] Er wurde 1940 zur Wehrmacht eingezogen.[36]

Paul Gerhardt – ebenfalls ein Freund Forsthoffs – hatte Altphilologie und Jura studiert und war Rundfunkjournalist, Sendeleiter bei verschiede-

---

32 Siehe zu Forsthoff die Einleitung in: Briefwechsel Ernst Forsthoff – Carl Schmitt (1926–1974). Hrsg. von Dorothee Mußgnug, Reinhard Mußgnug und Angela Reinthal in Zusammenarbeit mit Gerd Giesler und Jürgen Tröger (Berlin 2007), dort auch weitere Literatur.

33 Vgl. ebenda, S. 19f. Siehe zu Forsthoff auch Dirk van Laak: Gespräche in der Sicherheit des Schweigens. Carl Schmitt in der politischen Geistesgeschichte der frühen Bundesrepublik (Berlin 1993), S. 240ff.

34 Vgl. Hans Schomerus: Ethos des Ernstfalles (Berlin 1938).

35 Vgl. van Laak, Gespräche, S. 142.

36 Siehe zu Schomerus auch Richard Ziegert: Kirche ohne Bildung. Die Akademiefrage als Paradigma der Bildungsdiskussion im Kirchenprotestantismus des 20. Jahrhunderts (Frankfurt/M u. a. 1997), S. 448ff.

nen Stationen. Der NWDR entließ seinen stellvertretenden Leiter des
»Kulturellen Worts« wegen eines nicht korrekt ausgefüllten Fragebogens.[37]
Gerhard Günther, Bruder von Albrecht Erich Günther, gehörte wie
dieser zum Kreis um Wilhelm Stapel und die »Hanseatische Verlagsanstalt«. Der 1889 geborene Sohn eines Marburger Pastors und Theologieprofessors unterhielt nach 1918 vielfältige Kontakte im nationalbolschewistischen und jungkonservativen Milieu.[38]

Auf positive Resonanz und Bereitschaft zur Mitarbeit stieß Vorwerk
auch bei Gustav Steinbömer. Wie Steltzer ein Vertreter der Ideen des
Juni-Klubs, war Steinbömer, der auch unter dem Pseudonym »Hillard«
publiziert hatte, ein intimer Kenner der rechtsintellektuellen Berliner
Kreise der Weimarer Republik. Als »kraftvolle politische Potenz für die
Zukunft«[39] rühmte Vorwerk Helmut Elbrechter, ein Mitglied des ehemaligen, um die inzwischen vom Diederichs-Verlag gelöste und politisierte
gleichnamige Zeitschrift gescharten »Tat-Kreises«, mit dem er sich in
Hamburg austauschte. Unter der Federführung Hans Zehrers wurde die
»Tat« Anfang der 30er Jahre zu einem resonanzstarken Leitmedium
vornehmlich junger Rechtsintellektueller der später so genannten
»Konservativen Revolution«. Ihre Autoren, Leserschaft und politische
Sympathisanten gewannen als »Tat-Kreis« ein antiparlamentarisch-jungkonservatives Profil in der politischen Szenerie der untergehenden
Weimarer Republik.[40]

Mit Ernst Rudolf Huber gewann der Stuttgarter Abgesandte ein weiteres, in der NS-Zeit kompromittiertes Mitglied des Kreises um Carl
Schmitt für die Mitarbeit an dem geplanten Verlag, das wie Vorwerk

---

37 Vgl. Hans-Ulrich Wagner: Das Ringen um einen neuen Rundfunk: Der NWDR unter
    der Kontrolle der britischen Besatzungsmacht, in: Peter von Rüden/Hans-Ulrich
    Wagner (Hg.): Die Geschichte des Nordwestdeutschen Rundfunks (Hamburg 2005),
    S. 54.
38 Vgl. die Erwähnungen Günthers bei Louis Dupeux: »Nationalbolschewismus« in
    Deutschland 1919–1933 (München 1985).
39 Vermerk Vorwerk betr. Reise 19. IV. – 28. IV. 47, ADW, ZB 232.
40 Grundlegend hierzu immer noch Klaus Fritzsche: Politische Romantik und Gegenrevolution. Fluchtwege in der Krise der bürgerlichen Gesellschaft: Das Beispiel des
    »Tat«-Kreises (Frankfurt/M. 1976). Siehe speziell zu Zehrer Ebbo Demant: Von
    Schleicher zu Springer. Hans Zehrer als politischer Publizist (Mainz 1971).

selbst in der Schlussphase der Weimarer Republik an den Bestrebungen
zu ihrer autoritären Umformung beteiligt gewesen war.[41]

Die Lizenzierung der Wochenzeitung gestaltete sich schwieriger als
gedacht und langwierig. Die zuständige US-Besatzungsmacht sah keine
Notwendigkeit für eine weitere protestantische Zeitung. Auch der Verweis Eugen Gerstenmaiers auf den eher politischen Charakter des geplanten Blattes konnte den Militärgouverneur General Clay nicht um-
stimmen. Die Amerikaner hegten auch politische Bedenken wegen der
Personalzusammensetzung des Evangelischen Verlagswerks. Die Beschäftigung von zu vielen ehemaligen Nationalsozialisten ließ sie eine
gegen die USA gerichtete Blattlinie befürchten. Erst die Nominierung
von Otto Heinrich Fleischer, einem ehemaligen Breslauer Verleger mit
stark kirchenbezogener religiöser Orientierung, als genehmem Lizenzträger überwand dieses Hindernis.[42]

Immerhin konnte im Winter 1948 eine Probenummer hergestellt werden. Deren Lektüre gab Paul Collmer Anlass, eine Tendenz zu monieren,
die durch die politische Konzeption des Blattes nur zu nahe lag. An-
knüpfend an die Darstellung des im Februar erfolgten Staatsstreiches in
der Tschechoslowakei sah er eine verfehlte Aufrechnung und Verharm-
losung der deutschen Schuld im Nationalsozialismus vorliegen. Dazu
hielt er kritisch fest:

> Abgesehen davon, dass das politische Versagen eines anderen Volkes
> noch keine Entschuldigung für das deutsche Volk gibt, sind die Unter-
> schiede zwischen der Machtergreifung des Nationalsozialismus und den
> Vorgängen in der Tschechoslowakei doch offensichtlich … Vergleicht
> man damit die Vorgänge der nationalsozialistischen Machtergreifung im
> deutschen Volk, so ist zunächst festzustellen, dass … mindestens 51 Pro-
> zent der Wähler (Harzburger Front) aus einer inneren Affinität heraus

---

41   Siehe hierzu u. a. Martin Jürgens: Staat und Reich bei Ernst Rudolf Huber (Frankfurt/
       Main 2005), sowie Ernst Rudolf Huber: Carl Schmitt in der Reichskrise der Weima-
       rer Endzeit, in: Helmut Quaritsch (Hg.): Complexio Oppositorum. Über Carl
       Schmitt (Berlin 1988), S. 33ff.

42   Gniss, Gerstenmaier, S. 198. Zu Fleischers Auffassungen siehe ders: Gabe und Auf-
       gabe des Protestantismus, in: Frankfurter Hefte 11/1947, S. 1118ff.

dieses System mit seiner rücksichtslosen Vertretung des Machtstand-
punktes und der Niederknüppelung des politischen Gegners akzeptierten
… Auch hat dann nach der mehr oder weniger ›legalen‹ Machtergreifung
des Nationalsozialismus und nach der offensichtlichen Enthüllung seiner
Tendenzen das bürgerliche Deutschland nicht die Konsequenzen gezogen, wie sie jetzt die nicht kommunistischen Politiker in der Tschechoslowakei gezogen haben.

Zur Linie der neuen Zeitung führte er aber auch aus:

> Es ist selbstverständlich, dass gegen die Kollektivschuldthese Stellung ge-
> nommen werden muss. Aber dies in einer solchen Form zu tun wie es in
> diesem Artikel geschieht, scheint mir reichlich billig (wenn man nicht sa-
> gen will reaktionär), und zumindest auch pharisäerhaft, was in diesem
> Artikel den Vertretern der Kollektivschuldthese vorgeworfen wird. Diese
> kann man nur ablehnen, wenn man tatsächlich bereit ist, das politische
> Versagen des deutschen Volkes und seine offensichtliche Instinktlosigkeit
> nicht zu decken. Auch ist es bei den politischen Fehlern, die von den Be-
> satzungsmächten dauernd gemacht wurden, sehr leicht, die Unhaltbar-
> keit der Kollektivschuldthese darzulegen. Aber dies sollte in einem christ-
> lich sein wollenden Blatt von einer anderen Ebene aus geschehen und
> nicht unter Zugeständnissen an politische Opportunität in Fragen, in de-
> nen das deutsche Volk ernstlich Grund hat, sich über seine Vergangenheit
> zu besinnen und Rechenschaft abzulegen.[43]

Die sich hier ankündigenden Spannungen im inneren Kreis der Blattin-
itiatoren und -macher sollten andauern.

Die erste Nummer von CuW kam am 6. Juni 1948 an die Kioske.[44]
Eine zwei Wochen zuvor abgehaltene Redaktionskonferenz stellte klar,
dass CuW ein nicht auf die protestantische Leserschaft beschränktes
Richtungsblatt werden sollte. Programmatisch hieß es:

> Wir müssen alle Kräfte zusammenfassen, die innerlich überzeugt sind,
> dass ein neues Abendland nicht ohne die Grundlage des christlichen

---

43   ADW, EVW I, Vermerk Collmer zu »Probedruck« CuW, 24. 3. 1948.
44   So Klaus Mehnert: Ein Deutscher in der Welt. Erinnerungen 1906–1981 (Stuttgart
     1981), S. 327.

Glaubens entstehen kann. Zum konfessionellen Charakter von ›Christ und Welt‹ ist zu sagen, dass wir nicht leugnen wollen, dass wir ›aus dem evangelischen Sektor kommen, aber betonen, dass wir auch von anderen Konfessionen lernen können.[45]

Journalistisch galt die Vorgabe, jeden Beitrag deutlich mit einer Stellungnahme des Autors zu verbinden, rezensierte Bücher sollten der Zeitung »irgendwie nahestehen«. In klarer Spannung zu dem Ziel der Besatzungsmächte bei der Reform des deutschen Journalismus stand die Maxime: »Von der Form des reinen Referats müssen wir abkommen, da es unmöglich ist, eine Meldung ohne Kommentar zu bringen.«[46] Abschließend betonte der erste Chefredakteur der Zeitung, Ernst Hepp, »dass wir das Hauptgewicht weniger auf Kritiken als auf das positive und konstruktive legen wollen.«[47] Die Bezugnahme auf den »Abendland«-Topos hierbei verankerte das Blatt in einer einflussreichen Nachkriegsströmung in Westdeutschland.[48]

Mit dem 42-jährigen Hepp übernahm ein journalistisch ausgewiesener Angehöriger des ehemaligen Auswärtigen Amtes die Leitung von CuW.[49] In den 30er Jahren für das Deutsche Nachrichten-Büro in New York tätig, seit 1936 NSDAP-Mitglied, arbeitete der gebürtige Württemberger seit April 1940 als Pressereferent in der deutschen Botschaft in Washington, wobei er auch propagandistisch aktiv gewesen sein soll.[50]

---

45 ADW, EVW I, Protokoll der Redaktionskonferenz am 21. Mai 1948 (Hans Schomerus).
46 Ebenda (Ernst Hepp).
47 Ebenda (Ernst Hepp).
48 Siehe hierzu Axel Schildt: Deutschlands Platz in einem »christlichen Abendland«. Konservative Publizisten aus dem Tat-Kreis in der Kriegs- und Nachkriegszeit, in: Thomas Koebner/Gert Sautermeister/Sigrid Schneider (Hg.): Deutschland nach Hitler. Zukunftspläne im Exil und aus der Besatzungszeit (Opladen 1987), und besonders ders.: Zwischen Abendland und Amerika. Studien zur westdeutschen Ideenlandschaft der 50er Jahre (München 1999).
49 Siehe zu Hepp: Biographisches Handbuch des deutschen Auswärtigen Dienstes 1871–1945, Bd. 2, bearbeitet von Gerhard Keiper und Martin Kröger (Paderborn u. a. 2005), S. 280.
50 Vgl. Kurt P. Tauber: Beyond Eagle and Swastika. German Nationalism Since 1945 (Middletown, Connecticut 1967), Volume II, S. 1037f.

Nach Kriegsbeginn mit den USA schlossen sich Verwendungen in der Nachrichten- und Presseabteilung des Auswärtigen Amtes in Berlin sowie der Gesandtschaft in Stockholm an.

Zu den journalistischen Mitarbeitern, die Hepp engagierte, gehörten Wolfgang Höpker, Hans Schomerus, Heinz Bongartz, Richard von Frankenberg, Hans Georg von Studnitz und Klaus Harpprecht.[51]

Mit dem 1909 geborenen Wolfgang Höpker trat ein weiterer Intellektueller aus dem Umfeld des ehemaligen Tat-Kreises in den Dienst von CuW. Neben seiner Tätigkeit als Politikredakteur bei den »Münchner Neuesten Nachrichten« (MNN) war Höpker zur Zeit des »Dritten Reiches« auch darüber hinaus publizistisch tätig, so in der »Tat« und der »Zeitschrift für Geopolitik«. Dieses 1924 gegründete Periodikum war das Organ Karl Haushofers, des Hauptvertreters dieser Denkrichtung in Deutschland, der Höpker als ehemaliger Hörer Haushofers an der Münchner Universität noch Jahrzehnte später ungebrochen anhing.[52] Geopolitische Vorstellungen waren auch in dem von Höpkers Chef bei den MNN, Giselher Wirsing, herausgegebenen Band »Der Krieg 1939/ 41 in Karten« präsent, bei dem Höpker an zumindest einer Auflage mitgearbeitet hatte.[53] Höpker war zeitweilig ein Mitarbeiter des Volkstumsforschers und Mitbetreibers des jungkonservativen Juni-Klubs Max Hildebert Boehm.[54] Dem Interessenfeld Boehms, 1933 bis 1945 Professor in Jena, entspricht auch das Thema seiner Dissertation, die dem Nationsbildungsprozess in Rumänien galt. Die in erweiterter Form als Buch erschienene Dissertation, so Höpker eingangs, sei inspiriert worden durch die publizistischen Arbeiten Giselher Wirsings; methodisch lehne sich

---

51 Ernst Hepp/Fulenwider Hepp: In Love and War. The Dilemma of an American Girl and a German Diplomat (Denver, Colorado 2007), S. 413f. Ich verdanke den Hinweis auf diese Schrift Frau Georgine Offermann.

52 Siehe hierzu Hans Adolf Jacobsen (Hg.): Karl Haushofer. Leben und Werk (Boppard a. Rh. 1979) und die Rezension Höpkers dazu: Ein deutsches Schicksal, in: CuW, 12. 10. 1979, S. 32.

53 Otto Köhler: Unheimliche Publizisten. Die verdrängte Vergangenheit der Medienmacher (München 1995), S. 307.

54 -i-: Die innere Emigration unserer Tage. Gruppen, Cliquen, Kreise – Wohin geht der Weg?, in: Hannoversche Presse 17/1949 (10. 2. 1949).

die Schrift an die Volkstumskonzeption Boehms an, der überdies ihre Entstehung gefördert habe.[55] Bei Kriegsende war Höpker Hauptschriftleiter der MNN.[56]

Hans-Georg von Studnitz[57] wiederum war ein persönlicher Freund Hepps aus gemeinsamen Tagen im Berliner Auswärtigen Amt,[58] wo der 1907 geborene Sohn eines preußischen Offiziers ein enger Mitarbeiter von Joachim von Ribbentrops Pressechef Paul Karl Schmidt war, der nach dem Krieg als Paul Carell bekannt werden sollte.[59] Seine journalistische Ausbildung erhielt Studnitz Anfang der 30er Jahre im konservativen Scherl-Verlag. In jenen Jahren unterhielt Studnitz, der dem Tat-Kreis mit einer gewissen Distanz gegenüberstand, Beziehungen zu Heinrich von Gleichen, dessen Herrenklub-Zeitschrift »Der Ring« in den ersten Jahren ihres Bestehens Friedrich Vorwerk leitete. Arthur Moeller van den Bruck, der verstorbene spiritus rector des Juni-Klubs, war eine Bezugsgröße für Studnitz' konservatives Selbstverständnis. Nach seinem Beitritt zur NSDAP wurde Studnitz bei Kriegsbeginn ins Auswärtige Amt dienstverpflichtet. Die britische Besatzungsmacht beurteilte ihn als Teilnehmer eines Seminars für deutsche Journalisten zwiespältig. Beeindruckt von seinen Kenntnissen, von seinen argumentativen und rhetorischen Fähigkeiten hieß es abschließend: »As a matter of general policy I would welcome further students of the same type. They add zest to our work and I hope we shall always be able to cope with them. If we cannot, their influence might be disastrous but they are certainly preferable to the dumb and

---

55 Wolfgang Höpker: Rumänien diesseits und jenseits der Karpathen (München 1936), S. 8.

56 Köpf, Schreiben nach jeder Richtung, S. 72.

57 Siehe zu Studnitz den Aufsatz von Nils Asmussen: Hans-Georg von Studnitz. Ein konservativer Journalist im Dritten Reich und in der Bundesrepublik, in: Vierteljahreshefte für Zeitgeschichte 45/1997, S. 74ff., sowie das Kapitel zu Studnitz bei Köhler, Publizisten.

58 Vgl. Hans-Georg v. Studnitz: Als Berlin brannte ..., S. 73 und 111, sowie ders.: Seitensprünge. Erlebnisse und Begegnungen 1907–1970 (Stuttgart 1975), S. 306.

59 Siehe zu Schmidt Wigbert Benz: Paul Carell. Ribbentrops Pressechef Paul Karl Schmidt vor und nach 1945 (Berlin 2005), sowie das diesem gewidmete Kapitel in Köhler, Publizisten.

the dull.«[60] Seit 1947 wieder journalistisch tätig, berichtete v. Studnitz für die Hamburger Wochenzeitung »Die Zeit« von den Nürnberger Prozessen, um ab Ende 1948 auch für CuW zu schreiben.

Die Kooperation im Rahmen des Evangelischen Verlagswerks gestaltete sich problematisch. Große Spannungen ergaben sich zwischen »Christ und Welt« und dem gleichfalls wöchentlich erscheinenden »Sonntagsblatt«. Letzteres war ein Projekt des Bischofs Hanns Lilje. Lilje, der 1944 im Zusammenhang mit dem Attentat vom 20. Juli verhaftet wurde, hatte bereits kurz nach Kriegsende Pläne zu einem solchen Blatt aufgegriffen und entschieden weiterverfolgt.[61] Obwohl auch im Fall des »Sonntagsblatts« die Lizenzierung schwierig und langwierig war, gelang es der Zeitung doch, vor CuW am Markt zu sein – die erste Ausgabe erschien am ersten Februar 1948. Das Konzept wies Parallelen zu CuW auf, programmatisch erklärte Lilje: »Dieses Blatt stellt den Versuch dar, der Kirche einen neuen Boden in der großen weltlichen Journalistik zu verschaffen. Infolgedessen wird dieses Blatt nicht von Theologen, die eine gewisse journalistische Befähigung besitzen, geschrieben, sondern von Fachjournalisten völlig nach den technischen und methodischen Voraussetzungen des modernen Journalismus redigiert.«[62] Neben den Verbindungen im kirchlichen Bereich rückte eine weitere Personalie die beiden Wochenblätter aneinander: Liljes Pressebeauftragter Hans Zehrer wurde erster Chefredakteur des »Sonntagsblatts«. Einer der profiliertesten deutschen Journalisten der späten Weimarer Republik, war Zehrer manchen aus der Stuttgarter CuW-Gründungsgruppe wohl vertraut.

Doch diese Nähe stiftenden Momente führten nicht zu einer entspannten Zusammenarbeit oder gar Fusion beider Blätter. Das Scheitern hatte mehrere Gründe. Zunächst war trotz des parallel laufenden journa-

---

60 Journalist Courses at Wilton Park, in: PRO, FO 1056, 235, 83, zitiert nach: Christian Sonntag: Medienkarrieren. Biografische Studien über Hamburger Nachkriegsjournalisten 1946–1949 (München 2006), S. 156.

61 Siehe zu diesem Komplex Ronald Uden: Hanns Lilje als Publizist. Eine Studie zum Neubeginn der kirchlichen Nachkriegspublizistik (Erlangen 1998), S. 87ff., und die Unterlagen im ADW.

62 Rundbrief an die »Amtsbrüder«, 9. 2. 1948, zitiert nach Uden, Lilje, S. 99.

listischen Konzepts der Stellenwert des Politischen beim »Sonntagsblatt« geringer als bei den Süddeutschen. Auch wichen die regionalen Schwerpunkte voneinander ab: Während sich Liljes Zeitung zum »Zentralorgan des norddeutschen Bildungsbürgertums«[63] mauserte, hatte Gerstenmaier zunächst den süddeutschen Raum im Auge. Befürchtungen Liljes, von den Stuttgartern geschluckt zu werden, und aus der unmittelbaren Vergangenheit des »Dritten Reiches« resultierende Disharmonien mögen ebenfalls eine Rolle gespielt haben.[64] Wirtschaftliche Überlegungen kamen dagegen nicht an, frühzeitig resümierte Collmer:

> Ich selbst habe (und tue es noch) hier unablässig davon geredet, ›Christ und Welt‹ und das ›Sonntagsblatt‹ zusammenzulegen. Aber bei der Redaktion hier besteht hierfür keine Meinung und auch Dr. Gerstenmaier vertritt die Auffassung, dass beide Blätter zu verschiedenartig sind und auch ganz verschiedene Aufgaben zu erfüllen haben und es deshalb besser ist, jedes seine eigene Entwicklung nehmen zu lassen.[65]

Die Spannungen zwischen beiden Zeitungen, die bald in ein Konkurrenzverhältnis zueinander gerieten, ließ eine Trennung früher oder später erwarten. Bereits im November 1949 gründete sich in Hamburg die Sonntagsblatt GmbH, im Dezember 1950 folgte die Loslösung vom Evangelischen Verlagswerk. Ein weiterer Anlauf im Folgejahr, doch noch zu einer Fusion zu gelangen, blieb ergebnislos. Seitens des »Sonntagsblatts« fand man die finanzielle Situation bei CuW zu unübersichtlich und schwierig, zwischen den Redaktionen konnte keine Übereinstimmung über das spätere Profil eines gemeinsamen Blattes erzielt werden.[66] Doch entschwanden die Norddeutschen nicht völlig aus dem Horizont von CuW. Jahre später wurde eine Annäherung beider Wochenblätter wieder Gegenstand von Überlegungen.

---

63 Bert-Oliver Manig: Die Politik der Ehre: die Rehabilitierung der Berufssoldaten in der frühen Bundesrepublik (Göttingen 2004), S. 256.
64 Vgl Uden, Lilje, S. 90ff.
65 Collmer an Erika Jörn, 25. 9. 1948, ADW, EVW I.
66 Uden, Lilje, S. 116.

Der Zeitpunkt, zu dem CuW auf dem Markt erschien, erwies sich schnell als unglücklich gewählt. Die Währungsreform vom 21. Juni 1948 hätte dem Blatt »fast wieder den Garaus gemacht.«[67] Dass die Zeitung dem anschließenden Pleitesog entging, der so viele Zeitschriften der Nachkriegsjahre verschlang, war jedenfalls auch den Arbeiten Jürgen Thorwalds zu verdanken.[68] Die Wahl von vergangenheitsbezogenen Themen, in denen Militär bei Thorwald eine bedeutsame Rolle spielte, war auch eine verkaufsfördernde Maßnahme, die nicht zuletzt dazu beitrug, das Profil des Blattes zu schärfen. Diese Absatzstrategie, zu der auch der Abdruck entsprechender Fotos gehörte, gab die Redaktion gegenüber den Kontrolleuren der Information Control Division freimütig zu.[69]

Zwar sank die Startauflage von 40.000 Exemplaren infolge des Währungsschnitts um ein Viertel[70] und der Verkaufspreis wurde von 60 auf 40 Pfennige gesenkt, doch CuW überlebte immerhin und es gelang, die offenbar erheblich schwankende Auflage zum Anfang der 50er Jahre wieder auf über 41.000 zu steigern.[71]

Andererseits erwuchsen aus der nationalen Profilierung der Zeitung in den ersten Monaten ihres Bestehens Reibungen mit der noch aktiven Zensurinstanz ICD, die existenzgefährdend werden konnten; das Blatt

---

67 Klaus Mehnert: Ein Deutscher in der Welt. Erinnerungen 1906–1981 (Stuttgart 1982), S. 327.
68 Mehnert, Deutscher, 327f. zu Thorwald: »Diese Reportagen ließen im Spätsommer 1948 die Zahl der wöchentlich verkauften Exemplare binnen weniger Wochen von 17000 auf 68000 steigen. Freilich, dann sank sie wieder auf 40000, aber ›Christ und Welt‹ hatte sich einen Namen gemacht.«
69 Vgl. Ulrich M. Bausch: Die Kulturpolitik der US-amerikanischen Information Control Division in Württemberg-Baden von 1945 bis 1949 zwischen militärischem Funktionalismus und schwäbischem Obrigkeitsdenken (Stuttgart 1992), S. 79f. Vgl. auch die internen Einschätzungen in ADW, EVW 1, Höpker an Fleischer und Collmer, 3. 1. 1949, sowie ADW, ZB 233, Schreiben an Pfarrer Hans Spohn, Esslingen, Paraphe unleserlich, 19. 10. 1948.
70 Mehnert, Deutscher, S. 328, spricht für den Sommer 1948 sogar von einer Auflage von bloß 17.000 Exemplaren.
71 Vgl. Ulrich Frank-Planitz: Die Zeit, die wir beschrieben haben. Zur Geschichte der Wochenzeitung »Christ und Welt«, in: Widerstand – Kirche – Staat. Eugen Gerstenmaier zum 70. Geburtstag. Hrsg. von Bruno Heck (Frankfurt/Main 1976), S. 149ff.

geriet in Verdacht mangelnder Distanz zum Nationalsozialismus. CuW war eines der drei als Problemfälle in den Akten der ICD am häufigsten erwähnten Blätter. Die Krise verschärfte sich in der Folge eines Artikels über Feldmarschall Erwin Rommel und dessen Todesumstände, der im September 1948 erschien.[72] Die Redaktion hatte in Abwesenheit von Chefredakteur Hepp den Artikel mit einigen Fotos, die Rommel auch mit Hitler und Mussolini zeigten, versehen, was gegen geltende Bestimmungen verstieß. Lizenzträger Fleischer wurde schließlich zu einer Aussprache in die Zensurbehörde geladen, in der ihm die aufgelaufenen Bedenken der Besatzungsmacht vorgehalten wurden.[73]

Die Pressekontrolleure ließen erkennen, dass sie die christliche Ausrichtung des Blattes für einen bloßen Deckmantel des politischen Journalismus hielten, und befürchteten eine Eigendynamik der nationalen Profilierung am Markt: »Das sei aber ein sehr gefährliches Mittel, denn man käme aus einem solchen Fahrwasser nicht so leicht wieder hinaus, weil man die bestimmte Kategorie von Lesern, die man auf diese Weise gewinnt, nur halten kann, indem man diese Linie beibehält oder gar verstärkt.« Fleischer rechtfertigte die Ausrichtung der Zeitung mit dem durch die vorherrschende Berichterstattung nicht gestillten Leserinteresse und betonte »(d)ie Notwendigkeit, den Komplex der Vergangenheit zu klären und einzuordnen, wäre unter den Deutschen sehr stark empfunden, und CuW glaube, hier eine wichtige Aufgabe zu erfüllen.« Die Vertreter der Besatzungsmacht mahnten eine demokratischere Anmutung des Blattes und eine deutlichere christliche Fundierung in einem konstruktiven und mit der außerdeutschen Welt kooperativeren Sinne an. Trotz des harmonischen Ausklangs des Besuchs merkte Fleischer an: »Beim Verlassen des Gebäudes war ich froh, dass es kein SMA-Gebäude war.«[74]

---

72 Vgl. zum Folgenden die Darstellung bei Hepp, Love and War, S. 434ff.
73 Siehe zum Folgenden ADW, EVW I, Bericht O. H. Fleischer, undatiert (November 1948).
74 SMA = Sowjetische Militäradministration. Unangenehm aufgefallen war CuW auch der französischen Besatzungsmacht, vgl. Kurt Koszyk: Pressepolitik für Deutsche 1945–1949 (Berlin 1986), S. 317 (=Geschichte der deutschen Presse, Teil IV).

Das Blatt wehrte sich auch öffentlich. Man gestand ein, dass die Illustrationen »mißliebige und abwegige Gedankenverbindungen bei Leuten hervorrufen könnten, die sich mit dem Eindruck der Bilder begnügten, ohne die Aufsätze überhaupt zu lesen«. Der Hinweis darauf habe in der Redaktion »sehr ernsthafte Resonanz gefunden.« Man nahm jedoch für sich in Anspruch,

> den Lesern Aufklärung darüber zu verschaffen, welche eigennützigen und verbrecherischen Hintergründe der Appell an das Wehrhafte und Soldatische in den Jahren des Dritten Reiches gehabt hat und wie furchtbar Opfermut und Gehorsamsbereitschaft der Deutschen damals mißbraucht worden sind.[75]

Dass Fleischer sich den US-Vorschlägen zu einer Kurskorrektur bei CuW aus Überzeugung nicht verschloss und auch die eingeräumte »sehr ernsthafte Resonanz« in der Redaktion, reflektierten einen Konflikt in der Zeitung, der durch die Kontroversen mit der US-Presselenkung um die Jahreswende 1948/49 eskalierte.[76] »Gelbkreuz, das am Boden kriecht« – daran gemahnte Wolfgang Höpker die vergiftete Atmosphäre in der Redaktion. Schuldzuweisungen wegen der nunmehr womöglich selbst zerstörerischen Blattlinie richteten sich gegen eine bestimmte Gruppe von Mitarbeitern; offenbar spuke »der ›Tatkreis‹ als eine geheimnisvolle sozusagen überstaatliche Macht« herum. Demgegenüber hielt Höpker fest: »An eine Auferstehung des ›Tatkreises‹ ist schon allein deshalb nicht zu denken, weil seine überlebenden Mitglieder in den um die ›Deutsche Union‹ gruppierten Kräften den ihren Ansichten durchaus gemässen Ausdruck« sähen. Ihre Ambitionen seien daher »mit der von Dr. Gerstenmaier und ›Christ und Welt‹ vertretenen Linie völlig identisch«.[77] Damit

---

75 »Nationalismus und Militarismus …«. Ein Wort in eigener Sache, in: CuW, 6. I. 1949.
76 Siehe zum Folgenden ADW, EVW I, Höpker an Fleischer und Collmer, 3. I. 1949.
77 Vgl. zu dieser Standortbestimmung Gerstenmaiers die Bemerkung bei Gniss, Gerstenmaier, S. 207, zu dessen Befürchtungen im entsprechenden Zeitraum, es könne zur Reetablierung eines parlamentarischen Systems im Stil der Weimarer Republik kommen.

verortete sich das Blatt im politischen Spektrum der westdeutschen Gründungsphase.

Bei der Ende Januar 1949 gegründeten »Deutschen Union« (DU) handelte es sich um einen Sammlungsversuch, der das Ziel verfolgte, den durch alliierte Lizenzierung wieder aufgebauten politischen Parteien, wie sie bereits das politische System der Weimarer Republik geprägt hatten, ein oppositionelles Lager entgegenzustellen.[78] Ein spiritus rector dieser Gruppierung war der 1905 als Sohn eines Pfarrers geborene August Haußleiter.[79] Über die Stationen einer jugendlichen Teilnahme am Hitler-Putsch und Sympathie zur rechtsliberalen DVP entwickelte sich Haußleiter zu einem Anhänger des Tat-Kreises. Für den bayerischen Journalisten, der während des Krieges auch propagandistisch tätig war, blieben die politisch antiliberal und antiparlamentarisch konturierten Konzepte, wie sie im Rahmen der so genannten »Konservativen Revolution« ventiliert wurden, auch nach 1945 bedeutsam. Dem Fundus dieser Vorstellungen, die weit in den nationalkonservativen Widerstand gegen den Nationalsozialismus hinein gewirkt hatten, verdankte auch die »Deutsche Union« ihr ideologisches Design: Volkstum als überindividueller verpflichtender Wert, »Gemeinschaft« als »organische« Gliederung und hierarchische Stufung der Gesellschaft – mit all dem tradierte Haußleiter das Gedankengut der Weimarer Rechtsintellektuellen. Auch die ins Auge gefasste Organisationsform folgte einem daran angelehnten Modell: Die Sammlung sollte Vertreter aus möglichst allen Parteien umfassen und diese somit überwölben.[80] Dieser Gedanke hatte bereits jungkonservative Ansätze wie den Juni-Klub und den Herrenklub motiviert.[81] Als Gast und Redner trat Haußleiter im Rahmen der politischen Tagungen in Erscheinung, die vom Evangelischen Hilfswerk 1948 initiiert wurden und mit denen Klaus Mehnert, ein Schulkamerad Georg Federers, be-

---

78 Vgl. Richard Stöss: Vom Nationalismus zum Umweltschutz. Die Deutsche Gemeinschaft/Aktionsgemeinschaft unabhängiger Deutscher im Parteiensystem der Bundesrepublik (Opladen 1980), S. 70, sowie dessen Beitrag zur Deutschen Gemeinschaft in ders. (Hg.): Parteienhandbuch. Die Parteien der Bundesrepublik Deutschland 1945–1980, Bd. I (Opladen 1983), S. 877ff.

79 Vgl. zu dessen Profil Stöss, Nationalismus, S. 65f.

80 Vgl. Klaus Mathy an Klaus Mehnert, 8. 1. 1949, Hauptstaatsarchiv Stuttgart, Nachlass Klaus Mehnert (im Folgenden: NL Mehnert), Q 1/30 Bü 5.

81 Tauber, Beyond Eagle and Swastika, Vol. I, bemerkt: »Specifically, the DU recalled the famous June Club of the post-World War I period.« Ebenda, S. 124.

fasst war.[82] Auf einer Tagung auf der Burg Rheinfels bei St. Goar im September 1948 referierte Haußleiter im Rahmen des Themas »Aktivierung der Demokratie«.[83] Den Kontakt Haußleiter – Mehnert hatte Friedrich Vorwerk vermittelt.[84] Der im Hintergrund mitwirkende Giselher Wirsing fasste den politischen Sinn und die Tradition dieser Kombination gegenüber Mehnert in die Worte: ... im Vordergrund und für alle Entschlüsse ist wohl entscheidend, daß uns allen klar ist, daß die in Deutschland notwendigen Dinge nur von einem Team publizistisch so gefördert werden können, wie wir es uns wünschen. Dieses gruppiert sich zZ teils um CuW, teils um Sie, teils um das Hamburger Unternehmen der DU. Eine Koordination ist notwendig. Sie haben seit Ihrer Rückkehr ja nur in diesem Sinne gearbeitet. Der weitere Kreis, den Sie er(f)asst haben und weiter erfassen werden, wird hier aber außer Betracht bleiben können, da wir ja nur von der publizistischen Seite sprechen. Also wie in früherer Zeit wollen wir verschiedene Dinge gleichzeitig – und wohl auf verschiedenen Ebenen, was das Publikum angeht – betreiben. Auch hierin folge ich Ihnen durchaus, weil die CuW-Ebene zu schmal ist.[85]

Entsprechend wohlwollend begrüßte CuW die Bildung der neuen Gruppierung in einem ganzseitigen Bericht über die Braunschweiger Gründungsversammlung. Ausgehend von dem »Fehlgriff« des »Restaurationsversuch(s) von 1945«, der »grundlegend neuen Formen demokratischer Selbstbestimmung weichen sollte«, erhoffte man sich von der DU einen Einstieg in die Neuordnung des deutschen Parteiensystems und fasste ein auf das Mehrheitswahlrecht gegründetes Zwei-Parteien-Modell ins Auge. Mit einer Sympathie, in der das Selbstbild der CuW-Mannschaft ebenso anklang wie die Jugend-Semantik der späten Weimarer Republik, wird die Altersgruppe der 20- bis 40-Jährigen als Trägerin der DU gezeichnet: »Der Querschnitt durch das äußere Bild der Teilnehmer gab eine fast verblüffende Uebereinstimmung im Sinne ei-

---

82 Vgl. Mehenrt, Deutscher, S. 308, 313f. und ders., Am Rande der Politik, a. a. O., S. 136ff.

83 Vgl. die ungezeichnete Niederschrift über die Zusammenkunft auf Burg Rheinfels bei St. Goar, ADW, ZB 844.

84 Vgl. Mehnert an August Haußleiter und Franz Liedig, 20. 8. 1948, NL Mehnert Q 1/30 Bü 5.

85 Wirsing an Mehnert, 5. 2. 1949, Q 1/30 Bü 7.

nes bestimmten Typs, den wir als den des ›skeptischen Realisten‹ ansprechen möchten.«[86] Die zureichende Repräsentanz gerade dieser Altersgruppe – einschließlich der Frauen – war CuW auch im Vorfeld der
ersten Bundestagswahl ein Anliegen.[87] Man sah diese Jahrgänge gegenüber den älteren Politikern der von den Besatzungsmächten lizenzierten
Parteien benachteiligt: Während des »Dritten Reiches« im Studium oder
Berufsanfang stehend, seien NS-Kontakte oft unvermeidlich gewesen,
wollte man nicht ins Abseits geraten.[88] Da die Blattmacher zu diesen
Jahrgängen zählten oder nur unwesentlich älter waren, gewann die frühe
CuW Züge eines Generationenprojekts. Dieses Missbehagen an den bestehenden Parteien und die Hoffnung auf die »Jugend« ließen die DU
nicht nur bei CuW interessant erscheinen, auch der »Spiegel«-Chef Rudolf Augstein teilte diese Sicht.[89]

In der Redaktion lebten auch darüber hinaus Konzepte fort, die in
jungkonservativen Kreisen der Weimarer Republik skizziert worden waren und in die Programmatik des bürgerlich-nationalen Widerstands
und auch des Kreisauer-Kreises Eingang gefunden hatten. In diesem
Sinne forderte man den

> Abbau der Staatsverwaltung auf allen Gebieten, wo Staatsaufsicht genügt,
> und dafür Entwicklung der Selbstverwaltung ... Was wir also brauchen,
> ist eine zweite Steinsche Reform. Der Freiherr vom Stein schloß das Zeit-
> alter des Absolutismus ab, indem er der Gesellschaft neue Wege eröffnete.
> Die zweite Steinsche Reform muß das Zeitalter des Totalitarismus been-
> den. Das hieße gleichzeitig, auch den Weg für heranwachsende politische
> Führungsschichten frei machen, die sich nirgends besser bewähren kön-
> nen als in Selbstverwaltungseinheiten.[90]

---

86 hk: Sammelbecken der vergessenen Generation. Frischer Wind aus Braunschweig?/
    Anmerkungen zur Gründung der deutschen Union, in: CuW, 3. 2. 1949, S. 3. Siehe
    auch CuW, 17. 3. 1949, S. 2: Sauerteig in den Parteien (von »CuW«).
87 Vgl. CuW, 26. 5. 1949, S. 1f.: Parteien und Wähler (ungezeichnet), CuW, 7. 6. 1949,
    S. 1f.: Tausend Menschen für den Bund (ungezeichnet).
88 Vgl. CuW, 24. 7. 1948, S. 3: Von der Malaise zum Selbstmord der Demokratie?
89 Vgl. Peter Merseburger: Rudolf Augstein. Biographie (München 2007), S. 111.
90 CuW, 22. 12. 1949, S. 6: Teil IV des Aufsatzes Im Netzwerk der Liliputaner: Wir
    brauchen eine zweite Steinsche Reform (von »CuW«).

Der Anti-Parteien-Affekt, der zur mentalen Grundausstattung der Weimarer Rechtsintellektuellen gehörte, war auch bei CuW wirksam: »Ideologisch gebundene, bürokratisch organisierte, durch Parteidisziplin zusammengehaltene Massenorganisationen: uns scheint, daß diese Kennzeichen der heutigen Parteien zugleich die Kennzeichen ihres Versagens sind.«[91] Mit diesen Vorbehalten und Ressentiments stand man in der Gründungsphase und der frühen Bundesrepublik bei weitem nicht allein, die Etablierung des westdeutschen Staates vollzog sich in einem komplizierten sozialpsychologischen Klima.[92]

Auch aus diesen Gründen kommentierte die Zeitung die Vorbereitungen der Gründung eines Weststaates mit Distanz. Dem Auftakt der Beratungen über das spätere Grundgesetz begegnete ein ganzer Katalog von Bedenken. Man sah in dem Unterfangen eine Gefährdung der nationalen Einheit, doch mahnte man auch:

> Nur törichter Nationalismus könnte den alliierten Verfassungsplan verwerfen, weil er ein außerdeutscher Entwurf ist. Von den vielen deutschen Verfassungen seit dem westfälischen Frieden sind nur zwei – und gerade die schlechtesten – ohne ausländische Beteiligung entstanden.[93]

Dennoch hielt man die Vorbereitungen zur Gründung der späteren Bundesrepublik, da nicht vom ganzen deutschen Volk in Auftrag gegeben, für illegitim.[94] Doch recht bald näherte sich die Zeitung, wenngleich kritische

---

91 CuW, 24. 7. 1948, S. 3: Von der Malaise zum Selbstmord der Demokratie?
92 Vgl. z. B.: Marcus M. Payk: Der »Amerikakomplex«. »Massendemokratie« und Kulturkritik am Beispiel von Karl Korn und dem Feuilleton der »Frankfurter Allgemeinen Zeitung« in den fünfziger Jahren, in: Arnd Bauerkämper/Konrad Jarausch/Marcus M. Payk (Hg.): Demokratiewunder. Transatlantische Mittler und die kulturelle Öffnung Westdeutschlands 1945–1970 (Göttingen 2005). Siehe grundlegend Hans Mommsen: Der lange Schatten der untergehenden Republik. Zur Kontinuität politischer Denkhaltungen von der späten Weimarer zur frühen Bundesrepublik, in: ders.: Von Weimar nach Auschwitz. Zur Geschichte Deutschlands in der Weltkriegsepoche (München 2001). Ein auf Umfragedaten gestützter Abriss der westdeutschen Befindlichkeiten in den Nachkriegsjahren findet sich bei Habbo Knoch: Die Tat als Bild. Fotografien des Holocaust in der deutschen Erinnerungskultur (Hamburg 2001), S. 284ff.
93 CuW, 10. 7. 1948, S. 1: Keine Verfassung ohne Freiheit (von »CuW«).
94 CuW, 2. 10. 1948, S. 1f.: h: Die Bonner Räte.

Kommentare zum Grundgesetz anhielten,[95] den neuen Gegebenheiten, schließlich hieß es:»Nun da die Bonner Verfassung von mehr als der notwendigen Zweidrittelmehrheit der Länder angenommen ist, halten wir es für richtig, daß alle ihre Bedenken zurückstellen ... und den westdeutschen Bund so rasch wie möglich zum Funktionieren bringen.«[96]

Dieses pragmatische Einlenken[97] bedeutete jedoch kein Einverständnis mit dem Anspruch und der Ausgestaltung der neuen Bundesrepublik. Ausdrücklich bestand die Zeitung auf dem provisorischen Charakter des »staatlichen Gebildes in Westdeutschland«,[98] dem man keine volle Staatlichkeit zuerkennen wollte:

›Christ und Welt‹ hat sich von Anfang an dafür eingesetzt, das westdeutsche Gebilde nicht als Staat, sondern nur als Notdach anzusehen. Wir haben unsere Ansicht nicht geändert und verfolgen mit Mißbehagen die Bonner Bemühungen, so zu tun, als sei im Schatten des Petersbergs ein normaler Staat möglich.[99]

Ähnlich reserviert verhielt sich CuW bzgl. der außenpolitischen Orientierung des neuen Weststaates. Zwar begrüßte man eine europäische Integration, die Aufstellung eigener Streitkräfte fand jedoch nur im Schatten des Koreakrieges Unterstützung.[100] Mit dieser Positionierung vertrat die Zeitung eine im protestantischen Bevölkerungsteil Westdeutschlands verbreitete Auffassung, wo man in der militärischen Westbindung eine weitere Erschwerung der nationalen Einigung sah und stärker gesamtdeutschen Perspektiven zuneigte.[101]

---

95 Siehe vor allem CuW, 19. 5. 1949, S. 3: Bonn – Notdach mit Ambitionen (ungezeichnet).
96 CuW, 26. 5. 1949, S. 1: Parteien und Wähler (ungezeichnet).
97 Vgl. auch CuW, 14. 7. 1949, S. 1: »Die Hand am Brotkorb« (ungezeichnet).
98 CuW, 11. 8. 1949, S. 1f.: Wählen oder nicht wählen? (ungezeichnet).
99 CuW, 27. 10. 49: S. 1f.: Seit Stalins Brief (ungezeichnet).
100 Vgl. CuW, 5. 10. 1951, S. 1: Nach dem Sieg in Korea (ungezeichnet), CuW, 19. 10. 1950, S. 1: Bonner Vertrauenskrise (ungezeichnet). Siehe zur Haltung der Zeitung hinsichtlich der sog. Wiederbewaffnung auch Mehnert, Deutscher, S. 373ff.
101 Vgl. Frank Bösch: Die Adenauer-CDU. Gründung, Aufstieg und Krise einer Erfolgspartei 1945–1969 (Stuttgart/München 2001), S. 120.

Diese Kontakte, politischen Positionen und Traditionslinien blieben nicht unbemerkt. In einer womöglich vom SPD-Pressedienst inspirierten Form griffen Zeitungen das Thema auf und rückten CuW ins Zwielicht. Hinsichtlich der Gründung der »Deutschen Union« hieß es:

> Von besonderer Bedeutung ist in diesem Zusammenhang der Kreis um ›Christ und Welt‹ in Stuttgart … Die Gruppe um ›Christ und Welt‹ ist politisch außerordentlich aktiv und wird in letzter Zeit auch in Kreisen der Ruhrindustrie stärker beachtet. Im Hintergrund dieser neuen Kreise spielt auch Klaus Mehnert eine wichtige Rolle … Mehnert selber wird in Kürze in Ulm mit Haußleiter, der nur eine Vordergrundfigur in diesen Dingen zu sein scheint, über die Fusion des St. Goarer und ähnlicher Kreise mit der Deutschen Union verhandeln … All diesen Gruppen ist gemeinsam, daß sie mit der in Bonn geplanten Form der deutschen Demokratie nicht einverstanden sind.

Weiter kommentierte man abwägend:

> Es wäre falsch, alle diese Kreise einfach mit dem Stempel ›Nazismus‹ abzufertigen. So einfach liegen die Dinge nicht. Unter ihnen befinden sich auch eine Anzahl von Männern, die fraglos den Nationalismus bekämpft haben. Aber es wird hier eine Synthese zwischen Demokratie, d. h. zwischen Toleranz, Recht und Teilnahme des Volkes an der Politik mit dem versucht, was man in gewissen Kreisen auch heute noch als die ›guten und fruchtbaren Gedanken des Nationalismus‹ bezeichnet. Jedenfalls wird es überaus wichtig sein, diese politischen Kräfte auch weiterhin aufmerksam zu verfolgen. Vorläufig erscheint noch keineswegs sicher, weder im Positiven, noch im Negativen, was daraus einmal entstehen wird.[102]

In ähnlicher Tendenz, doch mit Verweis auf den vorangegangenen Herrenklub und eine weitere wichtige Querverbindung der Stuttgarter Redaktion, den Hamburger »Pressedienst für undoktrinäre Politik«, griff die neue Ruhr-Zeitung aus Essen das Thema auf.[103]

---

102 -i-: Die innere Emigration unserer Tage. Gruppen, Cliquen, Kreise – Wohin geht der Weg?, a. a. O.
103 Vgl. Luchs: Barbarossas Raben kreisen wieder, in: Neue Ruhr-Zeitung (Essen), 5. 2. 1949.

Die Verbindungen des Hilfswerks und speziell des CuW-Trägerkreises zu dem Pressedienst – der auch unter anderem Namen firmierte[104] – waren bereits fürsorglich eng, als es die Zeitung noch gar nicht gab. »Der Dienst hier erweist sich als recht ausbaufähig, und ich könnte mir denken, dass sich im Laufe etwa eines halben Jahres eine recht anständige Sache auf die Beine stellen lässt«, schrieb Wolfgang Höpker bereits 1947 an Mehnert.[105] Finanzielle Hilfe aus Stuttgart stützte zumindest in einem Fall das Unternehmen.[106]

Der von dem ehemaligen Kriegsberichterstatter Ulrich Majewski[107] herausgegebene Dienst – dessen Redakteur Martin Saller bei den »Münchner Neuesten Nachrichten« ausgebildet worden war und der in Kontakt zu Haußleiter stand – profilierte sich politisch in einer Weise, die dem Selbstverständnis der Deutschen Union unmittelbar benachbart war. Zugleich wurden ehedem gegen das politische System der Weimarer Republik gerichtete Kritikpunkte aus Kreisen der sog. »Konservativen Revolution« aufgegriffen und erneut in Anschlag gebracht. In der Werbung um Kommanditisten für eine geplante Wochenschrift erfuhr man:

> Die heute verantwortlichen Parteien stehen vor der Notwendigkeit, das durch den Zusammenbruch entstandene Vakuum durch die Aufrichtung einer neuen Verfassungsordnung zu überwinden, ehe ... die geistige und politische Besinnung dafür die Wege weisen kann. Die Neuordnung trägt deshalb restaurative Züge und richtet Verfassungen wieder auf, deren Versagen wir bereits einmal erlebt haben. Sie kann und wird deshalb nur ein Provisorium sein.
>
> Um so notwendiger ist eine die tagespolitischen Ereignisse begleitende, fortlaufende Behandlung der außen- und innenpolitischen Probleme aus einer Sicht, die undoktrinär, realistisch und wegweisend zugleich ist. Darin sieht der ›Pressedienst für undoktrinäre Politik‹ seine

---

104 Vgl. die Notiz zum Pressedienst in Ernst Forsthoff – Carl Schmitt, S. 364.

105 Hoepker an Mehnert (Briefkopf »Union-Pressedienst«), NL Mehnert Q 1/30 Bü 1, 21. 7. 1947.

106 Siehe ADW, ZB 32, v. Lukowicz an Oeltze von Lobenthal, 2. 12. 1949.

107 Siehe Ulrich Majewski, Günter Oeltze von Lobenthal, Karl Haag: Front am Polarkreis: Das Buch eines Lappland-Korps (Berlin 1943).

besondere Aufgabe. In seiner Grundhaltung ist er von der Einsicht bestimmt, daß nur die Überwindung der Weltanschauung in der Politik, des Totalitarismus und der Massendemokratie eine Gesundung des politischen Lebens erhoffen lassen, wobei hinzugefügt sei, daß das Christentum in diesem Sinne keine Weltanschauung ist. Die wiedererstandenen Weltanschauungsparteien, die Entnazifizierung als ideologische Verfolgung und die Wiederherstellung des massendemokratischen Parlamentsabsolutismus ohne verfassungsrechtliche Hemmungen und Gegengewichte sind deshalb der Gegenstand scharfer und grundsätzlicher Kritik, die zugleich bemüht ist, neue brauchbare Lösungen zu entwickeln.

Für die Außenpolitik vertritt der Pressedienst eine dauerhafte und wirksame Vereinigung der europäischen Staaten auf dem Boden der abendländischen und somit ganz Europa umfassenden Traditionen. Indem der Dienst sich bei Würdigung der außenpolitischen Vorgänge von diesem Grundgedanken leiten läßt, setzt er sich für den angemessenen Anteil Deutschlands an der Gesamtaufgabe der europäischen Staaten ein.[108]

Zu den Mitarbeitern des Dienstes, der von rund 80 Zeitungen gehalten worden sein soll, gehörten Ernst Forsthoff, Giselher Wirsing, Ferdinand Fried sowie Max Hildebert Boehm und dessen alter Mitarbeiter Harald Laeuen. Während mit Ferdinand Fried – eigentlich Ferdinand Friedrich Zimmermann – ein weiteres Mitglied des Tat-Kreises wieder hervortrat, hatte der Volkstumstheoretiker und Juni-Klub Stratege Boehm von 1933 bis zur Amtsenthebung 1945 als Professor in Jena gelehrt.

Vergangenheitspolitik

Diesen personellen, politischen und thematischen Vorgaben entsprechend positionierte sich die Zeitung in einem der wichtigsten innenpolitischen Felder der jungen Bundesrepublik: der so genannten »Vergan-

---

108 Zitiert nach Wolf Schenke: Siegerwille und Unterwerfung. Auf dem Irrweg zur Teilung. Erinnerungen 1945–1955 (München 1988), S. 197. Siehe zu Schenke in diesem Zusammenhang Alexander Gallus: Die Neutralisten. Verfechter eines vereinten Deutschland zwischen Ost und West 1945–1990 (Düsseldorf 2001), S. 195ff.

genheitspolitik«.[109] Den Tenor des Engagements von CuW fasst eine an Mehnert und Höpker gerichtete Notiz Giselher Wirsings zu den Nürnberger Nachfolgeprozessen zusammen:

> Man sollte nicht nur Weizsäcker behandeln. Auch die Wirtschaftsleute sind viel zu hart bestraft ... Deutsche Presse versagt in einfachster Orientierungspflicht. Dabei könnte auch die Zoomusik des Rundfunks vor der Urteilsverlesung als Kulturschande erwähnt werden. Überhaupt der Rundfunk – ein Objekt für einen berechtigten scharfen Angriff.[110]

Im Fall des angeklagten Staatssekretärs im Auswärtigen Amt erkannte man tragische Verstrickungen eines Mannes des Widerstands, dessen Handeln man dem des Generals Yorck von Wartenburg an die Seite stellte.[111] Als übrig gebliebener Frontmann der alten »Wilhelmstraße« stand Weizsäcker beispielhaft für die Vertretung des Auswärtigen Amtes durch CuW. Kein halbes Jahr nach Gründung der Bundesrepublik forderte die Zeitung: »Jedenfalls sollten tüchtige Diplomaten aus der Zeit vor 1945, sofern sie sich nicht wirklich politisch etwas haben zuschulden kommen lassen, vom künftigen auswärtigen Dienst nicht ausgeschaltet werden.«[112]

Die bei der Nähe des Evangelischen Hilfswerks zu ehemaligen Angehörigen des Auswärtigen Amtes und dem Vorleben der Kerngruppe der Redaktion nicht erstaunliche Gewogenheit gegenüber den Angeklagten aus den Reihen des Amtes zeigte sich auch zwei Jahre darauf, als ein Untersuchungsausschuss des Bundestages die Personalpolitik des wieder erstandenen Amtes prüfte. Der SPD-Politiker Hermann Brill bemerkte hierzu, es sei »... der politische Einfluß von Dr. Gerstenmaier – mindes-

---

109 Siehe hierzu vor allem Norbert Frei: Vergangenheitspolitik. Die Anfänge der Bundesrepublik und die NS-Vergangenheit (München 2003).

110 Giselher Wirsing: Notiz an Mehnert und Höpker, 20. 4. 1949, NL Mehnert, Q 1/30 Bü 7. Das Urteil gegen den ehemaligen Staatssekretär im Auswärtigen Amt Ernst von Weizsäcker und seine Mitangeklagten im sog. Wilhelmstraßen-Prozess war kurz zuvor verkündet worden.

111 CuW, 27. 6. 1948, S. 3f.: Der Weg des Freiherrn Ernst von Weizsäcker, von hgst (d. i. Hans-Georg von Studnitz).

112 CuW, 2. 2. 1950: Im Sog der Weltpolitik (ungezeichnet), S. 2.

tens in dieser Sache – sehr bedeutend. ›Christ und Welt‹, das Organ Gerstenmaiers, hat einen geradezu gehässigen Artikel gegen den Untersuchungsausschuß gebracht.«[113]

Parallel zu den Bemühungen der Evangelischen Kirchen verlief die publizistische Linie von CuW in der Frage der »Ehre« der Wehrmachtsoldaten.[114] Die stand in spektakulärer Form im so genannten OKW-Prozess zur Debatte. Die Parteinahme der Zeitung für die Angeklagten, in denen man den Nationalsozialismus ablehnende oder bekämpfende Soldaten zu sehen vorgab, war ebenso deutlich wie die Kritik an der Prozessführung. Als besonders heikel erkannte man Vorwürfe, das Ostheer sei in die Mordaktionen der Einsatzgruppen eingebunden gewesen – eine Anklage, die von der reklamierten »Ehre« wenig übrig gelassen hätte. Für den Fall erwiesener Mittäterschaft der Beschuldigten forderte man strengste Urteile – im Dienste der Wehrmacht: »Sie hätten sich dann nicht nur gegen ihre eigene Offiziersehre vergangen, sondern gegen die der gesamten Wehrmacht.«[115]

Einen Gipfelpunkt fand die Auseinandersetzung um den Charakter der Wehrmacht und ihrer Kriegführung im Prozess gegen den ehemaligen Generalfeldmarschall Erich von Manstein, der, da sich die westdeutsche Bevölkerung in hohem Maße mit der Wehrmacht identifizierte,[116] zu einer Symbolfigur wurde. CuW, vertreten durch Hans-Georg von Studnitz, nahm sich des Falls Manstein über dessen Verurteilung zu einer langjährigen Haftstrafe hinaus an und wurde eine Hauptstütze des Einsitzenden,[117] der schließlich vorzeitig frei kam.

Bei dieser vergangenheitspolitischen Linie ging es dem Nachfolger Hepps als Chefredakteur, Klaus Mehnert, auch um die Integration nati-

---

113 Hermann Brill an Walter Hummelsheim, 15. 9. 1952, zitiert nach Döscher: Verschworene Gesellschaft, S. 260.
114 Siehe zu diesem Thema allgemein, auch bzgl. der Ev. Kirchen Manig, Ehre.
115 Nürnberg vor dem letzten Akt, in: CuW, 28. 8. 1948.
116 Manig, Ehre, S. 254.
117 So das Urteil bei Oliver von Wrochem: Erich von Manstein: Vernichtungskrieg und Geschichtspolitik (Paderborn u. a. 2006), S. 144. Siehe zur Wertung des Manstein-Verfahrens und des Urteils CuW, 29. 12. 1949, S. 9: Der Spruch im Curio-Haus. Die Bedeutung des Manstein-Urteils, von hgst (d. i. Hans-Georg von Studnitz).

onalsozialistisch Belasteter und weiterhin mit dem NS Sympathisierenden, denen so goldene Brücken gebaut werden sollten. In diesem Sinne wandte er sich gegen einen Ausschluss ehemaliger NSDAP-Mitglieder aus Besuchsprogrammen für Deutsche in den USA. Im Vertrauen auf die Wirkung des Anschauungsunterrichts in Sachen amerikanischer Wirtschaft und Demokratie vor Ort vertrat Mehnert die Auffassung, »dass es nicht richtig ist, die ehemaligen PG's zu früh oder in zu großer Zahl zu schicken, aber es ist falsch sie prinzipiell auszuschließen, gerade auf die Umerziehung der besten unter ihnen kommt es an.«[118] Auf dieser Linie lag die Kritik der Zeitung an dem geplanten Amnestiegesetz als nicht weitgehend genug[119] ebenso wie die an Bonn gerichtete Forderung: »Wir möchten eine Regierung, die auf der einen Seite mit kräftiger Hand jeden neofaschistischen Unfug unterbindet und alle Verbrecher des Hitlerregimes ihrer Strafe zuführt, die aber auch die Aufteilung der großen Mehrheit des Volkes in ›Kategorien‹ größeren und minderen Rechtes baldigst beseitigt.«[120] Die Ablehnung der Entnazifizierungspraxis war in der Bevölkerung weit verbreitet, sodass CuW hiermit keine Außenseiterposition vertrat.[121] Die auf möglichst weitgehende Integration gerichtete Politik der Zeitung – die angesichts des Vorlebens mancher Mitarbeiter auch einen Anteil von Selbstrehabilitierung aufwies – gab sich auch nach einer anderen Richtung hin zu erkennen. 1948 kam es in Wuppertal zu einer Prozesspremiere: der erste sog. »Kameradenschinder-Prozess« ging über die Bühne, bis 1956 sollten viele folgen. Insgesamt rund 100 ehemalige Kriegsgefangene wurden unter diesem Vorwurf mit bis zu 15 Jahren Haft bestraft.[122] Im Zentrum der Erregung

---

118 Mehnert an Gustav Hilger, 8. 6. 1949, NL Mehnert, Q 1/30 Bü 8. Siehe auch Frank-Planitz, Zeit, a. a. O., S. 159: »Schon 1950 war die Zeitung dafür eingetreten, die emigrierten und die entnazifizierten Gelehrten wieder in die Hochschulen einzugliedern.«

119 CuW, 10. 11. 1949, S. 1f.: Amnestie – Urform des Rechts.

120 CuW, 25. 8. 1949, S. 1: Regierung von Morgen (ungezeichnet).

121 Vgl. Heiko Buschke: Deutsche Presse, Rechtsextremismus und nationalsozialistische Vergangenheit in der Ära Adenauer (Frankfurt/M. 2003), S. 39f.

122 Thomas Kühne: Kameradschaft. Die Soldaten des nationalsozialistischen Krieges und das 20. Jahrhundert (Kritische Studien zur Geschichtswissenschaft Bd. 173, Göttingen 2006), S. 243. Vgl. auch Frank Biess: »Russenknechte« und »Westagenten«.

stand das Wirken der in den Lagern tätigen, aus Gefangenen rekrutierten, aber sowjetisch inspirierten »Antifa«. Zu einem derartigen Verfahren urteilte CuW:

> Haben die Nachkriegsjahre uns hinsichtlich der SS so weit belehrt, daß wir uns vom Kollektiv-Urteil (›Jeder SS-Mann ein Verbrecher‹) mit Nachdruck distanzieren, daß wir jeden SS-Mann bis zum Beweis des Gegenteils als unseresgleichen betrachten müssen, so sollten wir uns hinsichtlich der Antifas ähnlich verhalten. Der Antifa-Komplex kann dahin führen, daß die Antifas zu einem Staat im Staate werden – aus Notwehr ... Kollektiv-Urteile führen in eine Sackgasse, beschwören Gefahren herauf.[123]

Diese Bemühungen fanden allerdings nach rechts dort eine Grenze, wo es um Antisemitismus und Verleumdung des Widerstands ging.[124]

Krise und Lösungsversuche

Trotz der gemeisterten Gründungskrisen und der steigenden Auflage ging es CuW wirtschaftlich nicht gut. Eugen Gerstenmaier mobilisierte Gelder über das Hilfswerk für das Evangelische Verlagswerk, die das Blatt über Wasser hielten.[125] Bereits im April 1950 war die Deckung des Defizits jedoch lediglich bis zum Jahresende gesichert, sodass sich die Frage nach einer neuen Basis für die Zeitung aufwarf. Bis dahin stand man vor der Alternative, die knappen Finanzmittel für Werbung zur Steigerung der Auflage oder für den Zukauf von Anteilen eines profitab-

---

Kriegsheimkehrer und die (De)legitimierung von Kriegsgefangenschaftserfahrungen in Ost- und Westdeutschland nach 1945, in: Klaus Naumann (Hg.): Nachkrieg in Deutschland (Hamburg 2001).
123 CuW, 4. 5. 1950, S. 4: ng: Ein Gericht zwischen Antifas und Anti-Antifas.
124 Siehe z. B. CuW, 25. 8. 1949, S. 2: Zum Fall Remer (ungezeichnet); CuW, 27. 4. 1950, S. 1: Schädlinge und Unholde (ungezeichnet); Hinsichtlich juristischer Ahndung zurückhaltend CuW, 23. 2. 1950: Hedler an der Grenze des Rechts (ungezeichnet).
125 Vermerk Paul Collmer für Friedrich Vorwerk, 31. 1. 1953, ADW, EVV 4.

len Unternehmens zur Quersubventionierung der Zeitung zu nutzen.[126] Im Sommer 1950 resümierte Gerstenmaier, das Verlagswerk und insbesondere CuW seien nicht wirklich rentabel und folgerte:

> Es ist sicher, dass für ›Christ und Welt‹ immer wieder gewisse Zuschüsse erforderlich sind, wobei allerdings beträchtliche Schwankungen verzeichnet werden. Es gab Nummern, die sehr erhebliche Ueberschüsse einbrachten und es gab andere Nummern, die, wie z. B. die Jubiläumsnummer für D. Wurm, ein finanzieller Reinfall waren … Ihrer Bitte, ›zu einer radikalen Lösung in irgendeiner Form zu kommen‹ will ich umso lieber entsprechen als uns diese Frage hier schon seit einiger Zeit bewegt.[127]

Die Hauptgeschäftsführung beschloss, mit anderen Verlagen Verhandlungen wegen einer Fusion von CuW mit einem anderen Wochenblatt bzw. einer Übernahme zu führen oder, wenn möglich, Zuschüsse zu mobilisieren. Im Falle des Misslingens dieser Bemühungen fasste man ins Auge, CuW zum 1. April 1951 einzustellen. Eine erfolglose Besprechung mit dem »Rheinischen Merkur« hatte bereits stattgefunden, erste ebenfalls ergebnislose Verhandlungen Mehnerts waren gleichfalls vorausgegangen. Man zog auch eine politische Lösung in Betracht:

> Eine andere Möglichkeit, CuW zu erhalten, könnte darin gesucht werden, das Blatt in Verbindung zu der geplanten Bundeszentrale für Heimatdienst oder zu dem Heimatdienst für Nordwürttemberg-Baden zu bringen. Selten dürfte der westdeutsche Staat ein so geeignetes Publikationsorgan für seine beabsichtigte aufklärende und meinungsbildende Abwehrbestrebungen finden wie CuW.[128]

Verworfen wurde die Möglichkeit, den Charakter der Zeitung als »politisches Führungsblatt« zugunsten eines niedriger profilierten, dafür aber

---

126 Mehnert an Wirsing, 17. 4. 1950, NL Mehnert, Q 1/30 Bü 10, Vermerk Paul Collmer für die Mitglieder des Verwaltungsrats des Evangelischen Hilfswerks, 30. 12. 1952, ADW, EVW 4.

127 Gerstenmaier an Prälat Hartenstein, 29. 8. 1950, ADW, EVW 1.

128 Vermerk (Paul Collmer) betr. Evangelisches Verlagswerk, 16. 9. 1950 ADW, EVW 1.

finanziell tragfähigen Konzepts preiszugeben.[129] Ähnliche Erwägungen bzw. Befürchtungen sollten jedoch auch späterhin bei CuW noch eine Rolle spielen.

Das Blatt überstand den Jahreswechsel und den folgenden April, doch die Krise – zu Teilen auch eine allgemeine Kostenkrise der Presse insgesamt[130] – setzte sich fort. Ohne das Dach des Evangelischen Hilfswerks, das nunmehr seine Aktivitäten einschränkte, würde das Evangelische Verlagswerk CuW nicht erhalten können.[131] Gerstenmaier suchte nach einem neuen Träger, um CuW über den Juni 1951 hinaus fortführen zu können. Die ungünstigen wirtschaftlichen Rahmenbedingungen in der Bundesrepublik erschwerten diese Rettungsbemühungen, sodass auch Kontakte in die USA aufgenommen wurden. Man versicherte den Amerikanern, »dass sie mit diesem Organ der Europapolitik der Staaten einen ebenso wertvollen wie zuverlässigen und in der Grundkonzeption völlig sattelfesten Freund erhalten.«[132]

Auf Expansionskurs
Das Engagement Holtzbrincks

In dieser Situation lag das Rettende dann doch in der Nähe. Erst als Georg von Holtzbrinck sich zu einem Engagement bereit fand, schritt man zur Ausgliederung der Zeitung aus dem Hilfswerk.[133] Offenbar war Holtzbrinck bei weitem nicht die erste Wahl des Trägerkreises, denn andere

---

129 Ebenda. Siehe zum »Rheinischen Merkur« Guido Müller: Der Rheinische Merkur. Ein militantes christliches, konservativ-liberales und westliches Medium in der Gründungsphase der Bundesrepublik Deutschland (1946–1950), in: Das konservative Intellektuellenmilieu in Deutschland, seine Presse und seine Netzwerke (1890–1960). Hrsg. von Michel Grunewald und Uwe Puschner in Zusammenarbeit mit Hans Manfred Bock (Bern 2003).
130 Vgl. Kurt Koszyk: Presse und Pressekonzentration in den 50er Jahren, in: Axel Schildt / Arnold Sywottek (Hg.): Modernisierung im Wiederaufbau. Die westdeutsche Gesellschaft der 50er Jahre (Bonn 1993), S. 454.
131 Vgl. Frank-Planitz, Zeit, a. a. O., S. 152.
132 Herbert Krimm an Theodore Bachmann, 13. 4. 1951, ADW, ZB 233.
133 Frank-Planitz, Zeit, a. a. O., S. 152.

Versuche, in den ebenfalls Stuttgarter Verlagen W. Kohlhammer oder Konradin sowie dem Kasseler »Sonntagsblatt« einen Partner zu finden, waren zuvor gescheitert.[134]

Der 1909 geborene Georg von Holtzbrinck war auf einem Umweg in das Verlagsgeschäft geraten.[135] Als junger Jurastudent an der Universität Köln musste der aus einer verarmten westfälischen Adelsfamilie stammende Holtzbrinck sich sein Studium als so genannter »Werkstudent« selbst verdienen. Anfang der 30er Jahre trat er zunächst als ungewöhnlich erfolgreicher Reisevertreter einer Buchreihe hervor. Georg von Holtzbrinck gab daraufhin sein Studium auf und wandte sich dem Buchhandel ganz zu. Der über den Verkauf gewonnene Zugang zu seinem Berufsfeld prägte die Perspektive des schon 1936 selbständigen Berufsneulings; der Schwerpunkt seiner Tätigkeit als Unternehmer lag in der Werbung und auf dem Absatz seiner Produkte. Inhaltliche Gesichtspunkte traten demgegenüber in den Hintergrund. In der Verlagslandschaft des »Dritten Reiches« waren die Engagements Georg von Holtzbrincks durch Absatzchancen motiviert – dies bedeutete einerseits den Vertrieb von systemtragenden Zeitschriften der Deutschen Arbeitsfront, andererseits zahlreiche Zweitvermarktungen gängiger Autoren und Titel. Ausgesprochene Propagandawerke sind selten, wären jedoch auch mit dem Marktkalkül des Verlegers – und auch mit dem des Propagandaministeriums – kollidiert. Von 1943 an beteiligte sich Georg von Holtzbrinck am profitablen Handel mit Büchern für die Wehrmacht.

Nach Kriegsende bedeuteten dies und seine NSDAP-Mitgliedschaft für den Unternehmer Georg von Holtzbrinck zunächst eine Zwangspause. Erfolgreich entnazifiziert, konnte er seine Geschäfte in Stuttgart schließlich kurz vor der Währungsreform 1948 wieder selbst weiterführen. Bald darauf gründete er die Stuttgarter Hausbücherei, eine Buchgemeinschaft. In

---

134 Frank-Planitz, Zeit, a. a. O., S. 168.
135 Die Darstellung folgt Thomas Rothbart: »... für unseren Betrieb lebensnotwendig ...«. Georg von Holtzbrinck als Verlagsunternehmer im Dritten Reich (Ms.). Siehe auch die biographische Skizze in Georg Ramseger/Werner Schoenicke (Hg.): Das Buch zwischen gestern und morgen. Zeichen und Aspekte. Georg von Holtzbrinck zum 11. Mai 1969 (Stuttgart 1969), S. 254ff.

Verlegerkreisen war Georg von Holtzbrinck auch nach Kriegsende noch ein Außenseiter.[136] Sein unternehmerisches Selbstverständnis hatte sich auch durch die Zäsur von 1945 nicht geändert. Eine moderne Zeitschrift dürfe nicht das Gesicht von 1924 tragen, mahnte er 1949 einen Lektor: »Ich anerkenne Ihr Wissen, Ihre Erfahrung und Ihre redaktionellen Fähigkeiten in vollem Umfang, aber die richtige Einschätzung der Menschen, die wir heute als Kunden haben und um deren Erhaltung wir uns bemühen – diesem Zweck diente die Zeitschrift – ist Ihnen etwas fremd.«[137] Diese kaufmännische Sicht der Dinge sollte er auch bei CuW beibehalten.

Als Betriebszweck der im November 1951 gegründeten Christ und Welt Verlag GmbH wurde Verlag und Vertrieb von Zeitungen und Zeitschriften, insbesondere die Fortführung von CuW in, wie ausdrückliche hervorgehoben wurde, »ihrer bisherigen Haltung« angegeben.[138] In Paragraph 22 wurde zunächst eine Gewichtung der Stimmen in der Gesellschafterversammlung vorgenommen, die eine Interessen- und Aufgabenverteilung innerhalb des Trägerkreises erkennen ließ: »In Fragen der Redaktion wird Herrn Dr. Georg Federer(,) in kaufmännischen Fragen Herrn von Holtzbrinck ein doppeltes Stimmrecht gewährt.«[139] Als Rückversicherung der kaufmännischen Interessen Georg von Holtzbrincks muss auch die Bestimmung des Paragraphen 24 verstanden werden, in der für den Fall der Einrichtung eines Aufsichtsrates verfügt wird: »Hat ein Gesellschafter mindestens 50% des Stammkapitals, so steht ein Aufsichtsratssitz ihm zu.«[140] Ein weiteres Indiz für eine Rollenverteilung auf der Grundlage unterschiedlicher Interessenschwerpunkte innerhalb des Gesellschafterkreises liegt in der Bestimmung, dass den Teilhabern aus der alten CuW-Gruppe im Fall der Auflösung der Gesellschaft die Verlagsrechte an der Zeitung samt deren Abonnenten zukämen, dafür aber Georg von Holtzbrinck »in angemessener Weise Ersatz zu leisten« sei.[141]

---

136 Rothbart, Betrieb, S. 244.
137 Von Holtzbrinck an Oeser, 29. 10. 1949, zitiert nach Rothbart, Betrieb, S. 275.
138 Gründungsvertrag in Rothbart CuW-Ordner.
139 Gründungsvertrag in Rothbart CuW-Ordner.
140 Gründungsvertrag in Rothbart CuW-Ordner.
141 Gründungsvertrag in Rothbart CuW-Ordner.

Was Georg von Holtzbrinck zu seinem Engagement motivierte, lässt sich nur in Umrissen erschließen. Jedenfalls beabsichtigte er, CuW als Werbeplattform für seine Buchgemeinschaft zu nutzen und allgemeiner »die sich für meinen Verlag ergebenden literarischen Möglichkeiten aus(zu)werten.«[142] Darüber hinaus dürfte jedoch eine Rolle gespielt haben, dass die Zeitung durch Trägerkreis und Erscheinungsort fest in der Stuttgarter Honoratiorenschaft verankert war – eine Einbindung, an der Holtzbrinck nur gelegen sein konnte. Vor allem das primär kaufmännische Interesse des Verlegers an dem Blatt separierte ihn jedoch von Beginn an von seinen Mitgesellschaftern, die sich eine publizistische Plattform für politische Anliegen zu erhalten wünschten.[143] Die Konstruktion der neu geschaffenen »Verlagsgesellschaft Christ und Welt« war mithin nicht ohne Spannungen: einem Lager mit den drei politisch interessierten Gesellschaftern Georg Federer, Eugen Gerstenmaier und Klaus Mehnert, das 50% der Anteile hielt, stand der Geschäftsmann Georg von Holtzbrinck mit ebenfalls 50% gegenüber.[144]

Mit der Geschäftsführung der neuen Gesellschaft wurde der Verlagskaufmann Joachim Freiherr von Beust beauftragt. Der neu berufene Geschäftsführer war ein alter Bekannter Georg von Holtzbrincks. Bis 1940 hatte von Beust als Chef einer Vertretergruppe für Holtzbrinck gearbeitet, nach Kriegsdienst und Gefangenschaft kehrte er zu seinem alten Vorgesetzten zurück. Während des Entnazifizierungsprozesses hatte von Beust zeitweilig das Vermögen Georg von Holtzbrincks verwaltet und war mit der Herausgabe einer Presseschau auch in den Randbereichen des Journalismus tätig geworden.[145] Von Beust war zuversichtlich, die Auflage von CuW auf die Höhe von 100.000 Exemplaren steigern zu können. Er knüpfte diese Erwartung jedoch an zwei Bedingungen: Zum einen sei Aufbau und Organisation der Abonnentenwerbung erforderlich, zum anderen sei die Ergänzung des Blattangebots durch einen Unterhaltungsteil notwendig, ohne hierbei das Niveau zu senken. Der Un-

---

142 Holtzbrinck an Gerstenmaier, NL Mehnert, Q I/30 Bü 168, 27. I. 1956.
143 Holtzbrinck an Gerstenmaier, NL Mehnert, Q I/30 Bü 168, 27. I. 1956.
144 Mehnert, Deutscher, S. 330.
145 Vgl. Rothbart, Betrieb, S. 258.

terhaltungsteil sollte die von CuW erreichbaren Leserkreise ausweiten, insbesondere sollten Frauen an die Zeitung herangeführt werden.[146] Der Vertrieb der Zeitung wurde seit 1948 von Erwin Haupt geleitet, einem Mann, der CuW über die längste Strecke ihrer Existenz begleiten und mitgestalten sollte.

Ein Schwerpunkt der Betriebspolitik lag auf einer Steigerung der Auflage von CuW, eine intensive Abonnentenwerbung, die Georg von Holtzbrinck befürwortete, wurde hierzu kontinuierlich in Gang gehalten.[147] Die angewandten Methoden waren nicht immer fein. Noch vier Jahre nach dem Ausscheiden von CuW aus dem Bereich des Hilfswerks erreichten die Kirchenmänner zahlreiche Beschwerden über das Vorgehen der Werber, das mitunter als erpresserisch empfunden wurde. Man beteuerte, diese Werbemethoden hätten sich erst nach der Ausgliederung der Zeitschrift entwickelt und resümierte:

> Eine Zeitschriftenwerbung wird zumeist von fragwürdigen beruflichen Existenzen durchgeführt. Diese wenden sich an die Gemeindeglieder, indem sie vorgeben, sie würden von dem örtlichen Pfarrer geschickt und teilweise behaupten sie auch, bei Christ und Welt handle es sich um eine Zeitschrift des Hilfswerks.[148]

Erwin Haupt, der Adressat kirchlichen Einspruchs, räumte Probleme ein, sah jedoch keine Abhilfe: »Es ist unumgänglich, dass bei einer Werbung in so großem Umfange, wie sie von uns in den letzten Jahren durchgeführt wurde, Verstimmungen auftreten, die teilweise durch die Werbemethoden bedingt sind.«[149] Flankiert wurde diese offensive Werbung von einer indirekten Vorgehensweise. Politisch Sympathisierende mit hinreichendem Vermögen sollten bewogen werden, Patenschaftsa-

---

146 Vgl. Bericht des Geschäftsführers über die Entwicklung des CHRIST UND WELT VERLAGES in den geschäftsjahren 1954 und 1955, NL Mehnert, Q 1/30 Bü 168.
147 Vgl. Protokoll der ausserordentlichen Gesellschafter-Versammlung des CHRIST UND WELT Verlages G.m.b.H., Stuttgart, den 27. 3. 1954 in Stuttgart, NL Mehnert, Q 1/30 Bü 168.
148 Vermerk (Paul Collmer) an Krimm, 25. 1. 1955, ADW, ZB 236.
149 Vermerk (Paul Collmer) an Krimm, 28. 1. 1955, ADW, ZB 236.

bonnements für Interessenten zu übernehmen, denen ein Bezug der Zeitung wirtschaftlich nicht möglich war.[150] In diesem Sinne tätig war auch das Bundespresseamt, das CuW zumindest bis 1964 durch die Übernahme von Abonnements für Evangelische Studenten indirekt subventionierte. Die Zeitung revanchierte sich durch die Unterstützung der Öffentlichkeitsarbeit der Regierung Adenauer.[151] Diese Zusammenarbeit war bereits vor Georg von Holtzbrincks Einstieg bei CuW angelaufen. Im März 1951 notierte der mit diesem Gebiet befasste Staatssekretär im Bundeskanzleramt Otto Lenz: »Lange Besprechung bei Innenminister Lehr über geplante Propagandaorganisationen und die Frage des Selbstschutzes. Nachmittags suchten mich Herr Wollschläger und Herr Mehnert von ›Christ und Welt‹ auf, die mir bereits fertige Projekte von Propagandaaktionen unterbreiteten.«[152] Die verkaufte Auflage stieg von gut 41.000 Exemplaren Anfang der 50er Jahre auf immerhin 61.000 im Jahr 1954.[153]

Wenngleich die Existenz der Zeitung 1949 und 1951 gerettet werden konnte, ließ sich doch ein personelles Zugeständnis in der ersten großen Krise nicht vermeiden – die von der alliierten Zensurbehörde ICD geforderte Entlassung des Chefredakteurs Hepp.[154] Das »Bauernopfer« dürfte nicht allzu schwer gefallen sein, da Hepps Führungsstil zumindest eine Mitschuld an den Turbulenzen in der Redaktion gegeben wurde.[155] Hepp, der weiterhin CuW angehörte, übernahm bis zur Einstellung des Blatts die Geschäftsführung der »Hamburger Allgemeinen Zeitung«, deren Chefredakteur sein Freund Hans-Georg von Studnitz wurde. Die

---

150 Christ und Welt Geschäftsführung (Erwin Haupt?) an Hilfswerk (Röntsch), 10. 12. 1955, ADW, ZB 236.

151 Christina von Hodenberg: Konsens und Krise. Eine Geschichte der westdeutschen Medienöffentlichkeit 1945–1973 (Göttingen 2006), S. 166. Siehe auch allgemein: Horst O. Walker: Das Presse- und Informationsamt der Bundesregierung. Eine Untersuchung zu Fragen der Organisation, Koordination und Kontrolle der Presse- und Öffentlichkeitsarbeit der Bundesregierung (Frankfurt/M. 1982).

152 Im Zentrum der Macht. Das Tagebuch von Staatssekretär Lenz 1951–1953. Bearbeitet von Klaus Gotto, Hans-Otto Kleinmann und Reinhard Schreiner (Düsseldorf 1989), S. 49 (1. März 1951).

153 Frank Planitz, Zeit, a. a. O., S. 151 bzw. Mehnert, Deutscher, S. 331.

154 Hepp/Fulenwider Hepp: In Love and War, S. 443.

155 Wirsing an Mehnert, 5. 2. 1949, NL Mehnert, Q 1/30 Bü 7.

Hamburger CDU-Zeitung war auch über diese Personalien hinaus mit dem Ursprungsmilieu von CuW und den Stuttgartern verbunden.[156]

Mit dem 1906 in Moskau geborenen Klaus Mehnert übernahm ein Mann die Chefredaktion von CuW, der in dem inneren Kreis, der die Zeitung trug und prägte, der weltläufigste und vielseitigste Journalist war. 1914 aus dem Zarenreich nach Stuttgart übergesiedelt, wurde der junge Mehnert durch den Ersten Weltkrieg – sein Vater fiel 1917 an der Westfront – und den Vertrag von Versailles, der ihm wie vielen seiner bürgerlichen Altersgruppe als unwürdiges Diktat erschien, stark geprägt: »Wie ein grosser Teil der deutschen Jugend nach Versailles war auch ich ein Nationalist, der jedoch in den traditionsgebundenen bürgerlichen Nationalparteien allzu viel neunzehntes Jahrhundert fand, um von ihnen angezogen zu werden.«[157] Diese nationale Orientierung, die durch Einflüsse der Jugendbewegung in die Richtung eines erneuerten, sozial integrativen Konservativismus mündeten, ließen Mehnert während seines Studiums bei dem Berliner Osteuropa-Historiker Otto Hoetzsch Kontakt zu den rechtsintellektuellen Kreisen der Reichshauptstadt und auch zu Teilen der Reichswehrführung gewinnen. Bekanntschaften mit Ernst Niekisch, dem Moeller van den Bruck-Adepten Hans Schwarz, Friedrich Hielscher, Ernst Jünger und dem Kreis um die Zeitschrift »Die Tat«, in der er in den 30er Jahren auch publizierte, schlossen sich an.

Politisch besonders nahe stand Mehnert der »Schwarzen Front«, die sein »Freund Otto Strasser«[158] aufzubauen versuchte. Der abtrünnige Nationalsozialist, dessen Bruder Gregor im Juni 1934 der »Nacht der langen Messer« des so genannten »Röhm-Putsches« zum Opfer fiel, bemühte sich nach seinem Bruch mit Hitler 1930 um die Formierung einer nationalrevolutionären Alternative zum Kurs der Münchner Parteiführung.[159]

---

156 Siehe zur »Hamburger Allgemeinen Zeitung« Sonntag: Medienkarrieren, vor allem S. 145ff.
157 Mehnert an Wolfgang Abendroth, 21. 4. 1959, NL Mehenrt, Q 1/30 Bü 40.
158 Mehnert, Deutscher, S. 100.
159 Siehe hierzu Patrick Moreau: Nationalsozialismus von links. Die »Kampfgemeinschaft Revolutionärer Nationalsozialisten« und die »Schwarze Front« Otto Straßers 1930–1935 (Stuttgart 1984).

Mehnert, dessen Buch über die Jugend in der Sowjetunion in national-revolutionären Kreisen gut ankam,[160] trat zumindest einmal auch als Hauptredner zum Thema UdSSR auf einer Veranstaltung der »Schwarzen Front« hervor.[161] In der »Arbeitsgemeinschaft zum Studium der sowjetrussischen Planwirtschaft« engagierte sich der junge, bei Hoetzsch promovierte Osteuropaforscher, der fließend russisch sprach, ebenfalls; das Markenzeichen der Vereinigung, das Kürzel ARPLAN, stammte von ihm.[162]

Dieses politische Profil, das die Fortsetzung des so genannten Rapallo-Kurses einer zwar antikommunistischen, aber außenpolitisch kooperativen Linie mit der Sowjetunion einschloss, brachte ihn, seit 1931 Generalsekretär der »Deutschen Gesellschaft zum Studium Osteuropas« und Redakteur der Zeitschrift »Osteuropa«, obwohl er die NS-Machtübernahme publizistisch begrüßte, bereits 1933 unter Druck. Versuche, sich im Apparat der NSDAP Rückhalt zu verschaffen, schlugen fehl, und wenn auch eine erste Beurteilung durch die Gestapo positiv ausfiel, so hieß es dort doch bereits im Oktober 1933 über einen Vortrag Mehnerts, es handele sich dabei um ein »typisches Beispiel für die Art der probolschewistischen Propaganda in ihrer heutigen Entwicklung«.[163]

Mit dem Rücktritt aus den Positionen bei der Osteuropa-Gesellschaft begannen Jahre als Auslandskorrespondent in Moskau, Professor für Politikwissenschaft auf Hawaii[164] und wiederum als Journalist in Schanghai. Mehnert, dessen nationales Selbstverständnis sich nicht mit der

---

160 Klaus Mehnert: Die Jugend in Sowjetrussland (Berlin 1932).

161 Vgl. Michael Kohlstruck: »Salonbolschewist und Pionier der Sozialforschung. Klaus Mehnert und die Deutsche Gesellschaft zum Studium Osteuropas 1931–1934, in: Osteuropa 12/2005, S. 36.

162 Vgl. Louis Dupeux: »Nationalbolschewismus« in Deutschland 1919–1933. Kommunistische Strategie und konservative Dynamik (München 1985), S. 372.

163 Zitiert nach Kohlstruck, Salonbolschewist, a. a. O., S. 39.

164 Der japanische Luftangriff auf die US-Pazifikflotte auf Hawaii am 7. 12. 1941 ist ein häufiger Anlass für Verschwörungstheorien. Zu den an Mehnerts Aufenthalt auf Oahu geknüpften Spekulationen vgl. Köhler, Publizisten, S. 267ff., sowie Mehnert, Deutscher, S. 250ff. und ders.: Warum gerade Pearl Harbor, in: CuW, 10. 12. 1971, S. 19.

Rolle eines Emigranten vertrug,[165] hatte wiederholt Schwierigkeiten, in Deutschland zu publizieren. Das Buch über seine Erfahrungen als Austauschstudent in den USA geriet – wohl auch wegen der darin zum Ausdruck kommenden Hochschätzung der demokratischen Alltagskultur des Gastlandes[166] – auf die Liste des unerwünschten Schrifttums. Als hilfreich erwies sich in dieser Zeit sein Freund Giselher Wirsing von den »Münchner Neuesten Nachrichten.«

In Schanghai gab Mehnert das englischsprachige Monatsmagazin »The XXth Century« heraus, ein Blatt der deutschen Auslandspropaganda, das durch Adam von Trott zu Solz, einem Bekannten Mehnerts, vom Auswärtigen Amt angeregt wurde.[167] Er empfand diese Tätigkeit nicht als Unterstützung des NS-Regimes:

> Erst als sich der zweite Weltkrieg seinem Höhepunkt näherte, im Herbst 1941, habe ich wieder unmittelbar für Deutschland gearbeitet, das zwar damals ein nazistisches Deutschland war, für mich aber trotzdem Deutschland blieb. Daher erfolgte meine Arbeit auch nicht im ›Nazigeist‹, sondern im deutschen Geist.[168]

Zurück in Deutschland trat Mehnert gleich nach der Entlassung aus dem Internierungslager auf Gerstenmaiers Initiative in den Dienst des Hilfswerks. Zugleich arbeitete er im »Deutschen Büro für Friedensfragen«,[169] einer Vorläuferorganisation des späteren Auswärtigen Amtes in Bonn und war am Neuaufbau der deutschen Osteuropaforschung beteiligt.[170]

---

165 Eindeutig bei Mehnert, Deutscher, S. 259: »Nichts liegt mir ferner, als mich als verkappten Widerstandskämpfer aufzuspielen. Solchen Ruhm verdiene ich nicht.«

166 Vgl. Klaus Mehnert: Ein deutscher Austauschstudent in Kalifornien (Berlin/Leipzig 1930), Neudruck in ders.: Amerikanische und russische Jugend um 1939. Neudruck zweier Frühwerke (Stuttgart 1973), S. 19.

167 Mehnert, Deutscher, S. 248.

168 Mehnert an SPD-Pressedienst, NL Mehnert, Q 1/30 Bü 12, (undatierter Entwurf, nicht abgesandt, ca. Ende Oktober 1950), in diesem Sinne auch Mehnert, Deutscher, S. 259.

169 Siehe hierzu Heribert Piontkowitz: Anfänge westdeutscher Außenpolitik 1946–1949: das Deutsche Büro für Friedensfragen (Stuttgart 1978).

170 Corinna R. Unger: »Objektiv, aber nicht neutral«. Zur Entwicklung der Ostforschung nach 1945, in: Osteuropa 12/2005, S. 114.

Wie sein Vorgänger in der Chefredaktion Hepp, war Mehnert mit einer US-Amerikanerin verheiratet. Mehnert leitete die Redaktion von CuW bis 1954. Er schied aus, um die Möglichkeit, wieder in der Osteuropaforschung tätig zu werden, wahrnehmen zu können.

Die Ära Wirsing

Die Bestimmung eines Nachfolgers für Mehnert bei CuW war nicht einfach. Mehnert, der um Gerstenmaiers Besorgnis um die Linie des Blatts nach seinem Abgang wusste, favorisierte zunächst Wolfgang Höpker.[171] Gegenüber Giselher Wirsing bestanden Bedenken wegen seiner exponierten Stellung während des »Dritten Reiches«, während Mehnert den alten Weggefährten schon bald darauf als den »gegebene(n) Mann« für seine Nachfolge ansah. Gerstenmaier, der die Wirsing geltende Reserve zumindest in gewissem Maß teilte, gab schließlich sein Plazet, wobei er darauf drang, dessen neue Position zumindest im Impressum zu verkleinern.[172] Schließlich beschloss die Gesellschafterversammlung jedoch, »alles zu unternehmen, damit Herr Dr. Wirsing die in den letzten Monaten ausgeübte Führung der Redaktion beibehält.«[173] Dennoch sah Mehnert Kollisionen zwischen Gerstenmaier und Wirsing vorher.[174] Er sollte recht behalten.

Wirsing trat mithin nicht ohne Vorbehalte bezüglich seiner Vergangenheit und nicht als allgemeiner Wunschkandidat an die Spitze von CuW.

Giselher Wirsing gehörte von Beginn an – wenn auch zunächst nur hintergründig – zum engeren Kreis um CuW. Bekanntheit gewann der 1907 geborene Wirsing durch die Mitarbeit an der Zeitschrift »Die Tat« Anfang der 30er Jahre in Berlin. Bereits zu jener Zeit standen Zehrer und

---

171 Mehnert an Gerstenmaier, 29. 7. 1953, NL Mehnert, Q 1/30 Bü 18.
172 Mehnert an Gerstenmaier, 29. 7. 1953, NL Mehnert, Q 1/30 Bü 18, Gerstenmaier: Streit, S. 283.
173 Protokoll außerordentliche Gesellschafterversammlung, 27. 3. 1954, NL Mehnert, Q 1/30 Bü 168.
174 Mehnert an Federer, 23. 12. 1953, NL Mehnert, Q 1/30 Bü 19.

Wirsing in Kontakt zu dem Staatsrechtslehrer Carl Schmitt, einem Vordenker rechts orientierter Systemüberwinder.[175] Anders als sein Mentor Zehrer, der ein gut Teil des »Dritten Reiches« auf der Insel Sylt überwinterte, ließ sich Wirsing auf das NS-System tiefer ein und machte Karriere.[176] Der Übernahme der Schriftleitung der »Tat« von Zehrer 1933 – die Zeitschrift erschien weiter unter Wirsings Leitung, ab 1939 mit dem Titel »Das XX. Jahrhundert«[177] – folgte der Sprung an die »Münchner Neuesten Nachrichten« (MNN), deren Chefredaktion er im November 1938 übernahm.

Es schlossen sich gleichsam »Nebentätigkeiten« als Kriegsberichterstatter in einer Propagandakompanie in der Sowjetunion[178] und als Berater der Kulturpolitischen Abteilung des Auswärtigen Amtes an. Den Gipfel seiner journalistischen Laufbahn erklomm Wirsing mit seiner Tätigkeit bei »Signal«, einer aufwändig und schwungvoll gemachten Illustrierten, die als modernes Propagandamittel im Ausland eingesetzt wurde. Wenngleich erst ab Februar 1945 offizieller Redaktionsleiter, stand »Signal« doch spätestens ab Mitte 1943 in der Regie Wirsings.[179] Auch als Buchautor war Wirsing präsent, mit einer Schrift über bzw. gegen die USA gelang dem auslandserfahrenen Journalisten ein propagandistischer Bestseller.[180] Die Kritik des »Westens« war Wirsing ein wichtiges Anliegen.

Diese für einen 1938 erst 31-Jährigen stürmische Karriere verdankte Wirsing neben seinen journalistischen Talenten auch der Weichenstel-

---

175 Vgl. van Laak: Gespräche, S. 138.

176 Siehe zu Folgendem vor allem Norbert Frei/Johannes Schmitz: Journalismus im Dritten Reich (München 1989), S. 173ff., und Rainer Rutz: Signal. Eine deutsche Auslandsillustrierte als Propagandainstrument im Zweiten Weltkrieg (Essen 2007), sowie das entsprechende Kapitel bei Köhler, Publizisten.

177 Dass Mehnerts Blatt in Shanghai diesen Titel in englischer Sprache führte, ist wohl kaum ein Zufall.

178 Siehe als Frucht dieses Aufenthalts auch Wirsings vertrauliche Denkschrift »Die Zukunft der deutschen Herrschaft in Russland« vom August 1942, abgedruckt in Reinhard Opitz (Hg.): Europastrategien des deutschen Kapitals 1900–1945 (Köln 1977), S. 909ff.

179 Rutz, Signal, S. 138.

180 Giselher Wirsing: Der maßlose Kontinent. Roosevelts Kampf um die Weltherrschaft (Jena 1942).

lung des Reichsführers SS Heinrich Himmler. Sein in die »große« Politik zielender Ehrgeiz – gepaart mit dem für die Weimarer Rechtsintellektuellen typischen Elitebewusstsein – ließ Wirsing früh in Kontakt mit der SS treten. Zunächst als Zuträger des Sicherheitsdienstes der SS (SD) tätig, erhielt er schließlich den Rang eines SS Sturmbannführers. Durch den außenpolitischen Schwerpunkt seiner politischen wie journalistischen Interessen gedeckt, wurde der Chef der MNN auch in der Auslandsspionage des SD tätig.[181] In den letzten Monaten des Krieges verfasste Wirsing überdies die so genannten »Egmont-Berichte« – für die höhere NS-Führung bestimmte interne Zirkulare, in denen er jeweils eine Zusammenschau der außenpolitischen und militärischen Lage auf 20 bis 25 Seiten vorstellte.

Bei alldem war der Journalist doch nie ein bloßer NS-Propagandist. Ein Beurteilungsbogen zu Wirsing enthält unter der Rubrik »allgemeine Charaktereigenschaften« den Eintrag: »ehrgeizig«.[182] Den Anspruch, auf eigene Überlegungen gestützt, beratend und über den Journalismus Politik zu gestalten, der bereits im »Tat-Kreis« motivierend wirkte, gab er auch nach 1933 nicht auf. So forderte Wirsing 1942 in einer Denkschrift eine von den deutschen Methoden in der Sowjetunion weit abweichende Linie zur Sicherung der deutschen Herrschaft im Osten:

> Der Führungsanspruch muss vielmehr so gesichert und verwirklicht werden, dass die Völker, auf die er sich bezieht, ihn uns selbst zugestehen. Das heisst, es gilt jetzt, das eigentliche Merkmal grosser übernationaler Reiche zu entwickeln. Sie müssen so angelegt sein, dass sich die Völker in ihnen geborgen und wohl fühlen.

Dass der professionelle Journalist Wirsing zumindest wusste, was im deutsch besetzten Osteuropa tatsächlich vor sich ging, geht aus einer weiteren Bemerkung zur politischen Strategie hervor: »Der Rassege-

---

181 Siehe hierzu auch die Skizze bei Thorsten J. Querg: Spionage und Terror – Das Amt VI des Reichssicherheitshauptamtes 1939–1945 (Phil. Diss. Berlin 1997), S. 353ff.
182 BARCH, SS-Führungspersonalakten 251-B.

193

danke z. B. wird, abgesehen von unserer konsequenten Bekämpfung und Ausrottung des Judentums, jetzt nicht mehr besonders hervorzuheben sein.«[183] Der nach dem tiefen Fall von 1945 erhobene Anspruch, mit Adam von Trott zu Solz und Albrecht Haushofer zusammengearbeitet und sich Trott für dessen Arbeit gegen das Regime zur Verfügung gestellt zu haben, ist nicht völlig abwegig, kann aber auch nicht erhärtet werden.[184] Einer eidesstattlichen Erklärung des SD-Spionagechefs Walter Schellenberg zufolge soll Wirsing durch Nutzung seiner Kontakte die Entlassung des Verlegers Peter Suhrkamp aus KZ-Haft betrieben haben.[185]

In der Öffentlichkeit war Wirsing jedoch ein ausgezeichneter journalistischer Vertreter der Regimeinteressen. Sein umfangreiches, von antisemitischen Deutungsmustern durchzogenes, aber nicht durchweg dominiertes USA-Buch »Der maßlose Kontinent« fand auch den Beifall von Joseph Goebbels. Dennoch und trotz vieler Fehlurteile ist das Buch – das in manchen Zügen an ein in den 60er Jahren erschienenes US-kritisches Werk eines Emigranten erinnert[186] – nicht auf dem Niveau eines reinen Propagandatraktats geschrieben. Die gelegentlich an jungkonservative Denkfiguren, geopolitische Vorstellungen und Interpretationen Carl Schmitts angelehnte Darstellung griff antikapitalistische Vorbehalte auf und bewegte sich streckenweise in den Bahnen der klassischen außenpolitischen Politikbetrachtung. Dass in den USA keine »Kultur des

---

183 Wirsing, Zukunft, zitiert nach Opitz, Europastrategien, S. 920. Dieses Konzept wird aufgegriffen in Giselher Wirsing: Das Zeitalter des Ikaros. Von Gesetz und Grenzen unseres Jahrhunderts (Jena 1944), S. 49. Dass Wirsings antisemitischen Züge lediglich in einem außenpolitischen Kontext auftraten, wie Frei/Schmitz annehmen (Journalismus, S. 175), greift wohl zu kurz. Hier wäre auch der kulturkritische Horizont seiner Vorstellungen zu berücksichtigen.

184 Wirsing an Mehnert, 6. 8. 1947, NL Mehnert Q 1/30 Bü 2; Wirsing an Sozialdemokratischen Pressedienst, 26. 10. 1950, NL Mehnert, Q 1/30 Bü 12. In Wirsings sehr positiver Besprechung der Trott-Biographie von Christopher Sykes mag man ein verdecktes Plädoyer in eigener Sache erblicken, vgl. Giselher Wirsing: Besuch bei Halifax, in: CuW, 21. 11. 1969, S. 41. Siehe hingegen Armin Mohler: Deutsche Nachkriegspresse und Vergangenheitsbewältigung, in: Criticon 32/1975, S. 246f., der Wirsings Anspruch zurückweist.

185 Querg, Spionage, S. 357.

186 L. L. Matthias: Die Kehrseite der USA (Reinbek 1964).

Schönen«[187] existiere, war in der Tradition des deutschen Bildungsbürgertums eh eine feststehende Tatsache. Ambivalenter und insgesamt verdüstert geriet bereits ein letztes während der NS-Zeit erschienenes Buch. Kulturkritische Dämonien zum drohenden Nihilismus und »Amerikanismus«, demgegenüber – für die NS-Propaganda in der Schlussphase des Krieges nicht untypisch – ein vage sozial modellierter, an Großraumvorstellungen Carl Schmitt'scher Prägung gebundener Europagedanke bemüht wird, stehen neben Grübeleien über die Gründe der Attraktivität »jüdischen Geist(es)«.[188] Andere, aus dem kulturkritischen Grundmuster des Textes abgeleitete Passagen können ebenso als implizite Regimekritik gelesen werden.

Wirsing, der es geschafft hatte, seine »Signal«-Gruppe durch den Schlussakt des Krieges zu lotsen, wurde interniert. In der Haftsituation – für ihn auch ein Zeitraum konfuser politischer Planungen[189] – entstand das Konzept eines Buches, das als historisch-philosophische Diagnostik der Standortvergewisserung und politischen Programmatik zugleich dienen sollte.[190] Die mit geschichtsphilosophischem Anspruch überladene Schrift, die nach wie vor an den Mustern der jungkonservativen Kultur- und Gesellschaftskritik der 20er und 30er Jahre orientiert bleibt und dabei auch Bruchstücke von Konzepten des hieraus inspirierten konservativen Widerstandes aufgreift,[191] ist zuweilen jedoch konkret genug, um die politische Position eines Hauptakteurs von CuW vor dem Hintergrund der Bildung des westlichen deutschen Teilstaates zu erhellen.

In der Verfassung moderner Demokratien sah Wirsing einen Strukturdefekt eingebaut. Ihnen fehle es an »Institutionen, deren Aufgabe es

---

187 Wirsing, Kontinent, S. 430. Siehe hierzu auch das entsprechende Kapitel bei Dan Diner: Verkehrte Welten. Antiamerikanismus in Deutschland (Frankfurt/M. 1993), S. 89ff.

188 Wirsing, Ikaros, S. 129.

189 Vgl. Köhler, Publizisten, S. 313ff.

190 Giselher Wirsing: Schritt aus dem Nichts. Perspektiven am Ende der Revolutionen (Düsseldorf/Köln 1951).

191 Vgl. das Lob kleiner Selbstverwaltungseinheiten, wie sie Helmuth James von Moltke skizziert hatte, auf den Seiten 239 und 255.

wäre, den Fragen auf lange Sicht dasselbe Gewicht beizumessen, das den kurzfristigen Entscheidungen zugebilligt wird, die in parlamentarischen Staaten von Zeit- und Massenstimmungen abhängig sind.«[192] Dieses bereits in Wirsings politischem Ursprungsmilieu in der Weimarer Republik tragende Misstrauen in die Wirkungen des Parlamentarismus zeigte sich hier erneut. Moderater, wenn auch nicht völlig anders orientiert als zuvor, gerieten die Therapievorschläge. Ständischen Verfassungsalternativen, wie sie in der Weimarer Republik Konjunktur hatten, wurde zugunsten der unverzichtbaren Kontrollfunktion des Parlaments eine klare Absage erteilt.[193] Die Institutionenkritik verschob sich damit auf die Frage der Ausgestaltung einer zweiten Kammer, einen Gesichtspunkt, der in der Debatte der 20er und 30er Jahre ebenfalls bereits präsent gewesen war. Gemischt beschickt sollte sie der institutionelle Garant von »Kontinuität« im Staatsverband sein.[194] In der Tradition seines politischen Herkommens resümierte der Kritiker: »Das Ausleseprinzip der Demokratie bedarf einer Ergänzung.«[195]

Am Beginn der sechzehn Jahre, die Giselher Wirsing CuW leiten sollte, stand eine heftige Auseinandersetzung in der Trägergruppe der Zeitung. Bei seiner Rückkehr aus Moskau, wo er über den spektakulären Besuch Bundeskanzler Adenauers in der Sowjethauptstadt berichtet hatte, wurde Mehnert mit der überraschenden Nachricht empfangen, dass bei CuW »umfangreiche Einsparungen, einschliesslich Entlassungen, notwendig seien, um ueber die gegenwaertigen Schwierigkeiten hinwegzukommen.«[196] Die Gründe für die dramatische Verschlechterung der wirtschaftlichen Lage des Blattes reichten mehr als ein Jahr zurück, und die Aufarbeitung der Krise brachte die Zeitung an den Rand des Untergangs.

Bereits im März 1954 wurde die Gründung einer Stuttgarter Verlagsanstalt GmbH auf einer Gesellschafterversammlung des Christ und Welt

192 Wirsing, Schritt aus dem Nichts, S. 263.
193 Wirsing, Schritt aus dem Nichts, S. 279.
194 Vgl. Wirsing, Schritt aus dem Nichts, S. 282f.
195 Wirsing, Schritt aus dem Nichts, S. 287.
196 Mehnert an Gerstenmaier, 8. 10. 1955, NL Mehnert Q 1/30 Bü 23.

Verlages zum Thema. Mit Ausnahme Mehnerts beteiligten sich die Gesellschafter an dem neuen Unternehmen, das eine Zeitschrift mit dem Titel »Nach 5«, ein Familienblatt, herausgeben sollte. Überdies wurde beschlossen, dass auch der Christ und Welt Verlag sich mit einer Einlage von DM 20.000 daran engagieren sollte. Beide Unternehmen sollten nach Möglichkeit in einer Büro- und Arbeitsgemeinschaft geführt werden, »um auf diese Weise für beide Verlage eine Senkung der Generalunkosten zu erreichen.«[197] Das enge Verhältnis der Gesellschaften erhellt auch aus dem weiteren Beschluss, dass sie durch Joachim von Beust in Personalunion geführt werden sollten. Für die Wahrnehmung dieser Doppelfunktion wurde von Beust ausdrücklich von § 181 BGB befreit, der eine solche Stellung für den Regelfall ausschließt.

An Gründung und anfänglich auch der Konzeption von »Nach 5« war mit Giselher Wirsing der langjährige Chefredakteur von CuW beteiligt.[198] Das Verhältnis von CuW und »Nach 5« gestaltete sich jedoch noch enger. Bereits im September 1954 wurde auf Vorschlag Georg von Holtzbrincks ins Auge gefasst, den Vertrieb und die Werbung des Familienblattes über den Apparat von CuW abzuwickeln. Das Protokoll hält allerdings fest: »Herr Dr. Mehnert bemerkte zu diesem Punkt noch, dass die Verwirklichung dieses von Herrn von Holtzbrinck vorgeschlagenen Planes keinesfalls die Weiterentwicklung der Zeitschrift CHRIST UND WELT gefährden dürfe ...«[199] Der noch im selben Jahr geschlossene Vertrag erhielt eine Laufzeit von zwei Jahren.[200]

---

197 Protokoll der ausserordentlichen Gesellschafter-Versammlung des CHRIST UND WELT Verlages G.m.b.H., Stuttgart, am 27. 3. 1954 in Stuttgart, NL Mehnert, Q I/30 Bü 168. Vgl. auch die Rekonstruktion dieser Vorgänge bei Andreas Rapp (Wirtschaftsprüfer): Stellungnahme zu dem Vertragsverhältnis zwischen der Christ und Welt GmbH., Stuttgart, und der Stuttgarter-Verlagshaus GmbH., Stuttgart und den daraus erwachsenen Folgen, Dezember 1955, NL Mehnert, Q I/30 Bü 168.

198 Wirsing an Gerstenmaier, 29. 11. 1955, NL Mehnert, Q I/30 Bü 168.

199 Protokoll der ausserordentlichen Gesellschafter-Versammlung der CHRIST UND WELT Verlag G.m.b.H., Stuttgart, am 19. 9. 1954 in Stuttgart, NL Mehnert, Q I/30 Bü 168.

200 Protokoll der ausserordentlichen Gesellschafter-Versammlung der CHRIST UND WELT Verlag G.m.b.H., Stuttgart, am 3. 1. 1955 in Stuttgart, NL Mehnert, Q I/30 Bü 168.

Der Wirtschaftsprüfer Andreas Rapp resümierte den Grundgedanken dieser Operation rückblickend:

> Ausgangspunkt war ... die bei C+W entstehenden Gewinne zu verwenden, um eine Familienwochenschrift herauszugeben, die ihrerseits wieder Gewinn bringen sollte, sei es, um C+W bei irgendwelchen Störungen auf dem Markte risikofreier zu machen, sei es, um die innere Leistungsmöglichkeit von C+W zu stärken. Über diese wirtschaftlichen Grundlagen und darüber, dass ausschliesslich der Reingewinn dafür verwendet werden sollte, bestand, wie die zur Verfügung gestellten Unterlagen und auch alle Besprechungen des Berichterstatters einschliesslich der Besprechung mit Herrn von Beust ergaben, kein Zweifel.[201]

Dieses Kalkül ging nicht auf, denn die Entwicklung von »Nach 5« führte ins finanzielle Desaster. Mit einer Auflage von etwa 17.000 bis 20.000 Exemplaren zu Jahresbeginn 1955 konnte sich die Zeitschrift wirtschaftlich nicht tragen.[202] Der Versuch im April 1955, durch den Zukauf des Wochenblattes »Lies mit« und dessen Verschmelzung mit »Nach 5« eine Auflagenerhöhung um rund 100.000 Exemplare zu erzielen und das Risiko zu vermindern, führte zu einer finanziellen Überforderung von CuW. Die bei der fusionierten »Lies mit nach 5« anfallenden Kosten waren durch die Gewinne von CuW nicht mehr aufzufangen.[203] Chefredakteur Wirsing bemerkte gravierende Folgen:

> Vom Frühsommer ab war dann deutlich zu spüren, dass der Spielraum für CuW sich bedrohlich einengte. Auf mehrfache Anfragen erhielt ich aber keine klaren Auskünfte ... In Hamburg wie im Rheinland wird ganz offen davon gesprochen, CuW stehe vor der Pleite. Eine schwere Geschäftsschädigung ist damit eingetreten, die bereits dazu geführt hat, dass wesentliche Mitarbeiter auf unsere Aufforderung überhaupt nicht mehr antworten ... Die Liquiditätskrise hat man sich so weit entwickeln lassen, dass Ende Oktober die Gehaltszahlungen nur durch einen Überbrückungskredit von Herrn v. Holtzbrinck über DM 10.000 erledigt werden

---

201 Rapp, Stellungnahme, NL Mehnert, Q I/30 Bü I68, S. 5.
202 Rapp, Stellungnahme, NL Mehnert, Q I/30 Bü I68, S. 8.
203 Ebenda.

konnten. Da CuW in sich aber durchaus gesund ist, zeigt das wohl, wie sträflich man unsere Interessen vernachlässigt hat.[204]

Wirsing befürchtete einen lang dauernden Sparkurs: »Es ist klar vorauszusehen, dass angesichts der Konkurrenzlage CuW das nicht aushalten kann, sondern an einem solchen Experiment krepieren müsste.«[205] Die finanzielle Krise der Zeitung verschärfte sich noch zum Jahresende.[206]

Der nachteilige Vertriebsvertrag für »Lies mit nach 5« wurde zwar wieder gelöst, doch blieben mögliche Nachforderungen des Finanzamtes zu befürchten, über die Federer, Mehnert und Gerstenmaier nicht informiert worden waren. Darüber hinaus existierten weitere finanzielle Transaktionen und CuW belastende Risiken zugunsten des Familienblattes, die die geschäftlichen Verwicklungen ins Persönliche steigerten. Die finanziellen Probleme wuchsen sich zu einer Krise des Gesellschaftsmodells aus. Diese zusätzlichen Verbindlichkeiten und Gefährdungen ließen nunmehr die Rolle und die Person Joachim von Beusts mit seiner unglücklichen Doppelstellung bei CuW und im Stuttgarter Verlagshaus ins Zentrum der Kritik rücken. Nicht nur Chefredakteur Wirsing, auch die Gesellschafter Federer, Mehnert und Gerstenmaier betrieben seine Ablösung. Der Konflikt eskalierte rasch und zog auch die Arbeit der Redaktion in Mitleidenschaft. Wirsing notierte über einen Besuch des Geschäftsführers:

> v. B. benutzte die Gelegenheit, mir davon Mitteilung zu machen, daß von der Gruppe Gerstenmaier seine fristlose Entlassung verlangt worden sei. Er wolle mir dazu sofort seinen Standpunkt sagen und der laute: ›Ich gehe nicht‹ – ›Ich werde zurückschlagen‹ – ›Das Ganze ist nicht nur unberechtigt, sondern eine Unverschämtheit, und das sage ich, auch wenn es sich dabei um den Bundestagspräsidenten handeln sollte.‹ … v. B. erklärte dann, er habe die volle Deckung von Holtzbrinck und mein Einwand, daß er doch nicht ohne das Vertrauen des anderen Teils der Gesellschafter weiterarbeiten könne, wurde damit beantwortet, daß ihm nach Lage der Dinge an dem Vertrauen der Gruppe, die ihm jetzt fristlos kündigen

---

204 Wirsing an Gerstenmaier, 29. 11. 1955, NL Mehnert, Q 1/30 Bü 168.
205 Wirsing an Gerstenmaier, 29. 11. 1955, NL Mehnert, Q 1/30 Bü 168.
206 Notiz (Wirsing) an von Beust, 8. 12. 1955, NL Mehnert, Q 1/30 Bü 168.

wolle, überhaupt nichts mehr liege. Es ginge ja auch garnicht um den Kündigungsgrund, den man jetzt gefunden habe, sondern ganz allgemein darum, daß man ihn loswerden wolle, um den Einfluß Holtzbrincks zu verkleinern. Das sei ein durchsichtiges Spiel. Je mehr man auf ihn schlage, desto größer werde das Vertrauen Holtzbrincks in ihn. Die Behauptung, daß ›Christ und Welt‹ pleite sei, werde im übrigen schon dadurch widerlegt, daß Holtzbrinck der anderen Gruppe der Gesellschafter erst am Montag DM 100.000,– für ihre Anteile geboten hätte. Wenn dieses Angebot auch abgelehnt worden sei, so ergebe sich daraus allein schon, wie man den Wert von CuW einschätzen müsse.

Die Redaktion dürfe sich nicht wundern, wenn er in Zukunft außerordentlich unangenehm werde und die Zusammenarbeit nicht erfreulich sein werde.[207]

Durch die Parteinahme Georg von Holtzbrincks für seinen alten Bekannten von Beust geriet auch seine Stellung als Gesellschafter bei CuW ins Visier der Beust-Kritiker. Ein hinzugezogener Anwalt urteilte:

Falls sich Herr v. Holtzbrinck weigert, der Abberufung des Herrn v. Beust zuzustimmen, läge hierin ein wichtiger Grund zum Ausschluss des Herrn v. Holtzbrinck als Gesellschafter, da er damit ein gegen die Interessen der Gesellschaft laufendes Verhalten des Herrn v. Beust pflichtwidrig unterstützen würde.[208]

Die heftige und noch lange fort schwelende Kontroverse machte unübersehbar deutlich, dass die Zweckehe dieses Vertrages mit seinen Bestimmungen die zugrunde liegende Interessendivergenz nicht kanalisieren konnte. Die dabei angesammelten Spannungen entluden sich nun. Georg von Holtzbrinck brachte diesen Umstand aus seiner Perspektive gegenüber Eugen Gerstenmaier zur Sprache:

Wir haben 1952 den Verlag gegründet. Die Interessen wurden, wie es im Vertrag ja auch niedergelegt ist, abgesteckt. Ihre Gruppe hatte und hat ein

---

207 Aktennotiz Wirsing, 27. 1. 1956, NL Mehnert, Q 1/30 Bü 168.
208 Rechtliche Beurteilung Rechtsanwalt Dr. Erich Lichtenstein, 27. 1. 1956, NL Mehnert, Q 1/30 Bü 168.

Interesse an der politischen Einwirkungsmöglichkeit, die durch ein solches Organ gegeben ist. Ich selbst wollte die verlegerische Seite betreuen und dabei die sich für meinen Verlag ergebenden literarischen Möglichkeiten auswerten … Ich glaube … daß ihre Gruppe allen Grund hat, zufrieden zu sein. Wenn das Experiment ›nach 5‹ gut gegangen wäre, dann wäre es niemals zu einer Auseinandersetzung wegen ›Überschreitung des Geschäftsführervertrages‹ oder ›ungenügender Information‹ gekommen. Wenn ich aber darüber nachdenke, welches Ergebnis meine Zugehörigkeit zur Gesellschaft gehabt hat, dann fühle ich mich doch sehr benachteiligt. Irgendwelche Gewinne sind mir aus der Beteiligung nicht zugeflossen … Die beabsichtigte literarische Linie konnte ich nicht durchsetzen. Es war vielmehr so, daß in dem Moment, in dem ich Forderungen bei Dr. Wirsing anmeldete, ein Kampf von Seiten der Redaktion, mit dem Ziel, meinen Einfluß zu beseitigen, begann … Selbstverständlich habe ich, wie es jedem anderen Gesellschafter auch möglich gewesen wäre, in der Zeitung von Zeit zu Zeit Propaganda für meine Bücher gemacht … Jedes Mitglied der Herausgebergruppe kann ›Christ und Welt‹ für seine Ziele in Anspruch nehmen. Die Artikel werden teilweise sogar honoriert. Bei mir ist es so, daß ich mich sogar noch mit einer Bezahlung einverstanden erklärt habe, und dann werden mir Vorwürfe über ›krumme Dinge‹ gemacht … Ich habe in den vergangenen 4 Jahren keinen Vorteil von ›Christ und Welt‹ gehabt … Die Herausgebergruppe muß aber auch meine Interessen respektieren. Dazu gehört, daß man Herrn von Beust in seiner Stellung belässt. Ich wäre in der Gefahr, mein Gesicht zu verlieren, wenn ich ihn jetzt fallen ließe. Die Konstruktion des Verlages ist ja nun einmal so, daß ich Ihre politischen Entscheidungen und Ihre politischen Ziele zu respektieren habe und mich auch daran halte.[209]

Es kennzeichnet nicht nur das Klima, dass Chefredakteur Wirsing umgekehrt die Ansicht vertrat, CuW habe außer den Stammeinlagen von Georg von Holtzbrincks Engagement keinerlei Vorteile gehabt.[210]

Das wesentliche Ergebnis der auf dem Kompromissweg gelösten Krise bestand darin, dass mit Erwin Haupt ein Mann neben von Beust in die Geschäftsführung eintrat, der von Beginn an bei CuW tätig war und in dem der Chefredakteur die geschäftliche Hauptstütze der Zei-

---

209 Holtzbrinck an Gerstenmaier, NL Mehnert, Q I/30 Bü 168, 27. I. 1956.
210 Wirsing an Gerstenmaier, 29. II. 1955, NL Mehnert, Q I/30 Bü 168.

tung sah.[211] Die zutage getretenen Differenzen und die unterschiedlichen Positionen zur Geschäftsführung durch Joachim von Beust sollten jedoch weiter schwelen.

Bereits Ende 1955 hatte Wirsing die Ersetzung Georg von Holtzbrincks durch einen anderen kapitalkräftigen Gesellschafter ins Spiel gebracht.[212] Klaus Mehnert verfolgte einen ähnlichen Gedanken hinter Georg von Holtzbrincks Rücken und befürwortete ein Angebot des Verlegers Wilhelm Lorch, der bereits zuvor Interesse an einer Beteiligung bei CuW gezeigt hatte. Lorch hatte seine Karriere in der Redaktion der »Grünen Post« des Ullstein-Verlags begonnen, wechselte 1933 – wie es heißt, aus politischen Gründen – zur »Textil-Zeitung« und blieb nach 1945 dieser Branche treu. Sein 1946 gegründeter »Deutscher Fachverlag G.M.B.H.« gab verschiedene Fach- und Kundenzeitschriften heraus.[213] In Mehnerts Augen sprach für Lorch, dass er nicht nur ökonomisch an CuW interessiert war, und so weihte er den Kandidaten, der über die Turbulenzen bei CuW orientiert war, gleich in den Zweck des Unternehmens ein. An Gerstenmaier schrieb er:

> Ganz offen habe ich mit ihm die Tatsache besprochen, dass wir den ›dritten Mann‹ zum Teil aus finanziellen Gruenden, zum Teil zum Zwecke der Verminderung der Machtstellung Holtzbrincks brauchen, dass fuer uns also das ganze Unternehmen nur einen Sinn hat, wenn wir sicher sind, dass der neue Teilhaber nicht mit Holtzbrink eine Front gegen uns schafft. Ich sagte ihm, dass Du, Federer und ich die Frage, wie dies festzulegen sei, noch nicht eroertert haben, dass ich mir aber eine interne Vereinbarung denken koennte, wonach Lorch in die ›Gruppe Gerstenmaier‹ eintritt und diese Gruppe nur geschlossen abstimmt.[214]

---

211 Siehe zu den Absprachen: Vermerk zu CuW (4. 2. 1956), Vermerk über Unterredung GW mit vH. am 4. Februar 1956 (4. 2. 1956), Mehnert an Gerstenmaier (4. 2. 1956), Mehnert an von Holtzbrinck (7. 2. 1956), alle in NL Mehnert, Q 1/30 Bü 168.

212 Wirsing an Gerstenmaier, 29. 11. 1955, NL Mehnert, Q 1/30 Bü 168.

213 Siehe zur Biographie Lorchs und dem Verlagsprofil das Schreiben Deutscher Fachverlag G.M.B.H. (Verlagsleitung) vom 25. 7. 1956 in NL Mehnert, Q 1/30 Bü 168.

214 Mehnert an Gerstenmaier, 26. 7. 1956, NL Mehnert, Q 1/30 Bü 168.

Dieser Plan blieb, anscheinend wegen Georg von Holtzbrincks Widerstand,[215] unausgeführt, doch es war nicht der letzte Versuch, die Machtverhältnisse in der Trägerschaft von CuW zu verändern.

Giselher Wirsing trat sein Amt mit der Absicht an, CuW zu erweitern und der Zeitung ein neues Gesicht zu geben.[216] Dem Feuilleton und einem Wirtschaftsteil galten dabei besondere Aufmerksamkeit. Das Feuilleton leitete zunächst Wilhelm Westecker. Westecker, geboren 1899, war Soldat im Ersten Weltkrieg. Die Kriegserfahrung prägte sein journalistisches und schriftstellerisches Engagement auch im Politischen. Erste journalistische Erfahrungen sammelte Westecker als Volontär bei Paul Fechter, einem Gründungsmitglied des Berliner Juni-Klubs.[217] Als Anfang der 30er Jahre für die Literaturbeilage der Berliner Börsen Zeitung (BBZ) zuständiger Redakteur – sie trug den Titel »Kritische Gänge« – arbeitete er auch an der Zeitschrift des völkischen Schriftstellers Will Vesper mit. In einer Kritik an Edlef Koeppens Roman »Heeresbericht« monierte Westecker, auch auf Erich Maria Remarque gemünzt:

Man kann einen Krieg nicht vom Individuum her betrachten. Diesem Irrtum unterliegen diese Kriegsbücher. Es ist gewiß für jeden, der es miterlebt hat, furchtbar ... Aber wir wehren uns schon heute dagegen, in einem Krieg, den wir mit so großen Opfern durchkämpft haben und aus dem wir ein zutiefst ungebrochenes Volk gerettet zu haben glauben, nichts als einen sinnlosen Zufall zu sehen.[218]

Im Anwachsen der NS-Bewegung sah der soldatisch-konservative Westecker nicht ohne Sympathie den Ausdruck der Sehnsucht nach na-

---

215 Federer an Mehnert, 17. 1. 1957, NL Mehnert, Q 1/30 Bü 168.

216 Protokoll außerordentliche GV, 3. 1. 1955, NL Mehnert, Q 1/30 Bü 168.

217 CuW, 16. 1. 1958, S. 3: Wilhelm Westecker: Paul Fechter.

218 Zitiert nach Matthias Schöning: Individuelle Erfahrung und soziale Adressierung. Bezugsprobleme des Kriegsromans der Weimarer Republik, in: Disziplinen des Lebens. Zwischen Anthropologie, Literatur und Politik. Hrsg. von Ulrich Bröckling, Benjamin Bühler, Marcus Hahn, Matthias Schöning und Manfred Weinberg (Tübingen 2004), S. 117.

tionaler Erneuerung.[219] Die Prägekraft des Ersten Weltkriegs ist auch seiner literarischen Produktion im nächsten Krieg noch anzumerken, in dem er den »Freiheitskrieg des neuen Großdeutschen Reiches« erblickte.[220] Nicht ohne Ranküne urteilt der ehemalige Mitarbeiter an der BBZ, Kurt Ziesel, über den Feuilletonredakteur: »Zweifellos in echter Überzeugung hat er während des ganzen Dritten Reiches seine offizielle Kulturpolitik nachdrücklich vertreten.«[221]

Als Wilhelm Westecker krankheitsbedingt ausfiel, rückte 1960 mit Barbara Klie eine ausgewiesene Feuilletonredakteurin nach, die bereits für den Kulturteil der »Süddeutschen Zeitung« gearbeitet und – ihrem Genre nah – über Essayistik promoviert hatte.[222] Bereits Jahre zuvor war das Feuilleton Gegenstand der Kritik im Gesellschafterkreis gewesen. Man wünschte sich ein zeitgemäßeres Erscheinungsbild und eine Öffnung hin zu lebenspraktischen Themenstellungen, die Sorgen und Probleme der Leserschaft aufgreifen sollten. Dabei leitete die Hoffnung, auf diese Weise neue Käuferschichten für das Blatt gewinnen zu können. Der Chefredakteur teilte diese Ansicht noch nicht.[223] Der Leitungswechsel verband sich mit der neuen Einsicht Wirsings, dass dieser Teil von CuW doch den Schwachpunkt der Zeitung darstelle. Nunmehr war der Neuaufbau des Feuilletons für ihn das »Hauptproblem«, dieses sei verglichen mit den anderen Ressorts so matt, dass dort investiert werden müsse. Durch eine Qualitätssteigerung im Kulturteil sollte die Zahl der Abonnementkündigungen gedrückt werden. Wirsings Hoffnung, den Feuilletonchef des Berliner »Tagesspiegels«, Wolf Jobst

219 In: Berliner Börsen Zeitung, 28. 1. 1931, zitiert nach: Jürgen Gimmel: Die politische Organisation kultureller Ressentiments. Der »Kampfbund für deutsche Kultur« (Münster 2001), S. 270.
220 Wilhelm Westecker: Der Marsch in den Sieg. Der großdeutsche Freiheitskrieg in der Lyrik (Berlin 1942, Zentralverlag der NSDSAP, Franz Eher Nachf., [= Schriftenreihe der NSDAP. Gruppe III, Volkheit und Glaube]), S. 5.
221 Kurt Ziesel, Das verlorene Gewissen. Hinter den Kulissen der Presse, der Literatur und ihrer Machtträger von heute (München 1962), S. 205.
222 Barbara Klie: Der deutsche Essay als Gattung (Diss., Berlin 1944).
223 Protokoll der ausserordentlichen Gesellschafterversammlung, 27. 10. 1955, NL Mehnert, Q 1/30 Bü 168.

Siedler, für diese Aufgabe bei CuW gewinnen zu können, realisierte sich jedoch nicht.[224]

Barbara Klies Beginn als Leiterin des Feuilletons ließ sich zunächst gut an, dieser Teil des Blattes, so rühmte der Chefredakteur, beginne sich »ganz schnell zu verwandeln und aufzublühen, sodass ich das Gefühl habe, wir brauchten eigentlich nur jüngere Leute zu ihrer Unterstützung.«[225] Die alleinige Leitung des Feuilletons, hieß es kurz darauf, erledige sie »glänzend«.[226] Doch Wirsings Begeisterung hielt nicht lange vor. Es zeigte sich, dass die Feuilletonleiterin den Plänen des Chefredakteurs, diesem Blatteil ein stärker geistesgeschichtliches Profil zu geben, nicht folgen mochte. In der zweiten Jahreshälfte 1963 eskalierte dieser Konflikt, und Barbara Klie schied schließlich im Folgejahr nach langer Mitarbeit bei CuW aus.[227] Mit dem Weggang Klies wurde die Krise des Feuilletons bei CuW gleichsam auf Dauer gestellt. Immer wieder einmal geriet die Behandlung dieses Teils der Zeitung zum Problem und zum Streitfall.[228]

Bereits Ende 1955 hatte Chefredakteur Wirsing auf die sich zusehends verschärfende Konkurrenzsituation hingewiesen und gewarnt, stagnierende Leistungen der Zeitung könnten nur »zu einem mehr oder minder schnellen Abstieg führen.«[229] Auch die Geschäftsleitung vertrat grundsätzlich den Standpunkt, dass eine deutliche Auflagensteigerung nicht ohne den weiteren Ausbau der Redaktion zu erzielen sei.[230] Die Einrichtung eines Wirtschaftsteils bei CuW war eine Reaktion auf diese verschärfte Konkurrenzlage.[231] Die Hamburger »Zeit«, Hauptkonkurrentin

---

224 Wirsing an Mehnert, 30. 3. 1960, NL Mehnert, Q 1/30 Bü 46.
225 Wirsing an Mehnert, 27. 5. 1960, NL Mehnert, Q 1/30 Bü 50.
226 Wirsing an Mehnert, 3. 6. 1960, NL Mehnert, Q 1/30 Bü 50.
227 Frank-Planitz, Zeit, a. a. O., S. 159.
228 Vgl. Haupt an Gesellschafter, 9. 6. 1967, NL Mehnert, Q 1/30 Bü 66, Peter Meyer-Ranke an Mehnert, 5. 1. 1968, NL Mehnert, Q 1/30 Bü 67, Protokoll Gesellschafterversammlung, 22. 10. 1971, NL Mehnert, Q 1/30 Bü 74.
229 Wirsing an Gesellschafterversammlung (Gerstenmaier), 6. 12. 1955, NL Mehnert, Q 1/30 Bü 168.
230 Protokoll der ausserordentlichen Gesellschafterversammlung, 27. 10. 1955, NL Mehnert, Q 1/30 Bü 168.
231 Wirsing: Vorschläge der Redaktion »Christ und Welt« für einen Finanzplan, 15. 3. 1956, NL Mehnert, Q 1/30 Bü 168.

von CuW, hatte bereits ein solches Ressort. Die Geschäftsleitung der Stuttgarter fand es nun angebracht, »allmählich« einen Wirtschaftsteil aufzubauen. Von dieser Vorgehensweise erhoffte man sich, besondere Investitionen vermeiden zu können, denn eine wesentliche Steigerung der Auflage sei durch das neue Angebot nicht zu erzielen. Auch eine Belebung des Anzeigengeschäfts sei nur langfristig zu erwarten.[232]

Für mehr als ein Jahrzehnt leitete Walter Wannenmacher den Wirtschaftsteil von CuW. Der 1902 geborene sudetendeutsche Journalist arbeitete zunächst beim »Prager Tagblatt«, wo er mit Egon Erwin Kisch befreundet gewesen sein soll.[233] Auf Wunsch Konrad Henleins übernahm Wannenmacher 1936 die Chefredaktion des Zentralorgans der Sudetendeutschen Partei, »Die Zeit« – eine Position, die auch sein CuW-Kollege Hermann Hönig zeitweilig innehatte. Während des Krieges leitete Wannenmacher das Prager NS-Blatt »Der Neue Tag« und war auch darüber hinaus publizistisch tätig, so in der von der Antisemitischen Aktion herausgegebenen Zeitschrift »Die Judenfrage in Politik, Recht, Kultur und Wirtschaft«. Dort äußerte er sich in entsprechendem Sinne. Über die »Wirtschaftsmacht im böhmisch-mährischen Raum und ihre Beseitigung« hieß es: »Dieser ganze parasitäre Komplex, der die Wirtschaft des Protektorates überwuchert hatte, ist in zweijähriger Arbeit herausoperiert worden.«[234] In einem Nachruf zeigte sich Wannenmacher als Anhänger der Politik Reinhard Heydrichs im Protektorat.[235] Nach Kriegsende schlossen sich für Wannenmacher zehn Jahre Gefangenschaft in der Tschechoslowakei an, denen der Journalist ein scharf antikommunistisches und zugleich NS-distanziertes Buch ab gewann.[236]

---

232 Bericht des Geschäftsführers über die Entwicklung des CHRIST UND WELT VERLAGES in den Geschäftsjahren 1954 und 1955, undatiert, NL Mehnert, Q 1/30 Bü 168.
233 Frank-Planitz, Zeit, a. a. O., S. 158.
234 Zitiert nach J. W. Bürgel: Wölfe im demokratischen Schafspelz. Ein Beitrag zur Bewältigung der Vergangenheit, unter: http://library.fes.de/gmh/main/pdf-files/gmh/ 1963/1963–04-a-202.pdf (15. 5. 2008).
235 Walter Wannenmacher: Reinhard Heydrich, in: Reinhard Heydrich. Ein Leben der Tat. Auswahl und Zusammenstellung des Textes SS-Untersturmführer Dr. Erich Schneider (Prag 1944).
236 Vgl. Walter Wannenmacher: Das Land der Schreibtisch-Pyramiden. Ein Nationalökonom erlebt den Osten als Schwerarbeiter (Frankfurt/Main 1957).

Der Auftakt der Ära Wirsing bei CuW stand mithin im Zeichen des Blattausbaus und der auch politischen Konsolidierung. Zumindest zeitweilig wurde die politische Linie des Blattes mit der Hamburger »Welt« koordiniert, die, im Besitz des Verlegers Axel Springer, seit 1953 von dem ehemaligen Kopf des »Tat«-Kreises, Hans Zehrer, geleitet wurde.[237] Das Einschwenken der Zeitung auf die außenpolitische Linie der Bundesregierung Konrad Adenauers bedeutete jedoch keine nahtlose Übernahme der Regierungspolitik. Nach wie vor stand das Primat der Wiedervereinigung obenan und bestimmte die politische Wertung.[238] In der Kontroverse um die sog. Stalinnote – die für manche Beobachter die deutsche Wiedervereinigung in Reichweite rücken sah – empfahl CuW daher eine genaue Prüfung der Offerte und mahnte eine Bonner Initiative an. Die Wiedervereinigung, so wurde unterstrichen, sei das notwendige Ziel Westdeutschlands und seiner Bevölkerung.[239] Die kanzlerkritische Linie behielt die Zeitung auch in der Folgezeit hierzu bei. Ähnlich fiel die Position des Blattes in der Debatte um die sog. Westverträge aus. Bei grundsätzlicher Zustimmung zu der Verankerung der Bundesrepublik im westlichen Lager hegte man Vorbehalte gegenüber einzelnen Bestimmungen, von denen man annahm, dass sie den Geist der Besatzungszeit atmeten, und forderte detaillierte Nachbesserungen.[240]

---

237 Vgl. Mehnert an Höpker, 10. 1. 1956, NL Mehnert, Q 1/30 Bü 24. Marcus M. Payk nimmt hierbei eine Strategie der ehemaligen »Tat«-Kreisler an. Ders.: Ideologische Distanz, sachliche Nähe. Die USA und der Positionswechsel konservativer Publizisten aus dem »Tat«-Kreis in der Bundesrepublik bis zur Mitte der 1960er Jahre, in: Jan C. Behrends, Árpád von Klimó, Patrice G. Poutros (Hg.): Antiamerikanismus im 20. Jahrhundert. Studien zu Ost- und Westeuropa (Bonn 2005), S. 231f. Siehe hierzu auch ders.: Der Geist der Demokratie. Intellektuelle Orientierungsversuche im Feuilleton der frühen Bundesrepublik: Karl Korn und Peter de Mendelssohn (München 2008), S. 343f.
238 Früh und deutlich: CuW, 20. 4. 1950, S. 1f.: In den Atlantikpakt? Nein! (ungezeichnet).
239 Vgl. CuW, 20. 3. 1952, S. 1f.: G. W (d. i. Giselher Wirsing): Das Wort Deutschlands. Siehe hierzu auch Markus Kiefer: Auf der Suche nach nationaler Identität und Wegen zur deutschen Einheit. Die deutsche Frage in der überregionalen Tages- und Wochenpresse der Bundesrepublik 1949–1955 (Frankfurt/M. u. a. 1992), S. 338. Das Buch enthält eine detaillierte Darstellung der Stellungnahmen von CuW in diesem Themenfeld.
240 Vgl. CuW, 5. 6. 1952, S. 1: Schach dem Revisionismus! (ungezeichnet); CuW, 10. 7. 1952, S. 3: Begrenzte Revision ist möglich (ungezeichnet).

Schließlich begrüßte man die Annahme durch den Bundestag trotz fortbestehender Vorbehalte als Schritt zur europäischen Integration.[241] Auch hier war man nicht bedingungslos auf Westkurs, obwohl bereits zuvor der Abriss des Niederwalddenkmals als Geste gegenüber Frankreich in Vorschlag gebracht wurde.[242] Zum Scheitern des Plans einer Europäischen Verteidigungsgemeinschaft in der französischen Nationalversammlung hieß es:

> Der Deutschlandvertrag, der jetzt in Kraft gesetzt werden soll, war gut im Zusammenhang mit der EVG. Ohne EVG bedeutet er bereits ein beträchtliches Opfer, weil er Kontrollen vorsieht, die eine echte Souveränität nicht kennt. Auch in Bonn hört man schon die Meinung, daß eine Einschränkung dieser Souveränität sich höchstens noch auf die Stärke deutscher Truppen beziehen dürfe. Darüber hinausgehende Beschränkungen können der Bundesrepublik nicht zugemutet werden.[243]

Die Wiedervereinigungsoption war auch Mitte der 50er Jahre noch nicht so stark zurückgedrängt, dass Konrad Adenauer Giselher Wirsing nicht grundsätzlich zutraute, auf einen neutralistischen Kurs umzuschwenken.[244] Gegen Ende von Adenauers Kanzlerschaft wurde die Kritik an seinem Regierungsstil scharf, während es von der SPD hieß, man solle nicht so tun, »als bedeute ein Wahlsieg dieser Partei den Weltuntergang.«[245]

---

241 Vgl. CuW, 4. 12. 1952, S. 1: K. M.: (d. i. Klaus Mehnert) Kampf um die Verträge. Vgl. zur Bejahung der Westintegration auch Wolfgang Höpker: Europäisches Niemandsland. Moskaus Zwischeneuropa vom Nordkap bis Kreta (Düsseldorf/Köln 1956), S. 40 und 146. Siehe zur Ausprägung der Europavorstellungen bei CuW auch Kiefer, Suche, S. 76ff. und 140f.

242 Vgl. CuW, 27. 7. 1950, S. 1. Germania – 1870 und 1950 (ungezeichnet).

243 CuW, 2. 9. 1954, S. 1: G. W. (d. i. Giselher Wirsing): Das Ende einer Epoche.

244 Vgl. Klaus Körner: »Die rote Gefahr«. Antikommunistische Propaganda in der Bundesrepublik 1950–2000 (Hamburg 2003), S. 57. Deutlich konfrontativer zur UdSSR in der deutschen Frage dann nach der Genfer Konferenz der Großmächte G. W.: Deutsche unter einen Tisch!, CuW, 10. 11. 1955, S. 1. Siehe hierzu auch Kiefer, Suche, S. 285ff. Axel Schildt konstatiert allgemein ein »spezifisches Spannungsverhältnis zwischen Regierungspolitik und konservativer Publizistik« in der ersten Hälfte der 50er Jahre. Ders.: Konservatismus in Deutschland. Von den Anfängen im 18. Jahrhundert bis zur Gegenwart (München 1998), S. 233.

245 CuW, 10. 5. 1963, S. 1: C. G. S.: Kein Bürgerschreck mehr.

Auch die Verabschiedung der zunächst an August Haußleiters Unternehmen geknüpften, alte Konzepte der Vorkriegszeit aufgreifenden innenpolitischen Vorstellungen blieb nicht ohne Ambivalenzen und Restbestände. Ein Abgesang geriet recht halbherzig:

> Die Bundesrepublik ist als ein Parteienstaat gegründet und ausgebaut worden. Man mag das bedauern. Aber wir haben uns damit abzufinden. Alle Versuche, die großen Fronten aufzusprengen und die ›Restauration‹ der Weimarer Politik beiseite zu fegen, sind im Keim erstickt. Wir müssen uns an die Tatsachen halten. Wir müssen mit den Kräften arbeiten, die nun einmal da sind. Es ist wohl nicht zufällig, daß der Abgeordnete Dr. Gerstenmaier, selbst doch Sprecher einer großen Partei, nicht lange her in einem Gedenkartikel für die Opfer des 20. Juli mit einigen melancholischen Sätzen beklagte, wie sehr seine gefallenen Freunde aus dem Widerstand enttäuscht sein müßten, sähen sie, wie es um den freien Staat der Deutschen steht – jenen Staat, für den sie den Tod erlitten haben.
>
> Es ist noch nicht zu spät, daß wir uns bemühen, dem Erbe Leuschners, Carlo Mierendorffs, Graf Moltkes und Bonhöfers gerecht zu werden. Das Erste und Dringendste: in den Zentralen der Koalition und der Opposition sollte man sich darauf besinnen, daß Parteien kein Selbstzweck sind. Je weiter die Versteinerung fortschreitet, desto mehr wird sich das Volk von Bonn abkehren.[246]

Auch späterhin blieben kritische Untertöne gegenüber der Praxis des parlamentarischen Systems vernehmbar.[247] Während man sich politisch deutlich von neonazistischen Strömungen distanzierte,[248] blieb innerhalb der Redaktion doch auch die Hoffnung auf eine neue respektable rechte Kraft vertreten.[249] Auch auf dem Feld der Vergangenheitspolitik

---

246 CuW, 11. 9. 1952, S. 1: K. H.: Zurück aus den Ferien.
247 Z. B. in einem Beitrag zur Affäre um den kurzzeitigen niedersächsischen Kultusminister Schlüter: CuW, 9. 6. 1955, S. 4: Paul Gerhardt: Die Selbsthilfe der politischen Moral.
248 Vgl. zur Sozialistischen Reichspartei CuW, 30. 10. 1952, S. 2: Verbieten – überwinden (ungezeichnet). Siehe auch CuW, 10. 12. 1959, S. 4: Peter Fränz: Der Kniff der Rechtsradikalen, wo es heißt: »Die Rechtsradikalen begeistern wenige, aber sie vergiften viele.«
249 Siehe hierzu CuW, 21. 7. 1955, S. 4: Hermann Hönig: Auf dem Bonner Parkett ausgeglitten. Der Sudetendeutsche Hönig, Mitglied des rechts-elitären »Witiko-Bundes«

blieb man auf dem Kurs einer möglichst weitreichenden Schadensab-
wicklung,[250] ohne dabei einem Übergehen des Themas z. B. im Schulun-
terricht das Wort zu reden.[251] Mit Matthias Walden und Winfried Martini publizierten jedoch auch Vertreter des rechtskonservativen Lagers in
CuW, zu denen noch der antikommunistische Feuerkopf William S.
Schlamm hinzu trat. Martini – ehedem »Tat«-Autor und zeitweilig im
AA unter Ribbentrop tätig – war als Kritiker der »modernen(n) Großde-
mokratie« hervorgetreten.[252]

Gleichwohl waren auch liberale Positionen im Blatt zu finden, so hinsichtlich der Ablehnung der Todesstrafe oder der Frage der Pressefrei-
heit, späterhin bekannte Journalisten wie Klaus Bölling und Günter
Gaus waren ebenfalls früh CuW-Autoren.[253] Ein Leitartikel der Redaktion zur Bundestagswahl 1957, der als Aufruf zur Identifikation mit dem

(vgl. Kurt Hirsch: Rechts von der Union. Personen, Organisationen, Parteien seit
1945. Ein Lexikon, München 1989, S. 187), galt als ausgewiesener Konservativer innerhalb des Redaktionsspektrums. Siehe zu diesem auch CuW, 27. 8. 1959, S. 2:
Hermann Hönig zum Gedächtnis (ungezeichnet).

250 Siehe z. B. CuW, 12. 6. 1952, S. 3f.: dt: Warum keine echte Amnestie?; CuW,
23. 5. 1957, S. 2: Walter Funk (ungezeichnet). Allerdings fand auch Bundesanwalt
Max Kohlhaas Raum in CuW für Erläuterungen zu neuen Strafverfahren zu NS-Verbrechen, die er mit der Bemerkung schloss, die neuerlichen Prozesse seien »für
manchen Vergesslichen nützliche Gedächtnismahnung.« Ders.: Warum diese Prozesse?, CuW, 7. 8. 1958, S. 1f. Auch in der Redaktion lehnte man Strafprozesse zu
NS-Verbrechen nicht grundsätzlich ab, war aber um eine möglichst konsensfähige
Aufbereitung des Themas für eine rechtsorientierte Leserschaft bemüht, vgl. CuW,
1. 5. 1958, S. 1: E. T.: Richter – fehlbar, doch frei. Siehe hierzu auch die in diesem
Sinne gehaltenen Ausführungen zum anhebenden Prozess gegen Adolf Eichmann:
CuW, 7. 4. 1961, S. 1f.: E. T.: Die Anklage Israels.

251 So forderte Paul Gerhardt eine wertorientierte Thematisierung des Nationalsozialismus im Unterricht, diese »soll und muß aufregen, soll und muß zur Entscheidung
aufrufen.« Ders.: Die NS-Vergangenheit im Unterricht, CuW, 9. 7. 1959, S. 3.

252 Winfried Martini: Das Ende aller Sicherheit. Eine Kritik des Westens (Stuttgart
1954), S. 326. Siehe auch ders.: Der Sieger schreibt die Geschichte (München 1991).
Siehe zum (Zusammen-) Wirken Martinis und Schlamms Marcus M. Payk: Antikommunistische Mobilisierung und konservative Revolte. William S. Schlamm, Winfried
Martini und der »Kalte Bürgerkrieg« in der westdeutschen Publizistik der späten
1950er Jahre, in: Thomas Lindenberger (Hg.): Massenmedien im Kalten Krieg. Akteure, Bilder, Resonanzen (Köln u. a. 2006).

253 Vgl. CuW, 2. 10. 1952, S. 1: P. G.: Um die Todesstrafe; CuW, 27. 3. 1952, S. 3: Giselher Wirsing: Guillotine für die Presse.

politischen System der Bundesrepublik einher kam, markierte schließlich die in neun Jahren zurückgelegte Strecke: »Wir sind davon überzeugt, daß wichtiger noch als der Entscheid für diese oder jene Partei der
für die Demokratie ist: die Demonstration, daß hinter diesem demokratischen Staat auch fünfzig Millionen demokratischer Bürger stehen.«[254]
Auch mit dem anfangs so skeptisch betrachteten Grundgesetz hatte man
am Ende des ersten Jahrzehnts der Bundesrepublik mehr als nur seinen
Frieden gemacht.[255] Dies schloss jedoch nicht aus, dass auch späterhin
noch die Forderung nach einschneidenden Reformen erhoben wurde, in
der alte Vorstellungen nachklangen.[256] Bereits angelegte Bruchstellen in
der Redaktion wurden im Hebst 1962 im Zuge der sog. »Spiegel-Affäre«
sichtbar. Das Vorgehen der Bundesanwaltschaft gegen das Hamburger
Magazin wegen vorgeblichen Landesverrats wuchs sich schnell zu einer
Regierungskrise aus und mobilisierte die liberale Öffentlichkeit in bisher
nicht da gewesener Weise. In der Affäre hatte sich CuW trotz Kritik an
einzelnen Zügen des staatlichen Vorgehens auf die Seite der Bundesregierung geschlagen.[257] In der folgenden Ausgabe schloss Giselher Wirsing seinen Beitrag zum Thema mit den Sätzen: »Ein berühmt geworde-
nes Buch handelte vom ›Hitler in uns selbst‹. Es gibt auch einen
›Augstein in uns selbst‹. Das ist bestimmt kein Massenmörder, er löst
nur jedes Gemeinwesen wie ätzende Lauge auf.«[258] Der von Wirsing geschätzte Mitarbeiter Sebastian Haffner löste sich aufgrund dieser Haltung von der Zeitung.[259] Es kam jedoch auch zum Druck einer deutlichen und warnenden Distanzierung, in der es hieß, »autoritäre
Tendenzen« könnten in das Machtvakuum der vierten Regierung Ade-

---

254 CuW, 12. 9. 1957, S. 1: CuW: Das Volk auf der Waage.
255 Vgl. CuW, 21. 5. 1959, S. 4: Paul Gerhardt: Ein Geniestreich wurde gültige Norm.
256 Vgl. CuW, 3. 1. 1969, S. 4: Wolfgang Höpker: Vom Taufkleid zum Maßanzug. Höpker
     erschien der Föderalismus in der Bundesrepublik überspannt, auch bedauerte er die
     Preisgabe einer Wahlrechtsreform durch die Große Koalition und sah den »Zwang
     zu gründlicher Überholung« des westdeutschen Staates.
257 Vgl. CuW, 2. 11. 1962, S. 1f.: Ein deutscher Panamaskandal? (ungezeichnet).
258 CuW, 9. 11. 1962, S. 1: Giselher Wirsing: Die Staatsaffäre.
259 Vgl. Uwe Soukup: Ich bin nun mal Deutscher. Sebastian Haffner. Eine Biographie
     (Berlin 2001), S. 215f.

nauer einströmen: »Wenn die Minister nicht wissen, was Demokratie ist
– wie sollen es dann die Wachtmeister wissen?«[260] Der Text stammte aus
der Feder der beiden jungen Redakteure Carl Gustav Ströhm und Peter
Jochen Winters. Weitere Turbulenzen sollten folgen.

Die Autorenschaft des Feuilletons war in den 50er Jahren noch deutlich von aus dem rechtsintellektuellen Milieu der Weimarer Zeit bekannten Namen mitgeprägt. Wohl ebenso hoch wie die durch ver-
wandte kulturelle und zumindest unterschwellig auch politische
Prägungen geteilten Grundvorstellungen dürften persönliche Loyalitä-
ten hierfür ausschlaggebend gewesen sein. Diese Melange führte gelegentlich zu distanzlosen Fortschreibungen von Vorkriegspositionen, so
z. B. deutlich in dem geradezu hymnischen Nachruf von Hans Schomerus auf Wilhelm Stapel, der auch vor einer ausdrücklichen Lobpreisung
von dessen Zeitschrift »Deutsches Volkstum« – an der Schomerus mitgearbeitet hatte – nicht haltmachte.[261] Mit Gustav Hillard-Steinbömer,
Josef Magnus Wehner, Gerhard Günther, Ernst Forsthoff, Ernst Wilhelm Eschmann, Paul Fechter, Hermann Ullmann u. a. begegnet eine
ganze Reihe von Beiträgern, die sämtlich in der einen oder anderen
Weise an den Netzwerken der so genannten »Konservativen Revolution« beteiligt waren. Doch auch deutlich stärker NS-belastete Autoren
wie Heinz Steguweit, Ina Seidel, Will Vesper und häufig Karl Epting fanden Zugang zu CuW. Das Feuilleton, zu dem auch bekanntere Autoren
jener Jahre wie Hans Egon Holthusen, Curt Hohoff, Thornton Wilder,
Rudolf Hagelstange, Gerd Gaiser, Wissenschaftler wie Hans-Joachim
Schoeps, Hans Rothfels, Pascual Jordan, Helmut Schelsky, Hans Freyer
u. a. beitrugen, war in seinem bildungsbürgerlich-betulichen Hochkul-
tur-Duktus wenig geeignet, jüngere Leserkreise anzuziehen. Auch die
Öffnung zu modernen Kunstformen und seltene Beiträge anderen Gepräges konnten am getragenen Zuschnitt dieses Blattteils nichts än-

---

260 CuW, 23 | 1. 1962, S. 3: Christ und Welt: Demokratie ohne Demokraten.
261 Vgl. CuW, 10. 6. 1954, S. 7: Hans Schomerus: Abschied von Wilhelm Stapel. Siehe
     zu der Zeitschrift: Ascan Gossler: Publizistik und konservative Revolution. Das
     »Deutsche Volkstum« als Organ des Rechtsintellektualismus 1918–1933 (München
     u. a. 2001).

dern.[262] Ein Kennzeichen von CuW waren umfangreiche Reportagen aus der außereuropäischen Welt, die zumeist von Klaus Mehnert und Chefredakteur Wirsing beigesteuert wurden, dessen geopolitische Prägungen erkennbar blieben.

Die häufigen Reisen Giselher Wirsings waren auch ein Motiv für die auf drei Jahre befristete Einstellung von Hans-Georg von Studnitz als stellvertretendem Chefredakteur von CuW im Oktober 1961: Der langjährige freie Mitarbeiter und »Gentleman-Publizist, der sich im Bowler porträtieren läßt«,[263] sollte den häufig abwesenden Chefredakteur entlasten.[264] Gegenüber Gerstenmaier skizzierte Wirsing den kommenden zweiten Mann mit hohen Erwartungen, aber auch nicht ganz ohne Sorgen:

> Nun zu Studnitz noch ein persönliches Wort: er ist einer der ältesten Mitarbeiter von ›Christ und Welt‹ und ohne Zweifel einer der brillantesten Schreiber. Persönlich ist er sicherlich manchmal schwierig und manche Leute, die ihn für einen Snob halten, stossen sich an ihm ... Ich persönlich bin überzeugt, dass ich trotz mancher Ecken und Kanten mit Studnitz hinkomme. In dem Augenblick, in dem ich mir nur bequeme Leute suchen würde, wäre ich reif zum Abtreten. Gemessen an allen anderen Möglichkeiten ist er sicherlich der schwierigste Charakter, zugleich aber auch die bei weitem stärkste Persönlichkeit, die ich wahrscheinlich überhaupt finden kann. Und gerade auf diese Verstärkung kommt es mir an. In den uns bevorstehenden schweren Zeiten sollten wir Männer sammeln, die eine Meinung zu vertreten haben.[265]

Große Hoffnungen in von Studnitz setzten auch Georg von Holtzbrinck und Klaus Mehnert, der in dem weltgewandten Preußen überdies einen möglichen Inspirator des Feuilletons vermutete.[266]

---

262 Zur ersten Kasseler documenta äußerte Feuilletonchef Westecker: »Endlich erleben wir auch in Deutschland einmal eine Ausstellung, die eine Tat ist.« Ders.: Auf der Triumphstraße, CuW, 4. 8. 1955, S. 2.

263 Christian Schütze: Mehr »Welt« als »Christ«. Zustandsbericht über eine Wochenzeitung, in: Der Monat, Heft 244, Januar 1969, S. 97.

264 Asmussen, von Studnitz, a. a. O., S. 98.

265 Wirsing an Gerstenmaier, 7. 6. 1961, NL Mehnert, Q 1/30 Bü 51.

266 Von Holtzbrinck an Mehnert, 9. 6. 1961, Mehnert an von Holtzbrinck, 14. 6. 1961, beide NL Mehnert, Q 1/30 Bü 53.

Tatsächlich verschärften von Studnitz' entschieden konservative Linie – die mitunter ausgesprochen bissige Akzente setzen konnte[267] – und wohl auch sein entsprechender Habitus Spannungen innerhalb der Redaktion, die in den frühen 60er Jahren nicht nur CuW erfahren sollte. Die nachrückenden Alterskohorten verstanden ihre Berufsrolle anders als die ältere Generation der vor etwa 1920 geborenen Journalisten.[268] Von Studnitz wurde zur Reizfigur, an der sich die verschiedenen Auffassungen von journalistischer Arbeit und politischer Rolle der Presse in der Bundesrepublik austragen ließen. Chefredakteur Wirsing sah sich binnen eines Jahres durch seinen Stellvertreter eher be- als entlastet:

> Ich stehe seit Monaten einer Einheitsfront gegenüber, die mir Duldung schwarz-weiß-roter Untertöne in Ihren politischen Äußerungen vorwirft … Sie, lieber Studnitz, leben in einer zweifellos geschlossenen Welt, in der alles seinen Platz hat. Die Redaktion empfindet diese Ihre Welt als irreal in den heute bestehenden Zusammenhängen; sie glaubt, daß diese verschiedenen Tonlagen einen Bruch ergeben, den der eigentliche CDU-Leser nicht mitmacht … Ich stehe in der Mitte, kann aber diesen Zustand nicht beseitigen, der zum Zerfall der Redaktion führen muß.[269]

Kritik an von Studnitz' publizistischem Kurs beschränkte sich nicht auf die Redaktion, auch Klaus Mehnert fand schließlich eine Grenze überschritten und beschwerte sich über »reine Demagogie, für die sich CuW nicht hergeben sollte.«[270]

Ein weiterer Stein des Anstoßes war von Studnitz' Mitarbeit an Axel Springers »Welt am Sonntag«, die Giselher Wirsing missbilligte.[271]

---

267 Siehe z. B. CuW, 18. 7. 1963, S. 12: Hans-Georg v. Studnitz: Überleben auf der Autobahn: »Wer die Autobahn benutzt … nehme … das Landschaftsbild auf. Es wird bald der Vergangenheit angehören, nachdem Einigkeit darüber herrscht, daß Verkehr wichtiger ist als Stillstand, PKWs wichtiger als Wälder, Straßen notwendiger als Wiesen und der Mensch von Gott geschaffen wurde, um auf vier Rädern zu sitzen.«
268 Hodenberg: Konsens, S. 267.
269 Wirsing an Studnitz, 5. 9. 1962, zitiert nach Asmussen, von Studnitz, a. a. O., S. 99.
270 Mehnert an Wirsing, 22. 6. 1964, NL Mehnert, Q 1/30 Bü 61.
271 Wirsing an von Studnitz, 21. 1. 1964, NL Mehnert, Q 1/30 Bü 61, auch Asmussen, von Studnitz, a. a. O., S. 100f.

Schließlich wurde von Studnitz' Vertrag 1964 nur eingeschränkt verlängert; die Position eines stellvertretenden Chefredakteurs verlor er, doch blieb der produktive Provokateur Redakteur von CuW mit dem Arbeitsschwerpunkt Außenpolitik. Ein Versuch Wirsings, von Studnitz ins Feuilleton abzudrängen, war zuvor gescheitert.[272]

Es sollten in den Folgejahren vornehmlich solche aushäusigen Aktivitäten wie bei der »Welt am Sonntag« sein, die von Studnitz für das Blatt mehrfach zu einer Belastung werden ließen. Rund um Axel Springers verlegerisches Flaggschiff »Die Welt« sammelten sich Mitte der 60er Jahre die namhaften Vertreter rechts orientierter Publizistik der Bundesrepublik: Winfried Martini, Armin Mohler, Matthias Walden, William S. Schlamm und eben auch Hans-Georg von Studnitz.[273] So konnte der Eindruck entstehen, dass der wahre Studnitz als Konzern-Ideologe[274] bei Springer beheimatet war, wo er politischen Klartext lieferte, während bei CuW eine domestizierte Ausgabe gleichsam gastierte.[275] Gegenreaktionen konnten nicht ausbleiben: »Studnitz und andere Intellektuelle, die sich bemühen, dem nationalen Gedanken wieder ein Heimatrecht in Deutschland zu schaffen, sind – genau besehen – keine Freunde des deutschen Volkes.«[276]

Hinzu traten die Buchpublikationen des politischen Schriftstellers, die stets Widerhall fanden. In diesen Publikationen wird deutlich, dass von Studnitz nach wie vor den Perspektiven seiner politischen Jugend im Umkreis des »Herrenklubs« verbunden war. Angefangen mit einer bissigen Abrechnung mit der Wirtschaftswundergesellschaft der Bundesrepublik – in der die vertrauten Klagen der Jungkonservativen der Weima-

---

272 Asmussen, von Studnitz, a. a. O., S. 99.
273 Hans Dieter Müller: Der Springer Konzern: eine kritische Studie (München 1968), S. 172.
274 Müller, Springer-Konzern, S. 86.
275 Siehe den Verweis auf eine Einschätzung der ZEIT bei Asmussen, von Studnitz, a. a. O., S. 100.
276 Kurt Sontheimer: Die Wiederkehr des Nationalismus in der Bundesrepublik, in ders.: Deutschland zwischen Demokratie und Antidemokratie (München 1971), S. 124. (Erstdruck in: Die Wiederkehr des Nationalismus in der Bundesrepublik. Sehnsucht nach der Nation? Drei Plädoyers, München 1966).

rer Republik über die deutsche »Stillosigkeit« nicht fehlten[277] – nahm von Studnitz in seinen Büchern kein Blatt vor den Mund. Nicht nur das politische, auch das ökonomische Interesse von CuW wurde durch diese Extratouren eines Redaktionsmitglieds gefährdet. Unter dem dramatischen Titel »Rettet die Bundeswehr!« bezog der Publizist in oft hoch polemischer Form Stellung gegen das Konzept der »Inneren Führung«, die das Gefüge der Streitkräfte mit den demokratischen Leitwerten des Staates verbinden sollte.[278] Die Schrift erzielte große Resonanz unter Berufssoldaten.[279] Persönlich fand der Autor Zuspruch durch den Chef des Bundesnachrichtendienstes, Reinhard Gehlen, und – verhaltener – auch von Eugen Gerstenmaier.[280] Ganz anders reagierte sein Chefredakteur. Giselher Wirsing befürchtete den Wegfall von 5000 Exemplaren von CuW, die das Kirchenamt der Bundeswehr wöchentlich abnahm:

Es war ihnen wohl bekannt, dass CHRIST UND WELT in einer großen Zahl von Exemplaren an die Bundeswehr geliefert wird. Das naive Argument, zwischen ihren Privatarbeiten und der Zeitung bestehe kein Zusammenhang, kann ich nicht gelten lassen ... Man kann nicht auf allen Hochzeiten tanzen. Entweder Sie sind ein freier Schriftsteller, der sich um nichts zu kümmern braucht als um die Darbietung seiner eigenen Meinung oder Sie sind Mitglied einer Redaktion, dann muss man auch die Disziplin und den Takt erwarten, dass Sie alles unterlassen, was der Zeitung schadet. Sie aber wollen beides, und das geht offensichtlich nicht.[281]

Ohnehin war das Thema »Innere Führung« bei CuW umstritten.[282]

Es blieb nicht bei diesem einen problematischen Bucherfolg. Bereits in der »Welt am Sonntag« hatte von Studnitz sich kritisch mit der

277 Vgl. Hans-Georg von Studnitz: Glanz und keine Gloria. Reise durch die Wohlstandsgesellschaft (Stuttgart 1965), S. 33.
278 Hans-Georg von Studnitz: Rettet die Bundeswehr! (Stuttgart 1967).
279 Donald Abenheim: Bundeswehr und Tradition. Die Suche nach dem gültigen Erbe des deutschen Soldaten (München 1989), S. 175.
280 Gehlen an von Studnitz, 3. 10. 1967; Gerstenmaier an von Studnitz, 13. 10. 1967, Archiv der Axel Springer AG, Berlin, Nachlass Hans-Georg von Studnitz (im Folgenden: NL von Studnitz).
281 Wirsing an von Studnitz, 14. 11. 1967, NL von Studnitz.
282 Vermittelnd dazu Rudolf Wolter: Grasheys Blindgänger, in: CuW, 18. 4. 1969, S. 3.

Evangelischen Kirche in der Bundesrepublik beschäftigt.[283] Eine Randrolle spielte die Kritik an der politischen Entwicklung im Protestantismus auch in »Rettet die Bundeswehr!«, wo der Autor die Frage aufwarf,
»ob die Militärseelsorge bei einer Kirche gut aufgehoben ist, die sich in
steigendem Maß Aktionen verschreibt, die auf Schwächung der Wehr-
kraft hinauslaufen.«[284] Die Rede ging von einem »Auflösungsprozeß in
der evangelischen Kirche«[285] und von Studnitz wandte sich gegen die
linke politische Profilierung protestantischer Kirchenmänner. Dieses
Nebenthema wurde zum Zentrum eines weiteren Buches und damit
Gegenstand einer weiteren Kontroverse mit seinem Chefredakteur.[286]
Wirsing, wenngleich vom bevorstehenden Erscheinen der Streitschrift
unterrichtet, sah sich gleichwohl überfahren und reagierte aufgebracht:

> Als wir nach dem Erscheinen Ihres Bundeswehrbuches erhebliche
> Schwierigkeiten bekamen und Monate hindurch die weitere Abnahme
> von 5000 Exemplaren unserer Zeitung in Frage gestellt war, haben Sie mir
> mitgeteilt, Sie hätten noch einen anderen Pfeil im Köcher, nämlich ein
> Buch, das sich mit den politischen Stellungnahmen maßgebliche(r) Re-
> präsentanten der Evangelischen Kirche befaßt. Ich habe Ihnen darauf hin
> sofort gesagt, ein solches Buch könne sicherlich nicht erscheinen, solange
> Sie im Impressum der Redaktionsgemeinschaft von ›Christ und Welt‹ ste-
> hen, weil sich unsere Wochenzeitung aus vielerlei Gründen nicht mit dem
> Establishment der evangelischen Kirche frontal anlegen kann … Sie ha-
> ben mir nun am 3. Juni mitgeteilt, daß dieses Buch, wenn auch in einer et-
> was anderen Fassung, dennoch erscheinen soll … Ich bin jedenfalls nicht
> gesonnen, zum zweitenmal wegen eines Buches von Ihnen endlose Ver-
> handlungen führen zu müssen, nachdem Sie mich nicht rechtzeitig und
> loyal unterrichtet haben, was Sie beabsichtigen.[287]

---

283 Vgl. ders.: »Die Evangelische Kirche und der deutsche Osten«, in: Welt am Sonntag,
    31. 10. 1965.
284 Von Studnitz, Bundeswehr, S. 107.
285 Von Studnitz, Bundeswehr, S. 117.
286 Vgl. Hans-Georg von Studnitz: Ist Gott Mitläufer? Die Politisierung der evangeli-
    schen Kirche. Analyse und Dokumentation (Stuttgart 1969).
287 Wirsing an von Studnitz, 6. 6. 1969, Nl von Studnitz.

Diese erneute Konfrontation führte wiederum zu einer Schmälerung der Position des rebellischen Konservativen. Von nun an verschwand der Name von Studnitz aus dem Impressum von CuW, sein Angestelltenverhältnis wurde durch einen Mitarbeitervertrag ersetzt.[288] Eugen Gerstenmaier hatte jedoch Studnitz' Buch positiv besprochen – in CuW.[289] Hans-Georg von Studnitz beendete seine Tätigkeit für CuW schließlich 1972, nachdem ihm der neue Chefredakteur Ulrich Frank-Planitz aufgrund der schlechten Finanzlage der Zeitung eine Kürzung seiner Bezüge um 50% angekündigt hatte.

Mitte 1960 – dies zeigte eine Befragung von 1400 CuW-Kunden – konnten die Zeitungsmacher mit der Akzeptanz ihres Produkts bei den Lesern zufrieden sein.[290] Der politische Teil der Zeitung erwies sich als Schwerpunkt des Interesses der Leserschaft, 59% der Befragten gaben an, die politischen Beiträge stets und überwiegend gründlich zu lesen. Zugpferde der Redaktion waren dabei eindeutig Klaus Mehnert und Giselher Wirsing, die in der Gunst der Leserschaft die übrigen Mitarbeiter deutlich distanzierten. Der Politikteil profitierte von der Vorliebe seiner konservativen Klientel für vermeintliche Objektivität und Überparteilichkeit, dem sie im Duktus der Zeitung auch zu innenpolitischen Themen zu begegnen meinte. Die Einstellung der Redaktion zur Regierungspolitik bejahten 72% der erfassten Leser, lediglich 5% lehnten eine zu große Regierungsnähe ab. Die anderen Themenangebote erreichten nicht den hohen Zuspruch des Politikressorts. Die CuW-Leserschaft war mit 69% überdurchschnittlich stark an Bildungsthemen interessiert – eine Eigentümlichkeit, der die Zeitung in den 60er Jahren mit einem deutlichen Akzent entsprechen sollte.

Die größte publizistische Wirkung erzielte die Zeitung auf diesem Feld im Frühjahr 1964. Es handelte sich um eine geplant angelegte Kam-

---

288 Asmussen, von Studnitz, a. a. O., S. 112.

289 Vgl. CuW, 17. 10. 1969, S. 19: Eugen Gerstenmaier: Vom Rand her zur Sache.

290 Siehe zum Folgenden: Die deutsche Wochenzeitung Christ und Welt im Urteil ihrer Leser. Fragen und Antworten der Divo-Untersuchung, die sich mit der Haltung und Einstellung zum redaktionellen Teil von CHRIST UND WELT und auf das Verhältnis der Leser zu ihrer Zeitung beziehen, NL Mehnert, Q 1/30 Bü 64.

pagne, wie Wirsing vorab ankündigte: »CuW wird mit einer Artikelserie von Georg Picht ab Ende Januar Großaktion mit Einsatz aller Möglichkeiten zur Schul- und Bildungsfrage machen. Alarmierende Verhältnisse mit dem Blick auf etwa 1970. Das steht für die nächste Zeit im Mittelpunkt meiner Arbeiten.«[291] Das Themenfeld war der Zeitung vertraut, bereits 1950 – damals noch im Horizont der Problematik amtsenthobener NS-Hochschullehrer – hatte CuW die Bedeutung von Wissenschaft und Forschung für den Wiederaufbau betont. Auch Georg Picht hatte bereits Jahre zuvor in CuW den Tenor seiner späteren Serie zum »Bildungsnotstand« angeschlagen.[292]

Inzwischen hatten sich die Rahmenbedingungen für eine »Großaktion« verbessert; mit dem erfolgreichen Start des ersten sowjetischen Erdsatelliten und dem im Westen darauf folgenden »Sputnikschock« waren Reform und Ausweitung des Bildungssektors ein Element der Systemkonkurrenz im Rahmen des Kalten Krieges geworden. Für die Bundesrepublik trat hinzu, dass mit dem Bau der Berliner Mauer der Zuzug qualifizierter Menschen aus der DDR nahezu versiegte, der bis dahin Unzulänglichkeiten des Bildungssystems in Westdeutschland kompensiert hatte.[293]

Der Chefredakteur eröffnete die Kampagne mit einem Paukenschlag auf Seite eins: »Wir gehen also davon aus, daß keine deutsche Generation der nachfolgenden ein relativ so geringes geistiges Kapital hinterlassen hat wie die gegenwärtige.«[294] Wirsing betonte die wirtschaftlichen Gefahren des Rückstands im Bildungssektor in der internationalen Konkurrenz, der dem industriellen Wirtschaftssystem nicht mehr entspre-

---

291 Wirsing an Mehnert, 18. 12. 1963, NL Mehnert, Q 1/30 Bü 59.
292 Vgl. CuW, 19. 9. 1957, S. 4: Georg Picht: Die Höhere Schule paßt nicht in die Zeit. Redaktionelle Einleitung: »Die Reform unseres Bildungswesens ist für unsere Zukunft im technischen Zeitalter entscheidend:« Picht: »Denn wenn die Reform der Höheren Schule nicht gelingt, wird auch die deutsche Industrie den Aufgaben der Zukunft nicht gewachsen sein.«
293 Vgl. Werner Abelshauser: Deutsche Wirtschaftsgeschichte seit 1945 (Bonn 2004), S. 286f.
294 CuW, 31. 1. 1964, S. 1: Giselher Wirsing: Dunkel über der pädagogischen Provinz. Unser Bildungsnotstand, dort auch das Folgende.

che, schlug jedoch auch sozialkritische Töne an: »So haben wir die höhere Schule in den Auffassungen des 19. Jahrhunderts als eine Schule für die sogennanten gebildeten Stände fortgeführt, während sie heute längst eine Auslesestätte für alle sein müßte.« Durch die regional ungleich verteilten Bildungschancen in einem als restaurativ gekennzeichneten System sei »fast ein neuer Klassenstaat entstanden.« Georg Picht griff diese Leitmotive auf wenn er definierte, Bildungsnotstand heiße wirtschaftlicher Notstand, eine Verdoppelung der Abiturientenzahl forderte und befand: »In der modernen ›Leistungsgesellschaft‹ heißt soziale Gerechtigkeit nichts anderes als gerechte Verteilung der Bildungschancen, denn von den Bildungschancen hängt der soziale Aufstieg und die Verteilung des Einkommens ab.«[295] Die in den 60er Jahren hervortretende Hoffnung auf den Nutzen der Planung war auf diesem Sektor auch in CuW angekommen.

Die Initiative, die von einem Preisausschreiben der Zeitung zur »Gestalt der neuen deutschen Universität« begleitet wurde,[296] fand ein starkes Echo und prägte die unmittelbar anschließende Debatte. Bereits im März folgte eine Bundestagsaussprache zum Thema, und im Sommer stand für den »Spiegel« fest:

> Der evangelische Schwarzwälder Georg Picht, 51, wurde zum bundesdeutschen Jeremias … Die Klage des Jeremias blieb vor zweieinhalb Jahrtausenden ein Solo und kostete den Sänger die Freiheit, die er nur dank Fürsprache eines mitleidigen Eunuchen zurückerhielt. Die 1964er Jeremiade des Propheten aus dem Schwarzwald wurde zum Volkslied und trug ihm nationalen Ruhm ein.[297]

CuW verfolgte das Thema Bildungsreform auch in den nächsten Jahren intensiv.

In den frühen 60er Jahren änderte sich jedoch die Marktsituation für CuW grundlegend. Zwar stieg die Auflage der Zeitung weiterhin und

---

295 CuW, 31. 1. 1964: Georg Picht: Zwei Millionen Schüler mehr – woher sollen die Lehrer kommen?, S. 4.
296 Vgl. CuW, 7. 2. 1964, S. 6.
297 Der Spiegel, 31/29. 7. 1964, S. 30: Notstand. Lücken der Nation.

erreichte 1962 144.000 Exemplare pro Ausgabe, doch ging die Zuwachsrate drastisch zurück. Hatte sie von 1960 auf 1961 noch 21 Prozent betragen, so kamen im anschließenden Jahresschritt nur mehr magere drei Prozent zustande. Der Anteil von CuW am Markt der Wochenzeitungen, der 1961 bei 32,9 Prozent lag, fiel 1962 auf 30,7 Prozent. Auch eine Steigerung der Auflage um acht Prozent im Folgejahr konnte den negativen Trend nicht stoppen, denn die Hamburger Konkurrentin »Die Zeit« legte um 34 Prozent zu und verdrängte CuW aus der Position der Marktführerin.[298]

Während sich diese Entwicklung vollzog, war die Führung des Blattes alles andere als eines Sinnes. Das nach wie vor schwebende Zerwürfnis im Gesellschafterkreis – die Personalie ›Joachim von Beust‹ bildete weiterhin einen Hauptkonfliktpunkt – erschwerte die Kommunikation und mithin die Strategiefindung. Krisenhaft blieb auch das Verhältnis Georg von Holtzbrincks zu Chefredakteur Wirsing. Ihn und andere Redakteure traf der Vorwurf zu vieler Reisen und daher zu häufiger Abwesenheit in der Redaktion.[299] Diese offenbar verbreitete Verlegerschelte traf allerdings viele Jahre später auch Wirsings Kollegen bei der »Zeit«, Theo Sommer.[300]

Es kann in einem solchen Klima nicht verwundern, dass Wirsing, der sich wenige Jahre zuvor noch über mangelndes Interesse der Gesellschafter am Blatt beklagt hatte,[301] die vor dem Hintergrund der verschlechterten Marktlage von CuW steigende Aufmerksamkeit des Kaufmanns Georg von Holtzbrinck, der in der Tat die Probleme der Zeitung auch in deren Chefredakteur begründet sah, als massiven Angriff mit dem Ziel, ihn aus der Blattleitung zu drängen, empfand:

---

298 Die Angaben nach Frank-Planitz, Zeit, a. a. O., S. 153.
299 Vgl. Wirsing an Gerstenmaier, 10. 7. 1959, NL Mehnert, Q 1/30 Bü 42, Mehnert an Gerstenmaier, 13. 3. 1961, NL Mehnert, Q 1/30 Bü 52, Mehnert an Gerstenmaier, 2. 4. 1963, NL Mehnert, Q 1/30 Bü 58, Gisela Bonn an Mehnert, 11. 12. 1963, NL Mehnert, Q 1/39 Bü 60.
300 Karl-Heinz Janßen, Haug von Kuenheim, Theo Sommer: Die Zeit. Geschichte einer Wochenzeitung 1946 bis heute (München 2006), S. 269f.
301 Wirsing an Mehnert, 10. 7. 1959, NL Mehnert, Q 1/30 Bü 40.

Holtzbrinck ruft sich nun hinter meinem Rücken der Reihe nach die Redakteure in sein Büro, nörgelt über die Zeitung, über mich, stellt Fangfragen, die er dann gegen mich auswerten will und bringt somit den ganzen Laden durcheinander, weil die Sache, wie mir von allen berichtet wird, ausschließlich darauf abgestellt ist, meine Autorität zu untergraben. Das gelingt ihm natürlich nicht, aber man kann nicht länger zusehen, daß allmählich meine halbe Arbeitskraft damit aufgefressen wird, diesen heimtückischen Methoden entgegenzutreten ... Holtzbrinck will Ihre starke Beschäftigung und Mehnerts Abwesenheit benutzen, um sich (sic!) mit der Konsequenz, mit der er versucht hat, Sie im Laufe des Jahres zu überspielen, endgültig die alleinbeherrschende Figur im Verlag zu werden. Nur diesen Sinn haben die Unterredungen mit meinen Redakteuren, wie mir einhellig gesagt wird.[302]

Die persönlichen Verhältnisse entspannten sich ein wenig, doch umgekehrt war auch Georg von Holtzbrinck nicht bereit sich aus dem Blatt zurückzuziehen. Ein Angebot Mehnerts, sich seine Anteile an CuW durch die »Gruppe Gerstenmaier« abkaufen zu lassen, lehnte er klar ab: »Wir werden uns also weiter mit ihm herumquaelen muessen. Schade.«[303] Die Probleme von CuW eskalierten dabei zunehmend zu einem Kampf um die Blattlinie. Die bereits in der Reaktion auf die »Spiegel«-Affäre im Herbst 1962 beobachtbaren Differenzen innerhalb der Redaktion traten erneut hervor. Die politische Bindung des Blattes an die Gesellschafter Mehnert, Federer und vor allem den als Bundestagspräsident öffentlich exponierten Eugen Gerstenmaier wurde von Kritikern als Knebelung empfunden. Neben inhaltlichen Fragen waren auch Giselher Wirsings Vergangenheit während des NS-Regimes und sein Führungsstil in der Kontroverse präsent.[304]

Ein Exponent des kritischen Flügels in der Redaktion war der Pfarrer Eberhard Stammler. Gründungsmitglied des »Sonntagsblattes«, war Stammler von 1952 bis 1964 Chefredakteur der von ihm gegründeten

---

302 Wirsing an Gerstenmaier, 11. 12. 1963, NL Mehnert, Q 1/30 Bü 61. In diesem Sinne auch Wirsing an Mehnert, 11. 12. 1963, NL Mehnert, Q 1/30 Bü 61.
303 Mehnert an Gerstenmaier, 5. 3. 1964, NL Mehnert, Q 1/30 Bü 60.
304 Gisela Bonn an Mehnert, 31. 10. 1964, NL Mehnert, Q 1/30 Bü 60.

protestantischen Jugendzeitschrift »Junge Stimme« gewesen, ehe er bei CuW stellvertretender Chefredakteur wurde. Stammler, der einige Jahre als Jugendpfarrer amtiert hatte, gehörte überdies dem Beirat für Fragen der Inneren Führung im Bundesverteidigungsministerium an.[305] Sein Konflikt mit Wirsing entzündete sich an der Frage einer weiteren Mitarbeit Armin Mohlers bei CuW, die der Chefredakteur entschieden befürwortete.[306] Mit Mohler beschäftigte Wirsing einen schreibgewandten Rechtsintellektuellen und ehemaligen Sekretär Ernst Jüngers, der zu einer Leitfigur der bundesdeutschen Neuen Rechten avancieren sollte.[307]

Gleichfalls kritisch verhielt sich der zuvor von Wirsing fachlich sehr geschätzte Ostexperte Carl Gustav Ströhm, der in dieser Haltung von den Redakteuren Jens Hoffmann und Peter Jochen Winters unterstützt wurde.[308] Dass die Lagerbildung hinsichtlich einer Öffnung der Zeitung zu progressiveren Positionen auch Konturen eines Generationenkonflikts erkennen ließ, war in der westdeutschen Medienlandschaft der frühen und mittleren 60er Jahre nicht ungewöhnlich[309].

Gegenüber Gerstenmaier beschwerte sich Wirsing über »eine kleine Verschwörung, mit dem Ziel mich hinauszudrängen oder völlig zu entmachten, die Linie langsam weiter nach links zu ändern und Ihren Einfluß auszuschalten.«[310] Nachdem es Stammler gelungen sei, »Mohler als Mitarbeiter herauszuschießen, geschieht nun dasselbe mit Epting, und es gibt schon Anzeichen dafür, daß auch Johannes Gross als Mitarbeiter abgeschossen werden« solle. Abgesehen davon, dass der Chefredakteur die Demontage seiner Position gegenüber der Redaktion befürchtete, lehnte er ein Umsteuern des Blattes auch als ökonomisch verfehlt ab:

> Gewiß können und wollen wir kein CDU-Parteiblatt machen, müssen wir auch kritisch gegenüber Erhardt und so weiter sein, aber wenn man

---

305 Munzinger, Frank-Planitz, InternetEKD.
306 Wirsing an Mohler, 21. 5. 1965, NL Mehnert, Q I/30 Bü 63.
307 Siehe hierzu Thomas Willms: Armin Mohler. Von der CSU zum Neofaschismus (Köln 2004).
308 Frank-Planitz, Zeit, a. a. O., S. 161.
309 Vgl. Hodenberg, Konsens.
310 Wirsing an Gerstenmaier, 1. 11. 1964, NL Mehnert, Q I/30 Bü 60.

C. u. W. weit links von Erler aufbauen möchte, werde ich nicht mitmachen. Im übrigen können wir geschäftlich nur eine Katastrophe erleiden, wenn wir ein Abklatsch der ›Zeit‹ werden. Den braucht niemand, man kann das Original kaufen.[311]

Georg von Holtzbrincks Haltung in diesem Konflikt bezeichnete Wirsing als politisch naiv.[312] Mit dieser Einschätzung missdeutete er wohl die Motive des Verlegers. Dass von Holtzbrinck die Krise in die Richtung der Kritiker zu moderieren versuchte, hatte seinen Grund darin, dass er deren Einschätzung zumindest in einem, für ihn als Kaufmann gravierenden Punkt teilte. Wirsing, so sah auch er es, verstand »die Mentalität der jungen Leute nicht mehr.«[313] Angesichts der Entwicklung von CuW am Markt, der Altersstruktur der Leserschaft und der davon eilenden Auflagensteigerung bei der konkurrierenden »Zeit« wurde das Problem der Zeitung in diesem Punkt das Problem ihres Chefredakteurs.

Eberhard Stammler verließ CuW 1965, doch die angestoßenen Konflikte um Blattlinie und Zielgruppenorientierung blieben. Wirsings Stellung zwischen den »Modernisierern« und den »Orthodoxen« trug ihm auch von Letzteren Schelte ein. Deren geschasster Vertreter Armin Mohler fasste das Ergebnis aus ihrer Sicht zusammen:

CHRIST UND WELT hat aber keine rechte Linie mehr. Stammler suchte das Blatt nach links zu drücken. Jetzt hat es eine Art von Magazincharakter angenommen, in dem man jedem etwas gibt und in den entscheidenden Fragen die offiziösen Sprachregelungen verfolgt. ›Konservativ‹ ist man nur da, wo es nichts kostet und man niemand ärgert. So wie Golo Mann damals in der MONAT-Diskussion sagte: ›konservativ‹ ist, wenn man in den Städten des Ruhrgebiets Grünanlagen anlegt ... Zusammengefasst würde ich sagen, dass CHRIST UND WELT sich seit einiger ZEIT von einem Blatt wie der Zeit nur noch im Atmosphärischen unterscheidet – in den Dingen, wo's an die Nieren geht, hält sich CHRIST UND WELT

---

311 Ebenda.
312 Vgl. ebenda.
313 Wirsing an Gerstenmaier, 1. 11. 1964, NL Mehnert, Q 1/30 Bü 60.

an die genau gleichen Sprachregelungen. Da muss man sich dann nicht wundern, wenn viele Leute sagen: da les ich lieber gleich direkt die ZEIT, da sitz ich an der Quelle ... Martini ist auch nicht wieder zur Mitarbeit eingeladen worden.[314]

Auf der anderen Seite blieb auch Georg von Holtzbrinck auf seinem Kurs einer notwendigen Blattreform. Gegenüber Klaus Mehnert berief er sich auf seine Kompetenz als Kaufmann:

> Durch den Copytest wissen wir eindeutig, warum Christ und Welt so hohe Werbeaufwendungen vergeblich macht. Wir wissen auch durch Haupt, dass wir in zwei Jahren nicht weiterkommen, wenn wir nichts entscheidendes zur Blattreform tun. Ebenso wissen wir, dass Wirsing kein neues Konzept für die Zeitung findet. Im Gegensatz zu Ihnen halte ich jetzt meinen Eingriff als Gesellschafter für erforderlich. Ich glaube auch, dass der innere Zusammenhang zwischen dem Produkt und seiner Verkaufsfähigkeit von mir besser erkannt wird, weil dies mein Beruf ist. Wenn ich Ihnen in der Sache Beust gefolgt wäre, würde Christ und Welt schon seit vielen Jahren nicht mehr existieren ... Wenn Sie der Meinung sind, der Gesellschafter solle sich nicht darum kümmern, dann muss der Gesellschafter in diesem Fall die Ablösung von Wirsing verlangen. Entweder gelingt es uns, ein neues Konzept von aussen zu entwickeln und in Wirsings Hand zu geben – dazu bin ich bereit –, oder eine anderer muss an die Spitze treten.[315]

Es war ihm vor allem darum zu tun, die Leserschaft von CuW zu verjüngen. Das Blatt sollte daher für die nachwachsende Generation attraktiver und lesbarer gestaltet werden. An die Möglichkeit einer Blattreform unter der Federführung Giselher Wirsings glaubte Georg von Holtzbrinck nicht mehr:

> Wirsing ist der Überzeugung, dass er selbst in der Lage ist, das Blatt so zu gestalten, dass es den Reformwünschen der Gesellschafter in Zukunft entsprechen wird ... Die Frage ist aber nur, warum die Zeitung dann noch

---

314 Mohler an Gerstenmaier, 19. 5. 1965, NL Mehnert, Q 1/30 Bü 63.
315 Von Holtzbrinck an Mehnert, 6. 6. 1967, NL Mehnert, Q 1/30 Bü 66.

genau den gleichen Inhalt hat wie vor 15 oder 10 Jahren. Abgesehen vom Umbruch hat sich an der Zeitung nichts geändert ... Für die Reform unserer Zeitung geschieht nichts. Wenn Wirsing dafür der geeignete Mann wäre, hätten wir längst ein anderes Blatt.[316]

Die Schwäche des Kioskverkaufs und die zahlreichen Abonnementkündigungen ließen Korrekturen dringlich erscheinen. Der Verleger vertrat die Ansicht, dass eine zu den jüngeren Jahrgängen hin offene Zeitung auch von jüngeren Redaktionsmitgliedern zumindest mit konzipiert werden sollte. Zur Schlüsselfigur in diesem Projekt einer Umgestaltung von CuW wurde für ihn Peter Jochen Winters.[317]

Liberalisierung?

Peter Jochen Winters profilierte sich im Spektrum von CuW vor allem im Feld der so genannten »Vergangenheitsbewältigung«. Für die Zeitung war dies stets ein heikles Terrain, dem jedoch seit dem Prozess gegen Adolf Eichmann in Jerusalem 1961 in der westdeutschen Öffentlichkeit wachsende Bedeutung zukam. Eine sehr hohe Medienresonanz erzielte zwei Jahre darauf der Prozess gegen Angehörige des SS-Personals des KZ Auschwitz in Frankfurt/M., der sich bis 1965 hinzog und das Interesse an der Vergangenheit des »Dritten Reiches« und auch an Kontinuitäten zur Bundesrepublik weiter verstärkte. In CuW polemisierte der Theologe Helmut Thielicke in einem höchst ambivalenten Beitrag gegen die »Atmosphäre von Zersetzung und Negation, die einen aus den Spalten unserer Studentenzeitungen anweht«, und rügte: »Statt daß eine schöpferische Geschichte der Wandlung in Gang gesetzt wird, werden alle Betroffenen künstlich an ihre Vergangenheit fi-

---

316 Ebenda.
317 Von Holtzbrinck an Gerstenmaier, 30. 5. 1967, NL Mehnert, Q I/30 Bü 66. Die Gesellschafterversammlung hatte am 26. 5. 1967 die Chefredaktion beauftragt, einen Planungsstab einzurichten, »in dem auch die jüngere Generation personell vertreten sein muß.« Vgl. Protokoll, NL Mehnert, Q I/30 Bü 66.

xiert.« An den jungen Kritikern der NS-Belasteten monierte Thielicke, dass sie »eine Bewährungsprobe in solchen Zeiten überhaupt nicht zu bestehen hatten.«[318]

Chefredakteur Wirsing wollte eine Berichterstattung zum Auschwitz-Prozess zunächst unterbinden, nahm dann jedoch die Beiträge von Winters ohne Eingriffe ins Blatt.[319] Der setzte mit der Forderung nach mündigen Entscheidungen in Extremsituationen einen anderen Akzent, der auch auf die Generationszugehörigkeit des 1934 geborenen jungen Redaktionsmitglieds abhob: »Wir Jungen, die wir mit dieser Vergangenheit leben müssen, wir müssen all diese Fragen stellen. Nicht, um die Väter bloßzustellen, hämisch auf ihre Schwäche zu zeigen, sondern um aus der Geschichte zu lernen.«[320] Winters' sensible Reflexionen über Schuld und Unschuld markierten einen anderen Stil in der Beschäftigung mit dem Thema. Der Verfasser, dem für seine Prozessberichterstattung der Deutsche Journalistenpreis verliehen wurde, befasste sich in CuW auch weiterhin mit der NS-Vergangenheit Deutschlands.[321]

Auch auf anderen Feldern erwies sich Winters als ein liberaler Flügelmann der Redaktion. In einer Reportage von der Leipziger Messe wandte er sich gegen »Klischeevorstellungen« und präsentierte eine abgewogene Darstellung; in einem Beitrag zu DDR-Veröffentlichungen aus dem »Deutschen Institut für Zeitgeschichte« findet sich neben scharfer Kritik ein ausdrückliches Lob zweier Publikationen zur Geschichte der (West-)CDU und FDP: »Man möchte wünschen, solche Untersuchungen würden auch von westdeutschen politischen Wissenschaftlern ge-

---

318 CuW, 27. 3. 1964 S. 3: Helmut Thielicke: Wo stehen wir? Die Phrase von der Vergangenheitsbewältigung.

319 Siehe dazu Marcel Atze: Der Auschwitz-Prozeß in der Literatur, Philosophie und in der Publizistik, in: Irmtrud Wojak (Hg.): Auschwitz-Prozeß 4 Ks 2/63 Frankfurt am Main (Köln 2004), S. 766ff.

320 CuW, 3. 4. 1964, S. 11: Peter Jochen Winters: Wenn das Staatsschaf zum Wolf wird.

321 Siehe z. B.: CuW, 26. 8. 1966, S. 6: Peter Jochen Winters: Widerstand der Todgeweihten. Der Kampf der ungarischen Juden gegen Himmler und Eichmann; CuW, 20. 1. 1967, S. 6: Peter Jochen Winters: Fünfzehn tagten geheim. Zum fünfundzwanzigsten Jahrestag der Wannseekonferenz.

schrieben.«[322] Deutlicher noch trat dieser liberale Grundzug bei den häufigen Stellungnahmen zu Justizthemen hervor. So in einer Serie zum Strafvollzug mit scharfer Kritik an der Gefängniswirklichkeit oder in einem Beitrag zur Aufhebung des Ehebruch-Paragraphen.[323] Zur beabsichtigten rechtlichen Gleichstellung unehelicher Kinder hieß es schließlich: »Es ist zu hoffen, daß uns diese Anpassung nun wirklich gelingt und wir mit unserem Unehelichenrecht nicht weiterhin im neunzehnten Jahrhundert stehenbleiben.«[324]

Die Initiative von Holtzbrincks war von Beginn an im Kreis der Gesellschafter in mehrfacher Hinsicht umstritten. Winters Stellung, als Berater Georg von Holtzbrincks außerhalb der Redaktion deren Belange planerisch zu beeinflussen, stieß auf Widerstand. »Sie haben meine volle Sympathie, wenn Sie sich Sorgen um die Zukunft des Blattes machen«, ließ Klaus Mehnert den Verleger wissen. »Aber Ihrem Gedanken, dass einem aus der Redaktion ausgeschiedenen Angestellten Ihres Verlages die Planung des Blattes uebergeben wird, kann ich nicht zustimmen.«[325] Georg von Holtzbrinck erklärte gegenüber Chefredakteur Wirsing, er beabsichtige nicht, mit Winters in seinem Hause eine Art »Nebenredaktion« einzurichten. Es sei lediglich daran gedacht, »detaillierte Feststellungen zu treffen, welchen Aufbau und Inhalt eine Wochenzeitung heute haben muß, um beim Publikum entsprechend anzukommen.« Wirsing beschränkte sich darauf, eine rote Linie zu markieren: »Ich habe mich auf die Kenntnisnahme dieser Pläne beschränkt und lediglich erklärt, daß selbstverständlich CHRIST UND WELT von seinen Gründern und

---

322 CuW, 16. 9. 1966, S. 3: Peter Jochen Winters: Zum Glücklichsein fehlt noch viel. Beobachtungen und Gespräche während der Leipziger Messe; CuW, 13. 1. 1967, S. 17: Peter Jochen Winters: Drüben gelesen. Die westdeutschen Parteien.

323 Auftakt der Serie in CuW, 21. 10. 1966, S. 40: Peter Jochen Winters: Hinter Gittern wird keiner besser. Der Strafvollzug befindet sich in einer schweren Krise; CuW, 10. 2. 1967, S. 5: Peter Jochen Winters: Ehebruch soll nicht mehr bestraft werden. Ein selten angewandter Paragraph erregt plötzlich die Gemüter. Kritik am Strafvollzug in der Bundesrepublik fand sich auch früher schon, siehe CuW, 24. 11. 1961, S. 32: Hans Willauer: Im Zuchthaus wird keiner besser.

324 CuW, 18. 8. 1967, S. 3: Peter Jochen Winters: Uneheliche nicht länger Stiefkinder. Bundesjustizminister Heinemann will eine durchgreifende Reform.

325 Mehnert an von Holtzbrinck, 2. 6. 1967, NL Mehnert, Q 1/30 Bü 66.

der jetzigen Redaktion als ein politisches Instrument und Informations-
organ gedacht ist.«[326] Die Befürchtung, dass sich die Stabsstelle von Winters zu einer Nebenredaktion auswachsen könnte, erlosch jedoch nicht.

Peter-Jochen Winters trat seine neue Stellung im Herbst 1967 an. Bei
CuW folgte ihm Ulrich Frank-Planitz nach, auch er – Jahrgang 1936
und zwei Jahre vor dem Mauerbau aus der DDR in den Westen ge-
wechselt – als Stimme der »Jungen Generation« ausersehen.[327] Georg
von Holtzbrincks Hoffnung auf eine Verjüngung der Leserschaft ließ
ihn angesichts des Profils der Zeitung an die nachwachsende Akademi-
kerschaft denken; Winters sollte eine auf diese Zielgruppe ausgerichtete Beilage entwickeln. Diese Initiative stieß auf ein zunächst geteiltes
Echo. Grundsätzlicher Zustimmung Gerstenmaiers – dem allerdings
eher ein besonderes Serviceangebot vorzuschweben schien[328] – begeg-
neten die Bedenken Mehnerts. Seit 1961 als Professor für politische
Wissenschaft an der Rheinisch-Westfälischen Technischen Hochschule Aachen tätig, sah er die Erfolgschancen der geplanten Beilage
angesichts der politischen Färbung der studentischen Protestbewegung – im Juni war Benno Ohnesorg in Berlin erschossen worden – als
gering an. Er befürchtete darüber hinaus eine wirtschaftliche und
durch die Person des verantwortlichen Redakteurs drohende politische
Fehlorientierung von CuW:

> Denkbar wäre, eine Beilage herauszubringen, die sich mit dem Gesamt-
> phänomen der studentischen Unruhe (also eben nicht nur den Hoch-
> schulfragen) befasst. Doch müsste diese von einem Mann redigiert wer-
> den, der auf der Linie von Christ und Welt liegt, also nicht auf der von
> ZEIT, SPIEGEL, KONKRET – oder Winters. Winters würde allenfalls auf
> der Linie der genannten Zeitungen operieren, mit ihnen aber weder im
> Linksdrall noch auch – aus finanziellen Gründen – sonst ernsthaft kon-
> kurrieren können.

---

326 Wirsing an Gerstenmaier, Federer, Mehnert, NL Mehnert, Q 1/30 Bü 66,
13. 6. 1967.
327 Haupt an Gesellschafter, 9. 6. 1967, NL Mehnert, Q 1/30 Bü 66.
328 Gerstenmaier an von Holtzbrinck (Abschrift), 24. 11. 1967, NL Mehnert, Q 1/30
Bü 66.

Eine intensivere Auseinandersetzung mit den gesellschaftspolitischen Problemen in der Bundesrepublik auch in den Spalten von CuW befürworte er sehr wohl, doch »müsste dann eine Linie gefunden werden, die der der ZEIT und des SPIEGEL entgegentritt, nicht aber sie zu übertrumpfen oder zu wiederholen sucht. Dazu wäre aber Winters ganz sicher nicht geeignet.«[329]

Giselher Wirsing fasste seine Sorgen knapp zusammen: »In Wirklichkeit will H. gar nicht wie wir ein vornehmlich politisch wirksames Blatt, sondern irgend ein Allerweltsding, das mit dem was wir bei der Gründung und in den folgenden 20 Jahren immerhin mit Erfolg verwirklichten, nichts mehr zu tun hätte.«[330] Diese politischen Bedenken verdichteten sich offenbar in der »Gruppe Gerstenmaier« über die Jahreswende 1967/68 und führten zu einer programmatischen Klarstellung Gerstenmaiers an die Adresse Georg von Holtzbrincks. Es handelte sich dabei um das Resümee einer Besprechung mit Georg Federer und Klaus Mehnert:

1) Seit der Gründung von CHRIST UND WELT war das Blatt für uns nicht primär ein wirtschaftliches, sondern ein geistig-politisches Instrument ... die Hauptsache ist für uns, dass das Blatt eine bestimmte geistige und politische Position in der deutschen (auch der ins Ausland wirkenden) Publizistik innehat. Die geistige und politische Position, die das Blatt unter seinen drei Chefredakteuren ... hielt, entspricht im großen und ganzen unserer Vorstellung eines ... modernen, weltoffenen Konservatismus.

Wir glauben annehmen zu können, dass auch Sie diese Linie für richtig halten – bei allen Meinungsverschiedenheiten über Aufmachung etc. Sie muss gerade jetzt völlig klar und ohne Bruchstellen vertreten werden. Wir glauben deshalb, dass wir uns keine Art von Nebenredaktion leisten können.

2) Wir sind der Meinung, dass für ein solches Blatt im Spektrum der deutschen Presse sehr wohl ein Platz ist, dass es heute notwendiger denn je ist, diesen zu halten, und dass gerade als Folge des derzeitigen – wieder ein unvollkommenes Schlagwort – Linksdralls (SPIEGEL, ZEIT) ein Blatt die-

---

329 Mehnert an Gerstenmaier, 11. 12. 1967, NL Mehnert, Q 1/30 Bü 66.
330 Wirsing, an Gerstenmaier, 14. 1. 1968, NL Mehnert, Q 1/30 Bü 69.

ser Art nicht nur politisch erforderlich, sondern auch wirtschaftlich aussichtsreich ist. Nicht indem CHRIST UND WELT den SPIEGEL und DIE ZEIT nachzuahmen oder gar zu überflügeln suchte, sondern indem es ein attraktives Kontrastprogramm bietet, hat es wirtschaftliche Chancen.
3) Wir haben uns lange auch über die Fragen im Blick auf Herrn Dr. Wirsing unterhalten. Über seine Grenzen sind wir uns im klaren, aber seine Leistungen und Verdienste dürfen darüber auch nicht vergessen werden. Ein Ersatz, der sich auch nur einigermassen mit ihm vergleichen liesse, ist uns bis jetzt nicht eingefallen. Genannt wurde der Name Gross, aber ein vertieftes Gespräch darüber haben wir nicht geführt.[331]

Politische Bedenken gegenüber der geplanten Studentenbeilage und dem damit betrauten Peter-Jochen Winters hatte auch Eberhard Stammlers Nachfolger Peter Meyer-Ranke.[332] Meyer-Ranke, der ebenfalls eine Blattreform für notwendig hielt, war mit seinen Plänen einer Umgestaltung des Feuilletons in die Richtung eines niveauvollen Unterhaltungsteils bereits an Giselher Wirsings Vorstellungen und der Mehrheitsmeinung in der Redaktion gescheitert. Seine Ansicht, dass CuW »mehr auf den Leser hin geschrieben und nicht zu stark von ortsfernen Themen beeinflußt werden sollte«,[333] deckte sich mit der Auffassung Georg von Holtzbrincks und auch Winters'. Doch sah Meyer-Ranke im Verbund mit Wirsing und Frank-Planitz sowie vor dem Hintergrund der Arbeiten von Winters offenbar keine Chance mehr, mit seinen beschränkten Kompetenzen eigene Vorstellungen zu realisieren. Angesichts der Perspektivlosigkeit seiner Arbeit bei CuW, zumal er das Blatt überdies wirtschaftlich gefährdet sah, zog Meyer-Ranke die Konsequenz und verließ die Redaktion.[334]

Wirsing schrieb den Verlust auf das Konto Georg von Holtzbrincks: »Schade um den Mann, aber ich kann auch verstehen, dass jemand der neu hinzukam die ständigen Interventionen von Holtzbr. in die Redak-

---

331 Gerstenmaier an von Holtzbrinck, 25. 1. 1968, NL Mehnert, Q 1/30 Bü 68.

332 Meyer-Ranke an Mehnert, 22. 1. 1968, NL Mehnert, Q 1/30 Bü 66.

333 Peter Meyer-Ranke an Mehnert, 5. 1. 1968, NL Mehnert, Q 1/30 Bü 67.

334 Peter Meyer-Ranke an Haupt, 29. 12. 1967, NL Mehnert, Q 1/30 Bü 67, Notiz Höpker, 6. 1. 1968, NL Mehnert, Q 1/30 Bü 69. Siehe auch die Interpretation bei Frank-Planitz, Zeit, a. a. O., S. 161.

tion nicht aushält. Er sagte mir dazu, so dicke Nerven habe er nicht. So hat uns H. mit seinem beständigen Gehabe er sei der Alleinherr in CuW wieder eine Leiche eingebracht.«[335] Die Konzeption der unter dem Titel »Kritische Universität« geplanten Beilage traf denn auch bei Klaus Mehnert auf entschiedene Ablehnung. Bedenkt man die vorangegangene programmatische Erklärung der »Gruppe Gerstenmaier«, konnten Sätze wie diese nur als Kampfansage wirken: »Der Zugang zu der Bevölkerungsgruppe der unter 40jährigen ist uns heute dadurch versperrt, dass wir infolge dieses Titels und auch infolge des gegenwärtigen Redaktionsprogramms als konservativ-christliche Zeitung gelten. Diesen Ruf abzubauen, ist eine Hauptaufgabe der Beilage.« Ein weiterer Stein des Anstoßes war die Formulierung Georg von Holtzbrincks in einem Schreiben an Gerstenmaier: »Unser ganzes Blatt muss von einer Gruppe von Männern neu konzipiert werden, die das Ergebnis einer demoskopischen Umfrage als Grundlage ihrer Arbeit benutzen müsste.«[336] Überdies argwöhnte Mehnert, von Holtzbrinck beabsichtige, auf dem Umweg der Finanzierung der Beilage die Mehrheit bei CuW zu erlangen. Mehnert empfahl die Trennung von dem Verleger oder dessen Neutralisierung:

> Der Zeitpunkt ist gekommen, wo wir Herrn von Holtzbrinck klar sagen müssen, dass er denen, die das Blatt geschaffen haben, als Mitgesellschafter nicht mehr erwünscht ist; dass sie ihn bitten, ihnen seine Anteile unter dem Prinzip des Vorkaufsrechts anzubieten oder, wenn er das nicht will, endlich Ruhe zu geben und nicht, wie das seit Jahren geschieht, zum Schaden des Blattes die Redaktionsarbeit ununterbrochen zu stören.[337]

Die öffentliche Ankündigung der Beilage zum ersten April 1968 erboste den Kritiker zusätzlich.[338]

---

335 Wirsing an Gerstenmaier, 14. 1. 1968, NL Mehnert, Q 1/30 Bü 69.

336 Zitiert nach Mehnert an Gerstenmaier, 31. 1. 1968, NL Mehnert, Q 1/30 Bü 68.

337 Mehnert an Gerstenmaier, 31. 1. 1968, NL Mehnert, Q 1/30 Bü 68. Georg von Holtzbrinck war nicht bereit zu verkaufen, vgl. Mehnert an von Holtzbrinck, 30. 4. 1968, NL Mehnert, Q 1/30 Bü 929.

338 Mehnert an Gerstenmaier und Federer, 8. 2. 1968, NL Mehnert, NL Mehnert, Q 1/30 Bü 68.

Winters fasste die Grundgedanken seines Konzepts später im Jahr zusammen, argumentierte ökonomisch und pointierte sie auf ein Grundproblem von CuW – die Altersstruktur der Leserschaft:

> Um die Überalterung der Leserschaft von Christ und Welt zu beseitigen, müssen Anstrengungen unternommen werden, die Generation der 18- bis 40jährigen stärker für das Blatt zu interessieren … Um die seit Jahren stagnierende Auflage zu steigern und die gewonnen Leser fester an das Blatt zu binden – gegenwärtig werden jährlich immer mehr feste Leser gewonnen, aber immer mehr springen auch wieder ab – muß das Blatt insgesamt attraktiver gestaltet werden, vor allem für die Generation, von der die Zukunft des Unternehmens entscheidend abhängt, die Generation der 18- bis 40jährigen … Den Nachwuchs der gebildeten Schichten aber bilden die Oberschüler und die Studenten. Hier liegt unser Markt … Fazit: Die gesteckten Ziele können mit dem vorliegenden Produkt nicht erreicht werden … Mit anderen Worten: die Beilage von etwa 16 normalen Christ und Welt-Seiten sollte monatlich einmal erscheinen und so aufgemacht sein, daß sie sich voll in das Blatt integrieren läßt. Sie dürfte grundsätzlich nur mit dem Blatt zusammen vertrieben werden.[339]

Die angekündigte Beilage erschien zwar nicht, doch nun wurde die Person Giselher Wirsings zum Gegenstand der Probleme einer Blattreform.

Im Zuge seiner Trennung von CuW hatte Peter Meyer-Ranke bereits in leicht verklausulierter Form die Person Giselher Wirsings in Zusammenhang mit der prekären Situation der Zeitung gebracht – bei der Gestaltung des Blattes und der Themenauswahl handele es sich »oft auch um ein Generationsproblem und nicht etwa um politische Differenzen.«[340] Es war nicht erste Mal, dass die Rolle Wirsings als Blattleiter zur Disposition gestellt wurde. Spannungen im Verhältnis zu Gerstenmaier hatten bereits Jahre zuvor sein Ausscheiden bei CuW ins Gespräch gebracht.[341] Auch Georg von Holtzbrinck hatte schon

339 Winters an Gesellschafter, 24. 9. 1968, NL Mehnert, Q I/30 Bü 927.
340 Meyer-Ranke an Mehnert, 5. I. 1968, Q I/30 Bü 67.
341 Mehnert an Gerstenmaier, 23. I. 1963, Q I/30 Bü 58.

mehrfach erkennen lassen, dass er Wirsings Einfluss zumindest gemindert sehen wollte.[342]

Die wirtschaftliche Entwicklung der Zeitung gab diesen Gedanken Auftrieb. 1965 hatte die »Zeit« mit einer Verkaufsauflage von 210.000 Exemplaren CuW mit gut 150.000 deutlich distanziert. Im Juli 1966 erfüllte der alljährliche Verlust Tausender Abonnenten, »die ihren Berufen nach echte Christ und Welt-Leser sein müßten«, und der Gewinnrückgang die Gesellschafterversammlung mit Sorge.[343] Die Neuzugänge durch Werbung reichten nicht aus, um die Auflage stabil zu halten,[344] und der wirtschaftliche Abschwung am Ende der Kanzlerschaft Ludwig Erhards verschärfte diesen Trend.[345] So sank der Umsatz von CuW im dritten Quartal 1967 gegenüber dem Vorjahr um 15%.[346] Insbesondere der Höhenflug des Hauptkonkurrenten »Zeit« wurde als wirtschaftlich gefährlich wahrgenommen. In der kontinuierlichen Steigerung der Auflage der Hamburger Wochenzeitung sah Erwin Haupt eine Bestätigung dafür, »daß die Verlags- und Redaktionspolitik richtig ist, und der gegenwärtige Kurs soll fortgesetzt werden.« Als entscheidend für die Zukunft von CuW betrachtete Haupt eine erfolgreiche Behauptung am Werbemarkt. Hier drohte seines Erachtens die größte Gefahr von der »Zeit«:

Die Werbung konzentriert sich in den letzten Jahren immer mehr auf einige wenige große Zeitungen. Dies ist für die Werbetreibenden und für die Agenturen der billigste Weg. So wird die Diskrepanz zwischen den großen erfolgreichen Zeitungen und den kleineren, schwächeren immer größer. Diese Erkenntnis zwingt uns, darauf zu achten, daß der Abstand zwischen der Zeit und Christ und Welt nicht zu groß wird.[347]

---

342 Vgl. z. B. Wirsing an Mehnert, 11. 12. 1963, Q 1/30 Bü 61, Wirsing an Gerstenmaier, 1. 11. 1964, Q 1/30 Bü 60.

343 Protokoll der Gesellschafterversammlung, 20. Juli 1966, Q 1/30 Bü 64.

344 Bericht der Geschäftsführung für Juli 1966, 1. 9. 1966, Q 1/30 Bü 64.

345 Haupt an Mehnert, 14. 7. 1967, Q 1/30 Bü 66.

346 Situationsbericht – Konkurrenzlage – Ausblick (Haupt) an Wirsing, Höpker, Planitz, Meyer-Ranke, 16. 11. 1967, Q 1/30 Bü 966.

347 Situationsbericht – Konkurrenzlage – Ausblick (Haupt) an Wirsing, Höpker, Planitz, Meyer-Ranke, 16. 11. 1967, Q 1/30 Bü 966.

Neben den Auflageschwierigkeiten trugen auch die Turbulenzen in der Redaktion dazu bei, Giselher Wirsings Position zu untergraben.[348] Dem gegenüber scheint die im »Spiegel« erneuerte Kritik am Verhalten des Chefredakteurs im »Dritten Reich« keine Rolle gespielt zu haben.[349]

Die Chefredakteursfrage stand daher im Horizont einer Marktanpassung – in Georg von Holtzbrincks Worten einer »Umrüstung vom Propeller zur Düse«[350] – und einer internen Konsolidierung des Blattes. Alle Gesellschafter zogen hier an einem Strang: »Immerhin glaube ich, dass wir uns ernstlich umschauen müssen. Das war auch die Meinung meiner Freunde bei aller Würdigung der Verdienste Dr. Wirsings.«[351] Das Problem des weiteren Umgangs mit Wirsing und die Suche nach einem Nachfolger erwiesen sich jedoch als schwierig. Eine ganze Reihe von Kandidaten schied aus verschiedenen Gründen letztlich doch aus. Mit Conrad Ahlers – Eugen Gerstenmaiers Favoriten[352] – trat ein erfahrener Journalist in die Auswahl, der bereits als Redakteur des Hamburger Nachrichtenmagazins in der »Spiegel-Affäre« eine prominente Rolle gespielt hatte. Doch Ahlers, der 1949 beim »Sonntagsblatt« und auch danach unter Hans Zehrer bei Springers »Welt« mitgearbeitet hatte, traf auf bedeutende Widerstände in der Redaktion, denen sich Giselher Wirsing anschloss.[353]

Erfolgversprechender ließ sich zunächst die Kandidatur von Georg von Holtzbrincks Entdeckung Arthur Rathke an, die auch Klaus Mehnert befürwortete.[354] Rathke scheiterte schließlich daran, dass die Berufung des CDU-Sprechers die Gefahr anzuzeigen schien, dass die Zeitung fortan überstark mit der Partei verbunden erscheinen konnte. Haupt resümierte gegenüber Mehnert, er habe

---

348 Frank-Planitz: Die Zeit, die wir beschrieben haben, a. a. O., S. 161.

349 Vgl Otto Köhler: C+W, in. Der Spiegel 18/1967, S. 71.

350 Gerstenmaier an Holtzbrinck, 31. 1. 1968, Q 1/30 Bü 68.

351 Gerstenmaier an Holtzbrinck, 31. 1. 1968, Q 1/30 Bü 68.

352 Christian Schütze: Mehr »Welt« als »Christ«. Zustandsbericht über eine Wochenzeitung, in: Der Monat 244 (januar 1969), S. 98.

353 Wirsing an Mehnert, 5. 6. 1968, Q 1/30 Bü 69.

354 Schütze, Mehr »Welt« als »Christ«, a. a. O., S. 98, Mehnert an v. Holtzbrinck, Q 1/30 Bü 68, 22. 7. 1968.

Herrn Dr. Rathke die Stimmung in der Redaktion etwa wie folgt geschildert:
a) Gegen die Person von Herrn Dr. Rathke, seine Integrität werden keine Bedenken erhoben …

b) Dagegen wird fast ausnahmslos heftig gegen den Sprecher der CDU als Chefredakteur opponiert mit der Begründung, daß die politische Unabhängigkeit bedroht wäre, weil auf diese Weise eine Entwicklung eingeleitet würde, die das Image unseres Blattes in der Öffentlichkeit abwerte.

Herr Dr. Rathke wurde von mir darüber informiert, daß die gesamte Redaktion nicht bereit ist, sich nach außen hin das Schild der CDU umhängen zu lassen.[355]

Die Versuche, die ungünstige Altersstruktur der CuW-Leserschaft zu verbessern, sprachen ebenfalls gegen die Berufung des nicht nur partei-, sondern auch richtungspolitisch festgelegten Kandidaten: »Wir wollen doch keinen ›Schwabenkurier‹ aus Christ und Welt machen. Ein Bayernkurier genügt. Schliesslich bemühen wir uns seit Jahren, das Durchschnittsalter unseres Lesers herunterzudrücken. Dazu brauchen wir junge Leser. Die sind nun mal auf Linksdrall getrimmt.«[356]

Schließlich schien die Nachfolge auf den Hamburger Journalisten Kurt Becker hinauszulaufen, der seine Karriere bei der »Welt« begonnen und später bei der »Zeit« fortgesetzt hatte. Wirsing, der Becker für den einzigen in Frage kommenden Mann hielt, »der sowohl Loyalität wie fachliche Zuständigkeit wie auch solide Sachkenntnis besitzt«, hatte einen Besuch Beckers bei Georg von Holtzbrinck arrangiert, der positiv verlief.[357] Die Gesellschafterversammlung einigte sich einvernehmlich auf Becker, der grundsätzlich einverstanden war. Dann jedoch sprang Becker überraschend ab. Gegenüber Wirsing nannte er als Hauptgrund für den Rückzieher seinen Eindruck,

die Gesellschafterkonstruktion enthalte gewisse Risiken, die er nicht bereit sei auf sich zu nehmen. Er sagte mir, wenn es sich nur um eine bilate-

---

355 Haupt an Mehnert, 18. 7. 1968, Q 1/30 Bü 68.
356 Helmut Roesler (Redaktion CuW) an Mehnert, 1. 7. 1968, Q 1/30 Bü 69.
357 Wirsing an Mehnert, 30. 10. 1968, Q 1/30 Bü 927.

rale Frage Herausgeber – Chefredakteur gehandelt hätte, hätte er keine Bedenken gehabt. Er glaube aber, die wahrscheinlich oft divergierenden Meinungen zwischen den Gesellschaftern ließen es ihm geraten erscheinen, von diesem Versuch Abstand zu nehmen.

Wirsing sah die Schuld bei dem Verleger: »Lieber Klaus, es ist zu dumm. Aber v. H. hat so blöde Sachen zu B. gesagt, dass er kalte Füsse bekam. Ich bin recht unglücklich«.[358] Eine Kandidatur von Johannes Gross ergab sich nicht und Matthias Walden, der interessiert gewesen sein soll,[359] fand keine Resonanz. Wirsing selbst versuchte, Wolf Jobst-Siedler für den Posten zu interessieren.[360]

Die Nachfolgerfrage drängte nunmehr zu einer Entscheidung, da die dauernde Ungewissheit die Redaktion belastete und zunehmend Unmut hervorrief.[361] Bereits zuvor war Ulrich Frank-Planitz als hausinterne Lösung der Nachfolgefrage ins Kalkül gezogen worden. Klaus Mehnert sah in ihm einen »ernsthaften Kandidaten«,[362] und auch Giselher Wirsing selbst hielt Frank-Planitz für geeignet. Seine Präferenz für Becker rührte daher, dass er den 32-Jährigen als zu jung für die Position des Chefredakteurs ansah.[363] Jetzt liefen die Dinge auf den jungen CuW-Redakteur zu. Wirsing schlug Anfang 1970 Frank-Planitz als seinen Nachfolger vor, der sein Amt zur Jahresmitte antreten sollte. Zumindest in dieser Hinsicht schied Giselher Wirsing nach 16 Jahren als Chefredakteur bei CuW zufrieden aus: »Meine Zusammenarbeit mit Herrn Frank-Planitz hat sich für beide Seiten befriedigend weiterentwickelt, so daß ich es für gerechtfertigt halte, daß ich ihn Ihnen als meinen Nachfolger vorschlug.«[364]

---

358 Wirsing an Federer, Gerstenmaier, Mehnert, 13. 11. 1968, Q 1/30 Bü 927.
359 Schütze, Mehr »Welt« als »Christ«, a. a. O., S. 99.
360 Vgl. Wolf Jobst-Siedler: Wir waren noch einmal davongekommen (Berlin 2004), S. 417.
361 Vgl. Frank-Planitz: Die Zeit, die wir beschrieben haben, a. a. O., S. 163.
362 Mehnert an Gerstenmaier, 20. 6. 1968, Q 1/30 Bü 68.
363 Wirsing an Mehnert, 30. 10. 1968, Q 1/30 Bü 927.
364 Wirsing an Gesellschafter, 25. 6. 1970, Q 1/30 Bü, 966.

Die Stellung am Markt

Anfang der 50er Jahre lag die verkaufte Auflage von CuW bei über 41000 Exemplaren,[365] um bis zum Ausscheiden Mehnerts aus der Chefredaktion 1954 auf 61000 Exemplare anzusteigen.[366] 1955 hatten sich jedoch die Umsatz- und Auflagensteigerungen der drei letzten Jahre nur schwach fortgesetzt. Joachim von Beust bemerkte hierzu, es sei »eine entscheidende Änderung der Zeitschrift erforderlich, um größere Leserschichten zu erfassen, damit größere Auflagen und größere Umsätze im Vertrieb sowohl als auch auf dem Anzeigensektor zu erzielen sind.«[367]

Die Gesellschafter beschlossen Anfang 1955, die bisherige Politik der intensiven Abonnentenwerbung fortzusetzen, überdies sollten eine Kosten steigernde Formatänderung der Zeitung und ihr inhaltlicher Ausbau das Blatt als Werbeträger attraktiver machen. Auch sollte der Vertrieb stärker durch den Werbenden Buch- und Zeitschriftenhandel, eigene Geschäftsstellen und Botenagenturen abgewickelt werden.[368] Die Umstellung auf das sog. Rheinische Format und die Erweiterung des redaktionellen Teils erfolgten im März jenes Jahres.[369] Die Dinge verliefen jedoch – auch jenseits der Querelen um »Nach 5« – nicht nach Plan. Zwar hatte man die bislang betriebene großflächige Werbung auf eine gezieltere Ansprache in sog. besseren Wohnvierteln umgestellt, doch blieben zunächst die Erfolge aus. Eine Phase der Stagnation schloss sich an; Werbeerfolge waren nicht nachhaltig, da zu wenige Dauerabonnenten gewonnen werden konnten. Auch die erhoffte Deckung der Mehrkosten durch eine Steigerung des Anzeigengeschäfts gelang nicht. Die Hoffnung der Geschäftsleitung, durch die

365 Frank-Planitz, Zeit, a. a. O., S. 151.
366 Mehnert, Deutscher, S. 331.
367 Bericht des Geschäftsführers über die Entwicklung des CHRIST UND WELT VER-LAGES in den Geschäftsjahren 1954 und 1955, NL Mehnert, Q 1/30 Bü 168.
368 Protokoll der außerordentlichen Gesellschafter-Versammlung ..., 3. 1. 1955, NL Mehnert, Q 1/30 Bü 168.
369 Bericht des Geschäftsführers über die Entwicklung des CHRIST UND WELT VER-LAGES in den Geschäftsjahren 1954 und 1955, NL Mehnert, Q 1/30 Bü 168.

Formatänderung einen weiteren Leserkreis für CuW gewinnen zu können, hatte sich ebenfalls nicht erfüllt.[370] Per Saldo ergab sich, dass CuW, um den Verlust durch Abbestellungen auszugleichen, pro Jahr 25% der Auflage durch kostspielige Werbung neu hinzugewinnen musste.[371] Die Geschäftsleitung sah einen redaktionellen Ausbau der Zeitung, vornehmlich ihres zweiten Teils, als Bedingung für die weitere Expansion an. Die Gesellschafter schlossen sich mehrheitlich dieser Ansicht an, nicht jedoch der Chefredakteur.[372] Außerhalb der formellen Gesellschafterversammlung war Geschäftsführer von Beust bald darauf pessimistischer, nun hielt er eine weitere Auflagensteigerung bei CuW für unmöglich.[373]

Von Beust bemerkte zu seiner Analyse dieser Situation sarkastisch, die »noch nachfolgenden Ausführungen würden in wesentlichen Punkten geändert werden können, wenn die seit fünf Jahren seitens des Verlages vorgebrachten Wünsche auf Änderung der Zeitschrift in gewissen Teilen erfüllt würden.«[374] Diese Wünsche betrafen insbesondere die Einrichtung eines Unterhaltungsteils im Blatt. Neben dieser alten Forderung brachte der Geschäftsführer noch zwei weitere Möglichkeiten der Fortentwicklung der Zeitung in Vorschlag. Als finanziell vertretbar erschien vor allem die gleitende Einführung eines Wirtschaftsteils. Zunächst als Sonderbeilage zu einem speziellen Thema aus dem Bereich im Monatsrhythmus beigefügt, würde sich durch dieses redaktionelle Umfeld eine allmähliche Ausweitung des entsprechenden Anzeigengeschäfts erzielen lassen. Andererseits sei die Redaktion für diesen Themenkreis nicht eingerichtet, auch sei die Konkurrenz in dieser journalistischen Sparte stark und gut eingeführt. Überdies würde sich die Verkaufsauflage hierdurch nur unwesentlich erhöhen lassen.

---

370 Ebenda.
371 Ebenda.
372 Protokoll außerordentliche Gesellschafter-Versammlung, 27. 10. 1955, NL Mehnert, Q 1/30 Bü 168.
373 Rapp Stellungnahme, NL Mehnert, Q 1/30 Bü 168.
374 Bericht des Geschäftsführers über die Entwicklung des CHRIST UND WELT VER-LAGES in den Geschäftsjahren 1954 und 1955, NL Mehnert, Q 1/30 Bü 168.

Als Alternative erwog von Beust eine völlige Neupositionierung von CuW im Feld der Wochenzeitungen, in dem er eine Marktnische erkannt zu haben glaubte:

> Es gibt in Deutschland heute keine echte seriöse Sonntagszeitung wie beispielsweise früher ›Das Reich‹. C. u. W. ist durch seinen Titel für eine solche Entwicklung besonders geeignet. Es hat außerdem des Ruf eines seriösen Organes mit einem publizistischen Ruf, einem guten politischen Teil und bringt so einige Voraussetzungen dafür mit, um in Richtung des englischen ›OBSERVERS‹ oder der deutschen Zeitschrift ›Das Reich‹ weiter entwickelt zu werden.[375]

Eine solche Blattumstellung sei allerdings mit einem einschneidenden Umbau der Redaktion und erheblichen Investitionen verbunden, dafür stünde jedoch eine Auflagenhöhe von bis zu 300.000 Exemplaren zu erwarten.

Bereits 1963 hatte Georg von Holtzbrinck den Vorschlag gemacht, die Werbung für CuW mit der des »Sonntagsblatts« zusammenzulegen. Dem Gedanken einer darauf beschränkten Zusammenarbeit nicht abgeneigt, verwies Klaus Mehnert zugleich auf die Gründe, die einer weitergehenden Kooperation entgegenstünden. So hielt er »in Anbetracht des recht verschiedenen Charakters der beiden Blätter« eine gemeinsame redaktionelle Arbeit für ausgeschlossen, auch sah er keine Veranlassung für etwaige finanzielle Verbindungen. Den Hauptgrund dieser Reserve gab Mehnert in der Ablehnung einer gemeinsamen Anzeigenwerbung zu erkennen: Es sei CuW endlich gelungen, »in eine Kategorie der Wochenzeitungen zu gelangen, der das SB nicht angehört, so dass wir unsere Chancen verschlechtern würden, wenn wir Arm in Arm mit dem SB werben wollten.«[376] Die Initiative des Verlegers scheiterte am Desinteresse der Adressaten, doch behielt er die Norddeutschen als mögliche Partner im Blick. Im Januar 1967 ergriff Georg von Holtzbrinck wie-

---

375 Bericht des Geschäftsführers über die Entwicklung des CHRIST UND WELT VERLAGES in den Geschäftsjahren 1954 und 1955, NL Mehnert, Q 1/30 Bü 168.
376 Mehnert an v. Holtzbrinck, 22. 7. 1963, NL Mehnert, Q 1/30 Bü 58.

derum die Initiative und wandte sich mit Blick auf die Marktlage mit dem Angebot einer gemeinsamen Abonnentenwerbung und eines angeglichenen Anzeigentarifs an Bischof Hanns Lilje, der die Offerte grundsätzlich begrüßte. Die Überlegungen des Stuttgarter Verlegers reichten jedoch bereits weiter, gegenüber Eugen Gerstenmaier war schon von einer möglichen Zusammenlegung der Verlage die Rede.[377] Eine vergleichende Untersuchung der Profile beider Publikationen durch Geschäftsführer Erwin Haupt fiel allerdings ernüchternd aus. Es zeigte sich, dass die Leserschaft des »Sonntagsblatts« deutlich von dem Publikum abwich, das durch CuW angesprochen wurde. Die journalistische Ausrichtung beider Blätter war ebenfalls anders orientiert, sodass Haupt von einem gemeinsamen Anzeigentarif einen Ansehensverlust für CuW erwartete. Von einer Fusion der Wochenzeitungen riet er ab, sie würde nur einen geringen Auflagenzuwachs bringen: »Ich befürchte deshalb, daß die Investitionen in keinem Verhältnis zum Nutzen stehen würden.«[378]

Dennoch beschlossen die Gesellschafter im Mai 1967, dass – neben der Prüfung anderer möglicher Partner, so dem »Handelsblatt« – mit dem »Sonntagsblatt« Kontakt aufgenommen werden sollte.[379] Die anschließenden Gespräche verliefen äußerst schleppend, wobei seitens der Norddeutschen die Frage der Beteiligungsverhältnisse an einem eventuellen gemeinsamen Produkt, aber in Kirchenkreisen auch die schließlich doch erfolgte Titelumstellung bei CuW Bedenken weckten. Konkrete Verhandlungen über eine Fusion hatten nach Ansicht der Vertreter von CuW noch im Mai 1971 nicht einmal begonnen.[380] Das Zusammengehen scheiterte schließlich an dem Beschluss der Kirche, das »Sonntagsblatt« eigenständig weiterzuführen. Wie Bischof Lilje gegenüber Georg von Holtzbrinck resümierte, war für diese Entscheidung der Eindruck

---

377 Siehe hierzu von Holtzbrinck an Gerstenmaier, 13. 2. 1967, von Holtzbrinck, an Lilje, 30. 1. 1967, Lilje an von Holtzbrinck, 8. 2. 1967, alle NL Mehnert, Q 1/30 Bü 66.
378 CHRIST UND WELT – SONNTAGSBLATT, Anlage zu Haupt an von Holtzbrinck, 6. 4. 1967, NL Mehnert, Q 1/30 Bü 66.
379 Protokoll Gesellschafterversammlung vom 26. 5. 1967, NL Mehnert, Q 1/30 Bü 66.
380 Ulrich Frank-Planitz und Erwin Haupt an Landesbischof Hermann Dietzfelbinger, 27. 5. 1971, NL Mehnert, Q 1/30 Bü 74.

ausschlaggebend, dass die von CuW verfolgte Blattprofilierung mit dem gewünschten kirchlich-protestantischen Charakter einer gemeinsamen Zeitung unvereinbar erschien:

> Der Beschluß, das DAS in enger Anlehnung an die Kirche selbständig weiterzuführen, ist einmal sehr wesentlich dadurch beeinflußt worden, daß in einem gemeinsamen Redaktionsgespräch von CuW und DAS die Redaktion von CuW sehr eindeutig jeden kirchlichen Charakter der fusionierten Zeitung ablehnte, zum anderen dadurch, daß die Titeländerung ihrer Wochenzeitschrift in ›Deutsche Zeitung‹ mit einem Editorial herausgebracht wurde, mit dem die Entwicklung ihrer Zeitung zu einem überwiegend säkularen Blatt sehr eindeutig postuliert wurde.[381]

Titeländerung?

Ungefähr gleichzeitig mit der Frage eines Wechsels in der Chefredaktion von CuW wurde auch ein weiteres Problem aufgeworfen, das die Zeitung von Beginn an begleitet und zunehmend belastet hatte – der Titel »Christ und Welt«, den, so Mehnert rückblickend, »Kenner des publizistischen Marktes als prohibitiv, wenn nicht gar selbstmörderisch« angesehen hatten.[382] Mehnerts Ansicht nach war der die Zeitung weltanschaulich festlegende und verengende Titel zumindest in der Frühphase nicht abträglich, doch prohibitiv wirkte er allemal. Bereits im ersten Erscheinungsjahr druckte CuW einen Leserbrief, der das deutlich macht: »Ich lernte ihre Zeitschrift vor einigen Monaten kennen, weil mich der Bericht über die sogenannte Paulusarmee bewog, das Blatt zu kaufen. Ich muß ehrlich zugeben, daß ich es sonst niemals gekauft haben würde, weil eine Zeitschrift mit dem Titel ›Christ‹ von der Masse der Angehörigen meiner Generation (geboren 1917) einfach nicht gekauft wird.«[383] Anfang der 50er Jahre verschärfte sich dieses Problem: »Ein Hamburger Kaufmann drückte dies damals so aus: ›Wenn meine

---

381 Hanns Lilje an Georg von Holtzbrinck, 12. 8. 1971, NL Mehnert, Q 1/30 Bü 74.
382 Mehnert: Am Rande der Politik, a. a. O., S. 135f.
383 CuW, 3. 12. 1948, S. 3: Leserbrief G. K. aus Kassel.

Geschäftsfreunde mich mit CHRIST UND WELT in der Hand sehen, glauben sie, ich sei fromm, aber bankrott geworden.‹«[384] Jahre später gab Geschäftsführer Joachim von Beust anlässlich der Erörterung von Ausbaumöglichkeiten für das Blatt zu bedenken, der Titel sei für eine Zeitung mit Wirtschaftsteil ungeeignet.[385] Der relative Bedeutungsschwund kirchlich-konfessioneller Bindungen und die daraus resultierende Abwendung wachsender Teile des Publikums von zugeordneten Publikationen warf nicht nur mit der Leserschaft Probleme auf, handelte es sich bei CuW doch um ein Blatt »mit dessen Titel die Werbeagenturen gemeinhin nichts anzufangen wußten.«[386] CuW versuchte daher, das konfessionelle Image abzustreifen:

> Tatsache ist, daß heute Zeitungen mit eindeutig politischem (Parteipresse) oder konfessionellem Charakter (Kirchenpresse) im Anzeigengeschäft nur sehr begrenzte Chancen haben. Aufgrund dieser Erkenntnis bemühen wir uns seit Jahren mit ständig wachsendem Erfolg, trotz unseres Titels keinesfalls zu den konfessionellen, sondern zu den unabhängigen, meinungsbildenden, überregionalen Objekten hinzugezählt zu werden.[387]

Die Möglichkeit einer Titeländerung zugunsten größerer Marktchancen war hintergründig oft präsent, insbesondere Erwin Haupt machte sich früh dafür stark.[388] Der Gedanke stieß jedoch bei einigen Beteiligten auf starke Widerstände – war der Titel doch auch eine politisch-programmatische Aussage. Politisches Selbstverständnis und Marktgängigkeit standen auch in dieser Hinsicht in einem Spannungsverhältnis. Eine Änderung des Titels, so die mitlaufende Befürchtung, würde ein Umsteuern des Blattes bedeuten, mit der Preisgabe seines Charakters gleichbedeutend sein. Georg Federer reflektierte diesen Zusammenhang vor dem Hintergrund der erhofften Auflagensteigerung:

---

384 CuW, 26. 3. 1971, S. 2: Georg Federer: In eigener Sache.
385 Bericht des Geschäftsführers über die Entwicklung des CHRIST UND WELT VERLAGES in den Geschäftsjahren 1954 und 1955, NL Mehnert, Q 1/30 Bü 168.
386 Frank-Planitz, Zeit a. a. O., S. 153.
387 Haupt an von Holtzbrinck, 6. 4. 1967, NL Mehnert, Q 1/30 Bü 66.
388 Frank-Planitz, Zeit, a. a. O., S. 153.

Das Problem ... ist nur in zweiter Linie ein Problem der Redaktion. In erster Linie ist es vielmehr ein Problem unserer Zielsetzung. Die Geschäftsführung von ›Christ und Welt‹ – mit Zustimmung der Gesellschafter – steuert auf eine Auflage von 200.000 hin. Wir haben schon seit einiger Zeit feststellen müssen, daß die hierfür investierten erheblichen Mittel wegen der schlechten ›Haltbarkeit‹ der gewonnen Abonnenten zwar eine Umsatzsteigerung, aber einen ungenügenden Ertrag erbringen ... Auf der anderen Seite folgt ›Christ und Welt‹ in Inhalt und Stil dem Gesetz, nach dem es angetreten ist. Hierin hat Herr von Holtzbrinck durchaus recht. Ein solches Blatt kann nach meiner Auffassung keine Auflage von 200.000 erreichen, es sei denn, es ändert Charakter und Titel ... Hieraus ergibt sich für mich die Konsequenz, daß wir entweder zu später Stunde ernsthaft versuchen müssen, das Gesetz, unter dem ›Christ und Welt‹ angetreten ist, zu erfüllen, oder aber unter Verzicht auf diesen Anspruch ein konservatives, sozusagen säkularisiertes Blatt zu machen. Dann können wir über die 200.000 Auflage hinauskommen, müssen aber den Titel aufgeben.[389]

Eine Verbindung von Titeländerung und zumindest einer Aufweichung der Blattlinie lag auch für Klaus Mehnert nahe.[390]

Chefredakteur Wirsing, der eine Titeländerung bereits seit Jahren befürwortet hatte, sah dennoch erhebliche Risiken in dem Vorhaben und drang auf eine begleitende Anzeigenkampagne sowie finanzielle Rücklagen für die zu erwartenden Abbestellungen. Im Fall einer Welle von Abonnementkündigungen, so schlug er vor: »müssen wir Vorsorge dafür treffen, daß die Auflage nicht spektakulär sinkt. Dazu sind Manipulationen notwendig, die wir schon beim Sinken der Auflage im Jahr des Ausscheidens von Beust gemacht haben.« Die Titeländerung sei in jedem Fall ein »Ritt über den Bodensee«. Warnend fügte er, die hinzu:

Ohne entsprechende Propagandamittel und ohne ausreichende Umfangerweiterung kann das Experiment niemals glücken. Nach meinen Feststellungen dürften die Stammleser von CuW wahrscheinlich ziemlich einheitlich gegen eine Titeländerung sein. Sollte beabsichtigt werden, zu-

---

389 Federer an Mehnert, 29. 6. 1967, NL Mehnert, Q 1/30 Bü 66.
390 Vgl. Mehnert an Gerstenmaier, 31. 1. 1968, NL Mehnert, Q 1/30 Bü 68.

gleich auch die bisherige Crew auszutauschen, so würde es sich um eine völlig neue Zeitung handeln, bei der zu den zwanzig Jahren von ›Christ und Welt‹ eine Kontinuität nicht mehr herzustellen ist.[391]

Der Argwohn, die Titeländerung könnte nur das äußere Zeichen für einen völligen Umbaus der Zeitung abgeben, war auch bei Wirsing vorhanden.

Damit geriet der Plan zunächst in den Sog der Querelen um die umstrittene Studentenbeilage und die Befürchtungen, eine politische Kurskorrektur des Blattes könnte die Folge sein. Georg von Holtzbrinck lehnte zunächst eine Titeländerung rund heraus ab.[392] Der Gedanke daran wurde jedoch nicht fallen gelassen.

Schließlich wurde die Änderung des Titels auf »Deutsche Zeitung – Christ und Welt« – erwogen wurde vorher unter anderem Die Woche, Deutsche Weltwoche, Standpunkt, Unsere Welt, Zeit und Welt[393] – auf einer Gesellschafterversammlung im Mai 1969 beschlossen.[394] Die Umstellung war zunächst für den ersten Oktober vorgesehen, verzögerte sich jedoch beträchtlich bis zum April 1971. Zunächst ergab sich durch diese Wahl die Möglichkeit, eine Traditionslinie an das 1847 gegründete liberale Blatt gleichen Namens anklingen zu lassen, zum anderen war der Titel verfügbar. Die 1946 gegründete »Wirtschafts-Zeitung«, die später diesen Titel geführt hatte, war im »Handelsblatt« aufgegangen, wo sie lediglich als Untertitel fort bestand. Georg von Holtzbrinck, seit 1968 am »Handelsblatt« beteiligt, arrangierte die Wanderung des anspruchsvollen Labels nach Stuttgart.[395] Politiker aller im Bundestag vertretenen Parteien begrüßten den Wechsel.[396]

Bei den Überlegungen zu den Risiken einer Preisgabe des alten Titels hatte auch der Gedanke eine Rolle gespielt, dass diese Maßnahme »am

---

391 Wirsing an Haupt, NL Mehnert, Q 1/30 Bü 69, 5. 6. 1968.
392 Vgl. Wirsing an Mehnert, 27. 9. 1968, NL Mehnert, Q 1/30 Bü 927, Haupt an Federer, 15. 10. 1968, NL Mehnert, Q 1/30 Bü 927.
393 Mehnert an Haupt, NL Mehnert, Q 1/30 Bü 927, 11. 5. 1968.
394 Protokoll der Gesellschafterversammlung, 17. 5. 1969, NL Mehnert, Q 1/30 Bü 70.
395 Vgl. CuW, 26. 3. 1971, S. 2: Georg Federer: In eigener Sache.
396 Vgl. die Leserbriefe von Hans-Dietrich Genscher, Helmut Schmidt und Helmut Kohl in CuW, 19. 3. 1971, S. 10.

unauffälligsten und damit am leichtesten im Zuge einer Fusion« erfolgen könnte.[397] Damit trat das norddeutsche »Sonntagsblatt« ein weiteres Mal in den Horizont von solchen Erwägungen.

Die größte Herausforderung für den neuen Chefredakteur Ulrich Frank-Planitz ergab sich aus der weiterhin angespannten Situation der Zeitung am Markt. Im Mai 1969 verzeichnete man bereits seit über 15 Monaten einen Auflagenrückgang und Erwin Haupt befürchtete, »daß wir – sofern diese Entwicklung anhält – im Geschäftsjahr 1969 in die Verlustzone geraten könnten.«[398] Auch sah man einen »alarmierenden Rückgang der Abonnentenzugänge« mit gefährlichen Auswirkungen auf das Inseratengeschäft.[399] Wiederum stand die Werbearbeit durch von Beust in der Kritik.[400] Wie in einem Brennglas bekam CuW den kulturellen Umbruch, der sich seit den mittleren 60er Jahren in der Bundesrepublik vollzogen hatte, auf dem 14. Deutschen Evangelischen Kirchentag zu spüren, der im Juli 1969 in Stuttgart stattfand. Die stark von jungen Jahrgängen besuchte Veranstaltung wurde von Flugblättern und anderem, oft kostenlosem Informationsmaterial geprägt: »Festzeitungen im herkömmlichen Sinne, so wie wir sie seit 15 Jahren herausbringen, sind nicht mehr gefragt.« Es wurde deutlich, dass das Akzeptanzproblem, das CuW in der nachwachsenden Generation hatte, die Zeitung einschränkte: »Die Verkaufssituation wird auch dadurch beeinflußt, das (sic!) ein Großteil der älteren Kirchentagsbesucher – sofern diese überhaupt angesprochen werden können – bereits zu unserer Leserschaft gehört.«[401] Die Auflage von CuW lag zwar Mitte 1970 stabil bei 146.000 Exemplaren, doch die »Zeit« hatte bereits zwei Jahre zuvor wöchentlich 250.000 Exemplare abgesetzt.[402] Am Markt der Wochenzeitungen war der Anteil der Stuttgarter rückläufig; er sank von 27,4% 1965 auf 23%

---

397 Federer an Mehnert, 29. 6. 1967, NL Mehnert, Q 1/30 Bü 66.
398 Haupt an Mehnert, 20. 5. 1969, NL Mehnert, Q 1/30 Bü 70.
399 Protokoll Gesellschafterversammlung vom 17. 5. 1969, 23. 5. 196, NL Mehnert, Q 1/30 Bü 70.
400 Vgl. Haupt an von Holtzbrinck, 6. 6. 1969, NL Mehnert, Q 1/30 Bü 70.
401 Haupt an Mehnert, 31. 7. 1969, NL Mehnert, Q 1/30 Bü 70.
402 Frank-Planitz, Zeit, a. a. O., S. 163; Janßen, von Kuenheim, Sommer: Die Zeit, S. 236.

1970. Als Erfolg betrachtete man, dass der neuen katholischen Wochenzeitung »Publik« kein massiver Einbruch in die eigene Leserschaft gelungen war.

Richtungsstreit

Derweil hielt die Kontroverse um die Blattlinie an. Es ist bezeichnend für
die Einschätzung seines Gegenübers, dass Hans-Georg von Studnitz sein
Herzensanliegen einer Rechtsverschiebung des Profils der Zeitung Georg von Holtzbrinck 1967 mit wirtschaftlichen Argumenten und mit
Blick auf die »Zeit« nahezubringen suchte: »Der Aufschwung der ›Zeit‹
hat erst begonnen, nachdem dieses Blatt seinen Zickzack-Kurs aufgege-
ben und sich eindeutig – links – festgelegt hat. Dieser Markt ist von der
›Zeit‹ restlos erschlossen und bietet anderen Organen keine Betätigung
mehr.« Ein deutlich konservativ ausgerichtetes Blatt habe hingegen ein
bedeutendes Leserpotential zu erwarten.[403]

In der Redaktion und bei den Gesellschaftern waren die Meinungen
zur Positionierung des Blattes 1970 geteilt. Vorschlägen, die Zeitung als
»rechtes Kampfblatt gegen die Bonner Koalition zu profilieren«,[404] standen Empfehlungen zu einer moderateren Linie gegenüber. Spektakulär
an die Leseöffentlichkeit trat der Richtungsstreit bei CuW im Fall der
Haltung zur »Ostpolitik« der neuen sozialliberalen Bundesregierung
Brandt – Scheel. Einer Stellungnahme zu dieser Frage, die in den frühen
70er Jahren die politische Debatte in der Bundesrepublik polarisierte wie
keine zweite, konnte sich CuW nicht entziehen, zumal Sebastian Haffner
in CuW bereits knapp zehn Jahre zuvor sachte angedeutet hatte, die Ansprüche auf die nunmehr polnischen ehemaligen Ostgebiete seien womöglich zu überdenken.[405]

---

403 Von Studnitz an von Holtzbrinck, 12. 9. 1967, zitiert nach Asmussen, von Studnitz,
    a. a. O., S. 100.
404 Frank-Planitz, Zeit, a. a. O., S. 163.
405 Vgl. CuW, 10. 3. 1961, S. 3: Sebastian Haffner: Polen ist Mode geworden in der
    Welt. Siehe hierzu auch CuW, 13. 10. 1961, S. 4: E. R.: Oder-Neiße-Grenze – jetzt?

In der Bewertung dieser außenpolitischen Initiativen Bonns standen sich die Auffassungen Klaus Mehnerts und Giselher Wirsings jedoch konträr gegenüber. Grundsätzlich erklärte Mehnert:

> Seit langem war ich unglücklich darüber, dass für unsere Aussenpolitik die Welt am Eisernen Vorhang aufhörte. Ich würde es begrüssen, wenn die Ostpolitik Erfolg hätte und unseren aussenpolitischen Spielraum erweiterte. Die westlichen Kritiker der deutschen Ostpolitik wollen uns eben diesen erweiterten aussenpolitischen Spielraum nicht gönnen, weil sie glauben, er könnte für sie gefährlich werden.[406]

Demgegenüber hatte Wirsing in einem durch die Platzierung zu Jahresbeginn 1971 zusätzlich herausgehobenen Leitartikel unter dem Titel »Umkehr aus der Sackgasse« einen »wesentlich neue(n) Ansatzpunkt« des Kernstücks der sozialliberalen Außenpolitik verlangt – gestützt auch auf Verweise auf die westliche Auslandspresse.[407]

Mehnert reagierte äußerst aufgebracht auf Wirsings Auslassungen und ging so weit, für den Fall, dass dies die weitere Linie der Zeitung werden sollte, seine Mitarbeit an CuW und seine Rolle als Gesellschafter in Frage zu stellen. Es war weniger der Dissens in der Beurteilung der Politik der Regierung Brandt – Scheel, als vielmehr die Argumentation Wirsings, die seinen alten Freund erboste; in dessen Verweis auf eine deutsche Schaukelpolitik sah Mehnert den Versuch einer Mobilisierung des Auslands gegen die eigene Regierung und unverantwortliche Schädigung der außenpolitischen Position der Bundesrepublik.[408] Dieser im Kern nationalen Motivation seines Kritikers stellte Wirsing in einer langen Antwort ein sehr viel persönlicher getöntes Bekenntnis entgegen:

> Ich glaube, alle Differenzen zwischen uns gehen auf einen tiefer liegenden Auffassungsunterschied zurück. Ich sehe in der Sowjetunion eine hoch

---

406 Klaus Mehnert: Stellung zur Ostpolitik, 3. 1. 1971, NL Mehnert, Q 1/30 Bü 74 (Hervorhebung im Original), siehe auch Mehnert, Deutscher, S. 390ff.
407 CuW, 1. 1. 1971, S. 1f.: Giselher Wirsing: Umkehr aus der Sackgasse.
408 Mehnert an Haupt, NL Mehnert, Q 1/30 Bü 74, 3. 1.1971; Mehnert an Wirsing und Frank-Planitz, NL Mehnert, Q 1/30 Bü 439, 3. 1. 1971.

dynamische imperialistische Macht ... Mein Ausgangspunkt hängt eng mit den Erfahrungen mit der Nazizeit zusammen. Ich habe mich damals trotz aller Empörung im einzelnen bis zum Winter 1942/43 immer wieder auf Kompromisse mit einem unmenschlichen terroristischen Regime eingelassen und habe erst seit Anfang 1943 – im Zusammenhang meines Kontaktes mit Adam von Trott – die äußersten Konsequenzen auch für mich gezogen, was ich bekanntlich in der Öffentlichkeit später nie hervorgehoben habe. Nach der Katastrophe habe ich aber für mich den Schwur geleistet, daß ich nie wieder in meinem Leben Kompromisse mit einem terroristischen Unrechtsystem aus Opportunismus oder Bequemlichkeit eingehen werde. Dabei bin ich geblieben ... Dir scheint die Sowjetunion offenbar sehr viel mehr eine statische Macht, mit der man Verträge wie mit jedem anderen Staat abschließen kann.[409]

Mehnerts Befürwortung der Ostverträge wurde von der Mehrheit der Redaktion nicht geteilt, doch erhielt er die Möglichkeit, seinen Standpunkt im Blatt zu vertreten.[410] Dennoch vertiefte sich das Zerwürfnis Mehnerts mit der Linie der Zeitung unter der Regie von Ulrich Frank-Planitz, dem er vorwarf, den von Wirsing eingeschlagenen Kurs unter dem Stichwort »Rapallo« noch zu verschärfen. Diese Haltung ließ sich mit seinem Verständnis einer nationalen Position nicht vereinbaren: »Der Bundesregierung zu schaden – das dachte ich sei das Privileg des ›Spiegel‹, aber CuW verhält sich gegenüber der derzeitigen Bundesregierung fast so wie einst der ›Spiegel‹ gegenüber der Regierung Adenauer – ohne Rücksicht auf deutsche Verluste wird sie madig gemacht und bösen Verdächtigungen ausgesetzt.« Wiederum stellte er seine weitere Mitarbeit in Frage: »Bitte überlegen Sie, ob Sie eine solche Linie für CuW wollen, und verstehen Sie bitte, dass es für mich eines Tages unmöglich werden könnte, sie mit meinem Namen zu decken.«[411] Die Haltung der

---

409 Wirsing an Mehnert, NL Mehnert, Q I/30 Bü 439, 15. I. 1971. Siehe zu Wirsings Einschätzung der UdSSR auch CuW, 3. I. 1969, S. I: Giselher Wirsing: Verschränkung der Zeitalter: »Auch die Spät-Stalin-Generation will den Dritten Weltkrieg nicht auslösen. Sie macht jedoch kein Hehl daraus, daß sie expansionistisch gesinnt ist und daß es zu ihren Zielen gehört, die Bundesrepublik in Abhängigkeit zu bringen.«
410 Mehnert, Deutscher, S. 393.
411 Mehnert an Frank-Planitz, 19. 9. 1971, NL Mehnert, Q I/30 Bü 75 (Hervorhebung im Original).

Zeitung in der Kontroverse um die Ostverträge war auch ein Hauptthema in der Gesellschafterversammlung vom Oktober 1971. Einvernehmen in der Sache wurde nicht erzielt. Die von Georg von Holtzbrinck vertretene Auffassung, »der urteilsfähigen Leserschaft ruhig verschiedene, ja gegensätzliche Auffassungen in dieser Sache zuzumuten«, ergab schließlich eine Kompromisslinie – die Redaktion wie auch Mehnert erhielten ihren Raum.[412] Nach der nicht zuletzt als Plebiszit über die Verträge angelegten Bundestagswahl vom November 1972 und dem parlamentarischen Prozess änderte sich der Stellenwert dieses Themas: »Die Linie, die wir einnehmen möchten, läßt sich etwa so beschreiben: Die Ostverträge sind parlamentarisch und plebiszitär abgesegnet. Jetzt kommt es darauf an, aus ihnen das Beste zu machen. Deshalb müssen auch wir darüber wachen, daß kein Terrain verloren geht.« Dieser Kursbestimmung des Chefredakteurs konnte sich auch Klaus Mehnert anschließen, und zumindest dieser Konfliktpunkt war beigelegt.[413] Immerhin dürfte diese hausinterne Kontroverse – nicht die erste außenpolitische Richtungsdebatte bei CuW[414] – dazu beigetragen haben, dass die Zeitung 1971 das meistzitierte Blatt in der Bundesrepublik wurde.[415]

Der Streit um die Ostpolitik war jedoch nicht die einzige Dissonanz. Bereits zwei Jahre zuvor hatte der »Monat« geunkt, alte Leser von »Christ und Welt« mochten »seit einiger Zeit ebenfalls den Eindruck haben, daß ihr Blatt aus der einstigen Harmonie gefallen ist und zuweilen gar absichtlich atonal wirkt.«[416] Solche Disharmonien beschäftigten auch die Lenker der Zeitung. Die übereinstimmende Ansicht der Gesellschafter, dass CuW »in Zukunft bei aller Offenheit für die Zeitströmungen unserer Tage ein klares Gesicht und eine verläßliche nicht ›konformisti-

---

412 Protokoll der Gesellschafterversammlung, 22. 10. 1971, NL Mehnert, Q 1/30 Bü 74.

413 Frank-Planitz an Mehnert, 12. 2. 1973, NL Mehnert, Q 1/30 Bü 86; Mehnert an Frank-Planitz, NL Mehnert, Q 1/30 Bü 86, 1. 3. 1973.

414 Siehe den Streit um die Haltung zur Politik Charles de Gaulles: CuW, 29. 3.1963, S. 1: Giselher Wirsing: Kann man sich auf Kennedy verlassen?; CuW, 26. 4. 1963, S. 6f.: Armin Mohler: Politische Strategie eines Generals; Ebda. S. 7f.: Giselher Wirsing: Weltpolitik ohne Romantik.

415 Frank-Planitz an Federer, 20. 1. 1972, NL Mehnert, Q 1/30 Bü 79.

416 Schütze, Mehr »Welt« als »Christ«, a. a. O.

sche‹ Gesinnung präsentieren« solle,[417] war keine hinreichende Kursbestimmung. Bereits ein halbes Jahr darauf standen wieder »atonale« Ereignisse zur Debatte, diesmal das Feuilleton und eine »Anzahl von Einwänden gegen seine uneinheitliche Linie« betreffend.[418]

Während man in der Leitung von CuW das Feuilleton als Sorgenkind betrachtete und eine Konturlosigkeit bedauerte, kann man umgekehrt gerade in der Entwicklung dieses Blattangebots in den 60er Jahren ein Indiz dafür sehen, dass die kulturellen Öffnungen jenes Jahrzehnts auch vor dieser Zeitung nicht Halt machten. Die oft spannungsvolle Koexistenz von konservativ orientierten Stammautoren und Vertretern einer jüngeren Generation von Schriftstellern, Künstlern und Kritikern spiegelt das Bemühen, neuen Themen und Sichtweisen – und damit den Veränderungen am Markt – gewachsen zu sein.

Zwar sind Karl Epting, Gustav René Hocke, Hans-Rudolf Müller-Schwefe, Wilhelm Ritter von Schramm, Ernst Wilhelm Eschmann, Karl Krolow u. a. als Autoren oder Rezensenten neben aufstrebenden Rechtsintellektuellen wie Hans-Dietrich Sander, Alfred Schickel und Gerd-Klaus Kaltenbrunner und dem wegen seiner Haltung zur »Vergangenheitsbewältigung« umstrittenen Psychologen Peter R. Hofstätter nach wie vor anzutreffen, doch treten andere Stimmen deutlicher in den Vordergrund. Dass ein Verriss zweier Bücher von Kurt Sontheimer und Hermann Glaser durch Armin Mohler mit »Der Schriftsteller Armin Mohler vertritt im folgenden seine persönliche Meinung.« redaktionell eingeleitet wurde, wirkt vor diesem Hintergrund symptomatisch.[419]

Im literarischen Kernbereich des Feuilletons herrschte eine betont liberale und Neuerungen aufgeschlossene Linie vor, für die eine Bemerkung zur Gruppe 47 kennzeichnend ist: »Das christliche Abendland wird an der Gruppe 47 nicht zugrunde gehen, sondern eher an seinem

---

417 Aktennotiz Vorsitzender des Verlagsbeirates (Federer), 10. 5. 1971, NL Mehnert, Q 1/30 Bü 74.
418 Protokoll der Gesellschafterversammlung, 22. 10. 1971, NL Mehnert, Q 1/30 Bü 74.
419 CuW, 17. 7. 1964, S. 17: Armin Mohler: Einbahnstraße in die Vergangenheit. Über Irrwege der Geschichtsbetrachtung. Siehe auch die Replik in CuW, 4. 9. 1964, S. 19: Hermann Glaser: Rückkehr zum Historismus.

Unvermögen, solche Gruppe ruhig gelten zu lassen.«[420] Die Besprechungen waren auch gegenüber avantgardistischen Werken offen und gelegentlich subtil.[421] Der Mitarbeiterkreis war weit gespannt. Bekannte Namen aus dem bundesdeutschen Kulturbetrieb wie Bernhard Zeller – Direktor des Schiller-Nationalmuseums – waren ebenso vertreten wie Emigranten und jüngere Schriftsteller wie z. B. Siegfried Lenz, Gabriele Wohmann oder Inge Jens, die Frau des Rhetorik-Professors Walter Jens. Einen Höhepunkt in der Aktivität des Feuilletons markiert der Abdruck einer Rede von Leslie H. Fiedler, eines Vordenkers der Postmoderne.[422] In der anschließenden Debatte kamen u. a. Jürgen Becker, Helmut Heißenbüttel – ein häufiger Feuilleton-Mitarbeiter –, Reinhard Baumgart, Martin Walser, Robert Neumann und Peter O. Chotjewitz zu Wort. Ausdrücklich begrüßte man die Gründung des Verbandes deutscher Schriftsteller. Dabei leitete ein systemkritischer Gedanke: das geltende Gesellschaftssystem stelle die Autoren vor die Alternative, »sich entweder im sozialen und wirtschaftlichen Bereich kooperativ zu verbinden, oder aber ihre soziale Ungebundenheit zu wahren, in letzter Konsequenz um den Preis, ihr Werk bedingungslos dem Markt anpassen zu müssen.«[423]

Auf der Höhe der Zeit waren meist auch die Filmbesprechungen in CuW. Insbesondere die Filmkritiken von Rolf Dörrlamm griffen die Impulse des nach dem programmatischen »Oberhausener Manifest« entwickelten neuen deutschen Films auf und begleiteten dessen Entwicklung. In einer genauen und sehr elaborierten Besprechung würdigte Dörrlamm Alexander Kluges ersten großen Erfolg »Abschied von gestern«. Das Thema blieb in der Zeitung präsent.[424] Auch gegenüber einer DDR-

420 CuW, 25. 9. 1964, S. 20: Sigrid Kahle: Die Gruppe 47 in Schweden. Moderate Kritik an der Gruppe 47 bei Barbara Klie: Hinaufgelobt und hinauf-gefürchtet, in: CuW, 1. 2. 1963, S. 14.

421 Z. B. zu Alain Robbe-Grillet: CuW, 3. 2. 1967, S. 23: Kurt Opitz: Die blaue Villa. ›Nouveau Roman‹ für Kriminalisten?

422 CuW, 13. 9. 1968, S. 9: Leslie H. Fiedler: Das Zeitalter der neuen Literatur. Die Wiedergeburt der Kritik (Fortsetzung in nächster Ausgabe).

423 CuW, 13. 6. 1969, S. 14: Günter Schloz: Tacheles reden.

424 CuW, 14. 10. 1966, S. 30: Rolf Dörrlamm: Auf der Flucht. Zu Alexander Kluges »Abschied von gestern«; CuW, 3. 2. 1967, S. 19: Rolf Dörrlamm: Mut zu neuen Ge-

Produktion war man offen – verbunden mit der Hoffnung auf eine Aus-
wertung des Films auch in den bundesdeutschen Kinos.[425] Mit Hilmar
Hoffmann war der Gründer der Kurzfilmtage in Oberhausen ein häufiger Autor in CuW, mit Hans Sahl kam ein Vertreter des deutschen Exils
zu Wort.[426] In der Kritik an »Afrika Addio« als einem »perfide(n) Film,
der die Sex-Welle zur sadistischen Woge hochpeitscht«, fand sich der
Kritiker in einer Front mit der sich formierenden Studentenbewegung,
die gegen diesen Streifen mobilisierte.[427] Es kam auch vor, dass ein Film
durchfiel, weil er nicht emanzipatorisch genug erschien.[428]

Ähnlich breit angelegt war die Theaterkritik. Auch hier kamen mit
Henning Rischbieter – 1960 Mitgründer von »Theater heute« –, Carl
Améry oder Max Frisch prominente Gastautoren zum Zuge. Früh erkannte man die Bedeutung von Peter Weiss' Marat/Sade–Stück und pro-
phezeite dem Autor, er werde »rasch an der Spitze der deutschen Nach-
kriegsdramatiker stehen.«[429] Den politischen Tendenzen des Autors in
seinen späteren Stücken mochte man natürlich nicht folgen. Die Offenheit gegenüber dem politisch-dokumentarischen Zeitstück, wie sie die
Theaterlandschaft der 60er Jahre prägte, ging jedoch auch an CuW nicht
vorbei, sodass man lesen konnte: »Piscator hat nie klassisches Ebenmaß
und Vollkommenheiten bieten wollen, er wollte provozieren. Das ist ihm
zweimal nur in dieser Saison gelungen: mit Hochthuths ›Stellvertreter‹,
der kein Werk der Dichtkunst gewesen ist, und mit dieser Posse gegen
Einfalt und Anmaßung des Rassendünkels.«[430]

Die Debatte um Rolf Hochhuths Stück, in dem das Verhalten des
Papstes während des nationalsozialistischen Judenmordes skandalisiert

---

sichtern. Wohin steuert der junge deutsche Film?; CuW, 26. 1. 1968, S. 16: Rolf
Dörrlamm: Pille zur Nacht. Adloffs Probleme und Spills »Zur Sache Schätzchen«.

425 CuW, 29. 3. 1968, S. 18: C. M.: Gelungene Sünden. Konrad Wolfs »Ich war 19«.
426 CuW, 5. 5. 1967, S. 22: Hans Sahl: Ein Tag in Dublin. Zur Verfilmung von Joyces
»Ulysses«.
427 CuW, 8. 7. 1966, S. 16: MY: Wahrheit Addio.
428 Vgl. CuW, 24. 1. 1969, S. 10: Uta Maria Bitterli: Leute, erzieht euch selbst. Das Ver-
dikt traf Ulrich Schamonis »Quartett im Bett«.
429 CuW, 8. 5. 1964, S. 20: Georg Groos: Peter Weiss' Marat.
430 CuW, 3. 7. 1964, S. 18: Georg Groos: Hat Piscator wirklich versagt? Das gemeinte
Stück war Herbert Asmodis »Mohrenwäsche«.

wurde, fand auch in CuW kontrovers statt.[431] Diskussionen und Interviews begleiteten die Berichterstattung.[432]

Auch in der Bildenden Kunst zeigte sich die Zeitung für neue Entwicklungen offen. Als Joseph Beuys an der Düsseldorfer Kunstakademie in Turbulenzen geriet, sprang ihm CuW bei: »Im Nachkriegsdeutschland ist es jedoch keinem bildenden Künstler gelungen, gerade das Wahrnehmungsvermögen für menschliche Werte so sehr zu schärfen wie diesem Joseph Beuys.«[433] Fähige Gastautoren, auch aus den Reihen der jüngeren Generation und am Beginn ihrer Karriere, verliehen der Beschäftigung mit Gegenwartskunst Profil. Paul Wember, Direktor des Museums Haus Lange in Krefeld, engagierte sich für das Werk des früh verstorbenen Yves Klein, Wieland Schmied, Direktor der Kestner-Gesellschaft in Hannover, widmete sich der Kunstszene in den USA.[434] Der Politisierungsprozess, dem die Kunst ebenso wie das Theater unterlag, blieb dabei nicht ausgespart. In einem Gastbeitrag zeichnete Bazon Brock sein Bild der gesellschaftlichen Rolle des Künstlers, während Werner Hofmann, Direktor des Museums des 20. Jahrhunderts in Wien, den Entwurf einer politischen Strategie der Kunst beisteuerte.[435]

Die zeittypische Offenheit nach links, die das Feuilleton insgesamt kennzeichnete, ist auch außerhalb der klassischen Feuilletonsparten zu

---

431 Vgl. CuW, 1. 3. 1963, S. 19: Marianne Eichholz: Ein großes deutsches Drama; CuW, 15. 3. 1963: Barbara Klie: »Der Stellvertreter« – Drama oder Pamphlet?

432 So z. B. CuW, 28. 6. 1968, S. 15: Interview Ignée mit Peter Palitzsch zum politischen Theater; CuW, 13. 12. 1968, S. 14: Forumsgespräch: Geschichte darf nicht Selbstzweck sein (über Tankred Dorst: Toller, mit Roland Kabelitz, Hansgünther Heyme und dem Autor); CuW, 15. 7. 1966, S. 16: Rainer Litten: Bessons Triumph. Gespräch mit einem Ostberliner Regisseur in Paris.

433 CuW, 6. 12. 1968, S. 2: Ernst Günter Engelhard: Ich, Professor Joseph Beuys.

434 CuW, 19. 4. 1968, S. 18: Paul Wember: Der König des blauen Himmels. Yves Klein, Grenzgänger des Verstands – Städte aus Feuer und Wasser; CuW, 1. 3. 1968, S. 15: Wieland Schmied: Ruhm ist eine Sache von 15 Minuten. Amerika braucht Kunst zum Atmen.

435 CuW, 1. 11. 1968: S. 12: Bazon Brock: Spitzenreiter in der Nachhut. Der künstlerische Avantgardist als gesellschaftlicher Reaktionär; CuW, 24. 5. 1968, S. 20: Werner Hofmann: Heuchler im Schaufenster der Propaganda. Die Freiheit der Kunst ist auch im Westen noch eine Scheinfreiheit. Siehe in diesem Zusammenhang auch – den Pariser Mai 1968 betreffend – CuW, 9. 5. 1969, S. 9: Michel Ragon: Kunst und Protest im Mai.

beobachten. Ob Jean Améry – selbst Verfolgter des NS-Systems – über Auschwitz schreibt, Georges Schlocker vor einem neuen deutschen Nationalismus warnt oder der junge Vordenker des Konservativismus Gerd-Klaus Kaltenbrunner ein differenziertes Portrait des linken Philosophen Ernst Bloch liefert – zusammengenommen ergibt dies eine liberale Tonart.[436] Direkte Gesellschaftskritik »linken« Zuschnitts ist selten, aber vertreten. Der Abdruck von Gefangenenlyrik aus dem Gefängnis Bruchsal setzte einen Akzent, an den Beiträge von Günter Wallraff über Arbeitsbedingungen in der Automobilindustrie und die Versuche eines entlassenen Häftlings, wieder auf die Füße zu kommen, anknüpften.[437] Auch die Praktiken der »Bild«-Zeitung fanden ihre Würdigung in den Spalten von CuW.[438]

Nimmt man all dies mit der fortdauernden Präsenz altkonservativer Autoren im Blatt zusammen, so ergibt sich ein Bild der Zerrissenheit. Geradezu beispielhaft zeigt sich dies in einer Ausgabe aus dem politisch bewegten Monat April 1968. Während die jungen Nachwuchsautoren Hubert Fichte und Rolf Dieter Brinkmann für ihre thematisch exponierten Romane »Die Palette« und »Keiner weiß mehr« positive Besprechungen erfuhren, trat zwei Seiten weiter eine andere Mentalität hervor. Hans-Georg von Studnitz lobte in einer Besprechung von Hans Meier-Welckers umfangreicher Seeckt-Biographie den zur Weimarer Republik distanzierten Reichswehr-Gründer als einen »im besten Sinne« politischen Offizier und befand: »Seeckt erzog seine Soldaten zu Staatsbürgern.«[439] Anderer-

---

436 CuW, 6. 11. 1964, S. 20f.: Jean Améry: Auschwitz – an der Grenze des Geistes; CuW, 6. 11. 1964, S. 19: Georges Schlocker: Herzen wie Leder; CuW, 13. 10. 1967, S. 21: Gerd-Klaus Kaltenbrunner: Friedenspreis für Ernst Bloch. Ein Leben zwischen den Zeiten.

437 CuW, 3. 2. 1967, S. 25: Rufe aus der Zelle. Wie Strafgefangene versuchen, mit ihren Problemen fertigzuwerden; CuW, 28. 4. 1967, S. 20: H. Günter Wallraff: Die Männer meiner Schicht. Wie ein Schriftsteller die Arbeitswelt erlebte – Sprüche und Wirklichkeit; CuW, 15. 9. 1967, S. 21: H. G. Wallraff: Ein Leben ohne Chance? Gestrauchelter auf Arbeitssuche.

438 CuW, 13. 10. 1967, S. 24: Richard Kaufmann: Das makabre Geschäft mit dem Tod. Ein Unfall auf der Bundesstraße 14 – und was »Bild« daraus macht.

439 Cuw, 5. 4. 1968, S. 40: Wolfgang Ignée: Schwäne vergiften am Dammtor; S. 41: Werner Schulze-Reimpell: Kampfplatz Ehe; S. 43: Hans-Georg von Studnitz: Sphinx und Monokel.

seits hatte sich das Bild der Wehrmacht bereits Jahre zuvor zumindest leicht verschattet.[440]

Auch gegenüber dem sich an den Universitäten regenden Protestpotential reagierte man uneinheitlich. Insbesondere Korrespondent Jürgen Engert lieferte in seinen Beiträgen zu den Vorgängen in West-Berlin ein auch die Hintergründe ausleuchtendes Bild der Verhältnisse, wobei die reformbedürftige Universitätswirklichkeit ebenso angesprochen wurde wie der die Studierenden dämonisierende »Großteil« der dortigen Presse.[441] Man versäumte nicht, den Zustand der politischen Öffentlichkeit in der Bundesrepublik für die Entwicklung mitverantwortlich zu machen und resümierte im Mai 1967:

> An der FU ist, wie an anderen deutschen Hochschulen, die Tendenz vorherrschend, das historische Lehrer-Schüler-Verhältnis ohne Einschränkung zu konservieren. Autorität wird vom Amt verlangt. Die Aufgabe, eine zeitgemäße demokratische Universitätsverfassung zu erarbeiten, erachtet man aus Bequemlichkeit nicht für dringlich. Diese Haltung hat ohne Zweifel zur Radikalisierung der studentischen Forderungen beigetragen … Leider ist der Problemkreis Universitäts- und Studienreform völlig von lärmenden Aktionen, die hin und wieder in Rowdytum ausarteten, in den Hintergrund gedrängt worden.[442]

Die durchgängige Ablehnung von Rechtsbrüchen und der Ruf nach dem Durchgreifen[443] hinderte aber gestandene Redaktionsmitglieder nicht,

---

440 CuW, 23. 6. 1961, S. 9: Carl Gustav Ströhm: Der Schatten des 22. Juni, wo es heißt: »Noch in Frankreich oder in den Niederlanden wurden von den Deutschen gewisse Formen gewahrt. In Rußland aber fielen die letzten Hüllen des Anstands.« Zwar wird der Wehrmacht eine im »großen und ganzen« anständige Kampfesweise zugeschrieben, doch sei mit dem Kommissarbefehl der »Integrität des Soldaten ein nicht wieder zu reparierender Schlag versetzt« worden. Siehe zu diesem Thema auch CuW, 18. 6. 1971, S. 3: Waldemar Besson: Es begann mit Barbarossa.

441 CuW, 1. 7. 1966, S. 8: Jürgen Engert: Gewitter über Dahlem. Entspannung an der freien Universität Berlin?

442 CuW, 12. 5. 1967, S. 4: Jürgen Engert: Über das Ziel hinaus. Die Auseinandersetzungen an der Berliner Freien Universität.

443 Vgl. CuW, 9. 6. 1967, S. 1: Ulrich Frank-Planitz: Früchte des Vakuums. Was will die akademische Jugend?; CuW, 9. 2. 1968, S. 1: Giselher Wirsing: Ist der Vietkong unter uns – Von der Demonstration zum Terror. Partisanenkrieg als Vorbild.

selbstkritische Töne anzuschlagen: »Es ist kein Zufall, daß die Katastrophe in Berlin begann. Der jahrelange undifferenziert verordnete Antikommunismus, verknüpft mit dem längst überlebten Mythos von der ›Frontstadt‹ hat die jüngeren Nichtkonformisten geradezu zum Flirt mit kommunistischen und marxistischen Ideen gedrängt.« Den an die etablierten politischen Kräfte gerichteten Vorwurf der Manipulation fand der Autor so abwegig nicht und beklagte ein Klima des Opportunismus und der Selbstgefälligkeit: »Die Jungen registrieren, was die Älteren schon gar nicht merken: daß unter der Tünche der Demokratie noch der alte Obrigkeitsstaat lebt.«[444] Die Forderung nach einer differenzierten Darstellung des studentischen Protestmilieus galt auch dem Fernsehen.[445] Dennoch vertrat CuW in den Folgejahren in der Kontroverse um die Entwicklung der Hochschulen und die Hochschulgesetzgebung konservative Positionen;[446] Vertreter des in Reaktion auf die Studentenbewegung gegründeten Bundes »Freiheit der Wissenschaft« – wie Erwin K. Scheuch, Wilhelm Hennis oder Hermann Lübbe – waren häufig in der Zeitung vertreten.

Eindeutiger fiel das Verhältnis zur anderen Extremposition im politischen Spektrum aus – zur NPD. Den Aufstieg der Rechtsaußenpartei verfolgte CuW kritisch und qualifizierte sie als nationalistisch und rechtsradikal.[447] Der gelegentliche linksliberale Gastautor Günter Gaus – zu der Zeit Leiter des Fernsehmagazins »Report« – plädierte allerdings dafür, »die jetzt in der NPD zusammenfließenden Kräfte als Teil der politischen Normalität« in Europa zu behandeln, ansonsten drohe eine

---

444 CuW, 28. 7. 1967, S. 17: Carl Gustav Ströhm: Dutschkes Garten Eden. Die neue »außerparlamentarische Opposition«.

445 In einer Kritik zu Rolf Hädrichs umstrittenen Fernsehspiel »Alma Mater« hieß es: »Wer die Studenten beim Steinewerfen zeigt, dürfte den Hinweis auf das Sonnenkönigtum der Ordinarien nicht scheuen, und wer bei der Gesellschaft ein zerstörtes Glied diagnostiziert, müßte dem Gesamtzustand ein Augenmerk schenken.«, CuW, 5. 12. 1969, S. 19: Sibylle Grack: Viele Bäume, kein Wald.

446 Vgl. z. B. CuW, 4. 2. 1972, S. 1f.: Ulrich Frank-Planitz: Die Folgen totaler Toleranz; ders.: Der verhaßte Staat, in: CuW, 25. 2. 1972, S. 1f.

447 CuW, 21. 10. 1966, S. 8: FHN: Ohne Rattenfänger. NPD-Erfolg in Hameln; CuW, 4. 11. 1966, S. 2: Zerfall der NPD.

weitere Radikalisierung.[448] Man verzeichnete »Versprechungen, Widersprüche, Phrasen« in den Auftritten der Partei, beobachtete das Führungspersonal und die innerparteiliche Rechtsverschiebung weg vom nationalkonservativen Element.[449]

Nach überstandener Zerreißprobe über die Ostverträge erläuterte Chefredakteur Frank-Planitz als neue Blattlinie:

> Innenpolitisch muß uns daran gelegen sein, der Opposition bei der Lösung ihrer Führungsfrage zu helfen und auch etwas zur künftigen Position der CDU/CSU beizutragen, – ohne deshalb zu einem allzu nahe bei der Union angesiedelten Blatt zu werden. Denn daneben scheint es uns wichtig, die liberalen Kräfte in der SPD zu ermuntern und der FDP bei der Aufgabe beizustehen, gewissermaßen marktwirtschaftlich orientierte Opposition in der Koalition zu spielen. Man könnte das aufgeklärten oder auch ›mobilen‹ (stammt von Bucerius) Konservativismus nennen. Damit würde sich die Zeitung zwischen CDU und FDP einpendeln, während ›Die Zeit‹ zwischen SPD und FDP steht ...[450]

Neukonzeption und Fusion

Das langwierige Ringen um eine Neubestimmung der Position von CuW vollzog sich vor dem Hintergrund einer nach wie vor schwierigen Marktlage, wobei die Geschäftsführung davon ausging, dass sich die Konkurrenzsituation für das Blatt noch verschärfen würde. Zwar ergab das Ergebnis für 1971 erstmals nach Jahren der Schrumpfung wieder ein

---

448 CuW, 18. 11. 1966, S. 3: Günter Gaus: Wie demokratisch ist die NPD? Die politische Praxis ist nüchterner als nationalistische Ressentiments.

449 CuW, 2. 12. 1966, S. 4: Peter Jochen Winters/Dietrich Schlegel: Was will die NPD? Versprechungen, Widersprüche, Phrasen; CuW, 13. 1. 1967, S. 6: Dietrich Schlegel: Udo Walendys Wahrheiten. NPD-Redner gefährdet den ›demokratischen‹ Ruf seiner Partei; CuW, 17. 2. 1967, S. 1: Peter Jochen Winters: Die NPD enthüllt ihr Gesicht. Rechtsextremisten entmachten die Nationalkonservativen. Siehe bzgl. der Deutschen Volks-Union (DVU) Gerhard Freys auch CuW, 9. 4. 1971, S. 2: Dirk Schubert: In der Maske des Biedermanns.

450 Frank-Planitz an Mehnert, 12. 2. 1973, NL Mehnert, Q 1/30 Bü 86.

positives Signal, gut 17.000 Neuabonnenten konnten gewonnen werden – ein Zuwachs, der sich gewiss auch der innenpolitisch durch die Debatte um die Ostpolitik aufgeheizten Atmosphäre verdankte. Auch Umsatz und Anzeigenaufkommen nahmen zu. Dem standen jedoch nach Ansicht Erwin Haupts strukturelle Handikaps gegenüber: »Alle ernstzunehmenden Mitbewerber verfügen nicht nur über namhafte finanzielle Zuschüsse, sie sind auch größtenteils in Großverlage eingebettet, so daß sie die Vorteile des Großbetriebs mit allen wirtschaftlichen Auswirkungen in Anspruch nehmen können.« Demgegenüber sei der eigene Wettbewerbsnachteil offenkundig. Haupt resümierte: »Bei diesen Markt- und Wettbewerbsverhältnissen kommt es auf die Qualität und die Argumente der Zeitung sowie auf die einsetzbaren Mittel und den Marktanteil an.«[451] Dieser Schlusssatz, der wie eine Plattitüde klingt, war wohl eher als Mahnung gedacht. Vor allem wegen der Investitionen in die Titelumstellung und die Werbung war die Zeitung knapp an flüssigen Mitteln. Dieser Engpass hatte die Option eines »Gesundschrumpfungsprozesses« ins Spiel gebracht – eine Sparpolitik, die Haupt für tödlich hielt: »Eine solche Entwicklung könnte ich nicht mitmachen, weil ich nicht der Kapitän eines Schiffes sein möchte, welches durch die Radarstation einen Kurs einschlagen muß, von dem der Kapitän genau weiß, daß er der Untergang ist.«[452] Ähnlich wie Haupt warnte auch der Chefredakteur vor einem Sparkurs, und wie dieser drohte er für einen solchen Fall mit seinem Ausscheiden.[453]

Es gab diesbezüglich Anlass zur Sorge. Im Sommer 1971 bekannte Mehnert, CuW habe »schwer zu kämpfen. Erst in den letzten Wochen haben alle Gesellschafter (dies vertraulich) Bargeld in den Verlag gesteckt (ich selbst DM 24.000), um das Schiff in dieser Zeit der Pressekonzentration und der Riesenverlage flott und unabhängig zu halten.«[454] Bereits im Herbst hatte die Gesellschafterversammlung auf Vorschlag Georg von Holtzbrincks beschlossen, die Aufwendungen für Werbung

---

451 Haupt an Mehnert, 28. I. 1972, NL Mehnert, Q 1/30 Bü 79.
452 Haupt an Federer, 20. I. 1972, NL Mehnert, Q 1/30 Bü 79.
453 Frank-Planitz an Federer, 20. I. 1972, NL Mehnert, Q 1/30 Bü 79.
454 Mehnert an Isa Schomerus, 2. 7. 1971, NL Mehnert, Q 1/30 Bü 77.

zu reduzieren.[455] Ein Jahr darauf wurde die Geschäftsführung beauftragt, Kürzungsmöglichkeiten bei Honoraren und Gehältern zu prüfen.[456]

Der finanziellen Krise sollte auch durch eine gesellschaftsrechtliche Umorganisation der Zeitung begegnet werden, deren Umsetzung das Jahr 1972 in Anspruch nahm. Georg von Holtzbrinck hatte zu Jahresbeginn vorgeschlagen, für die ausdrücklich als »sanierungsbedürftig« bezeichnete Zeitung eine Million DM zur Verfügung zu stellen. Im Gegenzug erwartete er eine Neukonstruktion der Gesellschaft und »daß diese Mittel Aufwandscharakter haben und überwiegend mir, bzw. meinen Gesellschaftsanteilen zugute kommen.«[457] Die kritische Finanzlage der Zeitung bewog die übrigen Gesellschafter, auf dieses Angebot einzugehen. Eine kurz darauf zusammengetretene Gesellschafterversammlung leitete die Umgründung der CuW-Trägerin ein, die in den Grundzügen dem Vorschlag von Holtzbrincks folgte. Als neues Element wurde vereinbart, einen Verwaltungsrat zu bestellen, der »ein besonderes Statut erhalten und redaktionelle Fragen behandeln soll.«[458] Im Ergebnis dieses für die Gesellschafter Federer, Gerstenmaier und Mehnert finanziell nicht unvorteilhaften Umwandlungsprozesses stand die Auflösung der Pattsituation bei CuW – Georg von Holtzbrinck hatte nunmehr klar das Sagen. An der neu gegründeten DEUTSCHE ZEITUNG / CHRIST UND WELT VERLAG GMBH hielt er jetzt 85%. Auf die Mitglieder der »Gruppe Gerstenmaier« entfielen je fünf Prozent. Vertraglich konnte festgelegt werden: »Die DZ GmbH ist wirtschaftlich, finanziell und organisatorisch in das Unternehmen der Verlagsgruppe eingegliedert. Unter Aufrechterhaltung ihrer rechtlichen Selbständigkeit handelt die DZ GmbH nach außen nach wie vor im eigenen Namen.« Paragraph zwei führte aus: »Die DZ GmbH unterwirft sich in jeder Hinsicht dem Willen der Verlagsgruppe. Sie hat alle geschäftlichen Maßnahmen, gleichgültig

---

455 Protokoll der Gesellschafterversammlung, 22. 10. 1971, NL Mehnert, Q 1/30 Bü 74, Erwin Haupt: Rückblick auf 1972 – Ausschau auf 1973, 6. 2. 1973, NL Mehnert, Q 1/ 30 Bü 86.
456 Protokoll Gesellschafterversammlung, 31. 10. 1972, NL Mehnert, Q 1/30 Bü 79.
457 V. Holtzbrinck an Federer, 21. 1. 1972, NL Mehnert, Q 1/30 Bü 81.
458 Protokoll Gesellschafterversammlung, 7. 2. 1972, NL Mehnert, Q 1/30 Bü 79.

welcher Art, nach den Anordnungen und Weisungen der Verlagsgruppe durchzuführen.«[459] Diese Revolution in den Besitzrechten und der Richtlinienkompetenz ließ Geschäftsführer Erwin Haupt nach mehr als 25-jähriger Tätigkeit bei CuW sein Ausscheiden aus dem Unternehmen ankündigen. Neben persönlichen Unstimmigkeiten zwischen ihm und von Holtzbrinck waren auch sachliche Differenzen, die die Markt- und Wettbewerbssituation sowie die Zukunftsaussichten der Zeitung betrafen, dafür ursächlich.[460] Ein Differenzpunkt dürfte in der Einschätzung der Bedeutung der Abonnementwerbung gelegen haben, deren Einschränkung auf Initiative Georg von Holtzbrincks Haupt für verfehlt hielt.[461]

Der Umbau in der Trägerschaft von CuW nahm zwar den akuten finanziellen Druck, löste aber nicht die strukturellen Probleme der Zeitung. Nach wie vor sah man die Notwendigkeit, »die Bezieherschaft zu verjüngen.«[462] Hinzu trat ein Nebeneffekt der von der SPD gewonnenen Novemberwahl 1972: seither mehrten sich Abbestellungen. Der Geschäftsführer wertete dies als Folge des Umstands, dass »sich die politischen Verhältnisse in eine bestimmte Richtung stabilisiert« hätten. Zwar stieg nach der Titelumstellung die Nachfrage an den Kiosken, doch blieb es bei einem Strohfeuer, das gestiegene Interesse ließ sich nicht stabilisieren. Der Vorsprung der »Zeit« am Markt blieb weiterhin uneinholbar. Haupt befürchtete einen weiteren Rückgang der Auflage mit negativen Konsequenzen für das Anzeigengeschäft im Jahr 1973 und schlussfolgerte: »Der ständige Verlust an Reichweite ist langfristig eine ernstzunehmende Gefahr.«[463]

Eine Neukonzeption des Blattes war bereits Anfang 1971 im Gespräch gewesen.[464] Ausgiebig wurden Möglichkeiten erörtert, für die Zeitung ei-

---

459 Ergebnisausschlußvertrag Verlagsgruppe Georg von Holtzbrinck GmbH – Deutsche Zeitung / Christ und Welt Verlag GmbH, 31. 1. 1973, NL Mehnert, Q 1/30 Bü 509.
460 Federer an Mehnert, 1. 2. 1973, NL Mehnert, Q 1/30 Bü 87, Haupt an Mehnert, 15. 2. 1973, NL Mehnert, Q 1/30 Bü 86.
461 Erwin Haupt: Rückblick auf 1972 – Ausschau auf 1973, 6. 2. 1973, NL Mehnert, Q 1/30 Bü 86.
462 Ebenda.
463 Ebenda.
464 Protokoll Gesellschafterversammlung, 21. 1. 1971, NL Mehnert, Q 1/30 Bü 74.

nen breiteren Leserkreis zu gewinnen.[465] Die Chefredaktion wurde beauftragt, ein zukunftsfähiges Konzept vorzulegen.[466] Nachdem auch das Jahr 1972 keine entscheidenden Markterfolge gebracht hatte, war die Zeit reif, die Stellung von CuW neu zu überdenken: »Wir haben uns wegen der nach wie vor stagnierenden Auflage entschlossen, grundsätzliche Überlegungen über den künftigen Weg der ›Deutschen Zeitung/Christ und Welt‹ anzustellen. Dies ist besonders auch deshalb notwendig, weil nach dem unvorhersehbaren Ergebnis der Bundestagswahl Zeitungen wie der unseren eine erhöhte Bedeutung zugefallen ist.«[467] Giselher Wirsings Ehefrau ahnte Übles: »C+W wird nun endgültig sein Gesicht verlieren – es soll eine Art Kopie der ›Welt am Sonntag‹ draus werden.«[468]

Tags zuvor war die Neukonzeption der Zeitung an Klaus Mehnert abgegangen.[469] Grundsätzlich wurden dem Blatt darin gute Chancen eingeräumt, doch unter dem Vorbehalt, dass »sie sich in Form und Inhalten neu an der Realität orientiert.« Den Königsweg zur Erschließung neuer Kunden sah man in einer Ausweitung des redaktionellen Themenspektrums, um auch »weithin unpolitische Leserkreise« anzusprechen: »Wir müssen die Menschen, die sich für die spielerische und unterhaltsame Seite des Lebens mehr interessieren als für das Repräsentative, das Allgemeine und die großen Zusammenhänge, mehr ansprechen als bisher.« Die Empfehlung zielte auch auf eine stilistische Umorientierung; das Blatt sollte sowohl unterhaltsamer als gleichsam schneller im Duktus gestaltet werden, die Rede war von einer »›Boulevardisierung im besten Sinne‹«. Dieser Grundorientierung entsprach das »zwingende() Erfordernis, daß alle Energie und alle Phantasie auf die Formulierung zugkräftiger, motivgeladener, interesseweckender Schlagzeilen gelenkt wird.« Hierbei hatte man auch den Kioskkäufer im Sinn. Demgegenüber

---

465 Protokoll Gesellschafterversammlung, 25. 2. 1971, NL Mehnert, Q 1/30 Bü 74.
466 Protokoll Gesellschafterversammlung, 31. 10. 1972, NL Mehnert, Q 1/30 Bü 79.
467 Frank-Planitz an Mehnert, 21. 12. 1972, NL Mehnert, Q 1/30 Bü 79.
468 Gisela Bonn an Mehnert, 22. 5. 1973, NL Mehnert, Q 1/30 Bü 85.
469 Siehe zum Folgenden: Neukonzeption Deutsche Zeitung, (Anschreiben Dr. Kunsemüller an Mehnert, 21. 5. 1973), NL Mehnert, Q 1/30 Bü 509. Hervorhebung im Original.

wurden Abgeklärtheit in der Haltung und Hochgestochenheit des Stils als zu vermeidender Habitus bestimmt. Dass die neue DZ/CuW nach der Ära Wirsing mehr als ein bloßes Facelifting erwartete, ging aus der Formulierung hervor: »Der politische Redakteur darf kein verhinderter Politiker sein.« Ferne Personen und Länder gäben, griff das Konzept einen alten Kritikpunkt Georg von Holtzbrincks an Giselher Wirsing auf, »soweit sie sich nicht in weltpolitischen Verwicklungen befinden, wenig attraktiven Lesestoff ab.« Eine weitere Aufweichung der konservativen Blattlinie wurde in diesem Konzept mitgedacht, wenn es hieß:

> Zunächst muß dem Blatt eine frische, jugendliche, fortschrittliche, eine weibliche Komponente hinzugefügt werden, die sich nicht ausschließlich politisch artikuliert ... Doktrinen und Ideologien haben in der neuen DZ keinen Raum ... Immer muß die Deutsche Zeitung zur Diskussion bereit sein. Sie muß auch divergierende aber qualifizierte Meinungen zu Wort kommen lassen.

Dem entsprach eine Skizze der anvisierten Käuferschaft, die sich von der alten CuW-Klientel deutlich unterschied: »Die Angehörigen unserer Zielgruppen sind durch die Bank Menschen mit einer ausgeprägt persönlichen Meinung, sie sind fortschrittlich und der Moderne aufgeschlossen. Alle lieben eine gewisse Unabhängigkeit über alles.« Dass sich die politische Linie der Zeitung nicht ändern sollte – wie ausdrücklich versichert wurde – kann nicht verschleiern, dass das Etikett »(rechts-)liberal-pragmatisch« nunmehr etwas anderes decken sollte, als dem Kreis der Initiatoren vor Augen gestanden hatte.

Zusätzlich zu den inhaltlichen Korrekturen wurden der Zeitung ein neues Erscheinungsbild und ein größeres Format verordnet. Auch hier hatte man den Kioskkäufer im Blick, daher wohl auch die Bestimmung: »Ehemaliger Titel ›Christ und Welt‹ erscheint nur noch im Innenteil auf einer Seite, die sich im ökumenischen Sinne mit Theologie und Kirche befasst.« Einer von 36 vorgesehenen Seiten.

Dieter von Holtzbrinck, der die Verlagsgruppe seines Vaters vertrat, präsentierte schon bald der Gesellschafterversammlung eine nach den neuen Vorgaben gestaltete Nullnummer und erläuterte die an die Neukonzeption des Blattes geknüpften Erwartungen. Um DZ/CuW aus der Verlustzone herauszuführen sei eine Umgestaltung unabdingbar. Überdies sei eine kontinuierliche Auflagensteigerung von jährlich 10% erforderlich, da nur so die für das Überleben des Blattes benötigte beträchtliche Steigerung des Anzeigenaufkommens zu erzielen sei.[470] Die Gesellschafter stimmten der neuen Blattkonzeption einstimmig zu. Das Unternehmen glich einem Spagat: einerseits wollte man neue Leserkreise erschließen, andererseits jedoch die Stammleserschaft, die auf etwa 70.000 geschätzt wurde, nicht verprellen. Als Einstieg in das neue Erscheinungsbild wurde beschlossen, »vorsichtshalber schon jetzt den Untertitel ›Christ und Welt‹ weniger ›aufdringlich‹ erscheinen zu lassen.«[471] Das Projekt war mit erheblichen Investitionen verbunden. Chefredakteur Frank-Planitz erklärte sich ohne Enthusiasmus »im Interesse der Sache, auch aus Loyalität gegenüber den Gesellschaftern und der Redaktionsgemeinschaft« dazu bereit, die Neukonzeption umzusetzen. Er band diese Zusage jedoch an eine Reihe von Bedingungen, die vor allem die Mitspracherechte der Chefredaktion hinsichtlich der Umsetzung und Ausgestaltung des neuen Layouts betrafen.[472] Es dürfte die Folge dieser Vorbehalte gewesen sein, dass Ulrich Frank-Planitz kurz darauf aus seiner Position ausschied.[473]

Es war nicht allein der Umstand, dass die Zeitung ihrer Totaloperation nun ohne klare Leitung entgegenschritt, die zusätzliche Probleme schuf. Der von Georg von Holtzbrinck als Nachfolger von Frank-Planitz ins Auge gefasste Jost Nolte – zuletzt Redakteur beim »Zeit-Magazin«, der Beilage der erfolgreichen Hamburger Konkurrenz – löste wie zuvor Conrad Ahlers einen Aufstand der Redaktion aus. Der unter Linksverdacht stehende Nolte stieß auch bei Federer, Gerstenmaier und Mehnert auf Ablehnung.[474] Die Resonanz, die diese Personalquerele in der Presse

---

470 Protokoll Gesellschafterversammlung, 19. 5. 1973, NL Mehnert, Q 1/30 Bü 86.
471 Protokoll Gesellschafterversammlung, 19. 5. 1973, NL Mehnert, Q 1/30 Bü 86.
472 Frank-Planitz an Dieter von Holtzbrinck, NL Mehnert, 13. 6. 1973.
473 »Der Spiegel« nannte als Grund, die Neukonzeption sei Frank-Planitz »unausgegoren« erschienen, vgl. »Neues« Blatt, in: »Der Spiegel«, 42/15. 10. 1973, S. 23.
474 Vgl. »Gute Nase«, in: Der Spiegel, 43/1973, S. 99.

fand, belastete die ohnehin heikle Blattumstellung zusätzlich. Es traten technische Probleme auf, die durch die Personalsituation in der Redaktion noch verschärft wurden und Zeitdruck schufen. Die Geschäftsleitung sah den Betrieb gefährdet und befürchtete im Sommer 1973, dass »die Voraussetzungen nicht geschaffen werden können, durch die Neukonzeption zusätzliche Leserkreise so erfolgreich wie nur möglich anzusprechen und gleichzeitig die alten Leser zu halten, bzw. eine günstigere Blattbindung zu erreichen.«[475] Erwin Haupt sorgte sich vor dem Hintergrund fehlender personeller Ergänzungen in der Redaktion, dass »wir möglicherweise den alten Wein durch neue Schläuche laufen lassen werden.«[476]

Die Situation verkomplizierte sich noch durch die beabsichtigte Verlegung des Erscheinungsorts. Mit der Wahl von Bonn als neuem Sitz der Zeitung stellte man den politischen Aktualitätsanspruch der DZ/CuW deutlich heraus. Auch der Druck der Zeitung sollte von Stuttgart nach Nordrhein-Westfalen verlagert werden. Die neuen Standorte rückten das Blatt überdies in die Nähe Düsseldorfs, wo Dieter von Holtzbrinck die Geschäfte des »Handelsblatts« leitete. Klaus Mehnert betrachtete den Umzug ins Rheinland mit Skepsis; er sah die Kosten, Vorteile für die Auflage oder das Anzeigengeschäft konnte er nicht erkennen.[477]

Einstweilen ruhte die Hauptverantwortung auf den Schultern des im Vorjahr zum stellvertretenden Chefredakteur berufenen Ludolf Herrmann. Der 1936 geborene Herrmann war in den sechziger Jahren zunächst als freier Journalist tätig. Anschließend leitete er von 1967 an das Büro des CDU-Generalsekretärs Bruno Heck, dessen Aufmerksamkeit er als Mitarbeiter an der Zeitung der katholischen deutschen Studentenschaft erregt hatte. Aus dieser Position wechselte er in die Stuttgarter Redaktion.[478]

---

475 Haupt an Dieter von Holtzbrinck, NL Mehnert, Q 1/30 Bü 86, 20. 7. 1973.

476 Haupt an Federer, Gerstenmaier, Mehnert, 24. 7. 1973, NL Mehnert, Q 1/30 Bü 86.

477 Mehnert an von Holtzbrinck, Gerstenmaier, Federer, 16. 7. 1973, NL Mehnert, Q 1/30 Bü 86.

478 Vgl. Ansgar Lange: Intellektueller Leitstern. Dem Publizisten Ludolf Herrmann zum Andenken, in: http://www.kas.de/wf/doc/kas_8486-544-1-30.pdf?060629172844 (eingesehen 20. 4. 2008).

Im Herbst 1973 trat Hermann dort die Nachfolge von Frank-Planitz als Chefredakteur an und übernahm das Steuer eines Blattes, das nach wie vor an einer strukturell bedingten Hypothek litt. Die aktuellen, von der »Leseranalyse Führungskräfte in der Wirtschaft« ermittelten Daten belegten ein weiteres Mal die blockierte Position von DZ/CuW im Zeitungsmarkt.[479] Hier sind die Vergleichswerte zur Hauptkonkurrentin der Stuttgarter Blattmacher, der Hamburger »Zeit«, aufschlussreich. Während der Bekanntheitsgrad der DZ/CuW bei 60% lag, erreichte die »Zeit« satte 85%. Die Werte für den weitesten Leserkreis und die Leser pro Ausgabe fielen noch deutlicher zugunsten der Hamburger aus: 42% zu 12% bzw. 15% zu 3%. Auch die Überalterung der Leserschaft blieb weiterhin ein Problem: 71% der DZ/CuW-Klientel war zwischen 40 und 69 Jahre alt, unter den Führungskräften insgesamt waren dies nur 62%, was dem Wert von 61% für die »Zeit«-Kunden nahezu entsprach. Die milieuspezifische Verankerung der Zeitung wird noch unterstrichen durch den überproportionalen Anteil an Lesern mit Hochschulbildung – den 75% der DC/CuW-Nutzer standen 59% in der Gesamtgruppe der Führungskräfte gegenüber, die »Zeit« rangierte bei moderaten 67%. Die Umfrage ergab zwar auch, dass die DZ/CuW ein besonders exklusives und konsumstarkes Segment der Erhebungsgruppe erreichte, doch war dies nur die Kehrseite ihres eingeschränkten Marktzugangs. Ein Fazit aus der Leseranalyse ist hierfür nahezu symbolisch: »Die DEUTSCHE ZEITUNG ist kein Umlaufexemplar. Sie wird auch – nach der Nutzung – nicht weitergegeben, sondern bleibt beim Leser. Die Reichweite der DEUTSCHEN ZEITUNG konnte daher nicht die hohen Werte anderer Titel erzielen.«

Im Oktober 1973 wurde die umgebaute DZ/CuW im Steigenberger Hotel Graf Zeppelin mit großem PR-Aufwand der Öffentlichkeit vorgestellt. Gleichartige Veranstaltungen fanden in Baden-Baden, Hamburg,

---

479 Bei dieser Leseranalyse handelte es sich um eine Erhebung, die gezielt größere Selbständige, freie Berufe, sowie leitende Angestellte und Beamte erfassen sollte, soweit deren monatliches Nettoeinkommen mindestens DM 2500 betrug, siehe hierzu und zum Folgenden: Die DEUTSCHE ZEITUNG in der Leseranalyse Führungskräfte in der Wirtschaft 1973 (LAF 1973), NL Mehnert, Q I/30 Bü 509.

Düsseldorf, Frankfurt/Main und München statt.[480] In gezielten Werbeschreiben annoncierte man ein »außergewöhnliches Zeitungsprojekt« – quasi ein neues Produkt also:

> Eine neue publizistische Stimme, die sich für das Leistungsprinzip, für die Privatinitiative und für den Schutz des Eigentums als Grundlage unserer wirtschaftlichen und gesellschaftlichen Ordnung einsetzt. Die sich entschieden gegen sozialistische Experimente, gegen Kollektivierung und Bürokratisierung wendet … Mit einem Stab von bekannten und prominenten Autoren … Jürgen Thorwald und Peter Härtling, Robert Neumann und Wilhelm Hennis, Peter Scholl-Latour und Helmut Heissenbüttel, Rudolf Kraemer-Badoni und Fritz René Allemann.[481]

Doch die an das kostspielige Unterfangen geknüpften wirtschaftlichen Erwartungen erfüllten sich nicht. Als man nach Jahresfrist im Herbst 1974 Bilanz zog, fiel das Ergebnis ernüchternd aus: »Ich habe heute ein Gespräch mit Herrn von Holtzbrinck Senior geführt, an dem teilweise auch der Junior teilgenommen hat. Beide waren sichtlich deprimiert über die Fehlschläge bei der DZ.«[482] Georg von Holtzbrinck resümierte: »Die ganze Entwicklung war unbefriedigend und die Sorgen teilen wir gemeinsam. Was nicht vorauszusehen war, waren die Papierpreiserhöhung und der Anzeigenrückgang zum Zeitpunkt der Umstellung. Aber auch sonst stand das Unternehmen unter einem schlechten Stern«[483] Das enttäuschende Ergebnis führte man zum Teil auf eine verfehlte Personalpolitik für die Geschäftsleitung – des Nachfolgers von Erwin Haupt – und der Leitung des Anzeigengeschäfts zurück. Andererseits sah man einen weiteren Grund für die schlechte finanzielle Lage in erheblichen schönenden Manipulationen an der Auflagenhöhe, die Erwin Haupt zur Last gelegt wurden.[484] Der wehrte sich und verwies auf in der Geschäftspolitik liegende Gründe für die Misere. Die seit Herbst 1971

---

480 Vgl. Haupt an Gerstenmaier und Mehnert, 12. 10. 1973, NL Mehnert, Q I/30 Bü 86.
481 Werbeschreiben Erwin Haupt, 1. 10. 1973, NL Mehnert, Q I/30 Bü 88.
482 Federer an Mehnert, 20. 9. 1974, NL Mehnert, Q I/30 Bü 96.
483 Georg von Holtzbrinck an Mehnert, 18. 10. 1974, NL Mehnert, Q I/30 Bü 96.
484 Federer an Mehnert, 20. 9. 1974, NL Mehnert, Q I/30 Bü 96.

reduzierte, schließlich desorganisierte Werbung habe notwendig zu Auflagenproblemen führen müssen. Der Trend einer seit der ersten Jahreshälfte 1972 stagnierenden bis rückläufigen Auflage habe sich nach der Blattumstellung fortgesetzt. Haupt sah sich auch in seinem Lebenswerk getroffen:

> Ich verantworte und vertrete diese meine Geschäftspolitik der vergangenen 27 Jahre und trotz aller Fehleinschätzungen und Versäumnisse bin ich nach wie vor der Überzeugung, dass das Optimale gewollt und gelegentlich auch erreicht wurde. Aus diesem Grund sollte man objektiver- und fairerweise jetzt nicht so tun, als hätte ich erfolglos gearbeitet.[485]

Neben den wirtschaftlichen Problemen förderte die Blattreform einen Entfremdungsprozess, der bald zum Ausscheiden Federers, Mehnerts und Gerstenmaiers als Gesellschaftern führte. Eugen Gerstenmaier hatte bereits Ende 1969 Kritik am politischen Tonfall der Zeitung geäußert. Er nahm Anstoß an der Behandlung Kiesingers durch die Redaktion. Die Konflikte Gerstenmaiers mit der Redaktion mehrten sich in der Folgezeit.[486] Sein Unbehagen galt dabei einer als zu moderat wahrgenommenen Haltung des Blatts, wobei ein Generationskonflikt hineingespielt haben mag. Die Redaktion bestünde »zum größten Teil aus jungen Leuten, von denen einige recht begabt sind, aber sich doch nicht dazu entschließen können, dem Geist der Zeit die Stirn zu bieten.«[487]

Klaus Mehnert bedauerte, dass in der neuen DZ/CuW »der für Politik zur Verfügung stehende Raum so schmal geworden ist.«[488] Dass Mehnerts journalistischer Arbeitsbereich im Konzept für die neu profilierte Zeitung heruntergefahren worden war, machte sich bemerkbar. Einiges aus seiner Feder fiel auch der Raumnot zum Opfer. Der verbliebene Rest war Klaus Mehnert zu wenig:

---

485 Haupt an Federer, 4. 11. 1974, NL Mehnert, Q 1/30 Bü 95.
486 Gniss, Gerstenmaier, S. 462.
487 Gerstenmaier an Gerhard Schumann, 7. 12. 1974, zitiert nach Gniss, Gerstenmaier, S. 463 (Anm. 74).
488 Mehnert an Dieter von Holtzbrinck, 5. 7. 1974, NL Mehnert, Q 1/30 Bü 96.

Unter diesen Umständen sehe ich keine rechte Möglichkeit mehr für mich in der DZ ... Ich schlage daher vor, dass ich aus der Redaktionsgemeinschaft ausscheide ... Sollte man sich bei mir nach den Gründen erkundigen, so würde ich wahrheitsgemäss sagen, seit der Umstellung des Blattes habe sich der für Aussen- und Weltpolitik zur Verfügung stehende Raum so reduziert, dass sich allzu selten die Möglichkeit bot, Aufsätze über Fragen zu veröffentlichen, die mich interessieren.[489]

Der Schlusspunkt kam am 26. 11. 1974, an dem die Verlagsgruppe die Anteile der »Gruppe Gerstenmaier« übernahm: »Damit geht eine Epoche bei der Deutschen Zeitung zu Ende.« Die Trennung von den Altgesellschaftern, so wurde betont, erfolgte auf freundschaftliche Weise.[490] In den Worten Federers: »›So endet eine Liebe‹«[491] Von jenseits des Atlantiks meldete sich Ernst Hepp, der erste Chefredakteur der Zeitung, bei Mehnert zu Wort: »Federers schrieben schon, dass Sie, er und Eugen aus CuW ausgetreten seien. Dass ist ein grosser Verlust fuer die Zeitung. Mich haben sie nach 25 Jahren Freiabonnement von der Liste abgesetzt.«[492]

Das politische Gesicht von DZ/CuW in den 70er Jahren entsprach in großen Zügen den Vorgaben der Neukonzeption. Zahlreiche Gastautoren ließen auch die Ansichten des konkurrierenden politischen Lagers zu wechselnden Themen hervortreten, sodass die Zeitung einen stärker dialogischen Charakter annahm. Bereits nach dem Wechsel in der Chefredaktion begründete der Emigrant und Schriftsteller Robert Neumann seine häufige Mitarbeit nunmehr damit, das Blatt sei »unter neuem Management zwar noch immer christlich und konservativ ... aber ernsthaft bemüht darum, die offenbar nicht ganz so rasch vermeidlichen Rückfälle ins Reaktionäre nach Kräften durch Progressives zu kompensieren.«[493]

---

489 Mehnert an Dieter von Holtzbrinck, 19. 11. 1974, NL Mehnert, Q 1/30 Bü 104.
490 Nicht gezeichnetes Schreiben an Ludolf Herrmann, 28. 11. 1974, NL Mehnert, Q 1/30 Bü 96.
491 Federer an Mehnert, 27 11. 1974, NL Mehnert, Q 1/30 Bü 96.
492 Ernst Hepp an Mehnert, 5. 2. 1975, NL Mehnert, Q 1/30 Bü 104.
493 CuW, 8. 10. 1971, S. 11: Robert Neumann: Warum ich hier schreibe. Zehn Jahre zuvor hatte CuW-Mitarbeiter Carl Gustaf Ströhm Neumann im Blatt noch scharf attackiert, vgl. Knoch, Tat als Bild, S. 813.

Willy Brandt, Peter Glotz, Horst Ehmke und vor allem Egon Bahr kamen mit Programm- oder Meinungsartikeln in DZ/CuW zur Geltung. Zu einer ganzen Reihe von Themen brachte man Serien, in denen mehrere Autoren den Gegenstand kontrovers beleuchteten. Die Zeitung, die während des aufgeheizten Wahlkampfs 1972 bemüht war, die Polarisierung in der Öffentlichkeit zu dämpfen, behielt andererseits durch ihre leitenden Deutungsmuster ein konservatives Profil bei – so beispielhaft in Ludolf Herrmanns Wertung des ersten Jahrzehnts der seit je kritisch begleiteten sozialliberalen Koalition.[494] Das Ergebnis der Bundestagswahl 1972 hatte Herrmann zuvor als entscheidende Wende für die Bundesrepublik dramatisiert: »Das Experiment einer bürgerlichen Demokratie konservativen Zuschnitts muß mindestens als unterbrochen angesehen werden. Statt dessen hat das politische Thema dieses Jahrhunderts – der Versuch, eine Synthese zwischen Sozialismus und Freiheit zu schaffen – in der Bundesrepublik ein neues Experimentierfeld gefunden.«[495] Die Zeitung wurde zunächst nicht müde, vor einem Linksrutsch der SPD zu warnen und mahnte eine Durchsetzung des umstrittenen sog. »Radikalenerlasses« an.[496] Den Putsch gegen Chiles Präsidenten Salvador Allende rechtfertigte Fritz René Allemann offen als Errettung des Landes vor dem Chaos.[497] Ähnlich deutlich ergriff man in der Debatte um das Konzept der Gesamtschule Partei für das Lager ihrer Gegner und bot dem Soziologen Helmut Schelsky eine Bühne für seine Sozialstaatskritik.[498] Die früh thematisierte Umweltproblematik blieb auch in der durch die Relativierung des Fortschrittsbegriffs eröffneten konservativen Perspektive nicht ungenutzt.[499]

---

494 Vgl. CuW, 5. 10. 1979, S. 3: Ludolf Herrmann: Preußens Antwort.

495 CuW, 24 11. 1972, S. 1: Ludolf Herrmann: Kann die FDP bremsen?

496 Vgl. CuW, 16. 6. 1972, S. 2: Henning Frank: Offene Türen für DKP?

497 CuW, 14. 9. 1973, S. 1: Fritz René Allemann: Chiles Selbstmord.

498 Z. B. CuW, 27. 4. 1973: Birgit Lahann: Das revolutionäre Klassenzimmer. Gesamtschule – zum Beispiel in Frankfurt: Kinder als Versuchskaninchen; CuW, 6. 7. 1979: Roman Herzog: Form ist auch Gehalt. Gesamtschule ist nicht nur ein Problem der Organisation; CuW, 2. 11. 1979, S. 22: Helmut Schelsky: Kritik der austeilenden Gerechtigkeit.

499 Vgl. CuW, 31. 12. 1971, S. 9: Gerd-Klaus Kaltenbrunner: Absage an den Fortschritt.

Andererseits öffnete man sich liberalen, bisweilen auch sozialkritischen Sichtweisen von Gegenwartstendenzen. Eine ausgewogene Reportage zu den vor allem im studentischen Milieu aufkommenden Wohngemeinschaften sah für Alarmismus keinen Grund und eine ganzseitige Darstellung der Hausbesetzungen und Unruhen im Frankfurter Westend ging nicht nur mit der von der SPD zu verantwortenden Stadtpolitik, sondern zugleich mit dem Treiben der Spekulanten ins Gericht.[500] In der Auseinandersetzung um den Abtreibungsparagraphen 218 des Strafgesetzbuches fand die Initiative des »Stern« Unterstützung, in der herrschenden Gesetzeslage sah man die »Justiz als negative Lotterie«.[501] Auch Chefredakteur Herrmann fand auf dem Gebiet der ins Gerede gekommenen Asylpolitik mahnende Worte, wenn er über die bayerische Grenzpraxis anmerkte, Schicksale hingen daran, »ob ein subalterner Daumen sich nach oben oder nach unten drehte« und erinnerte: »Die Zeiten sind nicht lange vorbei, da Deutsche anderwärts um Aufnahme ersuchten – und oftmals abgewiesen wurden. Wenn es heute um einen moralischen Standard geht, sollte auch die Zukunft nicht vergessen werden«.[502]

Wenngleich die intensive Diskussion, die das Feuilleton der späteren 60er Jahre kennzeichnete, auch in DZ/CuW nicht anhielt, behielt dieser Teil der Zeitung seine Offenheit bei. Mitunter ergab die Berichterstattung einen impliziten Kontrapunkt zum Politikteil, so z. B. ein Nachruf auf den chilenischen Dichter Pablo Neruda, dessen Tod kurze Zeit nach dem Putsch in dem südamerikanischen Land eine äußerst positive Würdigung von Werk und Person folgte, die auch seine politische Position auf der Seite Allendes nicht aussparte.[503] Die eine altkonservative Klientel bedienenden Sujets verloren weiter an Gewicht. Aufgeschlossenheit auch gegenüber Produktionen wie Andy Warhols Film »Lonesome Cow-

---

500 CuW 18. 5. 1973, S. 36: Ulla Schickling: Kein Platz für Gruppensex. Wohngemeinschaften – eine Alternative zur Kleinfamilie?; CuW, 21. 9. 1973, S. 32: Thomas Darnstädt: Im Westend kräht der Rote Hahn.
501 CuW, 23. 7. 1971, S. 16: Jürgen Tern: Sternmarsch der Amazonen.
502 CuW, 30. 11. 1979, S. 1: Ludolf Herrmann: Menschenrecht an der Grenze. Die doppelte Moral im Asylrecht.
503 CuW, 28. 9. 1973, S. 11: Günter W. Lorenz: Gesang aus der Nacht.

boys«, dem eine positive Besprechung gewidmet wurde,[504] findet sich auch zu direkt politisch profilierten Werken wie Max von der Grüns Roman »Stellenweise Glatteis«, den Franz Schonauer rezensierte, oder der Fernsehdokumentation »Rote Fahnen sieht man besser«.[505] Zum Verhältnis von Politik und Theater hieß es: »Politisches Theater hat die Freiheit, die es sich nimmt. Ich denke, es sollte nicht aufhören, sie sich zu nehmen.«[506] Selbst Günter Grass' auf die SPD hin orientiertes »Tagebuch einer Schnecke« fand positiven Widerhall.[507]

Weiterhin legte man Wert darauf, sich vom rechten Rand des politischen Spektrums zu distanzieren. Entsprechend harsch fiel die Bewertung der in Frankreich aufkommenden »Nouvelle Droite« am Beispiel ihres Vordenkers Alain de Benoist aus, dem der Ex-CuW-Mitarbeiter Armin Mohler nahe stand: »Unter dieser Sicht schrumpft das menschliche Zusammenleben, überhaupt das gesellschaftliche Gefüge auf das Niveau von Ameisenhaufen und Bienenschwärmen.«[508] An die Adresse der deutschen Historikerzunft gerichtet war die Mahnung:

> Bei dem derzeitigen unbefriedigenden Forschungsstand kann fast jeder Behauptungen aufstellen, wie jüngst der historische Schriftsteller David Irving oder der Historiker Hellmut Diwald, und das Recht für sich in Anspruch nehmen, die historische Wahrheit zu vermitteln. Und die Rechtsradikalen bedienen sich dieser Forschungslücke nur allzu gern.[509]

Mit dem durch seine »Geschichte der Deutschen« aus dem Jahr 1978 rechtsaußen angesiedelten Diwald allerdings traf die Distanzierung ei-

---

504 CuW, 4. 8. 1972, S. 10: Uwe Schultz: Scheues Lächeln von Mann zu Mann.

505 CuW, 18. 5. 1973, S. 14: Franz Schonauer: Tatort Fabrik; CuW, 17. 12. 1971, S. 17: Rubrik »Kritik«: ROE: Rote Fahnen sieht man besser. Siehe auch die positive Rezension zu von der Grüns Roman »Flächenbrand« durch Elisabeth Endres in CuW, 12. 10. 1979, S. 24: Menschen sind unter uns.

506 CuW, 29. 9. 1972, S. 9f.: Siegfried Melchinger: Die Szene als Tribunal.

507 CuW, 8. 9. 1972, S. 12: Günther Schloz: Schnecke, Zweifel und SPD.

508 CuW, 5. 10. 1979, S. 17f.: Gaston Keller: Die Arier aus Gallien.

509 CuW, 2. 11. 1979, S. 32: Klaus-Jörg Ruhl: Das Grauen verdrängt. Siehe gegen Irving auch CuW, 7. 9. 1979, S. 22: Klaus-Jörg Ruhl: Angekohlte Reste. Irvings Fehlschlüsse über Hitler.

nen Mitarbeiter des Blattes, der zu der Riege derjenigen gehörte, die die andere Flanke im Meinungsbogen der Zeitung zu bedienen hatten. Neben Diwald war auch Ernst Topitsch ein häufigerer Mitarbeiter des Blattes, ein vehementer Anti-68er, der in DZ/CuW seinen Abgesang auf die sozialistischen und emanzipatorischen Hoffnungen des Jahrzehnts formulieren konnte.[510] Mit Alfred Schickel, Klaus Hornung und Gerd-Klaus Kaltenbrunner blieben auch weitere Vertreter des intellektuellen rechten Randes der Zeitung erhalten. Wiederum andererseits fand man zum Tod des paradigmatischen 68er-Philosphen Herbert Marcuse zu einer angemessenen, wenn auch kritischen Würdigung eines der »wenigen bedeutenden Denker dieser Jahre«.[511]

Wie bereits mehrfach zuvor stand auch in den späteren 70er Jahren der Gedanke einer Fusion im Raum, um die wirtschaftlichen Probleme der Zeitung zu überwinden. Nachdem entsprechende Anläufe beim »Sonntagsblatt« gescheitert waren, fasste man nunmehr einen anderen richtungsverwandten Partner ins Auge. Der »Rheinische Merkur« war – als Träger eines berühmten Namens – bereits 1946 gegründet worden.[512] Katholisch-konservativ profiliert wurde das Blatt im Folgejahr in eine meinungsstarke Wochenzeitung umgewandelt, die sich mit der Kanzlerschaft Ludwig Erhards noch deutlicher konservativ-oppositionell profilierte. Chefredakteur Otto B. Roegele fasste die Blattlinie des »Rheinischen Merkurs« 1966 im Rahmen einer Umfrage stichwortartig zusammen:

---

510 Vgl. CuW, 23. 11. 1979, S. 2: Ernst Topitsch: Ära der Illusionen. Nachruf auf einen Zeitgeist. Siehe auch CuW, 10. 11. 1972, S. 17f.: Ernst Topitsch: Wie autoritär war Karl Marx? Der Mythos von den humanen Grundlagen der kommunistischen Heilslehre.

511 CuW, 3. 8. 1979, S. 20: Ivo Frenzel: Apostel der Verweigerung. Kühn im Ansatz, groß im Irrtum.

512 Siehe zum »Rheinischen Merkur« allgemein Peter Hertel: Die Wacht am Rhein? »Rheinischer Merkur«, in: Michael Wolf Thomas (Hg.): Porträts der deutschen Presse. Politik und Profil (Berlin 1980), sowie zu den ersten Jahren Guido Müller: Der Rheinische Merkur. Ein militantes christliches, konservativ-liberales und westliches Medium in der Gründungsphase der Bundesrepublik Deutschland (1946–1950), in: Das konservative Intellektuellenmilieu in Deutschland, seine Presse und seine Netzwerke (1890–1960), Hrsg. von Michel Grunewald und Uwe Puschner in Zusammenarbeit mit Hans Manfred Bock (Bern 2003).

Europäische Einigung –, politische Zusammenarbeit der Konfessionen –, Wiederherstellung der deutschen Einheit –, Föderalismus –, Bewahrung des europäischen Erbes in Kultur und Politik –, Verbindung von Tradition und Fortschritt –, konstruktiv kritische Prüfung und Beurteilung des gesellschaftlichen Lebens –, Suche nach einer modernen, den Normen des präpositiven Rechts entsprechenden Sozialordnung – Förderung des Prinzips Freiheit in allen Bereichen des menschlichen Zusammenlebens – Wiederannäherung der christlichen Bekenntnisse.[513]

Mit seiner Überalterung der Leserschaft und einer deutlichen Milieubindung teilte das Kölner Blatt dabei zwei Handikaps, die auch den weiteren Aufstieg von CuW limitiert hatten. Mitte der 70er Jahre sollte der »Rheinische Merkur« jedoch auf Expansionskurs gebracht werden – ein Ziel, das zwei Anpassungen erforderlich erscheinen ließ: eine argumentative Öffnung der Blattlinie und eine Ausweitung der protestantischen Leserschaft.[514] Es erfolgte eine Blattreform, das Layout wurde aufgelockert, in Gastkommentaren kamen von der redaktionellen Linie abweichende Auffassungen zur Geltung, das Themenspektrum erweiterte sich.[515] Es lag daher nahe, eine Kooperation beider Wochenzeitungen ins Auge zu fassen.

Die bevorstehende Fusion wurde den Lesern des »Rheinischen Merkur« als »Werk praktischer Ökumene« nahegebracht. Es gehe nicht allein um eine Konsolidierung am Markt. Wenngleich eine unterschiedliche konservative Positionierung beider Blätter, »die stärker profilierte europäische, föderalistische eher konservative Linie des ›Rheinischen Merkur‹ und die mehr pragmatische, liberale und zeitoffene Linie der ›Deutschen Zeitung/Christ und Welt‹«, als nicht unproblematisch angesprochen wurde, gelobte man doch:

---

513 Zitiert nach Alfred Pressel: Der »Rheinische Merkur« und »Die Zeit«. Vergleichende Inhaltsanalyse zweier Wochenzeitungen von verschiedener weltanschaulicher Orientierung (Berlin 1968), S. 35f.

514 Vgl. Hertel, Wacht, a. a. O., S. 248ff.

515 Vgl. Herwig Gückelhorn: Rheinischer Merkur, in: Heinz-Dieter Fischer (Hg.): Chefredakteure. Publizisten oder Administratoren? (Düsseldorf 1980), S. 148f.

Wochenblätter sind, von ihrer publizistischen Aufgabe her, Meinungszeitungen. Sie ergänzen das Angebot der tagesaktuellen Medien ... Dies wird unser Blatt auch in Zukunft tun, von jener christlichen Grundhaltung aus, die es nach wie vor einnimmt, in unmißverständlicher Parteinahme für die freiheitliche, rechtstaatliche und föderative Ordnung der Bundesrepublik, in sozialer Verantwortung für das Gedeihen des Ganzen, in konservativer Skepsis gegenüber ungeprüften Neuerungen, in diskussionsbereiter Liberalität gegenüber Andersdenkenden in unserer pluralen Gesellschaft ...[516]

Aus dem beigefügten Gratulantenchor waren die Stellungnahmen der Politiker gemischt. Während der baden-württembergische Ministerpräsident Lothar Späth in dem Zusammengehen eines katholisch geprägten Blatts mit einem protestantisch eingefärbten den Nachvollzug eines Schrittes begrüßte, den die CDU bereits vor Jahrzehnten getan habe, schrieb die FDP-Bundestagsabgeordnete Ingrid Matthäus: »Die Fusion der beiden Zeitungen ist ein Beispiel für die Möglichkeiten, die interessierte Kreise besitzen und auch anwenden, wenn es darum geht, bestimmte Meinungsbildende Blätter zu erhalten.« Gleichfalls aus den Reihen der regierenden sozialliberalen Koalition resümierte der Medienexperte Peter Glotz: »Die ›Deutsche Zeitung‹ war bisher ein Forum des liberalen Konservativismus, das sich zuweilen der Verunsicherung durch die Linke wenigstens vorsichtig ausgesetzt hat. Es bleibt zu hoffen, dass diese prinzipielle Offenheit auch nach der Fusion mit dem ›Rheinischen Merkur‹ erhalten bleibt.«[517] Da der »Rheinische Merkur« eine insgesamt deutliche rigidere Linie als CuW vertreten hatte,[518] war dieses Bedenken verständlich.

Die Skepsis mag auch darauf beruht haben, dass der »Rheinische Merkur« im Gravitationsfeld der katholischen Kirche angesiedelt war, die das Unternehmen seit 1974 finanziell mit trug. Der ehemalige CuW-Gesellschafter Eugen Gersten-

---

516 Rheinischer Merkur, 21./28. 12. 1979, S. 45: Die Herausgeber Otto B. Roegele, Hans Maier, Christa Meves: Auf zwei Beinen ein fester Standpunkt.
517 Ebenda, S. 47.
518 Vgl. Pressel: Der »Rheinische Merkur« und »Die Zeit«, S. 186f.

maier bemerkte dazu: »Wer zahlt, schafft an.«[519] Für kurze Zeit nur leitete der übernommene CuW-Chefredakteur Ludolf Herrmann das fusionierte Blatt. Mit Herrmanns Ausscheiden im Juni 1980 schwand ein sichtbares Stück personeller Kontinuität, das den neuen »Merkur« mit CuW verband. Der ökonomische Durchbruch blieb danach ebenso aus wie bei den Vorgängerprodukten; es reichte nur für eine »prekäre Randexistenz«.[520]

---

519 Zitiert nach Claus Heinrich Meyer: Symbiose ohne Kopf, in: Süddeutsche Zeitung 1./
2. 3. 1980, S. 9.
520 Hans-Ulrich Wehler: Deutsche Gesellschaftsgeschichte. Fünfter Band, Bundesrepublik und DDR 1949–1990 (München 2008), S. 400.

Berthold Petzinna

Suhrkamp – Der Weg eines Verlags
in der frühen Bundesrepublik

Als Siegfried Unseld nach dem Tod des Verlagsgründers Peter Suhrkamp das Unternehmen weiterführte, löste er rasch die Filiale in Berlin-Zehlendorf auf. Suhrkamp wurde nun zu einem rein Frankfurter Haus, doch die Verbindungen zu Berlin reichen weit zurück. In seinem Erinnerungsbuch *Als wär's ein Stück von mir* schildert der emigrierte Schriftsteller Carl Zuckmayer einen ersten Nachkriegsbesuch in der zertrümmerten winterlichen Stadt kurz nach Kriegsende. Dort suchte er auch Peter Suhrkamp auf.

»Peter Suhrkamp lag bleich, hohläugig im Bett, das Zimmer war kalt. Er war an einem Rückfall der schweren Lungen- und Rückenfellentzündung erkrankt, die ihm, außer anderen unheilbaren Gesundheitsschäden, seine Haft in einem der schlimmsten Konzentrationslager eingebracht hatte. Wenn man ihn anschaute, glaubte man einen Sterbenden zu sehen, doch waren seine Wolldecken von Manuskripten, Korrekturbögen und Korrespondenz behäuft, er hielt einen Bleistift in den abgemagerten, klammen Händen. Wenn ich je ein Beispiel erlebt habe, daß der Geist den Körper beherrschen kann, dann war es das seine.«[1]

Suhrkamp war ein kulturorientierter Aufsteiger von ausgeprägtem Eigensinn und großer Zähigkeit. Die Ausbildung zum Lehrer im Kaiserreich ertrotzte er gegen den Willen seines Vaters, eines norddeutschen Landwirts. Von der Jugendbewegung beeinflusst, nahm der junge Lehrer freiwillig am Ersten Weltkrieg teil, zeitweilig als Stoßtruppführer – wie auch der spätere Schriftsteller Ernst Jünger. Gleich Jünger wurde Suhrkamp, für den der Krieg zu einem nervlichen Zusammenbruch führte, hoch dekoriert.

---

1   Carl Zuckmayer: Als wär's ein Stück von mir (Frankfurt/Main 1982), S. 463.

Es folgten unstete Jahre in der frühen Weimarer Republik: Tätigkeiten als Sekretär des Schriftstellers Rudolf Binding, am Theater und als Lehrer. Ins Verlagsgeschäft kam Peter Suhrkamp auf Umwegen und erst spät. Kurz vor Beginn des »Dritten Reichs« zum S. Fischer Verlag gestoßen, führte er das bei den Machthabern missliebige Unternehmen gleichsam treuhänderisch für die emigrierten Alteigentümer bis zu seiner KZ-Haft 1944. Nach Kriegsende währte die Zusammenarbeit mit Fischer nur wenige Jahre, man trennte sich, und Suhrkamp wurde ein eigenständiges Haus. Die Stammautoren konnten zwischen den nunmehr separaten Verlagen wählen. Die meisten, unter ihnen der auch finanziell wichtige Hermann Hesse, entschieden sich für Suhrkamps Neugründung.

Peter Suhrkamp hatte kein Großunternehmen im Sinn, als er seinen Verlag gründete. Verlegerisch von konservativer Einstellung, lehnte er Taschenbücher zur Erschließung größerer Leserkreise ab. Die von ihm angelegte *Bibliothek Suhrkamp* richtete sich an ein kleines, elitäres Publikum, das gezielt über eine verlagsintern »Aristokratenkartei« genannte Adresssammlung angesprochen werden sollte. Eine politische Profilierung des Unternehmens lehnte er ab. Dennoch fielen in seine Zeit als Verleger in den 1950er Jahren Entscheidungen, die das Gesicht des Verlags bis heute prägen. Bertolt Brecht hatte bei der Trennung von Fischer mit Nachdruck für Suhrkamp votiert, sodass dessen Neugründung Brechts Hausverlag in der Bundesrepublik wurde und bis heute blieb. Politisch vorsichtig, aber ausdauernd etablierte Suhrkamp Brecht gegen die Widerstände des Kalten Kriegs im Westen. Mit Proust und Beckett erschienen weitere wichtige Autoren der Moderne bei Suhrkamp. Mindestens ebenso stark wie diese prägten zwei Theoretiker das Profil des Verlags, die gleichfalls Peter Suhrkamp ins Programm nahm: Theodor W. Adorno und Walter Benjamin. Beide sollten im folgenden Jahrzehnt und darüber hinaus starken Einfluss auf den politischen Aufbruch einer jungen Generation ausüben. Suhrkamp als Verlag der klassischen Moderne und der Kritischen Theorie – die Fundamente waren damit gelegt.

Darauf konnte Siegfried Unseld, den Peter Suhrkamp in seinen letzten Lebensjahren an die Verlagsleitung herangeführt hatte, als Suhrkamps Nachfolger aufbauen. Er gliederte mit James Joyce einen weiteren großen Vertreter der Moderne in den Verlag ein. Während junge Autoren – zum Beispiel Hans Magnus Enzensberger – bislang im Programm nur am Rande eine Rolle gespielt hatten, baute der neue Verleger deren Stellung deutlich aus. Über seinen Freund Martin Walser kam Unseld in Kontakt mit der Gruppe 47, einer losen Schriftstellervereinigung vornehmlich von Männern der Kriegsgeneration, die in der westdeutschen literarischen Landschaft eine zunehmend wichtige Rolle spielte. Mit den Jahren wurde Suhrkamp zum bedeutendsten Publikationsort vieler Gruppenmitglieder, was den Stellenwert des Unternehmens in der Literaturgeschichte der frühen Bundesrepublik mitbegründete.

Doch auch der Führungsstil Siegfried Unselds wich zumindest anfangs deutlich von Peter Suhrkamps Leitung ab. In Verlagsgeschäften telefonierten er und Freund Walser zunächst nahezu täglich. Andere junge Autoren waren ebenfalls in den Betrieb des Verlags mehr oder weniger eng eingebunden. Neben Enzensberger war dies vor allem Uwe Johnson. Johnson, der mit einem ersten Manuskript gescheitert war, veröffentlichte mit dem Roman *Mutmaßungen über Jakob* ein erstes bedeutendes Werk bei Suhrkamp, dem weitere folgen sollten. Gleichfalls zum inneren Suhrkamp-Kreis trat Peter Weiss. Der durch den Nationalsozialismus ins Exil gezwungene, in Stockholm lebende Emigrant publizierte ebenfalls ein bedeutendes Werk im Verlag.

An Johnson, Weiss, später Peter Handke und anderen zeigte sich eine Strategie des Verlegers Unseld besonders deutlich: nicht einzelne Bücher, sondern Autoren zu machen. Nach dieser Devise waren bereits andere Pioniere der modernen Literatur unter den deutschen Verlegern verfahren. Auch hierin liegt eine Bedeutung des Verlagsgeschäfts – Literatur nicht nur zu vertreiben, sondern sie in ihrer Entstehung anzuregen, zu fördern und mit zu bestimmen. Literaturgeschichte ohne Verlagsgeschichte zu schreiben, ist daher in vieler Hinsicht ein fragwürdiges Unterfangen. Inzwischen veröffentlichte Briefwechsel Unselds, zum Beispiel mit Weiss und Johnson, machen dies deutlich und zeigen, wie weit der Einfluss des Verlags reichte.

Auch in neue Geschäftsfelder expandierte das Unternehmen. Hatte Peter Suhrkamp dem Taschenbuch noch ablehnend gegenübergestanden, trat der Verlag 1963 mit einer eigenen Taschenbuchreihe hervor. Sie sollte die bedeutendste in der Bundesrepublik werden. Unter dem verantwortlichen Lektor Günther Busch wurde die *edition suhrkamp* mit ihrer Mischung aus Theorie und Literatur zum Arsenal einer nachwachsenden kritischen Intelligenz, die dem Land in den 1960er Jahren zunehmend den Stempel aufdrücken sollte. Nicht minder wichtig war die Einrichtung eines eigenen Programms mit theoretischen Texten. In der Gewinnung von wissenschaftlichen Beratern zeigte sich ein weiteres Mal Unselds Talent, Netzwerke zu bilden, die dem Verlag förderlich waren. Auch die Theatersparte des Verlags entwickelte sich unter der Leitung von Karlheinz Braun in dieser Zeit zur führenden in der Bundesrepublik, sie bestimmte das sich ästhetisch wie inhaltlich fortentwickelnde Theater Westdeutschlands wesentlich mit. Die Übernahme des Frankfurter Insel-Verlags durch Suhrkamp gliederte ein traditionsreiches Unternehmen an, das für Buchkultur und Bildungsanspruch stand. Die neue Programmgestaltung setzte auch darauf, durch Publikationen aus der bislang weniger präsenten demokratischen deutschen Tradition den Bildungskanon nach links hin zu erweitern.

All dies vollzog sich im Gleichklang mit einer zunehmenden Politisierung des öffentlichen Lebens. Eine zunächst mit literarischem Schwerpunkt konzipierte Zeitschrift des Verlags, die Hans Magnus Enzensberger herausgab, wurde in der zweiten Hälfte der 1960er Jahre zur wichtigsten Einzelstimme in der Formierung eines neuen linksintellektuellen Lagers: das *Kursbuch*. In oft auf Schwerpunkte ausgerichteten Heften, die eher Paperbacks glichen, setzte das *Kursbuch* Themen und beeinflusste so die Debatten in linksoppositionellen Kreisen.

Trotz dieser Bandbreite erhielt der Verlag äußerlich ein einheitliches Gesicht. Der Designer Willy Fleckhaus, der bereits die trendsetzende Zeitschrift *twen* ästhetisch komponiert hatte, übernahm die Gestaltung des Suhrkamp-Programms; und war dabei überaus erfolgreich, mit den Worten Heinrich Bölls: »Fleckhaus ist der Heilige Layout.«[2] Entscheidend war,

---

2   Zitiert nach Ingrid Zwerenz: Über schreibende Frauen und Männer sowie deutsche Nervenzusammenbrüche (Reihe: Schröder & Kalender, taz.de).

dass es Fleckhaus gelang, das inhaltliche Profil des Hauses mit seiner Formung zu einer geschlossenen Anmutung zusammenzuführen. Moderne, Vernunft und Klarheit – dieses Image des Verlags setzte er in übersichtliches Buchdesign um. Nicht nur den Reihen der *edition* und der *Bibliothek Suhrkamp* verhalf Fleckhaus zu ihrem klassischen Aussehen, auch die Einzeltitel und das *Kursbuch* trugen sein Siegel. Für den Verlag schlug sich dieses Corporate Design im wirtschaftlichen Erfolg nieder. Suhrkamp-Bücher wurden zu Markenartikeln und Lifestyle-Attributen, insbesondere in jüngeren und offeneren Leserkreisen, wie sie das kulturelle und politische Klima in der Bundesrepublik zunehmend zu prägen begannen.

Als Brechts westdeutscher Hausverlag war Suhrkamp zudem eng in die innerdeutschen Verhältnisse einbezogen. Das Brecht-Archiv im Ostteil Berlins und der dortige Aufbau-Verlag als Kooperationspartner ließen das Unternehmen naturgemäß an einem möglichst entspannten Klima interessiert sein. Das war jedoch selbst im Buchhandel nicht einfach. In der DDR enteignete Verleger hatten häufig ihre Betriebe im Westen neu gegründet, sodass manche Verlage gleichsam doppelt existierten: jeweils in Ost wie West. Für die Ostverlage hieß dies, dass ihre Altverleger ihnen den Zugang zur Buchmesse in Frankfurt/Main versperren konnten. Als Suhrkamp 1965 erstmals an der Leipziger Buchmesse teilnahm, war das auch ein politisches Signal. Nicht zuletzt die geschäftlichen Interessen, die seinen Verlag mit der DDR verbanden, ließen Unseld zu einem moderaten Vertreter der Westbranche werden, sein späterer DDR-Verlegerkollege Elmar Faber erinnert sich:

»Was ich Siegfried Unseld gar nicht vergessen kann, ist die Statur, die er in der Zeit der deutsch-deutschen Teilung abgegeben hat. Auf ganz unspektakuläre Weise hat er in Manieren und Haltungen die grenzüberschreitende Kraft der Literatur verkörpert und vollzogen. Die Verhandlungen mit ihm – und mit seinen Mitarbeitern – waren ein Muster des sachlich-kritischen Dialogs, das den gemeinen Zuständen im Land meist weit voraus war.«[3]

---

3   Verleger als Beruf. Siegfried Unseld zum fünfundsiebzigsten Geburtstag, hg. von Christoph Buchwald (Frankfurt/M. 1999), S. 55f.

Der stark expandierende Suhrkamp-Verlag war somit Ende der 1960er Jahre in eine Rolle hineingewachsen, die ihn gleichsam in einer anderen Liga spielen ließ als andere große Publikumsverlage. Nun sollte sich zeigen, dass die durch sein Programm zumindest beförderte gesellschaftliche Dynamik auch vor ihm selbst nicht Halt machte. Vielen Mitarbeitern, insbesondere Lektoren, schienen die politische Linie des Hauses und die hierarchischen Verhältnisse in seiner Führung auseinanderzuklaffen. Und sie forderten im turbulenten Jahr 1968 einen Umbau des Unternehmens. Die anschließende interne Krise, die einen für die inzwischen errungene Position des Verlags bezeichnenden öffentlichen Widerhall fand, endete mit einer Bestätigung der Stellung des Verlegers Unseld. Doch um den Preis eines empfindlichen Aderlasses. Cheflektor Walter Boehlich, der Suhrkamp auf den Leipziger Buchmessen vertreten hatte, und Karlheinz Braun, dem der Erfolg des Theaterzweigs zu verdanken war, sowie weitere Urgesteine verließen das Unternehmen.

Der von Braun und anderen gegründete Verlag der Autoren, in dem sie ihre bei Suhrkamp aufgelaufenen basisdemokratischen Grundsätze erfolgreich umsetzten, war Teil einer Entwicklung, die die Dominanz des »Mutterhauses« erodieren ließ. Zwar gelang es in den 1970er Jahren, auch durch die Etablierung neuer Reihen wie *suhrkamp taschenbuch* und *suhrkamp taschenbuch wissenschaft*, weiterhin einen formenden Einfluss in der öffentlichen Debatte zu behaupten, doch die Konkurrenzsituation hatte sich geändert. Hinzu trat eine Verschiebung im politischen Klima, in den Medien als »Tendenzwende« etikettiert. Da wirkte es wie ein Signal, als der Verlag mit dem Band 1.000 die *edition suhrkamp* auslaufen ließ und durch eine »Neue Folge« der Reihe ersetzte. Günther Busch, der das Profil dieser einflussreichsten deutschen Taschenbuchreihe bestimmt hatte, verließ das Unternehmen.

Nach wie vor ist Suhrkamp einer der bedeutendsten deutschen Verlage. Doch ob die in den 1960er Jahren errungene Stellung je wieder eingenommen werden kann, ist zweifelhaft. Sie verdankte sich Umständen, die wohl unwiederbringlich dahin sind. Die von einem Historiker als »Gesellschaft im Aufbruch« beschriebene Bundesrepublik jener Jahre war offen für neue Angebote, und sie hatte Nachholbedarf. Zudem weisen Umfragewerte darauf hin, dass die Bevölkerung weder zuvor noch danach so zukunftsoptimistisch war wie in den späten 1960er und frühen 1970er Jahren. Und: Sie war im Durchschnitt deutlich jünger als heute. Die Ausdifferenzierung des Medienangebots war nicht entfernt so weit entwickelt wie gegenwärtig – eine Übersichtlichkeit, die klare und weit ausstrahlende Profilierung begünstigte. Der Suhrkamp-Verlag konnte aus diesen Gründen eine für die in der Geschichte der Bundesrepublik wichtigen 1960er Jahre bedeutsame Rolle spielen, und womöglich führt es weiter, das Unternehmen in dieser Phase seiner Entwicklung als eine Art Generationenprojekt zu verstehen. Es fällt auf, dass sowohl der Verleger als auch die prägenden Mitarbeiter und Autoren fast durchweg einer Altersgruppe angehörten, die als 45er Generation bezeichnet worden ist – womit gesagt sein soll, dass der Einschnitt des Kriegsendes eine zentrale Rolle im Selbstverständnis dieser Menschen spielte. Die daraus Konsequenzen zogen.

Berthold Petzinna

Die Beobachtung des westdeutschen Verlagswesens durch das Ministerium für Staatssicherheit (MfS) der DDR

Das Beispiel des Suhrkamp-Verlags

Unter den bundesdeutschen Verlagen waren – sieht man einmal von politisch an DDR-Positionen angelehnten und/oder von dort unterstützten Unternehmen wie Pahl-Rugenstein in Köln ab – neben Luchterhand die Verbindungen des Suhrkamp-Verlags in die DDR besonders eng. Diese Kontakte wurzelten in dem nahen Verhältnis, das den Verlagsgründer Peter Suhrkamp mit Bertolt Brecht verband. Dieses Vertrauensverhältnis bewog Brecht, der im Ostteil Berlins lebte, Suhrkamps 1950 in Frankfurt/Main gegründetem Unternehmen die Rechte an seinem Werk einzuräumen, das für die DDR bei Aufbau erschien. Bedenkt man die Rolle, die Brechts Erbe im Selbstverständnis der DDR einnahm, so nimmt es nicht wunder, dass diese Konstruktion Spannungen erzeugte, die politischer Natur waren. Bereits diese Konstellation hätte ein Interesse des Ministeriums für Staatssicherheit an dem Westverlag motivieren können.

Siegfried Unseld, der Nachfolger des 1959 verstorbenen Verlegers Suhrkamp, und mit ihm der Suhrkamp-Verlag gerieten jedoch am Rande einer anders gerichteten, groß angelegten Spähaktion ins Blickfeld des MfS. Zu den vielen nach der Machtübernahme durch die NSDAP 1933 emigrierten bzw. vertriebenen deutschen Intellektuellen gehörte auch der Philosoph Ernst Bloch. Und gleich manch anderen fiel Blochs Wahl nach 1945 auf die SBZ, später DDR. Doch Bloch, Professor für Philosophie an der Leipziger Universität, geriet recht bald in Konflikt mit der politischen Linie der SED, der überdies auch die philosophische Orientierung dieses Denkers der Utopie suspekt war. In der Folge 1957 zwangsemeritiert, also aufs universitäre Altenteil abgeschoben, sah er sich zunehmend isoliert.

Schwierigkeiten mit seinem Hausverlag – Aufbau im Ostteil Berlins – ließen Bloch anderwärts – im Westen – nach einem Verleger Ausschau halten. Blochs Bemühungen entgingen auch seinen Überwachern aus dem MfS nicht. Zunächst erwog der ins Abseits gedrängte Philosoph den Kölner Verlag Kiepenheuer und Witsch, der Interesse an dem Hauptwerk »Das Prinzip Hoffnung« gezeigt hatte, so berichtete es ein Inoffizieller Mitarbeiter (IM).[1] Es waren politische Gründe, die Bloch die Verbindung mit dem bekannten Kalten Krieger Joseph Caspar Witsch scheuen ließen.[2] Ebenfalls aus politischen Gründen, die diesmal vom Aufbau-Verlag ausgingen, kam der angesehene Verlag von Günther Neske nicht zum Zuge – er verlegte mit Martin Heidegger einen nationalsozialistisch belasteten Kollegen Blochs.[3] Blochs letztliche Entscheidung für den keine zehn Jahre alten Verlag von Peter Suhkamp hatte auch einen politischen Hintergrund, und wieder berichtete ein IM darüber: »Dieser Verleger sei einer der fortschrittlichsten Westdeutschlands und habe auch die Verlagsrechte für Bert Brecht. Wenn der Aufbau-Verlag die Lizenz für Suhrkamp nicht gibt, will B l o c h seinen Vertrag mit dem Aufbau-Verlag kündigen und alle Rechte Suhrkamp übertragen.«[4]

In dem Frankfurter Verlag hatte noch sein im März 1959 verstorbener Gründer beabsichtigt, Auszüge aus Blochs Werk »Spuren« in der Bundesrepublik zu veröffentlichen. Sein Nachfolger Siegfried Unseld, der Bloch 1958 bereits kennen gelernt hatte, entschied sich nun für das dreibändige Hauptwerk »Das Prinzip Hoffnung«.[5] Den Bloch-Überwachern des MfS war er bereits vor der Publikation kein Unbekannter mehr. Die engma-

---

1 Bezirksverwaltung Leipzig, Abteilung V/6, Leipzig, 6. 3. 1958. Treffbericht GI »Netzel« (Unterleutnant Heider), MfS AOP 3215/87 Bd. 5, Bl. 000088f. Die in diesem Beitrag verwendeten Akten des MfS befinden sich in den Beständen des Bundesbeauftragten für die Unterlagen des Staatssicherheitsdienstes der ehemaligen Deutschen Demokratischen Republik (BStU).

2 Ebenda, Bl. 000089.

3 Vgl. Peter Michalzik: Unseld. Eine Biographie (München 2002), S. 120, auch Arno Münster: Ernst Bloch. Eine politische Biographie (Berlin u. a. 2004), S. 298.

4 Bezirksverwaltung Leipzig, Abteilung V/6, Leipzig, 25. 2. 1959. Betr.: Bericht des Prof. Mende (Jena) über seinen Besuch bei Prof. Bloch in Leipzig (Leutnant Heider), MfS AOP 3215/87 Bd. 6 Bl. 000092.

5 Vgl. Michalzik, Unseld, S. 119f.

schige Überwachung Blochs, die neben dem Einsatz von IMs auch eine Verwanzung von dessen Wohnung einschloss, hatte auch bezüglich der Produktion des »Prinzips Hoffnung« in Frankfurt und Unselds Rolle sowie seines Verhältnisses zu dem Leipziger Emeritus manche Erkenntnisse erbracht.[6] Eine herausgehobene Gelegenheit ergab sich im Sommer 1960 – Ernst Bloch beging am achten Juli in Leipzig seinen 75. Geburtstag. Auch über diesen Besuch des Verlegers existieren detaillierte Berichte.[7]

Siegfried Unseld blieb in dem umfangreichen Vorgang zu Ernst Bloch und dessen Leipziger Umfeld weiterhin in den Akten des MfS präsent. Die Kontakte, die Unseld und der Verlag mit Jürgen Teller, Blochs in der DDR drangsaliertem Schüler, unterhielten,[8] ließen über die Jahre hin weiteres Überwachungsmaterial anfallen. In Teller und Unseld sah man bedeutsame Akteure für die »Organisierung einer feindlichen Tätigkeit in der DDR«, wobei 1968 das Bonner Bundesministerium für gesamtdeutsche Fragen des SPD-Ministers Herbert Wehner als Steuerungsorgan angenommen wurde.[9]

Der Fall Ernst Bloch bildete den Auftakt, doch nicht den ganzen Umfang der Beobachtung des Suhrkamp-Verlags und seines Leiters durch das MfS. Unseld wurde seitens des Ministeriums durch die Verwaltung für Staatssicherheit Groß-Berlin (Abteilung XX) »operativ bearbeitet«[10] Zumindest in den Jahren 1963 bis 1965 wurden seine Einreisen in die DDR registriert.[11]

---

6   Vgl. Ministerium für Staatssicherheit, Bezirksverwaltung Leipzig, Referat 0, Leipzig, 18. 5. 1959. Informationsbericht II/17 vom 17. 5. 1959, Leipzig AOP 2839/63 Bd. 9, Bl. 000330f, Ministerium für Staatssicherheit, Bezirksverwaltung Leipzig, Leipzig, 5. 9. 1959. Betr.: Auszug aus dem GI-Bericht »Wild« vom 5. 9. 1959, ebenda Bl. 000399.

7   Vgl. Ministerium für Staatssicherheit, Bezirksverwaltung Leipzig, Abteilung 0, Leipzig, 7. 7. 1960. Betr.: Auszug aus dem GI-Bericht »Wild« vom 7. 7. 1960, Leipzig AOP 2839/63 Bd. 10, Bl. 00026 1ff.

8   Siehe zum Verhältnis Teller – Unseld auch Jan Robert Bloch/Anne Frommann/Welf Schröter (Hg.): Briefe durch die Mauer. Briefwechsel 1954–1998 zwischen Ernst & Karola Bloch und Jürgen & Johanna Teller (Mössingen-Talheim 2009).

9   Vgl. Leiter der Objektverwaltung »W«. Bemerkungen zum Vorgang Reg.-Nr. 226/65, 25. 5. 1968 (Oberst Zuschke), Mfs Chemn. AOP 600/69 »W« VII, Bl. 000003.

10   Objektverwaltung »W« für Staatssicherheit, Karl-Marx-Stadt, an Verwaltung für Staatssicherheit Groß-Berlin, 19. 2. 1968, MfS Chemn. AOP 600/69 »W« XI, Bl. 000244.

11   Vgl. die vom Februar 1966 datierte Aufstellung, MfS HA XX 13017, Bl. 000163.

Gleichsam den Rahmen dieser Überwachung bildete dabei ein Kernanliegen im Tätigkeitsprofil dieses Geheimdienstes – die Verhinderung bzw. Kontrolle der so genannten »Politisch-ideologischen Diversion« (kurz: PID) sowie ihrer vermeintlichen Träger und Instrumente, insbesondere der häufig geargwöhnten »Kontaktpolitik«. Diese Bedrohungsvorstellung steigerte sich im Zuge des proklamierten »Wandels durch Annäherung« und im Verlauf der Neuen Ostpolitik der sozialliberalen Bundesregierung – von DDR-Außenminister Otto Winzer als »Aggression auf Filzlatschen« bezeichnet[12] – und der anschließenden Vertragspolitik noch.

Das MfS definierte die PID, die in den späten 1950er Jahren für das Ministerium eine Rolle zu spielen begann,[13] in einem für den Hausgebrauch bestimmten »Wörterbuch der politisch operativen Arbeit« in einem Bandwurmsatz mit Verweiszeichen auf einen benachbarten festgelegten Begriff: »Mit der politisch-ideologischen Diversion strebt der Feind in einem langfristig angelegten, mehrstufigen Prozeß subversive Ziele an. Sie bestehen in der Zersetzung des sozialistischen Bewußtseins bzw. der Störung und Verhinderung seiner Herausbildung, in der Untergrabung des Vertrauens breiter Bevölkerungskreise zur Politik der kommunistischen Parteien und der sozialistischen Staaten, in der Inspirierung antisozialistischer Verhaltensweisen bis hin zur Begehung von Staatsverbrechen, in der Mobilisierung feindlich-negativer Kräfte in den sozialistischen Staaten, in der Entwicklung einer feindlichen, ideologischen, personellen Basis in den sozialistischen Staaten zur Inspirierung politischer → Untergrundtätigkeit sowie im Hervorrufen von Unzufriedenheit, Unruhe, Passivität und politischer Unsicherheit unter breiten Bevölkerungskreisen.«[14]

Unter »Kontaktpolitik« wiederum verstand man ein Vehikel zu diesem Zweck und zur generellen Behinderung der erwünschten sozialistischen

---

12 Egon Bahr: Zu meiner Zeit (o. O. 1998), S. 157.

13 Vgl. Siegfried Mampel: Das Ministerium für Staatssicherheit der ehemaligen DDR als Ideologiepolizei. Zur Bedeutung einer Heilslehre als Mittel zum Griff auf das Bewußtsein für das Totalitarismusmodell (Berlin 1996), S. 38f. Mampel datiert die Anfänge des PID-Bildes auf 1958.

14 Das Wörterbuch der Staatssicherheit. Definitionen zur »politisch-operativen Arbeit«. Hrsg. von Siegfried Suckut (Berlin 1996), S. 303.

Entwicklung: »Zur Durchsetzung dieser Ziele werden durch Zentren der politisch-ideologischen Diversion, Massenmedien, Geheimdienste, staatliche und private Einrichtungen, Parteien und gesellschaftliche Organisationen, wissenschaftliche Institute, wirtschaftsleitende Organe, Konzerne, Betriebe und andere Einrichtungen des imperialistischen Herrschaftssystems zielgerichtete Kontakte aufgenommen und mißbraucht.«[15] Kontakte auch rein beruflicher Art standen dabei tendenziell unter dem Generalverdacht, zumindest das Vorspiel eines solchen »Mißbrauchs« zu sein.[16] Grundsätzlich ging man im MfS bis in die letzten Jahre der DDR davon aus, dass es sich bei PID um einen gesteuerten und konzertierten Angriff handelte. Dementsprechend neigte man dazu, die Westmedien als zentral dirigiert anzusehen.[17] Dies schloss auch Buchverlage aus der Bundesrepublik ein. Generell räumte das MfS im Zusammenhang der PID-Konzeption ästhetisch-kulturellen Faktoren einen hohen Stellenwert ein, weswegen Schriftsteller und Angehörige des Verlagssystems im Rahmen der Beobachtung bzw. Behinderung der sog. »Kontaktpolitik« gleichfalls in einem Brennpunkt der Aufmerksamkeit standen.

Eine Dienstanweisung des Ministers Erich Mielke aus dem Jahr 1969 beleuchtet in Teilen diesen Zusammenhang.[18] Ausgehend von der Annahme einer Intensivierung der PID und der ihr zugeordneten Kontakt-

---

15   Ebenda, S. 220.

16   Siehe hierzu die bezeichnende Formulierung in einem Bericht über ein Treffen mit dem Geheimen Informator (GI) »Kant« vom 4. 12. 1963, MfS AIM 16574/89 Bd. 3 Bl. 000133: »Durch ein Gespräch mit dem Gen. GYSI hat der GI erfahren, daß es unter der neuen Bonner Regierung unter Erhard starke Tendenzen gibt, die Kontakte zur DDR unter Ausnutzung aller Möglichkeiten zu forcieren. Es ist zu vermuten, daß im nächsten Jahr eine größere Anzahl von Besuchern aus westd. Verlagen geben wird, die hier vorerst auf rein fachlicher Ebene Kontakt suchen werden.« (Hervorhebung von mir, B. P.).

17   Vgl. Jochen Staadt/Tobias Voigt/Stefan Wolle: Feind-Bild Springer. Ein Verlag und seine Gegner (Göttingen 2009), S. 244: »Die Mitarbeiter des DDR-Geheimapparates konnten sich die bürgerliche Presse nicht anders als von geheimen Machtzentralen des Monopolkapitals angeleitet vorstellen.« Zu Recht weisen die Autoren darauf hin, dass diese Sichtweise »trotz aller Perfektion der Überwachung zu schwerwiegenden Fehlwahrnehmungen« geführt habe.

18   Dienstanweisung 3/69, 18. 6. 1969. Zur Organisierung der politisch-operativen Arbeit in den Bereichen der Kultur und Massenkommunikationsmittel, MfS BdL Dok. 002468.

politik heißt es grundsätzlich, die Beobachtung des schriftstellerischen, des buchhändlerischen und des Verlagsbereichs bildeten einen Schwerpunkt der MfS-Arbeit. Als konkrete Zielsetzung wird u. a. bestimmt: »Durch den Einsatz des inoffiziellen Netzes und anderer operativer Maßnahmen ist das Auftreten von Kulturschaffenden und Mitarbeitern der Massenkommunikationsmittel aus Westdeutschland, Westberlin und dem nichtsozialistischen Ausland in der DDR ständig zu überwachen und zu analysieren. Versuche feindlichen Auftretens sind vorher aufzuklären und zu verhindern. Bestrebungen von Personen, feindliche Ideologie zu verbreiten, müssen in Zusammenarbeit mit der Partei und anderen gesellschaftlichen und staatlichen Organen durch geeignete operative Maßnahmen unterbunden werden.«[19] Darüber hinaus sollten durch IM »die kulturellen Einrichtungen und Massenkommunikationsmittel in Westdeutschland und Westberlin, die in besonderem Maße in das System der politisch-ideologischen Diversion einbezogen sind, nach ihrer Zielstellung, Wirkungsweise und ihrer Stellung im System der politisch-ideologischen Diversion« ausgeforscht werden. Ausdrücklich hieß es: »Dabei hat sich die Aufklärungstätigkeit neben den Geheimdiensten, staatlichen Organen und volksfeindlichen Organisationen in Westdeutschland und Westberlin auf Verlage, Verlagsgruppierungen und Einrichtungen der Massenkommunikationsmittel zu konzentrieren, deren Angriffe sich besonders gegen die kulturpolitische Entwicklung der DDR richten.«[20] Eine spätere Überschau aus dem Jahr 1983 macht deutlich, dass im MfS die Publikationspolitik von liberalen bis linken Verlagen – genannt werden u. a. Luchterhand, Suhrkamp, Wagenbach und Rotbuch – sowie deren Kontakte zu DDR-Autoren als besonders bedrohlich gewertet wurde.[21]

Mielkes Direktive von 1969 begründete keine neue Praxis, auch nicht gegenüber dem Suhrkamp-Verlag. Bereits im Vorjahr verwies die mit

---

19   Ebenda, Bl. 000011.
20   Ebenda, Bl. 000014.
21   Zentrale Auswertungs- und Informationsgruppe. Berlin, Mai 1983. Arbeitsmaterial. Hinweise über antisozialistische Aktivitäten westlicher Verlage unter Einbeziehung von DDR-Autoren bzw. ehemaligen DDR-Bürgern, MfS HA IX 13562, Bl. 000005.

der Beobachtung des Kulturbereichs befasste Hauptabteilung (HA) XX des MfS mit Blick auf die Leipziger Buchmesse darauf, das Frankfurter Unternehmen, namentlich der Verleger Siegfried Unseld und der Cheflektor Walter Boehlich, bildeten seit Jahren »einen Schwerpunkt in der Bearbeitung der Kontaktpolitik gegenüber den Verlagen und Schriftstellern der DDR. Von den genannten leitenden Mitarbeitern und auch von den namhaften Autoren des Verlages wie ENZENSBERGER, MARCUSE, WALSER; BLOCH und Peter WEISS geht eine aktive Unterstützung der politisch-ideologischen Diversion des Gegners gegen die künstlerische Intelligenz der DDR aus.«[22]

Der Suhrkamp-Verlag hatte 1965 erstmals mit einem Stand an der Leipziger Buchmesse teilgenommen, womit er im westdeutschen Verlagswesen eine Vorreiterrolle einnahm. Diese auch im Sinne einer Entkrampfung des innerdeutschen Verhältnisses erfolgte Initiative nahm sich in der Optik des MfS ganz anders aus. Der Stand des Verlags wurde als Publikumsmagnet und Ort lebhafter Diskussionen auffällig, zur Leipziger Buchmesse 1967 merkte man an: »Obwohl bereits bei Eingang des Messegutes durch die Zollorgane der DDR, Vertretern des Buchexportes, dem Ministerium für Kultur, Hetzschriften ausgesondert wurden, ergab die Überprüfung am 2. 9. 67 weitere 10 Titel übler Hetzschriften gegen unseren Staatsratsvorsitzenden, unsere Partei und unseren Staat. Die Titel wurden sichergestellt und den Zollorganen übergeben.«[23] (Ein weiteres Indiz für die von diesem Unternehmen ausgehende Gefährdung mag das MfS überdies im Klauverhalten der DDR-Messebesucher gesehen haben, die die Gelegenheit – unter faktischer Duldung durch die Westverlage – nutzten, um sich in den Besitz für sie sonst schwer oder gar nicht zugänglicher Literatur zu setzen. Für 1975 notierten die Überwacher 20 Einzelfälle, und setzten hinzu: »Vorrangig betrafen die Diebstähle die Verlage Suhrkamp (7) und S. Fischer (5).«[24])

---

22 HA XX/1, Berlin, 15. 8. 1968. Begründung zur Einleitung oper.-technischer Maßnahmen während der Aktion »Kooperation«, MfS HA XX 11989, Bl. 000188.

23 Aktennotiz zum Suhrkamp-Verlag (undatiert), MfS HA XX 11989, Bl. 000088.

24 Information zu Diebstählen auf der Frühjahrsmesse in Leipzig 1975, MfS HA XX 13018, Bl. 000021.

Bereits in einer vom Frühjahr 1966 datierenden »Analyse über die politisch-operative Situation im Verlagswesen« hieß es zum deutlicheren Profil westdeutscher Verlage in der DDR schlussfolgernd: »Die plötzliche und massive Aktivität des westdeutschen Verlagswesens für das Zustandekommen von Verbindungen zum Verlagswesen der DDR und die jetzt einsetzenden Versuche der ideologischen Unterwanderung lassen erkennen, daß es sich hierbei um einen Teil der ideologischen Kriegsführung der Bonner Regierung handelt. Man nutzt die Geschäftsinteressen der westdeutschen Verlage geschickt aus, um sie in den direkten ideologischen Kampf gegen die DDR einzubeziehen.«[25] Diese für die Zeit der Bonner Großen Koalition wegweisende Analyse[26] wurde auch durch einen für die westdeutsche Verlagsszene optimal platzierten Zuträger gestützt. Im Mai 1967 heißt es in einem Treffbericht zur Quelle »Kant« über diesen Geheimen Informator (GI): »Der Bericht des GI bestätigt die bereits aus anderen Informationen bekannten Tatsachen, daß der Formierungsprozeß im westdeutschen Verlagswesen jede progressive Literaturpolitik unmöglich« mache. Über die westdeutschen Verleger wurde berichtet: »Ihre Solidarisierung mit Kießinger (sic!) und dessen angeblicher Initiative zur Entspannung und Wiedervereinigung Deutschlands macht eine Herausgabe progressiver, die westdeutschen Verhältnisse entlarvender Literatur und eine echte kommerzielle Zusammenarbeit mit Verlagen aus der DDR unmöglich.«[27] Bei »Kant« handelte es sich um Fritz-Georg Voigt, seit 1952 Lektor im Aufbau-Verlag, der 1966 zum Leiter des renommierten Unternehmens aufstieg.[28]

Durch »Kant« hatte das MfS auch einen Mann auf den Buchmessen in Frankfurt am Main. Auch in diesen Berichten war – neben gehaltvol-

25 Analyse über die politisch-operative Situation im Verlagswesen, 1. 3. 1966 (Gütling), MfS HA XX 12559, Bl. 000037.
26 Vgl. Weitere Zusammenfassung des Materials im OV ›Revisionist‹, Karl Marx Stadt, 20. 5. 1968 (Leutnant Enskat), MfS Chemn. AOP 600/69 VIII, Bl. 000107.
27 Hauptabteilung XX/I/II, Berlin, 30. 5. 1967. Bericht (Gütling), MfS AIM 9188/91 T II Bd. 4, Bl. 000020.
28 Vgl. zur Rolle von Voigt alias »Kant« auch Joachim Walther: Sicherungsbereich Literatur. Schriftsteller und Staatssicherheit in der Deutschen Demokratischen Republik (Berlin 1996), S. 767ff.

len Beobachtungen etwa hinsichtlich der Konzentrationstendenzen im westdeutschen Verlagswesen – die Vorstellung einer aus dem politischen System der Bundesrepublik gesteuerten Literaturverbreitung gegenwärtig, so z. B. hinsichtlich der Publikation der Schriften Mao Tse Tungs in der linksoppositionellen Studentenbewegung 1967. Ohne jeden Beleg folgt die Behauptung: »Bonn sieht jedoch in der Verbreitung der Lehren Maos eine entscheidende Waffe im Rahmen ihrer neuen Ostpolitik, zur ideologischen Unterwanderung und Zersetzung des sozialistischen Lagers. Besonders dient sie ihnen aber zur Verschärfung politisch-ideologischer Diversion gegen die Bürger der DDR.«[29] 1971 sah »Kant« diesem Muster folgend eine konzertierte »politisch-ideologische() Offensive westdeutscher Einrichtungen gegen die Schriftsteller der DDR« laufen.[30]

Mit solchen Einschätzungen stand »Kant« unter den MfS-Konfidenten aus der Buchbranche der DDR nicht allein. Eberhard Günther, ab 1974 Chef des Mitteldeutschen Verlages in Halle, war zuvor in der Hauptverwaltung Verlage und Buchhandel tätig, der zentralen DDR-Zensurbehörde.[31] In einem Kontaktgespräch mit dem MfS vom September 1972 äußerte er sich als Quelle »Richard« dahingehend, »daß es sehr schwierig sei, eine zentrale staatliche oder anders gelagerte Lenkung des westdeutschen Verlagswesens bezüglich deren Politik gegenüber den sozialistischen Staaten konkret nachzuweisen. Nur aus der Summe der Veröffentlichungen mit antikommunistischem Charakter, oder auch der Titel, die von Autoren aus den sozialistischen Staaten vorgelegt werden, läßt sich eine zentrale Lenkung der Politik der westdeutschen Verlage ableiten. Aus Presse- und sonstigen Veröffentlichungen kann man dafür jedoch kaum Beweise ableiten.«Richard« schränkte hier zwar ein, daß es vielleicht in der DDR Einrichtungen oder Institutionen gibt, die durch

---

29 Hauptabteilung XX/I/II, Berlin, 13. 10. 1967. Bericht vom Treff mit GI »Kant« am 25. 10. 1967 (Gütling). MfS AIM 9188/91 T. II Bd. 4, Bl. 000032. In der Datierung des Berichts liegt offenbar ein Tippfehler vor.
30 Hauptabteilung XX/7, Berlin, 29. 11. 1971. Bericht Quelle: IMS »Kant«, 26. 11. 1971 (Gütling), MfS AIM 9188/91 T. II Bd. 5, Bl. 000043.
31 Siehe zu ihm auch Walther: Sicherungsbereich Literatur, S. 775ff.

den Zugang zu umfangreicherem Quellenmaterial zu anderen Schluß-
folgerungen oder konkreteren Erkenntnissen gekommen sind, sie als
staatliche Leitung des Verlagswesens müssen sich z. Zt. noch auf Hypo-
thesen und vage Vermutungen stützen ... Wie die zentrale Lenkung und
Steuerung der westdeutschen Verlage vor sich geht, kann man z. Zt.
überhaupt nicht sagen, obwohl »Richard« überzeugt ist, daß es sie gibt.
Aber wer da steuert und über welche Kanäle, ist unbekannt.«[32]

In dieses Umfeld des Verdachts war auch die Beobachtung des Suhrkamp-Verlags und die seines Leiters eingebettet. Die Insider-Informati-
onen von »Kant« flossen im Februar 1967 zu einem Personen- und Un-
ternehmensprofil der HA XX, verfasst von Peter Gütling – dem MfS-
internen Hauptakteur für die Beobachtung des Verlagswesens – zusammen. Die gebrochene und von Spekulation nicht freie Bilanz ist negativ,
wobei auch der ökonomische Aspekt beachtet wird. Resümierend heißt
es zum Verleger: »Obwohl die Person Unseld noch äußerst undurchsich-
tig ist, steht jedoch eines fest, daß er der DDR mit seiner Verlagspolitik
und seinem Auftreten ständig ideologischen Schaden zufügt.«[33] Zwar
wird der Publikationspolitik im Suhrkamp-eigenen westdeutschen In-
sel-Verlag ein positives Zeugnis ausgestellt,[34] doch wird die regierungskritische politische Position Unselds in der Bundesrepublik wegen dessen
Veröffentlichung von mißliebigen Texten aus der Feder von DDR-Autoren als bloßes Manöver gewertet, »um sowohl bei den Verlagen, als auch
bei den Autoren der DDR den nötigen Anklang zu finden und auch bei
den staatlichen Organen der DDR kein Mißtrauen bei seinem Wirken in
der DDR hervorzurufen.« Unseld könne durch seinen Einfluß auf DDR-

---

32 Hauptabteilung XX/7, Berlin, 14. 9. 1972. Bericht über ein weiteres Kontaktge-
    spräch mit dem IM Vorlauf »Richard« am 14. 9. 1972, MfS BV Halle Abt. XX/XV
    1778/70 Teil I Bd. I, Bl. 000155.
33 Hauptabteilung XX/I/II, Berlin, 20. 2. 1967. Suhrkamp-Verlag Frankfurt/Main.
    Dr. Siegfried Unseld, Verlagsleiter (Gütling), MfS HA XX I 1989 Bl. 000042.
34 Mit dem Verlag versuchte man eine Öffnung des literarischen Traditionsverständnis-
    ses zu kritischen Positionen, vgl. dazu die programmatische Erklärung in: sammlung
    insel. Die ersten zwölf Bände, in: Wolfgang Schopf (Hg.): »So müßte ich ein Engel
    und kein Autor sein«. Adorno und seine Frankfurter Verleger. Der Briefwechsel mit
    Peter Suhrkamp und Siegfried Unseld. (Frankfurt/M. 2003), S. 522.

Autoren womöglich »eine wesentliche Stütze Bonns bei der politisch-ideol. Diversion gegen die DDR« sein.[35]

Die Rolle des Verlegers relativiert sich jedoch im Rahmen des Berichts stark, da der Schwerpunkt nicht auf dessen Person, sondern auf der Rolle vermeintlicher Einflussgruppen und Fremdinteressen in dem Frankfurter Unternehmen liegt. Zwei Faktoren stehen dabei im Zentrum der Mutmaßungen: die »Gruppe 47« und der Cheflektor Walter Boehlich. Boehlich war als Repräsentant Suhrkamps auf der Leipziger Buchmesse, in der DDR kein Unbekannter. Vor dem Hintergrund von Boehlichs Kontakten in die DDR und des richtig beobachteten gespannten Verhältnisses zwischen dem Cheflektor und seinem Verleger gerät Boehlich dem Informanten »Kant« zum mastermind einer nebelhaften Verschwörung. Vage heißt es hierzu: »Auf der Grundlage kleiner Begebenheiten und Äußerungen des BOEHLICH muß man jedoch annehmen, daß hinter ihm Personen oder Interessengruppen stehen, in dessen (sic!) Aufträge er eine sehr geschickte, gegen die DDR gerichtete Politik im Suhrkamp-Verlag betreibt und auch Unseld ständig auf diese Positionen hinführt bzw. auch gegen ihn bestimmte Maßnahmen durchführt.«[36] Boehlich blieb kurzzeitig im Visier des MfS, doch erlosch das Interesse offenbar spätestens mit seinem Ausscheiden aus dem Verlag 1968.[37]

Komplizierter als im Fall der an Boehlichs Person geknüpften Phantasien liegt die Sache hinsichtlich der Bedeutung der »Gruppe 47«. Die Verbindungen Suhrkamps und speziell Siegfried Unselds mit der literarischen Vereinigung um Hans Werner Richter waren in der Tat eng. Im Laufe der Jahre war es Suhrkamp gelungen, in der öffentlichen Wahrnehmung zu einer Art Hausverlag der Autoren dieser die bundesdeutsche Literaturentwicklung mit prägenden Gruppierung zu avancieren.[38]

---

35 Hauptabteilung XX/I/II, Berlin, 20. 2. 1967. Suhrkamp-Verlag Frankfurt/Main. Dr. Siegfried Unseld, Verlagsleiter (Gütling), MfS HA XX 11989 Bl. 000036.

36 Ebenda, Bl. 000039.

37 Siehe zu Walter Boehlich allgemein und zu seiner Rolle bei Suhrkamp: Helmut Peitsch/Helen Thein (Hg.): Walter Boehlich. Kritiker (Berlin 2011).

38 So urteilt z. B. Peter Michalzik: »Langsam verwandelte sich die Gruppe 47 in eine Suhrkamp-Veranstaltung.« Ders.: Unseld, S. 111.

Hans Werner Richters Literatenzirkel hatte zudem bereits Jahre zuvor die Aufmerksamkeit des MfS erregt. In einer ausführlichen »Einschätzung« der Gruppe vom November 1963 wird ihr für die Frühphase zwar ein progressiver Charakter attestiert, doch habe sich der Antikommunismus in den letzten Jahren in ihren Reihen verstärkt. Die zunehmende Verzahnung der als SPD-nah gewerteten Gruppe mit dem Verlagswesen der Bundesrepublik – nicht jedoch mit dem Suhrkamp-Verlag – wird bereits bemerkt. Zusammenfassend heißt es: »Auf Grund des vorliegenden operativen Materials kann eingeschätzt werden, daß die Gruppe 47 gegenwärtig ein aktives und wirkungsvolles Zentrum der politisch-ideologischen Diversion gegen die Kulturschaffenden der DDR darstellt. Die Arbeit der Gruppe 47 unterscheidet sich von anderen Zentren der politisch-ideologischen Diversion auf kulturellem Gebiet dadurch, daß einzelne Angehörige der Gruppe 47 direkt und individuell auch auf dem Territorium der DDR arbeiten.«[39] Als aktiv in der Verbreitung von DDR-Literatur in der Bundesrepublik wird neben anderen Gruppenmitgliedern Hans Magnus Enzensberger genannt.

Aus der »Gruppe 47« spielte der Suhrkamp-Autor und zeitweilige -Lektor Enzensberger die prominenteste Rolle im Suhrkamp-Porträt vom Februar 1967. Offenbar sah »Kant« in Enzensberger – dem auch sonst, ebenso wie dem von ihm bei Suhrkamp herausgegebenen »Kursbuch«, die Aufmerksamkeit des MfS galt – eine Art Rädelsführer von »Gruppe 47«-Mitgliedern und Suhrkamp-Autoren bzw. Mitarbeitern, denen er noch Martin Walser, Peter Hamm und Uwe Johnson zurechnete. Dem Quartett, insbesondere aber Enzensberger galt der Vorwurf, den Verlag auf »politisch recht zweifelhafte DDR-Autoren« auszurichten.[40] Die Genannten – mit der möglichen Ausnahme von Hamm – waren seinerzeit bereits MfS-bekannt.[41] Die in ihrer Kohärenz und Hand-

---

39   Hauptabteilung V/I/III, Berlin, 29. 11. 1963. Einschätzung der Gruppe 47 (Oberleutnant Treike), MfS AP 14174/92, Bl. 000038.
40   Hauptabteilung XX/I/II, Berlin, 20. 2. 1967. Suhrkamp-Verlag Frankfurt/Main. Dr. Siegfried Unseld, Verlagsleiter (Gütling), in: MfS HA XX 11989 Bl. 000037.
41   Siehe zu Walser MfS HA XX AP 13720/92, zu Johnson u. a. MfS HA XX AP 14173/92 und MfS HA XX AP 14174/92.

lungsfähigkeit maßlos überschätzte »Gruppe 47« geriet so in die Rolle eines Steuerungszentrums des Verlages, zum eigentlichen Akteur. Dazu hieß es: »Das Festlegen seines Verlages auf die literarische und politische Linie der »Gruppe 47« hat Unseld jegliche politische und damit auch literaturpolitische Selbständigkeit genommen.«[42]

Dieses Urteil hinderte das MfS nicht daran, auch den Verleger weiter im Auge zu behalten, zumal die Krise der Gruppe für einen Insider wie »Kant« 1967 offenkundig war.[43] Das Misstrauen blieb wach, auch wertete man die Position des Verlags deutlich auf: er habe sich zu »einem monopolähnlichem (sic!) Unternehmen« entwickelt.[44] Unseld erschien vor dem Hintergrund der PID als Träger der »Kontaktpolitik« und Dirigent seiner Mitarbeiter und Autoren in diesem Sinne. In einem entgleisten Satz resümierte der MfS-Bearbeiter: »Nach den bekanntgewordenen Fakten ist der Verdacht berechtigt, daß durch den Suhrkamp-Verlag, geleitet von dem Dr. U N S E L D und vermutlich unterstützt durch Bonner Regierungsstellen, eine gegen die DDR gerichtete subversive Tätigkeit zu organisieren trachtet.«[45] Weiterhin galt auch die Aufmerksamkeit des Informanten »Kant« seinem Frankfurter Verlegerkollegen. Vor dem Hintergrund der turbulenten Frankfurter Buchmesse 1967 und den Richtungskämpfen im dortigen Börsenverein[46] sprach sich ein weiteres Mal sein – womöglich durch Konkurrenzmotive befeuerter – Argwohn aus. Bezogen auf Unselds Kritik am Kurs des Börsenvereins protokollierte Peter Gütling seine Quelle, »daß mit einer Ablösung des jetzigen Vorstandes des westdeutschen Börsenvereins durch Leute wie Unseld kei-

42 Hauptabteilung XX/1/II, Berlin, 20. 2. 1967. Suhrkamp-Verlag Frankfurt/Main. Dr. Siegfried Unseld, Verlagsleiter (Gütling), MfS HA XX 11989 Bl. 000042.

43 Vgl. Hauptabteilung XX/1/II, Berlin, 13. 10. 1967. Bericht vom Treff mit GI »Kant« am 25. 10. 1967 (Gütling), MfS AIM 9188/91 T. II Bd. 4, Bl. 000030.

44 Abteilung XX/1, Berlin, 17. 3. 1967. Operative Information 96/97. Einige Hinweise auf die Tätigkeit des Suhrkamp-Verlages in Frankfurt/M. (Leutnant Klemer), MfS HA XX 11989 Bl. 000052.

45 Ebenda, Bl. 000053.

46 Siehe hierzu Claus Kröger: »Establishment und Avantgarde zugleich«? Siegfried Unseld und der Börsenverein des deutschen Buchhandels 1967/68, in: Ingrid Gilcher-Holtey (Hg.): Zwischen den Fronten. Positionskämpfe europäischer Intellektueller im 20. Jahrhundert (Berlin 2006).

nesfalls der negative Einfluss auf das Verlagswesen der DDR aufhören würde. Er schätzt eher ein, daß die Lage im Gespräch der Börsenvereine beider deutscher Staaten dann wesentlich komplizierter wird, da Unseld in seiner Politik von der möglichen Anerkennung der DDR ausgeht.« Nach wie vor war Unseld »Kant« ein Rätsel: »Er kann sich kein klares Bild von Unseld machen und würde es durchaus für möglich halten, daß er auf der Linie der Wehnerschen Politik gegenüber der DDR marschiert.«[47] Im Januar 1968 wurde schriftlich fixiert, GI »Kant« nicht allein auf Unseld anzusetzen: »Durch ständige Kontakttätigkeit ist der U. als Abschöpfungsquelle durch den GI auszunutzen. Richtung: Feststellung und Aufklärung der gegnerischen Absichten, unter Mißbrauch der kulturellen Beziehungen gegen die DDR vorzugehen. Aufklärung der nazistischen Einflüsse und der gegnerischen Kontaktpolitik im westd. Verlagswesen und der »Gruppe 47« gegen die DDR.«[48]

Von der Frankfurter Buchmesse 1969 konnte »Kant« – diesmal in einem Bericht für den Aufbau-Verlag unter Klarnamen – einen Erfolg in der Konterkarierung der »Kontaktpolitik« vermelden. Einen von Unseld ausgerichteten Empfang für DDR-Verleger ließ man ins Leere gehen: »An diesem Empfang beteiligten sich nach Absprache nur zwei Verleger von uns, so daß Unselds Absicht vereitelt wurde.«[49] Alarmierter klang ein Bericht zwei Jahre darauf. Bei Suhrkamp war das Lektorat erweitert worden, was »Kant« zufolge auf neue Initiativen in Richtung auf DDR-Autoren hindeutete. Unseld und die neue Kraft – Elisabeth Borchers – hätten zusammen die besten Voraussetzungen für eine aktive Literaturpolitik gegenüber der DDR, Wachsamkeit sei angebracht.[50]

---

47 Hauptabteilung XX/1/II, Berlin, 24. 11. 1967. Treffbericht GI »Kant« (Gütling), MfS AIM 9188/91 T. II Bd. 4, Bl. 000063.

48 Hauptabteilung XX/1, Berlin, 22. 1. 1968. GI »Kant« (Gütling), MfS AIM 9188/91 T. II Bd. 4, Bl. 000089 (Hervorhebung im Original).

49 Aufbau-Verlag, Bericht über die Frankfurter Buchmesse 1969, Berlin, November 1969 (Dr. Voigt), MfS AIM 9188/91 T. II Bd. 4, Bl. 000198.

50 Hauptabteilung XX/7, Berlin, 20. 9. 1971. Tonbandabschrift Pa. Quelle IMS »Kant«, entgegengenommen: Ltn. Tischendorf am 15. 9. 1971, MfS AIM 9188/91 T. II Bd. 5, Bl. 000024ff.

Elisabeth Borchers war bereits zuvor als Mitarbeiterin des Luchterhand-Verlags ins Visier des MfS geraten. Sie war im Rahmen der, wie es im Aamtsdeutsch des Ministeriums hieß, »Bearbeitung des Vorganges gegen Biermann« aufgefallen und unter Beobachtung gehalten worden. Ende 1969 erblickte man, d. h. Peter Gütling, in ihr eine Anhängerin der neuen sozialliberalen Bundesregierung und deren »Neuer Ostpolitik« und resümierte: »Das bisher vorliegende operative Material läßt die Einschätzung zu, daß es sich bei der E. Borchers um eine aktive Vertreterin der gegnerischen Kontaktpolitik und der politisch-ideologischen Diversionstätigkeit gegenüber den Schriftstellern und Verlagsmitarbeitern der DDR handelt.«[51] Das MfS monierte die Auswahl der Autoren, die Elisabeth Borchers für Luchterhand in der DDR angesprochen und ins Programm des Verlages genommen hatte: Kunert, Kirsch, Huchel, Biermann, Mucke, Reimann und Maurer hätten allesamt kritisch zur kulturpolitischen Entwicklung der DDR und deswegen dort in der Kritik gestanden. Der Geheimdienst gewann Borchers' so beschriebener Tätigkeit zwei politische Pointen ab: »Damit bekundet sie einmal ihre Sympathie für diese Autoren und unterstützt zum anderen den Alleinvertretungsanspruch in der Form, daß allein westdeutsche Verlage bestimmen bzw. dazu berufen sind zu entscheiden, was wirkliche Literatur in Deutschland ist.«[52] Der zweite Gesichtspunkt, der die Frage der Deutungshoheit über die DDR-Kultur anbetraf, sollte auch weiterhin eine Rolle spielen.

Wenige Monate darauf hatte sich der Argwohn gegenüber Borchers bereits verdichtet. Nunmehr hieß es: »Ihre Beharrlichkeit in der Pflege und dem Ausbau der Kontakte zu Verlagsmitarbeitern und Autoren der DDR läßt den Schluß zu, daß sie durch Einzelpersonen oder Institutionen gelenkt und gesteuert wird.«[53]

---

51 Hauptabteilung XX/7, Berlin, 12. 12. 1969. <u>Borchers</u>, Elisabeth (Gütling), MfS HA XX 20244, Bl. 000005. (Hervorhebung im Original).
52 Ebenda, Bl. 000007.
53 Hauptabteilung XX/7, Berlin, 12. 3. 1970. Vorschlag (Gütling), MfS HA XX 13085, Bl. 000043.

Im März 1972 ging man davon aus, dass das westdeutsche Verlagswesen, ausdrücklich jedoch die Unternehmen Suhrkamp und Luchterhand, die politischen Rahmenbedingungen für die Ausweitung von Beziehungen zu DDR-Autoren und -Verlagen als günstig einschätzten. Elisabeth Borchers wies man dabei im Fall Suhrkamp eine Schlüsselstellung zu.[54] Es war insofern konsequent, dass die Lektorin auch in den Folgejahren im Visier des MfS blieb. Dabei wuchs ihrem Handeln im Zuge von Abgrenzungsbestrebungen der DDR, die die Etablierung eines neuen Verhältnisses zur Bundesrepublik in den 70er Jahren begleiteten, eine überwölbende politische Dimension zu. Im Abschlussbericht zur Operativen Personenkontrolle gegen Elisabeth Borchers stand für Peter Gütling fest: »Durch eingesetzte IM und patriotische Kräfte wurde herausgearbeitet, daß die BORCHERS als aktive Verfechterin der Ostpolitik der SPD ihr Wirken gegen Verlage und Schriftsteller der DDR auf die Verwirklichung der Politik des Alleinvertretungsanspruchs und der angeblichen Einheit der deutschen Kulturnation ausrichtete. Dieser Zielstellung waren auch ihre ständigen Bemühungen untergeordnet, Schriftsteller und Nachwuchsautoren der DDR fest an BRD-Verlage zu binden ... und sie durch vielfältige Maßnahmen ... in den BRD-Literaturbetrieb zu integrieren.«[55]

1975 schrieb Gütling, gestützt auf die Angaben gleich mehrerer auf der Frankfurter Buchmesse anwesender IMs, ein weiteres Porträt Siegfried Unselds. Allgemein hieß es eingangs, den Stellenwert der Untersuchung markierend: »UNSELD ist seit Jahren mit der SPD liiert. Wie bereits vor einigen Jahren hat er sich heute wieder zum kulturellen Aushängeschild, zum Kulturalibi der BRD entwickelt. Selbst nach den bürgerlichen Moral- und sonstigen Begriffen ist der Suhrkamp Verlag der »reinste und sauberste« Verlag der BRD. In seinem Programm gibt es weder Pornographie, noch extrem linke oder rechte Literatur. Er ist der Inbegriff des bürgerlich humanistischen Verlages und diese »Suhrkamp-Kultur« ist deshalb auch nachahmenswerte Kultur in der BRD.« Daran anschließend

---

54 Abteilung XX/7, Frankfurt (O), 21. 3. 1972. Erster Bericht über die Ergebnisse des Einsatzes in Leipzig, MfS HA XX 13017, Bl. 000010ff.

55 Hauptabteilung XX/7, Berlin, 28. 12. 1981. Abschlußbericht zur OPK Nr. 2229 gegen Borchers, Elisabeth (Gütling), MfS HA XX 20244, Bl. 000065.

steuerte der Autor sein eigentliches Ziel an: »Diese Rolle und Bedeutung, die UNSELD in der BRD besitzt, läßt natürlich auch die Vermutung zu, daß er nicht nur Gönner und Geldgeber hat, sondern auch Aufgaben als »seriöser Vorposten« in der kulturellen Außenpolitik der BRD zu erfüllen hat.«[56] Es folgt – wenn auch unter leisem Beweisvorbehalt – ein Sündenregister: Das Engagement des Verlags für tschechische Literatur vor und nach dem »Prager Frühling«[57] und dessen Zerschlagung durch die Militärintervention des Warschauer Pakts wurden ganz im Kontext der vermeintlichen »Konterrevolution« in Prag interpretiert. In analoger Beleuchtung erscheinen andere Programmschwerpunkte des Verlages, doch stehen die DDR und Unselds Geschäftsgebaren gegenüber den dortigen Verlagen im Zentrum der Beschwerden, die in dem Fazit mündeten: »Für einen UNSELD ist die DDR eben kein Ausland.«[58] Es waren ökonomische Notwendigkeiten, die auch im Buchgeschäft die Kontakte zum westdeutschen Branchenkollegen trotz politischer Unverträglichkeiten unabdingbar machten: »Übereinstimmend wird durch die Quellen erklärt, daß es auf Grund des politischen Auftretens und der Verhaltensweisen von UNSELD an sich notwendig wäre, die Geschäftsbeziehungen zu diesem Verlag einzustellen. Da er aber neben den Brecht-Weltrechten auch noch die Rechte zahlreicher namhafter Schriftsteller der westlichen Welt besitzt, ist der Kontakt zu ihm unumgänglich.«[59]

---

56 Hauptabteilung XX/7/III, Berlin, 21. 10. 1975. Information. Dr. UNSELD, Siegfried, Leiter des Suhrkamp Verlages Frankf./M. (Gütling), MfS AIM 9188/91 T. II Bd. 5, Bl. 000240f.

57 1968 bildete tschechische Literatur einen Programmschwerpunkt bei Suhrkamp. Unseld hatte sich überdies öffentlich scharf gegen die Militärintervention der Warschauer Pakt-Staaten in der Tschechoslowakei ausgesprochen, vgl. Aufruf, in: Die Zeit, Nr. 35, 30. 8. 1968.

58 Hauptabteilung XX/7/III, Berlin, 21. 10. 1975. Information. Dr. UNSELD, Siegfried, Leiter des Suhrkamp Verlages Frankf./M. (Gütling), MfS AIM 9188/91 T. II Bd. 5, Bl. 000242.

59 Ebenda, Bl. 000243. Siehe in diesem Sinne auch die zur Frankfurter Buchmesse in jenem Jahr gegebene »Information«, wo es mit enttäuschtem Seitenblick auf die DKP-Verlage heißt: »Für die Verlage der DDR stand zur Messe wieder die Frage, wenn (auf Grund des Profils und des äußeren Eindrucks) keine Geschäfte mit Luchterhand oder Suhrkamp, mit wem dann?«, Information, undatiert, MfS AIM 9188/91 T. II Bd. 5, Bl. 000254.

Die Tätigkeit des Verlages fügte sich für das MfS auch Ende der 70er Jahre in ein umfassendes Bedrohungsszenario ein. Man ging davon aus, durch »verschärften ideologischen Krieg, die Aktivierung vorhandener und die Schaffung neuer feindlicher Zentren« werde das Ziel verfolgt, »mit der Schaffung politischer Plattformen und Organisationsformen zur Formierung einer antisozialistischen Bewegung in der DDR eine konterrevolutionäre Situation zu schaffen«.[60] Im Spektrum der daran vorgeblich beteiligten Medien, Organisationen und Einzelpersonen fanden auch Teile der Buchbranche ihren Platz:

> »– Verlage und deren Mitarbeiter, die feindlich-negative DDR-Schriftsteller inspirieren,
> antisozialistische Literatur zu produzieren, diese systematisch aufbauen, veröffentlichen
> korrumpieren und zu feindlichen Aktivitäten ermutern (sic!)
> Rowohlt-Verlag Hamburg;
> Luchterhand-Verlag Darmstadt
> Suhrkamp-Verlag Frankfurt/M.;
> S. Fischer Verlag Frankfurt/M.
> Bertelsmann-Verlag«[61]

Auch hier fällt wieder auf, dass es nicht etwa politisch konträre, rechtskonservative Unternehmen waren, denen die Aufmerksamkeit des MfS galt. Die Feindmarkierung traf gerade liberal bis linksliberal profilierte Verlage. Hinzu trat verstärkt ein weiterer Aspekt in der Wirksamkeit der Verlage, insbesondere des Auftretens von Unseld, das als Konterkarierung einer überwölbenden politischen Strategie der DDR-Politik betrachtet wurde. In einem Bericht Peter Gütlings vom März 1973 tritt dies bereits hervor. Gestützt auf die Angaben des IM »Ernö« heißt es darin zu einem Empfang auf der Leipziger Frühjahrsmesse: »Aus dem gesamten Auftreten von Dr. Unseld war sehr deutlich abzulesen, daß er sich als der Verleger der BRD präsentieren wollte, der sich schon immer um die Li-

---

60   Aktivitäten und Wirksamkeit des Feindes im Bereich der künstlerischen Intelligenz der DDR, undatiert (wohl Anfang 1978), MfS HA XX 209, Bl. 000083.
61   Ebenda, Bl. 000084.

teratur der DDR, speziell die der jungen Autoren, bemüht habe. Aus diesem Grunde gab er sich überaus jovial und entgegenkommend und man gewann den Eindruck, als gehöre er zum Kreis der anwesenden DDR-Verleger, allerdings natürlich als ihr ›König‹. Man kann nach Meinung des IM sogar so weit gehen, daß Dr. Unseld mit seinem Verhalten – und vor allem schon mit seinem Erscheinen – die ›Gemeinsamkeiten‹ der ›deutschen‹ Verleger dokumentieren wollte.«[62] Ähnlich im Tenor ist die Kritik an Unselds Erscheinung auf der Buchmesse in Frankfurt 1975, in der es von ihm heißt: »Er spielt sich nicht nur als Gönner und Förderer der DDR, sondern auch als deren Repräsentant auf.«[63] Dies rührte an einen heiklen Punkt im Selbstverständnis der DDR ebenso wie an eine konkurrierende Position der offiziellen bundesdeutschen Politik: Einheit der Nation zumindest als »Kulturnation« oder nicht?

Ebenso wie die bekannte Frontbildung gegen konkurrierende Positionen aus dem politisch linken westlichen Spektrum fand auch dieses Thema seinen prominenten Platz in einer Übersicht, die das MfS der als feindlich eingestuften Arbeit westlicher Verlage aus dem deutschen Sprachraum im Frühjahr 1983 widmete. Man registrierte eine gesteigerte Aktivität mit vermeintlich antisozialistischer Stoßrichtung, die besonders durch die Publikation von DDR- bzw. Ex-DDR-Autoren an Authentizität zu gewinnen suche und in die DDR hineinzuwirken strebe: »Die Wiederbelebung der These von einer ›einheitlichen deutschen Nationalkultur‹ sowie die Propagierung eines angestrebten ›demokratischen Sozialismus‹ bzw. eines ›pluralistischen Sozialismusmodells‹ stehen dabei im Mittelpunkt.«[64] Neben Suhrkamp waren unter den größeren Verlagen, die dergestalt als Zentren »politisch-ideologischer Diversion« ausgemacht worden waren, Rowohlt, Bertelsmann, Hanser,

---

62 Treffbericht IM »Ernö« (Gütling), 28. 3. 1973, MfS HA XX ZMA 20244, Bl. 000029.

63 Hauptabteilung XX/7/III, Berlin, 21. 10. 1975. Information. Dr. UNSELD, Siegfried – Leiter des Suhrakmp Verlages Frankf./M. (Gütling), MfS AIM 9188/91 T. II Bd. 5, Bl. 000242.

64 Zentrale Auswertungs- und Informationsgruppe, Berlin, Mai 1983. Arbeitsmaterial. Hinweise über antisozialistische Aktivitäten westlicher Verlage unter Einbeziehung von DDR-Autoren bzw. ehemaligen DDR-Bürgern, MfS HA IX 13562, Bl. 000002.

Fischer und Luchterhand vertreten.[65] In Suhrkamps Fall fand man die Publikation von Titeln Volker Brauns, Peter Huchels, Thomas Braschs, Gerald Zschorschs und Stefan Schütz' erwähnenswert.[66]

Versucht man ein Fazit der MfS-Beobachtungen und Mutmaßungen zur westdeutschen Verlagsszene und speziell Suhrkamps, so fällt neben Unsicherheiten im Einzelnen der durchweg defensive Grundzug ins Auge.[67] Man sah sich in einer Position drohender kultureller Überwältigung, einem Kampf mithin um die »kulturelle Hegemonie«[68] – eine Wahrnehmung, die in das verwaschene Konzept der allgegenwärtigen PID einfloss. Mehrfach wurde in den Berichten des MfS die Problematik angesprochen, eigene genehme Autoren im westlichen Markt zu verankern. 1969 vermerkte Fritz-Georg Voigt von der Frankfurter Messe zwar ein generell verstärktes Interesse an Literatur aus der DDR, mußte aber einschränken: »Überblickt man das Angebot westdeutscher Verlage an belletristischer Literatur von DDR-Autoren (Christa Wolf, de Bruyn, Irmtraud Morgner, Stefan Heym), so muß man feststellen, daß unsere wichtigsten sozialistischen Werke fehlen (Seghers »Das Vertrauen«, Joho »Das Klassentreffen«, Wellm, Viertel, Heiduczek, u. a.).«[69] Von der Frankfurter Buchmesse 1975 hieß es betrübt: »Während die Lesung von Irmtraut (sic!) Morgner sehr viele Interessenten angelockt hatte, so daß

---

65 Ebenda, Bl. 000005. Ausdrücklich heißt es dort: »Rechtsgerichtete Verlage, wie SEE-WALD und ULLSTEIN, traten bisher weniger in Erscheinung.« Dafür fanden Unternehmen des linksalternativen Spektrums wie Rotbuch, Wagenbach und Syndikat eigens Erwähnung.

66 Ebenda, Bl. 000050.

67 Für den Bereich des DDR-Fernsehens bemerkt dieses Phänomen Claudia Dittmar: Feindliches Fernsehen. Das DDR-Fernsehen und seine Strategien im Umgang mit dem westdeutschen Fernsehen (Bielefeld 2010), S. 430. Die Vorstellung der gesteuerten Diversionstätigkeit durch die Westsender war dort ebenfalls tragend, vgl. ebenda insbesondere S. 260f., 311ff. und 424ff.

68 In seiner Autobiographie zitiert Stefan Heym den Chef der DDR-Zollverwaltung, Anton Ruh, mit Worten, die auch dem kulturell-ästhetischen Bereich in der Systemauseinandersetzung eine bedeutende Rolle zuweisen: »Die drüben ersticken uns, mit ihrer Währung, ihren Waren, ihren Farben, ihren Rhythmen, ihrer Welt.« Ders.: Nachruf (Frankfurt/Main 1990), S. 665.

69 Aufbau Verlag. Bericht über die Frankfurter Buchmesse, Berlin, November 1969 (Dr. Voigt), MfS AIM 9188/91 T. II Bd. 4, Bl. 000198.

man sogar in einen größeren Saal umziehen mußte, las Gerhard Holtz-Baumert vor ca. 20 Personen, wobei mindestens die Hälfte Mitglieder der DDR-Delegation waren.«[70] Noch sechs Jahre später stellte die Quelle »Richard« fest: »Grundsätzlich besteht kein Interesse und eine stuhre (sic!) abwehrende Haltung bezüglich solcher Autoren wie Max Walter Schulz, Nowotny, Erik Neutsch, die also in der DDR und im sozialistischen Lager eine positive Stellung auf Grund politischer Bekenntnisse inne haben.«[71]

Besonders sensibel reagierten die Interpreten aus den Reihen des MfS auch vor diesem Hintergrund auf das Konzept der »einheitlichen deutschen Kulturnation«, das den Abgrenzungsbestrebungen der DDR-Führung entgegen lief. Willy Brandt erläuterte den politischen Stellenwert, den der Begriff für ihn hatte: »Die Identität von Nation und Staat war zerbrochen. Doch sie hatte in Deutschland ohnedies nur eine kurze Spanne existiert. Als »Kultur-Nation« würde es seine Identität behalten, wie auch die Chance sein mag, daß in einem gesamteuropäischen Prozeß die beiden Staaten eines Tages Formen des Zusammenlebens finden, die mehr sind als bloß zwischenstaatliche Beziehungen.«[72] Dies wurde seitens der DDR-Politik entsprechend verstanden und als latente Bedrohung gewertet.

Auch die wirtschaftliche Angewiesenheit auf Beziehungen zu Westunternehmen blieb ein Stachel. Die partielle Verschränkung mit dem westlichen Marktgeschehen wurde auch in den 1980er Jahren als politisch unwillkommen und bedenklich, ökonomisch jedoch unvermeidlich betrachtet. War bereits in den 70ern über die relative Schwäche der DKP-Verlage – des politisch gegebenen Partners im Westen – geklagt worden, so stellte sich zu Beginn des neuen Jahrzehnts dieses Problem noch schärfer. Marktgängigkeit im Westen begann so im Mitteldeutschen Ver-

---

70 Information (undatiert), MfS AIM 9188/91 T. II Bd. 5, Bl. 000249.
71 Abteilung XX/7, Halle, 19. 10. 1981. Globale Einschätzung zu einigen Erkenntnissen von der diesjährigen Frankfurter Buchmesse (Tonbandabschrift, Hptmann Steffens), MfS BV Halle Abt. XX/XV 1778/70 Nachheftung Bd. 1, Bl. 000164.
72 Zitiert nach Hans Buchheim: Deutschlandpolitik 1949–1972. Der politisch-diplomatische Prozeß (Stuttgart 1984), S. 171.

lag ein Kriterium für die Programmplanung zu werden, schließlich galt es, hinsichtlich des Exports in das kapitalistische Ausland den Plan zu erfüllen. Dazu führte IM »Willi« aus: »Da jedoch die westdeutschen Verlage Lizenzen nur von Büchern übernehmen, die keinen oder nur einen geringen sozialistischen Gehalt haben, gab und gibt es im Verlag Überlegungen, Editionen zu entwickeln, die in der BRD gekauft werden.«[73] Man erwog, für den Export in die Bundesrepublik gesonderte, gleichsam gereinigte Klappentexte zu produzieren. Dass auf diese Weise Exportmöglichkeiten durch die Preisgabe ideologischer Positionen erkauft werden könnten sah man ebenso wie die vermeintlich wachsende Orientierung der Autoren, Texte unter dem Gesichtspunkt der Exporttauglichkeit gen Westen zu verfassen. Einen Ausweg sah »Willi« nicht. Resignation klang an: »Diese Situation gilt offensichtlich für alle belletristischen Verlage. Die besondere Schwierigkeit haben jedoch die Verlage, die DDR-Literatur produzieren.«[74] Die starke Stellung auch des Suhrkamp-Verlags konnte nicht einfach ignoriert werden. Bereits zuvor hatte es hinsichtlich Bertolt Brechts geheißen: »Wir kenne(n) Unseld ja als einen Erpresser.«[75] »Erpressen« kann nur, wer die Macht dazu besitzt.

---

73 Abteilung XX/7, Halle, 6. 5. 1982. Tonbandabschrift. Betrifft: Export im Mitteldeutschen Verlag in Halle, MfS BV Halle VIII 564/66 Abt. XX T. II Bd. IV, Bl. 000335.
74 Ebenda, Bl. 000337.
75 Hauptabteilung XX/7, Berlin, 20. 9. 1971. Tonbandabschrift Pa. Quelle IMS »Kant«, entgegengenommen: Ltn. Tischendorf am 15. 9. 1971, MfS AIM 9188/91 T. II Bd. 5, Bl. 000027.

Berthold Petzinna

Der Suhrkamp Verlag:
Siegfried Unseld und die »60er Jahre«

Elemente einer Erfolgsgeschichte

»Suhrkamp hatte und war Stil.«
(Michael Krüger)

Als Peter Suhrkamp, der seinen eigenen Verlag 1950 gegründet hatte, im März 1959 starb, hinterließ er ein Unternehmen, das er auf einen kulturellen Auftrag hin konzipiert und geleitet hatte. Der 1891 geborene Sohn eines norddeutschen Landwirts war von der bürgerlichen Reform- und Jugendbewegung des Kaiserreichs dauerhaft geprägt. Dies schloss ein zumindest distanziertes Verhältnis zum ökonomischen Aspekt des Verlegerberufs ein. Sein enger Mitarbeiter und Nachfolger Siegfried Unseld bemerkt, Peter Suhrkamp hätte seinen Büchern gern den Charakter von für den Markt anzubietenden Waren gänzlich genommen.[1] Eine Positionsbestimmung des Verlegers in der unmittelbaren Nachkriegszeit stützt diese Sicht und pointiert seine elitenorientierte Aufgabenstellung:

> »Und Bücher, die schnell eine große Leserschar finden, sind selten oder nie erstklassige Werke. Es ist auch nur wichtig, daß in jeder Generation wenigstens der kleine Kreis da ist, die kleine Vorhut von besonders Begabten und Empfänglichen, die Elite von außergewöhnlicher Sensibilität und der Gabe, im Augenblick durch Sinne, Seele, Geist und Einbildungskraft das Neue aufzunehmen, und mit der Fähigkeit, daran zu glauben. Und hier möchte ich nun sagen, daß es unsere, der Buchhändler und Ver-

---

[1] Siegfried Unseld: Der Marienbader Korb. Über die Buchgestaltung im Suhrkamp Verlag. Willy Fleckhaus zu ehren. Hamburg 1976, S. 14. In diesem Sinne urteilt auch Claus Kröger, der Suhrkamp den Verlag als eine »tendenziell antiökonomische Institution« sehen lässt, Ders.: »Establishment und Avantgarde zugleich?«. Siegfried Unseld und der Börsenverein des deutschen Buchhandels 1967/68, in: Ingrid Gilcher-Holtey (Hrsg.): Positionskämpfe europäischer Intellektueller im 20. Jahrhundert. Berlin 2006, S. 321.

leger Aufgabe jetzt ist, bei uns wieder neue Dichtung möglich zu machen, indem wir die Elite der Begabten pflegen, ohne welche neue Dichtung nicht möglich ist.«[2]

Dieser an die Atmosphäre des Kreises um Stefan George erinnernde Tenor gehörte einer ausklingenden Zeit an.

Mit dem Stabwechsel in der Unternehmensführung hin zu Siegfried Unseld änderte sich das Profil des Verlages auch merklich, wenngleich nicht grundstürzend. Bereits im Herbstprogramm führte Unseld neue Autoren ein, etwa Ernst Bloch, Karl Krolow, Ruth Rehmann und Uwe Johnson. Rehmann und Johnson – Jahrgang 1922 bzw. 1934 – verweisen zudem auf eine Änderung im Generationenprofil des Verlags, bei dem die jüngeren Autoren zu Lebzeiten Suhrkamps mit den Ausnahmen Martin Walser und Hans Magnus Enzensberger im Hintergrund gestanden hatten.[3] Unseld – Jahrgang 1924 – vertrat zudem einen anderen Verlegertypus als Peter Suhrkamp. Die Absatzorientierung und mithin das Marketing gewannen an Gewicht und distanzierten das Frankfurter Unternehmen überdies von weiterhin nach Gutsherrenart geleiteten Häusern.[4] Man kann diese Züge als ein Bemühen um »Gleichzeitigkeit« mit der Entwicklung der jungen Bundesrepublik und zugleich als eine ökonomische Modernisierung des Unternehmens verstehen. Bereits in der Frühzeit seiner Verlagsführung erwies sich Unseld dabei als ein erfolgreicher Netzwerker, dem es gelang, eine ihm verbundene Gruppe, einen »inner circle« im Verlag zu etablieren.

Der wichtigste Partner war für Unseld in diesem Kreis Martin Walser, mit dem er auch persönlich befreundet war.[5] Walser kam nach Peter

---

2   Peter Suhrkamp: Verleger und Leserschaft, in: In memoriam Peter Suhrkamp. Frankfurt am Main 1960, S. 126f.

3   Friedrich Voit: Der Verleger Peter Suhrkamp und sein Autoren. Kronberg im Taunus 1975, S. 94, 99.

4   Heinz Ludwig Arnold (Hg.): Die Gruppe 47. Ein kritischer Grundriß. München 1980, S. 209.

5   Hellmuth Karasek beschreibt sie als »zwei lebensfrohe Kumpane, die gemeinsam Ski fuhren und die literarischen Partys beherrschten.« Er setzt hinzu, dass Walsers Freunde »immer auch seine Rivalen« gewesen seien. Ders: Auf der Flucht. Erinnerungen. Berlin 2004, S. 374f.

Suhrkamps Tod eine zentrale Rolle im Unternehmen zu. Unseld und sein Vertrauter Walser telefonierten nahezu täglich, sodass der Gedanke an eine gemeinsame Strategieplanung für den Verlag nahe liegt. Walser arbeitete in den 60er Jahren auch als Lektor für Suhrkamp.[6] Neben Walser kam noch Hans Magnus Enzensberger und Uwe Johnson eine besondere Bedeutung in Unselds Umfeld zu. Enzensbergers literarisches Debut, der Gedichtband *verteidigung der wölfe*, war 1957 bei Suhrkamp erschienen. Unseld schrieb dem fünf Jahre Jüngeren einen werbenden Brief und sah dessen Erstling auch politisch-programmatisch für die gemeinsame Arbeit: »Sie haben in Ihren Gedichten das ausgesprochen, wogegen wir angehen und wofür wir eintreten müssen.«[7] Auch in seinem Fall verschliff sich die literarische Produktion mit der Lektoratsarbeit und Talentsuche sowie förderndem Engagement.[8] Anders als die beiden Westdeutschen hatte Uwe Johnson – Jahrgang 1933 – einen DDR-Hintergrund. Dies fügte seiner Rolle eine zusätzliche Dimension hinzu: Johnson galt in den 60ern als *der* gesamtdeutsche Romancier.[9] Sieht man von dem wesentlich älteren Schweizer Max Frisch ab, dem eine Seniorenposition zukam, so zeigt der Kreis ein generationelles Profil. Ein anderer wichtiger Mitarbeiter Unselds, Karlheinz Braun, erinnert sich pointiert: »Es war die Generation der in den zwanziger Jahren geborenen, die da zusammentraf ... und Unseld als der Älteste verstand es, sie sowohl programmatisch wie emotional in die Verlagsarbeit einzubinden.«[10]

Wenn auch eher peripher und mitunter diskontinuierlich waren noch weitere Autoren an diesen Zirkel angebunden. Die Österreicherin Ingeborg Bachmann, die als einzige Frau in der Männerrunde auftrat, obwohl sie noch nicht im Verlag publizierte, war von Unseld 1959 für die

6   Vgl. Jörg Magenau: Martin Walser. Eine Biographie. Reinbek 2008, S. 152, 245.
7   Unseld an Enzensberger, 25. 6. 1957, in: Siegfried Unseld: Briefe an die Autoren. Frankfurt am Main 2004, S. 12.
8   Siehe zu Enzensbergers Zeit als Lektor Jörg Lau: Hans Magnus Enzensberger: ein öffentliches Leben. Berlin 1999, S. 107ff.
9   Vgl. Die Katze Erinnerung. Uwe Johnson – eine Chronik in Briefen und Bildern, zusammengestellt von Eberhard Fahlke. Frankfurt am Main 1994.
10 Karlheinz Braun: Herzstücke. Leben mit Autoren. Frankfurt am Main 2019, S. 85.

neue Poetikdozentur in Frankfurt gewonnen worden. Literarisch und
politisch intensiver war das Verhältnis zu Peter Weiss, der in Stockholm
lebte.[11] Entfernter, aber deshalb nicht weniger wichtig, war Walter Höllerer, der bereits seit den mittleren 50er Jahren als Berater, Lektor und Herausgeber für Suhrkamp in Frankfurt tätig war, wo er damals wohnte.[12]
1959 ging der im Literaturbereich bereits einflussreiche Höllerer als Professor für Literaturwissenschaft nach West-Berlin, wo er vier Jahre darauf das Literarische Colloquium gründete: »Höllerer war der erste Lite-
raturmanager im heutigen Sinne, er hat den modernen Literaturbetrieb
gewissermaßen erfunden.«[13]

Ein weiterer Aktivposten in der Vernetzung des Verlags war seine
Verbundenheit mit dem lokalen intellektuellen Milieu in Frankfurt am
Main. Enge Beziehungen bestanden bereits zu Peter Suhrkamps Lebzeiten mit Theodor W. Adorno, dem strahlkräftigen Vertreter der sog.
»Frankfurter Schule«. Der Philosoph nahm regelmäßig an den Empfän-
gen des Verlags teil, 1961 las er auf einem Festabend des Verlegers zu
Ehren Samuel Becketts aus seinem noch unfertigen Beckett-Essay. Vorangegangen war ein Mittagessen im Familienkreis mit Beckett bei Unseld.[14] Adorno war mit dem hessischen Generalstaatsanwalt Fritz Bauer
befreundet, wie er selbst während des Dritten Reiches im Exil. Der so-
zialdemokratische Jurist war der Initiator des ersten Auschwitz-Prozes-
ses, der von 1963 bis 1965 in Frankfurt am Main stattfand. Eng war auch
die Kooperation zwischen Alexander Mitscherlichs Frankfurter psy-
choanalytischem Institut und dem Institut für Sozialforschung als Kern
der »Frankfurter Schule«. Der spätere Suhrkamp-Autor war der wichtigste Verbreiter der Psychoanalyse in der Bundesrepublik, der er auch
einen »demokratiepolitischen Auftrag« zuwies.[15] Harry Buckwitz war

---

11   Vgl. Magenau: Walser, S. 155f.
12   Vgl. Helmut Böttiger: Elefantenrunden. Walter Höllerer und die Erfindung des Lite-
     raturbetriebs. Berlin 2005, S. 78.
13   Böttiger: Elefantenrunden, S. 8.
14   Stefan Müller-Doohm: Adorno. Eine Biographie. Frankfurt am Main 2003, S. 709,
     543.
15   Tobias Freimüller: Alexander Mitscherlich. Gesellschaftsdiagnosen und Psychoana-
     lyse nach Hitler. Göttingen 2007, S. 230.

als Generalintendant der Städtischen Bühnen in Frankfurt ein weiterer enger Vertrauensmann des Verlages. Analog zu Mitscherlich verstand auch Buckwitz seine Arbeit im Sinne eines Theaters »kulturpolitischer Prägung«.[16]

Überblickt man die den Verlag tragende Personengruppe und deren Umkreis insgesamt, so bestätigt sich die Beobachtung Karlheinz Brauns, dass ein deutlicher Schwerpunkt auf der Altersgruppe der etwa in den 1920er Jahren Geborenen liegt, ergänzt um einige Ältere – wie etwa Peter Weiss und Theodor W. Adorno, bei denen wiederum auffällt, dass Ausgrenzung/Verfolgung und Exil ihren biographischen Hintergrund bilden. Diese (männliche!) Jahrgangsgruppe wird in der Literatur häufig als »45er-Generation« bezeichnet und als durch gemeinsame Erfahrungen geprägt und disponiert angesehen.[17] Die Etikettierung als »45er« soll auf die einschneidende Bedeutung des Kriegsendes als generationelle Schockerfahrung über den Charakter des NS-Systems und deren Verarbeitung verweisen: »Das Betrogensein wurde zum dominanten Deutungsmuster dieser Generation.«[18] Mit den späten 50er Jahren rückten Angehörige dieser Altersgruppen im Zuge des Generationenwechsels zunehmend in Einflusspositionen auf, wobei diese Stabübernahme in den Medien und geisteswissenschaftlichen Fächern der Universitäten am ehesten erfolgte. Die Neuzugänge brachten ein anderes, politischeres und weniger staatsfixiertes Bild von Öffentlichkeit gegenüber der vorherrschenden bundesdeutschen Normallage kritisch in Anschlag.[19] Die USA bildeten häufig einen – mitunter ambivalenten – Orientierungspunkt. So war Siegfried Unseld Teilnehmer an Henry Kissingers Som-

16   Zitiert nach: Harry Buckwitz. Schauspieler, Regisseur, Intendant 1904 – 1987. Hrsg. von der Stiftung Archiv der Akademie der Künste Berlin. Berlin 1998, S. 44.

17   Vgl. hierzu und zum Folgenden Christina von Hodenberg: Konsens und Krise. Eine Geschichte der westdeutschen Medienöffentlichkeit 1945–1973. Göttingen 2006; sowie Dirk Moses: Die 45er. Eine Generation zwischen Faschismus und Demokratie, in: Neue Sammlung. 2000, H. 2.

18   Hodenberg: Konsens und Krise, S. 253.

19   Christina von Hodenberg: Konkurrierende Konzepte von »Öffentlichkeit« in der Orientierungskrise der 60er Jahre, in: Matthias Frese, Julia Paulus, Karl Teppe (Hg.): Demokratisierung und gesellschaftlicher Aufbruch. Die sechziger Jahre als Wendezeit der Bundesrepublik. Paderborn 2003, S. 208.

merseminar in Harvard.[20] Für diese Gruppe insgesamt kann gelten, was ein Soziologe über die um 1928 Geborenen – die sog. »Flakhelfer« – bemerkt: diese »innnerlich viel ungesicherteren Neubürger« hätten es sich zur Aufgabe gemacht, »der Zufälligkeit der Bundesrepublik einen Sinn zu geben.«[21]

Die noch wenige Jahre zuvor von Erich Kuby zum Ausdruck gebrachte Vorstellung von der Bundesrepublik als eines »Wartesaals« wich zunehmend einer Beheimatung in dem neuen Gebilde, wie sie im Titel des von Wolfgang Weyrauch 1960 herausgegebenen Sammelbandes *Ich lebe in der Bundesrepublik* zum Ausdruck kam.[22] Im anhebenden Jahrzehnt bildeten – befördert durch den Bau der Berliner Mauer – Bundesrepublik und DDR jeweils »soziokulturell ihr spezifisches Profil als der unverwechselbar westdeutsche und der unverwechselbar ostdeutsche Teilstaat aus.«[23]

Für die Bundesrepublik wirkten sich hier zunächst seit den späten 50er Jahren drei Faktoren ineinandergreifend formierend aus: eine Abschwächung autoritätsfixierter Orientierungen und Handlungsnormen, die wachsende Akzeptanz einer sich herausbildenden Konsumgesellschaft und ein deutlicher Wandel im alltagsästhetischen Erscheinungsbild des Lebens in Westdeutschland. Es entwickelten sich die Umrisse einer spezifisch westdeutschen Mentalität, die nicht allein auf die Jugend beschränkt blieb.[24] Frank Biess fasst die Bedeutung dieser Jahre einprägsam

---

20 Siehe zu dieser Einrichtung Niall Ferguson: Kissinger. Der Idealist 1923–1968. Berlin 2016, S. 312, 318. Auch Walser, Ingeborg Bachmann und Walter Höllerer gehörten zu den Absolventen.

21 Heinz Bude: Bürgertumsgenerationen in der Bundesrepublik, in: Manfred Hettling, Bernd Ulrich (Hg.): Bürgertum nach 1945. Hamburg 2006, S. 122.

22 Vgl. Ulrich Herbert: Geschichte Deutschlands im 20. Jahrhundert. Bonn 2014, S. 760. Erich Kubys Buch *Das ist des Deutschen Vaterland. 70 Millionen in zwei Wartesälen* erschien 1957.

23 Anselm Doering-Manteuffel: Eine neue Stufe der Verwestlichung? Kultur und Öffentlichkeit in den 60er Jahren, in: Axel Schildt, Detlef Siegfried, Karl Christian Lammers (Hg:): Dynamische Zeiten. Die 60er Jahre in den beiden deutschen Gesellschaften. Hamburg 2000, S. 661.

24 Vgl. Axel Schildt: Ankunft im Westen. Ein Essay zur Erfolgsgeschichte der Bundesrepublik. Frankfurt am Main 1999, S. 100ff.

zusammen: »Die Zeit von den späten 1950er Jahren bis in die Mitte der 1960er Jahre war eine Art westdeutsche ›Sattelzeit‹, eine breit angelegte Transformationsperiode, während der bestimmte Erinnerungen an die Vergangenheit ihren prägenden Anspruch verloren und neue Zukünfte möglich wurden.«[25] Insbesondere diese neuen Zukunftsräume verliehen der Dekade ihre Signatur – eine um sich greifende optimistische Grundhaltung, die in der Geschichte der Bundesrepublik einzig blieb. Das Bewusstsein von gewachsenen Gestaltungsmöglichkeiten kulminierte gegen Ende des Jahrzehnts und in den frühen 70er Jahren.[26] Am Beginn dieses Zeitraums stand die Frage nach der »Demokratisierung« der westdeutschen Gesellschaft und ihres Staates – diese Debatte erwies sich als das einigende Band, das mancherlei Einzelfragestellungen und -themen umschloss und auf einen möglichen und einigenden Entwurf hin perspektivierte, der Gegenstand der Debatten war.[27] Hierbei verschwisterten sich die Vorstellungen von Demokratie mit dem Ideal der Rationalität des politisch-gesellschaftlichen Handelns und Planens zu einem Leitbild der Modernität.[28] Ihre prägende Kraft bekam dieser Vorstellungskomplex insbesondere durch die ästhetische Gestaltung der alltäglichen Lebenswelt. Dabei wuchs dem Design neben der Architektur eine für die postfaschistische Öffentlichkeit formgebende Rolle zu.[29] Die Gestaltung der Objektwelt sollte über das ästhetische Er-

---

25 Frank Biess: Republik der Angst. Eine andere Geschichte der Bundesrepublik. Bonn 2019, S. 158f.

26 Vgl. Axel Schildt: Die 60er Jahre – eine Dekade im Schatten des Mythos von '68, in: Monika Estermann, Edgar Lersch (Hg.): Buch – Buchhandel – Rundfunk. 1968 und die Folgen, S. 26.

27 Vgl. Moritz Scheibe: Auf der Suche nach der demokratischen Gesellschaft, in: Ulrich Herbert (Hg.): Wandlungsprozesse in Westdeutschland. Belastung, Integration, Liberalisierung 1945 – 1980, S. 245ff.

28 Gabriele Metzler: Konzeptionen politischen Handelns von Adenauer bis Brandt. Politische Planung in der pluralistischen Gesellschaft. Paderborn 2005, S. 209ff.

29 Vgl. Paul Betts: The Authority of Everyday Objects. A Cutural History of West German Industrial Design. Berkeley e. a. 2004, S. 9: »Like other postwar reformers, this new design culture was inspired by the idea of transforming the wreckage of the past into a brave new world of postfascist modernity.« Siehe auch ders.: Ästhetik und Öffentlichkeit. Westdeutschland in den fünfziger Jahren, in: Bernd Weisbrod (Hg.): Die Politik der Öffentlichkeit – Die Öffentlichkeit der Politik. Göttingen 2003.

scheinungsbild hinaus zu einer »neuen Klarheit der Wahrnehmung beitragen.«[30]

Dass der nachwachsenden Jugend dabei eine herausgehobene Bedeutung zukam, hatte nicht allein demografische Gründe. Mit der Ausbildung von eigenständigen Ausdrucksformen und Konsummustern im
Jugendbereich einher ging die Erwartung ihrer Pilotfunktion im Rahmen der bundesdeutschen Selbstfindung:

> »Hinter allen Vorstellungen und Projektionen, die an die neuen Jugendkul-
> turen herangetragen wurden, stand die Suche nach einem spezifischen kul-
> turellen Stil des Deutschen in der entwickelten Konsumgesellschaft. Was ist
> deutsch in einer modernen Bundesrepublik Deutschland, und wie wird
> dies ausgehandelt? – das sollte nicht nur politisch, sondern auch kulturell
> neu bestimmt werden.«[31]

Im Rahmen dieser Suchbewegungen und Aushandlungsprozesse wurden die Segmente und Medien der Öffentlichkeit in einen neuen Horizont gerückt; sie wurden zusehends zu Arenen dieser Fragestellungen
und Kontroversen – ein Aspekt, den Christina von Hodenberg erhellt
hat.[32] Eine größere und auch richtungweisende Rolle wuchs dabei den
Intellektuellen zu, die als Matadore des Disputs und Propagandisten einer Öffnung des Diskursraums in die Medien vordrangen. Zugleich änderte auch das Theater sein Profil und thematisierte seit den früheren
60er Jahren die dunkle Vorgeschichte der Bundesrepublik als Nachfolgerin des Dritten Reiches.[33] Die Gesamtheit dieser Entwicklungen blieb
nicht ohne Wirkung auf das inhaltlich Profil des Buchmarkts. In der
Rückschau merkt Henning Ritter zu den mittleren 60ern an: »Plötzlich

---

30 Wolfgang Ruppert: Zur Konsumwelt der 60er Jahre, in: Axel Schildt u. a. (Hg.): Dy-
    namische Zeiten, S. 757.
31 Detlef Sigfried: Vom Teenager zur Pop-Revolution. Politisierungstendenzen in der
    westdeutschen Jugendkultur 1959 bis 1968, in: Axel Schildt u. a. (Hg.): Dynamische
    Zeiten, S. 585f.
32 Vgl. dies.: Konsens und Krise.
33 Jörg Magenau resümiert: »Die sechziger Jahre waren das heroische Zeitalter der In-
    tellektuellen.«, ders.: Walser, S. 167. Zum Theater vgl. Braun: Herzstücke, S. 110.

gingen Sachen, mit denen Lektoren und Verleger sonst ins Abseits geraten wären.«[34]

Betrachtet man die Maßnahmen und Anstöße, die von Siegfried Unseld in den ersten Jahren seiner Unternehmensführung ausgingen, so zeigt sich ein Modernisierungskurs, der über die Verjüngung des Autorenstamms hinausging, sich dem Entwicklungstrend der bundesdeutschen Gesellschaft einfügt und ihn mit prägte. Ein Ankerpunkt dieser Strategie war das bereits von Peter Suhrkamp etablierte enge Verhältnis zur Frankfurter Schule, deren Bedeutung für die gesellschaftliche Entwicklung in den 60er Jahren kontinuierlich wuchs.[35] In zwei an Adorno gerichteten Schreiben Unselds werden Konturen seiner Vorstellungen in dieser frühen Zeit erkennbar. Das erste galt Adornos neuer Schrift *Klangfiguren*, die Peter Suhrkamp noch in der Buchgestaltung festgelegt hatte: »Weniger zufrieden bin ich mit dem Umschlag. Aber nachdem ihn Suhrkamp so einmal bestimmt hat, wollte ich ihn nicht ändern. Nach meiner Vorstellung sollten wir für die künftigen Opera zu entschieden härteren Lösungen kommen.« Hier kündigte sich wenige Monate nach Suhrkamps Tod die Neigung an, das äußere Erscheinungsbild des Verlags auf eine Formenklarheit hin zu orientieren, die der Gestaltungsentwicklung des Produktdesigns allgemein entsprach.

In einem weiteren Brief aus dem Jahr 1962 geht es um die Kundenorientierung:

»Ich komme eben aus Tübingen zurück, wo ich mich unter anderem auch einige Zeit in den Universitätsbuchhandlungen aufhielt. Die dreizehntausend Studenten prägen das Bild Tübingens ganz neu, aber ich war über die geistige Aufgeschlossenheit dieser jungen Leute, um nicht zu sagen, über ihren Hunger, sehr erstaunt: die billigen wissenschaftlichen Reihen, die Taschenbücher und Sonderausgaben wurden fleißig examiniert und durchstöbert. Auch von diesem Besuch her weiß ich,

---

34 Henning Ritter: Der Autor, der nicht schreibt. Für Günter Busch zum 60. Geburtstag, in: Rebekka Habermas, Walter H. Pehle (Hg.): Der Autor, der nicht schreibt. Versuche über den Büchermacher und das Buch. Frankfurt am Main 1989), S. 188.

35 Vgl. etwa Clemens Albrecht: Die intellektuelle Gründung der Bundesrepublik. Eine Wirkungsgeschichte der Frankfurter Schule. Frankfurt am Main 1999.

wie richtig es ist, grundlegende philosophische Texte zu Preisen vorzulegen, die eben für den kleinen Geldbeutel erschwinglich sind.«[36]

Die Zahl der Studentinnen und Studenten hatte in der Bundesrepublik
zu wachsen begonnen, das sollte sich fortsetzen. Diese Kundengruppe
brachte ihrerseits eine intellektuelle Orientierung mit, die auf eine Öffnung des öffentlichen Raumes zielte. Noch in jenem Jahr sollten die
Proteste im Zuge der sog. »Spiegel-Affäre« dies unter Beweis stellen.
Auch mit diesen Überlegungen setzte Unseld einen von Peter Suhrkamps Bild seines Verlags stark abweichenden Akzent, wenngleich
eine Elitenorientierung sich durchhielt.[37] Gleichfalls nur wenige Monate nach seinen Beobachtungen in Tübingen setzte der Verleger seine
Überlegungen in dem verlegerischen Konzept einer Taschenbuchreihe
um. Bei einem sommerlichen Gartentreffen in Wasserburg am Bodensee entwarf Unseld das Konzept der *edition suhrkamp* in seinem engeren Beraterkreis, der mit Ausnahme Walsers dem Vorhaben ablehnend
gegenüberstand. Die Gründe dieser Reserve waren inzwischen zwiespältig – dem bildungsbürgerlich-hochkulturellen Ramschverdacht
hatte sich ein kommerzkritisches, eher linkes Bedenken zugesellt. Ein
anderer elitärer Zug verband beide.[38]

Die *edition suhrkamp* war früh auf die Studierenden als Zielgruppe orientiert, ihr Initiator verstand das Reihenangebot als Forum literarischer
und philosophischer Texte für eine jüngere Leserschaft.[39] Die *edition*

---

36 Unseld an Adorno, 12. 6. 1959 bzw. 25. 2. 1962, in: »So müßte ich ein Engel und kein
Autor sein«. Adorno und seine Frankfurter Verleger. Der Briefwechsel mit Peter
Suhrkamp und Siegfried Unseld. Frankfurt am Main 2003, S. 314, 414.

37 Peter Michalzik bemerkt treffend: »Die gesamte Gesellschaft mit Gesellschaftskritik
überziehen: So konnte Unseld Suhrkamps elitäres Konzept aufweichen, ohne es zu
verraten.« Ders.: Unseld, S. 130.

38 Ironischerweise war es nach Unselds Bekunden gerade Enzensberger, der in seiner
Kritik der Bewußtseinsindustrie »in mir jene Hemmung beseitigt (hat), die mich bis dahin hinderte, selbst Taschenbücher zu machen.« Unseld: Der Marienbader Korb, S. 26.

39 Siegfried Unseld: edition suhrkamp – Geschichte und Gegenwart, in: »Macht unsre
Bücher billiger!« Die Anfänge des deutschen Taschenbuchs 1946–1963. Bremen
1994, S. 102.

brachte im literarischen Bereich mit Jürgen Beckers *Felder* erstmals eine Originalausgabe als Taschenbuch heraus und schuf damit einen erleichterten Marktzugang für schwergängige Titel und unbekannte/junge Autoren.[40] Im philosophischen Segment wurde Unseld durch den guten Absatz von Ludwig Wittgensteins *Tractatus logico philosophius* ermuntert, dieses Engagement weiter zu verfolgen. Dem philosophischen Angebot benachbart waren die sozialwissenschaftlichen Bände der *edition*, die durch die Titel aus der Autorenschaft der »Frankfurter Schule« ein deutlich oppositionelles Profil gewann und im nachwachsenden Bildungsbürgertum auf Resonanz stieß.[41]

Dabei war die Konzeption der Reihe – wobei ihr faktischer Herausgeber Günter Busch der Garant blieb – nicht auf die Addition einzelner Titel, sondern auf die Versammlung eines intellektuell fundierten politischen Kosmos orientiert und zielte darauf ab, zerstreute Kenntnisse zusammenzufügen und hierdurch zur Geltung zu bringen.[42] Der ehemalige Suhrkamp-Lektor Urs Widmer beleuchtet diesen Umstand mit seiner rückblickenden Einschätzung, die *edition* habe in ihrer wirkmächtigsten Zeit eine bewusste Normierung einer im weiteren Sinne linken Begriffssprache betrieben.[43] In einer wichtigen Dimension zutreffend, wenn auch in der Formulierung mehr als nur »etwas zugespitzt« ist die These, die Reihe habe »die Nationalliteratur der Bundesrepublik Deutschland hervorgebracht«.[44] Impliziert ist in dieser Charakteristik nämlich, dass die *edition suhrkamp* einen weiteren Rahmen etablierte, in dem sich die Selbstanerkennung und Ausformulierung der Bundesrepublik als eigenständiger gesellschaftlicher Raum vollziehen konnte, in dem er gleichsam eingeübt wurde. Dieser neue »Rahmen« wurde durch das serielle Erscheinungsbild der Bände entscheidend gestützt, die ein

---

40 Arnold: Die Gruppe 47, S. 172.

41 Schildt: Die 60er Jahre, in: Estermann, Lersch (Hg.): Buch – Buchhandel – Rundfunk, S. 22.

42 In diesem Sinne Jürgen Habermas: Über Titel, Texte und Termine oder Wie man den Zeitgeist reflektiert, in: Habermas, Pehle: Der Autor, der nicht schreibt, S. 6.

43 Urs Widmer: 1968, in W. Martin Lüdke: Nach dem Protest. Literatur im Umbruch. Frankfurt am Main 1979, S. 22.

44 So Clemens Albrecht: Die Intellektuelle Gründung der Bundesrepublik, S. 307.

»Gesamtklima« schufen und damit Teil der Suhrkamp-Produktfamilie wurden. Die Anmutung der Reihe sollte »vernünftig, zweckmäßig, einfach sein«.[45]

Mit Willy Fleckhaus fand der Verleger einen kongenialen Gestalter, der bereits bei der Zeitschrift *twen* Maßstäbe des modernen Layout gesetzt hatte und seinem Auftraggeber auch im gesellschaftlich-politischen Verständnis seines Tuns nahe stand.[46] Bereits in *twen* hatte Fleckhaus Flächen als eigenständige Elemente der Gestaltung genutzt und die Zeitschrift als integriertes Gesamtkunstwerk inszeniert.[47] Bei Suhrkamp setzte er den Zug ins Offene und Klare fort und entsprach damit den durch das Nachkriegsdesign gesetzten Tendenzen. Durch die in der Gestaltung der *edition* gewählte Vorlage der Regenbogenfarben strahlte die Objektivität der Formen noch mehr auf den Geltungsanspruch der Werke ab. Adorno fügte dieses Erscheinungsbild in seine Hoffnungen auf Wirkung beim Leser ein:

> »Daß die edition suhrkamp Dinge von mir bringt, ist mir besonders lieb. Die Form dieser Publikationsreihe sagt mir sehr zu. Sie vereint äußere Anspruchslosigkeit mit Strenge des sachlichen Anspruchs. Diese Verbindung leiht dem Unternehmen unscheinbare Würde. Es ist so angelegt, daß es in jeglicher Hinsicht dem Leserkreis sich anmißt, den Autoren wie ich jedenfalls sich wünschen müssen.«[48]

Adornos Wendung von der »unscheinbare(n) Würde« der Reihe verwies zugleich auf eine weitere Dimension in der Wirkung der Regenbogen-

---

45 So Unseld über die Gestaltung der Bücher des Verlags: Der Marienbader Korb, S. 90, bzw. ders: edition suhrkamp – Geschichte und Gegenwart, in: »Macht unsre Bücher billiger!«, S. 104.

46 Sein twen-Kollege Adolf Theobald äußerte zu Fleckhaus: »In der Gruppe, die sich bei twen zusammenfand, hatten alle den Eindruck, sie seien in den vierziger Jahren um ihre Jugend betrogen worden. Fleckhaus bereits in den dreißiger Jahren. Er war noch Soldat gewesen und fand das gar nicht lustig. Von daher kam auch sein Engagement: So etwas darf nicht mehr passieren. Er hatte einen großen Nachholbedarf an Jugend.«, zitiert nach Michael Koetzle, Carsten M. Wolff: Fleckhaus. Deutschlands erster art-director. München/Berlin 1997, S. 137.

47 In diesem Sine auch Koetzle, Wolff: Fleckhaus, S. 44.

48 Adorno an Unseld, 9. 5. 1963: »So müßte ich ein Engel und kein Autor sein«, S. 446.

Bände – ihre Funktion als Distinktionsmerkmal. Damit rückte die Präsenz der *edition* im Bücherregal gerade der jungen Generation der 60er Jahre der zuvor in bildungsbürgerlichen Kreisen gepflegten Repräsentation des eigenen Anspruchs durch die aufwendigen Buchausgaben an die Seite.[49] Dass hiermit eine Spannung zwischen dem aufklärerisch-politischen Anspruch und der Ausformung eines elitären Konsumverhaltens ins Spiel kam, liegt auf der Hand. Die *edition suhrkamp* funktionierte als »eine Art von Markenartikel«.[50] Damit war die Möglichkeit eröffnet, über das Verlagsangebot zur Identitätsfindung einer jugendlichen Protestkultur beizutragen. Ein Teilnehmer erinnert sich an den Ausklang des Jahrzehnts: »Suhrkamp-Bände und Ostermarschierer-Plaketten wurden angeschafft und sooft das Geld für die Fahrkarte reichte, fuhr man zu Demonstrationen nach Frankfurt, wo wir in den Genossen des SDS neue Bezugspersonen trafen, mit denen wir uns identifizieren konnten.«[51]

Die Reihe partizipierte mit diesen Zügen überdies an den Charakteristika der sich in jenem Jahrzehnt weiter konsolidierenden westdeutschen Konsumkultur, in der Kunststoffe eine auch ästhetisch bedeutsame Rolle einnahmen. In den 60er Jahren war die Gestaltung der Konsumgüter insgesamt »durch Paradigmen wie Ratio und Rationalität, Planbarkeit und Machbarkeit, Modernität und Internationalität durchdrungen.«[52] Diese Orientierung erstreckte sich auch auf den Bereich der Gestaltung von Möbeln, wo Klarheit im Aufbau und Gradlinigkeit der Linienführung »mit Modernität codiert wurden«.[53] Es lag daher nahe, in die Produktwerbung für solche Einrichtungsensembles Bände der *edi-*

49 Vgl. Koetzle, Wolff: Fleckhaus, S. 167.
50 Claus Kröger: »Establishment und Avantgarde zugleich?«, in: Gilcher-Holtey (Hg.): Positionskämpfe europäischer Intellektueller im 20. Jahrhundert, S. 322.
51 Frühe Unordnung und spätes Leid – Ein Antiautoritärer aus der Provinz wird »Parteikader«, in: Wir warn die stärkste der Partein ... Erfahrungsberichte aus der Welt der K-Gruppen. Berlin 1977, S. 88.
52 Rainer Gries: Der Vertrieb von Vertrauen. Überlegungen zu Produktkultur und politischer Öffentlichkeit, in: Bernd Weisbrod (Hg.): Die Politik der Öffentlichkeit – Die Öffentlichkeit der Politik. Göttingen 2003, S. 278.
53 Wolfgang Ruppert: Zur Konsumwelt der 60er Jahre, in: Axel Schildt u. a. (Hg.): Dynamische Zeiten, S. 760.

tion zu integrieren, um diese symbolische Dimension des Angebots zu unterstreichen.

Das in der Präsentation des Verlags angelegte allgemeine Modernitätsversprechen durchzog auch die inhaltliche Programmgestaltung. Ein Schwerpunkt lag auf den Autoren der Gruppe 47 die seit 1959 – dem Jahr der Übernahme der Verlagsleitung durch Unseld – generell ein größeres Interesse bei Verlegern fanden.[54] Neben der zunehmenden öffentlichen Resonanz der Gruppe auch als Versammlung kritischer Köpfe – was einen CDU-Politiker zu der Bemerkung von einer »geheime(n) Reichsschrifttumskammer« verleitete – gab es eine weitere Eigentümlichkeit, die eine Affinität zu der Leitungsgruppe des Verlags, mit der sie sich zum Teil personell überschnitt, begründete. Wie der »inner circle« um Unseld wies auch die Gründung Hans Werner Richters ein deutliches generationelles Profil auf, das ihr Wir-Bewusstsein speiste.[55] Unselds durchaus offensive Form, unterstützt von den Seinen die Verlagsinteressen im Rahmen der Gruppentagungen zur Geltung zu bringen, wurde mitunter als anstößig und der Sache schädlich moniert. Der seinerzeitige Nachwuchsautor Hubert Fichte gibt ein (polemisches) Streiflicht:

> »Hans Christoph Buch ging drei Tage lang mit großen Schritten, Pfeife im Mund neben Dr. Siegfried Unseld durch die Tagung. Genie und Mentor. Aber alle wollen bei Unseld verlegen und keiner kann ihn ausstehn. Fritsch sagt, Bobrowski hat letztes Jahr den Preis der Gruppe nur gekriegt, weil Peter Weiss bei Unseld verlegt.«[56]

Jedenfalls gelang es der Suhrkamp-Gruppe, Autoren zu werben und die Tagungen deutlich zu prägen, wenn nicht gar zu dominieren.[57] Die Nähe zur Gruppe schärfte das Verlagsprofil zusätzlich.

---

54 Magenau: Walser, S. 185.
55 Friedhelm Kröll: Die Gruppe 47. Soziale Lage und gesellschaftliches Bewußtsein literarischer Intelligenz in der Bundesrepublik. Stuttgart 1977, S. 135.
56 Hubert Fichte: Der Kleine Hauptbahnhof oder Lob des Strichs. Frankfurt am Main 1988, S. 206.
57 Kröll: Gruppe 47, S. 182; Arnold: Gruppe 47, S. 166.

Eine weitere, spezielle Profilierung ermöglichte verlagsintern die Theatersparte. Die Förderung und schließlich die Durchsetzung Bertolt Brechts in der Bundesrepublik war das nahezu alleinige Verdienst des Verlages, der dabei auf den Frankfurter Intendanten Harry Buckwitz zählen konnte. Die 20-bändige Brechtausgabe im Taschenbuch erschien zur Hochzeit der Protestbewegung Ende der 60er Jahre und erschloss auch hiermit die nachwachsende Generation – 80% der Käufer waren Schüler und Studenten. Auch ein Triumph der verlegerischen Strategie mit dem Ziel der Breitenwirkung zu erschwinglichem Preis.[58]

Die Reichweite der Theaterangebote Suhrkamps ging weit über Brecht hinaus und schloss auch hier an einen Generationenwechsel an, diesmal im Bereich der Studentenbühnen. Dort hatte sich die Verjüngung der Trägerschaft Ende der 50er in einer Anlehnung an Brecht sowie die Orientierung auf gesellschaftlich-analytische Inszenierungen vollzogen, was zum Vortrab der Politisierung der bundesdeutschen Theaterlandschaft im Folgejahrzehnt wurde. Karlheinz Braun wurde »mit seiner Forderung nach einem ›Theater des kritischen Bewußtseins‹ eigentliches Agens für diesen neuen Theatertypus.«[59] Braun wurde Leiter der überaus erfolgreichen Theatersparte bei Suhrkamp und war auch als Mitbegründer der *experimenta* und in den Produktionen seiner Autoren von großem Einfluss.[60] Zum Nutzen des Verlages konnte Braun in der Rückschau zu den späten 60ern festhalten: »In diesen Jahren waren deutschsprachige Theaterstücke mit gegenwärtigen Themen auf den Bühnen der Bundesrepu-

---

58 Siegfried Unseld: Bertolt Brecht und seine Verleger, in ders.: Der Autor und sein Verleger. Vorlesungen in Mainz und Austin. Frankfurt am Main 1978, S. 150f. Unseld an Helene Weigel, 19. 9. 1967, in ders.: Briefe an die Autoren, S. 57.

59 Marlies Hübner: Studententheater im Beziehungsgeflecht politischer, gesellschaftlicher und kultureller Auseinandersetzung, mit einem Ausblick auf die Theaterszene der sechziger und siebziger Jahre. Phil. Diss. Erlangen-Nürnberg 1988, S. 91. Vgl. auch Dorothea Kraus: Theater-Proteste. Zur Politisierung von Straße und Bühne in den 1960er Jahren. Frankfurt am Main 2007.

60 Siehe etwa die gallige Bemerkung des Regisseurs Peter Zadek: »Karl-Heinz Braun hat viele Autoren beeinflußt – was er alles verdorben hat, kann man gar nicht mehr zurückchecken. Aber vielleicht wäre *Die Verfolgung und Ermordung Jean Paul Marats, dargestellt durch die Schauspielgruppe des Hospizes zu Charenton unter Anleitung des Herrn de Sade* ohne diese Verderbnis nicht so ein großer Erfolg gewesen.«, ders.: My Way. Köln 1998, S. 457.

blik präsent wie kaum je zuvor – und die meisten kamen aus dem Hause Suhrkamp.«[61] Das Bemühen des Verlags um Gleichzeitigkeit mit der gesellschaftlichen und kulturellen Entwicklung in Westdeutschland triumphierte auch in Peter Handkes *Publikumsbeschimpfung*, einem Stück, das eine rebellisch-popkulturelle Authentizität verströmte und von Braun der Atmosphäre der seinerzeitigen kreativen Demonstrationsformen zu Recht an die Seite gestellt wird. Handke wurde damit, so Braun, »der erste Popstar unter Deutschlands Dichtern«.[62]

Mit der Pflege seines jüdischen Autorenstamms war der Verlag auf eine bittere Weise ebenfalls auf der Höhe der Zeit. An die bereits unter der Leitung Peter Suhrkamps erfolgte Publikation Walter Benjamins – in enger Kooperation mit dem Suhrkamp verbundenen Adorno – wurde um weitere jüdische Theoretiker und Intellektuelle wie etwa Ernst Bloch und Siegfried Kracauer angeknüpft. Einen anderen Akzent setzte der in diesem Programmsegment persönlich stark engagierte Unseld mit Person und Werk Gershom Scholems. Der Verleger, dessen Initiativen Suhrkamp zu »einem Hauptzeugen der Remigration jüdischer Intellektueller« werden ließ, zog Scholem und Jacob Taubes als Berater in den engeren Kreis der Profilbildung seines Unternehmens. Auch hier bewährte sich Unselds Strategie der Netzwerkbildung und Stiftung von Verbundenheit im Feld des Verlages und seiner Autoren.[63] Im Bereich der Lyrik stießen Paul Celan und die nach Schweden emigrierte Nelly Sachs hinzu, um die sich Enzensberger besonders intensiv bemühte.[64]

Mit Peter Weiss stand ein ebenfalls nach Schweden emigrierter und von Enzensberger bei Suhrkamp geförderter Autor mit teils jüdischem Familienhintergrund deutlich direkter im politischen Anspruch des Verlages und auf der Bühne der Öffentlichkeit. Der von Fritz Bauer in Frankfurt angebahnte und auf jüngere Mitarbeiter gestützte erste Aus-

61   Braun: Herzstücke, S. 193.
62   Braun: Herzstücke, S. 140f.
63   Liliane Weissberg: Über Haschisch und Kabbala. Gershom Scholem, Siegfried Unseld und das Werk von Walter Benjamin, in: Marbacher Magazin 140, Marbach am Neckar 2012, S. 20f., 29.
64   Vgl. Ruth Dinesen: Nelly Sachs. Eine Biografie. Frankfurt am Main 1992, S. 274ff.

chwitz-Prozess wurde der Ausgangspunkt für Weiss' Stück *Die Ermittlung*, dessen eindringliche Klassizität bei Sparsamkeit in den Mitteln in der Bundesrepublik große Wirkung entfaltete und auch in der DDR simultan uraufgeführt wurde. Unseld verband mit dieser Arbeit die Hoffnung, im Kontext der Debatte um die Verjährung von NS-Verbrechen eine politische Rolle zu spielen und zog auch Fritz Bauer bei der Entstehung des Stückes hinzu.[65] Widerhall fand auch Martin Walsers Essay *Unser Auschwitz*, der in der ersten Nummer der neuen Suhrkamp-Zeitschrift *Kursbuch* erschien.

Das 1965 erstmals erschienene *Kursbuch* wurde – obwohl anders gedacht – bald zum zweiten politischen Flaggschiff des Verlags neben der *edition*. Der Akzent lag jedoch nicht auf dem Nationalsozialismus bzw. dessen Aufarbeitung, sondern auf der gegenwärtigen politischen Richtungsdiskussion, insbesondere Fragen der sog. »Dritten Welt«, die sich im Zuge der Entkolonialisierung in Umrissen konstituierte. Unter der Herausgeberschaft Enzensbergers und im Fleckhaus-Design gehalten wurde das *Kursbuch* schnell zum zentralen Bezugspunkt der Neuen Linken mit themensetzender Kraft, so dass man versucht sein kann, die Zeitschrift als Ausgangspunkt dieser Formation zu sehen.[66] Die problematische Stellung der Zeitschrift, die als Periodikum ein markanteres politisches Profil bildete als andere Publikationen des Hauses, und ihr Wechsel zu Wagenbach 1970 verweist dabei auf interne Spannungen, die das Unternehmen zum Ende des Jahrzehnts erschütterten und die zwar aus betrieblichen Gründen erwuchsen, unterschwellig jedoch aus der politischen Dynamik des Modernisierungsprojekts, in dem der Verlag seinen Platz fand, gespeist wurden.

---

65 Vgl. Rainer Gerlach: Die Bedeutung des Suhrkamp-Verlags für das Werk von Peter Weiss. St. Ingbert 2005, S. 167. Irmtrud Wojak: Fritz Bauer 1903–1968. Eine Biographie. München 2009, S. 354ff.

66 Vgl. Peter Hamm: Opposition – am Beispiel H. M. Enzensberger, in: Joachim Schickel (Hg.): Über Hans Magnus Enzensberger. Frankfurt am Main 1970, S. 254f. Henning Marmulla: Das Kursbuch. Nationale Zeitschrift, internationale Kommunikation, transnationale Öffentlichkeit, in: Martin Klimke, Joachim Scharloth (Hg.): 1968. Handbuch zur Kultur- und Mediengeschichte der Studentenbewegung. Bonn 2008, S. 37.

Deren doppeltes Motiv der Modernisierung als Rationalisierung und zugleich Demokratisierung war deutbar und konnte Spannungen erzeugen.[67] Die Privilegierung des überlegt-planerischen, dabei emotional distanzierten Vorgehens fand im Wissenschaftler, insbesondere im Sozialwissenschaftler ein Leitbild. Diese Leuchtturmfunktion trug nicht nur den im Verlag starken theoretisch-soziologischen Programmanteil. Sie wirkte zugleich als richtungweisend hin zur gesellschaftlich-politischen Entwicklung – nicht zum Umsturz und der mit ihm verbundenen emotionalen Hitze. Daher trafen die altrechten Aufbrüche im Kontext der 1964 gegründeten NPD und ihre Erfolge auf Länderebene auf Abwehr, aber auch der neulinken Emphase der APO galt ein Vorwurf der Irrationalität. Gabriele Metzler resümiert diesen Zusammenhang:

> »Aus der Diskurskoalition zwischen wissenschaftlichen und politischen Akteuren – es dominierten Sozialwissenschaftler, Intellektuelle im weiteren Sinne und Sozialdemokraten – gingen in den sechziger Jahren die maßgeblichen Konzeptionen von Staat, Politik und Demokratie hervor. Getragen wurde die Diskurskoalition von identischen Interessen und Wertvorstellungen, die durch teils gemeinsame generationelle Prägungen noch verstärkt wurden. Nicht alle, aber auffallend viele ihrer Mitglieder zählten zur Generation der ›45er‹ ...«[68]

Gesellschaftlich verankert wurde diese große Koalition der Modernisierer jedoch mehr noch von einer in den 60er Jahren dominant werdenden Umwälzung der materiellen und in der Folge auch habituellen Lebenswelt. Der Wandel im Ideal des alltagsästhetischen Erscheinungsbilds kann als eine Form der ästhetischen Entproletarisierung beschrieben werden. Insbesondere die aufkommende Popkultur erwies sich als Vehikel eines Lebensstilwandels.[69] Schlaglichtartig verdeutlicht dies eine Ver-

---

67 Siehe zum Folgenden Metzler: Konzeptionen politischen Handelns, S. 270ff.
68 Metzler: Konzeptionen politischen Handelns, S. 423.
69 Beispielhaft für die Symbiose von Unterhaltungskultur und Fortschrittszugewandtheit stehen zwei Hits, die den technischen Fortschritt und die Erschließung des urbanen Lebensraums feiern: »Telstar« von den Tornados und »Downtown« von Petula Clark.

schiebung im Kleidungsstil der männlichen Bevölkerung: während 1958 fast durchweg Oberhemden auf Baumwollbasis getragen wurden, erreichten Synthetikhemden 1962 bereits einen Produktionsanteil von 40%.[70] Dem korrespondierte vielfach eine Verschiebung im Repertoire gesellschaftlich handlungsorientierender Leitbilder hin zum Typus des Konsumbürgers mit einem stärker auf die Gegenwart orientierten Zeitbewusstsein – ein nicht auf die Bundesrepublik in Westeuropa beschränkter Trend. Die französische Schriftstellerin Annie Ernaux bemerkt zu diesem Zeitraum: »Das immer schnellere Aufkommen neuer Produkte drängte die Vergangenheit zurück.«[71] In den Beobachtungen Ernauxs zeigt sich das Ineinander von politischer Aufbruchstimmung und wachsender Konsumorientierung. Als Klammer beider Tendenzen wirkte die Funktion der Markenartikel in diesem Jahrzehnt der »explosiven Sortimentserweiterung«.[72]

Markenartikel, die seit den 50er Jahren an Zahl zunahmen, strukturierten die zunehmende Komplexität des Angebots und rückten in eine wichtige soziale Ordnungsfunktion ein. Sie vermittelten Dauerhaftigkeit in einer Zeit rapiden Wandels und bildeten in ihrer Gestaltung ein Versprechen auf zuverlässige Qualität ab. Diese komplexe Symbolik machte Markenartikel gleichsam zu Leuchtfeuern für die individuelle Selbstdefinition und zu sozialen Kommunikatoren. Und sie waren dabei keineswegs unpolitisch: »Die kommerziellen Produktkommunikationen machten in der Tat umfassende kulturelle *reorientation*-Angebote, widerspiegelten gesellschaftliche Ideale und wiesen zuverlässig die dorthin einzuschlagenden Konsum-Wege.«[73] Diese Doppelung von politischer

---

70 Arne Andersen: Der Traum vom guten Leben. Alltags- und Konsumgeschichte vom Wirtschaftswunder bis heute. Frankfurt am Main 1997, S. 102.

71 Wolfgang Ruppert: Um 1968 – Die Repräsentation der Dinge, in ders. (Hg.): Um 1968 – Die Repräsentation der Dinge. Marburg 1998, S. 14f. Annie Ernaux: Die Jahre. Frankfurt am Main 2019), S. 92.

72 Andersen: Traum vom guten Leben, S. 61.

73 Rainer Gries: Produkte als Medien. Kulturgeschichte der Produktkommunikation in der Bundesrepublik und der DDR. Leipzig 2003, S. 576. Vgl. zu diesem Aspekt auch Kai Uwe Hellmann: Fetische des Konsums. Studien zur Soziologie der Marke. Wiesbaden 2011.

Identität und bzw. durch Konsumentenidentität traf auch auf das Produktangebot des Suhrkamp-Verlags zu. Der Verleger Lothar Menne erinnerte sich an eine untergründige Spannung in den bundesdeutschen Universitäten zu Beginn der 60er Jahre und fährt fort:

>»Wenig später eroberten kleine Bücher in schillernden Regenbogenfarben die demonstrativ schlichten Regale studentischer Wohnungen; die ›edition suhrkamp‹ wurde zum dekorativen Ausweis kritischer Gesinnung. Noch heute kann ich mit geschlossenen Augen – und ohne in die Bibliothek zu linsen – aufsagen, welcher Titel in welcher Farbe steckt. Natürlich ging es um Bewußtsein, nicht um Design, aber daß die Bändchen so gut aussehen und sich so angenehm anfassen, erleichterte den Zugang zu einer neuen Gedankenwelt, die das Wissen um Schuld und die Kritik an gesellschaftlicher Betonierung in gescheite Zusammenhänge stellte.«[74]

Claus Kröger sieht in der *edition* zu Recht »eine Art von Markenartikel«.[75] Die Verklammerung von politischer Positionierung und Lebenstil-Signalelement weitete sich im Zuge der Ausbildung von Jugend- und subkulturellen sowie systemkritischen Milieus im Fortschreiten des Jahrzehnts aus.[76]

Diese Ausdifferenzierung der politisch-kulturellen Milieus auch an einer nun aufbrechenden Generationenlinie entlang wurde durch die im Dezember 1966 gebildete Große Koalition zwischen CDU/CSU und SPD auf Bundesebene aktualisiert. Die zuvor tragende Allianz der Modernisierer, wie sie sich auch auf der Leitungsebene des Verlags dargestellt hatte, löste sich in zwei zunehmend antagonistische Flügel auf – die Gruppe der weiterhin in einem (links)liberalen Sinne zuversichtlichen Reformer und eine systemoppositionell gewordene Gruppierung, die

---

74 Lothar Menne: Lebensgeschichte in überfüllten Regalen, in: Verleger als Beruf, Siegfried Unseld zum fünfundsiebzigsten Geburtstag. Frankfurt am Main 1999, S. 101.

75 Claus Kröger: »Establishment und Avantgarde zugleich?«, in: Gilcher-Holtey (Hg.): Positionskämpfe europäischer Intellektueller im 20. Jahrhundert, S. 322.

76 Pointiert formuliert durch Elizabeth Heineman: Jörg Schröder. Linkes Verlagswesen und Pornographie, in: Sven Reichardt, Detlef Siegfried (Hg.): Das Alternative Milieu. Antibürgerlicher Lebensstil und linke Politik in der Bundesrepublik Deutschland und Europa 1968–1983. Göttingen 2010, S. 293.

das bundesdeutsche System als geschlossen repressiv insgesamt verwarf.[77] Unterhalb dieser politisch-programmatischen Differenzen hatte die expansive Entwicklung des Unternehmens auch innerbetrieblich Reibungszonen geschaffen. Gegenüber Max Frisch wies Unseld auf einen Trend in der Arbeitsorganisation hin: »Diese Arbeiten sind in den letzten Jahren so spezifiziert worden, daß es nicht mehr möglich ist, daß einer, außer meiner Person, sie noch ganz übersieht.«[78] So gesehen war jenseits persönlicher Temperamente und Ansprüche eine wachsende Hierarchisierung und Parzellierung des Betriebsablaufs die zwangsläufige Folge, wollte man nicht eine gänzlich andere Leitungsstruktur installieren. Ansonsten blieb eine Tendenz zur »Entfremdung« der Produzenten im Produktionsprozess, die sich mit dem politischen Profil des Verlags schlecht vertrug. Es waren insbesondere Titel des Suhrkamp-Programms, die eben diese Schwerpunktthemen der Protestbewegung teils verbreitet, teils geradezu gesetzt hatten. Neben den Klassikern der Frankfurter Schule waren weitere Autoren an der Etablierung zentraler Begriffsfelder und Theoreme beteiligt. Alexander Mitscherlich etwa griff in *Die Unwirtlichkeit unserer Städte* die architektonische Erscheinungsweise der Anonymisierung als »Entfremdung« auf. Das Thema war gleichsam die Kehrseite des Modernisierungsprozesses, der Westeuropa zu prägen begann und ein mitlaufendes Thema des Jahrzehnts bildete.[79] Auf dieser Ebene kollidierten die Arbeitswirklichkeit des Verlages und der Anspruch des Programms.

Die Distanz der nachwachsenden Protagonisten des APO-Lagers zur Mentalität der Reformer tat ein Übriges, um die Konfrontation zu verschärfen.[80] Dies schloss nicht weiter bestehende Verbindungen, politische und berufliche Berührungspunkte und gemeinsame Initiativen aus.

---

77 Vgl. Biess: Republik der Angst, S. 238.
78 Unseld an Frisch, 1. 2. 1966, in: Siegfried Unseld: Briefe an die Autoren, S. 45.
79 Auch im Film. Deutlich wird die Entfremdungsthematik bei Michelangelo Antonioni entwickelt. Bezeichnend auch die entsprechenden Bildfolgen zu Isolation und Stadtraum in Alexander Kluges *Abschied von gestern*.
80 Vgl. Christina von Hodenberg: Konkurrierende Konzepte von »Öffentlichkeit« in der Orientierungskrise der 60er Jahre, in: Frese u. a. (Hg.): Demokratisierung und gesellschaftlicher Aufbruch, S. 222ff.

Die Bewegung gegen die von der Bonner Großen Koalition geplanten Notstandsgesetze führte die unterschiedlichen Strömungen zusammen. Im Kuratorium »Notstand der Demokratie« fanden sich politisch unterschiedlich profilierte Autoren des Suhrkamp-Kreises wie Habermas, Walser, Mitscherlich und Enzensberger. Doch die am Vorabend der Gesetzgebung abgehaltene Versammlung mit Unseld als einem Einladenden im großen Sendesaal des hessischen Rundfunks war bereits von internen Auseinandersetzungen geprägt.[81] Den Endpunkt setzte der vielfach beschriebene sog. »Lektorenaufstand« im Verlag im Herbst 1968. Der ausscheidende Cheflektor Walter Boehlich entfaltete gegenüber Ingeborg Bachmann das Tableau der aufgelaufenen Differenzen:

> »Also: es ging nicht mehr mit Unseld und mir. ... Zum Schluss gab es kaum noch etwas, worin wir übereingestimmt hätten, ganz gleich ob es sich um die innere Organisation des Verlages, um den Besuch der Leipziger Messe, sein Auftreten während der Frankfurter Messe, sein Wirken in allen möglichen Gremien, meine Arbeit und vor allem um die unüberbrückbare Kluft zwischen der Ideologie unseres Verlagsprogrammes und der Arbeitswirklichkeit des Verlages und seinem Handeln handelte.«[82]

Das war der Abgesang auf eine auch politische Arbeitsgemeinschaft. An ihrem Anfang stand die kulturelle und lebensweltliche Dynamik des Jahrzehnts, die zum Medium einer stark generationell getragenen mentalen Transformation weiter Teile des westdeutschen Bürgertums wurde. Gerade die an fordistische Produktionsmuster angelehnte, seriell ausgerichtete und mit den Eigenschaften der neuen Werkstoffe verbundene Ästhetik war dabei ein Vehikel der neuen Selbstfindung und -darstellung. Das Werk Andy Warhols war für diesen Trend charakteristisch, und es ist daher kein Zufall, dass der New Yorker Porträtist Unselds stark auf den Block der *edition suhrkamp* reagierte, den er in

---

81 Boris Spernol: Notstand der Demokratie. Der Protest gegen die Notstandsgesetze und die Frage der NS-Vergangenheit. Essen 2008, S. 85f.
82 Boehlich an Bachmann, Dezember 1968, in Frankfurter Allgemeine Zeitung vom 20. 10. 2010.

Frankfurt sah.[83] Diese zukunftsorientierte Perspektivierung erklärt auch den geringen Stellenwert, den klassische historische Themen im Programm einnahmen – mit der einen Ausnahme des Komplexes NS und Judentum. Doch auch hier war der Horizont einer Fundamentierung eines neuen Aufbruchs zumindest eine starke Komponente der Zuwendung. Die Ambivalenz dieses Prozesses der Modernisierung als beschleunigter Entfremdungsprozess wurde dabei nicht ausgespart: Hier wurde eine Bruchstelle im Lager der »Modernisierer« sichtbar. Trotz der kritischen Grundhaltung wirkte die ästhetisch vermittelte Stabilisierung eines neubürgerlich-liberalen Habitus zugleich als Kanalisierung und Bremse gegen eine weitere Radikalisierung, wie sie den systemkritischen Vertretern der Neuen Linken auch im Verlag am Herzen lag. Gerade die als Lebensstil vermittelte kritische Bürgerlichkeit und der dabei etablierte Raum einer euroatlantischen intellektuellen Öffentlichkeit trugen dazu bei, die Attraktivität des westlichen Lagers im Systemkonflikt des Kalten Krieges im Sinne einer »soft power« zu stärken. Die starke Stellung, die Suhrkamp auf der DDR-Buchmesse in Leipzig zukam, zeugt davon.

---

83   Unseld: edition suhrkamp – Geschichte und Gegenwart, in: »Macht unsre Bücher billiger«, S. 106.

Berthold Petzinna

Der Luchterhand Verlag:
Marktkalkül und politisches Engagement
im westdeutschen Nachkriegsboom
der 1950er bis 70er Jahre

Eine Skizze

Dass aus dem 1924 als zunächst reines Dienstleistungsunternehmen im Wirtschafts- und Justizbereich von Hermann Luchterhand in Berlin gegründeten Betrieb, der bald Lose-Blatt-Sammlungen herausgab, ein Verlag mit großer Reputation im literarischen und sozialwissenschaftlichen Programmteil wurde, war der Initiative eines zehn Jahre darauf eingestellten Mannes mit Branchenerfahrung zu verdanken.

Der spätere Luchterhand-Dirigent Eduard Reifferscheid ist – wie auch Manfred Pahl-Rugenstein – ein Schattenmann unter den deutschen Verlegergrößen des zwanzigsten Jahrhunderts. Biographische Informationen sind rar, Würdigungen mal schillernd, mal vage, allemal ungewiss und mit dem Kennzeichen der Vorläufigkeit.

Fest steht, dass der 1899 bei Chemnitz geborene Sohn eines Gutsverwalters nach freiwilliger Meldung zum Kriegsdienst 1917 im Jahr darauf schwerverwundet wurde und nach Kriegsende zunächst ein aus Geldmangel nach vier Semestern abgebrochenes Jura-Studium aufnahm. Die nachfolgende Ausbildung im Buchhandel führte ihn über mehrere Stationen zum nationalkonservativen Berliner Scherl-Verlag. Hier zeichnet sich Reifferscheids politische Ausrichtung ab: Er stand dem Profil seines Arbeitgebers fern, gehörte – laut Selbstaussage nach Kriegsende 1945 – der KPD an. Es war wesentlich sein Verdienst, dass Luchterhand die NS-Zeit und den Krieg überstand.[1] Dass Reifferscheid sich dabei trotz reklamierter Systemdistanz lavierend verhielt, gestand

---

1   Siegfried Lokatis/Sophie Kräußlich/Freya Leinemann: Luchterhand im Dritten Reich. Verlagsgeschichte im Prozess (Stuttgart 2018), S. 46.

er selbst ein.[2] Fraglich bleibt, wie weit er ging und ob er auch Chancen, die das NS-System ihm und seiner Unternehmensstrategie bot, grob zu Lasten anderer nutzte oder gar herbeizuführen half.[3] Jedenfalls gelang ein Jahr nach Kriegsende mit Lizenz der französischen Besatzungsmacht in Berlin die Wiederaufnahme der Verlagstätigkeit in den etablierten Sektoren Recht und Wirtschaft. Sympathien für die politische Linke blieben erhalten.

Die im beginnenden Kalten Krieg exponierte Lage der westlichen Sektoren Berlins, die 1948 durch die sowjetische Blockade stranguliert werden sollten, veranlasste manche Berliner Unternehmen, in die Westzonen des besetzten Deutschland auszuweichen. Auch der Hermann Luchterhand Verlag (HLV) reagierte darauf mit der Einrichtung einer Westfiliale in Neuwied am Rhein nahe Koblenz, wiederum im französischen Besatzungsgebiet. Im Zuge der sich langsam konsolidierenden Bundesrepublik der 1950er Jahre, in der das sog. »Wirtschaftswunder« Fahrt aufnahm, ging auch Eduard Reifferscheid – seit 1950 alleiniger Geschäftsführer des HLV – mit dem nunmehrigen Westverlag auf Expansionskurs. Der eingeführte Programmbereich Wirtschaft und Recht sowie eine Druckerei bildeten 1954 die geschäftliche Basis für die Einrichtung einer literarischen Abteilung. Dass der neue Geschäftsbereich zudem eine »willkommene Geschichte für Steuerabschreibungen« darstellte – wie sein erster Leiter Peter R. Franck sich erinnerte –, beleuchtet zudem den bei Reifferscheid auch weiterhin wachen Geschäftssinn.[4]

Das Marktverständnis des Verlegers zeigte sich auch in der Lancierung einer auch experimentell orientierten Zeitschrift, die als eine Art Markenzeichen des neuen literarischen HLV dienen und Aufmerksam-

---

2   Reifferscheid schrieb 1974 an Günter Grass: »Über das Ausmaß meines Opportunismus im 3. Reich kann ich nachträglich keine Liste fertigen, ich fürchte aber, sie hätte eine bestimmte Länge. Wäre das anders, lebte ich nicht mehr.« Zitiert nach Lokatis/Kräußlich/Leinemann, S. 49.

3   Siehe hierzu außer der Untersuchung von Lokatis/Kräußlich/Leinemann auch die Einschätzung von Konstantin Ulmer: VEB Luchterhand? Ein Verlag im deutsch-deutschen literarischen Leben (Berlin 2016), S. 11, und Philipp Gesslers Artikel: Ein dunkler Keller, in: TAZ, 11. 8. 2012.

4   Zitiert nach Ulmer: VEB Luchterhand?, S. 12.

keit im intellektuell und ästhetisch modern orientierten Publikum wecken sollte. Mit Alfred Andersch prägte ein der »Gruppe 47« angehören-
der Autor und auch als Rundfunkredakteur – eines in den 1950er Jahren
noch kulturell prägenden Mediums – bekannter und einflussreicher Intellektueller die Anfang 1955 debütierenden »Texte und Zeichen«. Andersch hatte in seinem als »Bericht« deklarierten, stark rezipierten und
von der politischen Rechten befehdeten Buch »Die Kirschen der Freiheit« 1952 eine ganzen Reihe heikler Themen angefasst: seine Desertion
zu US-Truppen in Italien, die von vielen Ex-Landsern hochgehaltene
»Kameradschaft« in der Wehrmacht, und geurteilt: »›Wehrmacht‹ ist
eine typische Wort-Erfindung eines heroischen Etappen-Trottels.«[5] Der
so politisch profilierte Herausgeber entwickelte die Zweimonatsschrift
zu einem weltoffenen Forum neuer Literatur, das auch durch einen
Skandalprozess auf sich aufmerksam machte und seinen Zweck für den
Verleger bald erfüllte.[6] Sein Erfolg bedeutete zugleich das Ende dieses
defizitären Vorzeigeprojekts. Reifferscheid war da unverblümt: »Mein
Verleger hat mir in schöner Offenheit mitgeteilt, daß die Zeitschrift für
seinen Verlag ihren Zweck erfüllt habe und er weitere Zuschüsse lieber
in die Buchproduktion stecken wolle.«[7]

Der hiermit als Heimathafen für elaborierte deutsche Gegenwartslite-
ratur aufgestellte HLV etablierte sich endgültig in diesem Programmbereich durch die Publikation von Günter Grass' Roman »Die Blechtrommel«. Auch dieses Buch war umstritten und für religiös und
nationalkonservativ motivierte Skandalisierungen gut – aus der Sicht
des Verlages allemal ein zusätzliches profilbildendes Plus. Sein Autor

---

5 Alfred Andersch: Die Kirschen der Freiheit (Zürich 2006), S. 79. Siehe zu den Turbulenzen, die Anderschs Buch insbesondere wegen seiner Thematisierung der Desertion auslöste, Jörg Echternkamp: Soldaten im Nachkrieg. Historische Deutungskonflikte und westdeutsche Demokratisierung 1945–1955 (München 2014),
   S. 293ff.

6 Arno Schmidts »Seelandschaft mit Pocahontas«, in der ersten Nummer der Zeitschrift veröffentlicht, führte zu einer Anklage wegen »Gotteslästerung« gegen den
   Autor, den Herausgeber Andersch und Reifferscheid. Das Verfahren wurde eingestellt, vgl. hierzu und zu »Texte und Zeichen« Ulmer: VEB Luchterhand?, S. 50ff.

7 Alfred Andersch an Armin Mohler (10. 7. 1957), zitiert nach Stephan Reinhardt: Alfred Andersch. Eine Biographie (Zürich 1990), S. 278.

Grass, ein »enfant terrible« der späten Adenauer-Jahre, stand dabei längst nicht allein, die regierungskritische Haltung war für Schriftsteller in den späten Jahren der Kanzlerschaft Konrad Adenauers um 1960 nahezu ein Berufsmerkmal.[8] Dass sein Erfolgsautor Grass jedoch auch in der Kulturpolitik des anderen deutschen Staates übel ankam, sollte für ein weiteres Geschäftsfeld der Literatursparte des HLV eine Problemzone schaffen.

Spätestens mit dem Bau der Berliner Mauer im August 1961 war unübersehbar, dass die Bonner Politik gegenüber der DDR gescheitert war. Das »Phänomen« (Kurt Georg Kiesinger) war auf absehbare Zeit eine Tatsache, mit der zu rechnen war und die Neugier erweckte. In den frühen 60er Jahren wuchs bei westdeutschen Verlegern das Interesse an DDR-Literatur, die mithin als eigengesichtig erkennbar wurde. Luchterhand setzte hier einen Programmschwerpunkt und wurde eine erste Adresse für DDR-Literatur in Westdeutschland. Dieses frühe Engagement hatte eine bedeutsame politische Dimension: mit ihm ging eine gleichsam schleichende kulturelle Anerkennung der DDR einer politischen Anerkennung um ein Jahrzehnt voraus.[9]

Der HLV begann 1962 mit der Veröffentlichung von Anna Seghers' »Das siebente Kreuz« die Herausgabe ihrer Werke in Einzelbänden für den Markt der Bundesrepublik – die nach Rückkehr aus dem Exil in der DDR ansässige Autorin konnte ihre Rechte selbst verwalten, sodass Luchterhand persönlich autorisierte Ausgaben vertreiben konnte.[10]

Die Kontakte des HLV zur DDR und zu einzelnen DDR-Autorinnen und -Autoren wurden in erster Linie von der Lektorin Elisabeth Borchers gepflegt. Borchers, die auch als Lyrikerin hervortrat, besuchte die DDR und den Ostteil Berlins häufig. Das Ministerium für Staatssicher-

---

8   Vgl. Axel Schildt/Detlef Siegfried: Deutsche Kulturgeschichte. Die Bundesrepublik – 1945 bis zur Gegenwart (Bonn 2009), S. 225.

9   In diesem Sinne auch Gunther Nickel: Der Luchterhand-Verlag, in: Monika Estermann/Edgar Lersch (Hg.): Buch Buchhandel Rundfunk. 1968 und die Folgen (Wiesbaden 2003), S. 178.

10 Julia Frohn: Literaturaustausch im geteilten Deutschland 1945–1972 (Berlin 2014), S. 121 bzw. 125.

heit verfolgte die Beziehungen zwischen Westintellektuellen und DDR-, wie es dort hieß, »Kulturschaffenden« grundsätzlich mit Argwohn. Man befürchtete eine breitbandige und mehr oder minder unterschwellige Beeinflussung durch die »Westkontakte«, die zur Aufweichung der DDR-Systemloyalität führen konnte und sollte – die sog. »Politisch-Ideologische Diversion«, kurz: PID.[11] Das Misstrauen, in diesem Rahmen gezielt Verbindungen zu suchen, traf auch Borchers, sie galt als »Exponentin der gegnerischen Kontaktpolitik«. Bereits zuvor hatte es resümierend geheißen: »Bei größeren literarischen Arbeiten legt die Borchers ... besonderen Wert auf solche Arbeiten, die literarisch möglichst qualitativ hochstehen, im Inhalt jedoch versteckt oder auch offene Kritiken an der gesellschaftlichen Entwicklung z. B. der DDR enthalten. Unter diesem Gesichtspunkt muß auch die Veröffentlichung der Christa Wolf und die angekündigte Herausgabe von Hermann Kant eingeschätzt werden. Die erklärte gegenüber einer zuverlässigen inoffiziellen Quelle, daß sie sich der politischen Aspekte in der von ihr vorgeschlagenen Literatur von DDR-Autoren von vornherein durchaus im Klaren sei. Sie sei jedoch verärgert darüber, daß selbst ihre Mitarbeiter im Verlag diese Aspekte nicht erkennen bzw. herauslesen würden.«[12]

Im Fall von Christa Wolfs Buch »Nachdenken über Christa T.« sind diese »politischen Aspekte« reich dokumentiert und zeigen zugleich ein Dilemma der DDR-Kulturpolitik gegenüber dem Westen: der Erfolg der erstrebten Anerkennung und Geltung wurde im Regelfall erkauft durch eine Aufweichung der offiziellen kulturpolitisch-ideologischen Linie. Wolfs Roman, dessen Anfänge auf das kulturpolitisch rigide sog. »Kahlschlag-Plenum« des Dezember 1965 zurückreichen, markierten nach Ansicht des DDR-Literaturwissenschaftlers Werner Mittenzwei »eine

---

11 Vgl. Berthold Petzinna: Die Beobachtung des westdeutschen Verlagswesens durch das Ministerium für Staatssicherheit (MfS) der DDR. Das Beispiel des Suhrkamp-Verlags, im vorliegenden Band S. 285–306.

12 BStU MfS HA XX 13085 I, Bl. 000043 (Anwerbevorschlag Elisabeth Borchers, 12.3.1970) bzw. BStU MfS HA XX ZMA Nr. 20244, Bl. 000007 (Bericht zu Elisabeth Borchers HA XX/7, 12.12.1969).

Richtungsänderung in der Literatur«. Die Orientierung auf die individuelle Befindlichkeit der Heldin und ihr Scheitern im Anspruch auf Selbstverwirklichung seien bereits als ein »Ausscheren vom gemeinsamen
Weg« empfunden worden.[13] Eine in der DDR denkbarst hoch gehängte
Selbstkritik des Verlegers – sie erschien in den Spalten des SED-Leitblat-
tes »Neues Deutschland« – machte das Buch endgültig zum politischen
Ereignis. Ein anderer Literaturwissenschaftler aus der DDR, der spätere
SPD-Politiker Wolfgang Thierse, hebt rückblickend einen für die politische Dimension des Textes entscheidenden Punkt hervor, wenn er zu
der großen Resonanz des Buches in seinem damaligen Milieu anmerkt:
»Die in ›Christa T.‹ aufscheinende Absage an den staatlich verordneten,
schnöden Optimismus entsprach dem Lebensgefühl vieler junger Menschen in der DDR, die Melancholie des Buches hatte etwas Befreien-
des.«[14] Darin kollidierte der Tenor des Romans mit dem Staatsverständ-
nis im Sinne eines historischen Optimismus, der die offizielle
Selbstdarstellung der DDR beherrschte.[15]

Der große Erfolg der Luchterhand-Westausgabe, die zahlreiche Nachauflagen erfuhr, erwies wiederum die Zwickmühle der DDR-Imagepoli-
tik. Das Buch weckte Neugier auf und Zuwendung zum anderen deutschen Staat – aber eben als »deutschem Staat« – und stärkte so das Band
der einheitlichen »Kulturnation«, das HLV-Starautor Günter Grass zum
Missvergnügen der DDR-Politik späterhin intensiv vertreten sollte. Die
Dynamik der kulturellen Anerkennung bedeutete zugleich eine Akzentuierung der Nähe im Zeichen jener Momente – wie der melancholi-
schen Atmosphäre der »Christa T.« –, die zumindest in Halbdistanz zur
parteioffiziellen Position Ost-Berlins standen. Glaubt man einem Ge-

---

13 Werner Mittenzwei: Die Intellektuellen. Literatur und Politik in Ostdeutschland
1945–2000 (Leipzig 2001), S. 264. Siehe hierzu auch Ulmer: VEB Luchterhand?,
S. 133ff.

14 Wolfgang Thierse zum Tod von Christa Wolf (3. 12. 2011), online unter: https://
www.thierse.de/reden-und-texte/artikel-und-beitraege/nachruf-auf-christa-wolf/.

15 Der Soziologe Wolf Lepenies betont das Element des Melancholie-Verbots in Uto-
pien und utopisch ausgerichteten Programmatiken, vgl. ders.: Melancholie und Gesellschaft (Frankfurt/M. 1972), S. 39ff., so etwa auch des »Aufbaus des Sozialismus«;
die DDR-interne Kontroverse zu Wolfs Buch betraf daher keine Kleinigkeit.

währsmann des MfS in diesem Fall, so war das politische Moment bei dem Roman von Christa Wolf für den Westverlag entscheidend. Von Elisabeth Borchers, die, wo es ging, durch das MfS nachrichtendienstlich »abgeschöpft« wurde, wusste er zu berichten, beim HLV habe nicht deren literarisch begründete Druckempfehlung, sondern das politische Moment den Ausschlag gegeben:

»Luchterhand habe die DDR-Literatur nur unter dem Gesichtspunkt des Skandals, der politischen Präsenz betrachtet und dies sei gegen ihre Auffassungen. Die Borchers führte als Beispiel Christa Wolf an. ›Nachdenken über Christa T.‹ habe sie für Luchterhand optiert, als es weder in der DDR, noch in Westdeutschland kritische Meinungen oder gar öffentliche Diskussionen gab. In ihrem ersten Gutachten für Luchterhand habe sie auch ausschließlich den literarischen Wert des Buches hervorgehoben und es deshalb zur Veröffentlichung vorgeschlagen. Die Leitung von Luchterhand habe jedoch ihre Auffassung nicht geteilt und erst nach der Kritik an Christa Wolf auf dem Schriftstellerkongreß der DDR habe Otto F. Walter seinerseits in einem Gutachten den politischen Wert des Buches hervorgehoben und es sei daraufhin auch zur Veröffentlichung gekommen.«[16] Für die DDR-Seite wiederum spielten die Deviseneinnahmen eine Rolle. Die mit Christa Wolf befreundete Brigitte Reimann bemerkte gallig: »Noch zur ›Christa T.‹: Den Rest (einen stattlichen Rest) der Auflage hat der Mitteldeutsche Verlag an den Luchterhand-Verlag verscheuert. Tüchtig. ›Ihr habt gelernt‹, sagt der Konzernherr in ›Krupp und Krause‹. Wenn's um Devisen geht, schweigen die Ideologen.«[17]

Ähnlich durchwachsen stellt sich die Erfolgsbilanz der DDR im Fall der Autorin Irmtraud Morgner dar. Mit ihrem bei HLV 1976 im Westen veröffentlichten Roman »Leben und Abenteuer der Trobadora Beatriz nach Zeugnissen ihrer Spielfrau Laura« landeten Autorin und Verlag einen schnellen Publikumserfolg, der bald im westdeutschen

---

16 BStU MfS HA XX ZMA Nr. 20244, Bl. 000010: HA XX/7: Treffbericht IMF »Ernö«, 1.9.1971. Bei dem Informanten handelt es sich um Jenö Klein.
17 Brigitte Reimann: Alles schmeckt nach Abschied. Tagebücher 1964–1970 (Berlin 1998), S. 243 (Eintrag vom 5. 6. 1969).

Feminismus in den Rang eines zentralen Textes aufrückte.[18] Maxie Wanders »Guten Morgen, du Schöne« wiederholte zwei Jahre darauf diese starke Resonanz in der aufkommenden Frauenbewegung, die vom Verlag als Zielgruppe erkannt worden war.[19] Während es dem HLV nicht zuletzt mit Titeln aus der DDR gelang, sich fest auf dem Marktsegment der neuen Frauenliteratur zu etablieren, waren es aus der Perspektive der offiziellen DDR-Selbstdarstellung wiederum die Abweichungen wie Morgners »spezifisch feministische(r) Sozialismus«,[20] die ins westliche Scheinwerferlicht gerückt und politisch wirksam wurden. Demgegenüber war die Aufmerksamkeit bei genehmeren DDR-Autoren geringer. Die Berichte der MfS-Gewährsleute von der Frankfurter Buchmesse heben diese Diskrepanz zwischen dem Publikumserfolg Morgners und der Insider-Andacht, zu der ein Auftritt eines ideologisch unauffälligen Autors geriet, hervor: »Während die Lesung von Irmtruat (sic!) Morgner sehr viele Interessenten angelockt hatte, so daß man sogar in einen größeren Saal umziehen mußte, las Gerhard Holtz-Baumert vor ca. 20 Personen, wobei mindestens die Hälfte Mitglieder der DDR-Delegation waren.«[21]

Aus der DDR-Perspektive war im Gegenzug insbesondere ein Segment des HLV-Programms interessant. Die in den frühen 60er Jahren um den Dortmunder Bibliotheksdirektor Fritz Hüser gebildete »Gruppe 61« verfolgte die Absicht, die bis dahin in der westdeutschen Literatur vernachlässigte industrielle Arbeitswelt als Thema zu etablieren und aus den Reihen der Industriearbeiterschaft Autoren zu gewinnen und zu fördern. Einen ersten verlegerischen Rückhalt fand die Gruppe in Georg Bitter, der den sozialpolitisch engagierten katholischen Paulus-Verlag in Recklinghausen leitete. Dort wurde auch der Bergmann Max von der

---

18 Siehe zum Folgenden und zu Morgner/HLV Ulmer: VEB Luchterhand?, besonders
    S. 228ff. sowie Simone Barck/Martina Langermann/Siegfried Lokatis: »Jedes Buch
    ein Abenteuer«. Zensur-System und literarische Öffentlichkeiten in der DDR bis
    Ende der sechziger Jahre (Berlin 1997), S. 274ff.
19 Ulmer: VEB Luchterhand?, S. 234.
20 Simone Barck in Barck/Langermann/Lokatis, S. 277.
21 BStU MfS AIM 9188/91 T. II Bd. 5, Bl. 250.

Grün als Autor etabliert. Dessen zweiter Roman »Irrlicht und Feuer« fand großen Widerhall – zu den Lesern gehörte auch Kanzler Konrad Adenauer – und schlug selbst juristisch Wellen. Andere Autoren aus der Gruppe wurden ebenfalls, teils mit öffentlichen Geldern bezuschusst, aus primär politischen Motiven bei Paulus publiziert. Entsprechend enttäuscht reagierte Bitter auf die Zusammenarbeit Hüsers mit dem HLV. Der Dortmunder Spiritus Rector der Gruppe dachte ganz in literaturstrategischen Bahnen: »Sicher hat ihr Verlag die ersten Publikationen von Autoren unserer Gruppe herausgebracht und das wird auch wohl kein Kenner bestreiten – Sie selbst werden aber einsehen, daß die Wirkung Ihres Verlages von der Gesamtstruktur her in die literarische Öffentlichkeit hinein gering ist.«[22]

Doch auch bei Luchterhand blieb der Erfolg des Almanachs der Gruppe, der 1966 erschien, enttäuschend und eine zuvor ins Auge gefasste weitere Zusammenarbeit des HLV mit den Dortmundern realisierte sich nicht. Auch verzichtete man bei Aufbau in der DDR auf eine Lizenzausgabe und produzierte eine eigene Auswahl. Für die Autoren der Gruppe bedeutete die Pleite einen schweren Schlag.[23] Obwohl die Thematik der (proletarischen) Arbeitswelt einen literarischen Trend um 1970 traf, war der dokumentarische Anspruch, wie ihn Erika Runges bei Suhrkamp verlegten »Bottroper Protokolle« erfolgreich vertraten, von der Prosa der Gruppe nicht einzuholen. Eine Ausnahme bildete, wie zuvor beim Paulus-Verlag, Max von der Grün. Der nunmehr ehemalige Bergmann fand im HLV eine ebenso zugewandte Atmosphäre wie zuvor

---

22   Fritz Hüser an Georg Bitter, 12. 5. 1966. Fritz Hüser Institut (Dortmund), Hüser 1520.

23   Siehe hierzu Ulmer: VEB Luchterhand?, S. 117ff. Der ehemalige HLV-Lektor Franz Schonauer bemerkt: »Ein zweiter Gruppenalmanach erschien nicht – weder bei Luchterhand noch anderswo. Hingegen veröffentlichte Luchterhand bis jetzt vier Bücher von Max von der Grün. Ebenfalls sollte dort der Roman eines anderen Gruppenmitgliedes (Klas Ewert Everwyn) erscheinen, und vermutlich waren auch noch andere 61er als Autoren im Gespräch. Personelle Veränderungen im Lektorat und in der Verlagsleitung sowie äußere, den Buchmarkt betreffende Umstrukturierungen (›Tendenzwende‹ – dieses Schlagwort verfälscht eher den Sachverhalt) haben dann vermutlich dafür gesorgt, daß diese Pläne nicht verwirklicht wurden.« Ders.: Max von der Grün (München 1978), S. 40.

im dortigen Lektorat.[24] Von ihm erschienen weitere Titel bei Luchterhand. Versuche seines Erstverlegers, ihn wenigstens für das eine oder andere Jugendbuch zurückzugewinnen schlugen fehl.

Das Engagement für die Gruppe Fritz Hüsers und besonders Max von der Grün kann als belletristischer Seitenzweig eines in den mittleren 50er Jahren etablierten Programmschwerpunkts angesehen werden. Mit der Untersuchung »Die einsame Masse« von David Riesman legte der HLV 1955 einen Text vor, der zum Klassiker werden sollte und Anspruch und Niveau der neuen gesellschaftswissenschaftlichen Verlagssparte anzeigte. Als Indiz für die Marktgängigkeit dieses Angebots mag der große Erfolg von Helmut Schelskys »Skeptischer Generation« zwei Jahre darauf gewirkt haben, die einen Schub für das Prestige sozialwissenschaftlicher Forschung brachte und die in den 1950er Jahren fortlaufend geführte gegenwarts- und kulturdiagnostische Debatte weiter beflügelte.[25] Auf diesen Trend setzte auch die Reihe »Soziologische Texte«, die bei Luchterhand ab 1959 erschien, wie auch Günter Grass' Maßstäbe setzender Roman »Die Blechtrommel« – gleichsam einem symbolischen Beginn der »60er Jahre«.[26]

In der theoretisch orientierten Reihe erschienen Schlüsseltexte der Soziologie von bekannten klassischen Vertretern des Fachs wie Émile Durkheim und Max Weber, aber auch Gegenwartsautoren, so z. B. aus dem angelsächsischen Raum Charles Wright Mills und Talcott Parsons. Eine Bühne fanden überdies Sozialwissenschaftler, deren größte Reso-

---

24 Der Autor resümiert: »Mit Dankbarkeit denke ich an Dr. Bitter, der meine ersten Romane verlegt hat und auch in den ganzen Prozessen hinter mir stand. Später waren es Menschen wie Stephan Reinhardt oder Klaus Röhler, die mich auf neue Möglichkeiten gestoßen haben.« Gisela Koch: Wie war das eigentlich, Max von der Grün? Interview, in: Zum 70. Festschrift für Max von der Grün, hrsg. von der Stadt- und Landesbibliothek (Dortmund 1996); S. 35.

25 Vgl. Franz Werner Kersting: Helmut Schelskys »Skeptische Genration« von 1957. Zur Publikations- und Wirkungsgeschichte eines Standardwerkes, in: Vierteljahreshefte für Zeitgeschichte 50/2002, online: https://www.ifz-muenchen.de/heftarchiv/2002_3_5_kersting.pdf.

26 Vgl. etwa Volker Weidermann: Das wunderbare Jahr. 1959 in der Literatur, in: Frankfurter Allgemeinen Zeitung, 26. 1. 2009, online: https://www.faz.net/aktuell/feuilleton/buecher/1959-in-der-literatur-das-wunderbare-jahr-1756510.html.

nanz noch vor ihnen lag, etwa Norbert Elias, dessen »Höfische Gesellschaft« 1969 herauskam, oder 1966 Maurice Halbwachs Studie »Das Gedächtnis und seine sozialen Bedingungen«. Daneben wurden mit Wilhelm Emil Mühlmann und Arnold Gehlen auch Fachvertreter aufgenommen, die konservativ profiliert bis umstritten waren. Bemühungen, auch einen Titel von Carl Schmitt für das Programm zu gewinnen, schlugen – wie auch bei Suhrkamp – fehl.[27]

Mit dem zusätzlichen Schwerpunkt auf soziologischer Literatur rückte der HLV in die Rolle des Mitgestalters eines zentralen Zuges im intellektuellen Profil des anhebenden Jahrzehnts. Durch die ihnen zuwachsende Funktion einer Leitwissenschaft gewannen die Sozialwissenschaften in den 60er Jahren »das Monopol für gesellschaftliche Gegenwartsdiagnosen und Zukunftsprojektionen.«[28] Es waren die von der Soziologie zur Verfügung gestellten Begriffsraster und Perspektiven auf den politischen Raum der westdeutschen Gesellschaft, die den Auseinandersetzungen um die Struktur und Reform oder aber revolutionäre Umwälzung der Bundesrepublik die Konturen verliehen, an denen sich die Frontbildungen orientierten.[29]

Dass der Beitrag des HLV-Programms ein deutlich zur Linken geneigtes Gewicht aufwies, lag wesentlich am verantwortlichen Lektor Frank

---

27 Nickel: Der Luchterhand-Verlag, S. 176. An Suhrkamps entsprechenden Versuch erinnert sich Jacob Taubes: »In der Konfiguration Suhrkamp-Theorie, da muß ich Habermas verteidigen, war er immer gegen die Idee, daß wir Schmitt in die Suhrkampculture aufnehmen. Und es waren Karl Markus Michel und Jacob Taubes, die mit dem Gedanken spielten. Und es sei zur Ehre von Schmitt gesagt, daß er sagte, ›also nein, in die Suhrkamp-culture gehe ich nicht‹. So hat auch Heidegger abgelehnt, der sehr viel Geld versprochen bekam, um ›Sein und Zeit‹ als Taschenbuch bei Suhrkamp zu veröffentlichen, eine Summe, die jenseits der sonstigen Marktpreise war. So haben die beiden Rückgrat gehabt und gesagt, ›nein, Suhrkamp-culture ist nicht unsere culture.‹« Jacob Taubes: Ad Carl Schmitt. Gegenstrebige Fügung (Berlin 1987), S. 49. Als Titel zu Schmitt erschien bei HLV: Hasso Hofmann: Legitimität gegen Legalität. Der Weg der politischen Philosophie Carl Schmitts (Reihe Politica, Bd. 19).
28 Gabriele Metzler: »Geborgenheit im gesicherten Fortschritt«. Das Jahrzehnt von Planbarkeit und Machbarkeit, in: Matthias Frese/Julia Paulus/Karl Teppe (Hg.): Demokratisierung und gesellschaftlicher Aufbruch. Die sechziger Jahre als Wendezeit der Bundesrepublik (Paderborn 2003), S. 782.
29 Vgl. Gabriele Metzler: Konzeptionen politischen Handelns von Adenauer bis Brandt. Politische Planung in der pluralistischen Gesellschaft (Paderborn 2005), S. 279.

Benseler. Benseler, der gute Kontakte auch über das Berufliche hinaus in die DDR unterhielt,[30] verstand sich als Marxist und verlieh seiner Programmpolitik trotz der breiten Aufstellung erkennbar ein entsprechendes Profil. Das antikapitalistische Engagement des Lektors gab sich auch direkt in seiner Mitwirkung an der Initiative der »Literaturproduzenten« zu erkennen, die 1969 eine »Gegenmesse« zum jährlichen Frankfurter Literaturauftrieb organisierte. Benseler erklärte programmatisch für die Gruppierung: »Die literarischen Produktionsverhältnisse müssen erforscht werden. Die Produktionsverhältnisse sind die wirtschaftlichen, die materiellen, die Eigentumsverhältnisse, die die Klassenlage bestimmen ... Diese Forschung muß vom Standpunkt derer aus betrieben werden, für die heute und von denen heute Literatur gemacht wird.«[31]

Es ist auch ein Charakteristikum der Publikationspolitik Benselers, den Klassenbegriff über entsprechende Texte wieder in der politischen Debatte der Bundesrepublik zur Geltung gebracht zu haben. Im Mittelpunkt stand dabei – seiner persönlichen Orientierung entsprechend – das Werk von Georg Lukács. Wenngleich der in der DDR wegen seines Engagements in der Ungarn-Krise 1956 offiziell ausgeblendete marxistische Theoretiker, dessen Ästhetik dennoch ein Fixpunkt der offiziellen ostdeutschen Kulturpolitik blieb, prominent im HLV platziert das Ostgeschäft belasten konnte, waren die Marktchancen im Westen günstig. Die mit den 60er Jahren Kontur gewinnende »Neue Linke« sah sich auch vor die Aufgabe gestellt, sich eine literarisch-theoretische Tradition zu erschließen. Der Bruch, den der Nationalsozialismus in der politisch-theoretischen Überlieferung bedeutete, und die anschließenden Ausschließungs- und Formierungseffekte des Kalten Krieges wiesen hierbei zurück auf die Zeit der Weimarer Republik. Diese Suchbewegung, an der auch die im studentischen Milieu aufkommende Raubdrucker-Szene teilhatte, schuf ein aufnahmebereites Lesepub-

---

30 Ulmer: VEB Luchterhand?, S. 177.
31 Zitiert nach Hannes Schwenger: Literaturproduktion. Zwischen Selbstverwirklichung und Vergesellschaftung (Stuttgart 1979), S. VIII. Benselers Text wurde in der Zeitschrift »Kürbiskern« 3/1969 erstveröffentlicht. Siehe zu den Literaturproduzenten auch Klaus Brieglebs: 1968. Literatur in der antiautoritären Begung (Frankfurt/M. 1993), S. 138ff., der deren Selbstverständnis maoistisch inspiriert sieht.

likum für eine Lukács-Werkausgabe. Die Rückgewinnung häufig auch jüdischer Autoren wurde zugleich als aktueller Beitrag zur politischen Strategiedebatte der Neuen Linken begriffen.[32] Insbesondere Lukács' Klassiker »Geschichte und Klassenbewußtsein« – der ebenfalls als Raubdruck umlief – führte ins Zentrum der neulinken Debatte.

Das Interesse an Lukács' Buch aus dem Jahr 1923 war in der intellektuellen Führungsgruppe des Sozialistischen Deutschen Studentenbundes (SDS), einer Kernformation der Neuen Linken, ausgeprägt. Der (West-)Berliner SDS-Stratege Rudi Dutschke befasste sich nicht nur im Rahmen seines Studiums mit dem ungarischen Philosophen, er besuchte ihn auch im Mai 1966 in seiner Budapester Wohnung.[33] In dem zweiten SDS-Zentrum Frankfurt am Main betrieb der Adorno-Schüler Hans-Jürgen Krahl die Sache des Großtheoretikers. Für den früh verstorbenen theoretischen Kopf des SDS stand die Aktualität von Lukács' Analysen für die westeuropäischen Protestbewegungen außer Frage.[34] Dabei war für die neulinke Gegenwartsanalyse insbesondere Lukács' in »Geschichte und Klassenbewußtsein« entwickelte Verdinglichungstheorie für politische Überlegungen zentral, schien sie doch ein Schlüsselmoment für die Formulierung einer Strategie anzusprechen. Eine Kernaussage im Teil zu »Die Verdinglichung und das Bewußtsein des Proletariats« lautete: »So wie das kapitalistische System sich ökonomisch fortwährend auf erhöhter Stufe produziert und reproduziert, so senkt sich im Laufe der Entwicklung des Kapitalismus die Verdinglichungsstruktur immer tiefer, schicksalhafter und konstitutiver in das Bewußtsein der Menschen hinein.«[35] Lukács' Befund ergänzte an die 40 Jahre

---

32 Siehe zu Krahls Beschäftigung mit diesem Text auch ders.: Zu Lukács: Geschichte und Klassenbewußtsein, in ders.: Konstitution und Klassenkampf. Zur historischen Dialektik von bürgerlicher Emanzipation und proletarischer Revolution (Frankfurt/M. 1977), S. 164–181.

33 Siehe zur Bedeutung von Lukács für Dutschke z. B. die diversen Verweise bei Jürgen Miermeister: Rudi Dutschke (Reinbek 1986).

34 Siehe etwa Hans-Jürgen Krahl: Konstitution und Klassenkampf. Zur historischen Dialektik von bürgerlicher Emanzipation und proletarischer Kritik. Schriften, Reden und Entwürfe aus den Jahren 1966–1970 (Frankfurt/M. 1977), S. 164ff. und 199ff.

35 Georg Lukács: Geschichte und Klassenbewußtsein (Neuwied und Berlin 1970), 185.

später mit Herbert Marcuse ein weiterer zentraler Gewährsmann der Neuen Linken und Luchterhand-Autor: »Da die Verdinglichung vermöge ihrer technologischen Form die Tendenz hat, totalitär zu werden, werden umgekehrt die Organisatoren und Verwalter selbst immer abhängiger von der Maschinerie, die sie organisieren und handhaben. Und diese wechselseitige Abhängigkeit ist nicht mehr das dialektische Verhältnis von Herr und Knecht ... sondern eher ein Circulus vitiosus, der beide einschließt, den Herrn und den Knecht.«[36] So kommunizierten mitunter Titel des linken Theorieangebots im Verlagsprogramm gleichsam untereinander und spannten einen Diskursrahmen für Selbstverständigungs- und Strategiedebatten der linken Protestbewegungen auf.

Mit der Taschenbuchreihe »Sammlung Luchterhand« (SL) stand ab 1970 ein Medium zur Verfügung, das mit Autoren wie Lukács und Marcuse ein jüngeres Lesepublikum auch preislich erreichen konnte. Eine politische Ausrichtung war erklärtes Ziel der Reihe, wie das inhaltliche Design des für die SL zuständigen Lektors Stephan Reinhardt klarstellt: »Von ihrer inhaltlichen Konzeption her stellt sich die SL die Aufgabe, politische, wissenschaftliche und ›belletristische‹ Literatur zu publizieren, die im weitesten Sinne kritisch-emanzipativer Aufklärung dient. Sie will Thesen und Gedanken eine Plattform geben, die den gesellschaftlichen Status quo transformieren helfen via radikal-demokratischer/sozialistischer Theorie und Praxis.«[37] Mit dem äußeren Design der Reihe setzte der Verlag einen der inhaltlichen Ausrichtung parallelen Akzent. Das Erscheinungsbild der mit Jurek Beckers »Jakob der Lügner« aus dem DDR-Segment des HLV-Programms eröffneten SL war zunächst bei betonter Reihenuniformität – einem Markenartikel-Signal – ästhetisch minimalistisch angelegt. Ein in Block gesetzter Covertext als abstraktes Ordnungselement in Korrespondenz mit Buchform und Fläche, durch ein Verlagslogo in der linken unteren Ecke balanciert bot eine Einführung in den Inhalt des jeweiligen Titels – eine Art ausführlicher »Wasch-

---

36 Herbert Marcuse: Der eindimensionale Mensch. Studien zur Ideologie der fortgeschrittenen Industriegesellschaft (Neuwied und Berlin 1970), S. 53.
37 Zitiert nach Nickel: Der Luchterhand Verlag, S. 182. Ulmer nennt die SL denn auch einen »Taktgeber des linken Diskurses«, ders.: VEB Luchterhand?, S. 164.

zettel« als Coverdruck. Die einheitliche Farbgebung unterstützte das ästhetisch vermittelte Understatement. Derart wurde nahegelegt, das Buch
als Instrument oder Werkzeug aufzufassen – marxistisch gesprochen:
seinen vom der Warenform inhärenten »Tauschwert« abgesetzten »Gebrauchswert« anzusehen. Mit dem ästhetisiert ausgestellten Gebrauchswert – wie er auch in der Raubdruck-Szene als Authentizitäts-Suggestion
wirkte – entsteht hier das Paradox einer warenästhetisch inszenierten
Wendung gegen die »Warenästhetik«.[38]

Die für die SL charakteristische Ausrichtung auf praktisch-politische
Wirksamkeit bei einem insgesamt avantgardistischen Anspruch und der
Verabschiedung einer selbstgenügsam an »Innerlichkeit« angelehnten
Lesehaltung lässt sich auch in einer in der tradierten Wahrnehmung weit
davon entfernten literarischen Gattung aufweisen – der Lyrik. Herausgegeben von Elisabeth Borchers, Klaus Roehler und Günter Grass erschienen von 1966 an Mappen mit auf ungewöhnlich großformatigen Einzel-
blättern gedruckter, mitunter direkt politischer Gegenwartslyrik. Auch
hier wurde ein Akzent auf den alltäglichen »Gebrauchswert« dieser traditionell gegenweltlich positionierten Ausdrucksform gelegt; die Integration des literarischen Kunstwerks in die Lebenswelt bewirkte zugleich
seine Enthierarchisierung und Demokratisierung im Gleichklang mit
der in den 60er Jahren voranschreitenden Ästhetisierung des bundesdeutschen Alltags.[39] Die Hamburger Tageszeitung »Die Welt« betitelte
einen Beitrag zu der Luchterhand-Reihe denn auch mit »Gebrauchsly-
rik«.[40] Wie in der SL war in der Lose-Blatt-Lyrik wieder von Beginn an
die Integration von Beiträgen aus der DDR eingeplant.[41] Das Unternehmen trug sich trotz der bis ins Epochenjahr 1968 anwachsenden Reso-

---

38   Später wurde das Design der Reihenbände dann doch aufgelockert und mit Bildmo-
      tiven unterstützt.
39   Ulmer spricht treffend von einer »demokratische(n) Konzeption«, ders.: VEB Lucht-
      erhand?, S. 93.
40   Vgl. Ulmer: VEB Luchterhand?, S. 96 (Fußn. 195).
41   Vgl. Konstantin Ulmer: Luchterhands Loseblatt-Lyrik: der Volksaktien-Traum, in:
      Buch Macht Geschichte. Beiträge zur Verlags- und Medienforschung. Festschrift für
      Siegfried Lokatis zum 60. Geburtstag, hrsg. von Patricia F. Blume, Thomas Keiderling,
      Klaus G. Saur (Berlin – Boston 2016), S. 214.

nanz finanziell nicht, und mit der teils abflauenden, teils sich verlagern-
den Bewegungsenergie der antiautoritären Neuen Linken ließ der
Zuspruch nach, so dass die Reihe Ende 1970 eingestellt wurde.

Auf dem Feld des Experimentellen verband sich zunächst (in fragiler
Weise) das linke politische Engagement mit dem ästhetischen Avantgardismus. Der Eintritt des Schweizers Otto F. Walter in den HLV als »Mit-
verleger und Juniorpartner«[42] 1967 verstärkte die Tendenz zu elaborierten sprachlichen Formexperimenten. Walter war zuvor trotz seiner sehr
guten Programmentwicklung im Schweizer Walter Verlag überraschend
gekündigt worden. Der konservativ katholisch orientierte Verwaltungsrat des Unternehmens ließ ihn wissen, die von ihm geförderten Titel
seien zu links und überdies »literarisch nicht vertretbar, für ›normale Leser‹ nicht lesbar.«[43] Bei Luchterhand förderte er nunmehr »die experimentellen ›Walter-Autoren‹ wie Ernst Jandl, Helmut Heißenbüttel oder
H. C. Artmann.«[44]

Darauf, dass der in den 60er Jahren etablierte Gleichklang zwischen literarischem und politischem Avantgardismus nicht zwangsläufig war,
lieferte die Kontroverse um die Provokation des Cheflektors von Suhrkamp, Walter Boehlich, in der Zeitschrift »Kursbuch« einen Hinweis.
Die Krise des Suhrkamp-Verlags im Herbst 1968 drehte sich neben der
inneren Verfasstheit des Unternehmens auch um die gesellschaftliche
Rolle der Literatur.[45]

Diese Erschütterungen, die die Branche in der Bundesrepublik und
West-Berlin um 1970 insgesamt betrafen, erreichten auch den HLV. Im
Zentrum stand hier Frank Benseler. Die starke Stellung, die Luchterhand
in der linken politischen Szene einnahm, war in erster Linie auf dessen
persönliches Engagement zurückzuführen, das sich jedoch nicht auf

---

42 So die offizielle Titulatur, vgl. Dieter E. Zimmer: Wer kauft demnächst wen? Eine In-
    ventur der Veränderungen und Schwierigkeiten im deutschen Verlagswesen, in: DIE
    ZEIT 21/1967.
43 Zitiert nach Reinhardt: Alfred Andersch, S. 422.
44 Ulmer: VEB Luchterhand?, S. 14.
45 Dieser Komplex ist mehrfach betrachtet worden, siehe einführend etwa Peter
    Michalzik: Unseld. Eine Biographie, S. 177ff.

Programmgestaltung im sozialwissenschaftlichen Bereich beschränkte. Die Protagonistenrolle, die Benseler bei den weitreichenden Konzeptionen der Literaturproduzenten spielte, lehnten sowohl Günter Grass wie auch Eduard Reifferscheid als zu weit gehend ab.[46] Hinzu traten Differenzen zwischen Benseler und Otto F. Walter, die ebenfalls im Kern politisch waren.[47] Elisabeth Borchers machte Gesprächspartnern aus der DDR gegenüber aus den verlagsinternen Grabenkämpfen kein Geheimnis. Ob das politische Raster von ihr stammt oder sich dem Koordinatensystem des Zuträgers verdankt, muss offen bleiben: »Ihr Weggang vom Luchterhand-Verlag würde in erster Linie politische, aber damit verbunden auch fachliche Ursachen haben. Bei Luchterhand habe ich seit längerer Zeit eine Gruppe linksorientierter Mitarbeiter herausgebildet, zu der vor allem die Lektoren XXX und XXX und auch sie selbst gehörten. Diese Gruppe habe in ständigem Kampf mit den reaktionären Kreisen des Verlages um XXX, XXX und Eduard Reifferscheid gestanden. Im Zusammenhang mit Forderungen nach einem neuen Betriebsrat seitens der linken Kräfte habe die andere Seite versucht, XXX und Borchers fehlerhafte Arbeit zum Schaden des Verlages nachzuweisen und sie gleichzeitig durch politische Anschuldigungen zu diffamieren. Da der Streit kein Ende nahm, habe Reifferscheid zum Gunsten des rechten Flügels entschieden, daß die Struktur des Verlages umgestaltet werde. Belletristik und Soziologie bleiben keine Schwerpunkte des Verlages. Die finanziellen Mittel für beide Lektorate werden auf ein Minimum beschnitten und damit auch die Reisetätigkeit vor allem in die ›Oststaaten‹ unterbunden. Jede Veröffentlichung wird durch die Verlagsleitung konkret überprüft. Um die Wirksamkeit beider Lektorate weiter einzuschränken, wurden beide bis spätestens 1972 nach Darmstadt ausgelagert.«[48]

---

46 Nickel: Der Luchterhand Verlag, S. 181.
47 Vgl. Ulmer: VEB Luchterhand?, S. 110f.
48 BStU MfS HA XX/7: Treffbericht IMF »Ernö« (d. i. Jenö Klein), 1. 9. 1971, Bl. 000009. Die Kreuze markieren geschwärzte Namen. Sie zu den HLV-Interna auch den Bericht von IMS »Kant«: AIM 9188/91 T. II Bd. 5 HA XX/7 (20. 9. 1971) zu Äußerungen von Borchers.

In jenes Jahr fiel auch die fristlose Kündigung des für die Sozialwissenschaften zuständigen Lektors Frank Benseler. Die Bastion der Neuen Linken im Verlag existierte nicht mehr.[49] In der Folge verlor der soziologische Programmbereich an Gewicht, 1982 wurde das Lektorat aufgelöst. Die Anzahl der Titel in der renommierten »Sammlung Luchterhand« wurde ab 1974 auf die Hälfte geschrumpft, die West-Berliner Filiale des Verlages schloss ebenfalls zum April 1974. Dieser breit angelegte Umbau des Verlagsprofils spricht für die Einschätzung, dass sich die Trennung von Benseler der Einschätzung des stets auch marktorientiert denkenden Verlegers Reifferscheid verdankte, dass sich der politische Wind zu drehen begann und die bislang gängigen Titel aus dem linken politisch-theoretischen Spektrum ihre große Zeit hinter sich hatten.[50]

Die Verlagsbranche nahm – durchaus zeitverschoben und uneinheitlich – insgesamt Abstand von gesellschaftspolitisch ausgerichteten Profilierungen. Die branchenkundigen Informanten des MfS bemerkten 1975 zur Frankfurter Buchmesse: »Die Messe war von einer Art Entpolitisierung in der Haltung im literarischen Geschäft geprägt. Die meisten Verlage haben ihre Reihen von politischen Titeln ›gereinigt‹, da diese Titel angeblich nicht mehr gefragt seien ... Kennzeichnend war in diesem Zusammenhang auch, daß gleich zum Auftakt der Messe zu Fragen der Literaturentwicklung in der BRD ein Artikel in der ›Frankfurter Allgemeinen Zeitung‹ (vom 10.10.75) unter der Überschrift ›Wer liest noch links – Die Schöngeistigen Verlage kehren dorthin zurück, wo sie herkamen‹ veröffentlicht. Dieser Beitrag rechnet ab mit den Praktiken der großbürgerlichen traditionsreichen Verlage wie Luchterhand Verlag, Hanser Verlag, S. Fischer Verlag, Suhrkamp Verlag, Rowohlt Verlag usw., die – wie man bemerkt – den ganzen Trend zur Linksliteratur nur deshalb mitgemacht hätten, um im Geschäft zu bleiben, um in jeder Beziehung

---

49   In den Worten Konstantin Ulmers: »Die ›rote Zelle‹ im soziologischen Lektorat um Benseler, Hartmann, Jetter und Jirak war bereits 1972 in Gänze aufgelöst.« Ders.: VEB Luchterhand?, S. 192.

50   So die Ansicht Nickels, vgl. ders.: Der Luchterhand Verlag, S. 181f.

in der veränderten Situation Erfolge erzielen zu können. Dies sei jedoch absolut ins Auge gegangen.«[51]

Wenngleich die Schlussbemerkung stark überzogen ist und auch die Unterstellung einer rein ökonomischen Motivation für die Linksverschiebung vieler Verlagsprogramme in den 60er Jahren polemische Absicht verrät, ist der atmosphärische und daraufhin auch politische Wandel doch zutreffend gesehen. Das umlaufende Schlagwort von der »Tendenzwende«[52] war nicht nur leeres (Zweck-)Gerede. Tatsächlich war die optimistische Grundströmung, die eine weitgespannte Fortschrittshoffnung in einen offenen Zukunftshorizont projiziert hatte, Mitte der 70er Jahre zerfallen. Anstelle dieser allgemeinen Erwartung war eine vielstimmige, stark verunsicherte Erwartungshaltung getreten. In dieser neuen Vielfalt von Subjekten war Luchterhand zumindest im Bereich der Frauenliteratur gut aufgestellt.[53]

51   BStU MfS AIM 9188/91 T, II Bd. 5: Information (IM-Berichte) zur Frankfurter Buchmesse 9.–14. 10. 1975, Bl. 000252.
52   Siehe hierzu: Tendenzwende. Jeder fühlt den neuen Wind, in: DER SPIEGEL, 6. 1. 1975.
53   Siehe zu diesem Wandel Fernando Esposito: Von *no future* bis Posthistoire. Der Wandel des temporalen Imaginariums nach dem Boom, in: Vorgeschichte der Gegenwart. Dimensionen des Strukturbruchs nach dem Boom, hrsg: von Anselm Doring-Manteuffel, Lutz Raphael und Thomas Schlemmer (Göttingen 2016).

Berthold Petzinna

Entfremdung – Erbe –»Weltniveau«

Argumentationsfiguren in Druckgenehmigungsverfahren
zu Texten der Moderne in der DDR

Das Verhältnis der sozialistischen Staaten zur literarischen und künstlerischen Moderne wies ein breites Spektrum an örtlich und zeitlich wechselnden Mustern auf. Auch die Sowjetunion, der primäre Maßstab für die Bestimmung der DDR-Position, war nicht eindeutig und dauerhaft festgelegt. Mit Anatoli Lunatscharski beauftragte Lenin einen vielseitig gebildeten Mann mit reicher einschlägiger Milieuerfahrung in das Amt des obersten Kulturpolitikers der jungen UdSSR. Der »kultivierte Altbolschewik« und »Intellektuelle innerhalb der bolschewistischen Führungsgruppe«[1] war ein auf seinem Gebiet toleranter Mann ohne dirigistischen Allmachtsanspruch. So entwickelte sich im ersten Jahrzehnt des neuen Staates auch ein breites Feld von modern-avantgardistischen Versuchen, insbesondere in darstellenden Künsten und Architektur, die auch im Ausland auf Resonanz stießen.[2]

Das blieb nicht so. Unter der Ägide Stalins – der sich die Wendung von Schriftstellern als den »Ingenieuren der Seele« zunutze machte – trat der Geltungsanspruch einer normativen Ästhetik an die Stelle der experimentellen Offenheit. Stalins Mann fürs Grobe hierbei war sein enger Mitarbeiter Andrei Schdanow. Den Auftakt zu dessen Feldzug gegen abweichende literarische Produktionen und deren Urheber bildete eine Resolution des Zentralkomitees der KPdSU vom August 1946. In den Invektiven gegen die Lyrikerin Anna Achmatowa versammelt sich darin ein Gutteil des Inventars an Reizworten, mit denen der Verdammung der

---

1   Karl Schlögel: Das sowjetische Jahrhundert. Archäologie einer untergegangenen Welt. München (C. H. Beck) 2017, S. 223, 541.
2   Einen zeitgenössischen Eindruck vermittelt René Fülöp-Miller: Geist und Gesicht des Bolschewismus. Darstellung und Kritik des kulturellen Lebens in Sowjet-Russland. Wien (Amalthea-Verlag) 1926.

literarischen Moderne in wechselnden Kombinationen nicht nur in der Sowjetunion Ausdruck verliehen wurde:

> Die Achmatowa ist eine typische Vertreterin der leeren Dichtung ohne Ideale, die unserem Volk fremd ist. Ihre Gedichte sind durchdrungen vom Geist des Pessimismus und der Degeneration und bringen die Geschmacksrichtungen der alten Salonpoesie zum Ausdruck, die in den Standpunkten des bürgerlich-aristokratischen Ästhetizismus und der Dekadenz der ›l'art pour l'art‹ erstarrt ist und die nicht Fuß bei Fuß mit ihrem Volk zu gehen wünscht. Sie schaden der Erziehung unserer Jugend und können in der sowjetischen Literatur nicht geduldet werden.[3]

Für die DDR stellte sich die Auseinandersetzung mit Texten und Kunstwerken der Moderne durch die deutsche Teilung und ihre geografische Lage an der Nahtstelle der Blöcke noch unmittelbarer in den Horizont der Politik des Kalten Krieges, der stets auch eine kulturelle Ebene der Auseinandersetzung aufwies. Gerade die westliche Seite erkannte früh, dass die liberale Ausgestaltung des kulturellen Sektors ein Attraktivitätsmoment ihres politischen Systems für intellektuelle Zielgruppen darstellte, und nutzte dies durch die verdeckte Förderung etwa der Zeitschrift *Der Monat* oder des abstrakten Expressionismus eines Jackson Pollock.[4] Vereint damit begann auch die sich entwickelnde Jugend- und Konsumkultur ihre Anziehungskraft früh zu entfalten. In seinen Lebenserinnerungen lässt der DDR-Autor Stefan Heym den Leiter der DDR-Zollverwaltung, Anton Ruh, in einer Szene der 50er Jahre auftreten: »Ruh konzediert: ›Alles, was wir tun ist Stückwerk. Die drüben ersticken uns mit ihrer Währung, ihren Waren, ihren Farben, ihren Rhythmen ihrer Welt. Sie laugen uns aus. Sie saugen unsre Güter ab, das bißchen, was wir produzieren, und schlimmer noch, unsre Menschen.‹«[5]

---

3   Zitiert nach Amanda Haight: Anna Achmatowa. Eine Biographie. Berlin (Oberbaum) 1994, S. 186.

4   Vgl. zu diesem Komplex Frances Stonor Saunders: Wer die Zeche zahlt ... Der CIA und die Kultur im Kalten Krieg. Berlin (Siedler) 2001.

5   Stefan Heym: Nachruf. Frankfurt am Main (Fischer Taschenbuch) 1990, S. 665.

Die Beobachtungen Ruhs verweisen auf das in der politischen Theorie entwickelte Modell der »Soft Power« des US-Politologen Joseph Nye. Soft Power als Dimension außenpolitischer Stärke speist sich dabei primär aus drei Quellen: der Kultur, den politischen Werten und der außenpolitischen Praxis eines Landes. Nye, der in Soft Power eine wesentliche Größe der über Attraktivität vermittelten außenpolitischen Geltung und Durchsetzungsfähigkeit eines Landes sieht, bemerkt überdies: »Narrow values and parochial cultures are less likely to produce soft power.«[6]

Es ist zu vermuten, dass in der Richtung von Nyes Einschätzung gelagerte Befürchtungen zumindest den Hintergrund für Initiativen von DDR-Intellektuellen – wie etwa Stephan Hermlin und Hans Mayer – bildeten, bereits in den 50er Jahren eine Öffnung des ostdeutschen Literatursystems für Formen und Vertreter der literarischen Moderne zu erwirken. Jedenfalls warnte Anna Seghers vor einer Provinzialität der literarischen Produktion in der DDR – es fehle die Anregung durch moderne westliche Literatur.[7] Dem stand jedoch die entschiedene Abwehr politisch einflussreicher Parteivertreter gegenüber. Der Literaturwissenschaftler Hans Mayer berichtet von einer Kulturkonferenz aus dem Jahr 1956: »Ich wiederholte meine bekannten (oder berüchtigten) Gedanken über Kafka, Proust und Joyce, machte mich lustig über die ›Dekadenz‹, zeigte am Beispiel der sowjetischen Urteile über E. T. A. Hoffman, wohin man mit dem Dekadenzgerede gelangt.« Entschiedener Widerspruch sei allein von Alfred Kurella ausgegangen: »Der Mann Moskaus unter den Deutschen.«[8] Dennoch war die literarische Moderne auch in der DDR nicht völlig abwesend; sei es, dass einzelne

---

6   Joseph S. Nye Jr.: Soft Power. The Means to Success in World Politics. New York (PublicAffairs) 2004, S. 11. Der vom Ministerium der Staatssicherheit der DDR Ende der 50er Jahre eingeführte Begriff der »Politisch-Ideologischen Diversion« (PID) kann auch als Reaktionsbildung auf dieses Moment in der Systemauseinandersetzung begriffen werden.

7   Vgl. Michael Opitz, Michael Hofmann (Hg.): Metzler Lexikon DDR-Literatur. Autoren – Institutionen – Debatten. Stuttgart, Weimar (J. B. Metzler) 2009, S. 223.

8   Hans Mayer: Der Turm von Babel. Erinnerung an eine Deutsche Demokratische Republik. Frankfurt am Main (Suhrkamp) 1993, S. 140.

Vertreter bereits vor 1949 etabliert waren, sei es, dass in Kreisen von, wie Günter de Bruyn es nennt, interessierten »Auserwählten« davon die Rede ging.[9]

Eine Konferenz in der Tschechoslowakei, die dem von Hans Mayer bereits unterstützten Werk von Franz Kafka galt, brachte 1963 weitere Bewegung. Die durch die öffentliche Thematisierung des als »dekadent« geltenden Kafka erneuerte Diskussion des »Realismus«-Konzepts schloss auch die Frage nach der Existenz von Entfremdung im etablierten Sozialismus ein und führte zu einer »Auflösung des Dekadenz-Begriffs« und zum Geltungsverlust einer als marxistisch behaupteten Kunstauffassung.[10] Zwar war der Widerstand gegen eine Realismus-Auffassung, die Entfremdung als Aspekt des Lebens im real existierenden Sozialismus einschloss, aus der Staats- und Parteiführung entschieden und das einschlägige Werk von Georg Lukács galt weiterhin als Normspender für die Interpretation des Realismus-Gebots, doch war das Thema nunmehr gesetzt. Ende 1965 berichtete das Hamburger Wochenblatt *Die Zeit* aus der DDR:

> Die SED glaubte, sich wenigstens willfährige marxistische ›Kader‹ an den Universitäten herangezogen zu haben. Sie hat sich offenbar getäuscht [...] Mitglieder der Partei und FDJ-Grundorganisationen begannen über das Phänomen der Entfremdung im Sozialismus zu diskutieren und entdeckten Skepsis und Zweifel als marxistische Tugenden wieder.[11]

Zu dem profiliertesten Vertreter einer kritischen Aufnahme des Entfremdungstheorems in der marxistischen Diskussion in der DDR wurde der Philosoph Wolfgang Heise, der mit einem Aufsatz in der *Deutschen Zeitschrift für Philosophie* das Thema in einem zentralen Periodikum diskutierte und dabei auch politisch brisanten Konkretionen nicht

---

9   Günter de Bruyn: Vierzig Jahre. Ein Lebensbericht. Frankfurt am Main (Fischer Taschenbuch) 1998, S. 118.

10   Werner Mittenzwei: Die Intellektuellen. Literatur und Politik in Ostdeutschland von 1945 bis 2000. Leipzig (Faber und Faber) 2001, S. 210.

11   Kai Herrmann: Zwischen Sex und Siebenjahrplan, in: Die Zeit vom 17.12.1965.

auswich.[12] Vor dem Hintergrund dieses Interessenschwerpunkts wird auch erklärlich, dass Heise in Gutachten zu Dissertationen auf pauschale Kritik an der Moderne sensibel reagierte.[13]

Das Entfremdungstheorem bot eine geeignete Basis, beinahe einen Generalschlüssel der Rettung bzw. Rehabilitierung der Moderne. In den Gutachten im Druckgenehmigungsverfahren und den Büchern häufig als Gebrauchsanweisung oder Lesehilfe beigegebenen Nachworten findet sich diese Denkfigur in der einen oder anderen Form dargeboten daher oft.

Aus dem angelsächsischen Literaturraum erschien dementsprechend bereits 1975 mit John Dos Passos' Roman *Manhattan Transfer* ein Schlüsselwerk der literarischen Moderne aus den USA im renommierten *Aufbau-Verlag* in der DDR. Das als Collage von Textfragmenten und unter Verzicht auf einen perspektivierenden Helden gestaltete Panorama der Ostküstenmetropole nimmt einen weiten Bereich paralleler und unverbundener Facetten in sozialer wie örtlicher und zeitlicher Mannigfaltigkeit auf. Mit dem Anglisten Günther Klotz war ein renommierter Literaturwissenschaftler als Gutachter tätig, der zuvor lange bei *Aufbau* angestellt war. In seinem stark politisch pointierten Gutachten verteilte Klotz sorgfältig Licht und Schatten. Mit Blick auf die Person des Autors Dos Passos dichtete er das Gesamturteil gegen mögliche Einwürfe zu dessen politischer Entwicklung ab und konzedierte Fehlstellen im Buch hinsichtlich der Zeichnung sozialer Auseinandersetzungen und der vermeintlich unterbelichteten »Kraft der Arbeiterklasse«. Im Sinne einer Befürwortung der Drucklegung wird resümiert:

> In den Episoden passiert nichts Außergewöhnliches, doch fügen sie sich zu einem Bild schreckenerregender Sinnlosigkeit, Enttäuschung und Banalität. Der einzelne vermag dem Sinn seines Lebens noch nachzugraben, doch die losen und zufälligen Bindungen an andere Menschen helfen ihm

---

12 Vgl. Achim Trebeß: Entfremdung und Ästhetik. Eine begriffsgeschichtliche Studie und eine Analyse der ästhetischen Theorie Wolfgang Heises. Stuttgart, Weimar (J. B. Metzler) 2001, S. 266.

13 Vgl. Camilla Warnke: Abschied von den Illusionen – Wolfgang Heise in den 60er Jahren, http://www.peter-ruben.de/schriften/DDR/Warnke%20-%20Abschied%20von%20den%20Illusionen.pdf [30.10.2019].

nicht. So spricht Dos Passos der imperialistischen Gesellschaft das Urteil: sie bietet den meisten keine Chance der Existenz, sie hat den menschlichen Charakter des Lebens fast abgetötet.

Diesen Gedanken aufgreifend und auf den Begriff bringend heißt es weiter unten, die von Dos Passos gelieferte »thematische Akzentuierung der modernen Großstadt« könne »Wesenszüge der kapitalistischen Verhältnisse und Lebensweise enthüllen, vor allem den letztlich auf der kapitalistischen Entfremdung beruhenden Widerspruch zwischen äußerer Geschäftigkeit und innerer Leere« der Menschen.[14] Diese Anlage weist auch das gleichfalls von Klotz verfasste Nachwort zur *Aufbau*-Ausgabe von *Manhattan Transfer* auf, das sich passagenweise wie ein – besonders im recht kritischen Porträt des Autors – ausgebautes Gutachten liest. Auch hier ist das Resümee:

> Der Roman lebt … weil es Dos Passos gelang, seine herbe Kritik der spätkapitalistischen USA zum thematischen Zentrum dieses Kaleidoskops zu machen und an die Stelle traditioneller geschlossener Biographie oder Dramatik das relativ ›geschlossene‹ Bild einer alle menschlichen Bindungen und sittlichen Werte auflösenden Gesellschaft zu setzen.[15]

Deutliche Parallelen zur Begutachtung von Dos Passos weisen die Urteile über das Werk des französischen *nouveau roman*-Autors Michel Butor auf. Wie im Fall Dos Passos wichen auch die Produktionen dieser im Frankreich der 1950er und 60er Jahre entstandenen Schreibweise von der herkömmlichen Romanform zugunsten weniger zentrierter Textkonstruktionen ab. In dem Gutachten zu den Romanen *Der Zeitplan* und *Paris-Rom oder Die Modifikation* wird wiederum die fehlende

---

14   Die Zitate in Dr. Günther Klotz: Gutachten zu John Dos Passos, »Manhattan Transfer« (1925), BARCH DR 1/2108, Aufbau-Verlag Berlin und Weimar 1975 M–S.

15   John Dos Passos: Manhattan Transfer. Berlin (Aufbau-Verlag) 1975, S. 498f. (Nachwort von Günther Klotz). Vgl. zu Dos Passos in der DDR auch die Ausführungen bei Anna-Christina Giovanopoulos: Die amerikanische Literatur in der DDR. Die Institutionalisierung von Sinn zwischen Affirmation und Subversion. Essen (Verlag Die Blaue Eule) 2000.

politische Profilierung und Eindeutigkeit moniert, zugleich jedoch die persönliche Haltung des Autors in Worten gewürdigt, die dem Porträt Dos Passos' ähneln: »Butor ist kein Komplize der kapitalistischen Ausbeutung, sondern ein Zeuge für die Entmenschlichung des Lebens unter bürgerlichen Verhältnissen, aus denen er freilich keinen Ausweg zu zeigen imstande ist.« Wie in *Manhattan Transfer* wird das Bild der Großstadt als Arena der kapitalistischen Entfremdung betrachtet. Der Held von *Der Zeitplan* erscheint »als das Opfer des für ihn undurchdringlichen Mechanismus einer modernen kapitalistischen Großstadt, in der der einzelne inmitten der Masse völlig allein steht, in der es keine Solidarität zwischen den Menschen gibt«. Die Isolation des Helden in einer notwendig vereinzelnden »spätbürgerlichen Epoche« gewinnt dabei für den Gutachter denkbar radikale Züge – die Realität entzieht sich dem Erkenntniswillen des Subjekts. Daher, so das rettende Resümee des Gutachtens, ginge der Vorwurf des »Formalismus« trotz der formalen Experimente des Autors fehl. Der Durchbruch zur Wirklichkeit scheitere am Druck der Verhältnisse: »Die kapitalistische Umwelt wird als in ihrem Wesen dem Menschen feindlich dargestellt.«[16]

Dieses gutachterliche Wertungsschema fand auch auf literaturgeschichtlich entferntere Werke Anwendung. Joris Karl Huysmans *Gegen den Strich* – zugleich Programmschrift und Zentralwerk der ästhetizistischen Dekadenz, wurde in dieser Beleuchtung zum »Meisterwerk« und historisch betrachtet als »bemerkenswertes objektives Zeugnis der Ohnmacht des bürgerlichen Individuums gegenüber einer alle Bereich erfassenden gesellschaftlichen Zersetzung« im hochkapitalistischen Frankreich nach Zerschlagung der Kommune und dem verlorenen 1870er Krieg. Die Betonung des gleichfalls derart gesellschaftlich bezogenen Naturalismus als Parallelphänomen lieferte eine zusätzliche Deckung für dieses Urteil des Verlagsgutachters.[17] Ganz ähnlich läuft die Gedanken-

---

16 BARCH, DRI/2088, Aufbau-Verlag Berlin und Weimar 1967, A–D: Gutachten zu den drei Romanen von Michel Butor: Der Zeitplan, 1956, 349 Seiten; Paris – Rom oder die Modifikation, 1957, 307 Seiten; Stufen, 1960, 396 Seiten.

17 BARCH, DRI/3702, Gustav Kiepenheuer Verlag Leipzig und Weimar 1975–1978 A–S: Verlagsgutachten zu Joris Karl Huysmans: Gegen den Strich.

führung bei Gerhard Schewe in seinem Gutachten zu einer Rimbaud-Ausgabe mit einem Essay von Karheinz Barck. Der Berliner Romanist sieht Rimbaud nach dem Scheitern der Kommune enttäuscht hinsichtlich einer baldigen Überwindung der bürgerlichen Gesellschaft. »So gibt er die gesellschaftlich relevante Thematik seines Frühwerks auf und verlegt sein Augenmerk auf die ›Revolutionierung‹ der poetischen Ausdrucksmittel; daß gesellschaftliche Thema rückt damit ins Unfaßbar-Visionäre.« Zusätzlich wird legitimierend betont, die damit gegebene Abwendung des Autors von revolutionärer Orientierung erfolge »freilich nicht als Renegat oder plötzlicher Apologet der bürgerlichen Ordnung, sondern als deren Opfer«[18].

Zur Anwendung gebracht wurde dieses Muster auch in der Begutachtung der von Karlheinz Barck herausgegebenen Anthologie *Surrealismus in Paris 1919–1939*, einem »wichtigen Meilenstein« der Moderne-Rezeption in der DDR.[19] Der als Gutachter tätige Romanist Manfred Naumann – mit dem Herausgeber Barck und Wolfgang Heise befreundet sind – sieht die Entstehung des Surrealismus u. a. gerichtet gegen »die Unterwerfung des Denkens und Fühlens der Menschen unter die Entfremdungsmechanismen der kapitalistischen Gesellschaftsformation«, wenn auch mitunter in Illusionen befangen und auf die Revolutionierung der bürgerlichen Gesellschaft hin angelegt. Der historische Abstand, so Naumann beruhigend, erlaube es nunmehr, bloße Polemik durch dialektische Kritik zu ersetzen.[20] In dem von Naumann gelobten Nachwort Barcks verweist dieser denn auch neben dem Verweis auf die Vereinnahmung des Surrealismus durch die kapitalistische Konsumwelt

---

18 BARCH DRI/2209, Verlag Philipp Reclam jun. Leipzig 1976, A–Z: Dr. Gerhard Schewe: Gutachten zu Rimbaud, Gedichte. Reclam 1975.

19 So das Urteil von Thomas Magnan: Die Rezeption des Surrealismus in der DDR: die Anthologie *Surrealismus in Paris*, in: Bénédicte Terrisse, Werner Wögerbauer: La modernité littéraire dans l'Allemagne divisée (=Germanica 59/2016), S. 143. Dort auch zur Argumentation Naumanns in dem Gutachten.

20 BARCH DRI/2218a, Verlag Philipp Reclam jun. Leipzig 1985, L–Z: Manfred Naumann: Gutachten zu Karlheinz Barck: Surrealismus in Paris. Zum Verhältnis Naumanns zu Barck und Heise vgl. ders: Zwischenräume. Erinnerungen eines Romanisten. Leipzig (Lehmstedt) 2012, S. 175f. Dort auf den Seiten 182ff. auch zu den Bemühungen um Michel Butor und Marcel Proust.

auf die revolutionäre Wertschätzung, die diese Richtung durch Anatoli Lunatscharski erfuhr.[21]

Bei älteren literarischen Werken bot sich eine zweite eingeführte Argumentationsstrategie an, um die Drucklegung zu empfehlen – die Deklarierung des problematischen Textes zum Teil des kulturellen »Erbes«. Die Konturen des »Erbes« waren dabei stets neu zu bestimmen, sodass eine gewisse Deutungsoffenheit es erlaubte, negative Aspekte zu balancieren und gewünschte Akzente zu setzen. So hieß es etwa zu Büchern von John Dos Passos, dessen *Manhattan Transfer* bereits im Horizont der Entfremdungsthematik positiv gezeichnet worden war, wie folgt: »Die Publikation der oben genannten Romane in der DDR würde ich nicht als Aufwertung eines Umgefallenen betrachten, sondern als Beitrag zur Nutzung eines weltliterarisch bedeutsamen Erbes, dem wir verpflichtet sind, weil es lebendige, kritische und vorwärtsweisende Bilder aus den gesellschaftlichen Auseinandersetzungen unseres Jahrhunderts bietet.«[22] Auch Arthur Rimbaud wurde von seinem Gutachter Gerhard Schewe als gewichtiger Teil des »Erbes« erkannt und auf diese Weise eingemeindet. Die ehedem undifferenziert und fälschlich als »Dekadente« geschmähten Dichter von Baudelaire bis Mallarmé seien inzwischen infolge der »Fortschritte der marxistisch-leninistischen Literaturwissenschaft einschließlich der Erbetheorie« von diesem Stigma entlastet.[23]

Mitte der 80er Jahre gelang es dann sogar, einen ausgesprochen schwierigen Fall auf diese Art zu behandeln: Ezra Pound, von dessen Dichtung ein Auswahlband bei *Volk und Welt* geplant war. Der 1972 in Venedig verstorbene Lyriker aus den USA war zweifellos einer der wichtigsten Innovatoren und Weichensteller in der modernen Literatur des beginnenden 20. Jahrhunderts, leider aber auch ein bekennender Faschist und Mussolini-Anhänger, für den er während des Krieges über

---

21 Vgl. Karlheinz Barck: Kontinente der Phantasie, in Ders. (Hg.): Surrealismus in Paris 1919–1939, Leipzig (Reclam) 1985, S. 724.

22 BARCH DR 1/2108. Aufbau-Verlag Berlin und Weimar 1975 M–S: Dr. Günther Klotz: Gutachten. John Dos Passos, »Manhattan Transfer« (1925).

23 BARCH DR1/2209. Verlag Philipp Reclam jun. Leipzig 1976, A–Z: Dr. Gerhard Schewe: Gutachten zu Rimbaud, Gedichte. Reclam 1975.

Radio Rom in Ansprachen die Propagandatrommel rührte. Das brachte ihm nach Kriegsende einen langen Zwangsaufenthalt in einer US-Nervenklinik ein. Nach einer windungsreichen Entschuldigung und Relativierung seines politischen Kurses imponiert seinem Gutachter Karl Heinz Berger an Pound, dass er konsequent die Öffnung der Dichtung »für alle Formen und Inhalte der Weltkultur« verfolgt habe; durch die ihm attestierte Suche nach dem »richtigen Wort« wird er überdies Gustave Flaubert an die Seite gerückt. Bergers Urteil war klar:

> Ich befürworte, daß Ezra Pound in der vorliegenden Auswahl erscheint, da man eine Epochen-Gestalt der Lyrik des 20. Jahrhunderts, deren künstlerischer Einfluß auf die Dichtung bis in unsere Gegenwart wirkt, auf die Dauer nicht aus dem Gesamtbild bürgerlich-avantgardistischer Literatur verdrängen kann.[24]

Ebenso geschickt wie Berger manövrierte der Herausgeber Günter Gentsch in dem dem Band beigegebenen Nachwort. Nachdem eingangs beiläufig aufgezeigte Verbindungen Pounds zu Louis Aragon und dem schwer bombardierten Dresden eine positive Atmosphäre aufgebaut hatten, kennzeichnete Gentsch die profaschistische Position Pounds als »tragischen Irrtum des hochgebildeten Poeten«. Dies nicht ohne auf den Milderungsgrund von Pounds Motiv des Abscheus vor dem »merkantilen Gebaren«, habe er doch bereits klarsichtig die »Schuld der kapitalistischen Plusmacher an der Entfachung des ersten Weltenbrandes« erkannt.[25] Eine gelungene biografische und literarische Einbettung von Pounds *Irrtum* schließt sich an, wobei die Betonung seiner Schuld durch die »Antisemitismus und Antikapitalismus gleichsetzenden«[26] Radioansprachen während des Krieges zugleich auf die Brücke zu Pounds sodann angesprochenen politischen Stärken weisen: seine scharf

---

24 BARCH DR1/2388a, Verlag Volk und Welt, Verlag für internationale Literatur, Berlin, 1986, P–Z: Karl Heinz Berger: Zweitgutachten zu Ezra Pound: An eigensinnigen Inseln.

25 Ezra Pound: An eigensinnigen Inseln. Berlin (Volk und Welt) 1986, S. 190 (Nachwort von Günter Gentsch).

26 Ebenda, S. 192.

antibürgerlich-antikapitalistische Position mit Blick auch auf die dem Künstler zugewiesene marginale Position in der bürgerlichen Gesellschaft. Wie im Fall Michel Butors wird auch Pound eine der Realität zugewandte Schreibintention zugutegehalten: »Trotz mancher ästhetizistischer Überspitzungen verliert doch Pound in seinem Programm das eigentliche Ziel nie aus den Augen: Es wird eine Dichtung angestrebt, die in konzentrierter Aussage und klarer sprachlicher Konturierung Wesentliches über den Zustand ihrer Umwelt berichtet.«[27] Die zunehmende Ausweitung der Grenzen des Akzeptablen in den 80er Jahren lässt schließlich die literarische Erbaneignung ins nahezu Grenzenlose ausufern.[28]

Dabei wirkte auch ein hintergründiges politisches Motiv in diese Richtung. Während für die Bundesrepublik gelegentlich die »Suche nach Sicherheit« als Leitmotiv des politischen Handelns angemerkt worden ist,[29] stellt die Suche nach Anerkennung einen Schwerpunkt der auswärtigen Politik der DDR dar. Im Verhältnis zur Bundesrepublik und den anderen Vertretern des westlichen Lagers im Kalten Krieg ist dies auf der staatsrechtlichen Ebene im Schatten der Hallstein-Doktrin, die eine volle diplomatische Anerkennung der DDR verhindern sollte, offenkundig. Ebenso deutlich war die Förderung des Spitzensports in der DDR an der Steigerung ihrer internationalen Reputation orientiert.

Der weite Umfang und die Hauptrichtung des an der Einforderung von Anerkennung orientierten Handelns gibt sich in einer sprachlichen Wendung zu erkennen, die in der DDR umlief – der Floskel vom »Welt-

---

27   Ebenda, S. 196.

28   Günter Erbe resümiert: »Wenn bei Manfred Starke selbst décadence und l'art pour l'art eine humanistische Mission zugeschrieben wird, kann es allerdings kaum noch Grenzen der literarischen Erbaneignung geben […]. Was schließlich der Anglist Utz Riese in Auseinandersetzung mit der Postmoderne als Form einer utopiefreien Gesellschaftskritik, einer vom Zwang zur Utopie und vom Alp der Zukunft befreiten Ästhetik des Widerstands, zu bedenken gibt, sprengt vollends den Rahmen eines auf Aufklärungs- und Humanitätsidealen insistierenden Literaturkonzepts und nimmt endgültig Abschied von einem teleologischen Geschichtsdenken.« Ders.: Die verfemte Moderne. Die Auseinandersetzung mit dem »Modernismus« in Kulturpolitik, Literaturwissenschaft und Literatur der DDR. Opladen (Westdeutscher Verlag) 1993, S. 211.

29   Eckart Conze: Die Suche nach Sicherheit. Eine Geschichte der Bundesrepublik Deutschland von 1949 bis in die Gegenwart. München (Siedler) 2009.

niveau«. Ein Brief des Chefs der Staatlichen Plankommission der DDR, Gerhard Schürer, an den Vorsitzenden des Ministerrates Willi Stoph liefert zumindest allgemeine Hinweise, wenngleich Schürer aus der Perspektive des Ökonomen schreibt. Der Planungschef rügt einen naiven Blick gen Westen: »Das sogenannte Weltniveau und Wissen über das Weltniveau wird [...] meist aus (der) Weltliteratur entnommen. Zwischen der Literatur und der Praxis gibt es aber einen großen Abstand in der westlichen Welt.«[30] An Schürers Sicht ist auffällig, mit welcher Selbstverständlichkeit die »Welt« nebst dem zugehörigen Niveau im Westen verortet wird. Der von Anna Seghers und anderen bereits in den 50er Jahren auf literarischem Feld befürchtete provinzielle Status scheint auch hier blickleitend zu sein.

Beiläufige Formulierungen und Seitenblicke in Gutachten weisen darauf hin, dass diese Wahrnehmung und die außenpolitische Orientierung auf Westreputation auch die Lockerung der Publikationspraxis hinsichtlich moderner Literatur im weiteren Sinne befördert hat. So wird im Gutachten zu Michel Butor ausdrücklich auf die positive Haltung der progressiven Presse in Frankreich zu diesem Autor verwiesen – ein Wink, der überdies eine bündnispolitische Erinnerung enthielt. Karl Heinz Berger bemerkt in seinem Gutachten zu dem problematischen Fall Ezra Pound zur internationalen Pound-Rezeption, dass 13 Jahre nach dem Tod des Dichters »die Empörung über sein politisches Verhalten weltweit dem analysierenden Urteil« gewichen sei und schlussfolgert, daher sei es auch in der DDR »an der Zeit, bislang gehegte Hemmungen abzulegen« – mithin zum Weltniveau der Debatte um Pound aufzuschließen.[31] Diese Tonart lässt auch Manfred Naumann anklingen, wenn er in seinem Gutachten zur Surrealismus-Anthologie von Karlheinz Barck »unbedingt« die Drucklegung »bei uns« im *Reclam-Verlag*

---

30 Gerhard Schürer an Willi Stoph, 13.11.1970, zitiert nach: Matthias Judt (Hg.): DDR-Geschichte in Dokumenten. Bonn (Bundeszentrale für politische Bildung) 1998, S. 136.

31 BARCH DR1/2388a, Verlag Volk und Welt, Verlag für internationale Literatur, Berlin, 1986, P–Z: Karl Heinz Berger: Zweitgutachten zu Ezra Pound: An eigensinnigen Inseln.

anmahnt und düster anmerkt, ansonsten bestünde die Gefahr, dass sich »Legenden« bildeten, »die der Gegner als Waffe gegen uns nutzt«.[32]

In den letzten Jahren der DDR erweiterte sich der Spielraum auch für auf dem theoretischen Feld problematische Westautoren im Zuge dieser Öffnung auf internationale Diskussionshorizonte weiter. Bereits im Nachwort zu seiner Surrealismus-Anthologie hatte Karlheinz Barck unter Bezug auf Walter Benjamin und Louis Aragon diesem attestiert, er sei »auch eine Erfahrung mit Geschichte, die sich querstellt zu deren Kontinuität.«[33] Als Gutachter zu Claude Lévi-Strauss' *Traurige Tropen* knüpft Barck an dieses Thema an. Der französische Ethnologe, dessen Orientierung an anthropologischen Strukturen ihm die Kritik historisch orientierter Forscher eingetragen hatte, war daher im DDR-Umfeld ein weiterer heikler Fall. Noch zur Zeit des Publikationsprojekts durch den Leipziger *Reclam-Verlag* hatte der Autor klargestellt: »Wenn Marxisten oder Neo-Marxisten mir vorhalten, ich ignorierte die Geschichte, dann antworte ich ihnen: Ihr seid es, die sie ignorieren oder ihr gar den Rücken kehren, weil ihr ja an die Stelle der wirklichen und konkreten Geschichte die großen Entwicklungsgesetze treten laßt, die nur in eurem Denken existieren.«[34]

In den mehr als 30 Jahre zuvor entstandenen *Traurigen Tropen*, einer Art ethnologischem Expeditionsbericht und philosophischem Großessay zugleich, bezieht er eine dem Marxismus denkbar fernliegende Position:

> Die Welt hat ohne den Menschen begonnen, und sie wird ohne ihn enden. Die Institutionen, die Sitten und Gebräuche, die ich mein Leben lang gesammelt und zu verstehen versucht habe, sind die vergänglichen Blüten einer Schöpfung, der gegenüber sie keinen Sinn besitzen, es sei denn vielleicht den, daß sie es der Menschheit erlauben, ihre Rolle in dieser Schöpfung zu spielen.

---

32 BARCH DR1/2218a, Verlag Philipp Reclam jun., Leipzig 1985, L–Z Manfred Naumann: Gutachten zu Karlheinz Barck: Surrealismus in Paris.
33 Barck: Kontinente der Phantasie, S. 718.
34 Claude Lévi-Strauss, Didier Eribon: Das Nahe und das Ferne. Eine Autobiographie in Gesprächen. Frankfurt am Main (S. Fischer) 1989, S. 182.

Der Mensch erscheint dem Reisenden »als eine Maschine – vollkommener vielleicht als die übrigen – die an der Auflösung einer ursprünglichen Ordnung arbeitet und eine im höchsten Maße organisierte Materie in einen Zustand der Trägheit jagt, die immer größer und eines Tages endgültig sein wird.«[35]

Sein Gutachter betonte demgegenüber Lévi-Strauss' Kritik an »jedem bürgerlichen Fortschrittsdenken«, baute eine ideologische Brücke in dem Befund, es sei ein »anthropologischer Materialismus«, der dessen Denkstil leite, und verwies auf die politische Dimension seines Werkes – seinen antirassistischen, antikolonialistischen und antiimperialistischen Charakter. Riskant, weil trotz einschränkender Formulierung als Einfallstor zu relativistischen Positionen womöglich nutzbar, war Barcks Lob von Lévi-Strauss' »Überwindung aller Formen kulturgeschichtlichen Europazentrismus', der ›Relativierung des abendländischen Horizonts‹, die wesentliche Anregungen den französischen Surrealisten verdankt.«[36] Diesen Vorgaben folgte in den Grundlinien auch der Autor des Nachworts Carlos Marroquin und öffnete den Blick auf die Gruppe französischer Ethnologen, die in der ersten Hälfte des 20. Jahrhunderts die Berührung mit der Poesie nicht gescheut hatte:

> In seinem humanen Reichtum ist Tristes Tropiques nur mit ethnologischen Werken wie ›L'Afrique fantôme‹ (1934) von Michel Leiris und ›Le Vaudou Haitien‹ (1958) von Alfred Métraux zu vergleichen. Was diese drei großen Vertreter der französischen Ethnographie in erster Linie kennzeichnet, ist eine eindeutig antikolonialistische und antirassistische Position, die sich mit einer durch und durch modernen und im wahrsten Sinne des Wortes poetischen Sensibilität verbindet.[37]

Dass der außenpolitische Störfaktor, den das Zensursystem darstellte, trotz dieser Aufweichungen auch in der Schlussphase der DDR weiter

---

35 Claude Lévi-Strauss: Traurige Tropen. Frankfurt am Main (Suhrkamp) 1978, S. 411.
36 DR1/2221, Verlag Philipp Reclam jun., Leipzig 1988, A–L: Karlheinz Barck: Claude Lévi-Strauss und die »Traurigen Tropen« (Januar 1986).
37 Claude Lévi-Strauss: Traurige Tropen. Leipzig (Reclam) 1988, S. 486 (Nachwort von Carlos Marroquin).

existierte, zeigte sich 1985 in Budapest. Der durch die Konferenz über Sicherheit und Zusammenarbeit in Europa (KSZE) angestoßene Prozess hatte den inneren und auswärtigen Legitimationsdruck im sozialistischen Lager deutlich erhöht. Die auf der entscheidenden Konferenz von Helsinki 1975 vereinbarten individuellen Rechte entfalteten eine Eigendynamik, die gerade unter Intellektuellen und im kulturellen Sektor Ansprüche an die Politik wach- und dort Widerstand hervorrief. Ein Austragungsort dieser Kontroversen war das im KSZE-Prozess verankerte Kulturforum, das im Herbst 1985 in Budapest stattfand.

Der DDR-Delegation gehörte auch der Schriftsteller Stephan Hermlin an. Hermlin, der in der DDR als Förderer junger schriftstellerischer Talente außerhalb der Parteilinie bekannt war, wurde an der Donau wieder auf sein altes und immer noch aktuelles Thema »DDR und literarische Moderne« zurückgeführt. Die bereits 30 Jahre zuvor von ihm angemahnte Öffnung stand immer noch infrage und zur Debatte. Hermann Kant, als Präsident des DDR-Schriftstellerverbandes ebenfalls in Budapest anwesend, verdross die defensive Position seiner Delegation spürbar. In seinem Resümee zum Kulturforum verwies er indirekt damit auch auf die außenpolitische Bedeutung der Pflege des »Erbes«: »Überhaupt nicht einzusehen ist, warum wir uns manchmal bei solchen Gelegenheiten in die Rolle von Angeklagten bequemen und zum Beweise unserer Unschuld geradezu beflissen aufzählen, was alles aus bürgerlicher Kultur bei uns in pflegerischen Händen ist.« Er mahnte zu einem selbstbewussteren Auftreten: »Natürlich soll so etwas Titel um Titel geliefert werden, aber gelegentlich hörte man gern, daß wir manches nicht oder nicht mehr oder ganz neu machen, weil wir nämlich manches nicht mehr und in vielem ganz anders sind.«[38] Dieser Appell, sich von auswärtigen Leitbildern abzuwenden, kam 1986 jedenfalls zu spät.

---

38   Hermann Kant: Ein Wort danach, in: neue deutsche literatur, 3/1986, S. 5.

Thomas Gepp / Berthold Petzinna

Der Peter Hammer Verlag
in der »alten« Bundesrepublik

Ein politisches Profil

Für den deutschen Protestantismus bedeuteten das Kriegsende 1945 und die Formierung der Bundesrepublik einen tieferen Einschnitt als für die Katholiken. Während die hierarchisch und international aufgestellte Katholische Kirche trotz Reichskonkordat mit der Regierung des Katholiken Hitler und prägender Fügsamkeit relativ geschlossen durch die Zeit des »Dritten Reiches« glitt, zeigte der traditionell national orientierte deutsche Protestantismus ein Bild der Zerrissenheit, in dem größere Nähe zum Nationalsozialismus den dominanten Grundton bildete. Die Protestanten erwiesen sich als »ungleich anfälliger für die Führerdiktatur und die Unterstützung ihres Krieges, auch ihres militanten Antisemitismus« als die Katholiken.[1] Doch war außer den offen pro-nationalsozialistisch orientierten Deutschen Christen im Spektrum des deutschen Protestantismus mit der Bekennenden Kirche auch ein Widerlager vorhanden, das sich den Gleichschaltungsbestrebungen verweigerte.

Die Evangelischen Kirchen standen somit nach dem Kriegsende in einer komplizierteren Situation als der deutsche Katholizismus: Zum einen war die interne Zerklüftung ein drängendes Problem, zum anderen war die herkömmliche nationale Orientierung in der aktuellen Lage eines in Besatzungszonen geteilten Landes neu zu justieren. Zwar kam es bereits im Oktober 1945 in Stuttgart zu einem ersten »Schuldbekenntnis« durch die Kirchenführung, doch blieb diese Akzentsetzung allgemein und vage.[2] Das obrigkeitliche Erbe und das nationale Selbstver-

---

1   Hans-Ulrich Wehler: Deutsche Gesellschaftsgeschichte, Band 5: Bundesrepublik und DDR 1949–1990. München (C. H. Beck) 2008, S. 363.
2   Ebenda, S. 365.

ständnis blieben eine starke Strömung innerhalb der nach einem Vorlauf 1948 als gesamtdeutsche Organisation eingerichteten Evangelischen Kirche in Deutschland (EKD). Es gab allerdings im Verlauf der 1950er Jahre, insbesondere im Zuge der Auseinandersetzung um die Aufstellung westdeutscher Streitkräfte (»Wiederbewaffnung«) erstarkende kirchliche Strömungen, getragen unter anderem von Gustav Heinemann, die andere Akzente setzten und an Geltung gewannen. Die Opposition gegen die Bildung der späteren Bundeswehr konturierte eine »linke« Strömung im kirchlichen Rahmen, die sich nicht verlor.[3]

In die Richtung einer Neubestimmung des protestantischen Rollenverständnisses wirkte auch, dass die aus mehrheitlich west- und süddeutschen Landesteilen gebildete Bundesrepublik die vormalige Dominanz des Protestantismus im deutschen Nationalstaat abschliff. Der Katholizismus verlor seinen Minderheiten-Status und schloss numerisch auf – durch den Katholiken Konrad Adenauer als ersten Kanzler setzte er sogar deutliche politische Akzente. Der Protestantismus war mehr als zuvor auf die Instrumente der öffentlichen Geltendmachung seiner Positionen angewiesen. Von großer Bedeutung wurden dabei die Kirchentage und die Evangelischen Akademien. Die Akademien – mit deren Gründung man der katholischen Konkurrenz voranging – wurden zu »zeitgemäße(n) Foren des öffentlichen Gesprächs, sie waren Räume des Austausches verschiedener Meinungen und Interessen.«[4] In den 1960er Jahren wurden die Akademien auch in politischer Hinsicht nicht nur innerkirchlich bedeutsam.[5] Bereits zuvor hatte der Bereich Bildung und Erziehung einen Schwerpunkt auch der protestantischen Kirche ge-

---

3 Edgar Wolfrum: Die geglückte Demokratie. Geschichte der Bundesrepublik Deutschland von ihren Anfängen bis zur Gegenwart. Bonn (Bundeszentrale für Politische Bildung) 2007, S. 71 ff.; Sven-Daniel Gettys: Wie politisch darf die Kirche sein? Politisierungsdiskurse in protestantischen Zeitschriften (1967/68), in: Klaus Fitschen u. a. (Hg.): Die Politisierung des Protestantismus. Entwicklungen in der Bundesrepublik Deutschland während der 1960er und 70er Jahre. Göttingen (Vandenhoeck & Ruprecht) 2011, S. 293.

4 Wolfrum: Die geglückte Demokratie, S. 73.

5 Vgl. Friedrich Martiny: Die evangelischen Akademien. Kirche zwischen Anpassung und Parteilichkeit. Ein Beitrag zum Problem des gesellschaftlichen Handelns der Kirche. Frankfurt am Main u. a. (Lang) 1977, S. 72f.

bildet – im Einklang mit der Mehrheitsmeinung des Kirchenvolks, das 1954 zu 70% einen solchen Akzent guthieß.[6]

Eine frühe protestantische Nachkriegsgründung in diesem Bereich war der Jugenddienst-Verlag. Das Unternehmen wurde 1951 in Oldenburg gegründet und knüpfte an die Tätigkeit des Bundes deutscher Bibelkreise an, der christliche Jugend- und Liederbücher sowie Zeitschriften publizieren ließ, um einen kirchlich sozialisierenden Einfluss auf die Jugend auszuüben. Der neue Verlag führte diese zuvor gestreuten Aktivitäten zusammen. Beim Jugenddienst-Verlag war also der Name bereits Programm und konturierte die Publikationspraxis. Es entstand ein introvertiertes, zumindest indirekt auch auf die Positionsbestimmung des Protestantismus in der veränderten Lage in Westdeutschland nach 1945 bezogenes Sortiment, was eine größere Themenbreite nicht ausschloss. Der 1960 zum Verlag gestoßene Hermann Schulz charakterisierte die Produktpalette als »Schrifttum« im Gegensatz zu Büchern.[7] Adressat war primär ein engeres innerkirchliches oder zumindest kirchennahes Klientel.

Gegründet wurde der Verlag von dem 1954 früh verstorbenen Juristen und CDU-Politiker Hermann Ehlers, der seit 1950 als Bundestagspräsident amtierte. Sein Porträtist Karl Lohmann spricht von dem »politischen ›Volkserzieher‹« Ehlers und führt weiter aus:

Nur aus dieser inneren Verpflichtung heraus ist es ja auch zu erklären, daß Ehlers es sich auch im stärksten Arbeitsgedränge niemals entgehen ließ, vor allem mit Jugendgruppen zu sprechen, die das Bundeshaus besuchten.

Sein Volk und besonders die junge Generation nach dem fürchterlichen Schock des nationalsozialistischen Zusammenbruchs wieder behutsam an den Staat heranzuführen, es mittels des parlamentarisch-demokratischen Systems in den Staat zu ›integrieren‹ und zu diesem Zweck wieder ein Staatsbewußtsein in ihm zu wecken, das war die ei-

---

6   Vgl. Wolfrum: Die geglückte Demokratie, S. 73.
7   Hermann Schulz: Der Peter Hammer Verlag 1966–1996. Eine Chronik, in: Ders. (Hg.): Ein seltsamer Briefträger. 30 Jahre Peter Hammer Verlag. Ein Lesebuch. Wuppertal (Peter Hammer Verlag) 1996, S. 129–155, hier S. 132.

gentliche politische Aufgabe, der Hermann Ehlers sich zuletzt ganz verpflichtet fühlte.[8]

Ehlers war jedoch zugleich einem modifizierten »Reichsgedanken« verpflichtet, wie er am 18. Januar – dem Datum der Reichsgründung – 1953
vor studentischem Auditorium ausführte – ein wandelndes Beispiel der
problematischen protestantischen Selbstverortung im westlichen Nachkriegsdeutschland.[9]

Nicht nur generationell anders geprägt war der von Ehlers 1953 angestellte Johannes Rau. Der Wuppertaler vom Jahrgang 1931 war der Bekennenden Kirche verbunden und Gründungsmitglied des Landesverbandes NRW der von Gustav Heinemann initiierten Gesamtdeutschen
Volkspartei (GVP). Rau überführte den nunmehr von ihm geleiteten
Verlag bald darauf ins heimatliche Wuppertal. »Gesamtdeutsch« im
Sinne des Parteiversuchs Heinemanns und des Zuschnitts der evangelischen Kirchenorganisation war unter seiner Leitung auch das Operati-
onsfeld des Verlages – man versorgte die Kirchen in der DDR mit der
antikirchlichen Politik der SED entgegenarbeitender Literatur.[10] Die
kritische Haltung gegenüber der westdeutschen Militärpolitik behielt
Rau, der nach Auflösung der GVP wie auch Heinemann in die SPD eintrat, bei.[11] Rau leitete das Unternehmen bis zu seinem endgültigen
Wechsel in die Politik weiter.

---

8 Karl Lohmann: Die Jahre des politischen Wirkens, in: Friedrich Schramm, Udo
  Smidt, Johannes Schlingensiepen (Hg.): Hermann Ehlers. Wuppertal (Jugenddienst-
  Verlag) 1955, S. 110.
9 Vgl. ebenda, S. 117.
10 Rau äußerte in einem Interview: »Und zu den Aufträgen, die ich mit diesem Verlag
   hatte, gehörte die Versorgung von Pfarrern, Religionslehrern und Schülern in der
   DDR mit Gegenliteratur.«, siehe Johannes Rau, Evelyn Roll: Weil der Mensch ein
   Mensch ist ... Johannes Rau im Gespräch mit Evelyn Roll. Berlin (Rowohlt Berlin)
   2004, S. 69.
11 Sein späterer Mitarbeiter Hermann Schulz erinnert sich an seine frühe Bekanntschaft mit Rau: »Der junge Verleger aus Wuppertal beriet mich bald in Wehrdienst-
   verweigerungs-Angelegenheiten und war in meinem Umfeld einer der ganz wenigen,
   der für mein Ansinnen [...] Verständnis hatte.«, siehe Hermann Schulz: »Wer niemals einen Turm gesehen ...«, in: Rita Galli, u. a. (Hg.): Ausgerechnet Bücher. Ein-
   unddreißig verlegerische Selbstporträts. Berlin (Ch. Links) 1998, S. 21f.

Mit den 1960er Jahren änderte sich allerdings das gesellschaftliche Umfeld rapide, eine Neugründung aus dem Jugenddienst-Verlag heraus war Bestandteil dieses Wandels und zugleich eine Reaktion darauf. Herrschte bis in die mittleren 50er Jahre noch eine verbreitete Kriegsangst in der Bundesrepublik, so wich die Spannung nach einem Aufgipfeln im Zuge des Mauerbaus 1961 und der Kuba-Raketenkrise im Folgejahr mit dem Abkommen über das Verbot überirdischer Atomtests und dem ersten Passierscheinabkommen für Berlin 1963. Gesellschaftliche Liberalisierungen und eine einsetzende Politisierung der bundesdeutschen Gesellschaft, die eine verstärkte Auseinandersetzung mit dem Nationalsozialismus als »Zeitkritik« einschloss, machten sich ebenfalls bemerkbar.[12]

Die Dynamik des Jahrzehnts ließ auch die Stellung der Kirchen nicht unberührt. Die bis dahin hohe Integrationskraft der katholischen Kirche ließ abrupt nach.[13] Auch im bundesdeutschen Protestantismus »vollzog sich eine offenkundige und zunehmend rasante Veränderung der religiösen und kirchlichen Rahmenbedingungen.«[14] Das herkömmliche Selbstverständnis und die überkommenen Formen des evangelischen Kirchenlebens wurden massiv erschüttert. Dabei zeigte sich eine wesentliche Gemeinsamkeit mit den Irritationen, die der Katholizismus erfuhr und die aus dem allgemeinen Politisierungsschub resultierte: »Niemals zuvor [...] wurde politische Kommunikation so massenhaft in religiöse Kommunikation übersetzt beziehungsweise überführt wie um 1968 – sowohl auf Seiten des Katholizismus als auch auf Seiten des Protestantismus.«[15]

---

12 Ulrich Herbert: Geschichte Deutschlands im 20. Jahrhundert. Bonn (Bundeszentrale für politische Bildung) 2014, S. 769ff.

13 Vgl. Karl Gabriel: Zwischen Aufbruch und Absturz in die Moderne. Die katholische Kirche in den 60er Jahren, in: Axel Schildt, Detlef Siegfried, Karl Christian Lammers (Hg.): Dynamische Zeiten. Die 60er Jahre in den beiden deutschen Gesellschaften. Hamburg (Christians) 2000, S. 528–543, hier S. 537ff.

14 Martin Greschat: Protestantismus und Evangelische Kirche in den 60er Jahren, in: Schildt, Siegfried, Lammers (Hg.): Dynamische Zeiten, S. 544–581, hier S. 546.

15 Pascal Eitler: »Auferstehung« als »Aufstand«. Die Gewaltfrage und die Politisierung der Religion um 1968, in: Franz-Werner Kersting, Jürgen Reulecke, Hans-Ulrich Thamer (Hg.): Die zweite Gründung der Bundesrepublik. Generationswechsel und intellektuelle Wortergreifungen 1955–1975. Stuttgart (Steiner) 2010, S. 153–174, hier S. 156.

Auch daher ist eine Annäherung beider Kirchen in diesen Jahren einer anschwellenden Protestwelle erklärlich.[16]

Stimmen der Beherrschten I – »Alltag«

Diese Neujustierung des Verhältnisses von Politik und Religion und mithin Kirche und Gesellschaft bildet einen Hintergrund für die Gründung des Peter Hammer Verlags. Die Öffnung des kirchlichen Engagements hin zu einer breiten Palette von kontroversen und deutlicher »weltlichen« Gegenwartsthemen bedeutete zugleich eine Ausweitung des literarischen Programms und eine größere Zielgruppe. Getragen wurde die Initiative von Hermann Schulz, den der immer stärker politisch aktive Rau 1960 als Entlastung für die Verlagsarbeit angestellt hatte. Schulz resümiert in der Rückschau: »Für die wichtigsten Themen war die Basis des Jugenddienst-Verlages zu eng, die Auseinandersetzung mit Literatur, Politik und Kultur sollte über die unmittelbare Jugendarbeit hinauswirken [...].«[17] Das neue, dem Jugenddienst-Verlag an die Seite gestellte Unternehmen, dessen Gründung der dem Verleger Rau als Aufsicht zugeordnete »Arbeitsausschuß der Evangelischen Schülerarbeit« zugestimmt hatte, wurde im Sommer 1966 im Vereinsregister angemeldet. Da auch wirtschaftliche Motive bei der Gründung eine Rolle spielten, wurde der Verlag im Folgejahr in eine GmbH umgewandelt. Die Namensgebung »Peter Hammer Verlag« (PHV) knüpfte an eine alte Tradition an und setzte einen verrätselten subversiven Akzent, der auch in den gleichsam kulturrevolutionären Titeln nunmehr beider Verlage nachklang.[18]

---

16 Vgl. Dieter Rucht: Soziale Bewegungen der 1960er und 70er Jahre in der Bundesrepublik, in: Siegfried Hermle, Claudia Lepp, Harry Oelke (Hg.): Umbrüche. Der deutsche Protestantismus und die sozialen Bewegungen in den 1960er und 70er Jahren. Göttingen (Vandenhoeck & Ruprecht) 2007, S. 91–109, hier S. 94.

17 Schulz: Der Peter Hammer Verlag 1966–1996, S. 132.

18 Die Namensgebung führt zurück in das 17. Jahrhundert, als erstmals diese fingierte Herkunftsbezeichnung bei kritischen Publikationen verwendet wurde. Siehe hierzu die Skizze von Karl Klaus Walther: Der Verleger Peter Hammer – Zur Geschichte

Im Zuge des ersten Jahresprogramms eröffnete der neue Verlag eine jährlich um einen Band wachsende Reihe, die es auf 15 Nummern bringen wird und auch die neue kirchliche Offenheit bereits im Titel signalisierte: *Almanach für Literatur und Theologie.* Angeregt wurde die Publikation von Arnim Juhre. Der Schriftsteller war im protestantischen Medienbetrieb tätig und im PHV in den 60er und 70er Jahren zeitweise als Lektor angestellt sowie als Berater wichtig. Neben Juhre gehörten dem Herausgeberkreis Kurt Marti, Wolfgang Fietkau und vor allem Dorothee Sölle an.[19]

Die engagierte Theologin und Schriftstellerin brachte es auch ihrer feministischen Ansätze wegen zu einer weit über den kirchlichen Bereich hinausgehenden Prominenz und Wirksamkeit. Ihr wird nachgerühmt, sie habe »in ihrer Person und in ihren Texten von Anfang an und verstärkt in ihren späteren Arbeiten die Zusammengehörigkeit von Gebet und Engagement, Theologie und Poesie, ›Mystik und Widerstand‹«[20] verkörpert. Der Widerstand galt auch der mit den 1960er Jahren in der Bundesrepublik zunehmend prägend werdenden kapitalistischen Konsumkultur, mit der Sölle im Horizont einer politisch verstandenen theologischen Position hart ins Gericht ging.[21] Dorothee Sölle setzte mit ihren in die allgemeine politische Öffentlichkeit ausstrahlenden Aktivitäten – etwa dem »Politischen Nachtgebet«, das von 1968 bis 1972 abgehalten wurde – Akzente, die das Profil des deutschen Protestantismus im Zuge innerkirchlicher Kontroversen nach links bis hin zu sozialistischen Positionen verschoben, die sich auch im Programm des PHV niederschlugen.[22]

---

eines Impressums, in: Schulz (Hg.): Ein seltsamer Briefträger, S. 132; Zu denken ist hier etwa an Will McBride, Helga Fleischhauer-Hardt: Zeig mal! Ein Bilderbuch für Kinder und Eltern. Wuppertal (Jugenddienst-Verlag) 1974.

19 Vgl. Schulz: Der Peter Hammer Verlag 1966–1996, S. 133.

20 Peter Cornehl: Dorothee Sölle, das »Politische Nachtgebet« und die Folgen, in: Hermle, Lepp, Oelke (Hg.): Umbrüche, S. 281.

21 Siehe etwa Dorothee Sölle: »Du sollst keine anderen Jeans haben neben mir«, in: Jürgen Habermas (Hg.): Stichworte zur »Geistigen Situation der Zeit«, Bd. 2: Politik und Kultur. Frankfurt am Main (Suhrkamp) 1979, S. 541ff.

22 Siehe etwa Franz Focke: Sozialismus aus christlicher Verantwortung. Die Idee eines christlichen Sozialismus in der katholisch-sozialen Bewegung und in der CDU. Wuppertal (Peter Hammer Verlag) 1981.

Der Almanach sei, so heißt es eingangs, »keine Sammlung ausge-
wählter Lesefrüchte, keine literarisch-theologische Anthologie neben
vielen anderen Anthologien; die Herausgeber wollen mehr als nur ver-
streut erschienene und wenig beachtete Veröffentlichungen ins rechte
Licht rücken.« Die meisten Beiträge seien von den Herausgebern angeregt.[23] Der Band hat also zumindest indirekt programmatischen Charakter; er versammelt unterschiedliche Textsorten und setzt breit ge-
streut thematische Akzente, die verschiedentlich auch in der weiteren
Programmgestaltung begegnen. Die Autorenschaft – mitunter mit
kirchlichem Bezug – gehört oft den jüngeren Jahrgängen an, was das
Themenprofil in den links-liberal-progressiven Trend der 1960er Jahre
einfügt und dabei auch auf deutsche Problemthemen abhebt, so die
NS-Vergangenheit.

Ein deutliches, auch politisches Profil gewann der Verlag mit den frühen und mittleren 70er Jahren auf diesem Feld der politisch bedeutsamen und daher umkämpften Geschichtspolitik. Ein Vorstoß der Evangelischen Kirche mit der sog. »Ostdenkschrift«, in der mit den
Vertriebenen und dem Verhältnis zu Osteuropa politische Problemfel-
der mit historischem Hintergrund angesprochen wurden, hatte 1965 bereits Schleusen geöffnet und eine heftige Kontroverse ausgelöst.[24] Die
nunmehr einsetzende Produktion geschichtswissenschaftlicher Titel im
PHV, die nach einer Orientierungsphase des Unternehmens auch finanziell ertragreich war und das Ansehen des Verlages hob,[25] wurde von den
Initiativen der neuen sozialliberalen Bundesregierung und ihren Reprä-
sentanten beflügelt. Die Bonner Regierung war bestrebt, der DDR-Pro-
pagandalinie einer exklusiven Reklamierung progressiver Tendenzen
der deutschen Geschichte für ihren Staat entgegenzutreten, und die
Bundesrepublik historisch in den deutschen demokratischen Traditionslinien zu verankern. Besonders der seit März 1969 amtierende Bundes-

23   Arnim Juhre: Prolog, in: Dorothee Sölle, Wolfgang Fietkau, Arnim Juhre, Kurt Marti
       (Hg.): Almanach I für Literatur und Theologie. Wuppertal (Peter Hammer Verlag)
       1967, S. 7.
24   Vgl. Greschat: Protestantismus und Evangelische Kirche in den 60er Jahren, S. 559ff.
25   Schulz: Der Peter Hammer Verlag 1966–1996, S. 138.

präsident Gustav Heinemann (SPD) verfolgte dieses Ziel.[26] Heinemann
hatte 1945 das Stuttgarter Schuldbekenntnis der protestantischen Kirchen mit unterschrieben, war als Anwalt in seiner Essener Kanzlei in der
Betreuung von Kriegsdienstverweigerern engagiert und gehörte bis 1967
dem Rat der EKD an. Der ihm nahestehende Johannes Rau, bereits mit
dem Jugenddienst-Verlag gegen DDR-Propagandakampagnen tätig, war
seit 1970 Wissenschaftsminister in der Düsseldorfer Landesregierung.

Einen Kooperationspartner fand der Verlag in der neu gegründeten,
nahe gelegenen Ruhr-Universität Bochum unter dortigen Historikern.
Im Oktober 1971 schrieb Verleger Hermann Schulz in Absprache mit
der Düsseldorfer Landeszentrale für politische Bildung an den Bochumer Geschichtsprofessor und gebürtigen Wuppertaler Wolfgang Köll-
mann und lud ihn zu einem Planungsgespräch nach Düsseldorf, »um
endlich einmal eine Publikation zur Entstehungsgeschichte und den
Besonderheiten der Arbeiterbewegung an Rhein und Ruhr herauszubringen.«[27] Den Anstoß zu dieser Initiative, bei der wohl auch Rau involviert war, dürfte die DDR-Publikation *Die Geschichte der Lage der
Arbeiter unter dem Kapitalismus* von Jürgen Kuczynski – auch er gebür-
tig aus dem Tal der Wupper – gegeben haben, der man aus westlicher
Perspektive antworten wollte. Im Bereich der daraufhin anlaufenden
Forschung zur Arbeiterbewegung des Reviers wurde mit Hans Mommsen ein weiterer Bochumer Ordinarius aktiv. Der von Jürgen Reulecke
herausgegebene Band *Arbeiterbewegung an Rhein und Ruhr* erschien
1974 im PHV.

In jenem Jahr erreichte auch Heinemanns Initiative zum Ende seiner
Amtszeit mit einer Rede zur Einweihung der »Erinnerungsstätte für die
Freiheitsbewegungen in der deutschen Geschichte« in Rastatt ihren Ab-
schluss. Heinemann erinnerte daran, dass unter den Opfern der 1848er

---

26 Vgl. Wolfrum: Die geglückte Demokratie, S. 310f.
27 Jürgen Reulecke: Geschichtskultur im Ruhrgebiet. Erinnerungen an eine im Ruhrge-
    biet entstandene »Erforschungskultur« in den frühen 1970er Jahren, online unter:
    https://www.geschichtskultur-ruhr.de/wp-content/uploads/Geschichtskultur-im-
    Ruhrgebiet.pdf [28.07.2020], S. 4. Dort auch die weiteren Angaben zu diesem Kom-
    plex.

Revolution auch »mein Familienmitglied Karl Walter aus Elberfeld« verzeichnet sei und fügte hinzu, »dass sich die Sieger mit den Fürstenkronen und ihre Diener nach Kräften darum bemüht haben, das Bild der Erinnerung daran bis in die Geschichtsschulbücher hinein zu schmähen, zu verdunkeln, ja nach Möglichkeit ganz zu tilgen. Genau dies hat meine Bemühungen um ein ausgeglichenes Geschichtsbild angetrieben.«[28] Der Hamburger Unternehmer und Stifter Kurt A. Körber gründete im Anschluss an Heinemanns Engagement einen jährlichen Schülerwettbewerb, der 1974 mit dem Thema »Deutsche Revolution 1848/49« einsetzte und dessen verlegerische Betreuung der PHV übernahm.

Den Auftakt bildete der Band *Aufstand der Bürger*. In seinem Vorwort betont Heinemann, das Buch fülle mit den darin veröffentlichten Dokumenten »einen weißen Fleck mitten auf der Karte rheinisch-westfälischer Freiheitsbewegungen in den Jahren 1848 und 1849.« Er schließt mit der politischen Verpflichtung auf die lang erwartete Erringung der »Einheit und Freiheit Deutschlands«.[29] Diesem politisch pointierten sozialgeschichtlichen Ansatz folgt auch Hans Mommsen, wenn er die forschungspraktisch ausgezeichnete Rolle des rheinisch-westfälischen Industriegebiets für die Untersuchung allgemeiner Probleme des Prozesses der gesellschaftlichen Modernisierung und der Hochindustrialisierung hervorhebt und überdies betont: »Zugleich enthalten [die nachstehenden Beiträge] reiches Material, um die grundsätzliche Frage nach der Funktion demokratisch verfaßter Gewerkschaften in der westlichen Industriegesellschaft von heute und insbesondere unter den Bedingungen der westdeutschen politischen Kultur mit ihren unverkennbaren autoritären Unterströmungen neu zu überdenken.«[30]

---

28 Zur letzten großen Rede Heinemanns als Bundespräsident am 26. Juni 1974 in Rastatt, siehe: Rainer Traub: Bürger und Bürge, online unter https://www.spiegel.de/spiegel/spiegelgeschichte/d-127236149.html [28.07.2020].

29 Gustav Walter Heinemann: Vorwort, in: Klaus Goebel, Manfred Wichelhaus (Hg.): Aufstand der Bürger. Revolution 1849 im westdeutschen Industriezentrum. Wuppertal (Peter Hammer Verlag) 1974, S. 7.

30 Hans Mommsen: Einleitung, in: Ders. (Hg.): Arbeiterbewegung und industrieller Wandel. Studien zu gewerkschaftlichen Organisationsproblemen im Reich und an der Ruhr. Wuppertal (Peter Hammer Verlag) 1980, S. 14.

Heinemanns Initiative wirkte neben der Ermutigung besonders jüngerer Fachvertreterinnen und -vertreter, die eine Demokratisierungsfunktion ihrer Wissenschaft verfochten, auch auf eine fachinterne Debatte ein – sie gab der neu entdeckten und umstrittenen »Alltagsgeschichte« als noch zu erschließendem Forschungsfeld einen weiteren Impuls.[31] Es war bezeichnend, dass die Hinwendung der von Hans Magnus Enzensberger begründeten Zeitschrift *Kursbuch* zum Thema Alltag einher ging mit dem Versiegen der durch die Studentenrevolte aufgeflammten Erwartungen an eine bevorstehende Umwälzung der gesellschaftlichen Verhältnisse in der Bundesrepublik. Auch die Verbreitung der Alltagsgeschichte als Forschungsinteresse, das sich mit der bald darauf expandierenden Bewegung lokaler Geschichtswerkstätten verflocht, vollzieht diese Bewegung mit, fort vom theoretisch umfassenden Anspruch hin ins basisnahe, kleinteilig-konkrete Milieu.[32] Dabei bevorzugte die Alltagsgeschichte die gesellschaftlichen Randgruppen und Unterschichten sowie die Arbeiterschaft, insbesondere mit dem Ziel der Ermittlung »verborgener Widerstandspotentiale«[33]. Mit den thematisch benachbarten Arbeitsschwerpunkten der Geschichtswerkstätten im Bereich lokaler NS-Geschichte entstanden so Einblicke in die sozialgeschichtliche Erfahrungsdimension der NS-Herrschaft[34] und darüber hinaus der Durchsetzung der industriellen Gesellschaft.

In dem Band *Fabrik, Familie, Feierabend,* dem Geschenkband zum 1978er Schülerwettbewerb, versammelten die Herausgeber Jürgen Reulecke und Wolfhard Weber Beiträge, die die Aspektvielfalt dieser historischen Zugangsweise vor Augen führen. Von der Entwicklung der industriellen

---

31 Vgl. Axel Schildt, Detlef Siegfried: Deutsche Kulturgeschichte. Die Bundesrepublik – 1945 bis zur Gegenwart. Bonn (Bundeszentrale für Politische Bildung) 2009, S. 426.

32 Das Kursbuch-Themenheft *Alltag* erschien als Nummer 41 der Zeitschrift im September 1975. Siehe zur Alltagsgeschichte auch Adelheid von Saldern: »Schwere Geburten«. Neue Forschungsrichtungen in der bundesrepublikanischen Geschichtswissenschaft (1960–2000), in: WerkstattGeschichte 40 (2006).

33 Ebenda, S. 12.

34 Vgl. etwa Michael Wildt: Die Ambivalenz des Volkes. Der Nationalsozialismus als Gesellschaftsgeschichte. Frankfurt am Main (Suhrkamp) 2019, S. 67f. (Die Volksgemeinschaft nach Detlev Peukert).

Arbeitswelt über Konsum- und Wohnverhältnisse, Religion, Erziehung und Kindernahrung bis hin zum FC Schalke 04 erscheint eine facettenreiche Lebenswelt in der Hochindustrialisierung. Dabei stand den Herausgebern ebenfalls die politische Dimension dieser Forschung vor Augen.[35] Eine »Sozialgeschichte der Freizeit« folgt diesem Bauprinzip, wobei auch Aspekte der Lebenswirklichkeit des »Dritten Reiches« thematisiert werden.[36] Ein von Detlev Peukert – einem Pionier dieser Forschungsrichtung – und Jürgen Reulecke herausgegebener Band widmete sich speziell dem Alltag im »Dritten Reich«.[37] Monografien, darunter auch Dissertationen, ergänzten den der jüngeren deutschen Geschichte mit einem Schwerpunkt auf dem Nationalsozialismus gewidmeten Programmbereich, der auch in der bei PHV auf den Weg gebrachten Reihe *Düsseldorfer Schriften zur Neueren Landesgeschichte und zur Geschichte Nordrhein-Westfalens* vertreten war.[38] Dem Komplex des NS-Systems galt auch für den lokalen Wuppertaler Bereich die Aufmerksamkeit des Verlages.[39]

Stimmen der Beherrschten II – »Dritte Welt«

Um 1970, in den Gipfeljahren der Protestwelle in der Bundesrepublik, zeichnete sich auch ein weiterer Schwerpunkt des Verlagsprogramms

---

35 Vgl. Jürgen Reulecke, Wolfhard Weber (Hg.): Fabrik, Familie, Feierabend. Beiträge zur Geschichte des Alltags im Industriezeitalter. Wuppertal (Peter Hammer Verlag) 1978, zur politischen Dimension speziell das Vorwort.

36 Vgl. Gerhard Huck (Hg.): Sozialgeschichte der Freizeit. Untersuchung zum Wandel der Alltagskultur in Deutschland, 2. Auflage. Wuppertal (Peter Hammer Verlag) 1982.

37 Detlev Peukert, Jürgen Reulecke (Hg.): Die Reihen fast geschlossen. Beiträge zur Geschichte des Alltags unterm Nationalsozialismus. Wuppertal (Peter Hammer Verlag) 1981.

38 Die ersten sieben Bände erschienen bei den Wuppertalern, darunter Detlev Peukerts von Hans Mommsen betreute Bochumer Dissertation: Die KPD im Widerstand. Verfolgung und Untergrundarbeit an Rhein und Ruhr 1933–1945. Wuppertal (Peter Hammer Verlag) 1980.

39 Unter anderem mit dem Buch des Widerstandskämpfers Karl Ibach: Kemna. Wuppertaler Konzentrationslager 1933–1934. Wuppertal (Peter Hammer Verlag) 1981. Im Verlagsprogramm berücksichtigt wurde auch die Wuppertaler Lyrikerin Else Lasker-Schüler, die als Jüdin aus Deutschland vertrieben 1945 in Jerusalem verstarb.

ab: Literatur zur sogenannten »Dritten Welt«. Mit der ab den frühen 1960er Jahren einsetzenden Entkolonialisierung in Afrika tat sich mit den neu entstehenden Staaten dieses Kontinents ein neues Politikfeld auf, das auch im Rahmen der Systemauseinandersetzung des Kalten Krieges seinen Stellenwert gewann. In diesem Kontext wurde die Ausrichtung der sogenannten »Entwicklungshilfe« auch in der Bundesrepublik zu einem politischen Thema. Die Ausformung einer »Neuen Linken« vor allem in der Jugend, und hier insbesondere im studentischen Bereich, profilierte sich in erheblichem Maße an dieser Debatte.[40] Studentische Aktionen wie die Proteste gegen den Besuch Moïse Tschombés 1964 oder gegen die Auszeichnung Léopold Sédar Senghors mit dem Friedenspreis des Deutschen Buchhandels 1968 trugen dazu bei, das politische Thema »Dritte Welt« auch in der breiteren Öffentlichkeit zu verankern.[41] Als Brennpunkte des politischen Engagements der intellektuellen Linken erwiesen sich die aktuellen Auseinandersetzungen um die revolutionären Umwälzungen auf Kuba, die auf ganz Lateinamerika ausstrahlten und in Ernesto »Che« Guevara eine Symbolfigur fanden, sowie der seit 1965 mit der militärischen US-Intervention eskalierende Krieg in Vietnam. Zeitgenössisch urteilte der Soziologe Sven Gustav Papcke aus teilnehmend-sympathisierender Halbdistanz zusammenfassend: »Parallel zum sich organisierenden Kampf um demokratische Mitbestimmung in der Universität war es vor allem der Einblick in die Fusion von Elend in der Dritten Welt und Wohlstand im Kapitalismus, der die theoretische Entwicklung der Neuen Linken von nun an dirigierte.«[42]

Im Zuge der Politisierung des kirchlichen Lebens in dem bewegten Jahrzehnt fanden diese Themen auch im deutschen Protestantismus

---

40　Themensetzend wurde u. a. die Zeitschrift *Kursbuch*, in der ab 1965 die »Dritte Welt« rasch zu einem »zentralen Gegenstand« wurde, siehe Henning Marmulla: Enzensbergers Kursbuch. Eine Zeitschrift um 68. Berlin (Matthes & Seitz) 2011, S. 127.

41　Der Aufstieg des Fernsehens zum neuen Leitmedium in den 60er Jahren war dabei von erstrangiger Bedeutung.

42　Sven Gustav Papcke: Che Guevara und die Neue Linke in der Bundesrepublik – Chronik einer psycho-politischen Jüngerschaft, in: Heinz Rudolf Sonntag (Hg.): Che Guevara und die Revolution. Frankfurt am Main/Hamburg (Fischer-Bücherei) 1968, hier 4. Aufl. 1970, S. 111.

Widerhall. Zwei Eckdaten markieren den Prozess der zunehmenden Orientierung auf Fragen der »Dritten Welt« in der protestantischen Weltkirche. Die Vollversammlung des Ökumenischen Rates der Kirchen (ÖRK) im indischen New Delhi 1961 etablierte das Thema auch im deutschen kirchlichen Rahmen, die nachfolgende ÖRK-Vollversammlung 1968 im schwedischen Uppsala führte zu theologisch und politisch gleichermaßen relevanten Akzentsetzungen: »Heilsgeschichte und Geschichte wurden zusammen gesehen und zur Basis von ›Kontexttheologien‹.«[43] Positive Resonanz fand dieses in den 60er Jahren wachsende neue Selbstverständnis vornehmlich, aber nicht nur, unter jüngeren Aktiven, von denen auch das 1969 in der EKD beschlossene Programm zur Bekämpfung des Rassismus engagiert aufgegriffen wurde. Dabei war der Verweis auf die Verhältnisse in der »Dritten Welt« und insbesondere in der Apartheid-Republik Südafrika der wesentliche Bezugspunkt.[44]

In diesem auch literarischen Feld hatten die Wuppertaler Verlage PHV und Jugenddienst recht früh mit der Publikation Ernesto Cardenals Präsenz gezeigt. Der politisch engagierte katholische Priester und Poet aus Nicaragua debütierte 1967 mit seinem Psalmen-Buch *Zerschneide den Stacheldraht* im Jugenddienst-Verlag. Dorothee Sölle nahm sich seiner besonders an und rezensierte das Werk im Dritten Programm des WDR. Die lobende Besprechung der Theologin ist getragen von dem inzwischen entwickelten politisch-aktivistischen Verständnis von Theologie und kirchlicher Praxis. Die Verschränkung von Kapitalismuskritik und religiöser Perspektivierung leitet ihre Wahrnehmung der Arbeit Cardenals, wenn sie betont, dessen Texte verbänden »biblische und moderne Elemente ohne Bruch. Die gegenwärtige Welt gerät keinen Augenblick aus den Augen [...] So wird eine Gesellschaftsstruktur, die das menschliche Leben fast vollständig entmenschlicht, als Verbannung aus Jerusalem, als Entfremdung von der Heimat verstan-

---

43 Reinhard Frieling: Die Aufbrüche von Uppsala 1968, in: Hermle, Lepp, Oelke (Hg.): Umbrüche, S. 176–188, hier S. 182.

44 Vgl. Christel Meyers-Herwartz: Die Rezeption des Antirassismus-Programms in der EKD. Stuttgart u. a. (Kohlhammer) 1979, S. 138ff.

den.«[45] Mit indirektem Bezug auf Karl Marx weist sie dessen Kritik der Funktion der Religion in der Klassengesellschaft für den aktuellen Fall zurück und reklamiert so die Handlungskompetenz religiös motivierter linker Politik: »Es gibt keine Stelle in diesen Psalmen, wo Religion zum Opium des Volkes würde. Nichts lenkt ab, auf ein Später, ein Droben, ein Jenseits.«[46] Die preiswerte Schrift traf auf das Bedürfnis der breit gelagerten Protestbewegung und erlebte in zwei Jahren drei Auflagen.[47] Das Buch, dem weitere im Peter Hammer Verlag im Laufe der Jahre folgten, legte überdies den Grundstein für die literarische und politische Rolle Cardenals in Westdeutschland.

Cardenals Buch begründete einen wachsenden Sektor im Programm des Verlages und leitete außerdem ein dauerhaftes politisches Engagement ein, aus dem eine organisatorische Scharnierfunktion der Wuppertaler im Bereich der »Dritte-Welt«-Arbeit erwuchs. Dabei kam Kooperationen mit anderen Verlagen und in diesem politischen Bereich aktiven Organisationen und Initiativen hohe Bedeutung zu. Die Reihe *Dialog Dritte Welt* wurde gemeinsam vom PHV, dem Unions- und dem Lamuv Verlag konzipiert. Eine auf Kinderbücher im »Dritte-Welt«-Bereich ausgerichtete Aktion wiederum wurde zusammen mit der Deutschen Welthungerhilfe getragen. Auch international knüpfte man Kontakte zu besserer wirtschaftlicher Zusammenarbeit in diesem Feld.[48]

Die literarische wie die politische Parteinahme beruhten in hohem Maße auf der verstärkt in den 1970er Jahren zur Geltung kommenden Ansicht einer historisch herbeigeführten, strukturellen Benachteiligung. Sie rückte an die Stelle des zuvor vorherrschenden Modells einer in den ehemaligen Kolonialgebieten lediglich nachzuholenden Entwicklung. Im Rahmen dieser »Dependenztheorie« wurde eine durch koloniale

---

45 Dorothee Sölle: Gott und die Revolution, in: Almanach 1 für Literatur und Theologie, S. 131. Der Text folgt der WDR-Sendung.
46 Ebenda, S. 134.
47 Vgl. Schulz: Der Peter Hammer Verlag 1966–1996, S. 134.
48 Siehe das Konzept der Reihe »Dialog Dritte Welt«, im Anhang zu Manfred H. Ob-länder, Hermann Schulz, Antonio Skármeta (Hg.): Zeit der Dürre. Zeit des Regens. Entwicklungspolitisches (Vor-)Lesebuch. Wuppertal (Peter Hammer Verlag) 1983, bzw. die Aktionszeitung zu »Aktion '88: Dritte Welt im Kinderbuch«.

bzw. imperialistische Gewaltverhältnisse oktroyierte einseitige Abhängigkeit der »Dritten Welt« von den kapitalistischen Metropolen des Nordens ausformuliert, die eine klare politische Positionierung einschloss. Dieses Modell wirkte auch in die christlichen Kirchen hinein und beeinflusste offizielle Stellungnahmen von Amtsträgern, Theologie und Basis.[49] In dieser Perspektivierung gewann die »Dritte Welt« das einheitliche Profil einer Opfergruppe, wurde als potenziell eigenständiges Subjekt politischen Handelns und Adressat von solidarischen Aktivitäten aufgefasst.

In diesem Kontext verstand sich auch das Wirken des Peter Hammer Verlags, der dabei einen deutlich pädagogischen Akzent setzte. Der Verleger Hermann Schulz hatte unter dem Eindruck einer Reise nach Nicaragua eine persönliche Beziehung zu Lateinamerika samt seiner Literatur entwickelt und förderte diesen unternehmerischen und politischen Schwerpunkt. Das den Themenbereich der »Dritten Welt« aufschließende *Lesebuch* setzte den Akzent auf dieses Ungleichgewicht. Lateinamerika erscheint als »Objekt« der Geschichte, der Autor resümiert mit Egon Erwin Kisch: »In ungeheurem Ausmaß ist die Konquista geglückt, die Kolonisierung, die Kapitalisierung, die Pauperisierung, die Bürokratisierung und die Demoralisierung, kurzum, die Europäisierung.«[50] Die generalisierte europakritische Pointe stand bei anderen Verlagstiteln nicht nur im Hintergrund.

Mit der Publikation von Eduardo Galeanos *Die offenen Adern Lateinamerikas* gelang dem Verlag früh ein Standardwerk im Rahmen der Dependenztheorie, das lange Zeit und über mehrere Auflagen hinweg richtungweisend wirkte. Schlaglichtartig beleuchtet eine Interviewbemerkung des

---

49 Roland Spliesgart: Theologie und »Dritte Welt«, in: Hermle, Lepp, Oelke (Hg.): Umbrüche, S. 190ff. Siehe zur Entwicklung des Konzepts »Dritte Welt« und der entsprechenden sozialen Bewegungen in West- und Ostdeutschland: Claudia Olejniczak: Die Dritte-Welt-Bewegung in Deutschland. Konzeptionelle und organisatorische Merkmale einer neuen sozialen Bewegung. Wiesbaden (Deutscher Universitäts-Verlag) 1999. Der Aspekt der Medienvermittlung wird dort allerdings wenig bis gar nicht thematisiert.

50 O. V. [wohl Peter Schultze-Kraft]: Hintergrund, in: Kay-Michael Schreiner u. a. (Hg.): Lesebuch Dritte Welt. Wuppertal (Peter Hammer Verlag) 1974, S. 325.

emeritierten protestantischen Theologieprofessors Ernst Käsemann die Präsenz des Werkes im linksorientierten politischen Protestantismus:

> Das Chaos in unserer Welt war jedenfalls schon vor dem Marxismus vorhanden. Lesen Sie mal das Buch von Eduardo Galeano über die ›offenen Adern Lateinamerikas‹, dann wissen Sie, von wo seit 400 Jahren Kolonialherrschaft entsetzliches Chaos ausging und auf welcher Seite die Heuchler selbstgerecht die Augen davor verschließen. Der Marxismus aber hat mindestens mitgeholfen, dieses Chaos aufzudecken, was nur verdienstlich genannt werden kann.[51]

Im Lateinamerika gewidmeten Programmsegment begegnen viele bekannte und weniger bekannte Autoren, etwa Miguel Ángel Asturias, Pablo Neruda, Ernesto »Che« Guevara, Gabriel García Márquez, Salvador Allende Gossens und Amadeu Thiago de Mello. Lateinamerikanische Literatur, so heißt es programmatisch im *Lesebuch*, sei »par excellence engagierte Literatur«[52]. So konnte der Verlag seiner Ausrichtung auf die eigenen Stimmen der bis dahin nicht zur Geltung gekommenen Marginalisierten und dem Reiz des »Authentischen« folgen. Titel aus der Feder von europäischen Autorinnen und Autoren hatten eine politisch begleitende bzw. einordnende oder diskutierende Funktion.[53]

In dieser breiten Aufstellung, die auch das sozialistische Kuba einschloss, galt Nicaragua ein Hauptaugenmerk. Das Engagement des Verlages ging dabei weit über den literarisch-geschäftlichen Sektor hinaus. Der Kölner Student Enrique Schmidt Cuadra gab den Anstoß zu einer organisatorischen Initiative, die der politischen und praktischen Solida-

---

51   O. V.: »Ein Christ muß radikaler sein als andere«. SPIEGEL-Interview mit Theologieprofessor Ernst Käsemann über den Linksruck in Studentengemeinden, online unter: https://www.spiegel.de/spiegel/print/d-40680602.html [28.07.2020]; Käsemanns Tochter Elisabeth war im Mai 1977 von der argentinischen Militärjunta ermordet worden.

52   O. V. [wohl Peter Schultze-Kraft]: Hintergrund, S. 332.

53   Z. B. Kajo Niggestich (Hg.): Städte in Lateinamerika. Wuppertal (Peter Hammer Verlag) 1976; Rudolf Sonntag: Der Fall Peru. »Nasserismus« in Lateinamerika zur Überwindung der Unterentwicklung? Eine kritische Bestandsaufnahme mit einer Analyse von Julio Cotler. Wuppertal (Peter Hammer Verlag) 1971.

rität diente. Der Nicaraguaner war in Köln in der linksorientierten Studentenarbeit tätig und stand in Kontakt mit Dorothee Sölle. Mit Unterstützung der protestantischen Kirche gelang es, Schmidt aus einer Inhaftierung in seinem Heimatland in die Bundesrepublik zurückzuholen. Gemeinsam mit dem Verleger Hermann Schulz erfolgte daraufhin im Sommer 1978 die Gründung des »Informationsbüros Nicaragua« in Wuppertal. Der Verleger resümiert zum Beginn der Solidaritätsarbeit: »Man kann sagen, daß die ersten Kontakte außerhalb der Universitäten im politischen Protestantismus angesiedelt waren … In diesen Kreisen liefen wir mit unseren Anliegen offene Türen ein, zumal zeitgleich im Ökumenischen Rat in Genf leidenschaftlich über die Hilfe für Befreiungsbewegungen in der Dritten Welt diskutiert wurde.«[54] Eine Verteiler- und Multiplikatorenfunktion kam auch den protestantischen Kirchentagen zu. Die Kombination aus christlichen und linken Inhalten wies der Nicaragua und darüber hinaus Mittelamerika insgesamt geltenden Solidaritätsarbeit eine Sonderrolle zu und trug zu einem großen Widerhall in der bundesdeutschen, insbesondere jugendlichen und gewerkschaftsnahen Öffentlichkeit bei.[55] Ein wesentliches Moment kam in den 1980er Jahren hinzu: Die Verbindung der Nicaragua-Solidarität mit der durch die Präsidentschaft Ronald Reagans angefachten Distanz und Ablehnung der US-Hegemonialpolitik öffneten einen weiteren Sympathieraum über das christlich-linke Potenzial hinaus.

Außer Cardenal waren manche nicaraguanische und Autoren aus der Region im Programm präsent, unter ihnen Sergio Ramírez, Omar Cabezas, Julio Cortázar und Tomás Borge sowie die Lyrikerin Gioconda Belli.[56] An ihrem Beispiel zeigt sich die Nähe von politischem Engage-

---

54 Hermann Schulz: »Endet das Schweigen«. Von den Anfängen der Nicaragua-Solidarität, in: Lateinamerika-Nachrichten 301/302, Juli/August 1999, online unter https://lateinamerika-nachrichten.de/artikel/endet-das-schweigen/ [28.07.2020].

55 Vgl. Rolf Bräuer: Zwischen Provinzialität und Globalismus. Die westdeutsche Dritte-Welt-Bewegung in den 80er und 90er Jahren, in: Forschungsjournal Neue Soziale Bewegungen 3/1994, S. 36.

56 Der spätere Innenminister der sandinistischen Regierung in Managua Borge war auch vor der Revolution mit Unterstützung des Verlages in der Bundesrepublik politisch tätig, vgl. Schulz: Der Peter Hammer Verlag 1966–1996, S. 143.

ment und erotischen Impulsen – wie sie bereits in der Ikonisierung »Che« Guevaras mitschwangen – in der Mittelamerika-Solidarität besonders deutlich. Der Verlag wuchs nunmehr in die zusätzliche Rolle einer Nebenzentrale für die politische Organisationsarbeit hinein, die sich zu einem gleichgewichtigen Schwerpunkt seiner Tätigkeit entwickelte – nach Schätzung des Verlegers erreichte die Auslastung durch dieses Feld in der Spitze die Hälfte des Arbeitsvolumens des Verlages.[57]

Die Organisation der freiwilligen Arbeitsbrigaden für Nicaragua fand von den Aktivitäten des Wuppertaler Büros die größte öffentliche und auch politische Resonanz. Die zumeist aus jungen Westeuropäern gebildeten Gruppen sollten in den mittleren 80er Jahren auch der Gefährdung der revolutionären Regierung durch von den USA unterstützte bis inspirierte gegenrevolutionäre Irreguläre, die sogenannte »Contra«, entgegenwirken. Sie bezeugen zudem die Mobilisierungserfolge des Ansatzes: »Immer mehr Gewerkschaftler beteiligen sich an den Wuppertaler Brigaden und in den letzten beiden Jahren schickten die IG-Metall und die Postgewerkschaft in Hessen schon eigene Brigaden nach Nicaragua.«[58]

Das diese politische Organisationsarbeit begleitende und unterstützende Verlagsprogramm verlor dabei seine kirchlich-religiöse Färbung nicht. Die Brücke bildete die Strömung der Befreiungstheologie, die im Verlag präsent blieb.[59] Die auf radikale gesellschaftliche Veränderung orientierte Theologie der Befreiung, die in der katholischen Kirche Lateinamerikas ihre stärkste Ausprägung gefunden hatte, wurde mit den späten 70er Jahren in Deutschland prononciert von Dorothee Sölle vertreten. Charakteristisch für sie wie auch für andere Varianten der politisierten Theologie der Zeit war eine Verschiebung der Perspektive: Der zuvor selbstverständliche eurozentrische Blick wurde zugunsten einer Veränderung der »Sprecherposition« hin zur »Dritten Welt« verlassen.[60]

---

57   Vgl. ebenda, S. 144.
58   Georg Hodel: Zum Abschuß freigegeben, in: KONKRET 10/1986, S. 12.
59   Vgl. Schulz: Der Peter Hammer Verlag 1966–1996, S. 143.
60   Annegreth Strümpfel: Theologie der Hoffnung – Theologie der Revolution – Theologie der Befreiung. Zur Politisierung der Theologie in den »langen sechziger Jahren« in globaler Perspektive, in: Fitschen u. a. (Hg.): Die Politisierung des Protestantismus, S. 164.

Im neben Lateinamerika das literarische Programm der Wuppertaler Verlage prägenden Schwarz-Afrika gewidmeten Anteil setzte gleich der erste Titel diesen Akzent. Das Werk erreichte Wuppertal zufällig und auf verschlungenen Wegen. Ein deutscher Kaufmann hatte die kleine Broschüre in Afrika gekauft; er schickte sie an den Bundeskanzler Willy Brandt. Vom Kanzleramt wanderte das Büchlein in das Entwicklungshilfe-Ministerium Erhard Epplers, eines in der Evangelischen Kirche aktiven SPD-Politikers, dessen Amtszeit im Ministerium einen engagierten Neuanfang in diesem Politikfeld markierte.[61] Eppler übergab es seinem Mitarbeiter Klaus Lefringhausen, der zuvor das Sozialwissenschaftliche Institut der Evangelischen Kirche in Bochum aufgebaut hatte und das Büchlein an den Verleger weiterreichte. Das Werk des katholischen Priesters Michel Kayoya *Auf den Spuren meines Vaters* erschien 1971 und erreichte schnell drei Auflagen. Vertrieben wurde es über die ersten »Dritte-Welt«-Läden, die damals entstanden.[62]

Der facettenreiche Band wird getragen durch seine autobiografisch-reflexive Anlage. Er entfaltet einen kritischen, aber auch anerkennenden afrikanisch-christlichen Blick »von außen« auf die euroatlantisch dominierte Welt. Nicht allein Reichtums- und Kapitalismuskritik sowie die sensible Zeichnung des europäischen Dünkels rassistischer Prägung, sondern auch einiger hellerer Züge europäischen Lebens und eigener Defizite ergeben das poetische Protokoll einer spannungsvollen Existenz zwischen den »Kulturen« – afrikanischer Tradition und europäisch-kapitalistischer Moderne – sowie eines Orientierungs- und Selbstfindungsprozesses aus der Fremdbestimmung. Im Kontrast erscheint das gemeinschaftsbetonte Portrait des afrikanischen Herkunftsmilieus Kayoyas, zudem die deutlich artikulierte Perspektive des Kolonisierten auf das

---

61 Ein ehemaliger Entwicklungshelfer spricht von einer »Ära Eppler«, siehe Walter Satzinger: Die BRD im Weltspiegel: Ein Provisorium als prosperierende Provinz. Augen-Blicke eines persönlichen Rückblicks, in: Otthein Rammstedt, Gert Schmidt (Hg.): BRD adé! Vierzig Jahre in Rück-Ansichten. Frankfurt am Main (Suhrkamp) 1992, S. 203–246, hier S. 230f.

62 Vgl. Hermann Schulz: Michel Kayoya beim Fahrradflicken. Erinnerungen an einen afrikanischen Autor, online unter: https://www.musenblaetter.de/artikel.php?aid= 8300 [28.07.2020].

auch »wissenschaftliche« Herrschaftsarsenal der Europäer. Der sowohl kapitalismus- wie auch umgreifender kulturkritische und zugleich antikommunistische Standpunkt des afrikanischen Europa-Besuchers stellt das Buch des jungen Priesters in die Tradition europakritischer Literatur von Europäern wie Hans Paasche[63] und etablierte hiermit einen im Programm der Wuppertaler wiederkehrenden Grundton. Gleichfalls bestimmend blieb der lyrische Aufruf zur Eigenständigkeit:

> Wir Afrikaner entsprechen der Einladung, die uns im Auftrag der Welt gemacht wird, nicht dadurch, daß wir Afrika auf das Niveau des Abendlandes bringen
> Nicht dadurch, daß wir Afrika mit allen materiellen Gütern ausstatten, machen wir unser Land groß
> Nicht dadurch, daß wir Afrika in den Welthandel integrieren, geben wir der Welt, was das Schicksal uns zu geben auffordert.[64]

Diese Hoffnung durchzieht die einschlägigen auf Afrika bezogenen Publikationen des Verlages geradezu leitmotivisch und in mannigfachen Kombinationen. Argumentationsmuster aus dem Umkreis der Dependenztheorie bilden den analytischen Hintergrund. Etwa in dem allgemeinen Urteil zur Lage des Kontinents: »Diese Unterentwicklung, ist durchaus nicht zufällig, sondern das Resultat jahrhundertelanger Bemühungen des Kolonialismus, der die Welt aufgeteilt hat in einen nehmenden und einen gebenden Teil.«[65] Diese Diagnose ging Hand in Hand mit einer umfassenden Kritik des für den globalen Norden angenommenen Entwicklungsweges, den aus eigener Initiative zu revidieren ihm nicht mehr zugetraut wurde. So heißt es in einem zentralen Sammelband zur Afrika-Solidarität: Lernen von Afrika werde für diejenigen immer wichtiger,

---

63 Hans Paasches *Die Forschungsreise des Afrikaners Lukanga Mukara ins innerste Deutschland* ist zunächst im Kaiserreich als Folge in einer lebensreformerischen Zeitschrift erschienen, als Buch online abrufbar unter: https://archive.org/details/dieforschungsrei00paas/page/n17/mode/2up [28.07.2020].

64 Michel Kayoya: Auf den Spuren meines Vaters. Ein Afrikaner sucht Afrika. Wuppertal (Jugenddienst-Verlag) 1973, S. 130.

65 O. V. [wohl Kay-Michael Schreiner]: Hintergrund, in: Lesebuch Dritte Welt, S 112.

die dreierlei ernstnehmen: Die Tatsache, daß die weiße Welt zu neuen Denk- und Handlungskonzepten offensichtlich nicht mehr fähig ist. Die Einsicht, daß von daher mehr denn je die eurozentristische Betrachtungsweise an ihr Ende gekommen ist. Die Überzeugung, daß ein Überleben in dem gemeinsamen Raumschiff Erde neuer Entwürfe für das Leben des Menschen mit der Natur, mit dem Menschen und mit dem Göttlichen bedarf.[66]

Ohne auf selbstkritische Töne völlig zu verzichten ist diese Perspektive in den politischen Orientierungsschriften leitend.

Die Forderung nach einem eigenständigen Weg der »Dritten Welt«, wie sie Kayoya erhob, fand im europäischen Intellektuellenmilieu auch deshalb Widerhall, weil man die in der Blockkonfrontation gegebene ideologische Alternative nicht mehr als real ansah. Die ehedem sozialistische Option war in der Wahrnehmung eines nicht randständigen, in der bzw. durch die 68er-Bewegung sozialisierten, liberalen bis linken Bürgertums zu einer bloßen Variante einer geteilten Misere geschrumpft. In diesem Sinn äußert sich der langjährige Leiter der Frankfurter Buchmesse und enge Freund des Verlegers Hermann Schulz, Peter Weidhaas, in einer Laudatio auf Schulz: »Industrieländer, ob sie nun im Osten oder im Westen liegen, konstituieren sich und ihre Gesellschaft nicht mehr über den Menschen, haben die Menschlichkeit als Axiom verworfen [...] Eine Vielzahl von Kulturen der ›Dritten Welt‹ haben uns voraus, dieses Stadium der Entmenschlichung noch nicht erreicht zu haben.«[67] In der Literatur Afrikas sieht Weidhaas eine Chance für Europa, verbaute Möglichkeitsräume wieder zu öffnen und aus der intellektuellen und menschlichen Sterilität herauszutreten. Bis dahin war die Kenntnis der Geschichte und Literatur Afrikas in der Bundesrepublik außerhalb von Fachkreisen recht gering, wie es in einer PHV-Publikation pointiert hieß: »Über die Eßgewohnheiten eines

---

66   Jochen R. Klicker: Lernen von Afrika – eine Einladung an Entdecker, in: Dieter Cwienk, Jochen R. Klicker (Hg.): Lernen von Afrika. Ein Werkbuch zur Politik und Zeitgeschichte Schwarz-Afrikas. Wuppertal (Peter Hammer Verlag) 1982, S. 12.

67   Zitiert nach Peter Weidhaas: Und kam in die Welt der Büchermenschen. Erinnerungen. Berlin (Ch. Links) 2007, S. 137. Weidhaas hielt die Laudatio am 20. März 1982.

Cäsar wissen wir sehr viel mehr als über die Kultur einiger Millionen Afrikaner.«[68]

Der PHV fand ein weithin unbearbeitetes Feld vor und konnte mit dieser Pionierarbeit ein deutlicheres Profil gewinnen als auf anderen Gebieten. Dabei kam es auch zu Lizenz-Kooperationen mit dem DDR-Verlag Volk und Welt.[69] Die Verbreitung einer kaum bekannten Literatur im deutschsprachigen Raum und die politische Arbeit im Rahmen der »Dritte-Welt«-Bewegung bildeten zwei Seiten einer Medaille. Das Konzept der »Advokatorischen Literaturvermittlung« versucht eine verlegerische Praxis zu fassen, die bestrebt ist, über den Buchmarkt als schwach, aber legitim wahrgenommene Interessen im gesellschaftlichen Raum zur Geltung zu bringen. Perspektivisch wird so die Veränderung bestehender Machtverhältnisse intendiert: »Die Praxis der Vermittlung subsaharisch-afrikanischer Literaturen in deutschen Übersetzungen lässt sich [...] als Übertragung einer derartigen Advocacy-Konzeption auf den literarischen Handlungsbereich begreifen.«[70] Dabei stand der politische und dokumentarische Wert der Bücher im Vordergrund, die literarische Bedeutung war dem nachgeordnet. Hermann Schulz verstand sein Engagement als antirassistische Initiative, die dazu dienen sollte, »aus Negern Afrikaner (zu) machen«.[71]

Das Themenfeld war Bestandteil der antikolonialen und gegen die südafrikanische Apartheid gerichteten Arbeit des Verlages, die im Gleichklang mit Initiativen aus der Evangelischen Kirche stand. Das von der kirchlich orientierten Jugend sehr positiv aufgenommene EKD-Programm zur Bekämpfung des Rassismus war seitens seiner Befürworter ausdrücklich mit Verweis auf die Verhältnisse in der »Dritten Welt« be-

---

68 O. V. [wohl Kay-Michael Schreiner]: Hintergrund, in: Lesebuch Dritte Welt, S. 111; Mit Joseph Ki-Zerbos *Geschichte Schwarz-Afrikas* legte der Verlag 1979 ein umfassendes Buch eines afrikanischen Historikers vor.

69 Unterlagen dazu finden sich im Bestand Volk und Welt des Archivs der Berliner Akademie der Künste.

70 Markus Kessel: »Aus Negern Afrikaner machen«. Die Vermittlung subsaharisch-afrikanischer Literaturen in deutscher Übersetzung seit Ende der 1970er Jahre. Berlin (SAXA-Verlag) 2010, S. 231.

71 Zitiert nach: ebenda, S. 233.

gründet worden, wobei Südafrika von herausragender Bedeutung war.[72] Entsprechend setzte das orientierende *Lesebuch Dritte Welt* einen Akzent auf die verbliebenen portugiesischen Kolonien und die Lage in Südafrika mit klarer Parteinahme für die Befreiungsbewegungen und betonte dabei die Verbindungen der Bundesrepublik mit dem Apartheidsstaat.[73] Für eigene indirekte Wirkmöglichkeiten war man verhalten optimistisch: »Kann Literatur hierzu beitragen? Ohne die Möglichkeiten der Kunst zu überschätzen, müssen wir dies doch bejahen.«[74]

Das literarische Programm zu diesem Thema war vielfältig. Eine von der UNESCO 1979 herausgegebene Darstellung der Apartheidsideologie einer französischen Ärztin wurde zwei Jahre darauf auf Deutsch publiziert. Der historische Kontext des Sklavereisystems wurde mit der Westausgabe eines Werkes des DDR-Afrikanisten und Kolonialhistorikers Heinrich Loth erschlossen.[75] Andere Bücher führten die Lebenswirklichkeit dieses Zwangssystems vor Augen.[76] Auch hier blieb die Verbindung mit kirchennahen Autoren erhalten, so etwa mit dem südafrikanischen Theologen John de Gruchy.[77] Der deutsche Autor Hans de Boer, ein in zahlreichen Ämtern und Initiativen vernetzter sowie in der »Dritten Welt« global erfahrener protestantischer Geistlicher, hatte die Verhältnisse in Südwest- und Südafrika bereits in jungen Jahren als Kaufmann erlebt. Erhard Eppler, inzwischen nicht mehr einschlägiger Bundesminister, steuerte 1984 zu de Boers Text ein Vorwort bei. Epplers Akzentsetzung darin ist charakteristisch für einen mentalen Wandel in

---

72 Vgl. Meyers-Herwartz: Die Rezeption des Antirassismus-Programms in der EKD, S. 138ff.

73 Vgl. O. V. [wohl Kay-Michael Schreiner]: Hintergrund, in: Lesebuch Dritte Welt, S. 115ff.

74 Ebenda, S. 117.

75 Heinrich Loth: Sklaverei. Die Geschichte des Sklavenhandels zwischen Afrika und Amerika. Wuppertal (Peter Hammer Verlag) 1981.

76 Marianne Cornevin: Apartheid. Mythos und Wirklichkeit. Wuppertal (Peter Hammer Verlag) 1981; Bettina von Clausewitz: Ein schwarzes Kind kommt zornig zur Welt. Südafrikanische Protokolle. Wuppertal (Peter Hammer Verlag) 1987; James Matthews: So ist das nun mal, Baby. Alltag der Schwarzen in Südafrika. Wuppertal (Peter Hammer Verlag) 1977.

77 John de Gruchy: Beten und Widerstehen. Ein Lese- und Arbeitsbuch aus Südafrika. Wuppertal (Peter Hammer Verlag) 1988.

einer zentralen Zielgruppe des Verlages. Der wegen seiner Herkunft und religiös-politischen Orientierung von seinem Genossen Herbert Wehner als »Pietcong« bezeichnete Schwabe empfahl das Buch, »weil hier eine erstaunliche Verbindung zu finden ist zwischen sehr persönlichem Erleben, menschlicher Betroffenheit und Trauer, präziser Information und moralischem Aufschrei.«[78]

Der von Eppler umrissene Lektüreeindruck legt den Schwerpunkt auf die Ganzheitlichkeit von de Boers Zugang. Darin traf sich diese Sicht thematischer und persönlicher Angemessenheit mit einem Ideal des in den 1970er Jahren in Westdeutschland im nachwachsenden intellektuellen Bürgertum entwickelten linksalternativen Milieus.[79] Die mit dem Auslaufen der sozialdemokratischen Reformoffensive, ökonomischen Wachstumseinbußen und im Zuge des Umweltthemas wieder in Geltung gebrachter Knappheitsdiskurse – ein Fanal war der 1972 erschienene Band *Grenzen des Wachstums* des Club of Rome – ließen die Konzepte des rational planbaren gesellschaftlichen Fortschritts verblassen. Zweifel am westlichen Gesellschaftsmodell zogen auch die realsozialistischen Konkurrenzmodelle in ihren Sog, was den Raum einer generalisierten Kulturkritik wieder öffnete. Charakteristisch für diese Entwicklung war neben dem Boom der Esoterik auch der wachsende Reiz und Geltungsgewinn der Ethnologie – zwei Phänomene, die sich auch auf dem Buchmarkt abbildeten.[80] Aus dieser Melange ergaben sich zudem mancherlei Affinitäten mit den im kirchlichen Bereich seit den 60er Jahren wirkenden Tendenzen.[81] Die für den Peter Hammer Verlag grundlegende Orientierung

---

78 Erhard Eppler: Notwendige Zumutung. Vorwort, in: Hans de Boer: Entscheidung für die Hoffnung. Wuppertal (Peter Hammer Verlag) 1984, S. 9.

79 Siehe hierzu vor allem Sven Reichhardt: Authentizität und Gemeinschaft. Linksalternatives Leben in den siebziger und frühen achtziger Jahren. Frankfurt am Main (Suhrkamp) 2014.

80 Die Ethnologie bildete neben der seinerzeit benachbart wahrgenommenen (Anti-)Psychiatrie einen Schwerpunkt im Programm des 1976 gegründeten Syndikat Verlages in Frankfurt am Main.

81 Vgl. Reichhardt: Authentizität und Gemeinschaft, S. 823. Er fasst zusammen: »Der Wunsch, ›ganz zu sein‹, lag in der Natur des religiösen Bedürfnisses und schuf eine Verbindung zu ökologischem Denken und linken Netzwerktheorien. Die emotionale Seite dieses Verhältnisses brachte Dorothee Sölle 1974 … auf den Punkt, indem sie

an der Perspektive von »unten« und/oder von »außen«, dem Hörbarmachen bislang nicht zugelassener Stimmen, konnte in dieser Konstellation eine Radikalisierung erfahren – die grundsätzliche Verwerfung des euroatlantischen Wegs in die kapitalistische Moderne.

Diesen Schritt tat der US-amerikanische Hochschullehrer indianischer Herkunft Jack D. Forbes, dessen Positionen 1981 erstmals in Wuppertal verlegt wurden, wovon weitere Auflagen und Varianten folgen sollten. Forbes resümierte seine Befunde: »Es ist ganz klar, daß wir in der Neuzeit Zeugen einer weitverbreiteten Brutalisierung des Menschen geworden sind.«[82] Gegenüber dem europäischen, als strukturell nicht nur menschen-, sondern schöpfungsfeindlich portraitierten Zugang zur Welt reklamiert der Autor für die ganzheitliche indianische Haltung, »daß ›Ökologie‹ und eine ›Sensibilität für die Umwelt‹ bei den *Native Americans* als Teil ihrer ›Religion‹ verankert sind und daß diese wiederum eine Lebensweise meint, die einen tiefen Respekt vor der *Heiligkeit* alles Lebenden hegt.«[83] In dem so aufgespannten Horizont trifft die Europäer als Typus – individuelle Ausnahmen werden nicht grundsätzlich ausgeschlossen – eine panoramatische Kritik, die eine Reihe von Trendthemen aufgriff und so miteinander verwob – von der Praxis der Kriegführung, dem Verhältnis zu Frauen, allgemein sado-masochistischen Zügen, dem Ausbeutungscharakter des Wirtschaftens usw. bis hin zu kulturellen Leitbildern. Die in der Perspektive des linken Protestantismus angelegten konsum- und mithin kulturkritischen Züge kulminierten hier, und schlossen die Ablehnung kirchlicher Praktiken mit ein.[84]

---

auf das ›Bedürfnis nach Totalität, nach einem unzerstückelten Leben‹ als ›totaler Sinnerfüllung‹ hinwies.«

82 Hier zitiert nach Jack D. Forbes: Columbus & andere Kannibalen. Die indianische Sicht der Dinge. Wuppertal (Peter Hammer Verlag) 1992, S. 39.
83 Ebenda, S. 36.
84 Vgl. ebenda, S. 88f., 104, 109.

Krise und neue Marktorientierung

Obwohl der Verlag mit Angeboten wie dem Rundumschlag von Forbes ein verbreitetes Bedürfnis traf, wurde die ökonomische Lage bedrohlich. Die 1973 gebesserte wirtschaftliche Situation des Unternehmens führte zu keiner dauerhaften Stabilität. Gelegentliche Kofinanzierung von Verlagstiteln durch die Evangelische Kirche[85] halfen in diesen Fällen, doch wie sich zeigte, war die Verbindung mit der Kirche auch ein Risiko. 1984 verursachte der Verkauf des bis dahin kircheneigenen Burckhardthaus-Verlags eine finanzielle Krise. Mit dem Verkauf entfiel dessen Bürgschaft für einen Kredit des PHV, der nun zurückgezahlt werden sollte. Ein gerichtliches Vergleichsverfahren musste im Jahr darauf beantragt werden. Die Hamburger *ZEIT* bemerkte anerkennend: »Müßte der Peter Hammer Verlag Konkurs anmelden, verschwände einer der inzwischen wichtigsten deutschen Verlage von der Bildfläche.«[86] Hermann Schulz äußerte nach überstandener Krise selbstkritisch: »Ich muß eingestehen, daß ich die wirtschaftliche Seite des Verlegerdaseins bis in die Mitte der 80er Jahre sträflich vernachlässigt habe; Relikt vielleicht des noch lebendigen missionarischen Anspruchs und einfältigen Gottvertrauens.«[87] Der Rettungskurs des Verlegers bedeutete eine Zäsur, die auch das Selbstverständnis des Verlages berührte. Das Mitarbeiterprofil wurde vom Typ des engagierten, mitunter fachlich weniger versierten Bewegungsakteurs zu kompetenteren Literaturvermittlern verschoben. Auch das Programm folgte nunmehr stärker Markterwartungen – insgesamt also eine Professionalisierung zulasten der politischen Eindeutigkeit. Das Segment der Kinderbücher verdankte sich anfangs ebenfalls einem wirtschaftlichen Kalkül.[88] So erreichte der Verlag

---

85 Vgl. Weidhaas: Und kam in die Welt der Büchermenschen, S. 154.
86 O. A.: Zeitmosaik. Peter Hammer Verlag, in: DIE ZEIT 52/1985, S. 50.
87 Schulz: »Wer niemals einen Turm gesehen ...«, S. 25.
88 Vgl. Lesezeichen. Mitteilungen des Lesezentrums der Pädagogischen Hochschule Heidelberg. Heft 13 (2003): Kinderliteratur im Gespräch. Zu Gast: Hermann Schulz (14.05.2002), S. 7 bzw. 9. Online unter: https://www.ph-heidelberg. de/fileadmin/ user_upload/deutsch/Lesezentrum_Archiv/Hefte_11–15/schulz.pdf.

glücklich die letzten Jahre der »alten Bundesrepublik«. Mit deren Verschwinden änderte sich auch für die Wuppertaler Büchermacher das politische Umfeld gründlich.

Bereits in den 80er Jahren war eine zunehmende Renaissance der sogenannten »nationalen Frage« zu beobachten, etwa in der Debatte um den Fortbestand der deutschen »Kulturnation« – große historische Ausstellungen zu Preußen oder den Staufern erwiesen sich als Publikumsmagnete. Selbst in der DDR knüpfte das Sinnmanagement der SED im öffentlichen Raum an nationale Symbole und Monumente an, so in der Wiedererrichtung des Denkmals Friedrichs II. (»der Große«) Unter den Linden in Berlin oder mit der Restaurierung der Semper-Oper in Dresden.[89] Der Kollaps der DDR und der dadurch ausgelöste Wiedervereinigungsprozess verschoben den politischen Themenschwerpunkt noch stärker in den nationalen Rahmen.

Der Fortfall des realsozialistischen Ostblocks – der »Zweiten Welt« mithin – ließ die Rede von einer »Dritten Welt« zudem antiquiert erscheinen. Aus dem akademischen Bereich wurden Begriff und Engagement historisiert und politisch verabschiedet:

> Begriffe wie ›Dritte Welt‹ und ›Nord-Süd-Konflikt‹ hatten nur solange eine solide Basis, solange das gemeinsame Interesse nach nationaler Unabhängigkeit der Kolonien auf der Tagesordnung stand. Seitdem machen sie aufgrund der unterschiedlichen wirtschaftlichen Ausgangsbedingungen, der unterschiedlichen politischen Systeme und des fortschreitenden Differenzierungsprozesses keinen Sinn mehr, von der kulturellen und historischen Vielfalt der betroffenen Länder ganz zu schweigen. Existiert haben sie vor allem in der politischen Propaganda, in den Projektionen der westlichen Intellektuellen und in den großen Theorien über Entwicklung und Unterentwicklung.[90]

---

89 Siehe den gedrängten Überblick von Axel Schildt: Die Renaissance der nationalen Frage in den 1980er Jahren, in: APuZ Aus Politik und Zeitgeschichte 46/2015, S. 19ff.
90 Ulrich Menzel: Das Ende der Dritten Welt und das Scheitern der großen Theorie. Frankfurt am Main (Suhrkamp) 1992, S. 41f.

Dieser umstrittene Abgesang wurde ein knappes Jahrzehnt darauf in Gerd Koenens Bucherfolg *Das rote Jahrzehnt* noch radikalisiert.[91] Der Umbruch nach »1989« stellte dann auch eine Zäsur für die »Dritte-Welt«-Bewegung dar, »der zu einer tiefen Verunsicherung im Selbstverständnis geführt hat.«[92] Die »Dritte Welt« verlor im Zuge des Verschwindens einer gesellschaftlichen Alternative zum westlich-kapitalistischen System, den die Implosion des Realsozialismus trotz aller Distanz dennoch nach sich zog, ihr visionäres Potenzial. Pragmatismus trat deutlicher hervor.[93]

Damit stellte sich auch für den Verleger Hermann Schulz und den PHV die Lage neu dar, war sein persönliches Engagement doch in einer Situation entstanden, die gleichsam hinter dem Horizont verschwand. Schulz' Freund Peter Weidhaas sieht ihn stark generationell geprägt, die bestimmenden Elemente in dessen Entwicklung seien »das Entsetzen über die eigene Herkunft und die Hoffnung, die sich aus einer vitalen, fremden Kultur speiste«[94], gewesen. Das Bedürfnis nach und die Offenheit gegenüber dem Fremden und Anderen fanden in der kulturellen und politischen Öffentlichkeit der »alten« Bundesrepublik eine Stütze. Die aus konservativer Position kritisierte fehlende ästhetische Darstellung des Staates[95] konnte eine Chance sein, wie der Intellektuelle Wolf Dieter Narr resümiert: »Ein provisorischer Bundesrepublikaner. Ich lebe und schwebe in dieser Republik. Wie dürfte es anders sein. Das vergleichsweise symbolarme Land erleich-

---

91   Vgl. Gerd Koenen: Das rote Jahrzehnt. Unsere kleine deutsche Kulturrevolution 1967–1977. Köln (Kiepenheuer & Witsch) 2001, S. 46f., 477f.

92   Rolf Bräuer: Zwischen Provinzialität und Globalismus. Die westdeutsche Dritte-Welt-Bewegung in den 80er und 90er Jahren, in: Forschungsjournal Neue Soziale Bewegungen 3/1994, S. 38; Der Autor war von 1981 bis 1988 Geschäftsführer des Bundeskongresses entwicklungspolitischer Aktionsgruppen (BUKO), dessen Aktionshandbuch Dritte Welt bei PHV erschienen ist.

93   Vgl. Claudia Olejniczak: Die Dritte-Welt-Bewegung und die Professionalisierung der Lobbyarbeit durch Kampagnen, in: Forschungsjournal Neue Soziale Bewegungen 1/2005, S. 41.

94   Weidhaas: Und kam in die Welt der Büchermenschen, S. 130.

95   So von Karl Heinz Bohrer im Merkur 1/1984. Siehe zu dem Beitrag »Die Ästhetik des Staates« und Reaktionen darauf auch ders.: Jetzt. Geschichte meines Abenteuers mit der Phantasie. Berlin (Suhrkamp) 2017, S. 267ff.

tert die Distanz.«[96] Aus soziologischer Perspektive erschien es am Ende der 40-jährigen Laufbahn des westdeutschen Staates plausibel, dass »die mickrige und gleichzeitig ernsthaft gebrochene historische Identität dieses halbkünstlichen Staats-Gesellschaftsgebildes nach 1945« – seine stets präsente Unterbestimmtheit – Raum schuf, um neue Gesellschaftskonzepte und Wertorientierungen zu entwerfen, die in Richtung einer zivilisatorischen Weiterentwicklung zielten.[97]

Gleichwohl waren in den 1980er Jahren auch Tendenzen zu beobachten, die diese Impulse moderierten und im linken bis links-liberalen Bürgertum in die Richtung eines Arrangements mit den im westdeutschen Staat erreichten Rahmenbedingungen wirkten. Der Journalist und erste »Ständige Vertreter« der Bundesrepublik in der DDR, Günter Gaus, beobachtete für Angehörige nicht nur seiner Altersgruppe:

> Wir sind nach meinem festen Eindruck in den vergangenen fünf oder auch schon zehn Jahren stiller geworden [...] Die neue Innerlichkeit, der Feinsinn, der ästhetische Gestus sind kommoder. Sie lassen sich zwar zur Schau stellen, schließen aber Demonstrationen unter freiem Himmel so gut wie ganz aus [...] Ich weiß nicht, was alles – neben dem Ältergewordensein – die relative Ermattung der intellektuellen Opposition meines Alters (und auch Jüngerer) in der Bundesrepublik herbeigeführt hat, wodurch bei so manchem die resigniert-hochmütige Entfernung von der Politik veranlaßt worden ist.[98]

Die Verschiebung des Habitus vom moralisch Engagierten ins ästhetisch Ironische ist zeitgenössisch verschiedentlich angesprochen worden.[99]

---

96   Wolf Dieter Narr: Ein provisorischer Bundesrepublikaner, in: Rammstedt, Schmidt (Hg.): BRD adé!, S. 178.

97   Otthein Rammstedt, Gert Schmidt: Proszenium, in: Rammstedt, Schmidt (Hg.): BRD adé!, S. 22.

98   Günter Gaus: Die Welt der Westdeutschen. Kritische Betrachtungen. Köln (Kiepenheuer & Witsch) 1986, S. 39f.

99   Siehe etwa Matthias Horx: Die wilden Achtziger. Eine Zeitgeist-Reise durch die Bundesrepublik. München (Goldmann) 1989, S. 66, 162. Aus soziologischer Perspektive betrachtet im Kontrast zur DDR Heinz Bude dieses Phänomen: Das Ende einer tragischen Gesellschaft, in: Hans Joas, Martin Kohli (Hg.): Der Zusammenbruch der DDR. Soziologische Analysen. Frankfurt am Main (Suhrkamp) 1993.

Der Peter Hammer Verlag trug dem Rechnung, indem er nach der Existenzkrise gesteigerten Wert auf eine sorgsame Auswahl der Titel und ästhetisch ambitionierte Buchgestaltung legte.[100] Damit lag das Unternehmen ganz im Trend der auf Literatur aus dem globalen Süden, und speziell Afrika, orientierten Häuser. Die in den 70er und 80er Jahren stark vertretenen kolonialismus- und europakritischen Titel traten zugunsten einer stärker an ästhetischen Kriterien ausgerichteten Profilierung zurück. Ein Grund dafür lag in der tieferen Etablierung der Verlage und Akteure im Literaturbetrieb. Die Aufgabe des Reihenprinzips unter anderem durch PHV signalisierte das Bemühen um eine Überwindung der Szeneorientierung, die als Selbstghettoisierung zu drücken begann. Auch schlug der mentale Wandel hin zu einer Preisgabe der radikal kritischen Positionen, wie sie bereits für die »Dritte-Welt«-Bewegung beobachtet wurde, zu Buche: »Auszugehen ist hier von einem allmählichen Übergang postmaterialistischer Werte in den kulturellen Mainstream und eine zunehmende Ausbreitung einer pragmatischen Mixtur aus materialistischen und postmaterialistischen Orientierungen.«[101] Das Ende der Apartheid brachte zugleich einen wesentlichen Mobilisierungsfaktor zum Verschwinden. Die Zeichen standen somit auf Normalisierung des Geschäftslebens.

---

100 Vgl. Lesezeichen. Mitteilungen des Lesezentrums der Pädagogischen Hochschule Heidelberg. Heft 13 (2003), S. 7.

101 Kessel: »Aus Negern Afrikaner machen«, S. 342. Dort auch S. 340ff. zu den allgemeinen Einschätzungen für die Entwicklung seit 1990.

Thomas Gepp / Berthold Petzinna

Der Syndikat-Verlag

Ein Rettungsboot der 68er-Linken in der Krise?

In den mittleren 1970er Jahren hatte sich das kulturelle und politische Klima in der Bundesrepublik Deutschland deutlich von der optimistisch grundierten Bewegtheit der späten 60er Jahre entfernt. Die »Ölkrise« des Jahres 1973 beendete die »langen 60er Jahre«; der Kanzlerwechsel von Willy Brandt zu Helmut Schmidt im Mai 1974 wirkte vor diesem Hintergrund wie ein Symbol, er »spiegelte einen gesamtgesellschaftlichen Strukturbruch wider.«[1]

Vorangegangen war im Spektrum der Neuen Linken ein Zerfallsprozess, der in der Auflösung des Sozialistischen Deutschen Studentenbundes 1970 einen deutlichen öffentlichen Ausdruck fand. Die nach der Liquidation des zentralen Impulsgebers der Revolte einsetzende Ausprägung eines Pluriversums von häufig mit Parteianspruch auftretenden Neugründungen, den sog. »K-Gruppen«, führte zu einer nachlassenden Prägekraft einer von verbindender linker Theoriebildung getragenen engagierten Öffentlichkeit. Hinzu trat ein tiefgreifender Wechsel in der Selbstwahrnehmung insbesondere der westdeutschen Gesellschaft – der Fortschrittsoptimismus der zurückliegenden Aufbruchzeit der 60er Jahre wich einem skeptisch bis tief pessimistisch getönten Zukunftsbild. Die 1972 auf Deutsch erschienene Studie des »Club of Rome« zu den »Grenzen des Wachstums« wirkte hier wie ein Wetterleuchten:[2] »Der Glaube an die Gestaltbarkeit der Zukunft, an das Vermögen, die Schreckensszenarien abwenden zu können,

---

1   Axel Schildt/Detlef Siegfried: Deutsche Kulturgeschichte. Die Bundesrepublik – 1945 bis zur Gegenwart (Bonn, bpb 2009), S. 331.

2   Siehe Dennis Meadows/Donnella Meadows/Erich Zahn/Peter Milling: Die Grenzen des Wachstums. Bericht des Club of Rome zur Lage der Menschheit (Stuttgart, DVA 1972).

schwand. Insofern lässt sich ... eine Schließung jener einst ›offenen Zukunft‹ beobachten.«[3]

Diese mentalen Umbrüche hatten im Zusammenwirken mit den wirtschaftlichen Problemen im Gefolge der Ölkrise, die den Nachkriegsboom in Westeuropa beendete, auch Auswirkungen auf den Buchmarkt. Die Konjunktur linker Titel und Themen schien vielen in der Branche beendet. Von der Frankfurter Buchmesse des Jahres 1975 heißt es in einem Bericht des DDR-Ministeriums für Staatssicherheit, das auch die westdeutsche Verlagsszene im Blick hatte: »Kennzeichnend war auch die bereits propagierte Haltung der alteingesessenen großbürgerlichen Verlage, wie Luchterhand, Hansa (sic!), Kindler, Fischer und Suhrkamp, um nur einige zu nennen, die sich von der linken Literatur so gut wie völlig distanzieren und das Schwergewicht auf unverbindlich konventionelle Literatur beschränken. Dies wurde besonders unterstrichen durch einen gut lancierten Artikel in der ›Frankfurter Allgemeinen Zeitung‹ vom 10. 10. 1975 mit dem Titel ›Wer liest noch links?‹«[4] Der renommierte Luchterhand-Verlag, der mit seinem soziologischen Programm und der Reihe »Sammlung Luchterhand« die Entwicklung der bundesdeutschen Neuen Linken literarisch mit getragen hatte, vollzog in jenen Jahren einen inhaltlichen Schwenk. Die jährlichen Neuerscheinungen im Rahmen der Sammlung wurden ab 1974 um die Hälfte gekürzt, das soziologische Lektorat 1982 eingestellt.[5] Als inhaltliche Verabschiedung der einst das Profil bestimmenden progressiv links-aufklärerischen Position wurde in Teilen der Öffentlichkeit die 1980 erfolgende Einstellung der »edition suhrkamp« und ihre Ersetzung durch eine als »Neue Folge« ausgewiesene Anschluss-Edition empfunden. Dass der für die edition

---

3   Fernando Esposito: Von *no future* bis Posthistoire. Der Wandel des temporalen Imaginariums nach dem Boom, in: Vorgeschichte der Gegenwart. Dimensionen des Strukturbruchs nach dem Boom, hg. von Anselm Doring-Manteuffel, Lutz Raphael und Thomas Schlemmer (Göttingen 2016), S. 408.

4   BStU MfS – HA XX Nr. 13085 I: »Bericht über die Frankfurter Buchmesse vom 9. bis zum 14. 10. 75« (von einem Mitglied der DDR-Delegation, 16.10.1975), Bl. 000036.

5   Vgl. Berthold Petzinna: Der Luchterhand Verlag. Marktkalkül und politisches Engagement im westdeutschen Nachkriegsboom der 1950er bis 70er Jahre, online unter Artikel: Der Luchterhand Verlag.: literaturkritik.de.

suhrkamp seit ihrer Konzipierung verantwortliche und prägende Lektor, Günther Busch, den Verlag in Richtung EVA verließ, verstärkte diesen Eindruck noch.

Diese die 70er Jahre durchziehende Drift fort von im weiteren Sinne links engagierter bzw. einschlägig theoretischer Literatur war 1975 von dem Hamburger Magazin DER SPIEGEL als »Tendenzwende« etikettiert worden, als eine zeitgenössisch umlaufende Wendung.[6] Doch bereits ein gutes Jahr darauf konnten die Hamburger einen »Widerstand gegen die ›Tendenzwende‹ auf dem Buchmarkt« vermelden – in Frankfurt am Main habe sich ein neues, der engagierten Wissenschaft gewidmetes Verlagsunternehmen gebildet: »Es soll per Autoren-Mitbeteiligung funktionieren, einen Buchklub einschließen, ›Syndikat‹ heißen und im September die ersten 15 bis 20 Titel herausbringen.«[7] Dass die Neugründung in bundesdeutschen Leitmedien auf Resonanz stieß, hatte wohl auch mit ihren Gründervätern zu tun, die über die Branche hinaus bekannt waren: Karl Markus Michel und Axel Rütters.

Michel, wie Rütters ein langjähriger Suhrkamp-Lektor, rechnete der führende Kopf des Frankfurter Instituts für Sozialforschung, Theodor W. Adorno, zu seinem »engsten Schülerkreis« und schätzte ihn sehr.[8] Der theoretisch beschlagene Michel stand auch bei dem Suhrkamp-Verleger Siegfried Unseld lange in hoher Gunst. Insbesondere im Zuge des sog. »Lektorenaufstands« im Verlag, bei dem im Herbst 1968 der Versuch scheiterte, den Verleger durch eine innerbetriebliche Lektoratsverfassung faktisch zu entmachten, war Unselds Werben um Michel deutlich.[9] Der Lektor, der das wissenschaftliche Programm des Verlages stark prägte, wurde einer breiteren Öffentlichkeit durch seine Arbeit an dem von Hans Magnus Enzensberger bei Suhrkamp herausgegebenen »Kursbuch« bekannt. Neben seiner für den häufig abwesenden Enzensberger

6   Tendenzwende. Jeder fühlt den neuen Wind, in: DER SPIEGEL, 6. 1. 1975.

7   Kultur (Notiz), in: DER SPIEGEL, 15. 2. 1976.

8   Adorno an Siegfried Kracauer, 7. 12. 1962, in: Theodor W. Adorno – Siegfried Kracauer. Briefwechsel 1923–1966, S. 566.

9   Siehe Siegfried Unseld an Karl Markus Michel, 20. 10. 1968, in: Siegfried Unseld: Chronik 1970 (Berlin, Suhrkamp 2010), S. 63ff.

unverzichtbaren Tätigkeit als Redakteur – was zunächst faktisch, später auch offiziell einer Herausgeberschaft entsprach – prägte der essayistisch produktive Michel das bald zum einflussreichsten Periodikum der Neuen Linken avancierende, themensetzende Organ früh auch inhaltlich.[10] Michel blieb nach dem »Lektorenaufstand«, der zum Ausscheiden einiger »Aufständischer« aus dem Verlag führte, weiterhin bis zur Gründung von Syndikat in Unselds Unternehmen, obwohl sich das Verhältnis zum Verleger zumindest zeitweilig eintrübte.[11]

Mit Axel Rütters stand ihm ein deutlich jüngerer studierter Theologe zur Seite, der stärker praktisch im Buchgeschäft erfahren war als er. Rütters hatte seine buchhändlerische Laufbahn in den Verlagen von Fritz Molden und Kohlhammer begonnen, ehe er schließlich zu Suhrkamp gelangte. Dort betreute er das Wissenschaftsprogramm des Verlages, das über sein Theorieangebot im Bereich der Soziologie einen bedeutenden Einfluss auf das politisch-intellektuelle Klima auch im Hochschulbereich ausübte. Die prägende Kraft der »Suhrkamp-Kultur« verstärkte sich in diesem Milieu noch durch die Reihe der »Suhrkamp Taschenbücher Wissenschaft«, die ebenfalls in Rütters Aufgabenbereich fiel. Der Lektor gewann Autoren und knüpfte Kontakte durch seine Reisen an die Universitäten – ein bedeutsames, nicht monetäres »Startkapital« für das neue Unternehmen.[12]

Es waren die bei Suhrkamp gemachten Erfahrungen mit der Ausdünnung des Programms und den politischen Implikationen dieser unternehmerischen Verschlankungspolitik als Krisentherapie, die das Syndikat-Projekt motivierten. Die Hamburger ZEIT fasste in einem weiteren wohlwollenden Porträt des soeben an den Start gegangenen Unternehmens zusammen: »Die beiden langjährigen Leiter des wissenschaftlichen Verlags bei Suhrkamp ziehen die Konsequenz aus der Erfahrung,

---

10 Siehe seine Essayfolge »Die sprachlose Intelligenz« I–III in Kursbuch 1, 4 und 9.

11 Vgl. die kritischen Anmerkungen zu Michel in Siegfried Unseld: Chronik 1971, hg. von Ulrike Anders, Raimund Fellinger und Katharina Karduck (Berlin, Suhrkamp 2014).

12 Vgl. Sabine Groenewold (Hg.): Mit Lizenz. Geschichte der Europäischen Verlagsanstalt (Hamburg, EVA 1996), S. 138.

daß in vielen Verlagen seit ein paar Jahren politisch unbequeme Bücher kaum noch Chancen haben und ganze Buchreihen eingestellt werden. Die beiden Verlagsgründer verstehen sich als Anwälte kritischer Wissenschaft, die es in wachsendem Maße selbst an den Universitäten schwer hat.«[13] Vor diesem Hintergrund sah sich der Verlag als eine »Notgemeinschaft«.[14] Der politische Anspruch der Neugründung beschränkte sich nicht auf das Buchprogramm. Er umfasste auch die Organisationsstruktur des Unternehmens, die dabei an ein erfolgreiches Vorbild angelehnt werden konnte, das seine Existenz ebenfalls Verwerfungen bei Suhrkamp verdankte.

Ein Ergebnis des »Lektorenaufstands« bei Suhrkamp im Herbst 1968 war das Ausscheiden einer Reihe Lektoren, vorneweg Walter Boehlich und Karlheinz Braun. Boehlich war als Cheflektor maßgeblich für das literarische Profil des Unternehmens, Braun hatte als Leiter des Theaterverlages Suhrkamp zum führenden Haus in der bundesdeutschen Theaterszene aufgebaut. Mit der Gründung des »Verlags der Autoren« schritten sie nun umgehend zur Realisierung ihrer an Unseld gescheiterten politischen Umbaupläne. In der »Beschreibung der Verfassung« des Verlages der Autoren« stellten Braun und Wolfgang Wiens das vom traditionellen Verlagsmodell abweichende Organisationsprinzip an die erste Stelle: »Der ›Verlag der Autoren‹ ist gegründet von seinen Autoren; er ist Eigentum seiner Mitglieder. Mitglieder sind die Autoren und die Angestellten des Verlages. Die Mitglieder bestimmen den Verlag.«[15] Der Neugründung kam zugute, dass für die als Theaterverlag angelegte Kooperative durch den Fortfall der Buchproduktion der Kapitalbedarf begrenzt war.

---

13 Rolf Michaelis: Neue Heimat für Kritik. »Syndikat«: Wissenschaftsverlag, Buchgesellschaft, Forum, in: DIE ZEIT, 12. 3. 1976, S. 34.

14 So Rütters in einer WDR 3-Radiosendung: Was ist an den anderen Verlagen so anders? Eine Diskussion zwischen Ursula Krechel, Walter Boehlich und Axel Rütters (5. 3. 1978), Min. 3.00, WDR-Unternehmensarchiv.

15 Karlheinz Braun/Wolfgang Wiens: Beschreibung der Verfassung des Verlags der Autoren, zitiert nach: Das Buch vom Verlag der Autoren 1969–1989. Beschreibung eines Modells und seiner Entwicklung. Zusammengestellt von Peter Urban (Frankfurt/ M., Verlag der Autoren 1989), S. 19.

Da »Syndikat« als Buchverlag konzipiert war, lag der Kapitalbedarf höher. Dieser Gesichtspunkt beeinflusste über die Wahrnehmung von Steuervorteilen auch die Unternehmensstruktur – sie bestand aus zwei Komponenten: einer Buchgesellschaft und der Autoren- und Verlagsgesellschaft. Letztere sollte die Buchgesellschaft als Keimzelle der Initiative ergänzen, um eine öffentlichkeitsferne Nischenexistenz zu vermeiden. Neuerscheinungen sollten zunächst exklusiv an den Buchhandel gehen, um zeitverzögert zu herabgesetzten Preisen über die Buchgesellschaft deren Mitgliedern angeboten zu werden. Das recht erhebliche Startkapital von etwa 800.000 bis 900.000 DM für die ersten beiden Jahre sollte teils durch persönliche Kreditaufnahme der beiden Gründer, teils durch Kommanditisten und Förderer aufgebracht werden.

Auch beim Verzicht auf ein belletristisches Verlagssegment spielten unternehmerische Überlegungen eine Rolle. Das mit der Produktion von Belletristik, etwa Romanen, stets verbundene Absatzrisiko konnte so vermieden werden. Bei wissenschaftlichen Titeln hingegen gab es zumindest einen kalkulierbaren Mindestabsatz – auch bei wenig gängigen Nischenthemen waren doch die einschlägigen Universitäts-, Instituts- und sonstigen Fachbibliotheken gesetzte Kunden. Innerhalb des begrenzten Verlagsprogramms zeigen sich jedoch bei Michel und Rütters wieder politische Auswahlkriterien. Während das, was »heute unter Soziologie läuft«, für reichlich uninteressant erklärt wird und auch der »Selbstbefriedigungs-Philosophie« eine Absage erteilt wird, treten andere Wissensgebiete ins Zentrum: Literaturwissenschaft im weitesten Sinne, einschließlich Ästhetik, Geschichtsphilosophie, Zeichentheorie u. Ä. sowie Anthropologie mitsamt Ethnologie und Politischer Psychologie. In beiden Schwerpunkten sollten psychoanalytische Ansätze präsent sein.

Michel und Rütters bestimmten überdies einen weiteren Unternehmenszweck: »Erstes Ziel ist es, eine offene, aber problembezogene Diskussionsgemeinschaft zu entwickeln, die neue Orientierungen und Initiativen erlaubt. Sie soll die persönliche Isolierung der Autoren durchbrechen … Die Tendenz, sich verbittert zurückzuziehen und resigniert zu privatisieren, ist weit verbreitet.« Eine jährlich abzuhaltende Autorenversammlung sollte auch hierzu das Forum darstellen.[16] Eine starke Stellung wurde allerdings dem aus den Gründern und Reinhard Kaiser bestehenden Lektorat zugewiesen.[17] Der Verlag sollte in allen Produktsparten durch die jährliche Autorenversammlung auch als eine Art informeller Akademie themensetzend und vernetzend wirken. Dazu heißt es: »Wie bei einem wissenschaftlichen Kongreß sollen themenbezogene Sektionen gebildet werden, in denen Arbeitsprojekte vorgestellt, auch Unfertiges erprobt und Gedanken formuliert werden könnten, die für eine Publikation noch nicht reif sind.«[18]

Nahm die Organisationsform des Verlages die bereits durch den Verlag der Autoren aus der Suhrkamp-Krise des Herbstes 1968 entwickelte produzentenorientierte Initiative in ambitionierterer Weise auf, so verdankte sich andererseits das inhaltliche Profil von Syndikat in manchen Zügen deutlich dem Suhrkamp-Programm, an dem das Gründer-Duo ja auch starken Anteil gehabt hatte. Mit Blick auf die inhaltliche Gestaltung der neuen Reihe »Suhrkamp Theorie« hatte der New Yorker Hochschullehrer – und spätere Berliner FU-Professor – Jacob Taubes, der als auswärtiger Berater an dem Projekt beteiligt war, an Unseld geschrieben: »Das Gebiet liegt zwischen Philosophie (›indirekt‹), Ethnologie und Literatur.« Gegenüber Michel bemerkte er weiterhin: »Es besteht kein Zweifel, daß heute die Philosophie nachhinkt und im schlechten Sinne zum Nach-denken verurteilt ist. Ethnologie, Linguistik, Psychoanalyse, Literaturkritik, Filmtheorie, ja sogar Archäologie und Geschichte sind Modi, in denen sich das neue Bewußtsein auszusprechen versucht.«[19] Auch die Brückenfunktion der psychoanalytischen Perspektivierung unterschiedlicher Wissensgebiete war bei

---

16 Diese Angaben nach Rolf Michaelis: Neue Heimat für Kritik. »Syndikat«: Wissenschaftsverlag, Buchgesellschaft, Forum, in: DIE ZEIT, 12. 3. 1976, S. 34. Dort auch weitere Details.

17 Hier wirkte der Ansatz des »Lektorenaufstands« bei Suhrkamp 1968 erkennbar fort.

18 Vgl. Rolf Michaelis: Neue Heimat für Kritik. »Syndikat«: Wissenschaftsverlag, Buchgesellschaft, Forum, in: DIE ZEIT, 12. 3. 1976, S. 34.

19 Taubes an Unseld, 5.5.1963, Taubes an Michel, 26.8.1965, zitiert nach Philipp Felsch: Der lange Sommer der Theorie. Geschichte einer Revolte 1960–1990 (Frankfurt/ M., Fischer TB 2016), S. 59 bzw. 58.

Suhrkamp vorgeprägt – sie entsprach dem Konzept, das Alexander Mitscherlich mit psychoanalytischer Literatur bei Suhrkamp 1968 verfochten hatte.[20]

In diesem Rahmen stieß das Angebot der »Notgemeinschaft« (Axel Rütters) Syndikat innerhalb des geisteswissenschaftlichen Milieus durchaus auf positive Resonanz, die sich mitunter der geteilten Wahrnehmung einer der »Tendenzwende« geschuldeten Verengung der Arbeits- und Publikationsmöglichkeiten verdankte. Die 1973 gegründete Zeitschrift »Kritische Berichte«, die sich als Organ einer neuen, gesellschaftlich orientierten Kunstwissenschaft verstand, sah sich auch als Reaktion auf diesen Trend und merkte an: »Fachbeiträge, die die traditionelle Konzeption der Kunstwissenschaft grundsätzlich in Frage stellen, sind heute noch gezwungen – sofern sie überhaupt publiziert werden konnten – sich außerhalb des direkten Einflußbereiches der Disziplin zu äußern.«[21]

Mit Francis Klingenders »Kunst und industrielle Revolution« – einer Lizenzausgabe des Verlages der Kunst aus Dresden – wurde Syndikat gleich in seinem Gründungsjahr auf diesem Sektor aktiv. Klingender, der sich ausdrücklich als Marxist verstand, legte eine materialreiche Analyse mit umfangreichem Abbildungsteil vor. Das Buch fasste er als grundlegend auf: »In unserem Zeitalter der Kernspaltung ist es den Historikern überlassen, die Leistungen des Zeitalters der Kohle, des Eisens und Dampfes zu würdigen und die Leistungen der großen Künstler, die ihm Ausdruck gegeben haben.«[22] Im Folgejahr setzte der Verlag einen weiteren Akzent in diesem innovativen Sektor einer sozial- und wahrnehmungshistorisch erweiterten Kunstwissenschaft. Michael Baxandalls Untersuchung über »Die Wirklichkeit der Bilder« im Italien der Renaissance erschloss neue Perspektiven auf diese für die europäische Moderne zentrale Epoche durch die Verankerung der Kunstproduktion im alltäglichen wirt-

---

20 Peter Michalzik: Unseld. Eine Biographie (München, Blessing 2002), S. 206.
21 Kritische Berichte, Bd. 1/Nr. 1 (1973): Vorwort, S. 5.
22 Francis D. Klingender: Kunst und industrielle Revolution (Frankfurt/M., Syndikat 1976), S. 160.

schaftlichen und sozialen Leben der Zeit und der Praxisformen der Akteure.[23]

In die Richtung der Freilegung subjektkonstituierender Strukturen und Praktiken im Europa der frühen Neuzeit zielte mit der zweibändigen »Naturbeherrschung am Menschen« von Rudolf zur Lippe eine weitere Publikation des Verlages, die – von Suhrkamp in Lizenz übernommen – als »Syndikat-Reprise« erschien.[24]

Die bei Theodor W. Adorno in Frankfurt am Main begonnene Habilitationsschrift verstand zur Lippe über den engeren Gegenstand der Techniken der Subjektmodellierung bzw. -zurichtung in einer Klassengesellschaft hinaus auch als politischen Ansatz im Rahmen linker Politik. Zum einen war die Neubestimmung der Reichweite und Geltung von Ästhetik im Sinn der kritischen Kunstwissenschaft, deren Rahmen sowohl in den Kritischen Berichten wie auch bei Baxandall bereits begegnet, programmatisch ins Zentrum gestellt: »Ästhetik ist nur denkbar als konstitutionslogische Reflexion auf die gesellschaftliche Praxis mit besonderer Berücksichtigung der sinnlichen Erfahrungen aus innerer Natur. Deshalb kann Ästhetik nur eine materialistische sein.«[25] Zum anderen leitete den Verfasser die Hoffnung, im historischen Material speziell der Tanzformen brauchbare Anknüpfungspunkte für aktuelle politisch-gesellschaftliche Emanzipationsansätze zur Überwindung kapitalistischer Trennlinien freigelegt zu haben.[26] Dabei greift zur Lippe jedoch über den eurozentrischen Rahmen hinaus, wenn er feststellt, üblicherweise erschöpfe sich der Bezug der europäisch-kapitalistischen Gesellschaft auf zeitlich und räumlich entfernte Kulturen in der reinen Aneignung für

---

23 Michael Baxandall: Die Wirklichkeit der Bilder. Malerei und Erfahrung im Italien des 15. Jahrhunderts (Frankfurt/M., Syndikat 1977). Siehe zur Bedeutung dieses Buches auch den Nachruf auf Baxandall von Martin Warnke: Mit dem Auge eines ironischen Antiquars, in: Welt am Sonntag, 24. 8. 2008.

24 Rudolf zur Lippe: Naturbeherrschung am Menschen I. Körpererfahrung als Entfaltung von Sinnen und Beziehungen in der Ära des italienischen Kaufmannskapitals II. Geometrisierung des Menschen und Repräsentation des Privaten im französischen Absolutismus (Frankfurt/M., Syndikat 1979).

25 Rudolf zur Lippe, Naturbeherrschung am Menschen I, S. 77.

26 Rudolf zur Lippe, Naturbeherrschung am Menschen I, S. 85.

den Verwertungsprozess. Um die historischen Bedingungen für Selbstbefreiung zu schaffen, gelte es jedoch, »die entfernte Praxis der ›Dritten Welt‹ zur Reflexionsebene unserer eigenen (zu) machen.«[27] Hier klingt ein Programm an, dass das Angebotsprofil von Syndikat in der interessierten intellektuellen Öffentlichkeit deutlich prägen sollte.

Ganz ähnlich in der Richtung der historischen Aufmerksamkeit und auch im gegenwartsbezogenen politischen Horizont ist das Werk des italienischen Historikers Carlo Ginzburg, das durch Syndikat in den deutschen Buchmarkt gelangte. Der als Programmatiker der Mikrohistorie hervorgetretene Ginzburg wurde 1979 in der Bundesrepublik eingeführt, sein deutscher Erstling »Der Käse und die Würmer« galt ebenfalls der frühen Neuzeit.[28] Wie zur Lippe rückt auch Ginzburg seine Untersuchung des Weltbildes des italienischen Müllers Menocchio in eine politisch inspirierte »Entwicklungslinie, die bis zu uns reicht«, und weitet das Begriffsfeld der Kultur auch mit Blick auf außereuropäische Bezüge: »Denn erst über den Begriff der ›primitiven Kultur‹ ist man dazu gelangt, jenen den Besitz einer *Kultur* zuzuerkennen, die einmal herablassend als ›Pöbel der Kulturvölker‹ bezeichnet wurden. Das schlechte Gewissen des Kolonialismus hat sich so mit dem schlechten Gewissen der Klassenherrschaft verschmolzen.«[29]

Die Thematik der Dritten Welt und der fremden Gesellschaften kommunizierte zumindest unterschwellig mit der mentalen Umorientierung, die mit dem Auslaufen des Nachkriegsbooms und der blockierten Zukunftsgewissheit im Horizont eines eurozentrischen Fortschrittsparadigmas einherging. Der Ethnologe Hans-Jürgen Heinrichs betont den Zusammenhang des gesteigerten Interesses an der Ethnologie mit der wachsenden »Endzeitstimmung« und dem Wunsch, der europäischen Welt insgesamt zu entkommen, »auszusteigen«.[30] In einer Überschau

---

27   Rudolf zur Lippe, Naturbeherrschung am Menschen I, S. 70.
28   Carlo Ginzburg: Der Käse und die Würmer. Die Welt eines Müllers um 1600 (Taschenbücher Syndikat, EVA Band 10, Frankfurt/M. 1983, Erstausgabe Syndikat 1979).
29   Ginzburg: Der Käse und die Würmer, S. 21 bzw. 8.
30   Vgl. Hans-Jürgen Heinrichs: Endzeitstimmung, Aussteigen und das Interesse an der Ethnologie, in ders.: Die katastrophale Moderne. Endzeitstimmung, Aussteigen, Ethnologie, Alltagsmagie (Frankfurt/M. – Paris, Qumran Verlag 1984).

verweist Heinrichs auf den paradoxen Charakter dieser Zuwendung und erwähnt auch den Buchmarkt: »Das augenblickliche Interesse an der Ethnologie manifestiert sich auf verschiedenen Ebenen: einmal innerhalb der Universität und im Rahmen der Verlagsprogramme und zum anderen in populären, breiten Zusammenhängen alternativen Lebens. Hier hat die Ethnologie die Funktion einer Ersatzutopie: Material und Information zu liefern für eine andere, bessere Lebensform – eine paradoxe Funktion angesichts der desillusionierenden ethnologischen Berichte über das Leben in außereuropäischen Gesellschaften.«[31]

Die in den 70er und frühen 80er Jahren in Blüte stehende Alternativbewegung war in diesem Kontext auch als Absatzraum für entsprechende Verlagsproduktionen zu sehen, zumal die Szene sich stark über literarische Sinnangebote konstituierte, wobei auch dem Milieu eingefügte Buchläden als Begegnungsräume fungierten: »Gespräch und Buchkauf gingen Hand in Hand.«[32] Die Orientierung an postmaterialistischen Werten, die Abkehr von der Industriegesellschaft und ein auf harmonische Gesellschaftsformen gerichtetes Suchverhalten bildeten einen breiten Korridor für spirituelle bis esoterische Angebote auf dem Buchmarkt. Rund acht Prozent des Gesamtumsatzes mit Büchern soll in diesem Zeitraum auf den Bereich der Esoterik entfallen sein, auch die Bezugnahme auf außereuropäische Kulturen oder deren vermeintliche Züge und Praktiken war im Milieu gang und gäbe.[33] Zentrale Programmbereiche von Syndikat kamen diesen Bedürfnissen entgegen.

Die hier einschlägige, das Profil des Gesamtverlages maßgeblich mitprägende ethnologische Programmsparte war umfangreich und breit aufgestellt. Dabei blieb ein mal bestimmender, mal eher hintergründiger politischer Bezug stets präsent. So gehörte Bronislaw Malinowski – mit mehreren Werken bei Syndikat vertreten[34] – einerseits zu den Klassikern

---

31 Heinrichs: Endzeitstimmung, S. 43.
32 Sven Reichhardt: Authentizität und Gemeinschaft. Linksalternatives Leben in den siebziger und frühen achtziger Jahren (Frankfurt/M., Suhrkamp 2014), S. 583.
33 Reichhardt: Authentizität und Gemeinschaft, S. 808ff.
34 Darunter das Hauptwerk »Argonauten des westlichen Pazifik« (1979), sowie »Das Geschlechtsleben der Wilden in Nordwest-Melanesien. Liebe, Ehe und Familienleben bei den Eingeborenen der Trobriand-Inseln, Britisch-Neuguinea« (1983).

ethnologischer Forschung, bewegte sich aber zugleich im Spannungsfeld seiner antikolonialistischen Positionierung bei gleichwohl struktureller Einbindung in einen dem liberalen Kolonialismus zuarbeitenden Wissenschaftszweig.[35] Deutlich in den Vordergrund rückte der Herausgeber der Malinowski-Titel bei Syndikat, Fritz Kramer, den kolonialen Rahmen des Themas. Der Ethnologe und zeitweilige FU-Professor, ein ehemaliges Mitglied des Sozialistischen Deutschen Studentenbundes (SDS), der Kernformation der »68er«, publizierte bei Syndikat »Bikini oder die Bombardierung der Engel« mit dem – einen gewollt abweichenden Akzent setzenden – Untertitel »Auch eine Ethnographie«. Der Band entstand in Zusammenarbeit mit Studentinnen und Studenten.

Auch Kramers Hauptthema bildet die koloniale Herrschaftsposition der Europäer und die daraus resultierenden verzerrten Wahrnehmungs- und Begegnungsformen. Anhand der Rekonstruktion dieser Struktur hauptsächlich am Beispiel der seit 1946 im Bikini-Atoll durch die USA vorgenommen Atomwaffentests analysieren die Beiträge das Zusammentreffen zweier sozialer Deutungssysteme – des US-Personals und der Bikinier – im Rahmen der machtgestützten Dominanz des westlichen Systems. Neben der Demontage europäischer Südsee-Klischees gilt ein Seitenblick der Rolle der Ethnologie im westlichen Herrschaftsgefüge.[36] Insgesamt entsteht so eine panoramatische, mehrdimensionale und kritische Analyse der desaströsen Folgen westlicher Hegemonie und Gleichgültigkeit als Ausfluss einer »Arroganz der Macht«, die auch die Perspektive der Ureinwohner zur Geltung bringt: »Die Unbewohnbarmachung Bikinis hatte einen Fleck Erde getroffen, an dem, in den Augen seiner ehemaligen Bewohner, nichts belanglos war, eine Landschaft, in der jeder Baum, jede Bodenerhebung, jedes Spiel von Licht und Schatten, die Himmelsrichtungen, die Farbe des Meeres, die Bewegungen der Fischschwärme Bedeutung hatten, weil sie von Gottheiten belebt waren,

---

35 Vgl. Hans-Jürgen Heinrichs: Bronislaw Malinowski – Chronist und Sprecher der Wilden, in ders.: Fenster zur Welt. Positionen der Moderne (Frankfurt/M., Athenäum 1989), S. 21.

36 Fritz Kramer: Bikini oder Die Bombardierung der Engel. Auch eine Ethnographie (Frankfurt/M., Syndikat 1983), S. 42ff.

von denen die Menschen abhingen.«[37] Mit der Publikation schloss Kramer an die 68er-Linke an, aus deren Reihen die Auswahl der Testgebiete erstmals in größerer Öffentlichkeit als rassistisch motiviert thematisiert worden war.[38] Thematisch ähnlich ausgerichtet war die Publikation von Robert James Fletchers »Inseln der Illusion«, eines Quellenwerks, das gleichfalls ein Protokoll der Desillusionierung vorstellte; ausschlaggebend auch hier, wie sein Kommentator Jean Jamin anmerkt, die westliche Herrschaft: »Die Enttäuschung Fletchers rührte weniger daher, daß er das Paradies verfehlt hat, als vielmehr daher, daß er die *Kolonie* gefunden hat.«[39] Mit solchen Titeln bediente Syndikat die Schwerpunkte der gleichzeitig im Spektrum der linken Strömungen in den Vordergrund tretenden Dritte-Welt-Bewegung – eine Themensetzung, die Michel und Enzensberger bereits in den frühen Ausgaben des Kursbuchs etabliert hatten. Durch die deutsche Ausgabe von Immanuel Wallersteins »Das moderne Weltsystem« machte der Verlag überdies ein Schlüsselwerk der sog. Dependenztheorie allgemein zugänglich, die für die theoretische Grundlage des boomenden linken Dritte-Welt-Engagements zentral war.[40]

Mit einem anderen Segment des ethnologischen Programmbereichs setzte der Verlag darüber hinaus weitere Akzente, die sich einem während der 30er Jahre hervortretenden französischen Denkstil verdankten. Einen ersten Kristallisationspunkt dieser Wendung in erweiterte, auf re-

---

37 Kramer: Bikini, S. 124 bzw. 123. Der Ausdruck »Arroganz der Macht« greift den Titel des kritischen Buches von US-Senator William Fulbright auf (Rowohlt Taschenbuch Verlag 1967).

38 Bernd Stöver: Der Kalte Krieg. Geschichte eines radikalen Zeitalters 1947–1991 (München, C. H. Beck 2007), S. 224.

39 Robert James Fletcher: Inseln der Illusion. Briefe aus der Südsee. Mit einem Vorwort von Jean Jamin und einer Einleitung von Bohun Lynch (Taschenbücher Syndikat/EVA, Frankfurt/M. 1986, Erstausgabe Syndikat 1981), S. 12.

40 Immanuel Wallerstein: Das moderne Weltsystem – Die Anfänge kapitalistischer Landwirtschaft und die europäische Weltökonomie im 16. Jahrhundert (Frankfurt/M., Syndikat 1986). Dort heißt es auf S. 127: »Über die moderne Welt hat André Gunder Frank gesagt: ›Ökonomische Entwicklung und Unterentwicklung sind nur die beiden Seiten derselben Münze. Beide sind das notwendige Ergebnis und die gleichzeitigen Ausdrucksformen innerer Widersprüche im weltweiten kapitalistischen System.‹ Aber dieser Prozeß ist viel allgemeiner, als Frank andeutet. Wie Owen Lattimore sagt, ›die Zivilisation gebar die Barbarei.‹«

ligiöse und magische Erfahrungsweisen orientierte Zugänge zum Humanen bildete das 1937 in Paris gegründete »Collège de Sociologie«.[41] Dieses informelle, politisch gegen die Gefahr des anwachsenden Faschismus gerichtete und mit der surrealistischen Strömung verbundene Theorieprojekt war von Georges Bataille, Roger Caillois und Michel Leiris auf den Weg gebracht worden. Leiris nahm dabei zwar eine vorsichtige Randrolle ein, wurde späterhin jedoch ein Exponent charakteristischer Züge dieses Ansatzes.

Rückblickend schildert er die Konstellation der 30er Jahre: »Wir waren einfach gegen den Westen. In den Erklärungen und Manifesten der Surrealisten wird das übrigens auf krasse Art und Weise deutlich: Es handelt sich ganz offensichtlich um eine Rebellion gegen die westliche Zivilisation.«[42] An anderer Stelle bestimmt er seine vor diesem Hintergrund entwickelte Position: »Den Ort erreichen, wo Poesie und Revolution eins wären: Dieses Ziel habe ich mir einst zusammen mit anderen gesteckt, als wir begriffen hatten, daß die Neuerschaffung der Welt in Wörtern und Bildern nur eine im Kopf stattfindende Verwandlung ist und die Welt eine wirklichere Revolution erfahren muß.«[43]

Leiris' deutscher Herausgeber seiner Schriften bei Syndikat kennzeichnet dessen Verfahrensweise als ein ethnopoetologisches Konzept.[44] Der Autor selbst verweist auf den prekären und uneindeutigen Charakter seines Verständnisses der Ethnologie, wenn er sie »letzten Endes« der Sphäre der Kunst zuschlägt.[45] Dem korrespondiert eine zunehmende

---

41 Siehe hierzu u. a. Denis Hollier (Hg.): »Das Collège de Sociologie 1937–1939« (Berlin, Suhrkamp Taschenbuch Wissenschaft 2012).

42 Michel Leiris im Gespräch mit Sally Price und Jean Jamin, in: Michel Leiris: Leidenschaften. Prosa, Gedichte, Skizzen und Essays, hg. von Hans-Jürgen Heinrichs (Frankfurt/M., Fischer Taschenbuch 1992), S. 153.

43 Michel Leiris: Die Spielregel 4 Wehlaut (München, Matthes und Seitz 1999), S. 159.

44 Hans-Jürgen Heinrichs: Einleitung, in: Michel Leiris: Das Auge des Ethnographen (= Ethnologische Schriften II, Syndikat 1978, 2. Auflage 1981), S. 9. Im deutschsprachigen Bereich wäre an die ethnopoetische Konzeption Hubert Fichtes als Variante zu denken.

45 Michel Leiris im Gespräch mit Sally Price und Jean Jamin, in: Michel Leiris: Leidenschaften. Prosa, Gedichte, Skizzen und Essays, hg. von Hans-Jürgen Heinrichs (Frankfurt/M., Fischer Taschenbuch 1992), S. 174.

Orientierung auf den beobachtenden und schreibenden Reisenden, wie sie in Leiris' zweibändigem Expeditionsbericht aus Afrika zu beobachten ist.[46] Die Amalgamierung von Poesie und Theorie/Wissenschaft in den Texten schließt an die seit den mittleren 70er Jahren erfolgende Aufwertung des sog. »Subjektiven Faktors« an, die u. a. von Michel im »Kursbuch« thematisiert worden war. Dort hatte der Syndikat-Autor Rudolf zur Lippe bereits zum »Objektive(n) Faktor Subjektivität« geschrieben.[47] Leiris' Texte zielten nach der Auffassung des Herausgebers Heinrichs auf einen Leser, der »Erfahrung machen möchte und für Transformationen zwischen Angeschautem, Erfaßtem, Gedachtem, Konzipiertem und Verworfenem offen ist.« Dabei begegnet er in Leiris' Erfahrungsräumen dem »Anderen«.[48] Der ideale Rezipient wäre also ein abenteuernder Grenzgänger der Genres und Überschreitungen.

Die Marktgängigkeit dieses Angebots zeigte der große Erfolg von Hans Peter Duerrs »Traumzeit«. Der Autor, seit gemeinsamen Studienzeiten in Heidelberg mit Fritz Kramer befreundet, hatte in seiner Habilitationsschrift die Vorstellungswelt der australischen Ureinwohner zum Thema gemacht. Im Horizont eines kritischen Verhältnisses zum vorherrschenden Wissenschaftsverständnis – dessen Dominanz Duerr allerdings bereits wanken sah – versucht er, mit literarischen Mitteln eine Aufschließung des »Anderen« als subjektive Lesererfahrung. Sein Ethnologen-Kollege Justin Stagl resümiert, Duerrs Vorwurf an die Ethnologie laute, mit ihrer wissenschaftlichen Methode denaturiere sie »die fremde kulturelle Wirklichkeit zugunsten der eigenen, indem sie nämlich gelebte Zusammenhänge zerreißt und die dadurch erhaltenen Bruchstücke den Denkkategorien der eigenen Kultur kompatibel macht … Überhaupt geht es ihm weniger um die fremde Kultur als um die eigene Persönlichkeit, die durch den ›existentiellen Mitvollzug‹ des Frem-

---

46 Hans-Jürgen Heinrichs: Einleitung, in: Michel Leiris: Phantom Afrika. Tagebuch einer Expedition von Dakar nach Djibouti 1931–1933 Band 2 (Ethnologische Schriften IV, Syndikat 1984), S. 6.

47 Vgl. Kursbuch 35: Verkehrsformen I (April 1974).

48 Hans-Jürgen Heinrichs: Einleitung, in: Michel Leiris: Das Auge des Ethnographen (= Ethnologische Schriften II, Syndikat 1978, 2. Auflage 1981), S. 7.

den bereichert wird. Der individuelle Akt des Verstehens ist ihm wichtiger als der soziale Akt des Beschreibens des Verstandenen.«[49] Hierin partizipierte er an einem typischen Zug des »alternativen« Milieus. Das umfangreich besprochene Werk, von dem bis Mitte der 80er Jahre 50.000 Exemplare verkauft wurden, traf auf ein aufnahmebereites Umfeld. In der liberalen Hamburger ZEIT, einem publizistischen Flaggschiff des progressiv-liberalen Bildungsbürgertums, nahm sich Ulrich Greiner Duerrs Anliegen mit positivem Grundton an. Insbesondere Duerrs Kritik am europäischen Rationalismus fand Greiners Beifall: »Von Duerr und seinen Büchern kann man lernen, daß es mehr als nur eine Wirklichkeit gibt.«[50]

Einen wissenschaftlichen Anwendungsfall dieser Pluralität der Wirklichkeiten bildeten im Syndikat-Programm die Titel zur Ethnopsychoanalyse. Auch dieser Bereich war im »Kursbuch« unter Michels Ägide bereits vorbereitet, wo sich Paul Parin dem »Ausgang des ödipalen Konflikts in drei verschiedenen Kulturen« widmete.[51] Der Schweizer ging in seinen zumeist bei Syndikat erschienenen Untersuchungen davon aus, dass die Psychoanalyse »revolutionär war und blieb«,[52] und rückte seine Forschungen in eine nicht allein antikapitalistisch-herrschaftskritische, den eurozentrischen Blickwinkel überwindende Perspektive. Es war ihm darüber hinaus – wie seinen Fach- und Verlagskollegen Fritz Morgenthaler und Georges Devereux – um eine Kritik der wissenschaftlichen Praxis und politischen Position zu tun, in seinem Fall der Psychiatrie. In der Entwicklung der Ethnologie und der Psychiatrie, vornehmlich in der parallelen Konstruktion ihres

---

49 Justin Stagl: Die Beschreibung des Fremden in der Wissenschaft, in: Hans Peter Duerr (Hg.): Der Wissenschaftler und das Irrationale. Erster Band. Beiträge aus Ethnologie und Anthropologie (Frankfurt/M., Syndikat 1981), S. 276.

50 Ulrich Greiner: Die Hexen sind unter uns, in: DIE ZEIT 12/1985 (15.3.1985), S. 47, siehe auch ders.: Von allen Geistern verlassen, in: DIE ZEIT 11/1982 (12.3.1982), S. 1.

51 Paul Parin: Der Ausgang des ödipalen Konflikts in drei verschiedenen Kulturen. Eine Anwendung der Psychoanalyse als Sozialwissenschaft, in: Kursbuch 29. Das Elend mit der Psyche II. Psychoanalyse.

52 Paul Parin: Der Widerspruch im Subjekt. Ethnopsychoanalytische Studien (Frankfurt/M., Syndikat 1978), S. 10.

jeweiligen Untersuchungsgegenstandes – des »Wilden« bzw. des Patienten – sah Parin ein Indiz für beider gesellschaftlich gleichfalls parallele Funktion.[53] Leiris' deutscher Herausgeber Hans-Jürgen Heinrichs verweist vor diesem Hintergrund auf die thematische und politische Nähe u. a. von Ethnopsychoanalyse und Antipsychiatrie. Diese habe »in den siebziger Jahren damit begonnen, den Widerstand im Einzelnen stark zu machen, um seine auch noch so ver-rückte Struktur gegen die der Institution durchzusetzen. Der argumentative Kampf mußte in erster Linie der Medizin gelten, die als Garant der konservativen Psychiatrie fungierte.«[54]

Es ist daher nicht erstaunlich, dass die Antipsychiatrie einen weiteren profilgebenden Teil des Verlagsangebots ausmachte. Bereits 1972 hatten Renate Wolff und Klaus Hartung im »Kursbuch« auf die Rolle und Lage der Psychiatrie in der Bundesrepublik hingewiesen, die sie in Anlehnung an Ervin Goffman als »totale Institution« betrachteten und der sie einen klaren Klassencharakter und eine entsprechende Funktion im kapitalistischen Staatsapparat zumaßen: »Wir behaupten, daß in jeder psychiatrischen Diagnose erspürt und bestraft wird die Weigerung (wie auch immer sie sich ausdrückt) des betreffenden ›Falles‹, weiter mitzumachen, weiter die Arbeitskraft zu verkaufen.«[55] Die Zustände in der bundesdeutschen Psychiatrie wurden auch außerhalb systemoppositioneller Milieus besorgt registriert. Im Auftrag des Bundestages erstellten Fachleute einen Bericht über die Lage der Psychiatrie in der Bundesrepublik, der 1975 vorlag. In den Augen des einschlägig ausgewiesenen Ernst Klee, der die sog. Psychiatrie-Enquete in der Hamburger ZEIT vorstellte, ergab sich ein katastrophales Bild. Die massiven Mängel zögen sich durch alle Bereiche; wer in eine westdeutsche psychiatrische Klinik eingeliefert

---

53 Vgl. Parin: Der Widerspruch im Subjekt, S. 237ff.
54 Hans-Jürgen Heinrichs: Das Fremde verstehen. – Ethnopsychoanalyse, Ethnopsychiatrie und Antipsychiatrie, in ders.: Fenster zur Welt. Positionen der Moderne (Frankfurt/M., Athenäum 1989), S. 140.
55 Renate Wolff / Klaus Hartung: Psychische Verelendung und Politik der Psychiatrie, in: Kursbuch 28. Das Elend mit der Psyche I. Psychiatrie (Juli 1972), S. 46. Hartung hat in den 70er Jahren in Italien bei dem kritischen Psychiater Franco Basaglia gearbeitet.

werde, habe ein erhebliches Risiko, »dort zu bleiben, ja auf Dauer zu verschwinden«.[56] Dies, die auch im europäischen Ausland rege Psychiatrie-Kritik und die allgemeine Wendung der linken Theoriebildung in den Bereich des »Subjektiven Faktors« schufen einen großen Resonanzraum für entsprechende Titel nicht allein bei Syndikat.[57] Giovannis Jervis' »Kritisches Handbuch der Psychiatrie« bot im Programm von Syndikat eine Zusammenschau, die als übersichtlicher Orientierungsrahmen dienen konnte. Jervis hatte mit dem prominenten italienischen Psychiatriereformer Franco Basaglia gearbeitet und sah seinen stark durch die Psychoanalyse beeinflussten Ansatz[58] in einem politischen Kontext: »Unsere psychiatrische ›Feld‹erfahrung begann auf der Woge der Thematik von '68.« Im antiautoritären Aufbegehren bildete auch die »bürgerliche Wissenschaft« ein Ziel.[59]

Die Wissenschaftskritik formte – teils auch implizit – eine Klammer um verschiedene Programmsegmente bei Syndikat. Auf diesen Zusammenhang deutet Hans-Jürgen Heinrichs hin, wenn er bemerkt, dass Paul Feyerabend in seinem bei Suhrkamp erschienenen Hauptwerk »Wider den Methodenzwang« versuche, »eine Idee systematisch zu entwickeln, von der sich Leiris und seine Freunde impulsiv und auch lebenspraktisch leiten und bestimmen ließen«.[60] In der Kritik am wissenschaftlichen Rationalismus bei Syndikat sind dabei drei Schwerpunkte auszumachen: Ein politischer, ein psychologischer und ein philosophischer Vorwurf konvergieren in diesem Anliegen. Politisch hat der Syndikat-Gründer Karl Markus Michel das Thema auf den Punkt gebracht, indem er in einem Tableau der Entwicklung des europäischen »Logozentrismus« diesen als ein »gleichsam imperialistisches Prinzip gegen-

---

56   Ernst Klee: Ein Arzt für 66,1 Betten. Die Lage der Psychiatrie ist katastrophal, in: Die Zeit 51/1975 (12.12.1975), S. 53.

57   Etwa Suhrkamp, siehe z. B. David Cooper: Psychiatrie und Anti-Psychiatrie (edition suhrkamp 497, Frankfurt/M. 1971, 4. Auflage 25–26. Tausend 1977).

58   Giovanni Jervis: Kritisches Handbuch der Psychiatrie (Frankfurt/M., Syndikat 1978), S. 341.

59   Jervis: Handbuch, S. 13.

60   Hans-Jürgen Heinrichs: Einleitung, in: Michel Leiris: Das Auge des Ethnographen (= Ethnologische Schriften II, Syndikat 1978, 2. Auflage 1981), S. 15.

über außereuropäischen Völkern« bestimmte.[61] Mit dieser Akzentsetzung schloss die Wissenschaftskritik an die antiimperialistische Dritte-Welt-Orientierung starker Teile vor allem der jungen linken politischen Öffentlichkeit an. In psychologischer Hinsicht verwies man auf die Funktion des Methodenkorsetts als Abwehrpanzer gegenüber einer sinnlosen und/oder fremden Wirklichkeit.[62] Der Auch-Syndikat-Autor Georges Devereux entfaltete diesen Gedanken auf breiter Basis und in psychoanalytischer Terminologie: »Kurz, verhaltenswissenschaftliche Daten erregen Ängste, die durch eine von der Gegenübertragung inspirierte Pseudomethodologie abgewehrt werden. Dieses Manöver ist für nahezu alle Mängel der Verhaltenswissenschaft verantwortlich.« In der wissenschaftlichen Methodik sah er eine »Pufferfunktion der Sublimierung« wirken.[63] Als philosophisch-erkenntnistheoretische Problematisierung fungierte der Vorwurf einer im eurozentrischen Rationalismus erfolgenden Einschränkung des Realitätsprinzips. Damit einher ging zumindest tendenziell eine Öffnung gegenüber anderen Weltzugängen: »Die Kluft zwischen Ratio und Irratio scheint nicht mehr groß, wenn man sie als zwei Formen gesellschaftlicher Problemlösung ansieht, als zwei Möglichkeiten und Wege, Bedürfnisse zu befriedigen, die uns beide offenstehen.«[64]

---

61 Karl Markus Michel: Die Stunde der Sirenen. Vom Niedergang des Logozentrismus, in ders.: Von Eulen, Engeln und Sirenen (Frankfurt/M., Athenäum 1988), S. 555. Der Essay ist eine Montage auf der Basis von Texten, die Michel 1986/87 für das Kursbuch, Die ZEIT und den WDR verfasst hatte.

62 Etwa bei Paul Feyerabend: »Der wissenschaftliche Rationalismus ist damit nicht ein für allemal aus unseren Betrachtungen ausgeschlossen. Er ist eines der Märchen, die wir uns erzählen, um vorübergehend die Sinnlosigkeit ertragen zu können, die uns umgibt.« Ders.: Irrationalität oder: Wer hat Angst vorm schwarzen Mann, in Hans Peter Duerr (Hg.): Der Wissenschaftler und das Irrationale. Zweiter Band. Beiträge aus Philosophie und Psychologie (Frankfurt/M., Syndikat 1981), S. 56.

63 Georges Devereux: Angst und Methode in den Verhaltenswissenschaften (Anthropologie – Hg. von Wolf Lepenies und Henning Ritter, Ullstein Buch Nr. 3289, Frankfurt/M. u. a. 1976), S. 18 bzw. 127.

64 Vgl. Paul Parin: Irrationales in der Wissenschaft: lebenslänglich, in Hans Peter Duerr (Hg.): Der Wissenschaftler und das Irrationale. Erster Band. Beiträge aus Ethnologie und Anthropologie (Frankfurt/M., Syndikat 1981), S. 524.

Während in der Rationalitätskritik durchaus Verbindungen zur Tradition der Frankfurter Schule bestanden, war dieser Zungenschlag neu – hier deutete sich eine allgemeine Vernunftkritik an, die auf Widerspruch stieß. Das bei Rowohlt erscheinende »Literaturmagazin« widmete unter dem Titel »Der neue Irrationalismus« den intellektuellen Strömungen, wie sie im Zuge der »Tendenzwende« mit den mittleren 70er Jahren hervortraten und Resonanz fanden, einen eigenen Themenband. Wie der Herausgeber Jürgen Manthey eingangs einräumte, antwortete der titelgebende Irrationalismus auch auf einen »zur menschenfeindlichen Rationalisierung verkommenen Rationalismus.«[65] Darüber hinaus sah man darin ein – durch die sog. »Neuen Philosophen« in Frankreich wie André Glucksmann verstärktes – Symptom einer durch Alexander Solschenizyns Buch »Der Archipel Gulag« dramatisierten Geltungskrise des Marxismus. Der Soziologe und ehemalige SDS-Intellektuelle Oskar Negt gesteht blinde Flecke im Argumentations- und Engagementsprofil der westeuropäischen marxistischen Intellektuellen ein und konzediert somit eine partielle Berechtigung dieser Kritik. Des weiteren streicht Negt einen Zug des Protestes heraus, der einen Berührungspunkt mit den Texten von Leiris und anderen Autoren dieses Genres bildet – die »dionysische Feier des ästhetischen Subjekts«, das alle Brücken zur Gesellschaft abgebrochen habe.[66]

Die Rolle des Ästhetischen in diesem Denkstil bildete auch einen Bezugspunkt in Jürgen Habermas' massiver Kritik. Dem Traditionsträger der Frankfurter Schule erschien die mit einer verstärkten Nietzsche-Rezeption einhergehende Ausformung der französischen Theoriebildung – als prominente Zeugen treten Georges Bataille, Michel Foucault und Michel Leiris auf – als politisch bedenklich. Durch den Bezug auf Nietzsche – der bei Foucault, wie bereits von Negt allgemein festgestellt, in der Enttäuschung über das Scheitern von »1968« erfolgt sei – habe eine

---

65 Jürgen Manthey: Editorial, in: Literaturmagazin 9, Der neue Irrationalismus. Hg. von Jürgen Manthey (Reinbek, Rowohlt 1978), zitiert nach 2. Aufl. 1979, S. 8.
66 Oskar Negt: »Nicht das Gold, Wotan ist das Problem. Der jüngste Aufstand gegen die dialektische Vernunft: die »Neuen Philosophen« Frankreichs«, in: Literaturmagazin 9, S. 39.

Entkoppelung der Modernekritik von der Bewahrung/Einklagung ihres emanzipatorischen Anspruchs stattgefunden.[67] Die Akzentuierung dionysischer Erfahrungsweisen und deren Ausweitung in anthropologische Grundannahmen hätten bei Bataille eine ambivalente Faszination gegenüber dem Faschismus angeregt, er hege den »Traum einer ästhetisierten, dichterischen, von allen moralischen Elementen gereinigten Politik«. In diesem Kontext gewönnen die faschistischen Inszenierungen ihre Lockung, wie Habermas mit einer bezeichnenden Begriffsaufnahme zu Bataille notiert: »Hitler und Mussolini erscheinen ihm vor dem Hintergrund der interessenorientierten Massendemokratie als ›das ganz Andere‹.«[68] In diesem Kontext findet auch ein Aufsatz Leiris' seinen Platz als beispielhaft für die Verklammerung von künstlerischem Exotismus, anthropologischer Feldforschung und Erotismus in Lebensführung und Literatur in dem Genre.[69] Habermas' Argwohn gegenüber der Vernunftkritik dieser Prägung und die implizite Warnung vor der politischen Polyvalenz der Kategorie des fremden »Anderen« blieben nicht ohne Widerhall.

Der Vorwurf, einem potenziell politisch gefährlichen Irrationalismus philosophische Weihen und intellektuell schillernde Attraktivität zu verleihen, war in der publizistischen Öffentlichkeit vielstimmig. So sprach die klassisch marxistische Zeitschrift »Das Argument« eine Warnung vor Duerrs »Traumzeit« aus.[70] In der damals linksliberalen ZEIT zeigte

---

67 Vgl. Jürgen Habermas: Der philosophische Diskurs der Moderne. Zwölf Vorlesungen (Frankfurt/M., stw 1988), S. 117 bzw. 292. Philip Felsch spricht von einer »schwelenden Feindseligkeit« der Frankfurter Schule gegenüber den französischen Theorieansätzen und urteilt: »Für die Frankfurter und ihre Gefolgsleute repräsentierte alles, was im Dunstkreis des Poststrukturalismus entstand, ein gefährliches Denken. Und das war in ihrem Fall nicht als Kompliment gemeint.« Ders.: Der lange Sommer der Theorie, S. 114.

68 Habermas: Der philosophische Diskurs der Moderne, S. 259 bzw. 256.

69 Habermas: Der philosophische Diskurs der Moderne, S. 272. Er bezieht sich auf Leiris' Text: »Das ›caput mortuum‹ oder die Frau des Alchemisten« in ders.: Das Auge des Ethnographen. Ethnologische Schriften II (Frankfurt/M., Syndikat 1978).

70 Der Rezensent Werner Jung hielt Duerrs Angebot für regressiv-antipolitisch und resümierte: »Was Duerrs Buch so interessant weil gefährlich erscheinen läßt, ist die Tatsache, daß es sehr sensibel dem sich allseits breitmachenden Skeptizismus ... mit reaktionären Scheinlösungen, dem rückwärtsgewandten Totalitätsideal der Allein

sich ebenfalls Unbehagen. Wenngleich der Rezensent die Lektüre der »Traumzeit« als vergnüglich, weil für das Buch eines deutschen Professors erfreulich selbstironisch empfiehlt, wird doch zuvor ein Warnschild aufgestellt: »Das Buch ist, gelinde gesagt, fragwürdig. Ethnologie und Timothy Learys Politik der Ekstase geraten in einem fort durcheinander.«[71]

Demgegenüber erhob sich der Vorwurf einer von Panik getragenen Abwehrgeste – insbesondere bei linken Intellektuellen finde sich »eine panische Berührungsangst« vor der Transzendenz.[72] Karl Markus Michels Spitze gegen Habermas' »Philosophischen Diskurs der Moderne« blieb nicht allein. Mit Blick auf »Traumzeit« und das auch bei Syndikat erschienene, von Duerr herausgegebene zweibändige Sammelwerk »Der Wissenschaftler und das Irrationale« bemerkt ein Beiträger: »Für Habermas scheinen diese drei Bände eine Art intellektuelle Gegenrevolution zu seiner eurozentrischen Aufklärungsvernunft anzukündigen ...«[73] Doch mochte auch dieser Kritiker der vermeintlich eurozentrisch verengten Perspektive des »Frankfurters« dessen politische Befürchtungen nicht gänzlich in den Wind schlagen.

Der guten, weil profilierten und sichtbaren Position des Verlags in den intellektuellen Debatten der Nach-68er-Intellektuellen entsprach aber keine ähnlich gesicherte ökonomische Stellung. Zwar entwickelten sich die Umsätze positiv, die Finanzierung war jedoch nicht hinreichend abgesichert. Axel Rütters sah sich wiederholt genötigt, Unterstützung bei Förderern und anderen Unternehmen der Buchbranche einzuwerben. Dazu zählten die Verlage Kiepenheuer & Witsch, Rogner & Bernhard,

---

heit von Mensch und Natur unter Verzicht auf jede politische Aktion, begegnet.« Das Argument 117 (1979), S. 771.

71 Hans Platschek: Kritik in Kürze, in: DIE ZEIT 52/1978 (22.12.1978), S. 44.

72 Claudio Hofmann: Vom rechten Umgang der Linken mit der Transzendenz, in: Der gläserne Zaun. Aufsätze zu Hans Peter Duerrs »Traumzeit«. Hg. von Rolf Gehlen und Bernd Wolf (Syndikat 1983), S. 41.

73 Manfred Henningsen: Habermas oder die Angst vor der Traumzeit, in: Der gläserne Zaun. Aufsätze zu Hans Peter Duerrs »Traumzeit«. Hg. von Rolf Gehlen und Bernd Wolf (Syndikat 1983), S. 24. Michels Anspielung auf Habermas in: Karl Markus Michel: Die Stunde der Sirenen. Vom Niedergang des Logozentrismus, in ders.: Von Eulen, Engeln und Sirenen (Frankfurt/M., Athenäum 1988), S. 555.

Beltz und Campus.[74] Ende 1981 hatten Kurt Groenewold und Heinrich von Berenberg Syndikat gekauft mit der Absicht, das Unternehmen neu zu organisieren. Zu Jahresbeginn 1982 berichtete der SPIEGEL mit Blick auf Michels und Rütters berufliche Herkunft von der ernsten Krise: »Dem alten Brötchengeber Suhrkamp verursachte das ehrgeizige Kleinunternehmen mit seinen stattlichen Auflagen und noblen Autoren ernstes Kopfzerbrechen. Seit aber an deutschen Universitäten die Erkenntnislust dem Lernfrust gewichen ist, bangt der linksorientierte Verlag um seine Existenz.« Entlassungen und eine Remittenden- und Rabattaktion sollten neben Mitgliederwerbung für den Buchklub die Situation entschärfen.[75] Von 1983 an leitete Rütters Syndikat und den Athenäum-Verlag parallel. Der Konkurs von Athenäum 1989 wirkte sich in dieser Konstruktion offenbar äußerst negativ aus; Groenewold resümierte dazu: »Inzwischen war um die Verlage ein sehr schlechtes Klima entstanden, viele Autoren waren enttäuscht und wandten sich anderen Verlagen zu, eine Entwicklung, die sich auch auf die Autoren der Europäischen Verlagsanstalt und des Syndikat Verlags auswirkte.«[76] 1990 schied Rütters bei Syndikat aus, der Verlag wurde von der Europäischen Verlagsanstalt übernommen.[77]

Nach wie vor aktuell ist die von Jürgen Habermas am Beispiel von Syndikat-Autoren wie Hans Peter Duerr und Michel Leiris zugespitzte Auseinandersetzung um die politische Relevanz der Debatte über den Charakter des (auch kritischen) europäischen Wissenschaftsmodells. Ob die Hinterfragung des hegemonialen, als eurozentrisch kritisierten Denkmodells eine Weitung der »linken« politischen Möglichkeiten und Freiheitsräume mit sich bringt oder ob sie in die Selbstaufhebung linker Politik mündet – dies ist immer noch ein Element der Kontroverse um die Chancen und Risiken der »Identitätspolitik«.

---

74 Vgl. Kurt Groenewold: Die Europäische Verlagsanstalt 1979–1983, in: Sabine Groenewold (Hg.): Mit Lizenz. Geschichte der Europäischen Verlagsanstalt 1946–1996 (Hamburg, EVA 1996), S. 140.

75 Syndikat: »Armut schändet nicht«, in: DER SPIEGEL 6/1982, online: Syndikat: »Armut schändet nicht« – DER SPIEGEL.

76 Kurt Groenewold: Europäische Verlagsanstalt 1979–1983, S. 144.

77 Kurt Groenewold: Europäische Verlagsanstalt 1979–1983, S. 145.

Drucknachweise

Die Essener Verlagsanstalt. Verlegerische Politikbegleitung im Dritten Reich, in: Martin Hochrein / Eyk Henze (Hg.): Flachware 5. Jahrbuch der Leipziger Buchwissenschaft, Stuttgart 2019.

Der Gauverlag NS-Schlesien (1930–1945). Presse-Krake und Buch-markt-Amateure, in: Urszula Bonter / Detlef Haberland / Siegfried Lokatis / Patricia Blume (Hg.): Verlagsmetropole Breslau 1800–1945, München 2015 (=Schriften des Bundesinstituts für Kultur und Geschichte der Deutschen im östlichen Europa, Bd. 62).

Unternehmensgruppe Bitter – Paulus-Verlag. Katholisches Verlagswe-sen im Ruhrgebiet, in: Eyk Henze (Hg.): Flachware 4. Jahrbuch der Leip-ziger Buchwissenschaft, Stuttgart 2018.

Rechte Verlage in der frühen Bundesrepublik. Subkulturelle Netzwerk-bildung nach der »Stunde Null« und versuchte Neujustierung im Schat-ten von »68« (Originalbeitrag).

Die Zeitung »Christ und Welt«. Ein Engagement Georg von Holtz-brincks, noch nicht publizierte Langfassung, kürzere Fassung in: Eyk Henze / Patricia F. Zeckert (Hg.): Flachware 3 – Fußnoten der Leipziger Buchwissenschaft, Leipzig 2013.

Suhrkamp – Der Weg eines Verlags in der frühen Bundesrepublik, in: Eyk Henze / Patricia F. Zeckert (Hg.): Flachware – Fußnoten der Leipzi-ger Buchwissenschaft, Leipzig 2010.

Die Beobachtung des westdeutschen Verlagswesens durch das Ministe-rium für Staatssicherheit (MfS) der DDR. Das Beispiel des Suhrkamp-Verlags, in: Deutschland Archiv. Zeitschrift für das vereinigte Deutsch-land Septemberausgabe 2012 (Zugleich auch: Deutschland Archiv on-line unter Die Beobachtung des westdeutschen Verlagswesens durch das MfS [bpb.de]).

Der Suhrkamp-Verlag: Siegfried Unseld und die »60er Jahre«. Elemente einer Erfolgsgeschichte, in: Martin Hochrein/Eyk Henze (Hg.): Flachware 6. Jahrbuch der Leipziger Buchwissenschaft, Stuttgart 2020 (Zugleich auch online unter: Der Suhrkamp Verlag: Siegfried Unseld und die »60er Jahre«: literaturkritik.de).

Der Luchterhand Verlag: Marktkalkül und politisches Engagement im westdeutschen Nachkriegsboom der 1950er bis 70er Jahre, online unter: Der Luchterhand Verlag: literaturkritik.de.

Entfremdung – Erbe – »Weltniveau«. Argumentationsfiguren in Druckgenehmigungsverfahren zu Texten der Moderne in der DDR, in: Siegfried Lokatis/Martin Hochrein (Hrsg.): Die Argusaugen der Zensur. Beobachtungspraxis im Leseland DDR, Stuttgart 2021.

Der Peter Hammer Verlag in der »alten« Bundesrepublik. Ein politisches Profil, in: Martin Hochrein (Hg.): Flachware 7. Jahrbuch der Leipziger Buchwissenschaft, Stuttgart 2021.

Der Syndikat Verlag. Ein Rettungsboot für die 68er Linke in der Krise? (Originalbeitrag).